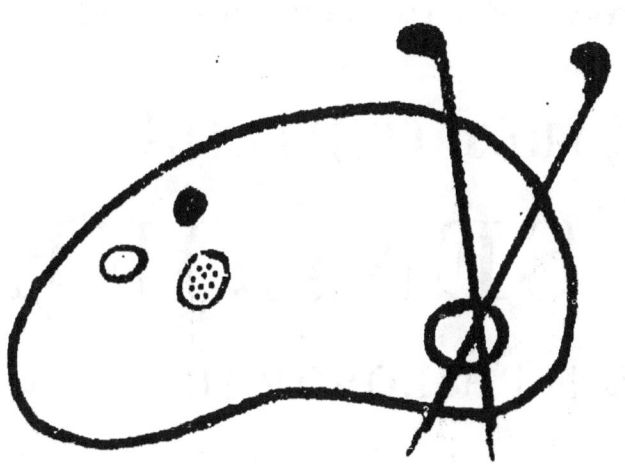

Couvertures supérieure et inférieure
en couleur

CHEFS-D'ŒUVRE DES LITTÉRATURES ANCIENNES

ŒUVRES COMPLÈTES
DE SÉNÈQUE
LE PHILOSOPHE

TRADUCTION NOUVELLE

AVEC UNE NOTICE SUR LA VIE ET LES ÉCRITS DE L'AUTEUR
ET DES NOTES

PAR J. BAILLARD

de l'Académie de Stanislas

TOME PREMIER

PARIS
LIBRAIRIE HACHETTE ET Cie
79, BOULEVARD SAINT-GERMAIN, 79

2 vol. 7 fr.

LIBRAIRIE HACHETTE ET Cⁱᵉ, 79, BOULEVARD SAINT-GERMAIN, PARIS

BIBLIOTHÈQUE VARIÉE, FORMAT IN-16

A 3 FR. 50 LE VOLUME

CHEFS-D'ŒUVRE DES LITTÉRATURES ANCIENNES
(Traduction française)

ANTHOLOGIE GRECQUE, par E. Jacobs, avec notices sur les poètes de l'Anthologie .... 2 vol.
ARISTOPHANE : Œuvres complètes, par M. C. Poyard, 11ᵉ édit. .... 1 vol.
DIODORE DE SICILE : Bibliothèque historique, trad. et annotée par M. F. Hœfer .... 4 vol.
ESCHYLE : Les tragédies, par M. Ad. Bouillet .... 1 vol.
EURIPIDE : Théâtre et fragments, par Hinstin .... 1 vol.
HÉRODOTE : Histoires, avec notes par P. Giguet .... 1 vol.
HINSTIN : Chefs-d'œuvre des orateurs attiques .... 1 vol.
HOMÈRE : Œuvres complètes, par P. Giguet .... 1 vol.
JUVÉNAL et PERSE. Œuvres, suivies de Fragments de Lucilius, de Turnus et de Sulpicia. Avec imitations et notices, par E. Despois .... 1 vol.
LUCIEN : Œuvres complètes, par M. Talbot .... 2 vol.

LUCRÈCE : De la nature, par M. Patin .... 1 vol.
PLAUTE : Les comédies, par M. Sommer .... 2 vol.
PLUTARQUE : Les vies des hommes illustres, par M. Talbot .... 4 vol.
Œuvres morales et œuvres diverses, par M. Bétolaud .... 5 vol.
SÉNÈQUE LE PHILOSOPHE : Œuvres complètes, par M. J. Baillard. 2 vol.
SOPHOCLE : Tragédies, par M. Bellaguet .... 1 vol.
TACITE : Œuvres complètes, par J.-L. Burnouf .... 1 vol.
THUCYDIDE : Histoire de la guerre du Péloponèse, par M. Bétant ...... 1 vol.
TITE-LIVE : Histoire romaine, par M Gaucher, prof. au lycée Condorcet 4 vol.
VIRGILE : Œuvres complètes, par M. Cabaret-Dupaty .... 1 vol.
XÉNOPHON : Œuvres complètes, par M. Talbot .... 2 vol.

ÉTUDES SUR LES LITTÉRATURES ANCIENNES

BERGER (A.) : Histoire de l'éloquence latine depuis l'origine de Rome jusqu'à Cicéron, publiée par M. V. Cucheval .... 2 vol.
Ouvrage couronné par l'Académie française.
BOISSIER, de l'Académie : Cicéron et ses amis .... 1 vol.
Promenades archéologiques : Rome et Pompéi .... 1 vol.
Nouvelles promenades archéologiques : Horace et Virgile .... 1 vol.
Tacite .... 1 vol.
La Conjuration de Catilina .... 1 vol.
BRÉAL (M.), de l'Institut : Pour mieux connaître Homère .... 1 vol.
BRÉDIF (L.), ancien recteur de l'Académie de Besançon : L'éloquence politique en Grèce. Démosthène .... 1 vol.
CANAT (R.) : La renaissance de la Grèce antique .... 1 vol.
CUCHEVAL (V.), professeur honoraire au lycée Condorcet : Histoire de l'éloquence latine, depuis la mort de Cicéron jusqu'à l'avènement d'Hadrien .... 2 vol.
Ouvrage couronné par l'Académie française.
DESCHANEL (E.), ancien professeur au Collège de France : Études sur Aristophane .... 1 vol.
GIRARD (J.), de l'Institut : Études sur la poésie grecque .... 1 vol

GOUMY (E.) : Les Latins (Plaute et Térence. — Cicéron. — Lucrèce. — Catulle. — César. Salluste. — Virgile. — Horace).. 1 vol.
MARTHA (C.), de l'Institut : Le poème de Lucrèce .... 1 vol.
Ouvrage couronné par l'Académie française.
NISARD, de l'Académie : Études de mœurs et de critique sur les poètes latins de la décadence .... 2 vol.
NOURRISSON (J.), de l'Institut : Les Pères de l'Église latine, leur vie, leurs écrits, leur temps .... 2 vol.
PATIN : Études sur les tragiques grecs, 8ᵉ édition. Trois parties qui se vendent séparément :
    Études sur Eschyle .... 1 vol.
    Études sur Sophocle .... 1 vol.
    Études sur Euripide .... 2 vol.
Études sur la poésie latine; 3ᵉ éd. 2 vol.
TAINE (H.), de l'Académie : Essai sur Tite-Live .... 1 vol.
Ouvrage couronné par l'Académie française.
THOMAS (E.), prof. à l'Université de Lille : Rome et l'Empire aux deux premiers siècles de notre ère .... 1 vol.
WEIL (H.), de l'Institut : Étude sur le drame antique .... 1 vol.
Étude sur l'antiquité grecque .... 1 vol.

ŒUVRES COMPLÈTES

DE SÉNÈQUE

LE PHILOSOPHE

I

COULOMMIERS
Imprimerie Paul BRODARD.

ŒUVRES COMPLÈTES

DE SÉNÈQUE

LE PHILOSOPHE

TRADUCTION NOUVELLE

AVEC UNE NOTICE SUR LA VIE ET LES ÉCRITS DE L'AUTEUR
ET DES NOTES

PAR J. BAILLARD

de l'Académie de Stanislas

TOME PREMIER

PARIS
LIBRAIRIE HACHETTE ET Cⁱᵉ
79, BOULEVARD SAINT-GERMAIN, 79

1914

NOTICE

SUR

LA VIE ET LES ÉCRITS DE SÉNÈQUE.

Sénèque *le Philosophe* (Lucius-Annæus Seneca) était d'origine espagnole. Il naquit à Cordoue, colonie patricienne, l'an 2 ou 3 après Jésus-Christ, sous le règne d'Auguste. Il eut pour père M. Annæus, dit *le Rhéteur*, dont il nous reste un intéressant recueil de *Déclamations*, et pour mère Helvia, femme distinguée par ses vertus et son amour des lettres, et de la même famille que la mère de Cicéron. Son père l'amena à Rome, encore enfant, avec son frère aîné Novatus, qui plus tard, adopté par Junius Gallio dont il prit le nom, devint proconsul en Achaïe. Saint Paul comparut à son tribunal sur la plainte des Juifs, comme novateur en religion, et fut mis par lui hors de cause. Méla, le troisième et plus jeune frère de Sénèque, demeura en Espagne; par la suite, il y administra les biens de la famille, et venu à Rome à son tour, peu soucieux d'honneurs et de dignités, toute son ambition se réduisit à accroître sa fortune. Père du poète Lucain, quand celui-ci fut condamné à mort par Néron, il montra une avidité et un empressement scandaleux à rechercher les moindres parcelles de sa succession. Sénèque fut de bonne heure formé à l'art oratoire par son père lui-même. Il était et fut toujours d'une constitution frêle et maladive, au point, comme il le dit dans une lettre à Lucilius, qu'il eut plus d'une fois l'envie de se donner la mort : l'affection seule qu'il avait pour son vieux père le retint. Ses débuts au barreau eurent un grand éclat. Caligula, qui avait des prétentions à l'éloquence, fut jaloux de lui, et eut même l'envie de le faire périr. Une concubine du prince sauva Sénèque. Elle dit à Caligula que ce jeune homme, attaqué de phthisie, avait à peine le souffle : que ce serait tuer un mourant. Notre auteur, à moins qu'il n'ait pensé à Néron, semble faire allusion à ce fait dans sa *Lettre LXXVIII*: « Que de gens dont la maladie a reculé la mort ! ils furent sauvés parce qu'ils semblaient mourants. » Sénèque alors dut chercher à se faire oublier. Il s'adonna avec une ardeur exclusive aux études philosophiques déjà commencées par lui concurremment avec ses études oratoires. Toutes les sectes avaient à Rome de remarquables représentants. C'étaient entre autres le stoïcien Attalus, le pythagoricien Sotion, l'académicien Fabianus, le cynique Démétrius, dont les doctrines s'alliaient, se confondaient sur plusieurs points, surtout le stoïcisme et le pythagorisme.

« Quelque chose m'est resté, dit Sénèque, *Lettre CVIII*, de ces leçons d'Attalus, car j'avais abordé tout le système avec enthousiasme ; puis, ramené aux pratiques du monde, j'ai peu conservé de ces bons commencements. Depuis lors, je me suis à jamais interdit les parfums.... Frappé des discours du pythagoricien Sotion, je m'abstins de toute nourriture animale, et un an de ce régime me l'avait rendu facile, agréable même. Comment ai-je discontinué ? L'époque de ma jeunesse tomba sous le gouvernement de Tibère ; on proscrivait alors des cultes étrangers ; et parmi les preuves de ces superstitions était comptée l'abstinence de certaines viandes. A la prière donc de mon père, qui craignait peu d'être inquiété, mais qui n'aimait point la philosophie, je repris mon ancienne habitude, et il n'eut pas grand'peine à me persuader de faire meilleure chère.

« Le stoïcien Attalus vantait l'usage d'un matelas qui résiste; tel est encore le mien dans ma vieillesse: l'empreinte du corps n'y paraît point. »

A la mort de Caligula, Sénèque avait trente-cinq ans environ. Il brigua la questure et l'obtint au commencement du règne de Claude. Il ouvrit en même temps une école de philosophie et publia quelques écrits parmi lesquels on peut compter le *Traité de la colère*. Sa réputation s'étendit et lui valut de puissantes amitiés. Messaline, pour se délivrer de Julie, fille de Germanicus, dont elle était jalouse, l'accusa de s'être rendue coupable d'adultère avec Sénèque. Elle obtint de Claude que Julie fût envoyée en exil où elle mourut bientôt, et que Sénèque fût relégué en Corse. Il avait alors trente-neuf ans. Sur la véracité d'une telle accusation portée par une Messaline, le doute demeure au moins permis: si l'adultère avait été prouvé, il n'est pas probable qu'Agrippine, peu d'années après, eût cherché à se rendre populaire en donnant pour gouverneur à l'héritier désigné de Claude un homme qui aurait souillé l'honneur du nom de Germanicus, ce nom toujours si respecté.

Sénèque supporta pendant deux années sa disgrâce avec constance et résignation, s'il faut en croire la lettre qu'il écrivit à sa mère, la *Consolation à Helvia*. Il s'adonna au travail, à la philosophie, à la poésie, réunit les matériaux de ses *Questions naturelles*, où il traita les plus hautes parties des connaissances physiques de son temps[1]. Ce livre, publié d'abord à cette époque, il le revit dans sa vieillesse

---

1. Un de ses contemporains, l'auteur de la tragédie d'*Octavie*, met ces vers dans la bouche de Sénèque :

> Que j'étais plus heureux, loin des traits de l'envie,
> Sur ces rochers de Corse où je cachais ma vie!
> Mon esprit, délivré des chaînes des Césars,
> S'occupait de lui-même et cultivait les arts.
> Quel plaisir d'admirer l'œuvre de la nature,
> Du séjour de ses fils l'immense architecture,
> Vous, cieux, plus grands encor, char sacré du soleil!
>   (Acte II, v. 368.)

et lui donna la forme définitive sous laquelle il nous est parvenu. Mais la constance du philosophe finit par s'épuiser. Polybe l'affranchi, le ministre de Claude, venait de perdre son frère. Sénèque saisit cette occasion pour adresser à Polybe un traité de consolation qui n'était au fond qu'une requête à l'empereur, une demande de rappel où les louanges les plus hyperboliques sont prodiguées au ministre et surtout au maître, et prodiguées en vain. On a voulu nier cet acte de faiblesse; on a contesté l'authenticité de l'écrit : il suffit de le lire pour y reconnaître toutes les qualités brillantes et l'irrécusable caractère du style de notre auteur. On y voit même souvent, comme un mérite littéraire de plus, quelque chose qui rappelle l'ampleur cicéronienne, et qui ne se retrouve qu'à rares intervalles dans ses ouvrages postérieurs, sauf dans sa *Consolation à Marcia* et dans le traité *de la Clémence*. Sénèque resta encore cinq ans dans son exil. Il n'en fut tiré qu'à la mort de son ennemie Messaline, et lors du mariage d'Agrippine avec Claude. « Agrippine, afin de ne pas se signaler uniquement par le mal, obtint pour Sénèque le rappel de l'exil et la dignité de préteur, dans la pensée qu'on y applaudirait généralement à cause de l'éclat des talents de cet homme; puis elle était bien aise que l'enfance de Néron grandît sous un tel maître, dont les conseils pourraient leur être utiles à tous deux pour arriver à la domination : car on croyait Sénèque dévoué à Agrippine par le souvenir du bienfait, ennemi de Claude par le ressentiment de l'injure[1]. »

A la mort de Claude, il rédigea l'éloge funèbre de ce prince, que, selon l'usage, son successeur Néron devait prononcer. Tant que l'orateur vanta dans Claude l'ancienneté de sa race, les consulats et les triomphes de ses aïeux, l'attention de l'auditoire fut soutenue. On l'entendit encore avec faveur louer ses connaissances littéraires et rappeler que, sous son règne, l'empire n'avait essuyé aucun échec au

---

1. Tacite, *Annal.*, XII, XIII. Trad. de Burnouf.

dehors; mais quand il en vint à la sagesse et à la prévoyance de Claude, personne ne put s'empêcher de rire; et les convenances officielles, trop obéies par l'orateur, furent oubliées par l'auditoire¹. Sénèque, à son tour, gardant un souvenir amer de son exil, composa vers le même temps, sur la mort de Claude, l'ingénieuse et piquante parodie de son panégyrique, l'*Apokolokyntose*, c'est-à-dire l'*Apothéose d'une citrouille*.

Nous n'entrerons pas dans le détail des actes publics du jeune empereur durant les quatre ou cinq premières années de son règne: l'histoire en fait suffisamment foi. On sait le mot de Trajan: « Le règne d'aucun prince n'égala les cinq premières années de Néron². »

L'histoire ajoute que ces heureux débuts furent dus à l'influence de Burrhus, préfet du prétoire, et surtout de Sénèque, qui, d'instituteur du prince, était devenu son ministre le plus influent. Tout le bien que fit Sénèque dans sa haute position, et le mal qu'il réussit souvent à empêcher, justifient assez son entrée aux affaires, en ce temps où, comme le dit Tacite, la carrière semblait ouverte à tous les mérites. (*Annal.*, XIII, VIII.)

Dès lors commença la lutte, non pas d'ingratitude, mais de nécessité, que dut soutenir Sénèque contre l'influence malfaisante d'Agrippine. « On allait se précipiter dans les meurtres, si Burrhus et Sénèque ne s'y fussent opposés. (*Annal.*, XIII, II.) Plus loin, Tacite ajoute: « Néron s'imposait la clémence dans des discours fréquents que Sénèque, afin de prouver la sagesse de ses institutions ou pour faire

---

1. Burnouf n'est pas éloigné de penser, comme Diderot, que l'éloge de la sagesse et de la prévoyance de Claude n'était, dans l'intention de Sénèque, qu'une sanglante ironie; qu'il aurait pu, lui rhéteur si habile, dissimuler adroitement ce côté faible de l'empereur mort; mais qu'il avait voulu faire voir au jeune César comment le bon sens populaire fait justice des éloges mensongers, même quand ils sont dans la bouche d'un prince.

2. *Procul differre cunctos principes Neronis quinquennio.* Aurelius Victor.

admirer son esprit, publiait par la bouche de son élève. »
Quelque temps, le ministre put croire qu'il avait réussi. Son
beau traité *de la Clémence*, qui parut la seconde année du
règne, le donnerait à penser, bien qu'on y vît percer déjà
quelques appréhensions, notamment sur le sort de Britannicus. La mort tragique de ce dernier ne les justifia que
trop tôt. Selon le mot qu'un ancien scoliaste de Juvénal
prête à Sénèque parlant en confidence à ses amis, on sentit
que « le lion reviendrait promptement à sa férocité naturelle, s'il lui arrivait une fois de tremper sa langue dans
le sang. » Plus que jamais, à cette époque, Sénèque et
Burrhus durent s'interposer entre Néron et sa mère, et lutter contre l'ambition furieuse de cette femme. Déjà, peu
auparavant, comme des ambassadeurs arméniens plaidaient
devant Néron la cause de leur pays, elle se préparait à monter et à siéger sur le tribunal de l'empereur si, bravant la
crainte qui tenait les autres immobiles, Sénèque n'eût averti
le prince d'aller au-devant de sa mère. « Ainsi, dit Tacite,
le respect filial servit de prétexte pour prévenir un déshonneur public. » Plus tard, comme Agrippine n'eût pas été
arrêtée même par l'inceste dans sa poursuite du pouvoir,
Sénèque et Burrhus durent condescendre, de peur d'un
crime, aux faiblesses amoureuses de Néron[1], et tenter de le
contenir par de moins odieuses distractions. Ils ne réussirent
complétement que de ce côté. Quand le naturel sanguinaire
du prince avait fait explosion, la tactique de celui-ci, pour
compromettre et enchaîner Sénèque, du moins en apparence, à toute sa politique, était de le combler de largesses,
lui et Burrhus, ce qu'il fit même à la mort de Britannicus. Et
les reproches ne manquèrent pas de fondre sur eux. D'autre
part, on pensait qu'il y avait eu pression, contrainte de la
part du prince, dit Tacite ; et Sénèque s'exprime de même :
« Il ne m'est pas toujours

---

1. « Si le tyran demande, comme cadeaux d'un grand prix, des
artistes, des courtisanes, de ces choses qui peuvent amollir son humeur
féroce, volontiers les lui offrirai-je. » Sén., *des Bienfaits*, VII, xx.

il est des cas où il faut recevoir malgré soi. Un tyran cruel et emporté me donne: si je dédaigne son présent, il se croira outragé. Puis-je ne pas accepter? Je mets sur la même ligne qu'un brigand, qu'un pirate, ce roi qui porte un cœur de brigand et de pirate; que faire? voilà un homme peu digne que je devienne son débiteur. Quand je dis qu'il faut choisir son bienfaiteur, j'excepte la force majeure et la crainte sous lesquelles périt la liberté du choix. Si la nécessité t'ôte le libre arbitre, tu sauras que tu n'acceptes point, que tu obéis.... Veux-tu savoir si je consens? Fais que je puisse ne pas consentir. » (*Des Bienfaits*, II, xviii.) « Nulle différence entre ne pas vouloir donner à un roi et ne pas vouloir accepter de lui: il met sur la même ligne l'un et l'autre, et il est plus amer à l'orgueil d'être dédaigné que de n'être pas craint. » (*Ibid.*, V, vi.)

Cependant ces richesses, tout imposées qu'elles lui fussent, l'exercice d'un pouvoir qui dura trop peu pour le bien du monde, mais qui semblait trop long à d'ambitieux rivaux, le contraste si facile à relever du désintéressement prêché dans ses livres avec l'éclat de sa position officielle (car pour sa vie privée, on sait qu'elle était simple et plus que frugale), ses talents littéraires enfin lui suscitaient une foule de détracteurs et d'envieux. Il venait de faire condamner par le sénat un délateur vénal et redouté sous Claude, Suilius. Celui-ci, dans sa défense, récrimina contre Sénèque. Tacite, qui rapporte son discours (*Annal.*, XIII, xlii), n'y ajoute aucune réflexion, ne l'approuve ni ne le combat. Mais son silence, tout regrettable qu'il est, est suffisamment compensé par l'hommage rendu dans tout le cours de son récit aux vertus de ce ministre de Néron. Tacite, qui trop souvent ne se prononce point sur des faits essentiels où son jugement n'était certes pas incertain, et qui enveloppe, non-seulement les faits, mais sa phrase, d'ambiguïtés et de formes énigmatiques, est du moins l'un des garants les plus sûrs et les plus honnêtes quand il parle et juge nettement en son nom. C'est bien alors, comme Bossuet l'appelle, *le plus grave des historiens de l'antiquité.* On peut voir ce que Sénèque répond à ses détracteurs, à Suilius sans doute, dans son traité *de la Vie heureuse*, dont malheureusement une grande partie n'est pas venue jusqu'à nous. Sénèque avait reçu de Néron des largesses qu'il ne pouvait rejeter sans péril, qu'il posséda sans avarice et sans faste, où il puisa de quoi satisfaire à ses inclinations bienfaisantes. C'est Juvénal qui l'atteste : « On ne te demande pas de ces dons que Sénèque, que le généreux Pison, que Cotta envoyaient à leurs amis pauvres; car la gloire de donner l'emportait jadis sur les titres et les faisceaux. » (*Sat.* V, 108.) D'ailleurs Sénèque eût-il écrit sa propre satire dans ce volumineux traité *des Bienfaits* où il prêche avec tant d'âme et de délicatesse une vertu dont il aurait été bien loin, si l'on voulait en croire Suilius? Nous n'insisterons pas sur la frugalité de Sénèque, dont vingt endroits de ses *Lettres* font foi : on pourrait l'attribuer à la faiblesse de complexion, aux maladies dont il nous dit lui-même qu'il fut presque constamment assiégé. Dion Cassius, au livre LIX de son histoire, avait dit : « Sénèque, qui surpassa en sagesse et tous les Romains de son temps et bien d'autres personnages renommés, faillit périr sous Caligula, bien qu'il fût innocent et n'eût même encouru aucun soupçon. » On a donc droit de s'étonner que plus loin ce même Dion ait répété, exagéré même les accusations de Suilius contre le faste et l'hypocrisie du ministre de Néron : « Il avait, dit-il, cinq cents tables de cèdre (ou citre) montées en ivoire, toutes pareilles, *où il prenait de délicieux repas.* » Nous demanderons s'il est bien possible que le moraliste qui déclame si fortement, au livre VII, c. IX *des Bienfaits*, contre le fol engouement qu'on avait pour ces tables, *dont chacune valait un riche patrimoine*, en possédât lui-même un si grand nombre? Et Pline, qui reproduit les mêmes anathèmes philosophiques contre cette sorte de luxe (livres XIII et XVI), qui cite, outre la table de Cicéron, l'une des plus anciennes de ce genre, la plupart de celles qu'on voyait à Rome, eût oublié de mentionner les cinq cents tables de Sénèque, eût négligé un si heureux texte de déclamation, n'eût pas tonné contre le philosophe qui se serait condamné si gauchement dans ses propres écrits? A-t-on ici le vrai texte de Dion, ou son abréviateur Xiphilin y aura-t-il intercalé cette imputation plus absurde encore que les diatribes de Suilius? On se l'est demandé: il importe peu de le savoir. Ce Dion, généralement accusé par tous les biographes d'injustice et de dénigrement jaloux envers les personnages les plus marquants de l'histoire, et que Crévier appelle le *calomniateur éternel de tous les Romains vertueux*, ne manque pas d'affirmer que Sénèque avait inspiré à Néron le dessein de tuer sa mère Agrippine. L'assertion ici est trop forte pour mériter qu'on la discute. Sur ce point, comme pour les principaux traits de la vie de Sénèque, nous préférons nous en rapporter à l'honnête Tacite, presque contemporain du philosophe. Dion n'écrivit qu'un siècle après, et nous venons de voir ce que vaut son témoignage. Suilius et Dion, voilà pourtant les seules sources d'où découlèrent toutes les imputations dont on a flétri la mémoire du ministre de Néron : de siècle en siècle, la malignité les a accueillies complaisamment et sans examen. Suétone, très-bref sur notre auteur, ne nous apprend rien à son égard qui ne soit dans Tacite. Ce dernier seul pourra donc et devra nous guider[1].

1. « Je ne crois aucunement le tesmoignage de Dion l'historien. Car outre qu'il est inconstant, qu'après avoir appelé Sénèque très sage tantost, et tantost ennemy mortel des vices de Néron, le fait ailleurs avaricieux, usurier, ambitieux, lasche, voluptueux, et contrefaisant le philosophe à fausses enseignes; sa vertu paroist si vive et vigoureuse en ses escrits, et la défense y est si claire à aucune de ces imputations, comme de sa richesse et despense excessive, que je n'en croirois aucun tesmoignage au contraire. Et d'avantage, il est bien plus raisonnable de croire en telles choses les historiens romains, que les Grecs et estrangers. Or Tacitus et les autres parlent très honorablement et de sa vie et de sa mort, et nous le peignent en toutes choses personnage très excellent et très vertueux. Et je ne veux alléguer autre reproche contre le jugement de Dion, que celuy-ci, qui est inévitable : c'est qu'il a le sentiment si malade aux affaires romaines qu'il ose soutenir la cause de

Voici ce qu'il dit du rôle que jouèrent Sénèque et Burrhus lors de la mort d'Agrippine, après le naufrage simulé où une première tentative de meurtre échouée avait laissé voir clairement à celle-ci que son fils en était l'auteur : « Néron, éperdu de frayeur, s'écrie que sa mère va venir, avide de vengeance, armer ses esclaves, soulever peut-être les soldats, faire appel au sénat et au peuple, leur dénoncer son naufrage, sa blessure et le meurtre de ses amis ; quel secours lui reste-t-il, à lui, si Burrhus et Sénèque n'avisent à le sauver ? Il les avait mandés en toute hâte ; on ignore si auparavant ils étaient instruits. Tous deux gardèrent un long silence pour ne pas faire de remontrances vaines ; ou croyaient-ils les choses arrivées à ce point extrême que, s'il ne prévenait Agrippine, Néron était perdu ? D'ordinaire plus prompt à s'ouvrir, enfin Sénèque regarda Burrhus et lui demanda si l'on ordonnerait ce meurtre aux soldats. Burrhus répondit que les prétoriens, attachés à toute la maison des Césars et pleins du souvenir de Germanicus, ne se permettraient aucune violence contre sa fille ; qu'Anicet achevât ce qu'il avait promis. Celui-ci, sans balancer, demande à consommer le crime. A cette offre, Néron s'écrie : « D'aujourd'hui l'em-
« pire est à moi, et ce magnifique présent, *je le tiens de mon*
« *affranchi!* (*Annal.*, XIV, VII). » Plus tard, Néron rappelle encore à Anicet que, seul, il avait sauvé la vie du prince des complots d'Agrippine (*Ibid.*, XIV, LXII). Tout ce récit, cette stupéfaction de Sénèque, dont la parole était habituellement si prompte, sa question à Burrhus qu'il savait bien devoir amener une réponse négative, puis l'exclamation finale de Néron, prouvent surabondamment que Burrhus et Sénèque ne furent ni conseillers ni complices du crime. Burrhus seul connaissait le complot ; son mot sur Anicet le prouve, et ce fut d'après son conseil, dit Tacite, que les centurions vinrent après le meurtre consoler et flatter Néron en proie à un

---

Julius César contre Pompéius, et d'Antonius contre Cicero. » Montaigne, liv. II, chap. XXIII.

affreux délire, et qui semblait attendre sa dernière heure.
« Retiré à Naples, Néron envoya au sénat une lettre dont voici la substance : On avait surpris, armé d'un poignard, un assassin, Agerinus, intime confident d'Agrippine et son affranchi; et la conscience du crime ourdi par elle l'avait portée à s'en punir. Il l'accusait en outre, reprenant les choses de plus haut, d'avoir voulu l'association à l'empire, et que les cohortes prétoriennes prêtassent le serment à une femme, se flattant qu'elle humilierait de la même façon le sénat et le peuple; frustrée dans ses vœux, elle se vengea sur les sénateurs, le peuple et les soldats; elle dissuada le prince de faire des libéralités au peuple et aux troupes, et trama la perte des plus illustres citoyens.... Puis venaient les détails du naufrage; mais nul n'était assez simple pour le croire fortuit, pour croire qu'une femme, à peine sauvée des flots, eût envoyé un homme seul, avec une arme, briser le rempart que formaient autour de l'empereur et ses cohortes et ses flottes. Aussi, laissant Néron, dont la barbarie avait dépassé toute indignation, *une rumeur malveillante courait sur Sénèque et lui imputait cet écrit*, aveu trop clair du parricide. » (*Annal.*, XIV, xi[1].)

Tel est le récit de Tacite et la base sur laquelle on s'est

---

1. *Adverso rumore Seneca erat, quod oratione tali confessionem scripsisset.* Le meilleur interprète de Tacite, Burnouf, a traduit comme nous, sauf un trait important mal rendu : « Aussi ce n'était plus sur Néron que tombait la *censure publique* (*censure publique*, pour *rumor*, est de beaucoup exagéré); sa barbarie était trop au-dessus de toute indignation; c'était sur Sénèque, auquel on reprochait d'avoir tracé dans ce discours un horrible aveu. »
Remarquons d'abord ce subjonctif *quod scripsisset*, mis au lieu de l'affirmatif *scripserat*. La première forme exprime un doute réel, une allégation à prouver; prenons même la phrase dans le sens plus net : *Rumor erat Senecam scripsisse, le bruit courait qu'il avait...*, ce ne serait toujours qu'un *on dit*. *Quod* ne signifie point ici *parce que*, mais *que, comme quoi il aurait*, locution de procédure qui a passé de nos jours dans le journalisme, *aux faits divers*, locution ordinaire aux meilleurs auteurs latins de tout âge, après les verbes *croire, désirer, prétendre, accuser, raconter* et autres analogues : voir Vossius, *De Grammat.*, liv. VII, chap. xx et lxii, où il cite à foison Plaute,

fondé pour accuser Sénèque d'avoir fait l'apologie du meurtre d'Agrippine. Suétone n'en dit pas un mot. Sur quoi donc l'appuierait-on? Non pas sur l'opinion de Tacite qui passe outre, à son ordinaire, mais sur une *rumeur* née du vague besoin de trouver un complice à qui se prendre, parce que le coupable avait lassé l'indignation. On avait sous la main Sénèque, qui avait enseigné la rhétorique à Néron, qui lui rédigeait ses discours *au début du règne* : il avait dû écrire la lettre; la rumeur raisonna ainsi. Une forme grammaticale mal comprise fit le reste pour le gros des lecteurs; et l'on prit pour le jugement même de Tacite ce qu'il relatait comme un simple bruit, un bruit *malveillant et faux*[1].

D'ailleurs Néron, bourrelé de remords, inquiet sur son retour à Rome, redoutant une insurrection, ne se fiant plus ni au dévouement du sénat ni à l'affection du peuple (et cet état moral durait encore, dit Tacite, quelques jours après l'envoi de sa lettre), Néron, en de tels moments, n'était pas homme à imposer à Sénèque la justification du crime; et la crainte d'être puni comme complice, la prudence la plus simple eût suffi à Sénèque pour s'y refuser, à défaut même de courage. Si Néron, dans son trouble et son épouvante, n'a pas

---

Cicéron, *Sénèque*, Pline le jeune, etc. Finissons par cette phrase si étrangement concordante et si concluante de Quintilien, lequel est de l'âge de Tacite par le style : *Socrates accusatus est* quod *corrumperet juventutem.* (*Instit. Orat.* IV, xv.) Traduira-t-on : *Socrate fut accusé parce qu'il corrompait...*, ce que n'admet certes ni Quintilien ni personne?

1. Ces deux mêmes mots *adverso rumore* se retrouvent en effet dans Tacite, à propos du général Suetonius *faussement* accusé de trahison par la multitude : *Apud paucos ea ducis ratio probata, in vulgus adverso rumore fuit.* (*Hist.*, II, xxvi.) *Approuvé du petit nombre, ce calcul du chef fut interprété en mal par la multitude.* Traduction de Burnouf, qui ajoute en note : « Tacite a dit; *Sup.* xxiii, que les soldats prêtaient de coupables motifs à toutes les actions de leurs chefs; et, I, lxxiii, il a exprimé par *adversa fama* une interprétation *maligne* et défavorable. » Donc, dans ces deux cas, comme dans notre note précédente, l'épithète de Tacite désigne une calomnie au lieu d'une vérité.

pu dicter lui-même son message au sénat, il ne manquait pas de rédacteurs suffisamment habiles pour le composer à sa place.

> Cette cour de Néron, en esclaves fertile,
> Pour un que l'on cherchait en eût présenté mille
> Qui tous auraient brigué l'honneur de s'avilir.

Anicet, qui avait tout imaginé, tout consommé, était le plus propre à cette besogne : héros de l'affaire, il en était le narrateur tout trouvé. Qu'ensuite l'empereur ait jugé à propos de répandre le bruit qui attribuait la rédaction à Sénèque, la chose est possible ; le démenti ne l'était pas : l'eût-on admis, quand le sénat tout entier décrétait des actions de grâces aux dieux et inscrivait parmi les jours heureux le jour de la mort d'Agrippine ? Et puis, Tacite lui-même ne prouve-t-il pas plus bas, implicitement, que Sénèque n'a pu démentir ainsi sa vie passée, ses principes d'honnête homme et de stoïcien ? En effet, quand, peu après, Burrhus mourut de maladie ou de poison, dit l'historien, il ajoute : « Cette mort brisa la puissance de Sénèque : *le parti de la vertu était affaibli d'un de ses chefs.* » Et ailleurs, à propos de la conjuration de Pison, il raconte que les conjurés avaient décidé qu'on donnerait l'empire à Sénèque, comme à un homme *sans reproche*, appelé au rang suprême par *l'éclat de ses vertus*[1].

Enfin, le sévère historien eût-il rapporté sans observation, sans la moindre épithète restrictive, ces mots de Sénèque mourant à ses amis : « Je vous laisse le seul bien, mais *le plus précieux qui me reste*, l'image de ma vie ? » et quelques

---

[1] *Annal.*, XV, LXV. Nouvelle preuve qu'ils ne le regardaient pas comme l'apologiste du parricide, qu'ils n'étaient pas guidés par le *rumore adverso*. De là aussi ces vers de Juvénal :

> Si Rome en liberté votait dans ses comices,
> Quel être si pervers, si gangrené de vices,
> A Sénèque oserait préférer un Néron ?
>   Satire VIII, 210, trad. de Dubos

lignes plus haut cette réponse du même Sénèque au tribun chargé de l'interroger : « Je n'ai pas l'esprit enclin à la flatterie, et Néron le sait mieux que personne : il a plus souvent trouvé en moi un homme libre qu'un esclave. » Et ces autres mots : « Que restait-il à l'assassin de sa mère et de son frère que d'être aussi le bourreau du maître qui éleva son enfance ? » Et quand Tacite eût négligé ici de rappeler la fameuse lettre au sénat, Sénèque, en face de la mort, eût-il pu refouler ce souvenir accablant et osé parler de la sorte, avec cette fière sérénité ?

Évidemment, Tacite jugeait Sénèque comme nous le jugeons ici. Il ne trouva pas non plus à le blâmer, comme ont fait tant de rigides censeurs modernes, d'être resté à la cour quelque temps encore après la mort d'Agrippine. Ce qu'il dit de Burrhus, resté aussi auprès de Néron, et « dont la mort laissa dans Rome un regret immense, à cause du souvenir de ses vertus et du choix de ses successeurs, » remarque certes plus approbative que critique, est plus applicable encore à Sénèque, dont l'influence morale lutta et dut lutter jusqu'au bout contre le crédit des méchants « vers lesquels Néron penchait de plus en plus. » (*Annal.*, XV, LII.) Demeuré seul, il fut attaqué par eux comme il l'avait été par Suilius ; ils disaient : « Censeur injuste et public des amusements du prince, il lui refuse le mérite de bien conduire un char ; il rit de ses accents, toutes les fois qu'il chante. *Tout ce qui se fait de glorieux dans l'État, le croira-t-on toujours inspiré par cet homme ?* » (*Ibid.*, *ibid.*) Quel aveu ! et, qu'on nous permette de le dire, quelle justification !

Sénèque dut enfin songer à se retirer. On peut voir dans Tacite le discours qu'il adressa à Néron pour obtenir de quitter la cour et les affaires, et l'offre qu'il fit à l'empereur de lui restituer tous les biens qu'il tenait de lui, *qu'il n'avait pas dû repousser, mais qui irritaient l'envie contre leur possesseur.* Néron, dans un discours perfidement étudié, repoussa sa demande et refusa la restitution de sa fortune : « Toute grande qu'elle paraisse, ajouta-t-il, que d'hommes, fort au-dessous de ton mérite, ont possédé davantage! J'ai honte de citer des affranchis qui étalent une tout autre opulence. »

Ainsi retenu malgré lui, Sénèque supprima le train de sa maison, écarta la foule des visiteurs et changea les habitudes d'une faveur qui n'était plus. Cependant il se mêlait encore de l'administration et voyait quelquefois l'empereur; il le félicita un jour de s'être réconcilié avec le vertueux Thraséas, « franchise qui augmentait tout ensemble la gloire et les périls de ces deux grands hommes. » (*Annal.*, XV, xviii.)

« Quelques historiens rapportent que du poison fut préparé pour Sénèque par un de ses affranchis nommé Cléonicus, sur l'ordre de Néron, et que le philosophe échappa soit par la révélation de l'affranchi, soit par défiance et grâce à la simplicité de sa nourriture : car il vivait de fruits sauvages et se désaltérait avec de l'eau courante (*Annal.*, XV, xlv.)

La conspiration de Pison devint le prétexte qui perdit Sénèque, « non que rien prouvât qu'il eût eu part au complot; mais Néron voulait achever par le fer ce qu'il avait en vain tenté par le poison. » Tacite poursuit en ces termes : « Le prince demanda si Sénèque se disposait à quitter la vie. Le tribun assura qu'il n'avait remarqué en lui aucun signe de frayeur, qu'aucune tristesse n'avait paru dans ses discours ni sur son visage. Il reçoit l'ordre de retourner et de lui signifier qu'il fallait mourir.... Sénèque, sans se troubler, demande son testament. Sur le refus du centurion, il se tourne vers ses amis, et déclare que, puisqu'on l'empêche de reconnaître leurs services, il leur laisse le seul bien, mais le plus précieux qui lui reste, l'image de sa vie; que, s'ils gardent le souvenir de ce qu'elle eut d'estimable, cette fidélité à l'amitié leur serait un titre de gloire. Ses amis pleuraient; lui, par un langage tantôt familier, tantôt vigoureux et sévère, les rappelle à la fermeté, leur demandant ce qu'ils avaient fait des préceptes de la sagesse; où était cette raison qui se prémunissait depuis tant d'années contre les coups du sort? Tous ne connaissaient-ils pas la cruauté de Néron? et que restait-il à l'assassin de sa mère et de son frère, que d'être aussi le bourreau du maître qui éleva son enfance?

« Après ces exhortations, qui s'adressaient à tous également, il embrasse sa femme, et, s'attendrissant un peu à cette lugubre scène, il la prie, il la conjure de modérer sa douleur, de ne pas la garder sans fin, mais de chercher, dans la contemplation *d'une vie consacrée à bien faire*, de nobles consolations à la perte d'un époux. Mais Pauline proteste qu'elle aussi est décidée à mourir et demande avec instance l'exécuteur pour la frapper. Sénèque alors ne voulut pas lui ravir cette gloire; sa tendresse d'ailleurs craignait d'abandonner aux outrages une femme qu'il chérissait uniquement. « Je t'avais montré, dit-il, ce qui pouvait te gagner à la vie: « tu préfères l'honneur de mourir : je ne t'envierai pas le « mérite d'un tel exemple. Que la part de courage dans cette « grande épreuve soit égale entre nous : la gloire de ta fin « sera plus grande. » Aussitôt, avec le même fer, ils s'ouvrent les veines des bras. Sénèque, dont le corps affaibli par l'âge et par l'abstinence laissait trop lentement échapper le sang, se fait couper aussi les veines des jambes et des jarrets. Bientôt dompté par d'affreuses douleurs, il craignit que la vue de ses souffrances n'abattît le courage de sa femme et que lui-même, aux tourments qu'elle endurait, ne pût se défendre de quelque faiblesse; il l'engagea à passer dans une autre chambre. Puis, retrouvant jusqu'en ses derniers moments toute son éloquence, il appela des secrétaires et leur dicta un assez long discours. Comme on a publié le texte même de ses paroles, pour ne les point changer, je m'abstiendrai d'en reproduire le sens.

« Néron, qui n'avait contre Pauline aucune haine personnelle, et qui craignait de soulever les esprits par trop de cruauté, ordonna qu'on l'empêchât de mourir. Pressés par les soldats, les esclaves et les affranchis de Pauline lui bandent les bras et arrêtent le sang. On ignore si ce fut à son insu : car (telle est la malignité du vulgaire) il ne manqua pas de gens qui pensèrent que, tant qu'elle crut Néron implacable, elle ambitionna l'honneur de mourir avec son époux, puis que, flattée d'une plus douce espérance, elle avait cédé à l'attrait de vivre. Elle survécut quelques années seulement, noblement fidèle à la mémoire de son mari[1]; et la pâleur de ses traits et la blancheur de ses membres faisaient assez voir combien de force vitale elle avait perdu.

« Comme la mort était lente à venir, Sénèque se fit apporter du poison.... de la ciguë, qui ne put agir sur des membres déjà froids et des vaisseaux rétrécis. Enfin il entra dans un bain chaud, et jetant quelques gouttes d'eau sur les esclaves qui l'entouraient : « J'offre, dit-il, cette libation à Ju-« piter libérateur[2]. » De là il fut porté dans une étuve dont la vapeur l'étouffa[3]. »

Ainsi mourut Sénèque, âgé de soixante-trois à soixante-quatre ans. Les grands traits de sa vie politique furent honnêtes, vertueux, profitables à tout l'empire. L'énorme tâche d'élever un Néron, de l'apprivoiser, de lui disputer ses victimes, souvent de les lui arracher, fut suivie à peine d'un

---

1. Cet éloge concorde admirablement avec ce que Sénèque, malade peu de temps auparavant, et songeant, comme on va le voir, à prévenir la mort, écrivait à Lucilius son ami : « Ma Pauline est cause que ma santé a plus de prix pour moi. Oui, *comme je sais que sa vie tient à la mienne*, je commence, par égard pour elle, à m'écouter un peu : et aguerri par la vieillesse sur bien des points, je perds sur celui-ci le bénéfice de mon âge. Je me représente que dans ce vieillard respire une jeune femme qu'il faut ménager; et comme je ne puis gagner sur elle d'être aimé avec plus de courage, elle obtient de moi que je m'aime avec plus de soin. Il faut condescendre à nos légitimes affections, et quelquefois, *quand tout nous presserait de mourir*, à la pensée des siens il faut, même au prix de la souffrance, rappeler à soi la vie et retenir le souffle qui s'exhale. » *Lettre* CIV. C'est cette Pauline dont Dion Cassius dit qu'elle fut contrainte par Sénèque à partager son supplice.

2. Thraséas, peu après, fit avec son sang la même libation. Socrate mourant avait dit : « Nous devons un coq à Esculape. » Nobles et ingénieux symboles par lesquels ces trois martyrs rendaient grâce au Dieu qui les délivrait des maux de cette vie.

3. Tacite, *Annal.*, XV, LXI *et suiv.* Nous avons généralement suivi la traduction de Burnouf.

commencement de succès ; pourtant ne faut-il pas lui savoir gré, comme l'histoire, de cette trêve, si courte quelle fût, quatre à cinq ans à peine, qu'il obtint pour l'humanité? Et de quelle foule d'atrocités sa mort fut le signal ! Sans doute quelques faiblesses ont déparé cette vie : des flatteries à Claude et au ministre de Claude pour être rappelé de l'exil, une virulente satire contre ce même Claude, quelques complaisances, qui n'étaient pas toutes forcées, pour Néron, un peu trop d'attachement peut-être à ces richesses dont il fit d'ailleurs un noble usage ; mais ses services rendus, ses résistances au despote qu'il dut payer enfin de sa mort, et la beauté même de cette mort rachètent et surpassent de beaucoup, aux yeux de tout juge impartial, des torts comparativement bien légers.

Il nous reste à apprécier Sénèque comme philosophe et comme écrivain.

Le plus considérable et en général le plus vrai des jugements portés sur lui est à coup sûr celui de Quintilien. L'œuvre de ce rhéteur parut sous Domitien, odieux tyran qu'il divinisa, qu'il loua même comme grand poëte, « ce qui devait coûter davantage à sa conscience de critique, » selon la juste et fine remarque de M. Villemain. « Il le félicite aussi *d'avoir banni les philosophes*; il s'indigne que ces hommes se soient crus *plus sages* que les empereurs, et les accuse dans les mêmes termes dont les délateurs s'étaient servis contre Thraséas[1]. » Quintilien, auteur de froides et emphatiques déclamations, gauche imitateur, dans ces études, de la manière brillante de Sénèque, n'en restait pas moins admirateur des Grecs et de Cicéron. C'était le chef officiel et pensionné de la réaction classique contre la nouvelle école dont Sénèque avait été le plus illustre représentant. Il porta si loin l'acrimonie trop commune aux querelles littéraires qu'on l'accusa, il le dit lui-même, d'être l'ennemi personnel de Sénèque. Chargés tous deux

---

1. *De la corruption des lettres romaines*, par M. Villemain, 1846.

de l'éducation des jeunes princes de leur temps, Sénèque était devenu ministre, Quintilien resta simple particulier : cela fut-il chez lui un motif d'inimitié jalouse? Toujours est-il qu'il accueillit le bruit le plus odieux qui ait couru contre le ministre de Néron, bruit qu'il rappelle d'une manière assez inattendue, à propos d'une figure de rhétorique [1]. Le rhéteur courtisan gardait ici au philosophe la rancune dont on vient de le voir faire hommage à Domitien. Chose singulière, mais presque inévitable chez les critiques même les plus rétrogrades par le goût, bien qu'eux aussi parlent la langue de leur époque, Quintilien dans son style est plutôt du siècle de Sénèque que de celui d'Auguste : on peut le voir par le passage même que nous allons traduire de lui et où abonde, notamment, la forme antithétique, tant reprochée à notre auteur.

« En traitant de tous les genres de bien dire, j'ai tout exprès réservé Sénèque pour la fin, à cause d'une opinion répandue faussement sur mon compte, parce qu'on a cru que je condamnais cet écrivain, que j'étais même son ennemi. Ce reproche m'atteignit au temps où je luttais de toute ma force pour rappeler à des règles plus sévères notre éloquence corrompue et énervée par toutes sortes de vices. Sénèque alors était presque seul entre les mains de la jeunesse. Je ne voulais point certes l'en arracher tout à fait, mais je ne souffrais pas qu'on le préférât à d'autres qui valent mieux et qu'il n'avait cessé d'attaquer [2]); car sentant bien que sa manière différait de la leur, il avait quelque doute qu'elle pût plaire à ceux auxquels ces écrivains plaisaient. Or on l'aimait plus qu'on ne savait l'imiter, et l'on tombait plus bas que lui, autant que lui-même était resté inférieur aux

---

1. Rien que la répétition d'un mot produit quelquefois une pensée. Ainsi, dans la lettre envoyée au sénat après le meurtre d'Agrippine, Sénèque fait dire à Néron qui feignait d'avoir couru un grand péril : « Je ne me crois pas encore sauvé, ni ne m'en réjouis. (*Institut. Orat.* » VIII, v, § 18.)

2. Ceci nous semble excessif. Du moins, dans les volumineux ou-

anciens. Encore si on l'eût égalé ! si du moins on eût approché d'un tel homme ! mais on ne l'aimait que pour ses défauts : chacun s'appliquait à en reproduire ce qu'il pouvait, puis, se vantant d'écrire comme lui, le discréditait par là même.

« Sénèque avait de nombreuses et grandes qualités, génie facile et abondant, beaucoup d'études, vastes connaissances que trompèrent parfois néanmoins ceux qu'il chargeait de certaines recherches. Il a cultivé presque toutes les branches de la littérature : on cite en effet de lui des discours, des poésies, des lettres et des dialogues. Peu arrêté dans ses doctrines philosophiques, du reste il excelle dans la censure des vices, il offre une multitude de pensées remarquables, beaucoup de choses à lire pour le profit des mœurs ; mais sa façon de dire, en général peu saine, est d'un exemple d'autant plus dangereux qu'elle abonde en défauts séduisants. On voudrait qu'il eût écrit avec son génie, guidé par le goût d'un autre ; car s'il eût dédaigné certains ornements ou s'il les eût un peu moins recherchés, s'il n'eût pas été amoureux de tout ce qui tombait de sa plume, s'il n'eût pas rapetissé par les plus futiles pensées l'importance des sujets, le suffrage de tous les gens éclairés, plutôt que l'engouement de la jeunesse, lui serait acquis. Tel qu'il est pourtant, des esprits déjà sûrs et qu'un genre plus sévère a suffisamment affermis le doivent lire, par cela même qu'il peut doublement exercer le goût : car il y a chez lui, je le répète, beaucoup à louer, beaucoup même à admirer ; il ne faut qu'avoir soin de choisir, et plût aux dieux qu'il l'eût fait lui-même ! Elle méritait de vouloir mieux faire, cette riche nature qui a fait tout ce qu'elle a voulu [1]. »

vrages qui nous restent de lui, à côté de grands éloges et sauf quelques traits fort ménagés où il relève, comme on l'a pu faire de tout temps, certaines rédondances cicéroniennes, on ne peut voir en Sénèque le détracteur d'aucun écrivain du grand siècle. Ovide seul est l'objet de sa censure méritée. Toutes ses critiques littéraires ne sont pas moins judicieuses que celles de Quintilien lui-même.

1. Quintilien, *Instit. Orat.* X, II. Texte latin de Lemaire.

Venant d'un ennemi littéraire, presque d'un contemporain peu novateur, en théorie du moins, cet éloge doit sembler assez beau; du moins est-il méritoire pour celui qui le donne C'est surtout comme professeur de style que Quintilien porte son jugement : il estime, il admire le fond, c'est à peu près la forme seule qu'il critique. Rollin, qu'on a surnommé le Quintilien français, va un peu plus loin : « Sénèque, dit-il, est un esprit original, propre à donner de l'esprit aux autres et à leur faciliter l'invention. » (*Traité des Études*, liv. II, chap. III.) « Le fond de Sénèque est admirable : nul auteur ancien n'a autant de pensées que lui, ni si belles, ni si solides. » (*Hist. anc.*, t. XII.) Laharpe lui-même, détracteur passionné de Sénèque, parce que Diderot, qu'il prenait à partie comme libre penseur, s'en était fait l'admirateur outré, dit expressément : « Il n'y a guère de page de cet auteur qui n'offre quelque chose d'ingénieux, soit par la pensée, soit par la tournure. »

On a reproché avec raison à Sénèque un style coupé, procédant par sentences, concis dans la forme et l'expression, redondant et diffus dans les idées, décochant un trait après un autre et manquant trop souvent de liaison. Caligula, son envieux émule au barreau, avait bien noté ce dernier point, lorsqu'il a dit spirituellement de ses compositions que c'était *du sable sans chaux* (*arena sine calce*.) Sa diction, exempte de l'obscurité naturelle ou cherchée de presque tous ses contemporains, est d'une précision qui brille par la propriété des termes, mais qui n'est pas toujours de la rapidité; il s'attache à la coupe des phrases, à l'opposition des mots; il tourne très-vite mais très-longtemps autour de la même idée. Il ne s'asservit à aucun plan, même dans ses traités de longue haleine, magnifiques et incomplètes ébauches, où néanmoins les traits essentiels du sujet sont saisis et marqués d'une lumière vive et frappante. Mais sous ces couleurs jetées plutôt que fondues, sous ce luxe pittoresque et inépuisable, à travers ces répétitions d'idées parfois semées de contradictions ou monotones, parfois nuancées de teintes nouvelles et plus riches que les premières, que de pensées hardies, grandes, fortes, souvent même sublimes ! Il abuse aussi de l'antithèse ; et cette forme de langage lui est devenue si familière que sa pensée, même la plus simple et la plus heureuse, s'y jette et en ressort mainte fois brillante et fraîche comme de son moule naturel : la plupart de ses mots les plus cités sont des antithèses. Il rappelle par là notamment saint Augustin qui l'admirait et l'imitait fort. Il est fréquemment emphatique, trop tendu dans l'idée comme dans l'expression ; il a une certaine uniformité de grandeur qui semble craindre de descendre, défaut qui tient à plus d'une cause, à son pays, à son éducation, à son siècle, aux doctrines stoïciennes enfin. Né Espagnol, comme Lucain, Florus, Martial, Silius Italicus, Quintilien, et fils d'un rhéteur de profession, et nourri plus que tout autre de *déclamations*, parmi *les cris de l'école*, comment, sous cette double tendance, n'eût-il pas reproduit l'enflure castillane et ce parler sonore et grandiose que ne sut pas tempérer comme lui son neveu Lucain ? Ce n'est pas que la vraie grandeur soit étrangère à Sénèque, loin de là, non plus que la délicatesse de ton et l'esprit de mesure : nous ne parlons ici que des défectuosités de sa manière.

L'introduction des étrangers dans la cité romaine, le grand nombre d'idées et d'images nouvelles mises par eux en circulation, la suppression de la tribune politique, l'oppression générale, l'énervement des âmes et la corruption croissante des mœurs avaient amené celle de l'éloquence. Sénèque, comme tout grand écrivain, était doué d'un sens critique éminemment juste. Çà et là, surtout dans ses lettres, il censure dans autrui avec une exactitude frappante une grande partie des défauts qu'il tenait à son insu du milieu littéraire et moral dans lequel il vivait ; son juge le plus expert, son censeur le plus sûr, plus délicat encore que Quintilien, ç'a été lui-même. Il a signalé l'influence de son siècle sur la pureté du langage, notamment dans sa lettre CXIV, où il démontre éloquemment que la littérature, comme on l'a répété de nos jours, est l'expression de la société. Ajoutons que cette corruption morale, ces débauches monstrueuses et les sanglants excès de gouvernements non moins monstrueux provoquaient dans les âmes honnêtes une violence et une exagération de résistance qui les poussaient à dépasser la mesure et les convenances du goût[1]. Du moins, quant au fond, tout est loin d'être hyperbolique dans les peintures de notre philosophe, comme il le semblerait aux esprits de nos jours témoins de mœurs relativement si douces : il donne le tableau vivant et fidèle de faits contemporains. Le stoïcisme, dont les doctrines échauffent et inspirent la majeure partie de ces pages, entretint aussi chez Sénèque cette tendance à outrer le vrai, cette ferveur de prédication rigide, enthousiaste, surhumaine parfois, reprochée à l'écrivain comme à la secte. Rappelons pourtant que, par une heureuse inconséquence et grâce à sa raison supérieure, il n'est pas toujours resté à cette hauteur exagérée des principes de Zénon : il les a plus d'une fois mitigés, répudiés même. Si Quintilien lui compte comme grief d'être *peu arrêté dans ses doctrines philosophiques*, tant mieux pour son livre, dirons-nous, il n'est plus serf d'une école, emprisonné dans un système, il choisit, il est libre, il est lui enfin. Aussi ne cesse-t-il de revendiquer son indépendance d'opinion ; en maint endroit il répète : « Nous ne sommes pas sous un roi. J'admire les stoïciens par-dessus tous les autres : ce sont des hommes ; les autres philosophes ne semblent auprès d'eux que des femmes ; mais dans toutes les écoles, il y a à admirer. Platon, Épicure disent souvent la vérité. Tout ce qui est vrai m'apppartient. » Lettres XXXIII, XLV, LXXX et *passim*.

Sénèque est un philosophe, non de théorie, mais d'esprit pratique : c'est un puissant propagateur de vérités faites pour

---

[1]. « Sous Caligula, sous Claude, sous Néron, lorsque le despotisme, au lieu d'être froidement pervers, s'emportait en frénésie barbare, l'imagination des écrivains prit quelque chose de cette folie désordonnée et de ces affreux caprices qu'ils avaient devant les yeux. » Villemain, *Corruption des lettres romaines*.

l'usage, un précepteur de morale, un vrai directeur de conscience. Voilà son grand mérite et sa gloire. Jusqu'à nos prédicateurs et nos moralistes modernes, il n'y a pas de plus fin, de plus profond observateur des travers et des vices du cœur humain. Si le sage du Portique, cet idéal, cette chimère enfantée, a-t-on dit, par l'orgueil, est le type ordinaire de ses tableaux, de ses exhortations les plus vives, s'il a peint l'homme plus grand qu'il n'est, c'était, croyons-en ses paroles, pour le rendre aussi grand qu'il peut l'être : « Chaque fois qu'on se défie d'un homme à qui l'on impose une tâche, on doit lui demander plus qu'il ne faut pour en obtenir tout ce qu'il faut. L'hyperbole n'exagère qu'afin d'atteindre à la vérité par le mensonge. » (*Des Bienfaits*, VII, XXIII.)

La secte de Zénon, si admirée de Montesquieu qui était tenté d'en compter la destruction comme un des grands malheurs du genre humain, cette secte qui, dit-il, a retardé la chute de l'empire romain, n'outrait que les choses dans lesquelles il y a de la grandeur, le mépris de la douleur et des plaisirs. Elle avait créé non plus le citoyen de Rome ni d'une ville quelconque, mais l'ami de tous les hommes, sympathique, malgré ses dehors austères, à toutes les infortunes ; elle avait conservé, agrandi dans les âmes le sentiment de la dignité morale et de la résistance à l'oppression. Dans la vie publique comme dans la vie privée, au sénat, à la cour, elle apporta, sinon toute son influence, du moins ses nobles principes. Le stoïcisme était mieux qu'une secte ; c'était la religion des gens de bien. Les Néron, les Domitien lui firent une guerre acharnée ; la vénération des peuples en augmenta, et on le vit enfin monter sur le trône avec les Antonin qui furent les modèles des princes.

Respect de soi-même, protestations contre le vice, contre le despotisme, bienfaisance, amitié, pardon des injures, compassion pour les malheureux de toute race, unité du genre humain, égalité, droit commun de tous proclamé, résignation à la douleur et à la mort soit naturelle, soit forcée, glorification du suicide comme dernière voie ouverte à la liberté, voilà, entre autres sujets principaux, ce qui échauffe et remplit les pages passionnées de Sénèque. Sous les règnes affreux qu'il a vus, sous cette *Terreur* qui dura pour lui plus d'un quart de siècle, dans cet empire immense où la tyrannie partout présente fermait toute issue à la fuite, quand toute renommée, richesse ou vertu quelconque attirait la haine du maître, la mort volontaire devint comme une nécessité commune aux plus sages. Elle parut du moins la résolution la plus logique. De là encore ces suicides par fantaisie auxquels se livraient beaucoup de contemporains blasés de jouissances. Ceux-là, Sénèque les a flétris (*Lettre LXX*). La préparation à la mort est l'un de ses textes les plus fréquents. Il y revient si souvent, surtout dans ses lettres à Lucilius, écrites à l'époque de sa retraite des affaires, qu'on y découvre bien vite sa préoccupation personnelle et ses craintes trop fondées du sort que lui réservait Néron. Ainsi s'expliquent ces exhortations à son ami et à lui-même : car tous deux étaient menacés. Mais n'est-il pas touchant, quand on songe à la manière dont il sut mourir, de l'entendre dire dans sa *Lettre XXVI :* « Je me dispose donc, sans le craindre, à ce jour où, dépouillant tout fard et tout subterfuge, je vais, juge de moi-même, savoir si mon courage est de paroles ou de sentiment ; s'il n'y avait que feintes ou mots de théâtre dans tous ces défis dont j'apostrophais la Fortune. Arrière l'opinion des hommes toujours problématique et partagée en deux camps. Arrière ces études cultivées durant toute ta vie : la mort va prononcer sur toi.... J'accepte la condition et n'ai point peur de comparaître. »

Qu'il parle en son nom ou au nom du stoïcisme, la morale de Sénèque respire toujours le spiritualisme le plus élevé. Sur Dieu, sur la Providence, il énonce les idées les plus hautes, les plus chrétiennes même, et au fond pourtant son déisme n'est qu'une sorte de panthéisme. Sur la destinée de l'âme, il en est resté au doute de Cicéron. Tantôt il n'admet ni ne rejette le néant après cette vie ; tantôt il embrasse l'espoir d'une immortalité bienheureuse, et trouve alors des accents d'une hauteur incomparable. Mais en quoi il dépasse beaucoup la morale de Cicéron, c'est lorsqu'il flétrit avec une généreuse indignation la passion des Romains pour les spectacles de gladiateurs; c'est lorsqu'il réprouve les distinctions de nobles et de non nobles, lorsqu'il revendique les droits primitifs de l'esclave, l'égalité naturelle des hommes, sans en faire un texte à déclamations dangereuses, mais pour éveiller chez les maîtres les sentiments de justice, de pitié, de fraternité que le temps seul, depuis, aidé du christianisme, a fait prévaloir en partie et qui sont si loin encore d'avoir triomphé.

En maint endroit de ses écrits, il s'élève tour à tour avec ironie et avec véhémence contre les subtilités sophistiques de l'école stoïcienne. La pensée moderne, plus pratique, mais qui elle-même a passé en s'y perfectionnant par les arguties non moins fastidieuses de la scolastique, a peine à comprendre que des questions analogues fussent prises au sérieux par les meilleurs esprits du temps de Sénèque. Il était nécessaire que le bon sens en fît justice. Sénèque a entrepris cette tâche, surabondamment pour nous; mais il l'a dû faire, et le meilleur motif à en donner, c'est qu'il avait besoin lui-même d'achever de se guérir du mal commun pour lequel il gardait encore un reste de complaisance.

C'est surtout dans les préceptes de détail qu'il brille et qu'il triomphe; il revêt de couleurs éblouissantes les remarques physiologiques les plus délicates, des portraits qui semblent pris à La Bruyère, des observations profondes que son expérience de la cour et des hommes lui a fait recueillir. Dans l'antiquité, pas un moraliste ne l'a égalé. Son style vif et heurté, sa phrase courte, semée par instants de nuances chatoyantes, mais claires pour l'esprit attentif et bien plus faciles à saisir qu'à reproduire, le rhythme rapide, presque poétique, qui ne l'abandonne jamais et qui offre tant d'analogie avec le mètre varié des tragédies publiées sous son nom, enfin le don qu'il possède au plus rare degré de formuler sous le moins de mots possible une pensée frappante, marquée d'un sceau original et ineffaçable, telles sont en grande partie les qualités qui ont fait vivre ses écrits. On les a cités, on les cite comme ceux des grands poëtes qui en un vers ou deux ont concentré quelque règle morale, quelque saillie de bon sens, quelque vérité des plus applaudies. Sa prose en effet se retient comme des vers, et ses phrases ont fait proverbes. Il a dominé tout son siècle; les plus grands écrivains d'alors ont conservé de lui des reflets fort reconnaissables. Lucain, Juvénal, Quintilien, les deux Pline relèvent de lui; Florus, membre de sa famille, a, comme lui, la concision et la pompe des images; Tacite *ne tire pas mal à l'escrire de Sénèque,* dit Montaigne; Martial rappelle sa touche précise, sa netteté de trait, ses contrastes d'idées et de mots; plus d'un père de l'Église latine et même grecque l'a pratiqué et imité, saint Augustin surtout, Tertullien, saint Jérôme, Salvien. Le deuxième concile de Tours le cite avec respect. Montaigne a fait de lui ses délices : « Car, dit-il, il pique, éveille en sursaut, échauffe et ravit l'esprit; » et, l'associant à Plutarque : « Mon livre est maçonné de leurs dépouilles. » Ces *dépouilles*, il ne les avouait pas toutes; il les fondait dans son œuvre, et disait malignement de ses critiques : « Je veux qu'ils donnent une nasarde à Plutarque sur mon nez, et qu'ils s'eschaudent à injurier Seneque en moy. Il faut musser (masquer) ma foiblesse sous ces grands crédits. » (Liv. II, chap. x.) Du reste, le style rapide, figuré, sentencieux et fort souvent antithétique de Sénèque, se reconnaît plus aisément que ne croyait Montaigne dans sa phrase abondante, mais riche de menus détails. Nous en avons montré plus d'un exemple dans nos notes.

Après Montaigne, et au temps surtout où l'influence du génie espagnol prévalait chez nous, Sénèque fut prodigieusement lu et imité. Balzac, ce rénovateur en France de la prose oratoire et cicéronienne, y mêla encore plus d'emprunts faits à la manière grandiose ou ingénieuse de notre philosophe; Malherbe, qui pourtant n'a traduit que d'un style incolore beaucoup de ses lettres et de ses traités, lui a dérobé force traits brillants dont il para ses strophes. Enfin un autre poëte,

> Qui jamais de Lucain n'a distingué Virgile,

s'il faut en croire Boileau, le grand Corneille eut pour Sénèque une vive prédilection. Il a pris au traité *de la Clémence* l'épisode de Cinna; il a parsemé sa pièce d'imitations de ce traité, et presque toutes ses tragédies nous offrent des traces, des souvenirs visibles du penseur romain. Le barreau, les sermonnaires français le citèrent à l'envi et s'essayèrent à le reproduire pendant plus de deux siècles. Sous Louis XIV, les emprunts que lui firent nos grands écrivains furent plus discrets, mieux choisis, mieux déguisés; mais on peut affirmer qu'il n'en est pas un qui ne lui ait dû quelque chose. La prose académique du dix-septième siècle est au ton de Sénèque. Plus tard, l'homme qui semble avoir avec lui une sorte de parenté intellectuelle par la nature de son éloquence vive, paradoxale, *pleine de cris et de gestes*, mais souvent animée aussi d'une vraie chaleur et d'honnêtes inspirations, ce fut J. J. Rousseau. Il aimait Sénèque, il l'avait étudié, beaucoup plus dans Montaigne, ou à travers Montaigne, que dans ses écrits mêmes, bien qu'il ait traduit de lui l'*Apokolokyntose*. Aucun auteur français n'offre, selon nous, autant de traits de ressemblance avec le philosophe romain. Il est plus d'une page de l'un comme de l'autre qu'on dirait sortie d'un moule commun; on retrouve chez eux la même allure, les mêmes élans, la même fierté d'apostrophes, les confidences personnelles, les anecdotes qui servent de texte à des développements moins vrais dans l'ensemble que par les détails, les mêmes effets de rhythme et de cadence savante, de brusquerie heureuse, mais cherchée (*curiosa felicitas*), et jusqu'à ces frais et gracieux tableaux qui délassent de l'uniforme gravité des argumentations philosophiques. Ce dernier mérite brille dans la correspondance de Sénèque plus encore que dans le reste de ses écrits.

Un autre écrivain, J. de Maistre, rhéteur éloquent aussi et chez qui l'on peut signaler plus d'une affinité avec Rousseau comme avec Sénèque, a dit de ce dernier : « Je ne crois pas que dans les livres de piété on trouve, pour le choix d'un directeur, de meilleurs conseils que ceux qu'on peut lire dans Sénèque. Il y a telle de ses lettres que Bourdaloue et Massillon auraient pu réciter en chaire avec quelques légers changements. » Et il ne peut concevoir que Sénèque ait dû à lui seul ou à personne avant lui ce trésor d'idées et de morale pratique qu'il admire dans ses œuvres. Il rejette, il est vrai, la *Correspondance* de Sénèque et de saint Paul partout reconnue aujourd'hui pour apocryphe, mais il se tient pour sûr que Sénèque a entendu saint Paul et que de là vient sa supériorité sur tous les moralistes de l'antiquité. Cette thèse a été reprise récemment (1853) et développée en deux volumes par M. Amédée Fleury qui, allant plus loin que de Maistre, cherche à établir que Sénèque a été chrétien. Ce livre, fort érudit d'ailleurs, œuvre d'un zèle pieux qui se paye trop aisément de spécieuses invraisemblances, n'offre qu'une série d'inductions, de conjectures hasardées, mais sincères, que la critique contemporaine n'a pu admettre. L'Académie française, tout en rendant hommage au mérite de l'auteur, a dû écarter ses conclusions. Quant à la *Correspondance* de l'apôtre avec le philosophe, les seuls pères de l'Église qui en parlent, saint Jérôme et saint Augustin, peu éloignés de l'époque de Sénèque, ne le font que d'une manière dubitative ; et l'on voit dans la *Cité de Dieu* que saint Augustin ne croyait nullement au christianisme du philosophe, tout comme il ne dit rien des emprunts qu'il aurait pu faire aux livres saints. Tertullien a dit : *Seneca sæpe noster*, Sénèque qui est souvent des nôtres ; il voit en lui une âme *naturellement chrétienne*; pourtant Tertullien comme Lactance, presque contemporains de Néron, ne relatent ni la prétendue correspondance de Sénèque ni sa conversion. Lactance s'exprime même en ces termes : « Que peut-on dire de plus vrai sur Dieu que cet homme ignorant de la vraie religion? Il a touché la source même de la vérité, qu'il eût suivie sans doute, si quelque guide la lui eût montrée. » (Liv. VI, chap. XXIV.) « Bossuet, si versé dans toute antiquité, avec une imagination si amie de toute grandeur, n'a rien dit de cette communication prétendue dans les pages incomparables et toutes pleines d'allusions romaines qu'il a écrites sur saint Paul[1] » Sénèque lui-même ne fait nulle part mention des chrétiens; il n'a parlé que des Juifs avec lesquels il les confondait, comme Tacite, Pline le jeune et les Romains les plus éclairés, longtemps après lui, le faisaient encore; et ses rares allusions à leur culte sont empreintes d'une moqueuse ironie. On a allégué des mots, des phrases, des idées de Sénèque qui se rapprochent plus ou moins de certains passages de saint Paul; mais beaucoup de ces phrases ou sont mal interprétées ou offrent un sens philosophique tout contraire au sens chrétien; et outre qu'une grande partie des idées de l'auteur se retrouve dans les poëtes et philosophes grecs ou latins antérieurs à lui et dans les déclamateurs même de son temps, comme on peut le voir dans nos notes, nombre de ces idées, et des plus marquantes, appartiennent aux traités publiés par Sénèque avant les évangiles ou les épîtres de saint Paul. Et l'on sait d'ailleurs que les évangiles et les épîtres, depuis même leur apparition, sont restés fort longtemps secrets pour le public lettré, pour les profanes. Les livres de Sénèque publiés avant les livres saints sont: *le Traité de la colère*, *la Consolation à Marcia*, *la Consolation à Helvia*, *la Consolation à Polybe*. Aucune différence sensible ne distingue ces premiers ouvrages du philosophe de ses derniers, sous le rapport spiritualiste et religieux. L'hymne stoïcienne de Cléanthe, si antérieure dans l'ordre des temps, est, quant

---

1. *Rapport de M. Villemain à l'Académie française* (1854). On peut consulter en outre une excellente *Étude critique sur les rapports supposés entre Sénèque et saint Paul*, par M. Ch. Aubertin (1 vol. 1857), où les opinions de M. Amédée Fleury sont savamment réfutées.

aux idées, aussi près de l'Évangile que l'est Sénèque; et par sa métaphysique, celui-ci est moins chrétien que Platon. Eût-il eu la foi nouvelle, n'y eût-il fait que des emprunts, il ne se fût pas borné à des traits de doctrine isolés, il eût adopté franchement l'immortalité de l'âme, par exemple; il n'eût pas comparé, préféré même le sage à Dieu, ni balancé entre le hasard ou la fatalité stoïcienne et Dieu, ni penché vers la métempsycose, ni prêché le panthéisme et le suicide, ni basé toute sa morale sur l'orgueil du sage quand celle de l'Évangile est fondée sur l'humilité. La morale ne date pas du christianisme : il n'en a changé que les bases. Or la morale, celle des grands esprits et des nobles âmes qui ont éclairé le monde jusqu'à Platon, Cicéron et tant d'autres, Sénèque, grand esprit lui-même et l'un de leurs pairs, l'a comme résumée dans ses livres, il l'a agrandie, fécondée, propagée avec un merveilleux éclat. Sauf l'esprit tout nouveau d'humilité et cette sublime vertu de charité, plus ardente, plus expansive que ne l'avait prêchée le stoïcisme, la foi chrétienne n'a pu qu'ajouter l'autorité du dogme aux vérités proclamées par ces sages: ainsi elle a agi sur la généralité des hommes, les philosophes anciens n'ayant jamais pu compter que quelques milliers d'adeptes et des disciples non moins divisés entre eux que leurs maîtres. Concluons que si Sénèque aboutissait par la philosophie au pressentiment du christianisme, les différences restent trop tranchées, trop nombreuses dans ses livres, pour qu'on puisse faire honneur de ses prétendus emprunts à toute autre source qu'au fonds commun de la raison humaine et à l'inspiration personnelle de l'écrivain.

Aux notes critiques et historiques placées à la fin de chaque volume, nous avons entremêlé les passages des livres évangéliques, bibliques même, qui ont quelque analogie avec certaines pensées de Sénèque. Nous avons aussi indiqué ou cité les rapprochements fortuits, les imitations volontaires les plus remarquables que les anciennes littératures et la nôtre pouvaient nous offrir comme points de comparaison littéraire. « On nous donne peu de pensées, a dit Voltaire (*Conseils à un journaliste*), que l'on ne trouve dans Sénèque, dans Lucien, dans Montaigne. Les comparer ensemble (et c'est en quoi le goût consiste), c'est exciter les auteurs à dire, s'il se peut, des choses nouvelles : c'est entretenir l'émulation, qui est la mère des arts. Il en est de ces parallèles comme de l'anatomie comparée qui fait connaître la nature. »

Parmi les œuvres de Sénèque que le temps n'a pas respectées on cite une *Description de l'Égypte*; une *Description de l'Inde*; un *Traité de la superstition; de l'amitié; du mariage*; un *Corps complet de philosophie morale* dont il fait mention dans ses Lettres. Quant aux tragédies publiées sous son nom, on s'accorde généralement aujourd'hui à penser que Sénèque n'est pas l'auteur de toutes ces pièces, œuvres de cabinet non destinées pour le théâtre. Ce serait un ouvrage de famille, selon l'opinion de M. Désiré Nisard, *Senecanum opus*; mais très-visiblement, le philosophe romain peut en réclamer la majeure et surtout la plus brillante part.

Nous avons généralement suivi le texte latin de l'édition Lemaire, en profitant toutefois de la précieuse publication faite à Leipsick par Fickert en 1842, 3 vol. in-8°. Ce philologue y a recueilli sans exception toutes les variantes, leçons et conjectures éparses dans tous les manuscrits comme dans les éditions et les commentaires des œuvres de Sénèque. Chaque fois que nous avons cru devoir nous écarter du texte Lemaire, nous l'avons indiqué par des notes mises au bas des pages.

Nous croirions manquer à une obligation essentielle si nous négligions de faire connaître ce que nous devons à la critique éclairée d'un éminent latiniste, M. Sommer. Il a bien voulu lire d'un bout à l'autre notre traduction, le texte original sous les yeux; et sur bien des points la sagacité, la justesse frappante de ses observations nous ont été d'un heureux secours pour améliorer cette œuvre longue et difficile. Qu'il en reçoive ici nos remercîments.

DE LA COLÈRE.

LIVRE I.

1. Tu as exigé de moi[1], Novatus, que je traitasse par écrit des moyens de dompter la colère ; et c'est avec raison, ce me semble, que tu as craint particulièrement cette passion, de toutes la plus horrible et la plus effrénée. Les autres, en effet, ont un reste de calme et de sang-froid ; celle-ci est tout emportée, tout à l'élan de son irritation ; armes, sang et supplices, voilà les vœux de son inhumaine frénésie ; sans souci d'elle-même, pourvu qu'elle nuise à son ennemi ; se ruant sur les épées nues ; avide de se venger, quand sa vengeance[2] même doit la perdre. Aussi quelques sages l'ont-ils définie une courte démence[3] ; car, comme la démence, elle ne se maîtrise point, oublie toute bienséance, méconnaît toute affection, opiniâtre, acharnée à son but, sourde aux conseils et à la raison, elle que de vains motifs soulèvent, incapable de discerner le juste et le vrai, exacte image de ces ruines croulantes qui n'écrasent qu'en se brisant. Pour te convaincre que l'homme ainsi dominé n'a plus sa raison, observe l'attitude de toute sa personne : de même que la folie furieuse a pour infaillibles symptômes le visage audacieux et menaçant, le front sinistre, l'air farouche, la démarche précipitée, des mains qui se crispent, un teint bouleversé, et ces soupirs fréquents qu'elle pousse avec effort, tel paraît l'homme dans la colère[4]. Ses yeux s'enflamment, étincellent, toute sa face devient pourpre, tant le sang chassé de son cœur bout et monte avec violence ; ses lèvres tremblent, ses dents se serrent, ses cheveux se dressent et se hérissent ; sa respiration est comprimée et sifflante ; on entend se tordre et craquer les articulations de ses membres ; il gémit, il mugit ; sa parole s'embarrasse de sons entrecoupés ; à tout instant ses mains se frappent, ses pieds battent la terre ; toute son allure est désor-

donnée, tout son être exhale la menace : hideux et repoussant aspect de l'homme qui gonfle et dégrade sa noble figure. On doute alors si un tel vice n'est pas plus difforme encore que haïssable. Les autres peuvent se cacher, se nourrir en secret : la colère se fait jour, se produit sur le visage, et plus elle est forte, plus elle bouillonne et se manifeste. Ne vois-tu pas tous les animaux trahir leurs mouvements hostiles par des signes précurseurs? Tous leurs membres sortent du calme de leur attitude ordinaire, et leur instinct cruel s'exalte de plus en plus. Le sanglier écume, il aiguise ses défenses contre des corps durs ; le taureau frappe l'air de ses cornes et fait voler le sable sous ses pieds; le lion pousse de sourds rugissements ; le cou du serpent se gonfle de courroux ; le chien atteint de la rage a un aspect sinistre. Il n'est point d'animal si terrible, si malfaisant de sa nature, qui ne montre, dès que la colère l'a saisi, un nouveau degré de férocité. Je n'ignore pas qu'en général les affections de l'âme ont peine à se déguiser : l'incontinence, la peur, l'audace, ont leurs indices et peuvent se pressentir ; car nulle pensée n'agite vivement l'intérieur de l'homme sans qu'une émotion quelconque paraisse sur son visage. Quel est donc ici le trait distinctif? Que si les autres passions se voient, celle-ci éclate.

II. Si maintenant tu veux considérer ses effets destructeurs, jamais fléau ne coûta plus au genre humain. Tu verras des meurtres, des empoisonnements, le deuil des accusés infligé par eux aux accusateurs, des villes saccagées, des nations détruites tout entières, des chefs vendus à l'encan par les leurs, et les torches incendiaires dont les ravages, non contenus dans l'enceinte des cités, propagent au loin leurs tristes lueurs et les vengeances de l'ennemi. Vois ces villes si fameuses dont on retrouve à peine les fondements : c'est la colère qui les a renversées. Regarde ces solitudes vides durant plusieurs milles de toute habitation : c'est la colère qui les a dépeuplées. Regarde tous ces grands transmis à notre souvenir comme exemples d'un fatal destin. La colère frappe l'un dans son lit, égorge l'autre à la table sacrée du festin, immole un magistrat[8] en plein forum, à la face même des lois, veut que le père tende la gorge au poignard du fils, qu'une main servile verse le sang royal, qu'un citoyen étende ses membres sur une croix. Et encore ne parlé-je que de catastrophes individuelles. Que sera-ce si de ces victimes isolées tu veux porter les yeux sur des assemblées entières massacrées, sur la plèbe égorgée pêle-mêle par la soldatesque, sur des nations proscrites en masse et vouées à la mort.... comme

se dérobant à notre tutelle ou dédaignant notre autorité. Et d'où viennent ces emportements du peuple contre des gladiateurs, de ce peuple injuste qui se croit insulté s'ils ne meurent pas de bonne grâce, qui se juge méprisé, et qui par son air, ses gestes, son acharnement, de spectateur se fait ennemi?

Ce sentiment, quel qu'il soit, n'est certes pas la colère, mais il en approche. C'est celui de l'enfant qui, s'il est tombé, veut qu'on batte la terre, et souvent ne sait pas contre quoi il se fâche; seulement il est fâché, sans motif et sans avoir reçu de mal; toutefois il lui semble qu'il en a reçu, il éprouve quelque envie de punir. Aussi prend-il le change aux coups qu'on fait semblant de frapper, des prières et des larmes feintes l'apaisent, et une vengeance imaginaire emporte une douleur qui ne l'est pas moins.

III. « Souvent, dit-on, un homme s'irrite contre des gens qui ne l'ont pas offensé, mais qui doivent le faire : preuve que la colère ne vient pas uniquement de l'offense. » Il est vrai que le pressentiment du mal irrite; mais c'est que l'intention même nous blesse, et que méditer l'injure, c'est déjà la commettre. On dit encore : « La colère n'est point un désir de punir, puisque fréquemment les plus faibles la ressentent contre les plus forts, sans prétendre à des représailles qu'ils n'espèrent même pas. » Mais d'abord nous entendons par colère le désir et non la faculté de punir; or on désire même plus qu'on ne peut. D'ailleurs il n'est si humble mortel qui n'espère, avec quelque raison, tirer satisfaction de l'homme le plus haut placé : pour nuire nous sommes tous puissants. La définition d'Aristote ne s'éloigne pas fort de la nôtre ; car il dit que la colère est le désir de rendre mal pour mal. En quoi notre définition diffère-t-elle de la sienne? Il serait trop long de l'expliquer. On objecte à toutes deux que les brutes ont leur colère, et cela sans être attaquées ni vouloir se venger ou faire souffrir à leur tour; car quoiqu'elles fassent du mal, le mal n'est point leur but. Il faut répondre que l'animal, que tout, excepté l'homme, est étranger à la colère; car, quoique ennemie de la raison, elle ne prend naissance que là où la raison a place. Les bêtes ont de l'impétuosité, de la rage, de la férocité, de la fougue; mais la colère n'est pas plus leur fait que la luxure, bien que pour certains plaisirs elles soient moins retenues que l'homme. N'ajoute pas foi au poëte qui dit :

Le sanglier farouche a perdu sa colère;
Le cerf ne sait plus fuir; de ses brusques assauts
L'ours ne menace plus les robustes taureaux *a*.

(a) Ovid. *Métam.*, VII, 545.

Il appelle colère l'élan, la violence du choc. Or la brute ne sait pas plus se mettre en colère que pardonner. Les animaux, privés de la parole, sont exempts des passions de l'homme : ils ont seulement des impulsions qui y ressemblent. Autrement, qu'il y ait chez eux de l'amour, il y aura de la haine ; l'amitié supposera les inimitiés ; et les dissensions, la concorde, choses dont ils offrent aussi quelques traces ; mais du reste le bien et le mal appartiennent en propre au cœur humain. A l'homme seul furent donnés la prévoyance, le discernement, la pensée ; et non-seulement nos vertus, mais nos vices même sont interdits aux animaux. Tout leur intérieur, comme leur dehors, diffère de nous. Ils ont cette faculté souveraine autrement dite principe moteur, tout comme une voix, mais inarticulée, embarrassée, incapable de former des mots ; tout comme une langue, mais enchaînée, mais non libre de se mouvoir en tous sens ; de même leur principe moteur a peu de pénétration, peu de développement. Ils perçoivent l'image, les formes des objets qui excitent leurs mouvements ; mais cette perception est trouble et confuse. De là la véhémence de leurs transports, de leurs attaques, mais rien qui soit appréhension, souci, tristesse ni colère ; ils n'ont que les semblants de tout cela. Aussi leur ardeur tombe vite et passe à l'état opposé : après la plus violente fureur, après la frayeur la plus vive ils paissent tranquillement[6] ; et aux frémissements, aux agitations désordonnées succèdent en moins de rien le repos et le sommeil.

IV. J'ai suffisamment expliqué ce que c'est que la colère : elle diffère évidemment de l'irascibilité, ainsi que l'homme ivre, de l'ivrogne, et l'homme effrayé, du timide. L'homme en colère peut n'être pas irascible ; l'irascible peut quelquefois n'être pas en colère. Les Grecs distinguent ce vice en plusieurs espèces, sous divers noms que j'omettrai comme n'ayant pas chez nous leurs équivalents, bien que nous disions un *homme amer, acerbe*, aussi bien qu'un *homme inflammable, furibond, criard, difficile, ombrageux*, toutes variétés du même vice. Tu peux y joindre le caractère morose, genre d'irascibilité affinée. Il y a des colères qui se soulagent par des cris ; il y en a dont la fréquence égale l'obstination ; les unes vont droit à la violence et sont chiches de paroles ; les autres se répandent en injures et en discours pleins de fiel ; celles-ci ne vont pas au delà de la plainte et de l'aversion ; celles-là sont profondes, terribles et concentrées. Il y a mille modifications du même mal, et ses formes sont infinies

V. J'ai cherché en quoi consiste la colère ; si tout autre animal que l'homme en est susceptible ; ce qui la distingue de l'irascibilité, et quelles formes elle affecte. Cherchons maintenant si elle est selon la nature, si elle est utile, si l'on en doit garder quelque chose. Est-elle selon la nature ? Pour éclaircir ce doute, voyons seulement l'homme. Quoi de plus doux que lui tant qu'il reste fidèle à son caractère ; et quoi de plus cruel que la colère ? Quoi de plus aimant que l'homme ? Quoi de plus haineux que la colère ? L'homme est fait pour assister l'homme ; la colère pour l'exterminer. Il cherche la société de ses semblables, elle brise avec eux ; il veut être utile, elle veut nuire ; il vole au secours même d'inconnus, elle s'en prend aux amis les plus chers. L'homme est prêt même à s'immoler pour autrui ; la colère se jettera dans l'abîme, pourvu qu'elle y entraîne sa proie. Et peut-on méconnaître davantage la loi de la nature qu'en attribuant à la meilleure, à la plus parfaite de ses créatures un vice si barbare et si désastreux ? La colère, nous l'avons dit, a soif de vengeance ; or qu'une telle passion soit inhérente au cœur de l'homme, qui est la mansuétude même, cela n'est nullement selon la nature. Les bons offices, la concorde, voilà en effet les bases de la vie sociale ; ce n'est point la terreur, c'est une mutuelle affection qui établit ce pacte, cette communauté de secours. « Mais quoi ! le châtiment n'est-il pas parfois une nécessité ? » Qui en doute ? Mais il le faut impartial, raisonné : alors il ne nuit pas, il guérit en paraissant nuire. On expose au feu le javelot dont on veut corriger les courbures ; on le comprime entre plusieurs coins non pour le rompre, mais pour le redresser : de même s'améliorent nos vicieux penchants par la contrainte physique et morale. Ainsi d'abord, dans la maladie naissante, le médecin tente de modifier un peu le régime quotidien, de régler l'ordre du manger, du boire, des exercices, et de raffermir la santé en changeant seulement la manière de vivre. Puis vient la dose du manger, du boire, des exercices. L'ordre et la dose prescrits sont-ils sans effet, il supprime certaines choses et en réduit d'autres. Échoue-t-il encore, il interdit toute nourriture et débarrasse le corps par la diète. Si tous ces ménagements sont vains, il perce la veine, il porte le fer sur la partie affectée qui peut nuire aux membres voisins et propager la contagion : nul traitement ne lui semble trop dur si la guérison est à ce prix. Ainsi le dépositaire des lois, le chef de la cité devra, le plus longtemps possible, n'employer au traitement des âmes que des paroles et des paroles de douceur, qui les engagent au bien, qui leur insinuent l'amour de l'honnête et du juste, qui leur fassent sentir l'horreur du vice et le prix de la vertu. Son langage peu à peu deviendra plus sévère: il avertira encore en réprimandant, et ne recourra que comme dernier remède aux châtiments, alors même légers et révocables. Les derniers supplices ne s'infligeront qu'aux scélérats du dernier degré; et nul ne périra que sa mort ne soit un bien même pour lui.

VI. Du médecin au magistrat, toute la différence est que le premier, s'il ne peut sauver nos jours, nous adoucit le passage redouté, et que le second chasse de la vie le coupable chargé d'infamie, aux yeux de tous, non qu'il se plaise au supplice de personne; le sage est loin de cette inhumaine barbarie; mais pour donner un exemple à tous, pour que ceux qui de leur vivant n'ont pas voulu être utiles à l'État le servent du moins par leur mort. Non, l'homme, de sa nature, n'est point avide de punir; et la colère n'est point selon sa nature, car la colère ne veut que châtiment. Je citerai aussi l'argument de Platon, car pourquoi ne pas prendre chez autrui ce qui rentre dans nos idées? « Le juste, dit-il, ne lèse personne, la vengeance est une lésion : elle ne sied donc pas au juste, ni par conséquent la colère, car c'est à la colère que la vengeance convient. » Si le juste ne trouve point de charme à se venger, il n'en trouvera pas à une passion qui met sa joie dans la vengeance. La colère n'est donc pas conforme à la nature.

VII. Mais, bien qu'elle ne le soit point, ne doit-on pas l'accueillir pour les services qu'elle a souvent rendus? Elle exalte les âmes et les aiguillonne; et le courage guerrier ne fait rien de brillant sans elle, sans cette flamme qui vient d'elle, sans ce mobile qui étourdit l'homme et le lance plein d'audace à travers les périls. Aussi quelques-uns jugent-ils que le mieux est de modérer la colère sans l'étouffer, de retrancher ce qu'elle a de trop vif pour la restreindre à sa mesure salutaire, et surtout de conserver ce principe, dont l'absence rend notre action languissante et relâche les ressorts de la vigueur morale.

Mais d'abord il est plus facile d'expulser un mauvais principe que de le gouverner, plus facile de ne pas l'admettre que de le modérer une fois admis. Dès qu'il s'est mis en possession, il est plus fort que le maître et ne souffre ni restriction ni limite. D'autre part, la raison elle-même, à laquelle vous livrez les rênes, n'a de puissance qu'autant qu'elle s'est isolée des passions; mais souillée de leur alliance, elle ne peut plus les contenir quand elle eût pu les écarter. L'âme, une fois ébranlée, jetée hors de son siége, n'obéit plus qu'à l'impulsion qu'elle a reçue. Il est des choses qui, dès l'abord, dépendent de nous, et qui plus tard nous emportent par leur propre force et ne permettent plus de retour. L'homme qui s'élance au fond d'un abîme n'est plus maître de lui ; il ne peut s'arrêter ni ralentir sa chute[7] : un entraînement irrévocable a coupé court à toute prudence, à tout repentir, et il est impossible de ne pas arriver où on était libre de ne pas tendre. Ainsi l'âme qui s'est abandonnée à la colère, à l'amour, à une passion quelconque, perd les moyens d'enchaîner leur fougue. Il faut qu'elles la poussent jusqu'au bout, précipitée de tout son poids sur la pente rapide du vice.

VIII. Le mieux est de dominer la première irritation, de l'étouffer dans son germe, de se garder du moindre écart, puisque sitôt qu'elle égare nos sens on a mille peines à se sauver d'elle ; car toute raison s'en est allée, dès que la passion vient à s'introduire et qu'on lui a volontairement donné le moindre droit. Elle agira pour tout le reste d'après son caprice, non d'après votre permission. C'est dès la frontière, je le répète, qu'il faut repousser l'ennemi ; s'il y pénètre et s'empare des portes de la place, recevra-t-il d'un captif l'ordre de s'arrêter ? Notre âme alors n'est plus cette sentinelle qui observe au dehors la marche des passions pour les empêcher de forcer les lignes du devoir : elle-même s'identifie avec la passion ; aussi ne peut-elle plus rappeler à elle la force tutélaire et préservatrice qu'elle vient de trahir et de paralyser. Car, comme je l'ai dit, la raison et la passion n'ont point leur siége distinct et séparé : elles ne sont autre chose qu'une modification de l'âme en bien ou en mal. Comment donc la raison, envahie et subjuguée par les vices, se relèvera-t-elle après sa défaite, ou comment se dégagera-t-elle d'une confusion où c'est l'alliage des mauvais principes qui domine ?

« Mais, dira-t-on, il est des hommes qui, dans la colère, savent se contenir. » Est-ce de manière à ne rien faire de ce qu'elle leur dicte, ou lui obéissent-ils en quelque chose ? S'ils ne lui cèdent rien, reconnaissez qu'elle n'est pas nécessaire pour agir, vous qui l'invoquiez comme une puissance supérieure à la raison. Enfin, je vous le demande, est-elle plus forte ou plus faible que cette raison ? Si elle est plus forte, comment celle-ci pourra-t-elle lui prescrire des bornes, vu que d'ordinaire c'est le plus faible qui obéit ? Si elle est plus faible, la raison, sans elle, se suffit pour mettre à fin son œuvre et n'a que faire d'un auxiliaire qui ne la vaut pas.

« Mais on voit des gens irrités ne point sortir d'eux-mêmes et se contenir. » Comment ? quand déjà la colère se dissipe et veut bien les quitter, mais non quand elle bouillonne : elle est alors souveraine. « Mais encore, ne laisse-t-on pas souvent, même dans la colère, partir sain et sauf l'ennemi que l'on hait ? Ne s'abstient-on pas de lui faire du mal ? » Sans doute, et par quel motif ? Parce qu'une passion en repousse une autre, et que la peur ou la cupidité obtient de nous quelque concession ; ce n'est point là une paix dont la raison nous gratifie, c'est la trêve peu sûre et menaçante des passions.

IX. Enfin la colère n'a en soi rien d'utile, rien qui stimule la bravoure militaire : jamais en effet la vertu n'est réduite à s'aider du vice ; elle est assez forte d'elle-même. A-t-elle besoin d'élan ? Elle ne se courrouce point, elle se lève ; selon qu'elle le juge nécessaire, elle tend ou relâche ses propres ressorts : tels sont les traits que lancent nos machines et auxquels le tireur est maître de donner plus ou moins de portée.

« La colère, dit Aristote, est nécessaire : on ne peut forcer aucun obstacle sans elle, sans qu'elle remplisse notre âme et échauffe notre enthousiasme. Seulement il la faut prendre non comme capitaine, mais comme soldat. » Cela n'est pas vrai : car, si elle écoute la raison et qu'elle suive où celle-ci la mène, ce n'est plus la colère, qui n'est proprement qu'une révolte. Si elle résiste ; si, quand on veut qu'elle s'arrête, ses féroces caprices la poussent en avant, elle est pour l'âme un instrument aussi peu utile que le soldat qui ne tient nul compte du signal de la retraite. Ainsi donc, si elle souffre qu'on règle ses écarts, il lui faut un autre nom, elle cesse d'être cette colère que je ne conçois que comme indomptable et sans frein ; si elle secoue le joug, elle devient préjudiciable et ne peut plus compter comme secours. En un mot, ce ne sera plus la colère, ou elle sera dangereuse : car l'homme qui punit non par avidité de punir, mais par devoir, ne saurait passer pour un homme irrité. Le soldat utile est celui qui sait obéir à son chef, plus éclairé que lui. Mais les passions savent aussi mal obéir que commander ; aussi jamais la raison n'acceptera ces auxiliaires violents, imprévoyants, auprès desquels son autorité n'est rien, et qu'elle ne comprimerait jamais qu'en leur opposant leurs sœurs et leurs pareilles, comme à la colère la peur, à l'indolence la colère, à la peur la cupidité[3].

X. Sauvons la vertu d'un tel malheur : que jamais la raison ne prenne les vices pour refuge. L'âme avec eux ne peut goûter de calme sincère ; nécessairement flottante et battue de tous les vents, prenant les auteurs de sa détresse pour pilotes, ne devant son courage qu'à la colère, son activité qu'aux instincts cupides, sa prudence qu'à la crainte, sous quelle tyrannie vivra-t-elle, si chaque passion fait d'elle son esclave? N'a-t-on pas honte de soumettre les vertus au patronage des vices ? Ce n'est pas tout : la raison n'a plus de pouvoir dès qu'elle ne peut rien sans la passion, dès qu'elle s'apparie et s'assimile à elle. Où est la différence, quand la passion, livrée à elle seule, est aussi aveugle que la raison est impuissante sans la passion? Toutes deux sont égales du jour où l'une ne peut aller sans l'autre. Or, comment souffrir que la passion marche de pair avec la raison? « La colère est utile, dites-vous, si elle est modérée. » Dites mieux : si sa nature est d'être utile ; mais si elle est indocile à l'autorité et à la raison, qu'obtiendrez-vous en la modérant? Que, devenue moindre, elle nuise moins. Donc une passion que l'on modère n'est autre chose qu'un mal modéré.

XI. « Mais en face de l'ennemi la colère est nécessaire. » Moins que jamais : là il faut de l'ardeur, mais non déréglée, mais tempérée par la discipline. Qu'est-ce qui perd les Barbares, si supérieurs par la force du corps, si durs au travail, sinon cet emportement si préjudiciable à lui-même? Et le gladiateur : n'est-ce point l'art qui le protège, la colère qui l'expose aux coups? Qu'est-il enfin besoin de colère quand la raison atteint le même but? Crois-tu que le chasseur soit irrité contre les bêtes féroces? Pourtant il soutient leur choc, il les poursuit dans leur fuite : c'est la raison qui, sans la colère, fait tout cela. Tous ces milliers de Cimbres et de Teutons qui inondaient les Alpes, par quoi furent-ils anéantis au point que la renommée seule, à défaut de messager, porta chez eux la désastreuse nouvelle ? N'est-ce point parce que la colère leur tenait lieu de vaillance, la colère, qui parfois renverse et détruit tout sur son passage, mais qui plus souvent se perd elle-même? Quoi de plus intrépide que les Germains? Quoi de plus impétueux dans l'attaque? Quoi de plus passionné pour les armes au milieu desquelles ils naissent? C'est leur école, leur unique souci ; de tout le reste ils ne s'inquiètent point. Quoi de plus endurci à tout souffrir : car la plupart ne se pourvoient ni de vêtements, ni d'abris contre la rigueur perpétuelle du climat? De tels hommes pourtant sont taillés en pièces par les Espagnols et les Gaulois, par les troupes si peu belliqueuses d'Asie et de Syrie, avant même que la légion romaine se montre : ce qui rend leur défaite aisée n'est autre chose que leur emportement. Or maintenant, qu'à ces corps, qu'à ces âmes étrangères à la mollesse, au luxe, aux richesses, on donne une tactique, une discipline ; certes, pour ne pas dire plus, il nous faudra revenir aux mœurs de la vieille Rome. Par quel moyen Fabius releva-t-il les forces épuisées de la République ? Il sut uniquement temporiser, différer, attendre ; toutes choses que l'homme irrité ne sait pas. C'en était fait de la patrie, alors sur le bord de l'abîme, si Fabius eût osé tout ce que lui dictait le ressentiment. Il prit pour conseil la fortune de l'Empire ; et calcul fait de ses ressources, dont pas une ne pouvait périr sans ruiner toutes les autres, il remit à un temps meilleur l'indignation et la vengeance : uniquement attentif aux chances favorables, il dompta la colère avant de dompter Annibal. Et Scipion ? n'a-t-il pas, laissant Annibal, l'armée punique, tout ce qui devait enflammer son courroux, transporté la guerre en Afrique et montré une lenteur qui passa chez les envieux pour amour du plaisir et lâcheté ? Et l'autre Scipion ? que de longs jours il a consumés au siége de Numance, dévorant son dépit comme général et comme citoyen, de voir cette ville plus lente à succomber que Carthage ! Et cependant ses immenses circonvallations enfermaient l'ennemi, et le réduisaient à périr de ses propres armes.

XII. La colère n'est donc pas utile, même à la guerre et dans les combats. Elle dégénère trop vite en témérité ; elle veut pousser autrui dans le péril, et ne se garantit pas elle-même. Le courage vraiment sûr est celui qui s'observe beaucoup et longtemps, qui se couvre d'abord et n'avance qu'à pas lents et calculés[8]. « Eh quoi ! l'homme juste ne s'emportera pas, s'il voit frapper son père, ou ravir sa mère ! » Il ne s'emportera pas : il courra les délivrer et les défendre. A-t-on peur que, sans la colère, l'amour filial ne soit un trop faible mobile ? Eh quoi ! devrait-on dire aussi, l'homme juste, en voyant son père ou son fils sous le fer de l'opérateur, ne pleurera pas, ne tombera pas en défaillance ? Nous voyons cela chez les femmes, chaque fois que le moindre soupçon de danger les frappe. Le juste accomplit ses devoirs sans trouble et sans émoi : en agissant comme juste, il ne fait rien non plus qui soit indigne d'un homme de cœur. On veut frapper mon père, je le défendrai ; on l'a frappé, je le vengerai, par devoir, non par ressentiment.

Quand tu cites ces hypothèses, Théophraste, tu veux décrier une doctrine trop mâle pour toi; tu laisses là le juge pour t'adresser aux auditeurs. Parce que tous s'abandonnent à l'emportement dans des cas semblables, tu crois qu'ils décideront que ce qu'ils font on doit le faire, car presque toujours on tient pour légitimes les passions qu'on trouve en soi. D'honnêtes gens s'irritent quand on outrage leurs proches : mais ils font de même quand leur eau chaude n'est [10] pas servie à point, quand on leur casse un verre ou qu'on éclabousse leur chaussure. Ce n'est pas l'affection qui provoque ces colères, c'est la faiblesse : ainsi l'enfant pleure ses parents morts comme il pleurerait ses noix perdues. Qui s'emporte pour la cause des siens est non pas dévoué, mais peu ferme. Ce qui est beau, ce qui est noble, c'est de courir défendre ses parents, ses enfants, ses amis, ses concitoyens, à la seule voix du devoir, avec volonté, jugement, prévoyance, sans emportement, ni fureur. Car point de passion plus avide de vengeance que la colère, et qui par là même y soit plus inhabile, tant elle se précipite follement, comme presque toutes les passions, qui font elles-mêmes obstacle au succès qu'elles poursuivent. Avouons donc qu'en paix comme en guerre elle ne fut jamais bonne à rien. Elle rend la paix semblable à la guerre : devant l'ennemi, elle oublie que les armes sont journalières; et elle tombe à la merci des autres, faute de s'être possédée elle-même. D'ailleurs, ce n'est pas une raison d'adopter le vice et de l'employer, parce qu'il a produit parfois quelque bien ; car il est aussi des maux que la fièvre emporte : ne vaut-il pas mieux toutefois ne l'avoir jamais eue ? Détestable remède que de devoir la santé à la maladie ! De même quand la colère, dans des cas imprévus, nous aurait servis, comme peuvent faire le poison, un saut dans l'abîme, un naufrage, ne la croyons pas pour cela essentiellement salutaire : car beaucoup de gens ont dû leur santé à ce qui fait périr les autres.

XIII. D'ailleurs tout bien, digne de passer pour tel, est d'autant meilleur et plus désirable qu'il est plus grand. Si la justice est un bien, personne ne dira qu'elle gagnerait à ce qu'on y retranchât quelque chose ; si c'est un bien que le courage, nul ne souhaitera qu'on en diminue rien : à ce compte, plus la colère serait grande, meilleure elle serait. Qui, en effet, refuserait l'accroissement d'un bien ? Or l'accroissement de la colère est un danger ; c'est donc un danger qu'elle existe. On ne peut appeler bien ce qui, en se développant, devient mal.

« La colère, dit-on, est utile, en réveillant l'ardeur guerrière. » Il en sera donc de même de l'ivresse ; elle pousse à l'audace et à la provocation ; et beaucoup ont été plus braves au combat pour avoir eu moins de sobriété. Ainsi encore la frénésie et la démence seraient nécessaires au déploiement de nos forces ; car le délire les double souvent. Eh quoi! la peur n'a-t-elle pas, par un effet contraire, fait naître l'audace, et la crainte de la mort, poussé au combat les plus lâches? Mais la colère, l'ivresse, la crainte et tout sentiment analogue sont des stimulants honteux et précaires ; ils ne fortifient point la vertu, qui n'a que faire du vice ; seulement parfois ils réveillent quelque peu un cœur mou et pusillanime. La colère ne rend plus courageux que celui qui sans elle serait sans courage : elle vient non pas aider une vertu, mais la remplacer. Eh! si la colère était un bien, ne serait-elle pas l'apanage des hommes les plus parfaits ? Or, les esprits les plus irascibles sont les enfants, les vieillards, les malades ; et tout être faible par nature est quinteux.

XIV. « Il est impossible, dit Théophraste, que l'homme de bien ne s'irrite pas contre les méchants. » De cette façon, plus on a de vertu, plus on sera irascible? Vois, au contraire, si l'on n'en sera pas plus calme, plus libre de passions et de haine pour qui que ce soit. Pourquoi haïrait-on ceux qui font le mal, puisque c'est l'erreur qui les y pousse [11]? Il n'est point d'un homme sage de maudire ceux qui se trompent : il se maudirait le premier. Qu'il se rappelle combien il enfreint souvent la règle, combien de ses actes auraient besoin de pardon ; et bientôt il s'irritera contre lui-même. En effet, un juge équitable ne décide pas dans sa cause autrement que dans celle d'autrui [12]. Non, il ne se rencontre personne qui ait droit de s'absoudre soi-même ; et qui se proclame innocent consulte plutôt le témoignage des hommes que sa conscience [13]. Combien n'est-il pas plus humain d'avoir pour ceux qui pèchent des sentiments doux, paternels, de ne pas leur courir sus, mais de les rappeler! Je m'égare dans vos champs par ignorance de la route : ne vaut-il pas mieux me remettre dans la voie que de m'expulser? Employons, pour corriger les fautes, les remontrances, puis la force, la douceur, puis la sévérité ; et rendons l'homme meilleur tant pour lui que pour les autres, sinon sans rigueur, du moins sans emportement. Se fâche-t-on contre l'homme qu'on veut guérir ?

XV. « Mais ils sont incorrigibles ; rien de traitable en eux, ou qui donne espoir d'amendement. » Eh bien, rayez de l'humaine association ceux qui gangrèneraient ce qu'ils touchent : coupez court à leurs crimes par la seule voie possible, mais toujours sans haine. Quel motif aurais-je de haïr l'homme à qui je rends le plus grand des services, en l'arrachant à lui-même ? A-t-on de la haine contre le membre qu'on se fait amputer ? Ce n'est point là du ressentiment, c'est une cure où se mêle la pitié. On abat les chiens hydrophobes ; on tue les taureaux farouches et indomptables ; on égorge les brebis malades, de peur qu'elles n'infectent le troupeau ; on étouffe les monstres à leur naissance ; on noie même les enfants estropiés ou difformes. Ce n'est pas la colère, c'est la raison qui veut qu'on retranche de ce qui est sain ce qui ne l'est pas.

Rien ne sied moins que la colère à l'homme qui punit, le châtiment ayant d'autant plus d'efficacité lorsqu'il est imposé par la raison. C'est pour cela que Socrate disait à son esclave : « Comme je te battrais, si je n'étais en colère ! » Il remit la correction de l'esclave à un moment plus calme, et en attendant se fit la leçon à lui-même. Chez qui la passion serait-elle modérée, quand Socrate n'osa pas se fier à sa colère ? Pour réprimer l'erreur ou le crime, il ne faut donc pas un vengeur irrité : car la colère est un délit de l'âme et l'on ne doit pas corriger une faute par une autre.

XVI. « Quoi ! je ne me courroucerai pas contre un voleur, contre un empoisonneur ! » Non, pas plus que je ne me courrouce contre moi-même quand je me tire du sang. Toute espèce de châtiment est un remède, et je l'applique comme tel. Toi qui ne fais encore que débuter dans le mal, dont les chutes, quoique fréquentes, ne sont pas graves, j'essayerai, pour te ramener, d'abord les remontrances secrètes, ensuite la réprimande publique. Toi qui es allé trop loin pour que des paroles puissent te sauver, tu seras contenu par l'ignominie. A toi, il faut un stigmate plus fort, plus pénétrant : on t'enverra en exil, r des bords ignorés. Ta corruption invétérée exige-t-elle (remèdes encore plus énergiques, les fers et la prison publiqu , t'attendent. Mais toi, dont le moral est désespéré et la vie un tissu de crimes, poussé que tu es non par de ces motifs qui ne manqueront jamais au méchant, mais par une cause pour toi assez puissante, le plaisir de mal faire, tu as bu l'iniquité jusqu'à la lie, et tes entrailles en sont tellement infectées, qu'il faudrait te les arracher pour l'en faire sortir. Malheureux ! qu'il y a longtemps que tu cherches la mort !

ch bien, tu vas nous rendre grâces : nous te sauverons du vertige dont tu es la proie : après t'être vautré dans le mal pour ton supplice comme pour celui des autres, il n'est plus pour toi qu'un seul bien possible, la mort, que nous t'allons donner sur-le-champ [14]. — Pourquoi m'emporterais-je contre lui à l'heure où je lui rends le plus grand service ? Il est des cas où la pitié la mieux entendue est d'ôter la vie.

Si, homme d'expérience et de savoir, j'entrais dans une infirmerie ou dans la maison d'un riche, je ne prescrirais pas le même traitement pour des affections différentes. Je vois dans les âmes une grande variété de vices, et c'est toute une cité qu'on m'appelle à guérir : à chaque maladie je dois chercher son spécifique. Ici réussira la honte ; là le bannissement ; ailleurs la douleur physique ; plus loin la perte des biens, de la vie. Si, comme juge, je dois revêtir la robe de sinistre aspect (a), s'il y a lieu de convoquer le peuple au son de la trompette, je monterai au tribunal non point en furieux ou en ennemi, mais avec le visage de la loi ; ses paroles solennelles seront répétées par moi d'une voix plutôt calme et grave qu'emportée ; et si je commande l'exécution, je serai sévère, mais point irrité. Et si je fais tomber sous la hache une tête coupable, ou coudre le sac du parricide, ou *supplicier un soldat*, ou monter sur la roche Tarpéienne un traître, un ennemi public, ce sera sans colère, mon visage ni mon âme ne seront pas autres que lorsque je frappe un reptile ou un animal venimeux. « On a besoin de colère pour punir. » Qu'est-ce à dire ? la loi te semble-t-elle irritée contre des hommes qu'elle ne connaît pas, qu'elle n'a pas vus, qu'elle espère ne voir jamais ? Prenons donc les mêmes sentiments qu'elle : elle ne se courrouce point, elle prononce.

Si c'est une convenance pour le juste de se courroucer contre le crime, il devra donc aussi porter envie aux succès des méchants. Car quoi de plus révoltant que de voir fleurir et abuser des faveurs du sort des hommes pour qui le sort ne saurait assez inventer de maux ? Mais leurs avantages excitent aussi peu son envie que leurs crimes sa colère. Un bon juge condamne ce que la loi réprouve : il ne hait point.

« Comment ! s'écrie-t-on, les plus palpables injustices ne heurteront pas l'âme du sage, ne le tireront pas de son calme ? »

(a) *Perversa*, endossée à l'envers, en signe d'affliction.

Je le confesse, il éprouvera une légère, une faible émotion. Car, disait Zénon, dans l'âme du sage lui-même, la plaie fût-elle guérie, la cicatrice demeure. Oui, des semblants, des ombres de passions viendront l'effleurer; des passions réelles, jamais. Aristote prétend que certaines passions, pour qui en use bien, sont des armes; ce qui serait vrai si, comme les instruments de guerre, on les pouvait prendre et quitter à volonté. Les armes qu'Aristote prête à la vertu frappent toutes seules et d'elles-mêmes sans attendre qu'on les saisisse : nous sommes leurs instruments, elles ne sont point le nôtre. Nous n'avons nul besoin d'aides étrangers : la nature nous a suffisamment munis par la raison. Elle nous a donné là une arme solide, inaltérable, docile, qui n'est pas à double tranchant et ne peut être renvoyée contre son maître. S'agit-il non-seulement de prévoir, mais d'exécuter, la raison seule et par elle-même suffit [15]. Quoi de moins sensé que de la faire recourir, elle, à la colère, l'immuable à l'incertain, la fidélité à la trahison, la santé à la maladie? Et si je prouve que dans les actes aussi qui seuls semblent nécessiter l'intervention de la colère la raison par elle-même apporte bien plus d'énergie? Dès qu'en effet elle a décidé que telle chose doit s'accomplir, elle y persiste: ne pouvant, pour changer, trouver mieux qu'elle-même, elle s'arrête à sa résolution première. La colère a souvent reculé devant la pitié, car sa force n'a nulle consistance, c'est une vaine bouffissure : violente dans son origine, elle est pareille à ces vents de terre qu'enfantent les fleuves et les marais; ils ont de la fougue et ne tiennent pas. Elle débute par de vifs élans, puis s'affaisse, lassée avant l'heure : ne respirant d'abord que cruauté, que supplices inouïs, lorsqu'il faut sévir, elle ne sait plus que mollir et céder.

La passion tombe vite; la raison est toujours égale. Et même, la colère vînt-elle à persévérer, souvent, bien que de nombreux coupables aient mérité la mort, à la vue du sang de deux ou trois victimes elle cesse de frapper. Ses premiers coups sont terribles, comme le venin des serpents, au sortir de leur gîte, est dangereux; mais leurs morsures, en se répétant, épuisent bientôt leur malignité. Ainsi il n'y a point parité de peines où il y a parité de crimes: et souvent la peine la plus grave est pour la moindre faute en butte à la première fougue. Inégale dans toute son allure, la passion va plus loin qu'il ne faut ou s'arrête en deçà. Elle se complaît dans ses excès, juge d'après son caprice, sans vouloir entendre, sans laisser place à la défense, s'attachant aux idées dont elle s'est saisie, et ne souffrant point qu'on lui ôte ses préventions, si absurdes qu'elles soient. La raison accorde à chaque partie le lieu, le temps convenables; elle-même elle prend délai pour avoir toute latitude dans la discussion de la vérité : la colère décide à la hâte. La raison veut qu'on prononce selon la justice; elle, au contraire, veut qu'on trouve juste ce qu'elle a prononcé. La raison n'envisage que le fond même de la question; la colère s'émeut pour des motifs puérils autant qu'étrangers à la cause. Un air assuré, une voix ferme, un langage franc, une mise recherchée, un cortége imposant, la faveur populaire vont l'exaspérer. Souvent, en haine du défenseur, elle condamne l'accusé : vainement la vérité éclate à ses yeux ; elle aime et soutient son erreur; elle ne veut pas qu'on la lui démontre; et s'obstiner dans une fausse voie lui paraît plus beau que se repentir.

Cn. Pison, notre contemporain, fut un homme irréprochable à beaucoup d'égards, mais esprit faux, et qui prenait l'inflexibilité pour de la fermeté. Dans un moment de colère, il avait condamné à mort un soldat comme meurtrier de son camarade parti en congé avec lui et qu'il ne pouvait représenter. L'infortuné demande un sursis pour aller aux recherches, il est refusé. On le conduit, d'après la sentence, hors des lignes du camp; et déjà il tendait la tête, quand soudain reparut celui qu'on croyait assassiné. Alors le centurion préposé au supplice ordonne à l'exécuteur de remettre son glaive dans le fourreau, et ramène le condamné à Pison. Il vient rendre au juge le service qu'a rendu le sort au soldat : tous deux seront innocents. Une foule immense escorte les deux frères d'armes, qui se tiennent l'un l'autre embrassés : l'armée est au comble de la joie. Pison s'élance en fureur sur son tribunal; il voue à la fois au supplice et le soldat non coupable du meurtre et celui qui n'avait pas été assassiné. Quoi de plus indigne? parce que l'un était justifié, tous deux périssaient. Et Pison ajoute une troisième victime : le centurion lui-même, pour avoir ramené un condamné, est envoyé à la mort. Placés hors du camp, tous trois vont périr : car le premier est innocent. Oh! que la colère est ingénieuse à se forger des motifs de sévir! « Toi, je te condamne, parce que tu l'es déjà; toi, parce que tu es cause de la condamnation d'un camarade; et toi, parce que, chargé d'exécuter l'arrêt, tu n'as pas obéi à ton général. » Il trouva moyen de créer trois crimes, faute d'en trouver un.

La colère, ai-je dit, a cela de funeste qu'elle ne veut pas qu'on la dirige. Elle s'indigne contre la vérité même, si la vérité se manifeste contre son gré : ses cris forcenés, la tumultueuse agitation de toute sa personne trahissent son acharnement contre l'homme qu'elle poursuit, qu'elle accable d'outrages et de malédictions. Ainsi n'agit pas la raison, qui pourtant, s'il le faut, ira, calme et silencieuse, renverser de fond en comble des maisons entières, anéantir avec femmes et enfants certaines familles, pestes de l'État, abattre même leurs demeures et les raser jusqu'au sol, abolir enfin des noms hostiles à la liberté; tout cela sans grincer les dents, sans secouer violemment la tête, ni compromettre en rien le caractère du juge, dont la dignité calme est plus que jamais un devoir quand c'est une peine grave qu'il applique. « A quoi bon, dit Hiéronyme [16], quand tu veux frapper quelqu'un, commencer par te mordre les lèvres ? » Et s'il eût vu un proconsul s'élancer de son tribunal, arracher au licteur les faisceaux, et déchirer ses propres vêtements parce que ceux de la victime tardaient à l'être ! Que sert de renverser la table, de briser les coupes contre terre, de heurter du front les colonnes, de s'arracher les cheveux, de se frapper la cuisse ou la poitrine? Que penser d'une passion qui, ne pouvant se jeter assez tôt sur autrui, se tourne contre elle-même! Aussi les assistants la retiennent et la prient de s'épargner, scènes que n'offre jamais quiconque, libre de colère, inflige à chacun la peine qu'il mérite. Souvent il renvoie l'homme qu'il vient de prendre en faute, si son repentir est de bon augure pour la suite, s'il est visible que le mal ne vient pas du fond de l'âme, mais s'arrête, comme on dit, à la surface. Cette impunité-là n'est funeste ni à celui qui l'obtient, ni à celui qui l'accorde. Quelquefois un grand crime sera moins puni qu'un plus léger, si dans l'un il y a manquement et non scélératesse, et dans l'autre astuce profonde, hypocrisie invétérée. Le même délit n'appellera pas la même répression sur l'homme coupable par inadvertance et sur celui qui a prémédité l'infraction. Il faut que le juge sache et ne perde jamais de vue, dans toute application de peines, qu'il s'agit ou de corriger les méchants ou d'en purger la terre : dans les deux cas ce n'est point le passé, c'est l'avenir qu'il envisagera. Car, comme le dit Platon, le sage punit, non parce qu'on a péché, mais pour qu'on ne pèche plus; le passé est irrévocable, l'avenir se prévient. Veut-il prouver par des exemples que tout criminel finit mal, il fait mourir ces hommes publiquement, non pas tant pour qu'ils périssent, que pour qu'ils servent aux autres d'effrayante leçon. »

Tu vois combien l'homme chargé de peser et d'apprécier ces choses doit être libre de tout ce qui trouble l'âme pour exercer un pouvoir qui demande les plus religieux scrupules, qui donne droit de vie et de mort. Il est mal de mettre le glaive aux mains d'un furieux [17].

Gardons-nous aussi de penser que la colère contribue en rien à la grandeur d'âme, car la grandeur n'est point là, je n'y vois que bouffissure : ainsi dans les corps hydropiques, que distend une humeur viciée, la maladie n'est pas de l'embonpoint, c'est une enflure funeste. Tout esprit que sa dépravation même emporte au delà des saines pensées de l'humanité s'imagine que je ne sais quoi de noble et de sublime l'inspire : mais il n'y a là-dessous rien de solide; l'édifice sans base est prompt à crouler. La colère n'a rien où s'appuyer; rien de ferme ou qui soit durable ne lui donne naissance : ce n'est que vent et que fumée; elle diffère autant de la grandeur d'âme que la témérité du courage, la présomption de la confiance, l'humeur farouche de l'austérité, la cruauté de la sévérité. Il y a loin, je le répète, d'une âme élevée à une âme orgueilleuse. La colère n'a jamais de grandes, de généreuses inspirations. Je vois, au contraire, dans cette susceptibilité habituelle, les symptômes d'une âme énervée, malheureuse, qui sent sa faiblesse. Le malade couvert d'ulcères gémit au moindre contact : ainsi la colère est surtout le vice des femmes et des enfants. « Mais des hommes même y sont sujets! » C'est que des hommes aussi ont le caractère des enfants et des femmes. Eh! n'y a-t-il pas de ces paroles, jetées dans la colère, qui semblent le cri d'une âme grande quand on ignore la vraie grandeur? Tel est ce mot sinistre, exécrable : *Qu'on me haïsse, pourvu qu'on me craigne* [18]; mot qui sent bien le siècle de Sylla. Je ne sais ce qu'il y a de pis dans ce double vœu : la haine ou la terreur publique. Qu'on me haïsse! Il voit dans l'avenir les malédictions, les embûches, l'assassinat; quel contre-poids y met-il? que les dieux le punissent d'avoir trouvé à la haine un si digne remède! Qu'on te haïsse! qu'est-ce à dire? pourvu qu'on t'obéisse? Non. Pourvu qu'on t'estime? Non; pourvu que l'on tremble. Je ne voudrais pas de l'amour à ce prix. Pense-t-on que ce mot soit parti d'une grande âme? Quelle erreur! Elle n'était point grande, cette âme; elle était féroce.

Ne crois pas au langage de la colère : elle fait beaucoup de bruit, elle menace, et n'en est pas moins profondément pusillanime. N'ajoute pas foi non plus à l'éloquent Tite Live, quand il dit : *Grand homme plutôt qu'homme de bien!* Ces deux qualités sont inséparables : ou l'on sera bon aussi, ou l'on ne sera pas même grand [19]; car je ne conçois la grandeur que dans une âme inébranlable qui intérieurement, et du faîte à la base, soit également ferme, telle enfin qu'elle ne puisse s'allier avec un génie malfaisant. La terreur, le fracas, la destruction, peuvent être l'œuvre du méchant; mais la grandeur, dont le fondement, dont la force est dans la bonté, il ne l'aura pas; seulement son langage, ses muscles tendus, tout l'appareil qui l'entoure, prendront un faux air de grandeur. Il lui échappera telle parole d'un haut courage en apparence. Ainsi Caligula, furieux de ce que le ciel tonnait sur ses pantomimes, dont il était plus encore l'émule passionné que le spectateur, et de ce que sa séquelle de gladiateurs avait peur de ces foudres qui certes oubliaient alors de punir, défia Jupiter à un combat désespéré en vociférant ce vers d'Homère : *Ou tu m'enlèveras, ou je t'enlèverai* (a). Quelle démence était-ce là? s'imaginer ou que le dieu ne pouvait lui nuire, ou qu'il nuirait au dieu! Pour moi, je pense que son blasphème n'a pas peu contribué à l'explosion du complot formé contre lui. Ce fut en effet, aux yeux de tous, le terme de la patience que d'avoir à supporter celui qui ne pouvait supporter Jupiter.

Ainsi donc, dans la colère, même quand elle paraît le plus véhémente, qu'elle affronte les dieux et les hommes, il n'y a rien de grand, rien de noble; ou si quelques esprits y voient la marque d'une grande âme, qu'ils la voient aussi dans le luxe. Le luxe veut marcher sur l'ivoire, se vêtir de pourpre, avoir des lambris dorés, transporter les terres, emprisonner les mers, précipiter des fleuves en cascades, suspendre des bosquets sur ses toits [20]. Qu'on voie aussi de la grandeur dans l'avarice : elle couche sur des monceaux d'or et d'argent, cultive des champs qui de fait s'appellent des provinces, et livre à chacun de ses fermiers de plus vastes départements que le sort n'en assignait aux consuls. Qu'on voie aussi de la grandeur dans la luxure : elle franchit les mers, fait des troupeaux d'eunuques, et, bravant la mort, prostitue l'épouse sous le glaive de l'époux. Qu'on voie de la grandeur dans l'ambition peu satisfaite d'honneurs annuels, elle veut, s'il est possible,

---

(a) *Iliade,* XXIII, 724.

couvrir nos fastes d'un seul nom, répartir ses titres sur le monde entier. Peu importe à quel point toutes ces passions se développent et s'étendent : elles sont toujours étroites, misérables et basses. La vertu seule est élevée, sublime; et il n'y a de grand que ce qui en même temps est calme.

LIVRE II.

I. Mon premier livre, Novatus, offrait une tâche engageante : on est porté comme sur une pente facile à parcourir les tableaux du vice; maintenant des questions plus subtiles m'appellent. Il faut chercher si la colère vient d'un libre choix ou d'entraînement, c'est-à-dire si elle s'émeut spontanément, ou s'il en est d'elle comme de tout transport qui s'élève en nous à notre insu. Voilà où doit descendre la discussion pour remonter ensuite plus haut. Ainsi, dans la formation du corps humain, les os, les nerfs, les articulations, charpente de tout l'édifice, et les viscères, si peu agréables à voir, se coordonnent avant le reste; vient ensuite ce qui fait les charmes de la figure et de l'extérieur; et enfin, quand l'œuvre est complète, la nature y jette comme dernier coup de pinceau ce coloris qui plaît tant aux yeux. Que l'apparence de l'injure soulève la colère, nul doute; mais suit-elle soudain cette apparence; s'élance-t-elle sans que l'âme y acquiesce, ou lui faut-il pour se mouvoir l'assentiment de l'âme, voilà ce que nous cherchons. Nous tenons, nous, que la colère n'ose rien par elle-même et sans l'approbation de l'âme. Car saisir l'apparence d'une injure et en désirer la vengeance; faire la double réflexion qu'on ne devait pas être offensé et qu'on doit punir l'offenseur, cela ne tient pas au mouvement physique qui devance en nous la volonté. Le mouvement physique est simple, celui de l'âme est complexe et offre plus d'un élément. On a compris quelque chose, on s'indigne, on condamne, on se venge : tout cela ne peut se faire si l'âme ne s'associe à l'impression des sens.

II. « A quoi, dis-tu, tend cette question? » A bien connaître la colère. Car si elle naît malgré nous, jamais la raison ne la surmontera. Tout mouvement non volontaire est irrésistible, inévitable, comme le frisson que donne une aspersion d'eau froide, comme certains contacts qui répugnent (a), comme lorsqu'à de fâcheuses nouvelles notre poil se hérisse, que des mots déshonnêtes nous font rougir, et que le vertige saisit l'homme qui regarde au fond d'un précipice. Aucun de ces mouvements ne dépendant de nous, la raison avec ses conseils ne peut les prévenir. Mais ses conseils dissipent la colère : car ce vice de l'âme est volontaire ; ce n'est pas une de ces fatalités humaines, de ces accidents qu'éprouvent les plus sages, et dont il faut voir un exemple dans la souffrance morale dont nous frappe tout d'abord l'idée révoltante de l'injustice. Ce dernier sentiment s'éveille même aux jeux de la scène et à la lecture de l'histoire. Souvent on éprouve une sorte de colère contre un Clodius [1] qui bannit Cicéron, contre un Antoine qui l'assassine. Qui n'est révolté des exécutions militaires de Marius, des proscriptions de Sylla? Qui ne maudit un Théodote, un Achillas, et ce roi enfant, qui déjà est homme pour le crime[2]? Le chant même quelquefois et de rapides modulations nous animent ; nos âmes s'émeuvent au son martial des trompettes, à une tragique peinture, au triste appareil des supplices les plus mérités. Ainsi l'on rit à voir rire les autres, et l'on s'attriste avec la foule qui pleure ; et l'on s'échauffe à la vue de combats où l'on n'a point part. Mais ceci n'est pas de la colère, comme ce n'est point l'affliction qui contracte nos sourcils à la représentation d'un naufrage sur la scène ; comme ce n'est point l'effroi qui glace le lecteur quand il suit Annibal depuis Cannes jusque sous nos murs. Toutes ces sensations sont d'une âme remuée sans le vouloir, des préludes de passions, non des passions réelles. De même encore l'homme de guerre, en pleine paix et sous la toge, tressaille au bruit du clairon ; et le cheval de bataille dresse l'oreille au cliquetis des armes [3]. Alexandre, dit-on, aux chants de Xénophante, porta la main sur son épée.

III. Aucune de ces impulsions fortuites ne doit s'appeler passion : l'âme, à leur égard, est passive plutôt qu'active. Or la passion consiste non à s'émouvoir en face des objets, mais à s'y livrer, et à suivre cette impulsion accidentelle. Car si l'on croit qu'une pâleur subite, des larmes qui échappent, l'aiguillon secret de la concupiscence, un soupir profond, l'éclat soudain des yeux ou toute autre chose analogue soient l'indice d'une pas-

(a) Comme Fickert, je lis : *tactus* et non *ictus*, d'après les meilleurs manuscrits.

sion, d'un sentiment réels, on s'abuse, on ne voit pas que ce sont là des mouvements tout physiques. Il arrive au plus brave de pâlir quand on l'arme pour le combat, de sentir quelque peu ses genoux trembler au signal du carnage ; le cœur peut battre au plus grand capitaine quand les deux armées vont s'entrechoquer ; l'orateur le plus éloquent frissonne au moment de prendre la parole. Mais la colère n'est pas une impression simple, elle se porte en avant ; c'est un élan, et tout élan implique une adhésion morale, et dès qu'il s'agit de venger et de punir, ce ne peut être à l'insu de l'intelligence. Un homme se croit lésé : il veut se venger : un motif quelconque le dissuade, il s'arrête aussitôt. Je n'appelle point cela colère, mais mouvement de l'âme, qui cède à la raison. Ce qui est colère, c'est ce qui dépasse la raison et l'entraîne avec soi. Aussi cette première agitation de l'âme, causée par l'apparence de l'injure, n'est pas plus de la colère que ne l'est cette même apparence. La colère est l'élan qui suit, qui n'est plus seulement la perception de l'injure, mais qui en admet l'existence. C'est l'âme soulevée qui marche à la vengeance volontairement et avec réflexion. Est-il douteux que la peur porte à fuir, la colère à courir en avant? Vois donc si tu dois croire que l'homme recherche ou évite quoi que ce soit sans le consentement de son intelligence.

IV. Veux-tu savoir comment les passions naissent, grandissent, font explosion? L'émotion d'abord est involontaire, et comme l'avant-courrière et la menace de la passion ; il y a ensuite une volonté, facile à vaincre : on croit la vengeance un devoir après l'injure, ou qu'il faut punir l'auteur du mal. L'instant d'après, l'homme n'est plus son maître : il veut se venger, non plus parce qu'il le faut, mais à l'aveugle ; la raison a succombé. Quant à l'impulsion première, la raison n'y peut échapper, non plus qu'aux impressions physiques dont j'ai parlé, comme de bâiller en voyant bâiller les autres, ou de fermer les yeux quand une main étrangère s'y porte brusquement. Dans tout ceci la raison est impuissante ; l'habitude peut-être et une constante surveillance atténueront ces effets. Le second mouvement, qui naît de la réflexion, la réflexion en triomphe⁴....

V. Examinons maintenant cette question : ceux qui versent à flots le sang des hommes, qui se font du carnage une fête, sont-ils en colère lorsqu'ils tuent sans avoir reçu d'injure, sans même croire en avoir reçu? Ainsi fut Apollodore, ainsi Phalaris. Ce n'est pas là de la colère, c'est de la férocité : car elle ne fait pas le mal parce qu'on l'a offensée, elle qui veut bien même qu'on l'offense pourvu qu'elle fasse le mal ; elle frappe, elle déchire, non par vengeance, mais par volupté. Qu'est-ce donc que ce fléau, quelle est sa source ? Toujours la colère qui, à force d'être exercée et assouvie, arrive à ne plus savoir ce que c'est que pitié, abjure tout pacte avec la société humaine et finit par se transformer en cruauté. L'homme rit alors, et s'applaudit et s'enivre de joie ; son visage est loin d'exprimer la colère : il est cruel par passe-temps. Annibal, dit-on, à la vue d'un fossé plein de sang humain, s'écria : « Le beau spectacle ! » Qu'il l'eût trouvé plus beau, si ce sang avait pu remplir un fleuve ou un lac ! Faut-il s'étonner que tel soit ton plus doux spectacle, toi né dans le sang, dont l'enfance fut dressée au meurtre ? Ton homicide étoile, que la fortune secondera vingt ans, va repaître partout tes yeux de ces délicieux tableaux : tu les verras et à Trasimène et à Cannes et, pour la dernière fois, sous les murs de ta chère Carthage.

Naguère, sous le divin Auguste, Volesus (*a*), proconsul d'Asie, ayant fait en un jour tomber trois cents têtes sous la hache, et se promenant au milieu des cadavres d'un air superbe, comme s'il eût accompli l'œuvre la plus belle et la plus glorieuse, s'écria en grec : « O la royale exécution ! » Qu'eût-il fait s'il eût été roi ? Ce n'était pas là de la colère : c'était un mal pire, un mal sans remède....

VI. « Puisque, dit-on, la vertu applaudit à ce qui est honnête, ce qui ne l'est pas doit exciter son courroux. » Que ne dit-on aussi qu'elle doit être à la fois basse et sublime ? Or ici c'est le dire, c'est la relever et la rabaisser du même coup : car le plaisir de voir une bonne action est noble, il exalte l'âme ; et la colère qu'inspire la faute d'autrui est ignoble et d'un cœur rétréci. Toujours la vertu se gardera d'imiter les vices qu'elle réprime : elle doit châtier cette colère qui en rien ne vaut mieux, qui souvent est pire que les délits auxquels elle s'attaque. Le bonheur, la satisfaction sont l'apanage naturel de la vertu ; la colère est aussi peu digne d'elle que l'affliction. Or la tristesse est compagne de la colère, cette tristesse où nous jette toujours le repentir ou le mauvais succès d'un emportement. Et si le rôle du sage était de s'irriter contre les fautes, il s'irriterait d'autant plus qu'elles seraient plus grandes, et s'irriterait souvent ; d'où il suit que le sage non-seulement s'emporterait, mais serait le plus colère des hommes. Puis donc que, selon nous, toute colère,

---

(*a*) Il fut condamné sous Auguste. V. Tacit., *Ann.* III, 68.

grave ou fréquente, n'a jamais place en l'âme du sage, que n'achevons-nous de l'en délivrer tout à fait? Car, encore une fois, il n'y a pas de limite possible, s'il doit se courroucer selon la gravité de chaque méfait. Le sage devra être ou injuste, s'il poursuit d'un courroux égal des délits inégaux, ou irascible à l'excès, s'il sort de lui-même à chaque crime qui méritera sa colère. Or quoi de plus indigne que de subordonner les sentiments du sage à la méchanceté d'autrui? Votre Socrate ne rapportera plus à la maison le visage avec lequel il en est sorti.

VII. D'ailleurs si le sage doit s'emporter contre les actions honteuses, et s'émouvoir et s'attrister de tous les crimes, rien n'est plus misérable que lui. Toute sa vie se passera dans l'irritation et le chagrin. Peut-il faire un pas sans heurter quelque scandale? Peut-il sortir de chez lui, qu'il ne traverse une foule de pervers, d'avares, de prodigues, d'impudents, tous triomphants par leurs vices mêmes? Nulle part ses yeux ne tomberont sans découvrir de quoi s'indigner. Il ne suffira pas aux transports sans fin qu'exigeront ces incessantes rencontres. Ceux qui dès l'aurore courent par milliers au forum, quels honteux procès, quels défenseurs plus infâmes ne suscitent-ils pas? L'un accuse les rigueurs du testament paternel, que c'était bien assez d'avoir méritées; l'autre plaide contre sa mère; un troisième se fait délateur d'un crime visiblement commis par lui seul; on élit magistrat tel autre pour condamner ce que lui-même a fait; et la foule est gagnée à la mauvaise cause par les belles paroles d'un avocat. Pourquoi m'arrêter à des faits spéciaux? Quand tu vois le forum inondé de citoyens, le champ de Mars où court s'entasser la multitude, et ce cirque où s'étale la majeure partie du peuple de Rome, sache bien que là sont réunis autant de vices que d'hommes [5]. Entre tous ces gens qui portent le costume de paix, nulle paix n'existe : ils sont prêts à s'entre-détruire pour le plus mince profit.

VIII. Nul ne tire son gain que du dommage d'autrui [6]; l'heureux on le hait, le malheureux on le méprise; un grand t'écrase, tu écrases un petit; à chacun sa passion qui l'aiguillonne; pour un caprice, pour une chétive proie on aspire à tout bouleverser. C'est la vie des bandes de gladiateurs, qui vivent en commun pour se combattre. C'est la société des bêtes féroces; et encore celles-ci sont pacifiques entre elles et s'abstiennent de déchirer leurs semblables [7] : l'homme s'abreuve du sang de l'homme. En un seul point il se distingue des brutes que l'on voit lécher la main qui leur donne à manger ; sa rage dévore ceux même qui le nourrissent. Jamais la colère du sage ne cessera, si une fois elle commence. Partout débordent les vices et les crimes, trop multipliés pour que la loi pénale y remédie. Une immense lutte de perversité est engagée; la fureur de mal faire augmente chaque jour, à mesure que la honte est moindre. Abjurant tout respect de l'honnête et du juste, n'importe où sa fantaisie l'appelle, la passion y donne tête baissée; et le génie du mal n'opère plus dans l'ombre : il marche aux yeux de tous ; il est à tel point déchaîné dans la société, il a si fort prévalu dans les âmes, que l'innocence n'est point seulement rare, elle a disparu. Voit-on en effet qu'il s'agisse de transgressions individuelles ou peu nombreuses? Non : c'est de toutes parts, comme à un signal donné, qu'on se lève pour tout confondre, le bien, le mal, dans un même chaos.

> .... Et l'hôte craint son hôte,
> Le beau-père son gendre; et des frères entre eux
> Rarement l'intérêt n'a point brisé les nœuds;
> L'époux avare immole une épouse perfide;
> La marâtre prépare un breuvage homicide;
> Le fils des jours d'un père accuse la longueur.... (a).

Et ce n'est là qu'un coin du tableau ; le poëte n'a pas décrit deux camps ennemis dans le même peuple; le père jurant de défendre ce que le fils a fait serment de renverser; la patrie livrée aux flammes par la main d'un citoyen; les routes infestées de cavaliers qui volent par essaim à la découverte des refuges de proscrits; les fontaines publiques empoisonnées ; la peste créée de main d'homme; des tranchées creusées par nous-mêmes autour de nos proches assiégés; des prisons encombrées; l'incendie dévorant les cités entières; des gouvernements désastreux; la ruine des États et des peuples complotée dans l'ombre; la gloire prostituée à des actes qui sous le règne des lois sont des crimes ; les rapts, les viols, ton plus pur organe, ô homme! que la débauche n'excepte pas de ses souillures!

IX. Ajoute la foi publique parjurée par les nations, et les pactes rompus; la force faisant sa proie de tout ce qui ne peut résister; les captations, les vols, les fraudes, les dénégations de dépôts, tous crimes pour lesquels nos trois forums ne suffisent pas. Si tu veux que le sage s'irrite en proportion de l'indignité des forfaits, ce ne sera plus de la colère, ce sera du délire.

Il est mieux de penser qu'il ne faut point de colère contre

(a) Ovide, *Métam.*, I, 144.

l'erreur. Que dirais-tu de l'homme qu'indigneraient les faux pas de son compagnon dans les ténèbres, la surdité d'un esclave qui n'entendrait pas l'ordre du maître, la distraction d'un autre qui négligerait ses devoirs pour considérer les amusements et les insipides jeux de ses camarades? En voudrais-tu aux gens d'être atteints de maladie, de vieillesse, de fatigue ? Entre autres infirmités des mortels il y a cet aveuglement d'esprit qui leur fait une nécessité non-seulement d'errer, mais d'aimer leurs erreurs. Pour ne pas t'irriter contre les individus, fais grâce à l'espèce tout entière; enveloppe l'humanité dans la même indulgence. Si tu t'emportes contre le jeune homme ou contre le vieillard qui fait une faute, emporte-toi contre l'enfant qui doit faillir un jour. Or peut-on en vouloir à cet âge qui n'est pas encore celui du discernement? Il y a une plus forte excuse, et plus légitime, pour l'homme que pour l'enfant. Car la condition de notre naissance, c'est d'être sujets à autant de maladies de l'âme que du corps ; non que notre intelligence soit lente ou obtuse, mais nous employons mal sa subtilité, nous sommes les uns pour les autres des exemples de vices. Chacun suit ses devanciers dans la mauvaise route qu'ils ont prise; et comment ne pas excuser qui s'égare sur une voie devenue la voie publique?

X. La sévérité d'un chef d'armée punit les faits particuliers ; mais il faut bien faire grâce quand c'est toute l'armée qui déserte [10]. Qui désarme la colère du juge? la foule des coupables. Il sent trop l'injustice et le péril de s'irriter contre des torts qui sont ceux de tous. Chaque fois qu'Héraclite sortait et qu'il voyait autour de lui tant de gens vivre ou plutôt périr si déplorablement, il pleurait et avait pitié de ceux surtout qu'il rencontrait joyeux et s'applaudissant de leur sort : c'était de la sensibilité, mais plus encore de la faiblesse ; et lui-même était parmi les gens à plaindre. Démocrite au contraire, dit-on, ne se trouvait jamais en public sans rire, tant il était loin de prendre au sérieux ce qui se faisait le plus sérieusement. La colère ici-bas est-elle raisonnable? Il y faudrait ou rire ou pleurer de tout. Le sage ne s'irritera pas contre ceux qui pèchent; et pourquoi? Parce qu'il sait que la sagesse ne naît pas avec nous, qu'il faut l'acquérir ; que dans le cours des siècles quelques hommes à peine y arrivent, parce que la condition humaine en cette vie lui est bien connue, et qu'un bon esprit n'accuse pas la nature. Ira-t-il s'étonner que des fruits savoureux ne pendent point aux buissons sauvages? S'étonnera-t-il que les épines et les ronces ne se chargent point de quelque substance nourricière? On n'est pas choqué d'une imperfection que la nature défend comme son œuvre [11]. Le sage donc, toujours calme et juste pour les erreurs, nullement ennemi, mais censeur de ceux qui pèchent, ne sort jamais sans se dire : « Je vais rencontrer beaucoup d'hommes adonnés soit au vin, soit à la débauche, beaucoup d'ingrats, beaucoup d'âmes avides ou agitées par les furies de l'ambition. » Il verra tout cela d'un œil aussi bienveillant que le médecin voit ses malades. Est-ce que le maître du vaisseau dont la charpente désunie fait eau de toutes parts s'en prend aux matelots ou au bâtiment? Il fait mieux : il court au remède, ferme passage à l'onde extérieure, rejette celle qui a pénétré, bouche les ouvertures apparentes, combat par un travail continu les infiltrations cachées qui remplissent insensiblement la cale, et ne se rebute pas de voir l'eau se renouveler à mesure qu'on la fait sortir. Il faut une lutte infatigable contre des fléaux toujours actifs et renaissants, non pour qu'ils disparaissent, mais pour qu'ils ne prennent pas le dessus.

XI. « La colère, dit-on, a cela d'utile, qu'elle nous sauve du mépris, qu'elle effraye les méchants. » D'abord la colère, si son pouvoir égale ses menaces, par cela même qu'elle se fait craindre, se fait haïr. Or il est plus dangereux d'inspirer la crainte que le mépris. Mais si la colère est impuissante, elle n'en est que plus exposée au mépris et n'évite pas le ridicule ; car quoi de plus pitoyable qu'un courroux qui s'exhale en stériles éclats? Et, puis, se faire craindre n'est souvent pas une preuve de supériorité ; et je ne réclamerais pas pour le sage l'arme de la bête féroce, la terreur. Eh! ne craint-on pas aussi la fièvre, la goutte, un ulcère rongeur? Et s'ensuit-il qu'il y ait quelque chose de bon dans ces maux? Loin de là, le mépris, le dégoût, l'horreur ne viennent-ils pas toujours de l'effroi qu'un objet nous cause? La colère, par elle-même, est hideuse et peu à craindre : mais beaucoup la redoutent comme l'enfant a peur d'un masque difforme. Et puis l'effroi ne rejaillit-il pas sur celui qui l'inspire ; peut-on se faire craindre et rester soi-même en sécurité? Rappelle-toi ce vers de Labérius, récité au théâtre dans le fort de la guerre civile, et qui frappa vivement tout le peuple, comme l'expression du sentiment universel :

Et qui fait peur à tous, de tous doit avoir peur [12].

Ainsi l'a voulu la nature : tout ce qui est grand par la terreur doit en ressentir le contre-coup. Le cœur du lion tressaille aux plus légers bruits ; les plus fiers animaux s'effarouchent d'une ombre, d'une voix, d'une odeur inaccoutumée; tout ce qui se fait craindre tremble à son tour. Le sage n'a donc pas lieu de souhaiter qu'on le craigne.

XII. Et ne t'imagine pas que la colère soit quelque chose de grand parce qu'elle effraye. On s'effraye aussi des choses les plus viles, des poisons, de la dent meurtrière d'un reptile ou d'un animal féroce. Est-il étrange que de nombreuses troupes de bêtes fauves soient arrêtées, repoussées vers le piége par un cordon de plumes bigarrées, qui doit le nom d'épouvantail à l'effet qu'il produit? L'être sans raison a peur sans motif. Un char en mouvement, une roue qui tourne, fait rentrer le lion dans sa loge; le cri du porc épouvante l'éléphant. La colère nous inspire la même crainte que l'ombre à l'enfant, qu'une plume rouge à la bête sauvage; elle n'a rien de la fermeté du vrai courage, mais elle intimide les âmes faibles. « Otez donc de ce monde l'iniquité, me dira-t-on, si vous voulez en ôter la colère. Or l'un n'est pas plus possible que l'autre. » D'abord, on peut se préserver du froid, quoique l'hiver soit dans la nature, et de la chaleur malgré les mois d'été, soit par les avantages du lieu, qui garantissent des intempéries de la saison, soit que des organes endurcis nous rendent insensibles au chaud comme au froid. Ensuite retourne la proposition et dis : Il faut arracher la vertu du cœur humain avant d'y admettre la colère; car le vice est incompatible avec la vertu. Et il est aussi impossible d'être en même temps irascible et sage, que malade et sain. « On ne peut, dit-on, bannir entièrement la colère, la nature humaine ne le permet pas. » Cependant il n'est rien de si difficile et de si pénible que l'esprit humain ne puisse vaincre, rien qu'on ne se rende familier par une pratique assidue, point de passion si sauvage et si indomptée, qui ne plie enfin au joug de la discipline. Tout ce que l'âme se commande elle l'obtient [15]. Des hommes sont parvenus à ne rire jamais, ou à renoncer soit au vin, soit aux femmes, soit même aux habitudes de tous (a), ou à se contenter d'un court sommeil pour prolonger d'infatigables veilles, ou à courir en montant sur la plus mince corde, ou à porter d'énormes fardeaux, qui dépassent presque les forces humaines, ou à plonger à d'immenses profondeurs et à rester longtemps sous les eaux sans reprendre haleine.

(a) Je lis avec deux mss. de Fickert : *omnium more*. Leçon vulg. : *omni humore*.

XIII. Il est mille autres choses où la persévérance force tout obstacle et fait voir que rien n'est difficile à l'âme qui s'impose la loi de l'endurer. Dans les faits que je viens de citer, le prix était nul ou peu digne d'un travail si opiniâtre. Qu'obtient en effet de si brillant l'homme qui s'est exercé à courir sur la corde tendue, à charger ses épaules de poids énormes, à ne pas laisser clore ses yeux au sommeil, à pénétrer au fond de la mer? L'encouragement était mince, et pourtant ici la constance est venue à bout de son œuvre. Et nous n'appellerons pas à notre aide cette patience qu'attend une récompense si haute, le calme inaltérable et la félicité de l'âme? Qu'il est beau d'échapper à la colère, cette horrible maladie, et en même temps à la rage, à la violence, à la cruauté, à la démence, à tout son cortége de passions!

Ne cherchons point une apologie et une excuse à nos emportements, en les présentant comme utiles ou inévitables; car quel vice a jamais manqué d'avocat? Ne dis point : « La colère ne peut s'extirper. » Ils sont guérissables les maux qui nous travaillent; et la nature elle-même, qui nous créa pour le bien, vient en aide à qui veut se corriger[14]. D'ailleurs la route des vertus n'est pas, comme il l'a semblé à quelques-uns, difficile et escarpée : c'est de plain-pied qu'on arrive à elles. Je ne vous propose point là une chimère : on chemine aisément vers la vie heureuse[15], partez seulement sous de bons auspices et avec l'assistance des dieux. Ce qui est bien plus difficile, c'est de faire ce que vous faites. Quel plus doux repos en effet que celui d'une âme en paix, et quoi de plus fatigant que la colère[16]? Quoi de plus calme que la clémence, et de plus affairé que la cruauté? La chasteté est en plein loisir; l'incontinence, toujours préoccupée; toutes les vertus s'entretiennent sans beaucoup d'efforts : les vices coûtent cher à nourrir[17].

Doit-on écarter la colère? C'est ce qu'avouent en partie ceux mêmes qui disent qu'il faut la modérer. Proscrivons-la tout à fait : rien d'utile n'en pourrait sortir; sans elle le crime sera plus aisément, plus justement prévenu, et le méchant puni et ramené au bien.

XIV. Le sage accomplira tous ses devoirs sans aucun impur auxiliaire, sans s'associer rien qu'il faille maintenir avec inquiétude dans son juste tempérament. Jamais donc la colère ne doit être admise : on peut parfois la simuler[18], s'il faut commander l'attention d'esprits paresseux, comme on emploie l'aiguillon et la torche pour exciter un cheval lent à prendre sa course. Souvent l'ascendant de la crainte est nécessaire, quand la raison est impuissante. Mais la colère n'est pas plus utile à l'homme que l'abattement ou l'effroi. « Quoi ! ne survient-il pas des occasions qui la provoquent ? » C'est alors surtout qu'il faut lui résister. Il n'est pas difficile de maîtriser son âme, lorsqu'on voit l'athlète, qui s'occupe de la plus grossière partie de lui-même, supporter les coups et la douleur pour épuiser les forces de l'adversaire ; s'il riposte, c'est l'à-propos qui l'y invite, jamais le ressentiment. Pyrrhus, dit-on, ce grand maître d'exercices gymniques, recommandait toujours à ses élèves de ne point s'irriter. La colère, en effet, trouble tous les calculs de l'art, c'est de frapper seulement, non de parer, qu'elle se préoccupe. Ainsi souvent la raison conseille la patience ; la colère, la vengeance, et d'un mal d'abord supportable, elle nous jette dans un pire. Un seul mot blessant coûta parfois l'exil à qui ne sut pas l'endurer ; pour n'avoir pas digéré en silence une faible injure, on s'est vu écrasé sous d'affreuses catastrophes, et tel qui s'est révolté d'une légère restriction à la plus large indépendance s'est attiré le joug le plus accablant.

XV. « Pour preuve, dit-on, que la colère a en soi quelque chose de généreux, considérez que les peuples libres sont les plus irascibles : voyez les Germains et les Scythes. » C'est qu'en effet les âmes courageuses et fortement trempées par la nature, que des mœurs plus douces n'apprivoisent point encore, sont promptes à s'irriter. Car il est des vices qui ne prennent naissance que chez les meilleurs caractères, comme des arbres vigoureux s'élèvent sur un sol heureux quoique négligé ; fécondé par l'homme, ses produits sont autres et bien plus nombreux. Ainsi, dans les âmes essentiellement énergiques, l'irascibilité est fruit du terroir ; pleines de séve et de feu, rien de chétif ni d'avorté n'en sort ; mais ce n'est là qu'une vigueur brute, comme tout ce qui croît sans culture, par la seule vertu de son principe ; et si l'éducation ne les dompte bien vite, ces germes du vrai courage dégénèrent en audace et en témérité. Eh ! ne voit-on pas à la douceur de caractère s'allier des faiblesses analogues, comme la pitié, l'amour, le vain respect humain? Oui, je signalerais plus d'un bon naturel par ses imperfections mêmes ; mais ce n'en sont pas moins des défauts, quoique étant les indices d'un caractère estimable. Quant à ces peuples dont l'humeur sauvage fait l'indépendance, de même que les lions et les loups, indociles à la discipline, ils ne peuvent non plus l'imposer. Je vois là non pas le génie vigoureux de l'homme, mais un instinct farouche et intraitable; or nul ne peut commander, s'il ne sait obéir.

XVI. Aussi l'empire a presque toujours appartenu aux peuples des régions tempérées [10]; chez ceux qui inclinent vers les glaces du septentrion les caractères sont, selon le mot d'un poëte :

    Apres comme le ciel qui pèse sur leurs têtes.

« Mais, ajoute-t-on, les animaux les plus irascibles passent pour les plus généreux. » Quelle erreur de nous comparer des êtres qui, au lieu de raison, n'ont qu'une furie aveugle! L'homme, au lieu de cette furie, a la raison. Et encore n'est-ce point là chez les bêtes l'arme universelle. Le lion a pour auxiliaire son courroux; le cerf, l'instinct de la peur; le vautour, son vol impétueux; la colombe, sa fuite rapide. D'ailleurs il n'est pas même vrai que les races les plus irascibles soient les meilleures. Je veux croire que celles qui vivent de proie valent d'autant mieux que leur rage est plus ardente; mais je louerai dans le bœuf sa patience, dans le cheval sa docilité sous le frein. Qui donc vous fait ravaler l'homme à de si malheureux parallèles, quand vous avez et l'univers et Dieu, que seul de toutes les créatures l'homme peut comprendre, parce que seul il doit l'imiter?

« Les caractères emportés, dit-on, passent pour les plus francs. » Oui, comparés aux hommes de fraude et d'astuce; et puis, ils paraissent francs parce qu'ils sont tout en dehors. Moi, je ne les appellerai pas francs, mais inconsidérés, qualification qu'on impose aux sots, aux débauchés, aux dissipateurs, à tous les vices qui calculent peu.

XVII. « L'orateur, dit-on, qui s'emporte en vaut mieux quelquefois. » Dis plutôt : qui feint de s'emporter; de même les histrions qui par leur débit remuent le peuple, ne ressentent pas la colère, mais ils la jouent bien. Devant les juges aussi, dans les assemblées, partout où il s'agit d'entraîner et de maîtriser les esprits, on feindra tour à tour la colère, la crainte, la pitié qu'on voudra inspirer aux autres; et souvent ce qu'une vraie émotion n'aurait pu faire, une émotion factice l'obtiendra. « C'est une âme faible, dit-on, qu'une âme incapable de colère. » Oui, si elle n'a pas de ressort plus puissant que celui-là.

Ne soyons ni brigand, ni victime; ni compatissant, ni cruel: l'un serait mollesse, l'autre, dureté de cœur. Que le sage tienne le milieu; et s'il faut faire acte de vigueur, qu'il montre non de la colère, mais de l'énergie.

XVIII. Nous avons traité de ce qui concerne la colère en elle-même : venons aux moyens de la guérir. Je les divise en deux classes; ceux qui l'empêchent de naître, et ceux qui, une fois née, préviennent ses écarts.

Dans le régime du corps humain, il y a des prescriptions pour le maintien de la santé, il y en a pour la rétablir : ainsi, veut-on repousser la colère, le traitement sera autre que pour la calmer et la vaincre. Certains préceptes embrasseront la vie entière ; et l'éducation et les âges suivant y auront leur part. L'éducation réclame les plus grands soins, ces soins si féconds dans l'avenir ; car s'il est aisé de façonner une âme encore tendre, il ne l'est pas d'extirper des vices grandis avec nous. Les âmes nées ardentes sont les plus ouvertes à la colère : en effet, comme il y a quatre éléments, le feu, l'eau, l'air et la terre, il y a leurs propriétés correspondantes qui sont la chaleur, l'humidité, la sécheresse et le froid. Et ainsi les variétés de lieux, de races, de tempéraments, de penchants, proviennent du mélange des quatre principes; et les divers caractères sont plus ou moins prononcés selon que tel ou tel élément y domine. De là vient aussi qu'un pays s'appelle humide ou sec, froid ou chaud. Les animaux et les hommes se différencient de la même manière.

XIX. Ce qui importe, c'est dans quelle mesure chacun de nous participe du chaud et de l'humide : celui des deux éléments qui prévaudra déterminera nos penchants. L'élément chaud rend l'homme irascible : car le feu est actif et opiniâtre. L'élément froid fait l'homme timide : le froid étant un principe qui engourdit et paralyse. Partant de là, quelques stoïciens ont dit que la colère prend naissance dans la poitrine, quand le sang bouillonne autour du cœur. Voilà, selon eux, son vrai siége ; et leur seule raison c'est que la poitrine est la plus chaude partie de tout le corps. Chez ceux où domine le principe humide, la colère croît par degrés : la chaleur en eux n'est pas toute prête, ils ne la doivent qu'au mouvement. C'est pourquoi les colères des enfants et des femmes sont plutôt vives que profondes et sont plus faibles à leur début. Dans l'âge où la fibre est plus sèche, nos transports sont véhéments, soutenus, mais n'augmentent pas ni ne gagnent beaucoup, une chaleur qui décline étant trop voisine du froid. Les vieillards sont difficiles, portés à la plainte, comme les malades, les convalescents et ceux chez qui la fatigue ou les pertes de sang ont épuisé la chaleur. Il en est de même des hommes que la soif ou la faim aiguillonne, ou dont le sang est appauvri, ou dont les organes insuffisamment restaurés s'affaissent. Le vin enflamme la colère, car il augmente la chaleur relative de chaque tempérament.

XX. Des hommes s'emportent dans l'ivresse, d'autres s'emportent même à jeun (a). Il n'y a pas d'autre cause de l'extrême irascibilité des blonds, comme de ceux dont le visage est coloré, et qui ont naturellement le teint que la colère donne aux autres : trop de mobilité agite leur sang. Mais si la nature produit des tempéraments irritables, il est mille causes qui accidentellement peuvent faire ce que fait la nature. C'est tantôt la maladie, une altération d'organes, tantôt le travail, des veilles continues, des nuits inquiètes, le chagrin, l'amour ; tous les poisons du corps et de l'âme tendent à faire de celui qui souffre un esprit quinteux. Mais tout cela n'est que germes et prédispositions ; la cause toute-puissante, c'est l'habitude qui, si elle est profonde, alimente le vice. Changer le naturel est difficile ; il est même impossible de refondre les éléments une fois combinés à la naissance. Mais il est bon de les connaître pour qu'aux tempéraments inflammables on interdise le vin ; « le vin qu'il faut refuser aux enfants, » dit Platon, lequel ne veut pas qu'on attise le feu par le feu [20]. Ne les surchargeons pas non plus d'aliments ; ce serait donner au corps trop de développement, et, en même temps que le corps, épaissir l'esprit. Qu'ils s'exercent par le travail, sans aller jusqu'à la fatigue, de manière à diminuer, non à consumer leur ardeur, et que ce bouillonnement excessif jette seulement son écume. Les jeux ont aussi leur avantage ; et des récréations modérées détendent et rafraîchissent l'esprit. Les tempéraments lymphatiques ou trop secs et froids n'ont pas à craindre la colère, mais des défauts pires, la pusillanimité, l'hésitation, le découragement, l'esprit de soupçon.

XXI. Aussi devra-t-on ménager et caresser de tels caractères et les rappeler aux affections gaies. Et comme il faut à la colère d'autres remèdes qu'à l'abattement, des remèdes non-seulement différents, mais contraires, on obviera d'abord au défaut le plus prononcé. Rien, je le répète, de plus utile que de jeter de bonne heure les bases d'une saine éducation. Difficile tâche que celle d'un gouverneur, qui doit prendre garde et d'entretenir la colère chez son élève et d'émousser sa vigueur

---

(a) Je lis, d'après Muret et deux manusc., *quidam sicci*. Lem. : *Saacii*.

morale. La chose réclame toute la clairvoyance d'un bon observateur. Car les dispositions qu'il faut cultiver et celles qu'il faut étouffer se nourrissent d'aliments semblables ; or les semblables trompent aisément l'homme même le plus attentif. De la licence naît la témérité, de la contrainte l'affaissement ; les éloges relèvent un jeune cœur et le font bien présumer de ses forces ; mais ces même éloges engendrent l'arrogance et l'irritabilité. Il faut entre ces deux écueils diriger l'enfant de manière à user tantôt du frein, tantôt de l'aiguillon. Qu'on ne lui impose rien d'humiliant, rien de servile ; qu'il n'ait jamais besoin de demander avec supplication et qu'il ne gagne pas à le faire ; n'accordons rien qu'à ses mérites présents, à sa conduite passée, à ses bonnes promesses pour l'avenir. Dans ses luttes avec ses jeunes camarades, ne souffrons pas qu'il se laisse vaincre ou qu'il se mette en colère ; tâchons qu'il devienne l'ami de ses rivaux de tous les jours, afin que dans ces combats il s'accoutume à vouloir vaincre et non pas nuire. Toutes les fois qu'il l'aura emporté, qu'il aura fait quelque chose de louable, passons-lui un peu de fierté, mais non de ces élans de joie qui dégénèrent en une sorte d'ivresse, laquelle à son tour produit la morgue et la présomption. Accordons-lui quelque délassement ; mais ne l'énervons pas dans le désœuvrement et la paresse, et retenons-le loin du contact des voluptés. Car rien ne dispose à la colère comme une éducation molle et complaisante ; voilà pourquoi plus on a d'indulgence pour un enfant unique, ou plus on lâche la bride à un pupille, plus on gâte leurs bonnes qualités. Il ne résistera pas à une offense, celui qui n'a jamais éprouvé un refus, celui dont une mère empressée a toujours essuyé les larmes, à qui toujours on a donné raison contre son gouverneur. Ne vois-tu pas comme toute grande fortune a de grandes colères pour compagnes [21] ? C'est chez les riches, les nobles, les magistrats qu'elles se montrent davantage, là où tout ce qu'il y a de frivole et de vain dans le cœur de l'homme se gonfle au vent de la prospérité. La prospérité est la nourrice de la colère, parce que ses superbes oreilles sont assiégées de mille voix approbatrices qui lui crient : « Vous ne vous mesurez pas selon votre rang, vous vous rabaissez vous-même, » et tant d'autres flatteries auxquelles résisterait à peine une âme saine et dès l'origine affermie dans le bien.

Ayons donc grand soin d'écarter de l'enfant la flatterie : qu'il entende la vérité ; qu'il connaisse quelquefois la crainte, toujours le respect ; qu'en présence des grandes personnes il se lève ; qu'il n'obtienne rien par l'emportement. Ce que nous refusons à ses larmes, offrons-le-lui quand il se sera calmé. Quelle que soit la richesse paternelle, qu'il ne puisse que la voir, sans disposer de rien; qu'on lui reproche tout ce qu'il aura fait de mal.

XXII. Il est essentiel de donner à l'enfance des précepteurs et des pédagogues d'un caractère doux. Toute nature encore tendre s'attache à ce qui l'approche et s'y modèle en grandissant : l'adolescent est prompt à reproduire les habitudes de sa nourrice et de ses maîtres. Un enfant élevé chez Platon, et ramené dans sa famille, était témoin des cris de fureur de son père : « Jamais, dit-il, je n'ai vu cela chez Platon. » Sans doute, demeuré chez son père, il lui eût plus vite ressemblé qu'au philosophe.

Qu'avant tout la nourriture de l'enfant soit frugale, ses vêtements sans luxe et sa mise semblable à celle de ses camarades. Il ne s'indignera point qu'on le compare à d'autres, celui que dès l'abord vous aurez fait l'égal du grand nombre. Mais tout ceci ne s'applique qu'à nos enfants. Pour nous, le hasard de la naissance et l'éducation ne laissent plus de place ni au reproche ni aux préceptes ; il s'agit de régler les jours qui nous restent.

Il nous faut donc combattre les causes déterminantes. Un motif de ressentiment, c'est l'idée qu'on a reçu une injure : n'y croyons pas facilement ; ne nous laissons pas aller aux apparences même les plus visibles. Souvent le faux a les dehors du vrai. Différons toujours : le temps dévoile la vérité. Ne prêtons point aux incriminations une oreille complaisante; ayons pour suspect et connaissons bien ce travers de l'humanité qui nous fait croire volontiers ce qu'il nous fâche d'entendre, et prendre feu avant de juger.

XXIII. Et quand on se laisse entraîner non pas même par des rapports, mais par des soupçons ; quand on s'irrite contre un air de visage ou un sourire inoffensif mal interprétés ? Plaidons contre nous-mêmes la cause de l'absent, et tenons en suspens notre courroux. Car un châtiment différé peut s'accomplir ; accompli, c'est l'irrévocable. On connaît ce tyrannicide qui, surpris avant la consommation de son acte, et torturé par Hippias pour qu'il déclarât ses complices, indiqua les amis de celui-ci qui se trouvaient là et qu'il savait tenir le plus à la vie du tyran. Hippias, les ayant fait tuer l'un après l'autre à mesure qu'ils étaient nommés, demande s'il en reste encore. « Il ne reste plus que toi, répond l'Athénien, car je ne t'ai laissé personne à qui tu fusses cher. » Ainsi la colère porta le tyran à prêter son bras au tyrannicide, à immoler de son propre glaive ses défenseurs. Avec combien plus de magnanimité Alexandre, averti par une lettre de sa mère de prendre garde au poison de son médecin Philippe, but sans crainte le breuvage qu'il lui présentait! Il aima mieux en croire son cœur pour juger un ami : il fut digne de l'avoir innocent, digne de le rendre à la vertu, s'il l'eût trahie. Je loue d'autant plus ce trait d'Alexandre, que nul ne fut si sujet que lui à la colère; et plus la modération est rare chez les rois, plus elle mérite d'éloges [22].

Ainsi a fait J. César, qui, dans nos guerres civiles, fut si clément après la victoire. Il avait mis la main sur des portefeuilles de correspondances entre Pompée et ceux qui paraissaient avoir suivi le parti contraire ou être restés neutres, il brûla le tout ; et, bien que d'habitude très-modéré dans sa colère, il aima mieux qu'elle lui fût impossible. Il pensa que la plus gracieuse manière de pardonner est d'ignorer les torts de chacun. Notre facilité à croire fait la plus grande partie du mal : souvent même on doit refuser de l'apprendre, car en certaines choses il vaut mieux être dupe que défiant.

XXIV. Loin de nous cette manie de soupçon et de conjecture qui irrite si souvent à faux. Un tel m'a salué peu civilement ; l'embrassade de tel autre a été bien froide; celui-ci a brusquement rompu son propos commencé ; celui-là ne m'a pas invité à son repas; j'ai vu de l'éloignement sur le visage de tel autre. Jamais les raisons ne manquent aux soupçonneux : voyons plus simplement les choses et jugeons-les avec bienveillance. Ne croyons qu'à ce qui frappe nos yeux, qu'à l'évidence même ; et quand la vanité de nos soupçons sera démontrée, gourmandons notre crédulité. De cette sévérité naîtra l'habitude de ne pas croire trop aisément.

XXV. Il suit de là aussi qu'on se doit garder d'entrer en fureur pour les plus minces et les plus misérables sujets. Mon esclave est peu alerte, mon eau à boire trop tiède, mon lit mal arrangé, ma table négligemment dressée. S'irriter de si peu est folie. Il est souffrant et dans un fâcheux état de santé, l'homme qui frissonne au plus léger souffle ; ses yeux sont malades, si une étoffe blanche l'éblouit ; il est perdu de mollesse, s'il a mal au côté, rien qu'à voir travailler autrui. Myndiridès, dit-on, de la ville des Sybarites, voyant un ouvrier fouiller la terre et lever un peu haut son outil, se plaignit que cela le fatiguait et lui défendit de faire ce travail en sa présence. Il contait souvent avec chagrin qu'il s'était meurtri l'épiderme en couchant sur des feuilles de rose repliées. Quand les voluptés ont empoisonné à la fois l'âme et le corps, toutes choses semblent insupportables, non parce qu'elles sont dures, mais par la mollesse de celui qu'elles touchent. Y a-t-il en effet de quoi entrer dans des accès de rage pour la toux ou l'éternument d'un valet, pour une mouche qu'il n'aura pas chassée prestement; pour un chien qui se trouve sur notre chemin, pour une clef tombée par mégarde de la main d'un esclave ? Supporterai-je avec calme un citoyen qui m'injurie, des diatribes en plein forum ou au sénat, si le bruit d'un banc que l'on tire offense mon oreille ? Endurerai-je la faim, la soif, une campagne sous un ciel ardent, si je m'emporte contre un valet parce qu'il a mal délayé la neige dans le vin ?

XXVI. Aussi rien n'alimente l'irascibilité comme la mollesse, toute despotique et impatiente. Il faut traiter durement notre âme, pour qu'elle ne soit sensible qu'aux atteintes graves.

Notre courroux s'émeut ou de ce qui ne saurait nous faire injure, ou de ce qui a pu nous en faire. Du premier genre sont les choses inanimées : un livre que des caractères trop menus, que les fautes du copiste font rejeter ou mettre en pièces; un vêtement qu'on déchire parce qu'il déplaît. Qu'il est absurde de s'en prendre à des objets qui ne méritent ni ne sentent notre dépit [25]! « Mais si je me fâche, c'est contre ceux qui ont fait ces choses-là. » D'abord, souvent notre colère précède cette distinction; et puis peut-être ces ouvriers auraient de bonnes raisons à donner. L'un n'a pu mieux faire qu'il n'a fait; et ce n'est pas exprès pour te désobliger qu'il est resté novice; l'autre ne cherchait pas à t'offenser. Après tout, cette bile amassée contre les personnes, quelle folie de la décharger sur les choses ? L'extravagance peut seule s'attaquer à des objets dénués de sentiment, de même qu'à l'animal privé d'intelligence qui ne nous fait aucune injure, parce qu'il ne peut le vouloir; car l'injure ne part que de la réflexion. Oui, il peut nous nuire, tout comme une épée ou une pierre; nous faire injure, il ne le peut. Il est pourtant des hommes qui croient leur honneur compromis si un cheval docile sous d'autres mains regimbe sous la leur; comme si c'était par réflexion, et non grâce à l'habitude et à l'art d'en tirer parti, que certaines choses sont plus maniables pour certains hommes.

XXVII. Si dans tous les cas la colère est peu sage, elle ne l'est pas plus contre des enfants ou contre ces esprits que leur faiblesse rapproche de l'enfance. Toutes leurs fautes, auprès d'un juge équitable, deviennent innocentes par l'absence de discernement.

Il est des êtres qui, impuissants pour nuire, n'ont jamais qu'une action bienfaisante et salutaire; tels sont les dieux immortels qui ne peuvent ni ne veulent le mal. Leur nature est douce et pacifique, aussi éloignée de faire l'injure que de la recevoir. Les insensés et les ignorants leur imputent les tempêtes de la mer, les pluies excessives, les hivers persistants, tandis que nul de ces phénomènes, heureux ou funestes, ne s'opère directement en vue de l'homme. Ce n'est point pour nous qu'a lieu dans le monde le retour périodique de l'hiver et de l'été; tout s'exécute d'après les lois qui gouvernent les choses célestes. C'est trop présumer de soi que de se croire digne d'être l'objet de ces grands mouvements [24]. Non, rien de tout cela ne se fait contre nous; bien au contraire, tout cela concourt à notre conservation.

Nous avons dit que la puissance de nuire manque à certains êtres, que d'autres n'en ont pas la volonté. Parmi ceux-ci seront les bons magistrats, les pères, les instituteurs, les juges, dont il faut recevoir les châtiments comme on subit le scalpel, la diète et toute autre rigueur salutaire. Sommes-nous punis? songeons non pas à la punition seule, mais à ce que nous avons fait : ouvrons un interrogatoire sur notre conduite; si nous voulons nous dire la vérité, nous jugerons la réparation inférieure au délit. Si nous voulons apprécier justement toutes choses, persuadons-nous bien d'abord que nul de nous n'est sans reproche. Car voici d'où viennent nos indignations les plus vives : « Je n'ai point failli; je n'ai rien fait, » disons-nous; c'est-à-dire que nous ne convenons de rien. Toute réprimande, toute correction nous exaspère; et alors même à nos premières fautes nous ajoutons, nouveaux méfaits, l'orgueil et la rébellion. Quel est celui qui ose dire qu'il n'a failli contre aucune loi? Quand il dirait vrai, quelle étroite vertu qu'une vertu légale! Combien plus loin s'étend la règle du devoir que celle du droit? Que de choses la piété, l'humanité, la bienfaisance, la justice et l'honneur exigent, dont nulle n'est gravée aux tables de la loi!

XXVIII. Mais cette formule si restreinte de vertu, nous ne pouvons même la remplir. Nous avons tous ou fait ou médité le mal, nous l'avons souhaité ou favorisé; et souvent, si nous ne fûmes point coupables, c'est pour n'avoir pu réussir à l'être.

Que cette pensée nous rende plus indulgents pour ceux qui pèchent et plus dociles aux réprimandes. Surtout point de colère contre nous-mêmes, (qui épargnera-t-on si on ne se respecte?) et moins encore contre les dieux. Ce n'est point par leur volonté, mais par la loi de notre condition mortelle, que nous subissons les disgrâces qui nous surviennent. Mais les maladies, les souffrances nous assiégent! Il faut bien sortir de manière ou d'autre du domicile malsain qui nous est échu.

Il te reviendra qu'un tel a mal parlé de toi : songe si tu ne l'as point provoqué; songe sur combien de gens tu tiens de mauvais discours; songe, en un mot, que les uns le font, non pour attaquer, mais par représailles; les autres soit par entraînement, soit par contrainte, soit par ignorance ; que même, si on le fait sciemment et avec volonté, en te nuisant on n'a pas dessein de te nuire. Ou on a cédé à l'attrait d'un bon mot; ou ce qu'on a fait n'était pas pour nous fermer la route, mais on ne pouvait arriver qu'en nous écartant de la sienne. Souvent c'est un flatteur qui blesse en voulant caresser. En se rappelant que de fois on a été soi-même en butte à des soupçons faux, que de services la fortune nous a rendus sous les apparences de l'outrage, que d'inimitiés se sont chez nous tournées en affections, on sera moins prompt à s'émouvoir, surtout si chaque fois qu'on nous blesse, la conscience nous crie : « Et toi-même! » Mais où trouver ce juge si impartial? Celui qui convoite toute femme mariée et se croit autorisé à la séduire dès qu'elle est celle d'un autre, celui-là ne veut pas que la sienne soit vue; le plus rigoureux exacteur de la foi promise est un perfide ; une bouche parjure tonne contre le mensonge; le chicaneur s'indigne qu'on l'attaque en justice. Tel ne veut pas qu'on porte atteinte à la pudeur de ses jeunes esclaves, et lui-même s'est prostitué. Les vices d'autrui sont sous nos yeux : nous rejetons derrière nous les nôtres [25]. Ainsi un père gourmande les longs festins d'un fils moins déréglé que lui. On n'accorde rien aux passions des autres, et l'on a tout permis aux siennes ; et le tyran s'emporte contre l'homicide, et le sacrilége est sans pitié pour le larcin [26]. Les hommes, en grande partie, s'irritent non pas contre le délit, mais contre le délinquant. Nous deviendrons plus tolérants, si nous rentrons en nous-mêmes, si nous nous disons : « N'avons-nous pas, nous, aussi fait quelque chose de pareil? Ces égarements n'ont-ils pas été les nôtres? Gagnerons-nous à ce qu'ils soient condamnés? »

Le grand remède de la colère, c'est le temps. N'exigez pas dès l'abord qu'elle pardonne, mais qu'elle juge ; elle se dissipe pour peu qu'elle attende ; n'essayez pas de l'étouffer d'un seul coup, dans la violence de ses premiers élans : la victoire complète s'obtiendra par des succès partiels.

XXIX. Des choses qui nous offensent, les unes nous sont redites, les autres frappent directement nos yeux ou nos oreilles. Pour celles qu'on nous raconte, il ne faut pas nous presser d'y croire. Beaucoup de gens mentent pour tromper ; beaucoup parce qu'ils sont trompés eux-mêmes. L'un accuse pour faire sa cour et suppose l'injure pour avoir l'air d'en plaindre la victime. Un autre est jaloux et voudrait désunir d'étroites amitiés ; un autre, sournoisement, se fait un jeu et un spectacle d'observer de loin, et sans risque, ceux qu'il a mis aux prises.

Si tu étais juge d'un procès sur la plus modique somme, sans témoin rien ne te serait prouvé ; sans serment, le témoin ne ferait pas foi ; tu donnerais aux deux parties les remises, le temps convenables ; tu les entendrais plus d'une fois, car la vérité ressort d'autant mieux qu'on l'a plus souvent débattue. Et ton ami, tu le condamnes sur-le-champ, sans l'ouïr, sans l'interroger ? Avant qu'il puisse connaître son accusateur ou son crime, te voilà furieux ! Es-tu sûr de la vérité, bien instruit du pour et du contre ? Mais le délateur lui-même abandonnera son dire, s'il lui faut le prouver. « Ne va pas, a-t-il dit, me citer ; si tu me mets en avant, je nierai, et jamais tu ne sauras plus rien de moi. » En même temps qu'il te pousse, il se dérobe lui-même à la lutte et à ses périls. Ne vouloir dire les choses que clandestinement, c'est, ou peu s'en faut, ne rien dire. Quoi de plus injuste que de croire à des rapports secrets et d'éclater publiquement ?

XXX. Souvent on est soi-même témoin de la chose qui blesse. Alors examinons le caractère et l'intention de son auteur. C'est un enfant ? excusons son âge : il ignore s'il fait mal. C'est un père ? ou ses bienfaits sont assez grands pour qu'il ait même le droit d'offense, ou peut-être est-ce encore un service que nous prenons pour une injure. C'est une femme ? son faible jugement l'égare. C'est par ordre ? qui peut, sans injustice, s'irriter contre la nécessité ? Par représailles ? il n'y a plus injure si tu souffres ce que tu as fait souffrir. C'est ton juge ? soumets ta sentence à la sienne. Ton roi ? s'il punit en toi un coupable, courbe-toi devant sa justice ; innocent, cède à la fortune. C'est un animal sans raison ou un être qu'on en dirait privé ? tu t'assimiles à lui en perdant ton sang-froid. C'est une maladie, une calamité ? elle passera plus légère si tu la supportes en homme. C'est un dieu ? tu perds ta peine à t'irriter contre lui, tout comme à appeler son courroux sur d'autres. C'est un homme de bien qui t'a fait injure ? n'en crois rien. Un méchant ? n'en sois pas surpris : il payera à quelque autre le mal qu'il t'a fait, et il s'est puni lui-même en le faisant.

Deux motifs, ai-je dit, soulèvent la colère : d'abord on se croit offensé : j'ai suffisamment traité ce point ; puis offensé injustement : c'est de quoi je vais parler encore. On appelle injustice un traitement qu'on ne croyait pas mériter, auquel on ne s'attendait pas. Tout mal imprévu nous semble une indignité. Aussi rien n'exaspère l'homme comme de voir déjoués son espoir et sa confiance. C'est bien là ce qui fait qu'un rien nous indispose contre nos domestiques, et que dans nos amis une négligence est taxée d'injure.

XXXI. « Pourquoi donc l'injure qui vient d'un ennemi nous émeut-elle si fort ? » C'est qu'elle a lieu contre notre attente ou qu'elle la dépasse. C'est l'effet de notre excessif amour-propre : nous croyons que pour nos ennemis même nous devons être inviolables. Chaque homme a dans son cœur les prétentions d'un roi : il veut pouvoir tout sur les autres et qu'on ne puisse rien sur lui. On n'est donc irascible que par ignorance des choses d'ici-bas, ou par présomption. Par ignorance : car quoi d'étonnant que le méchant fasse le mal ? qu'y a-t-il d'étrange qu'un ennemi nuise, qu'un ami désoblige, qu'un fils s'oublie, qu'un valet manque à sa tâche ? Fabius trouvait que la plus pitoyable excuse pour un général est de dire : « Je n'y ai pas pensé ; » selon moi, c'est la plus pitoyable pour tout homme. Il faut croire tout possible, s'attendre à tout : dans les plus doux caractères il y aura quelque aspérité. La nature humaine produit des amis perfides ; elle produit des ingrats, des hommes cupides, des hommes pour qui rien n'est sacré. Avant de prononcer sur la moralité d'un seul, songe à celle du grand nombre. C'est au sein de la plus vive joie qu'il faut craindre le plus [27] ; alors que tout te semble calme, ne crois pas à l'absence, mais au sommeil de la tempête : compte toujours sur quelque fléau près de surgir contre toi. Le pilote ne livre jamais toutes ses voiles avec une confiance absolue ; il veut pouvoir les replier vite, et tient ses cordages prêts.

Surtout rappelle-toi que la passion de nuire est hideuse, haïssable, la moins faite pour le cœur de l'homme, dont les bons traitements apprivoisent jusqu'aux plus farouches animaux. Vois l'éléphant courber sa tête au joug; le taureau laisser impunément sauter sur son dos des enfants et des femmes; des serpents ramper et se glisser innocemment parmi nos coupes et dans notre sein; et sous nos toits des lions et des ours livrer patiemment leurs gueules à nos attouchements et caresser leur maitre : tu rougiras d'avoir laissé tes mœurs à la brute pour prendre les siennes [28].

C'est un sacrilége de nuire à la patrie, par conséquent à un citoyen : il est membre de la patrie : quand le tout est sacré, les parties ne le sont pas moins; par conséquent l'homme est sacré; il est pour toi concitoyen dans la grande cité. Qu'arriverait-il si nos mains faisaient la guerre à nos pieds, et nos yeux à nos mains? L'harmonie règne entre les membres du corps humain, parce que tous sont intéressés à la conservation de chacun; ainsi les hommes doivent s'épargner l'un l'autre, parce qu'ils sont nés pour vivre en commun : or il n'y a de salut pour la société que dans l'amour et l'appui mutuel de chacune de ses parties. Les vipères même, les serpents d'eau, tout reptile dont les coups ou les morsures peuvent nuire, on ne les écraserait pas si, comme d'autres races, elles s'apprivoisaient ou pouvaient cesser d'être dangereuses pour nous et pour tous. Ainsi nous ne punirons pas parce qu'on a péché, mais afin qu'on ne pèche plus; la peine n'aura jamais égard au passé, mais à l'avenir : il n'y a pas là de colère, c'est de la précaution. S'il fallait punir toute nature dépravée et tournée au mal, le châtiment n'excepterait personne.

XXXII. « Mais dans la colère il y a un certain plaisir : il est doux de rendre souffrance pour souffrance. » Je le nie. S'il est beau de répondre à un bienfait par un autre, il ne l'est pas de compenser l'injure par l'injure : dans le premier cas, la défaite est honteuse; et dans le second, la victoire.

La vengeance! mot inhumain et qu'on fait pourtant synonyme de justice; elle ne diffère guère de l'injure que par l'ordre des temps (a). Qui renvoie l'offense pèche, seulement avec un peu plus de droit à l'excuse.

Un homme avait, aux bains publics, frappé M. Caton par mégarde et sans le connaître (car qui aurait pu insulter sciemment ce grand homme?). Comme ensuite il s'excusait : « Je ne me souviens pas, dit Caton, d'avoir été frappé. » Il pensa qu'il valait mieux ne pas apercevoir l'injure que de la venger. —

(a) Lire comme Pincianus : *et a contumelia non*. Lemaire : *et talio non*.

Comment donc! un tel emportement n'a attiré aucun mal à son auteur? — Beaucoup de bien, au contraire : il a appris à connaître Caton. Il est d'une grande âme de dédaigner les injures : la plus méprisante manière de se venger est de ne pas juger l'agresseur digne de vengeance. Combien, pour avoir voulu raison d'une légère offense, n'ont fait que creuser leur blessure! Celui-là est grand et généreux qui, à l'exemple du roi des animaux, entend sans s'émouvoir les aboiements d'une meute impuissante. « Nous serons moins exposés au mépris, dit-on, en tirant vengeance de l'injure. » Si nous recourons à la vengeance comme remède, n'y joignons pas la colère ; n'y voyons pas une jouissance, mais un acte utile. D'ailleurs, il vaut souvent mieux dévorer son dépit que de se venger.

XXXIII. Aux impertinences des puissants oppose un front serein, non pas seulement la patience : ils recommenceront s'ils croient t'avoir blessé. Et voici ce qu'il y a de pire dans l'insolence d'une haute fortune : elle offense d'abord, puis elle hait. Tout le monde connaît le mot de cet homme qui avait vieilli à la cour des rois. On lui demandait comment il était parvenu à un si grand âge, chose bien rare en pareil lieu [29] : « En recevant des affronts, dit-il [30], et en remerciant. »

Souvent, loin qu'il soit utile de venger l'injure, il est dangereux de paraître l'avouer. Caligula, choqué de la recherche qu'affectait dans sa mise et dans sa coiffure le fils de Pastor, chevalier romain distingué, l'avait fait mettre en prison. Pastor demande la grâce de son fils : le tyran, comme averti de le faire périr, ordonne à l'instant son supplice. Cependant, pour ne pas tenir tout à fait rigueur au père, il l'invite à souper le jour même. Pastor arrive ; aucun reproche ne se lit sur son visage. Après avoir chargé quelqu'un de le surveiller, César le prie de boire à la santé du prince dans une large coupe ; c'était presque lui offrir le sang de son fils : l'infortuné avale courageusement jusqu'à la dernière goutte. On lui passe parfums et couronnes ; l'ordre est donné de voir s'il acceptera : il accepte. Le jour qu'il a enterré ou plutôt qu'il n'a pu enterrer son fils, il prend place, lui centième, au banquet du maître, et le goutteux vieillard boit comme à peine il convient de boire à la naissance d'un héritier. Pas une larme, pas un signe qui permît à la douleur de percer : il soupa comme s'il eût obtenu la grâce de la victime. Pourquoi, dis-tu, tant de bassesses? Il avait un second fils. Que fit Priam? ne dissimula-t-il pas sa colère? n'embrassa-t-il pas les genoux du roi de Larisse? Oui, cette main fatale, teinte du sang de son Hector, il la porta même à ses lèvres, et il soupa, mais du moins sans parfums, sans couronnes; son farouche ennemi lui prodiguait les consolations, l'exhortait à prendre quelque nourriture, mais non pas à vider de larges coupes sous l'œil d'un témoin aposté. Le Romain (a) eût bravé Caligula s'il n'avait craint que pour lui-même; mais l'amour paternel surmonta le ressentiment. Il méritait qu'on lui permît, au sortir du festin, d'aller recueillir les restes de son fils. Il ne l'obtint même pas; et le jeune tyran, toujours bienveillant et affable, provoquait le vieillard par de fréquentes santés, il l'invitait à bannir son chagrin; et Pastor de se montrer aussi gai que s'il eût oublié ce qui s'était passé ce jour-là. C'en était fait du second fils, si le bourreau n'eût été content du convive.

XXXIV. Abstenons-nous de la colère, soit contre un égal, soit contre un supérieur, soit contre un inférieur. Avec un égal la lutte est douteuse; avec un supérieur, insensée; avec un inférieur, dégradante. Il est d'un être chétif et misérable de rendre morsure pour morsure : la souris, la fourmi s'attaquent à la main qui les approche; tout ce qui est faible se croit blessé dès qu'on le touche.

Un moyen de nous radoucir, c'est de songer aux services passés de qui nous irrite aujourd'hui, et le bien rachètera le mal. Rappelons-nous aussi quel honneur nous reviendra de notre renom de clémence, et combien un pardon nous a valu d'amis utiles. N'étendons pas notre colère sur les enfants de nos rivaux et de nos ennemis. Un des insignes traits de l'implacable Sylla fut d'exclure des charges publiques les fils des proscrits. Le comble de l'iniquité est que les fils héritent des haines vouées aux pères. Demandons-nous, quand nous aurons peine à nous laisser fléchir, si nous serions heureux que chacun fût pour nous inexorable. Que de fois le pardon qu'on avait refusé à d'autres on l'a demandé pour soi! Combien se sont roulés aux pieds de ceux-là mêmes qu'ils avaient repoussés des leurs [31]! Quoi de plus glorieux que de convertir sa colère en amitié? Quels sont les plus fidèles alliés du peuple romain? ceux qui furent ses plus opiniâtres ennemis. Que serait aujourd'hui l'empire, si une politique prévoyante n'eût partout mêlé les vainqueurs aux vaincus? Cet homme se déchaîne contre toi;

(a) Je lis, avec un ancien manusc., *Romanus pater*, et non : *Trajanum patrem*.

toi, provoque-le par des bienfaits[32]. L'inimitié tombe aussitôt que l'un des deux quitte la place : sans réciprocité, point de lutte (a). Lors même qu'elle s'engage, le plus généreux est le premier qui fait retraite[33] : c'est être vaincu que de vaincre. Es-tu frappé? retire-toi; frapper à ton tour serait amener et légitimer des atteintes nouvelles; tu ne serais plus maître de te dégager. Eh! qui voudrait frapper assez fort son ennemi pour laisser la main dans la plaie sans plus pouvoir s'en déprendre? Telle est pourtant l'arme de la colère; c'est avec peine qu'on la retire.

XXXV. Si nous nous choisissons des armes légères, une épée commode et facile à manier; ne renoncerons-nous pas à la fougue des passions, bien moins maniables, furieuses, qui ne reviennent plus à nous! La seule vélocité qui plaise est celle qui s'arrête au commandement, qui ne s'élance pas au delà du but, qu'on peut replier sur elle-même et ramener de la course au pas. On juge malades les nerfs qui s'agitent malgré nous. Le vieillard ou l'infirme seuls courent quand ils veulent marcher. Jugeons ainsi les mouvements de l'âme : les plus sains, les plus vigoureux sont ceux dont l'allure nous est soumise, non ceux qui s'emportent d'eux-mêmes.

Rien, toutefois, ne sera plus efficace que de considérer d'abord la difformité de la colère, ensuite ses dangers. Aucune passion n'offre des symptômes plus orageux; elle enlaidit les plus beaux traits et donne un air farouche aux physionomies les plus calmes. L'homme alors perd toute dignité : sa toge était drapée selon la bienséance, il la laisse traîner, et tout soin de sa tenue lui échappe; ses cheveux, que la nature ou l'art ont disposés d'une manière décente, se soulèvent à l'instar de son âme; ses veines se gonflent; une respiration pressée ébranle sa poitrine; les cris de rage qu'il pousse avec effort tendent les muscles de son cou; ses membres frémissent; ses mains tremblent; tout son corps est en convulsion. Que penses-tu que soit l'état intérieur d'une âme dont au dehors l'image est si hideuse? Combien ses traits cachés sont plus terribles, ses transports plus ardents, sa fermentation plus bouillante! Elle détruira tout l'homme, si elle n'éclate. Qu'on se représente les Barbares, les tigres dégouttants de carnage ou qui courent s'en abreuver; les monstres d'enfer qu'ont imaginés les poëtes, avec des serpents pour ceinture et vomissant

(a) Je lis avec Gronovius : *si utrinque concurritur, ille est.*

la flamme ; les noires Furies, élancées du Ténare pour souffler le feu des combats, semer la discorde chez les peuples, et déchirer le pacte de la paix : telle on doit se figurer la colère, l'œil étincelant de flammes ; ainsi elle gémit, ainsi elle mugit, mêlant à ses sifflements d'aigres clameurs et des sons, s'il en est, plus sinistres ; brandissant ses traits des deux mains, car se couvrir est loin de sa pensée ; menaçante, ensanglantée, labourée de cicatrices et livide de ses propres coups. La démarche égarée, la raison tout offusquée de ténèbres, elle se rue çà et là, elle ravage, elle met tout en fuite, chargée de l'exécration générale, de la sienne surtout. Si tout autre fléau lui manque, elle souhaite l'irruption des mers, l'écroulement de la terre, du ciel ; elle maudit et elle est maudite. Qu'on la voie, s'l'on veut, telle que nos poëtes nous dépeignent

> Bellone au fouet sanglant, aux lugubres flambeaux ;

ou la Discorde,

> De sa robe en triomphe étalant les lambeaux ;

qu'on imagine, s'il se peut, des traits plus affreux encore pour cette affreuse passion.

XXXVI. Il y a des gens, dit Sextius [34], qui se sont bien trouvés d'avoir, dans la colère, jeté les yeux sur un miroir [35]. Effrayés d'une telle métamorphose, et conduits pour ainsi dire en face d'eux-mêmes, ils ne se reconnaissaient point ; et combien un miroir rendait faiblement leur difformité réelle ! Si l'âme pouvait se manifester et se réfléchir sur quelque surface, nous serions confondus à l'aspect de cette image sombre et livide, de ces bouillonnements, de ces contorsions, de cette bouffissure. Nous voyons sa difformité percer à travers toute cette enveloppe d'os et de chair qui lui fait obstacle ; que serait-ce si elle apparaissait nue ? Non, tu ne crois pas qu'un miroir ait jamais guéri personne. Car enfin, qui court au miroir pour regagner son sang-froid l'a déjà recouvré. La colère, d'ailleurs, ne se croit jamais plus belle que quand elle est horrible, effroyable ; telle elle veut être, telle aussi elle veut qu'on la voie.

Il vaut mieux songer à combien de personnes cette passion par elle-même a été fatale. On en a vu, au fort de la crise, se rompre les veines, vomir le sang après des éclats de voix surhumains, avoir les yeux couverts d'un nuage, tant la bile s'y porte violemment ; et des malades sont retombés plus bas que jamais : il n'est point de voie plus prompte à la folie. Aussi chez bien des gens la démence ne fut qu'une continuation de la colère : la raison, qu'ils ont voulu perdre, ils ne l'ont plus retrouvée. Ajax fut poussé au suicide par la folie, et à la folie par la colère. « Périssent mes enfants ! que l'indigence m'accable ! que ma maison s'écroule ! » voilà leurs souhaits, et ils ne s'emportent point, disent-ils : ainsi le fou nie qu'il extravague. Ennemis de leurs meilleurs amis, redoutables aux êtres qu'ils chérissent le plus, oubliant toute loi, hors celles qui châtient, tournant au moindre souffle, inabordables, ni paroles, ni bons procédés ne les émeuvent, ils ne font rien que par violence, prêts à frapper du glaive ou à le diriger contre eux-mêmes, car le mal qui les possède est le plus terrible des maux et dépasse tous les vices connus. Ceux-ci, en effet, n'entrent dans l'âme que par degrés ; la colère l'envahit dès l'abord et complétement, subjugue toute autre affection, fait taire l'amour le plus ardent. Des amants ont percé l'objet de leur tendresse, et sont tombés ensuite dans les bras de leur victime. L'avarice, monstre si dur et si peu traitable, la colère l'a fait fléchir sous elle, l'a contrainte à sacrifier ses trésors, à transformer sa demeure et tout son avoir en un seul bûcher. Eh ! n'a-t-on pas vu l'ambitieux fouler aux pieds des insignes qui furent ses idoles, répudier des honneurs qui s'offraient à lui ? Point de passion que la colère ne domine en souveraine.

LIVRE III.

I. Ce que tu as particulièrement désiré, Novatus, nous allons tenter de le faire : extirper la colère de nos âmes, ou du moins lui mettre un frein et réprimer ses transports. Quelquefois il faut l'attaquer en face et à découvert, quand la faiblesse du mal s'y prête ; d'autres fois par des voies détournées, quand son ardeur trop vive s'exaspère et croît par les obstacles mêmes. Il importe d'apprécier ce qu'elle a de force, et si elle n'en a rien perdu ; s'il faut la combattre à outrance et la refouler, ou céder au premier déchaînement de la tempête qui emporterait la digue avec elle. On devra prendre conseil du caractère de chacun. Les uns se laissent vaincre par la prière ; d'autres répondent à la soumission par l'insulte et la violence; on en apaise d'autres en les effrayant; aux uns le reproche, aux autres un aveu, à ceux-ci la honte suffit pour les arrêter; ou enfin c'est le délai, remède bien lent pour cette fougueuse passion et le dernier où l'on doive se rabattre. Car les autres affections admettent le délai, une cure plus lente : celle-ci, impétueuse, emportée par elle-même comme par un tourbillon, n'avance point pas à pas, elle naît avec toute sa force. Elle ne sollicite point l'âme comme les autres vices, elle l'entraîne et jette hors de lui l'homme qui a soif de nuire, dût le mal l'envelopper aussi; elle se rue à la fois sur ce qu'elle poursuit et sur ce qu'elle trouve en son passage. L'impulsion des autres vices est graduelle; ici c'est un saut dans l'abîme. Tout mauvais penchant, fût-il irrésistible, peut du moins faire de soi-même quelque pause; celui-ci, pareil aux foudres, aux tempêtes, à tous ces fléaux de la nature dont rien ne peut arrêter la course ou plutôt la chute, redouble à chaque pas d'intensité. Tout vice fait divorce avec la raison; la colère brise avec le bon sens; on descend aux premiers par une pente insensible et qui nous déguise leurs progrès; dans la seconde, on est précipité. Il n'est rien qui nous presse, qui nous étourdisse davantage; toute à son propre entraînement, arrogante après le succès, les mécomptes accroissent sa démence; repoussée, elle ne perd point courage; que la fortune lui dérobe son adversaire, elle tourne contre elle-même sa dent furieuse; peu importe la valeur des motifs qui l'ont soulevée : les plus légers la poussent aux extrémités les plus graves.

II. Nul âge n'en est exempt; elle n'excepte aucune race d'hommes. Il en est qui doivent à la pauvreté l'heureuse ignorance du luxe; d'autres, toujours en haleine et nomades, échappent à l'oisiveté; des mœurs sauvages et une vie agreste ne connaissent ni le bornage des champs, ni la fraude, ni tous les fléaux qu'enfante la chicane. Mais aucun peuple ne résiste aux impulsions de la colère, aussi puissante chez le Grec que chez le Barbare, non moins funeste où la loi se fait craindre qu'aux lieux où la force est la mesure du droit[1]. Enfin toute autre passion ne s'empare que des individus; celle-ci est la seule qui embrase parfois des nations. Jamais tout un peuple ne brûla d'amour pour une femme, ne fut emporté universellement par les mêmes calculs d'avarice ou de lucre; l'ambition domine isolément quelques hommes; l'orgueil n'est point un mal épidémique, tandis que la foule a souvent marché d'ensemble sous les drapeaux de la colère. Hommes, femmes, vieillards, enfants, chefs et peuples sont unanimes ; et toute cette multitude, que quelques mots ont déchaînée, devance déjà son agitateur. On court, sans plus attendre, au fer et à la flamme ; on déclare la guerre aux peuples voisins, on la fait aux compatriotes. Des maisons avec leurs familles entières s'abîment dans les feux ; et l'orateur chéri, naguère comblé d'honneur, tombe sous la colère de l'émeute qu'il a faite ; des légions tournent leurs javelots contre leur général. Le peuple en masse se sépare du sénat ; le sénat, cette lumière de Rome, n'attend ni les élections, ni le choix d'un chef régulier : il improvise les ministres de son courroux, il poursuit de maisons en maisons d'illustres citoyens dont lui-même devient le bourreau. On ose, violant le droit des gens, outrager des ambassadeurs ; une fureur inouïe soulève la cité ; sans donner le temps de s'amortir à l'animosité publique, sur-le-champ des flottes sont lancées en mer, des soldats s'embarquent tumultuairement[2]. Plus de formalités, plus d'auspices ; le peuple, sans nul guide que le ressentiment, se précipite et fait arme de tout ce que donne le hasard ou le pillage : transports téméraires, qu'expient bientôt d'affreux désastres.

III. C'est le sort des Barbares qui se ruent en aveugles aux combats. A la moindre apparence d'injure qui frappe ces esprits irritables, ils s'emportent soudain : partout où le ressentiment les pousse, ils tombent sur les peuples comme un vaste écroulement, sans ordre, sans crainte, sans prévoyance, avides de leurs propres périls, heureux de se sentir frappés, de s'enferrer, de peser de tout leur corps sur les glaives ennemis et de se faire jour à travers leurs blessures mêmes[3]. « Voilà sans doute, diras-tu, la plus monstrueuse, la plus destructive des frénésies : montre-nous donc à la guérir. » Oui, mais, comme je l'ai dit dans les premiers livres, Aristote est là qui prend la défense de la colère, qui ne veut pas qu'on l'extirpe en nous. « C'est, dit-il, l'aiguillon de la vertu : qu'on l'arrache, l'âme est désarmée, plus d'élan vers les grandes choses, elle tombe dans l'inertie. »

Signalons donc, puisqu'il le faut, toute la laideur et toute la férocité d'un tel penchant : faisons voir à tous les yeux quel monstre est l'homme en fureur contre l'homme, comme il se déchaîne, comme il s'élance, se perdant pour le perdre, et poussant dans l'abîme ce qu'il ne peut noyer qu'en se noyant lui-même. Eh quoi peut-on appeler sensé celui qui, comme enlevé par un ouragan, ne marche plus, mais se précipite, jouet d'un fatal délire? Il ne confie pas sa vengeance à d'autres : l'exécuteur c'est lui ; d'un cœur et d'un bras désespérés il frappe en bourreau ceux qu'il aime le plus, ceux dont la perte va lui arracher tant de larmes. Et l'on donne pour aide et pour compagne à la vertu une passion qui, troublant ses conseils, la rend impuissante à rien faire ! Elles sont caduques et de sinistre augure, elles ne tournent qu'au suicide, les forces qu'un accès de fièvre développe chez le malade. Ne m'accuse donc pas de perdre le temps en propos stériles, quand je flétris la colère comme si les opinions étaient partagées sur elle, puisqu'un philosophe, des plus illustres, lui assigne ses fonctions, l'appelle, comme un utile auxiliaire qui nous souffle son courage dans les combats, dans la vie active, dans tout ce qui demande quelque chaleur d'exécution. Détrompez-vous, vous qui croiriez qu'en aucun temps, en aucun lieu, elle puisse être utile : considérez sa rage effrénée et son esprit de vertige ; ne la séparez point de son appareil favori, rendez-lui ses chevalets, ses cordes, ses cachots, ses croix, ces feux qu'elle allume autour des fosses où sont à demi enterrées ses victimes, ces crocs à traîner les cadavres, ces chaînes de toute forme, ces supplices de toute espèce, membres déchiquetés, fronts marqués de stigmates, loges de bêtes féroces. C'est au milieu de ces attributs qu'il faut la placer, poussant d'aigres et épouvantables frémissements, plus horrible que tous les instruments de sa fureur.

IV. Dût-on contester ses autres caractères, toujours est-il que nulle passion n'offre un aspect plus sinistre. Nous l'avons décrit dans les premiers livres, ce visage menaçant et farouche, tantôt pâle, par le refoulement subit du sang vers le cœur, tantôt pourpre et d'une teinte sanglante, par l'excessive affluence de la chaleur et des esprits vitaux ; ces veines gonflées, ces yeux roulant et s'échappant presque de leurs orbites, puis fixes et concentrés sur un seul point. Les dents s'entre-choquent et cherchent une proie avec le grincement du sanglier qui aiguise ses défenses. Et le craquement des articulations, et les mains qui se tordent à se briser et frappent à chaque instant la poitrine, et ce souffle haletant et pressé, ces pénibles et profonds gémissements, cette agitation de toute la personne, ces mots sans suite coupés d'exclamations brusques, ces lèvres tremblantes par instant comprimées, d'où sort je ne sais quel sifflement sauvage ! Oui, la bête fauve qu'irrite la faim ou le dard enfoncé dans ses flancs qui, dans sa dernière morsure exhale contre le chasseur un reste de vie, a la face moins hideuse que l'homme enflammé par la colère. Écoute, si tu peux, ses vociférations, ses menaces, que te semble-t-il d'une torture qui arrache à l'âme de tels cris? Chacun ne voudra-t-il pas rompre avec cette passion, quand il reconnaîtra qu'elle commence par son propre supplice? Ceux qui, au suprême pouvoir, agissent en hommes irrités, qui voient en cela une preuve de force, qui comptent parmi les hauts priviléges d'une haute fortune d'avoir la vengeance à leurs ordres, me défendras-tu de les avertir que, loin d'être puissants, ils ne peuvent même se dire libres, ces captifs de la colère? Me défendras-tu de dire à tous, afin qu'ils soient plus vigilants et s'observent mieux, que si d'autres maladies morales sont le partage des âmes perverses, l'irascibilité se glisse jusque chez les hommes éclairés et restés purs d'ailleurs, au point qu'à certains yeux elle est signe de franchise, et que le vulgaire regarde comme les meilleures gens ceux qui y sont sujets?

V. Mais à quoi tend un tel aveu? — A ce que nul ne se croie à l'abri de cette fièvre qui jette même des naturels froids et paisibles dans la violence et la cruauté. De même que rien ne sert contre la peste, ni une robuste constitution, ni l'observation du meilleur régime, car elle attaque indistinctement forts et faibles : ainsi les surprises de la colère sont également à craindre et pour les esprits remuants et pour les esprits rassis et réglés, déshonorés par elle et compromis d'autant plus qu'elle les rend plus différents d'eux-mêmes. Or, comme notre devoir est d'abord de l'éviter, puis de la réprimer, et enfin d'en guérir les autres, j'enseignerai successivement à ne pas tomber sous son influence, à s'en dégager, à retenir celui qu'elle entraîne, à l'apaiser et à le ramener au bon sens. On se prémunira contre elle en se remettant mainte fois sous les yeux tous les vices qu'elle renferme, en l'appréciant comme elle le mérite. Que toute conscience l'accuse, la condamne, scrutons bien ses iniquités et traînons-les au grand jour; pour qu'elle paraisse telle qu'elle est, comparons-la avec ce qu'il y a de pire. L'avarice acquiert et entasse des biens dont un héritier plus sage saura jouir : la colère y met le feu; il est rare qu'on ne la paye cher; parfois un maître violent réduit ses esclaves à fuir ou à se tuer, et combien ses emportements lui sont plus dommageables que la cause qui les a produits! La colère apporte le deuil au père, au mari le divorce, au magistrat la haine, au candidat la disgrâce; elle est pire même que la débauche, car celle-ci jouit de ses propres plaisirs, celle-là des souffrances d'autrui. Elle dépasse la méchanceté, l'envie : le mal qu'elles veulent à autrui, la colère veut l'infliger ; les revers fortuits sont pour les premières une bonne fortune ; la seconde n'attend pas que le sort frappe, elle veut nuire quand elle hait, non que d'autres nuisent. Rien n'est plus funeste que les inimitiés : c'est la colère qui les suscite ; point de plus grand fléau que la guerre : c'est l'explosion de la colère des grands ; et ces colères plébéiennes et privées, que sont-elles encore, qu'une guerre sans armes et sans soldats ? Il y a plus : même en la séparant de sa suite immédiate et fatale, des embûches, des éternelles inquiétudes d'une lutte mutuelle, la colère se punit quand elle se venge, elle abjure la nature humaine. Celle-ci nous convie à l'amour, celle-là à la haine ; l'une ordonne de faire le bien, l'autre de faire le mal.

Et puis ce soulèvement que provoque en elle un excessif amour-propre, noble en apparence, est au fond un sentiment bas et étroit ; car quiconque se juge méprisé d'un autre tombe au-dessous de lui. Mais un grand cœur, sûr de ce qu'il vaut, ne venge pas une injure, parce qu'il ne la sent pas. De même que les traits rebondissent sur un corps dur, et que les masses solides affectent douloureusement la main qui les frappe, ainsi dans un grand cœur jamais l'injure n'arrive à se faire sentir, elle, si frêle devant ce qu'elle attaque. Qu'il est beau de se montrer impénétrable à tous les traits, de renvoyer, quelles qu'elles soient, les injures et les offenses ! La vengeance est un aveu que le coup a porté[1] : ce n'est pas une âme forte que celle qui plie sous l'injure. L'homme qui te blesse est-il plus puissant ou plus faible que toi ? Plus faible, épargne-le ; plus puissant, grâce pour toi-même.

VI. Le signe le plus certain de la vraie grandeur, c'est que nul événement fortuit ne puisse nous irriter. La région supérieure du ciel et la mieux ordonnée, celle qui avoisine les astres, ne s'amasse pas en nuages, n'éclate pas en tempêtes, ne se roule pas en tourbillons ; elle est à l'abri du plus léger trouble : c'est plus bas que gronde la foudre[2]. Ainsi une âme élevée, toujours calme et placée dans une sphère sans orages, étouffe en elle tout ferment d'irritation ; la modération, l'ordre et la majesté l'accompagnent : rien de tout cela chez l'homme en colère. Où est celui qui, livré au ressentiment et à la fureur, ne dépouille d'abord toute retenue ; qui, dans sa fougue délirante et se ruant sur son ennemi, ne mette de côté toute dignité personnelle (a); qui se rappelle, sous un tel aiguillon, le nombre et l'ordre de ses devoirs ; qui commande à sa langue, maîtrise aucune partie de soi-même ; qui, une fois emporté, règle son élan ?

Nous nous trouverons bien du précepte salutaire de Démocrite qui promet la tranquillité si, dans la vie privée ou publique, on s'abstient d'affaires trop multipliées ou au delà de ses forces. Jamais on ne passera si heureusement sa journée, quand on la partage entre mille affaires, qu'on ne se heurte ou contre les hommes ou contre les choses, ce qui pousse l'homme à la colère. Celui qui traverse en courant les quartiers populeux d'une ville doit nécessairement coudoyer bien des gens, tomber ici, être arrêté plus loin, éclaboussé ailleurs ; ainsi, dans cette mobile activité d'une vie aventureuse, bien des empêchements, bien des motifs d'aigreur se présentent. Tel a trompé nos espérances, tel autre en retarde l'accomplissement, un troisième en intercepte les fruits; nos projets les mieux concertés n'aboutissent pas : c'est que la fortune ne se dévoue à personne au point de couronner ses tentatives sur mille points à la fois. Il arrive de là que celui dont elle a contrarié quelques entreprises ne peut plus souffrir les hommes ni les choses; sur les moindres motifs il s'en prend tour à tour aux personnes, aux affaires, aux lieux, au destin, à lui-même. Donc pour assurer à l'âme sa tranquillité, il ne la faut ni dissiper, ni épuiser, je le répète, en travaux trop nombreux ou trop grands, et qui tendraient au delà de ce que nous pouvons. On s'accommode facilement d'une charge légère qu'on peut faire passer d'une épaule à l'autre sans qu'elle glisse ; mais celle que des mains étrangères nous imposent et que nous avons peine à porter échappent, après quelques pas (b), à nos forces vaincues ; nous avons beau nous roidir sous le faix, nous chancelons, et notre impuissance se trahit.

VII. Il en arrive de même, sache-le bien, dans la gestion des intérêts civils et domestiques. Les affaires simples et expéditives se prêtent à notre action ; les affaires graves et audessus de notre portée ne se laissent point aisément saisir ; elles surchargent et entraînent; on se croit près de les embrasser, on tombe avec elles. C'est ainsi que souvent on consume en

---

(a) Au lieu de *verecundi habuit*, qui répète *verecundiam* mis deux lignes plus haut, je proposerais *verendi*, même sens plus fortement nuancé.
(b) Plusieurs manusc., *in proximo*, préférable à *in proximos*.

vain tout son zèle, lorsqu'au lieu d'entreprendre des choses faciles on s'obstine à juger facile ce qu'on a entrepris.

Avant de rien tenter, mesure bien tes forces, ce que tu veux faire, et par quels moyens; car le regret d'un essai infructueux ne manquera pas de t'aigrir. La différence entre une âme bouillante et une âme froide et sans ressort, c'est qu'un échec produit chez l'homme énergique la colère, chez l'homme mou et inactif l'abattement. Que nos prétentions ne soient ni mesquines, ni téméraires, ni coupables; bornons à notre voisinage l'horizon de nos espérances; point de ces tentatives dont le succès serait pour nous-mêmes un sujet d'étonnement.

VIII. Mettons nos soins à prévenir l'injure que nous ne saurions supporter. Ne lions commerce qu'avec les gens les plus pacifiques, les plus doux, nullement opiniâtres (*a*) ou moroses. On prend les mœurs de ceux avec qui l'on vit (*b*); et comme certaines affections du corps se gagnent par le contact, l'âme communique ses vices à qui l'approche. Souvent l'ivrogne entraîne ses commensaux à aimer le vin; la compagnie des libertins amollit l'homme fort et, s'il est possible, le héros; l'avarice infecte de son venin ceux qui l'avoisinent. Dans la sphère opposée, l'action des vertus est la même; elles répandent leur douceur sur tout ce qui les environne; et jamais un climat propice, un air plus salubre n'ont fait aux valétudinaires le bien qu'éprouve une âme peu ferme dans la bonne voie à fréquenter un monde meilleur qu'elle. L'effet merveilleux de cette influence se reconnaît chez les bêtes féroces mêmes, qui s'apprivoisent au milieu de nous; et toujours le monstre le plus farouche perd quelque chose de son affreux instinct, s'il habite longtemps sous le toit de l'homme.

Toute aspérité s'émousse et peu à peu s'efface au milieu d'êtres naturellement doux. D'ailleurs non-seulement l'exemple rend meilleur celui qui vit avec des personnes pacifiques, mais il ne trouve là nul motif de s'emporter et de donner carrière à son défaut. Il devra donc fuir tous les hommes qu'il saura capables d'exciter son penchant à la colère. « Mais qui sont-ils? » Une infinité de gens qui, par des causes diverses, agiront de même sur toi. L'orgueilleux te choquera par ses mépris, le

---

(*a*) Je lis avec J. Lipse et quelques manusc., ἀδυσίκτα, plutôt que ἀδοικία ou ἀναξία.

(*b*) Voy. de la *Tranquillité de l'âme*, VII.

caustique (a) par son persiflage, l'impertinent par ses insultes, l'envieux par sa malignité, le querelleur par ses contradictions, le fat et le hâbleur par leur jactance. Tu n'endureras pas qu'un soupçonneux te craigne, qu'un entêté l'emporte sur toi, qu'un homme du bel air te dédaigne.

Choisis des caractères simples, faciles, modérés, qui ne provoquent pas tes vivacités et qui sachent les souffrir. Tu pourras surtout t'applaudir de ces naturels flexibles et polis, dont la douceur pourtant n'irait pas jusqu'à l'adulation; car près des gens colères la complaisance outrée tient lieu d'offense. Tel était l'un de nos amis, excellent homme assurément, mais d'une susceptibilité trop prompte, chez qui la flatterie risquait d'être aussi mal reçue que l'injure. On sait que l'orateur Cœlius était fort irascible. Un jour, dit-on, il soupait avec un de ses clients, homme d'une patience rare; mais il était difficile à celui-ci, jeté dans le tête-à-tête, d'éviter une dispute avec un tel interlocuteur. Il crut que le mieux serait d'être toujours de son avis et de faire l'écho. Cœlius, impatienté d'une si monotone approbation (b), s'écria : « Nie-moi donc quelque chose, pour que nous soyons deux. » Eh bien, tout fâché qu'il était de ne pas trouver à se fâcher, il se calma tout de suite faute d'adversaire. Si donc nous avons conscience de notre défaut, choisissons de préférence des personnes qui s'accommodent à notre air et à nos discours : sans doute elles pourront nous gâter, nous donner la mauvaise habitude de ne rien entendre qui nous contrarie ; mais il est bon de donner à son mal des intermittences, du repos. Notre caractère, si difficile et si indompté qu'il soit, se laissera du moins caresser : il n'en est point de rude et d'intraitable pour une main légère.

Lorsqu'une discussion menace d'être longue et opiniâtre, arrêtons-nous dès l'abord, avant qu'elle ne devienne violente. La lutte nourrit la lutte : une fois dans la lice elle nous y engage plus avant, nous y retient. Il est plus facile de n'y point descendre que de faire retraite.

IX. L'homme irascible doit encore renoncer aux études trop sérieuses, ou du moins ne pas s'y livrer jusqu'à la fatigue, ne point partager son esprit entre trop d'occupations, mais le tourner aux exercices récréatifs. Que la lecture des poëtes le charme, que les récits de l'histoire le captivent : qu'il se traite

---

(a) Je préfère *dicax* à *dives* que portent peu de manusc.
(b) Voy. Montaigne, II, 31.

avec douceur et ménagement. Pythagore apaisait, aux sons de la lyre, les troubles de son âme ; qui ne sait, en revanche, que les clairons et les trompettes nous aiguillonnent, tandis que certains chants sont pour l'esprit des calmants qui le détendent ? Le vert convient aux yeux troubles ; et il est des couleurs qui reposent une vue fatiguée, tout comme d'autres plus vives la blessent : ainsi des occupations gaies soulagent un esprit malade.

Forum, patronages, plaidoiries, fuyons tout cela, tout ce qui ulcère notre mal. Évitons aussi les fatigues du corps. Elles dissipent tout ce qu'il y a en nous d'éléments doux et calmes et soulèvent les principes d'âcreté. Ainsi les gens qui se défient de leur estomac, avant de rien entreprendre d'important et de difficile, tempèrent par quelque nourriture leur bile que remue surtout la fatigue ; soit que le vide de l'estomac y concentre la chaleur, trouble le sang dont il arrête le cours dans les veines défaillantes ; soit que l'épuisement et la débilité du physique pèsent sur le moral. Quoi qu'il en soit, c'est de la même cause que vient l'irritabilité dans l'affaiblissement de la maladie ou de l'âge. C'est pour cela aussi que la faim et la soif sont à craindre : elles aigrissent et enflamment les esprits.

X. Le vieux dicton : *Gens fatigués cherchent noise ;* peut s'étendre à ceux que la soif, la faim ou tout autre malaise irrite [6]. Comme ces ulcères qui souffrent du plus léger contact, puis de l'idée seule qu'on va les toucher, un esprit malade s'offensera d'un rien : il en est qu'un salut, la remise d'une lettre, un discours à entendre, une simple question pousse à vous faire querelle. Partout où il y a douleur, il y a plainte au moindre attouchement. Le mieux est donc d'appliquer le remède au premier sentiment du mal, de ne laisser à notre langue que le moins de liberté possible et d'en contenir les saillies. Or il est facile de surprendre à leur premier début les affections morales : elles ont leurs pronostics. De même que la tempête et la pluie s'annoncent par des signes précurseurs ; ainsi la colère, l'amour, toutes ces tourmentes qui assaillent les âmes grondent avant d'éclater. Les personnes sujettes au mal caduc pressentent l'approche de leurs accès quand la chaleur se retire des extrémités, quand leur vue se trouble, que leurs nerfs tressaillent, que leur mémoire échappe, que le vertige les prend. Aussi tout d'abord ont-elles recours aux préservatifs ordinaires : elles neutralisent, en respirant et en mâchant certaines substances, la cause mystérieuse qui fait que l'homme ne se possède plus ; elles combattent par des fomentations le froid qui roidit leurs membres ;

ou, si tout remède est impuissant, du moins elles ont fui les yeux de la foule, et elles sont tombées sans témoin.

Il est utile de connaître son mal et d'en arrêter les progrès avant qu'ils ne s'étendent au loin. Cherchons quelle est en nous la fibre la plus irritable. Tel s'émeut d'une parole, et tel d'une action injurieuse ; celui-ci veut qu'on tienne compte de sa noblesse, et celui-là de sa beauté ; il en est qui se piquent de bon goût ; il en est qui se donnent pour érudits ; certains ne peuvent souffrir l'orgueil, ou la résistance ; vous en trouvez dont la colère dédaignerait de tomber sur un esclave ; d'autres, tyrans cruels à la maison, au dehors sont la douceur même. L'un, si on le sollicite, se croit offensé ; qu'on ne demande rien à l'autre, il se juge méprisé. Tous ne sont pas vulnérables par le même point.

XI. L'essentiel est donc de savoir son endroit faible, pour le mettre spécialement à couvert. Il n'est pas bon de tout voir (a), de tout entendre : que beaucoup d'injures passent inaperçues pour nous : presque toujours, ne les a pas reçues qui les ignore. Tu ne veux pas être colère ? Ne sois pas curieux. Celui qui s'enquiert de tout ce qui s'est dit sur son compte, et qui va exhumant les plus secrets propos de l'envie, trouble lui-même son repos. Souvent c'est l'interprétation qui arrive à donner aux choses les couleurs de l'injure. Patientons donc pour les unes ; moquons-nous des autres, ou bien pardonnons. Il est mille moyens de prévenir la colère ; le plus souvent tournons la chose en badinage et en plaisanterie. Socrate, dit-on, ayant reçu un soufflet, se contenta de remarquer « qu'il était fâcheux d'ignorer quand on devait sortir avec un casque. » Ce n'est pas la manière dont l'injure est faite qui importe ; c'est comment elle est supportée. Or je ne vois pas pourquoi la modération serait difficile, quand je sais jusqu'à des tyrans qui, enflés de leur fortune et de leur pouvoir, ont mis un frein à leurs rigueurs habituelles. Voici du moins ce qu'on raconte de Pisistrate, le tyran d'Athènes : un de ses convives, dans l'ivresse, s'était répandu en invectives contre sa cruauté ; et l'offensé ne manquait pas de gens qui voulaient lui prêter main-forte, et qui d'un côté, qui de l'autre lui soufflaient le feu de la vengeance ; il souffrit paisiblement la chose et répondit aux instigateurs : « Je ne lui en veux pas plus qu'à un homme qui se serait jeté sur moi les yeux bandés. » Bien des gens se créent des sujets de plainte ou sur de faux soupçons, ou sur des torts légers qu'ils s'exagèrent.

(a) Voy. Massillon : *Du pardon des offenses.*

XII. Souvent la colère vient à nous ; plus souvent nous l'allons chercher, nous qui, loin de l'attirer jamais, devrions, quand elle survient, la repousser. Nul ne se dit : « Cette chose qui m'indigne, je l'ai faite, ou j'ai été prêt à la faire. » Nul ne juge l'intention de l'auteur, mais l'acte tout seul : pourtant il faudrait voir s'il l'a commis volontairement ou par mégarde, par contrainte ou par erreur ; s'il a écouté la haine ou l'intérêt ; s'il a suivi sa passion, ou prêté les mains à celle d'autrui. L'âge de l'offenseur plaide pour lui, ou son rang : tolérons alors par humanité, ou souffrons par respect.

Mettons-nous à la place de l'homme contre lequel nous nous fâchons : notre susceptibilité vient parfois d'un injuste amour-propre qui voudrait faire aux autres ce que lui-même ne veut pas subir. On n'attend pas pour éclater ; et néanmoins le grand remède de la colère c'est le temps (a), qui amortit le premier feu : alors le brouillard qui offusque la raison se dissipe ou du moins s'éclaircit. Une partie des motifs qui t'emportaient si fort s'atténuera dans l'espace d'une heure, je ne dis pas même d'un jour ; le reste s'évanouira tout à fait. Si c'est en vain que tu auras pris délai (b), tu prouveras que c'est la justice qui a prononcé, non la colère. Tout ce que tu veux sainement apprécier, abandonne-le au temps : le flux et reflux du présent ne laisse rien voir avec netteté. Platon n'avait pu obtenir de lui-même de différer le châtiment d'un esclave qui l'avait irrité ; il lui ordonna d'ôter sur-le-champ sa tunique et de présenter son dos aux verges : il voulait le battre de sa main. Ensuite, se sentant hors de sang-froid, il retint son bras levé et suspendu dans l'attitude d'un homme qui va frapper. Un ami qui survint lui demanda ce qu'il faisait : « Je châtie un homme emporté, » dit Platon ; et comme paralysé il gardait cette contenance menaçante, ignoble pour un sage, car sa pensée était déjà loin de l'esclave : il en avait trouvé un autre plus digne de punition. Il abdiqua donc ses droits de maître ; et trop ému pour une peccadille, il dit à Speusippe : « Châtie ce valet comme il le mérite ; car pour moi, je suis en colère. » Il s'abstint de frapper par le même motif qui eût poussé tout autre à le faire. « Je ne suis plus à moi, pensa-t-il, j'irais trop loin : j'y mettrais de la passion : ne laissons pas cet esclave à la merci d'un maître qui

---

(a) Voy. livre II, xxvIII ; et *Lettre* xvII.
(b) Je lis, d'après un manusc. : *si nihil egerit.... apparebit jam*, et non : *si nihil erit.... apparebit tamen....*

ne se maîtrise plus. » Voudrait-on confier la vengeance à des mains irritées; quand Platon lui-même s'en est interdit l'exercice⁶?

Ne te permets rien dans la colère; pourquoi? parce que tu voudrais tout te permettre. Lutte contre toi-même : qui ne peut la vaincre, est à demi vaincu par elle. Tant qu'elle est cachée, tant que nous ne lui donnons pas issue, étouffons ses symptômes; et tenons-la, autant qu'il se peut, invisible et voilée.

XIII. Il nous en coûtera de grands efforts : car elle veut faire explosion, jaillir des yeux en traits de flamme, bouleverser la face humaine; or, dès qu'elle s'est produite à l'extérieur, elle nous domine. Repoussons-la au plus profond de notre âme : supportons-la plutôt que d'être emportés par elle : tournons même tous ses indices en indices contraires. Que notre visage paraisse plus serein, notre parler plus doux, notre allure plus calme; qu'insensiblement l'homme intérieur se rectifie sur ces dehors. Un symptôme de colère chez Socrate était de baisser la voix, de parler moins; on reconnaissait là qu'il luttait contre lui-même. Aussi était-il deviné par ses amis qui le reprenaient; et ce reproche pour une émotion imperceptible ne lui était pas déplaisant. Comment ne se fût-il pas applaudi de ce que tous s'apercevaient de sa colère, sans que personne la ressentît? Or, on l'eût ressentie, s'il n'eût donné sur lui-même à ses amis le droit de blâme qu'il prenait sur eux. A combien plus forte raison ne devons-nous pas, nous, faire de même? Prions nos meilleurs amis d'user de toute liberté envers nous, alors surtout que nous serons moins disposés à la souffrir; qu'ils ne donnent point raison à nos emportements; contre un mal d'autant plus puissant qu'il a pour nous de l'attrait, invoquons-les tant que nous voyons clair encore, tant que nous sommes à nous.

XIV. Ceux qui portent mal le vin et qui craignent la pétulance et la témérité où l'ivresse les jette, préviennent leurs gens de les enlever de la salle du festin. Les personnes qui ont éprouvé qu'elles se maîtrisent peu dans la maladie, défendent qu'on leur obéisse dans cet état. Rien de mieux que de chercher d'avance une barrière aux défauts qu'on se connaît, et, avant tout, de régler si bien notre âme que, fût-elle ébranlée des chocs les plus graves et les moins prévus, elle ne ressente pas de courroux, ou que, si la grandeur et la soudaineté de l'injure la soulèvent, elle refoule tout en soi et ne laisse point percer nos ressentiments. Tu verras que la chose est possible, si je te cite quelques exemples pris entre mille d'où l'on peut apprendre à la fois quel fléau c'est que la colère, quand elle pousse à l'extrême l'abus de la toute-puissance, et combien elle peut se commander à elle-même lorsqu'une terreur plus forte la comprime.

Le roi Cambyse[7] s'adonnait au vin avec excès. Prexaspe, l'un de ses favoris, l'engageait à plus de sobriété, disant que l'ivresse était chose honteuse à un souverain vers lequel tous les yeux, toutes les oreilles sont dirigés. A quoi le prince répondit : « Pour t'apprendre que je ne suis jamais hors de moi, tu vas voir que mes yeux, quand j'ai bu, font leur office et mes mains aussi. » Et il vide à plus longs traits de plus grandes coupes qu'à l'ordinaire, puis déjà alourdi par l'ivresse, il ordonne au fils de son censeur de se placer hors de la salle, debout sur le seuil et la main gauche levée au-dessus de la tête. Alors il tend son arc, perce le cœur même du jeune homme, où il avait dit qu'il visait, et, ouvrant la poitrine, il montre le dard enfoncé droit dans le viscère; puis, regardant le père : « Ai-je la main assez sûre? » demanda-t-il. Prexaspe déclara qu'Apollon n'eût pas tiré plus juste. Que les dieux maudissent cet homme plus esclave de cœur que de condition! Il loue une chose dont c'était trop d'avoir été le spectateur. Il voit une occasion de flatterie dans cette poitrine d'un fils partagée en deux, dans ce cœur palpitant sous le fer. Ah! il devait contester au bourreau sa gloire, et faire recommencer l'épreuve, pour que le roi pût mieux signaler sur le père lui-même la sûreté de sa main. O tyran sanguinaire! oh! qu'il était digne que les arcs de tous ses sujets se bandassent contre lui! Quand nous aurons bien exécré cet homme qui couronne ses orgies par les supplices et par le meurtre, toujours est-il qu'ici l'éloge était plus odieux que l'acte. Ne cherchons pas quelle devait être la conduite du père en face du cadavre de son fils, de cet assassinat dont il avait été le témoin et la cause; ce dont il s'agit maintenant est démontré : c'est que la colère peut être étouffée. Il ne proféra ni imprécation contre le roi, ni aucune de ces plaintes qu'arrache une grande infortune, lui qui se sentait le cœur percé du même coup que celui de son fils. On peut soutenir qu'il fit bien de dévorer le cri de sa douleur; car, s'il eût parlé en homme irrité, il perdait la chance d'agir plus tard en père. Son silence, on peut le croire, fut plus sage que ses leçons de tempérance à un monstre qu'il valait mieux gorger de vin que de sang, et dont la main, tant qu'il tenait sa coupe, faisait trêve aux massacres. Ainsi Prexaspe grossit la liste de ceux qui ont prouvé, par d'immenses malheurs, ce qu'un bon conseil coûte aux amis des rois.

XV. Sans doute Harpage en avait donné un de cette nature à son maître [8], aussi roi de Perse, qui, offensé, lui fit servir à table la chair de ses propres enfants, puis lui demanda, à plusieurs reprises, si le ragoût lui plaisait. Et quand il vit le malheureux bien repu de l'horrible mets, il fit apporter les têtes, ajoutant cette question : « Comment juges-tu que l'on t'a traité? » Le père, hélas! trouva des paroles; sa langue ne resta pas glacée : « A la table du roi, dit-il, tout mets est agréable [9] » A cette bassesse que gagna-t-il? Qu'on ne l'invitât pas à manger les restes. Sans défendre à un père d'exécrer l'acte de son roi, de chercher une vengeance digne d'une si atroce monstruosité, je conclurai de là qu'il est possible encore de cacher le ressentiment qui naît des plus poignantes douleurs et de lui imposer un langage contraire à sa nature. C'est une chose nécessaire de dompter son irritation, surtout aux hommes dont le sort est de vivre à la cour des rois et d'être admis à leur table. On y mange, on y boit, on y répond ainsi; il y faut sourire à ses funérailles. L'existence vaut-elle qu'on la paye si cher? Nous le verrons tout à l'heure : c'est là une autre question. Nous n'essayerons pas de consolation dans cette affreuse prison d'esclaves, nous ne les exhorterons point à subir la loi de leurs bourreaux : nous leur montrerons dans toute servitude une voie ouverte à la liberté. Si leur âme est malade, si ses passions font ses misères, elle peut, en finissant elle-même, les finir. Je dirai à qui se trouve jeté sous la main d'un tyran, lequel prend pour but de ses flèches le cœur de ses amis ou rassasie un père des entrailles de ses fils : « Pourquoi gémir, insensé? Pourquoi attendre que sur ta patrie expirante quelque ennemi te vienne venger ou qu'un puissant roi accoure de contrées lointaines [10]? Quelque part que tes yeux se tournent, là est la fin de tes maux. Vois cette roche escarpée : de là on s'élance à la liberté. Vois cette mer, ce fleuve, ce puits : la liberté est assise au fond de leurs eaux. Vois cet arbre écourté, rabougri, mal venu : la liberté pend à ses branches. Vois ton cou, ta gorge, ton cœur : autant d'issues pour fuir l'esclavage. Mais ces issues que je te montre sont trop pénibles, exigent trop de vigueur d'âme? Où est, dis-tu, la grande voie vers la liberté? dans chaque veine de ton corps. »

XVI. Tant que rien ne nous semble assez intolérable pour nous faire rompre avec la vie, sachons en toute situation repousser la colère. Fatale à ceux qui servent sous un maître, elle ne peut, par l'indignation, qu'accroître ses tourments ; et le poids de l'esclavage se fait d'autant plus sentir qu'on le souffre avec plus d'impatience. L'animal qui se débat dans le piége le resserre davantage ; l'oiseau ne fait qu'étendre sur son plumage la glu dont il travaille à se dépêtrer. Point de joug si étroit qui ne blesse moins une tête soumise qu'une tête rebelle. L'unique allégement des grandes peines c'est de savoir pâtir et obéir à la nécessité (a).

Mais s'il est utile aux sujets de contenir leurs passions, notamment la colère, si furieuse et si effrénée, cela est encore plus utile aux rois. Tout est perdu, quand tout ce que dicte la colère, la fortune le permet ; et le pouvoir qui s'exerce en faisant le mal du grand nombre ne saurait tenir longtemps : il touche à sa chute sitôt que tous ceux qui gémissent isolément sont ralliés par une peur commune. Aussi que de tyrans immolés soit par un seul homme, soit par tout un peuple que le ressentiment général pousse en masse sous le même drapeau ! Et combien pourtant se sont livrés à la colère comme à l'exercice d'un privilége royal ! Témoin Darius qui, après que l'empire eut été enlevé au Mage, fut le premier appelé au trône de la Perse et d'une grande partie de l'Orient. Comme il avait déclaré la guerre aux Scythes, qui au Levant ceignaient son royaume, OEbase, noble vieillard, le supplia de lui laisser un de ses trois fils pour la consolation de ses derniers jours, en gardant au service les deux autres. « Tu auras plus que tu ne demandes, dit le prince, tous vont t'être rendus. » Et il les fait tuer devant le père auquel il laisse leurs cadavres. C'eût été en effet une cruauté de les emmener tous trois.

XVII. Combien Xercès se montra plus facile ! Pythius, père de cinq fils, lui demandait le congé d'un seul : il obtint de choisir. Le choix fait, ce fils désigné fut coupé en deux par ordre de Xercès, et une moitié placée sur chaque côté de la route : ce fut la victime lustrale de son armée. Aussi eut-il le sort qu'il méritait ; vaincu, dispersé au loin, il vit ses immenses débris joncher toute la Grèce, et se sauva à travers les cadavres des siens.

Telle fut, dans la colère, la férocité de rois barbares, chez qui ni l'instruction ni la culture des lettres n'avaient pénétré. Mais je te citerai un roi, sorti du giron d'Aristote, Alexandre,

---

(a) Voy. livre II, 33, et Ovid. *Amor.* I, Eleg. 2.

perçant dans un banquet et perçant de sa main son cher Clitus, son ami d'enfance, qui, peu enclin à flatter, répugnait à passer de la liberté macédonienne aux serviles habitudes de Perse. Le même livra à la rage d'un lion Lysimaque, également son ami. Or ce Lysimaque, échappé par un heureux hasard à la dent du lion, en devint-il lui-même plus doux lorsqu'il régna? Eh non! il mutila affreusement Télesphore de Rhodes, son ami, lui fit couper le nez et les oreilles, et le nourrit longtemps dans une cage comme quelque animal inconnu et extraordinaire, sorte de tronc vivant, plaie difforme, qui n'avait plus rien de la face humaine. Et puis c'était la faim, c'étaient les souillures d'un corps immonde laissé dans sa propre fange, courbé sur ses genoux, sur ses mains calleuses qui lui servaient forcément de pieds dans son étroite prison; et des flancs ulcérés par le frottement des barreaux : figure non moins hideuse qu'effroyable à voir. Son supplice en avait fait un monstre qui repoussait même la pitié. Mais quoique le patient ne ressemblât plus à un homme, le bourreau y ressemblait moins encore [11].

XVIII. Plût aux dieux que l'étranger eût gardé chez lui de tels exemples de cruauté, et qu'on n'eût point vu passer dans nos mœurs avec d'autres vices d'emprunt, la barbarie des supplices et des vengeances! Ce M. Marius [12], à qui le peuple avait dressé des statues dans tous les carrefours, et prodigué l'encens, le vin des libations, les prières, eut les jambes rompues par ordre de Sylla, les yeux arrachés, les mains coupées; et comme s'il eût pu subir autant de morts que de tortures, il fut déchiré lentement dans chacun de ses membres. Quel fut l'exécuteur de ces ordres sanguinaires? qui, sinon Catilina, dont les mains s'exerçaient dès lors à tous les attentats? Il déchiquetait sa victime sur le tombeau du plus doux des mortels, sur la cendre indignée de Catulus. Là un homme de funeste exemple, populaire toutefois, et qui fut aimé plutôt sans mesure que sans motif, perdait tout son sang goutte à goutte. Marius méritait de subir tout cela, Sylla de l'ordonner, Catilina d'y prêter ses mains; mais qu'avait fait la République pour se voir percer le sein tour à tour et par ses ennemis et par ses vengeurs?

Mais pourquoi remonter si loin? Naguère Caligula fit, dans la même journée, battre de verges Sextus Papinius, fils de consulaire, Bétiliénus Bassus son questeur et fils de son intendant, et d'autres, tant chevaliers romains que sénateurs; puis il les mit à la torture, non pour en tirer quelque aveu, mais pour s'amuser. Ensuite, impatient de tout retard dans ses jouissances, que sa cruauté voulait (*a*) complètes et sans délai, tout en se promenant dans cette allée des jardins de sa mère qui passe entre le portique et le fleuve, il fit venir quelques-uns d'eux, avec des matrones et d'autres sénateurs, pour les décoller aux flambeaux. Qui le pressait? Quel danger personnel ou public le délai d'une nuit laissait-il craindre? Il coûtait si peu d'attendre l'aurore, de quitter enfin sa chaussure de table pour mettre à mort des sénateurs romains!

XIX. Jusqu'où allait son insolente cruauté! Il est à propos qu'on le sache, bien que ceci semble une digression étrangère et hors de mon sujet; mais cette insolence même est un des traits de la colère, quand, dans sa rage, elle passe toutes les bornes. Il avait battu de verges des sénateurs; or, grâce à ses faits précédents, on pouvait dire : « C'est chose ordinaire. » Il les avait torturés par tout ce que la nature offrait de plus horrible, les cordes, les planches hérissées de clous, les chevalets, le feu, son odieux visage [15]. Mais, me dira-t-on, est-ce merveille que trois sénateurs soient, comme de méchants esclaves, passés par les lanières et les flammes à la voix de l'homme qui méditait d'égorger en masse le sénat, et qui souhaitait que le peuple romain n'eût qu'une tête, pour que les forfaits de son prince, divisés par les distances et le temps, fussent concentrés en un jour et dans un seul coup? Quoi de plus inouï qu'un supplice nocturne? D'ordinaire le brigand assassine dans l'ombre; les châtiments légaux sont publics, et plus ils le sont, plus ils servent à l'exemple et à l'amendement de tous. Ici encore on va me dire : « Ce qui t'étonne si fort est journalier pour ce tigre : c'est pour cela qu'il vit, pour cela qu'il veille, c'est à cela qu'il emploie ses nuits. »

Certes, nul après lui ne se rencontrera qui ordonne d'enfoncer une éponge dans la bouche de ses victimes, pour y étouffer leurs dernières paroles. A-t-on jamais, à un mourant, ravi la faculté de gémir? Il a craint, lui, qu'une voix libre ne sortît des tourments de l'agonie et ne lui dît ce qu'il ne voulait pas ouïr. Il avait la conscience des horreurs sans nombre que nul, hormis à l'heure suprême, n'oserait lui reprocher. Comme on ne trouvait pas d'éponges, il commanda de déchirer les vêtements de ces infortunés, et de leur remplir la bouche avec ces lambeaux. Quelle barbarie est-ce là? Permets-leur donc de rendre le dernier soupir : donne passage à cette âme

---

(*a*) Je lis *ingentem* au lieu d'*ingens*. D'autres manusc. : *inquies*.

qui va s'échapper : qu'elle puisse s'exhaler autrement que par les blessures.

XX. Ne nous arrêtons pas à dire que les pères furent, la même nuit que les fils, égorgés à domicile par des centurions qu'il leur dépêcha, homme compatissant, pour qu'ils n'aient point à porter le deuil.

Ce n'est pas la férocité d'un Caligula, ce sont les maux de la colère que je me suis proposé de décrire, de la colère, qui ne frappe pas tel ou tel homme seulement, mais déchire des nations entières, s'attaque à des villes, à des fleuves, à des objets qui ne peuvent sentir la douleur. Un roi de Perse fit couper le nez à tout un peuple de Syrie ; de là le nom de *Rhinocolure* qui fut donné à la contrée. Il n'a pas coupé les têtes : appelles-tu cela de l'indulgence ? C'est un nouveau genre de supplice dont il s'est égayé.

Quelque chose de pareil menaçait ces peuples d'Éthiopie que leur longévité a fait nommer *Macrobiens*. Au lieu de tendre humblement les mains aux fers de Cambyse, ils avaient répondu à ses envoyés avec une liberté que les rois appellent insolence. Cambyse en frémissait de rage ; et, sans provisions de bouche, sans avoir fait reconnaître les passages, il traînait sur un sol aride et sans chemins tout ce qu'il avait de monde propre à faire campagne. Dès la première marche plus de vivres, nulle ressource dans ces contrées stériles, incultes, que les pas de l'homme ne connaissaient point. D'abord on prit, pour combattre la faim, les feuilles les plus tendres et les bourgeons des arbres, et le cuir ramolli au feu, et tout ce que la nécessité put convertir en aliment ; puis, lorsqu'au milieu des sables, tout, jusqu'aux racines et aux herbes, vint à manquer, et qu'apparut le désert vide même de tout être vivant, il fallut se décimer, et l'on eut une pâture plus horrible que la faim. Mais la colère poussait encore ce roi en avant, quoiqu'une partie de son armée fût perdue, une partie mangée, tant qu'à la fin, craignant d'être à son tour appelé à la commune chance, il donna le signal de la retraite. Et l'on réservait pour sa bouche les oiseaux les plus délicats, et l'attirail de ses cuisines était porté sur des chameaux, pendant que ses soldats demandaient au sort à qui échoirait une mort misérable ou une vie pire encore.

XXI. Cambyse déploya sa colère contre une nation inconnue de lui, innocente, qui toutefois pouvait sentir ses coups ; Cyrus s'emporta contre un fleuve. Comme il courait assiéger Babylonc, car, à la guerre, l'important est de saisir promptement l'occasion, il tenta de passer à gué le Gynde, alors fortement débordé : entreprise à peine sûre après que l'été s'est fait sentir et l'a fait tomber au niveau le plus bas. Un des chevaux blancs qui d'ordinaire menaient le char royal fut entraîné par le courant, ce qui courrouça fortement Cyrus. Il jura que ce fleuve, assez hardi pour emporter les coursiers du grand roi, serait réduit au point que des femmes même pourraient le traverser et s'y promener à pied. Il employa là tous ses préparatifs de guerre, et persista dans son œuvre jusqu'à ce que, partagé en cent quatre-vingts canaux, divisés eux-mêmes en trois cent soixante ruisseaux, le fleuve, à force de saignées, laissât son lit entièrement à sec. Ainsi perdit-il et le temps, perte énorme dans les grandes entreprises, et l'ardeur du soldat brisée dans un travail stérile, et l'occasion de prendre au dépourvu l'ennemi, après lui avoir déclaré une guerre qu'il faisait à un fleuve.

XXII. Cette démence (car quel autre terme employer?) a gagné aussi les Romains. Caligula détruisit, près d'Herculanum, une magnifique villa, parce que sa mère y avait été quelque temps détenue. Il ne fit par là que rendre cette disgrâce plus notoire. Tant que la villa fut debout, on passait devant sans la remarquer; aujourd'hui on s'informe pourquoi elle est en ruine.

S'il faut méditer ces exemples pour les fuir, imitons, en revanche, la douceur et la modération d'hommes qui ne manquaient ni de raisons pour se mettre en colère, ni de pouvoir pour se venger. Qu'y avait-il de plus facile pour Antigone que d'envoyer au supplice deux sentinelles qui, accoudées à la tente royale, cédaient à l'attrait si périlleux et si général pourtant de médire du prince? Antigone avait ouï tout ce qu'ils disaient, n'étant séparé des causeurs que par une simple toile. Il l'ébranla doucement et leur dit : « Éloignez-vous un peu ; le roi pourrait vous entendre. » Le même, dans une marche de nuit, entendant quelques-uns de ses soldats le maudire à outrance pour les avoir engagés dans un chemin fangeux et inextricable, s'approcha des plus embourbés, et lorsque, sans se faire connaître, il les eut aidés à sortir d'embarras : « Maintenant, leur dit-il, maudissez Antigone, qui vous a jetés par sa faute dans ce mauvais pas; mais remerciez-le aussi de vous avoir tirés du bourbier. »

Il supportait avec autant de douceur les sarcasmes de ses

ennemis que ceux de ses sujets. Au siége de je ne sais quelle bicoque, les Grecs qui la défendaient, se fiant sur la force de la place, bravaient les assaillants, faisaient mille plaisanteries sur la laideur d'Antigone, et riaient tantôt de sa petite taille, tantôt de son nez épaté. « Bon! dit-il, je puis espérer, puisque j'ai Silène dans mon camp. » Quand il eut réduit ces railleurs par la famine, ceux des captifs qui étaient propres au service furent répartis dans ses cohortes et le reste vendu à l'encan, ce qu'il n'eût même pas fait, assura-t-il, si pour leur bien il n'eût fallu un maître à de si mauvaises langues. Le petit-fils de ce roi fut Alexandre (a), qui lançait sa pique contre ses convives, qui de ses deux amis cités tout à l'heure livra l'un à la fureur d'un lion et fut pour l'autre une bête féroce. Et de ces deux hommes, celui qu'il jeta au lion survécut.

XXIII. Alexandre ne tenait cet affreux penchant ni de son aïeul, ni même de son père. Car si Philippe eut quelque vertu, ce fut, entre autres, la patience à souffrir les injures, grand moyen politique pour maintenir un État. Démocharès, surnommé Parrhésiaste pour l'extrême impertinence de son langage, lui avait été député avec d'autres citoyens d'Athènes. Après avoir entendu l'ambassade avec bienveillance, le prince demanda ce qu'il pouvait faire qui fût agréable aux Athéniens : « Te pendre, » répliqua Démocharès. L'indignation des assistants se soulève à cette brutale réponse ; mais Philippe fait cesser les murmures et congédie ce Thersite sans lui faire le moindre mal : « Pour vous, dit-il aux autres députés, allez dire aux Athéniens que ceux qui parlent de la sorte sont bien plus intraitables que celui qui les entend sans les punir. »

Le divin Auguste a montré aussi, par beaucoup d'actes et de paroles mémorables, que la colère n'avait pas d'empire sur lui. L'historien Timagène [14] s'était permis sur l'empereur, sur l'impératrice et sur toute leur maison certains mots qui ne furent point perdus, car un trait piquant circule et vole de bouche en bouche d'autant plus vite qu'il est plus hardi. Souvent Auguste l'avertit de modérer sa langue ; comme il persistait, le palais lui fut interdit. Depuis, Timagène vieillit commensal d'Asinius Pollion ; et toute la ville se l'arrachait. L'exclusion du palais impérial ne lui ferma aucune autre porte. Plus tard il lut publiquement et brûla ses histoires manuscrites, sans faire grâce à son journal de la vie d'Auguste. Il

(a) Il y a oubli, ou corruption de texte. L'aïeul d'Alexandre était Amyntas.

se déclara l'ennemi de l'empereur; nul ne redouta son amitié, nul ne vit en lui une victime frappée de la foudre et qu'il faut fuir : il y eut des bras qui s'ouvrirent pour cet homme tombant de si haut. César, je le répète, souffrit tout cela patiemment, sans même s'émouvoir de cet attentat à sa gloire et aux faits de son règne. Jamais il ne fit de reproches à l'hôte de son ennemi; seulement il lui dit une fois : « Tu nourris un serpent. » Puis, comme celui-ci voulait s'excuser, il l'interrompit : « Que je ne gêne pas tes jouissances, mon cher Pollion, que je ne les gêne pas. » Et comme Pollion offrait, au premier ordre de César, de fermer sa maison à Timagène : « Crois-tu que je puisse le vouloir, reprit Auguste, moi qui vous ai réconciliés? » En effet, Pollion avait été quelque temps brouillé avec Timagène, et son seul motif pour le revoir fut que César ne le voyait plus.

XXIV. Que chacun donc se dise, toutes les fois qu'on l'offense : « Suis-je plus puissant que Philippe? on l'a pourtant outragé impunément. Ai-je plus d'autorité dans ma maison que le divin Auguste n'en avait sur le monde entier, Auguste qui se contenta de rompre avec son offenseur? Pourquoi ferais-je expier à mon esclave par le fouet ou les fers une réponse faite d'un ton trop haut, un air de mutinerie, un murmure qui n'arrive pas jusqu'à moi? Qui suis-je, pour que choquer mon oreille soit un crime? Une foule d'hommes ont pardonné à leurs ennemis; moi, je ne ferais pas grâce à un serviteur indolent, distrait ou causeur? » Que l'enfant ait pour excuse son âge; la femme, son sexe; l'étranger, son indépendance; le domestique, ses rapports familiers avec nous. Est-ce la première fois que tel te mécontente? songe que de fois il t'a satisfait. T'a-t-il souvent et en d'autres cas offensé? souffre encore ce que tu souffris si longtemps. Est-ce ton ami? il l'a fait sans le vouloir. Ton ennemi? c'était son rôle. Cédons à plus sage que nous, pardonnons à qui l'est trop peu; pour tous enfin, disons-nous bien que les plus parfaits mortels ne laissent pas de faillir souvent; qu'il n'est point de circonspection si mesurée qui parfois ne s'oublie; point de tête si mûre, de personne si grave que l'occasion ne pousse à quelque vivacité; point d'homme si peu porté à l'offense qui n'y tombe, en voulant l'éviter.

XXV. Si l'homme obscur se console dans ses maux à l'aspect de la chancelante fortune des grands; si dans sa cabane celui-là pleure un fils avec moins d'amertume qui voit sortir de chez les rois mêmes des funérailles prématurées, ainsi devra souffrir avec plus de résignation quelques offenses, quelques mépris, quiconque se représentera qu'il n'est point de si haute puissance que l'injure ne vienne assaillir. Et puisque la sagesse aussi peut faillir, quelle erreur n'a son excuse? Rappelons-nous combien notre jeunesse eut à se reprocher de devoirs mal remplis, de paroles peu retenues, d'excès de vin. Cet homme est en colère? donnons-lui le temps de reconnaître ce qu'il a fait, il se corrigera lui-même; qu'il soit enfin notre redevable (a), qu'est-il besoin de régler nos comptes avec lui? Incontestablement il s'est détaché de la foule et élevé dans une sphère à part, l'homme qui répond aux attaques par le dédain : le propre de la vraie grandeur est de ne pas se sentir frappé. Ainsi aux aboiements de la meute le lion tourne lentement la tête; ainsi un immense rocher brave les assauts de la vague impuissante. Qui ne s'irrite point demeure inébranlable à l'injure; qui s'irrite n'a plus son assiette. Mais celui que je viens de placer plus haut que toutes les atteintes embrasse comme d'une étreinte invincible le souverain bien; il répond et à l'homme et à la Fortune même : « Quoi que tu fasses, tu siéges trop bas pour troubler la sérénité de mon ciel; la raison s'y oppose, et je lui ai livré la conduite de ma vie; la colère me nuirait plus que l'injure, oui, plus que l'injure : je sais jusqu'où va l'une; où m'entraînerait l'autre, je ne le sais pas. »

XXVI. « Je ne puis, dis-tu, m'y résigner : souffrir une injure est trop pénible. » Mensonge que cela : qui donc ne peut souffrir l'injure, s'il souffre le joug de la colère? Ajoute qu'en agissant ainsi, tu supportes l'une et l'autre. Pourquoi tolères-tu les emportements d'un malade, et les propos d'un frénétique, et les coups d'un enfant? C'est, n'est-ce pas, qu'ils te paraissent ne savoir ce qu'ils font[15]. Qu'importe quelle misère morale nous aveugle? L'aveuglement commun est l'excuse de tous. — Quoi! l'offenseur sera impuni? — Non; quand tu le voudrais, il ne le sera pas. Car la plus grande punition du mal, c'est de l'avoir fait; et la plus rigoureuse vengeance, c'est d'être livré au supplice du repentir[16]. Enfin il faut avoir égard à la condition des choses d'ici-bas pour en juger tous les accidents avec équité; et ce serait juger bien mal que de reprocher aux individus les torts de l'espèce. Un teint noir ne singularise point l'homme en Éthiopie, non plus

---

(a) Je lis : *debeat pœnas*, et non *dabit* que portent Lemaire et quelques manuscrits.

qu'une chevelure rousse et rassemblée en tresse ne messied au guerrier germain (a). Tu ne trouveras étrange ou inconvenant chez personne ce qui est le cachet de sa race. Chacun des exemples que je cite n'a pour lui que l'habitude d'une contrée, d'un coin de la terre ; vois donc combien il est plus juste encore de faire grâce à des imperfections qui sont celles de l'humanité. Nous sommes tous inconsidérés et imprévoyants, tous irrésolus, portés à la plainte, ambitieux. Pourquoi déguiser sous des termes adoucis la plaie universelle? nous sommes tous méchants. Oui, quoi qu'on blâme chez autrui, chacun le retrouve en son propre cœur [17]. Pourquoi noter la pâleur de l'un, la maigreur de l'autre? la peste est chez tous. Soyons donc entre nous plus tolérants : méchants, nous vivons parmi nos pareils. Une seule chose peut nous rendre la paix : c'est un traité d'indulgence mutuelle. Cet homme m'a offensé, et ma revanche est encore à venir ; mais un autre peut-être l'a été par toi, ou le sera un jour.

XXVII. Ne te juge pas sur l'heure présente, sur le jour actuel : interroge l'état habituel de ton âme ; quand tu n'aurais point commis le mal, tu peux le commettre. Combien il vaut mieux guérir la plaie de l'injure que de s'en venger ! La vengeance absorbe beaucoup de temps et nous expose à une foule d'offenses pour une seule qui nous pèse [18]. La colère dure chez tous bien plus longtemps que l'injure ; n'est-il pas mille fois préférable de quitter le champ des disputes et de ne pas déchaîner vices contre vices ? Te semblerait-il sain d'esprit, celui qui rendrait à la mule un coup de pied, au chien un coup de dent ? « La brute, dis-tu, n'a pas la conscience de ce qui est mal. » Mais d'abord, quelle injustice qu'auprès de toi le titre d'homme soit un obstacle au pardon ! Ensuite, si tout ce qui n'est pas l'homme est sauvé de ta colère, grâce au manque de raison, mets donc sur la même ligne tout homme en qui la raison manque. Car qu'importe qu'il diffère d'ailleurs de la brute, si l'excuse de la brute dans tous les torts qu'elle cause est aussi la sienne, l'absence de discernement? Il a fait une faute ? est-ce bien la première ? sera-ce la dernière ? Ne le crois pas quand il aurait dit : « Je n'y retomberai plus. » Il blessera encore et un autre le blessera et la vie entière tournera

---

(a) Je lis, avec le manusc. Gronovius : *nec.... apud Germanos virum dedecet*, au lieu de : *utrumque decet*. Juvénal a imité tout ce passage, *Sat.* XIII.

dans un cercle de fautes. Soyons doux avec les êtres qui le sont le moins.

Ce que l'on dit à la douleur peut très-efficacement se dire à la colère : Cessera-t-elle un jour, ou jamais ? Si elle doit cesser, n'aimeras-tu pas mieux la quitter, que d'attendre qu'elle te quitte ? Si la même préoccupation doit durer sans fin, vois à quelle guerre sans trêve tu te condamnes ! Quel état que celui d'un cœur incessamment gonflé de fiel [19] !

XXVIII. Et puis, à moins de bien attiser soi-même sa colère, de renouveler sans cesse les éléments qui la ravivent, d'elle-même elle se dissipera et chaque jour lui enlèvera de sa force. Ne vaut-il pas mieux qu'elle soit vaincue par toi que par elle-même ? Ta colère s'attaque à tel homme, puis à tel autre ; de tes esclaves elle retombe sur tes affranchis, de tes parents sur tes enfants, de tes connaissances sur des inconnus, car les motifs surabondent partout où le cœur n'intercède pas. La passion te précipitera d'ici là, de là plus loin, et, de nouveaux stimulants s'offrant à chaque pas, ce sera une rage continue. Eh ! malheureux, quand donc aimeras-tu ? O que de beaux jours perdus à mal faire ! Qu'il serait plus doux, dès à présent, de s'attacher des amis, d'apaiser ses ennemis, de servir l'État, de tourner ses soins vers ses affaires domestiques, au lieu d'épier péniblement ce que tu peux faire de mal à ton semblable, comment tu le blesseras dans sa dignité, son patrimoine ou sa personne, victoires que tu n'obtiendras point sans lutte ni péril, l'adversaire te fût-il inférieur en force [20] ? Te le livrât-on garrotté et voué à tous les supplices qu'il te plairait de lui infliger, souvent le lutteur qui frappe trop violemment se désarticule le bras, ou sent l'un de ses muscles fixé à la mâchoire qu'il a brisée. Combien la colère a fait de manchots et d'infirmes, lors même qu'elle ne trouvait qu'une matière passive ! D'ailleurs il n'est rien de si faible par nature qu'on puisse l'écraser sans risque : parfois l'extrême douleur ou le hasard rend le plus faible égal au plus fort. Et puis, presque tous les sujets qui nous fâchent ne sont-ils pas plutôt des contrariétés que des torts réels ? Il y a loin pourtant entre faire obstacle à ma volonté et ne pas la servir, entre me dépouiller et ne pas me donner. Et nous mettons sur la même ligne un vol ou un refus, une espérance détruite ou ajournée ; qu'on agisse contre nous ou pour soi, par amour pour un tiers ou par haine contre nous ! Pourtant certaines personnes ont pour s'opposer à nous des motifs non-seulement légitimes, mais honorables. C'est un père qu'ils défendent, un frère, un oncle, un ami : eh bien, nous ne leur pardonnons pas de faire ce que nous les blâmerions de n'avoir pas fait; bien plus, ce qui passe toute croyance, souvent nous applaudissons à l'acte, et nous blâmons l'auteur.

XXIX. Tel n'est point certes l'homme généreux et juste : il admire chez ses ennemis ceux qui furent les plus braves[21] et les plus dévoués pour le salut et la liberté de leur pays; il demande au ciel des guerriers, des concitoyens qui leur ressemblent. Il est honteux de haïr qui l'on estime, et cent fois plus honteux de le haïr pour cela même qui lui mériterait la pitié, si, captif par exemple, et brusquement plongé dans la servitude, il garde quelque reste de son indépendance, et ne court pas assez prestement à de vils et pénibles offices; si, alourdi par son loisir passé, il n'égale pas à la course le cheval ou le char du maître; si, fatigué de veilles continues, il succombe au sommeil; s'il répugne aux travaux rustiques, ou les aborde avec peu de courage, lui qui passe du service de la ville et de ses fêtes à un si dur labeur. Distinguons si c'est la force ou le vouloir qui manquent : nous absoudrons souvent, si nous jugeons avant de nous fâcher. Mais non; c'est le premier élan qu'on suit : puis, malgré la puérilité de son emportement, on persiste, on ne veut pas sembler avoir pris feu sans cause, et, pour comble d'iniquité, la colère nous rend d'autant plus obstinés qu'elle est plus injuste. On la maintient, on l'exalte encore, comme si chez elle violence était preuve de justice. Qu'il est bien plus noble d'apprécier tout le vide, toute l'insignifiance de ses prétextes! Ce que tu vois se produire chez la brute, tu le surprendras chez l'homme : un fantôme, un rien nous bouleverse.

XXX. La couleur rouge irrite le taureau; l'aspic se dresse à la vue d'une ombre; une étoffe blanche provoque la rage des ours et des lions. Tout être farouche et irascible par nature se trouble aux plus vaines apparences. Voilà ce qui arrive aux esprits inquiets et peu éclairés : ils se frappent de choses imaginaires, à tel point que parfois ils taxent d'injures de modiques bienfaits; et telle est la source la plus féconde ou du moins la plus amère de nos rancunes. Oui, l'on en veut aux gens qu'on chérit le plus, s'ils ont moins fait pour nous que nous ne l'avions espéré, moins qu'ils n'ont fait pour d'autres, tandis que dans les deux cas le remède est bien simple : il a plus accordé à un autre? jouis de ton lot sans faire de comparaison; il ne sera jamais heureux, celui que torture la vue d'un plus heureux que lui. J'ai moins que je n'attendais? mais peut-être attendais-je plus que je ne devais. Voilà l'écueil qu'il faut surtout craindre : de là naissent des haines mortelles et capables des plus sacriléges attentats. Le divin Jules fut assassiné bien moins par des ennemis que par des amis, dont il n'avait point rassasié les prétentions irrassasiables. Il l'eût voulu sans doute ; car jamais homme n'usa plus libéralement de la victoire, dont il ne s'attribua rien que le droit d'en dispenser les fruits. Mais comment suffire à des exigences si démesurées, quand tous voulaient avoir tout ce qu'un seul pouvait posséder? Voilà pourquoi César vit brandir autour de sa chaise curule les poignards de ses compagnons d'armes, de Tullius Cimber, naguère son plus forcené partisan, et de tant d'autres, qui avaient attendu la mort de Pompée pour se faire Pompéiens.

XXXI. La même cause fit tourner contre des rois les armes de leurs satellites, elle poussa leurs plus fidèles amis à comploter la mort de ceux pour lesquels et avant lesquels ils avaient fait vœu de mourir.

Nul n'est content de sa fortune quand il regarde celle d'autrui[12]. De là notre colère contre les dieux mêmes, parce qu'un autre nous devance ; nous oublions combien sont derrière nous, pour envier à quelques-uns la masse d'envieux qui les presse et marche à leur suite (a). Telle est pourtant notre importune avidité : en vain aurons-nous beaucoup reçu, on nous a fait tort de ce que nous pouvions recevoir au delà. « Il m'a donné la préture ; mais j'espérais le consulat. Il m'a donné les douze faisceaux ; mais il ne m'a pas fait consul ordinaire[23]. Il a bien voulu que l'année fût datée de mon nom ; mais il ne m'appuie pas pour le sacerdoce. Il m'a agrégé au pontificat ; mais pourquoi dans un seul collége? Rien ne manque à mes dignités, mais en quoi a-t-il grossi ma fortune? Il m'a donné ce qu'il fallait bien qu'il donnât à quelqu'un : il n'y a rien mis du sien. » Remercie plutôt de ce que tu as obtenu ; attends le reste, et réjouis-toi de n'être pas encore comblé. C'est un plaisir encore de voir qu'il nous reste à espérer. Tu as vaincu tous tes rivaux? sois heureux d'avoir la première place dans le cœur de ton ami. Beaucoup te surpassent-ils? Vois combien plus marchent après toi que devant toi (b).

(a) Je traduis comme s'il y avait : *urgentis invidiæ*, que je suppose fort être la vraie leçon. *Quantum ingentis* paraît peu latin et fait pléonasme.
(b) Voy. *Des bienfaits*, II, xxvii.

XXXII. Ton grand tort, veux-tu le savoir? c'est d'établir des comptes inexacts, de priser trop haut ce que tu donnes, trop bas ce que tu reçois.

Divers motifs, selon les personnes, doivent nous détourner de la colère : ici ce sera la crainte, là le respect, ailleurs le dédain. Le bel exploit, n'est-ce pas, de faire jeter au cachot un malheureux esclave! Pourquoi cette hâte de le frapper sur l'heure, de lui rompre tout d'abord les jambes? Perdrons-nous donc ce droit fatal pour un peu de délai? Laissons venir l'heure où ce soit nous qui donnions nos ordres : à présent la colère commande et nous fait parler; qu'elle se dissipe, et nous verrons à proportionner la peine au délit. Car c'est en quoi surtout on s'égare : on recourt au glaive, aux derniers supplices; on punit des fers, du cachot, de la faim, ce qui n'eût mérité qu'une correction légère. « Comment! vas-tu dire, veux-tu que nous considérions tout ce qui nous blesse visiblement comme des bagatelles, des misères, des puérilités? » Pour moi, ce que j'ai de mieux à te conseiller, c'est d'élever ton âme à une hauteur d'où tu verras dans toute leur petitesse, dans toute leur abjection ces faux biens, objets pour nous de tant de procès, de tant de courses, de tant de sueurs, et qui, pour quiconque a dans la pensée quelque grandeur et quelque noblesse, ne valent pas un regard.

C'est autour de l'argent que s'élèvent les plus fortes clameurs; c'est l'argent qui fatigue nos forums, qui met aux prises les fils avec les pères, qui prépare les poisons, qui confie les glaives aux sicaires tout comme aux légions. Il est souillé de notre sang; il remplit les nuits conjugales de bruyantes querelles, il envoie la foule assiéger les tribunaux des magistrats; et si les rois massacrent et pillent, s'ils renversent des villes édifiées par le long travail des siècles, c'est pour aller chercher l'or et l'argent dans leurs cendres fumantes.

XXXIII. Jetons, je le veux bien, un coup d'œil sur l'obscur recoin où gisent ces trésors. Voilà la cause de ces cris de fureur, de ces yeux sortant de leurs orbites, de ces hurlements de la chicane dans nos palais judiciaires, où des magistrats, évoqués de si loin, s'en viennent décider, entre deux cupidités, laquelle est plus fondée en droit. Et quand, non pas pour un trésor, mais pour une poignée de menu cuivre, pour un denier que réclame un esclave, ce vieillard qui va mourir sans héritier s'époumonne de colère! Et quand, pour moins d'un millième pour cent, cet usurier infirme, aux pieds distordus par la goutte qui ne lui a pas laissé de mains pour prêter serment, s'en va criant et poursuivant par mandataires, au fort même d'un accès, la rentrée de ses as !

En vain tu m'étalerais frappée en monnaie toute cette masse de métaux qu'on tire incessamment des mines (*a*), et tu produirais au jour tout ce qu'enfouit de trésors l'avarice qui rend à la terre ce qu'elle lui a mal à propos ravi, cet énorme entassement ne serait pas digne à mes yeux de faire sourciller le sage. Combien on devrait se rire de ce qui nous tire tant de larmes !

XXXIV. Voyons maintenant : parcours les autres causes de colère, le manger, le boire, et jusque dans ces choses des rivalités d'ambition, les recherches du costume, les mots piquants, les insultes, les attitudes peu respectueuses, les soupçons, l'indocilité d'une bête de somme, la paresse d'un esclave, l'interprétation maligne des propos d'autrui, qui ferait juger la parole comme un présent funeste de la nature. Crois-moi, ce sont choses légères qui nous fâchent si grièvement : les luttes et les querelles d'enfants n'ont pas de motifs plus frivoles. Dans tout ce que nous faisons avec une si triste gravité, rien de sérieux, rien de grand. Votre colère, encore une fois, votre folie vient de ce que vous faites trop grand cas de petites choses. « Tel a voulu m'enlever un héritage ; tel qui m'avait longtemps capté par l'espoir de son testament s'est fait mon accusateur ; tel a voulu séduire ma concubine. » Ce qui devait être un nœud d'amitié, la communauté de vouloir, devient un ferment de discorde et de haine.

XXXV. Un chemin étroit est une cause de rixes entre les passants ; dans une voie large et spacieuse toute une population circule sans se heurter. Les objets de vos convoitises, par leur exiguïté et parce qu'ils ne peuvent passer à l'un sans être ôtés à l'autre, excitent de même, chez tant de prétendants, et des combats et des disputes. Tu t'indignes qu'un esclave, qu'un affranchi, que ta femme, que ton client aient osé te répondre ; puis tu vas te plaindre qu'il n'y a plus de liberté dans l'État, toi qui l'as bannie de chez toi ! Qu'on ne réponde pas à tes questions, on est traité de rebelle. Ah ! qu'ils aient le droit de parler, et de se taire et de rire ! — Devant le maître ? dis-tu. — Non, devant le père de famille [24]. Pourquoi ces cris, ces vociférations, ces fouets que tu demandes au milieu du repas ? Parce que tes esclaves ont parlé, parce que dans cette salle aussi pleine qu'un

---

(*a*) *Metallis quæ deprumimus*. Lemaire donne à tort *depriminus*

forum ne règne pas le silence d'un désert? Ton oreille n'est-elle faite que pour entendre de molles harmonies de chants et des accords de sons mélodieusement filés? Sois prêt à entendre le rire comme les pleurs, les compliments et les reproches, les bonnes et les fâcheuses nouvelles, la voix humaine aussi bien que les cris des animaux et les aboiements. Quelle misère de tressaillir au cri d'un esclave, au bruit d'une sonnette, d'une porte où l'on frappe! Délicat comme tu l'es, il te faudra bien supporter les éclats du tonnerre.

Ce que je dis des oreilles, tu peux le rapporter aux yeux, non moins irritables ni moins dédaigneux, quand on les a mal disciplinés. Ils sont blessés d'une tache, d'un grain de poussière, d'une pièce d'argenterie qui n'est pas assez brillante, d'un métal qui ne reluit pas au soleil. Et ces mêmes yeux qui ne peuvent souffrir que des marbres à nuances variées et fraîchement polis, que des tables tachetées de mille veines, qui ne veulent chez nous que tapis de pied brodés d'or, se résignent très-bien à voir au dehors des ruelles raboteuses et inondées de boue, des passants la plupart salement vêtus, des murs de maisons rongés par le temps, croulants, inégaux.

XXXVI. Quelle est la cause qui fait qu'on ne s'offense pas en public de ce qui choque au logis? L'imagination seule, au dehors calme et patiente, chez nous morose et grondeuse. Il faut apprendre à tous nos sens à se raffermir : la nature les a faits patients; c'est à l'âme à ne les plus corrompre (a), et il faut tous les jours l'appeler à rendre compte. Ainsi faisait Sextius [25]. La journée terminée, retiré dans sa chambre pour le repos de la nuit, il interrogeait son âme : « De quel défaut t'es-tu guérie, aujourd'hui? Quel vice as-tu combattu? En quoi es-tu devenue meilleure? » La colère cessera ou se modérera (b), si elle sait que chaque jour elle doit paraître devant son juge. Quoi de plus beau que cette habitude de faire l'enquête de toute sa journée! Quel sommeil que celui qui succède à cet examen de conscience! Qu'il est calme, profond et libre, lorsque l'âme a reçu sa portion d'éloge ou de blâme, et que, surveillante d'elle-même, elle a, comme un censeur secret, informé sur sa propre conduite! J'exerce cette magistrature et me cite chaque jour à mon tribunal; quand la lumière a disparu de ma chambre et que ma femme, qui sait mon usage, respecte mon silence par le sien,

---

(a) *Destinat corrumpere. Desiit* est la vraie leçon à mon sens.
(b) *Desinet et moderatior erit.* Je propose *aut*.

je fais à part moi l'inspection de toute ma journée et reviens pour les peser sur mes actes et mes paroles. Je ne me déguise rien, je n'omets rien. Quelle est celle de mes fautes que je craindrais d'envisager, quand je puis dire : « Tâche de ne plus faire cela ; pour le présent, je te pardonne. Dans telle discussion tu as mis trop d'âpreté : ne va plus désormais te commettre avec l'ignorance ; ils ne veulent point apprendre, ceux qui n'ont jamais appris. Tu as donné tel avertissement plus librement qu'il ne convenait, et tu n'as pas corrigé, mais choqué : songe moins une autre fois si ce que tu dis est vrai, que si l'homme à qui tu le dis souffre la vérité. »

XXXVII. L'homme de bien aime qu'on le reprenne ; les plus méchants sont ceux que la censure effarouche le plus. Quelques saillies dans un festin, quelques traits lancés pour te piquer au vif ont-ils porté coup ? souviens-toi d'éviter ces repas où se trouvent des gens de toute espèce : la licence est plus effrénée après le vin ; il ôte toute retenue, même aux plus sobres. Tu as vu ton ami s'indigner contre le portier de quelque avocat ou de quelque riche, pour n'avoir pas été reçu ; et toi-même as pris feu pour lui contre le dernier des esclaves. Te fâcherais-tu donc contre un dogue enchaîné dans sa loge ? Encore, quand il a bien aboyé, s'apaise-t-il au morceau qu'on lui jette. Passe au large, et ne fais qu'en rire. Ce misérable se croit quelque chose parce qu'il garde un seuil qu'assiége la foule des plaideurs ; et l'homme qui repose au dedans, son heureux et fortuné maître, regarde comme l'enseigne de la richesse et de la puissance d'avoir une porte difficile à franchir ; il oublie que celle d'une prison l'est bien plus. Attends-toi à des contrariétés sans nombre qu'il faut essuyer. Est-on surpris d'avoir froid en hiver, d'éprouver en mer des nausées, sur un chemin des cahots ? L'âme est forte contre les disgrâces quand elle y arrive préparée. Placé à table en un lieu trop modeste, te voilà outré contre l'hôte, contre l'esclave qui fait l'appel des convives, et contre le préféré. Insensé ! que t'importe quelle partie du lit ton corps va fouler ? ton plus ou moins de mérite dépend-il d'un coussin ? Tu as vu de mauvais œil quelqu'un qui avait mal parlé de ton esprit. C'est ta loi : l'accepterais-tu ? A ce compte Ennius, dont tu n'es point charmé, devrait te haïr, et Hortensius se déclarer ton ennemi, et Cicéron t'en vouloir, si tu te moquais de ses vers.

XXXVIII. Es-tu candidat ? sois assez juste pour ne pas te plaindre des suffrages. On t'a fait un outrage : t'a-t-on fait pis qu'à Diogène, philosophe stoïcien ? Au moment même où il dissertait sur la colère, un jeune insolent cracha sur lui ; il reçut cet affront avec la douceur d'un sage et dit : « Je ne me fâche pas ; je suis toutefois en doute si je dois me fâcher. » Notre Caton répondit mieux : un jour qu'il plaidait, Lentulus [26], de violente et factieuse mémoire, lui cracha au milieu du front de la manière la plus dégoûtante ; Caton s'essuya en disant : « Je suis prêt à témoigner qu'ils se trompent bien, ceux qui prétendent que tu ne saurais (a) cracher une injure. »

XXXIX. J'aurai bien rempli une portion de ma tâche, Novatus ; j'aurai pacifié l'âme, si je lui ai appris à ne pas sentir la colère, ou à s'y montrer supérieure. Passons aux moyens d'adoucir ce vice chez les autres ; car nous ne voulons pas seulement être guéris, mais guérir. Nous n'aurons garde de vouloir calmer par des discours ses premiers transports toujours aveugles et privés de sens : donnons-lui du temps ; les remèdes ne servent que dans l'intervalle des accès. Nous ne toucherons pas à l'œil au fort de la fluxion (l'inflammation deviendrait plus intense), ni aux autres maux dans les moments de crise. Les affections naissantes se traitent par le repos. « L'insignifiant remède que le tien ! vas-tu dire ; il apaise le mal quand le mal cesse de lui-même ! » D'abord il le fait cesser plus vite ; ensuite il prévient les rechutes ; et cette violence même qu'on n'oserait tenter de calmer, on la trompe. On éloigne tous les instruments de vengeance ; on feint soi-même la colère, afin qu'en apparence auxiliaire et associé à ses ressentiments on ait plus de crédit dans ses conseils ; on imagine des retards ; sous prétexte de les vouloir plus fortes, on diffère les représailles qui sont sous la main ; on épuise tout pour donner quelque relâche à la fureur. Si sa véhémence est trop grande, on la fera reculer sous l'impression de la honte ou de la crainte ; moins vive, on l'amusera de propos agréables ou de nouvelles, ou la distraira par la curiosité. Un médecin, dit-on, ayant à guérir la fille d'un roi, et ne le pouvant sans employer le fer, glissa une lancette sous l'éponge dont il pressait légèrement la mamelle gonflée. La jeune fille se fût refusée à l'incision, s'il n'en eût masqué les approches ; la douleur était la même : mais imprévue, elle fut mieux supportée.

XL. Il est des maux qu'il faut tromper pour les guérir[27]. Tu diras à tel homme : « Prends garde que ton courroux ne fasse

---

(a) *Te negant os habere* offre un double sens : bouche, effronterie. J'ai dû rendre la pensée, sinon la lettre.

jouir tes ennemis. » A tel autre : « Ce renom de magnanimité, de force d'âme que presque tous te donnent, tu risques de le perdre. Je m'indigne certes comme toi, et mon ressentiment ne connaît pas de bornes ; mais il faut attendre le moment : tu seras vengé. Concentre bien tes déplaisirs ; quand tu seras en mesure, tu feras payer aussi l'arriéré. »

Mais gourmander la colère et la heurter de front, c'est l'exaspérer. Il faut la prendre par mille biais et par la douceur, à moins d'être un personnage assez important pour la briser d'autorité, comme fit le divin Auguste, un jour qu'il soupait chez Vedius Pollion. L'un des esclaves avait cassé un vase de cristal. Vedius le fait saisir et le condamne à un genre de mort assez extraordinaire : c'était d'être jeté aux énormes murènes qui peuplaient son vivier. Qui n'eût cru qu'il nourrissait de ces poissons par luxe ? c'était par cruauté. Le malheureux s'échappe des mains de ses bourreaux, se réfugie aux pieds de César, et demande pour toute grâce de périr autrement, et que les bêtes ne le mangent point. César s'émut d'une si étrange barbarie : il affranchit l'esclave, fit briser sous ses yeux tous les cristaux et combler le vivier. Le souverain devait ainsi corriger un ami : c'était bien user de sa puissance. « Du sein d'un banquet tu fais traîner à la mort et déchirer des hommes par des supplices d'un genre inouï ! Pour un vase brisé, les entrailles d'un homme seront mises en pièces ! Tu auras l'audace d'ordonner une exécution aux lieux où est César ! [28] »

XLI. Es-tu assez puissant pour foudroyer la colère du haut de ta supériorité ? Traite-la sans pitié, mais seulement quand elle est, comme je viens de la montrer, féroce, impitoyable, sanguinaire : elle est alors incurable, si elle ne craint plus puissant qu'elle....

Donnons la paix à notre âme ; or ce qui la lui donne c'est la constante méditation des préceptes de la sagesse, et la pratique du bien, et la pensée vouée tout entière à l'unique passion de l'honnête ! C'est à nos consciences qu'il faut satisfaire, sans travailler en rien pour la renommée : acceptons-la, fût-elle mauvaise, pourvu que nous la méritions bonne. « Mais la foule admire tout acte énergique, et l'audace est en honneur : le calme passe pour apathie. » Au premier aspect peut-être ; mais dès qu'une vie toujours égale a prouvé que ce n'est pas indolence, mais paix de l'âme, ce même peuple vous rend son estime et sa vénération.

Elle n'a donc rien d'utile en soi, cette passion, cette farouche ennemie : qu'apporte-t-elle au contraire ? tous les fléaux, le fer, les feux; foulant aux pieds toute pudeur, elle a souillé ses mains de carnage, dispersé les membres de ses enfants. Il n'est rien que respectent ses attentats; sans souci de la gloire, sans crainte de l'infamie, inguérissable dès qu'elle s'est endurcie jusqu'à la haine.

XLII. Préservons-nous d'un tel poison, purgeons-en notre âme, extirpons jusqu'aux racines de vices qui, si faibles qu'ils soient, sur quelque point qu'ils percent, renaîtraient toujours; et n'essayons pas de tempérer la colère : bannissons-la tout à fait; car de quel tempérament une chose mauvaise est-elle capable? Or nous réussirons, pourvu que nous fassions effort. Et rien n'y aidera mieux que la pensée que nous sommes mortels[29]. Que chacun se dise, comme il le dirait à tout autre : « Que sert d'assigner à tes rancunes une éternité qui ne t'appartient pas et de dissiper ainsi ta courte existence[30]? Ces jours que tu peux dépenser en honnêtes distractions, que sert de les faire tourner aux souffrances et au désespoir d'autrui? » Ils n'admettent point un tel gaspillage; nul n'en a assez pour en perdre. Pourquoi courir aux combats, appeler sur nous les périls de la lutte? Pourquoi, oublieux de notre faiblesse, vouer d'immenses haines à nos semblables et nous dresser, nous si fragiles, contre leur fragilité[31]? Tout à l'heure ces inimitiés que nourrissent nos cœurs implacables, une fièvre, une maladie quelconque en rompra le cours; tout à l'heure, terrible médiatrice, la mort séparera le couple acharné. A quoi bon ces violents éclats, cette vie de discorde et de trouble? Le destin plane sur nos têtes et nous compte ces heures perdues, et de plus en plus se rapproche. Le jour que tu destines à la fin tragique d'un ennemi, peut-être est voisin de la tienne.

XLIII. Que n'es-tu plutôt avare de ces jours bornés? Fais plutôt qu'ils soient doux et à toi-même et aux autres; vivant, mérite leur amour, et leurs regrets quand tu ne seras plus. Cet homme agit à ton égard avec trop de hauteur, et tu veux le renverser? Cet autre t'assaille de ses invectives : tout vil et méprisé qu'il est, il choque, il importune quiconque lui est supérieur, et tu prétends l'effrayer de ta puissance? Ton esclave comme ton maître, ton grand patron comme ton client soulèvent ton courroux; patiente quelque temps : voici venir la mort qui nous fera tous égaux.

Souvent, dans les matinées de l'amphithéâtre, nous rions, tranquilles spectateurs, au combat d'un ours et d'un taureau enchaînés ensemble, qui, après s'être tourmentés l'un l'autre, tombent sous le bras qui leur garde le dernier coup. Ainsi fait l'homme : chacun harcèle son compagnon de chaîne ; et vainqueur comme vaincu, est, pour ce matin même, destiné à périr[32]. Ah ! que plutôt le peu de temps qui nous reste s'écoule paisible et inoffensif : que nul ne jette sur notre cadavre un regard de haine ! Plus d'une querelle a cessé aux cris d'alerte qu'excitait un incendie voisin ; et l'apparition d'une bête féroce termine la lutte du voyageur et du brigand. On n'a pas le loisir de combattre un moindre mal, en présence d'une terreur plus grande. Qu'avons-nous affaire de combats et d'embûches ? Ta colère peut-elle souhaiter à un ennemi rien de plus que la mort ? Demeure en paix : il mourra bien sans toi ; tu perds ta peine à vouloir faire ce qui arrivera. « Je ne veux pas, dis-tu, précisément le tuer, mais l'exiler, mais le punir dans son honneur ou dans ses biens. » Je t'excuserai plutôt de souhaiter une blessure à ton ennemi qu'une misérable égratignure (a), ce qui serait d'une âme non-seulement méchante, mais petite. Au surplus, que tu lui réserves le dernier supplice ou des peines plus légères, combien peu dureront ses tourments et la joie impie que tu en recueilleras ! Notre vie ne s'exhale-t-elle pas à mesure que nous respirons[33] ? Tant que nous sommes parmi les humains, sacrifions à l'humanité ; ne soyons pour personne un objet de crainte ou de péril : injustices, dommages, apostrophes injurieuses, tracasseries, méprisons tout cela, et soyons assez grands pour souffrir ces désagréments d'un jour. Nous n'aurons pas regardé derrière nous, et, comme on dit, tourné la tête, que la mort sera là.

(a) Je lis, avec deux manusc., *punctiunculam*. Leçon vulgaire : *insulam*.

CONSOLATION A MARCIA.

I. Si je ne vous savais, Marcia, aussi éloignée de la pusillanimité de votre sexe, que de tout autre défaut, si l'on n'admirait votre caractère comme un modèle des mœurs antiques, je n'oserais m'opposer à une douleur comme la vôtre, quand je vois des hommes même s'attacher à la leur et la couver avec amour; je ne me serais pas flatté dans un moment si défavorable, près d'un juge si prévenu, sur un grief si révoltant, de réussir à vous faire absoudre la fortune. J'ai été rassuré par votre vigueur d'âme bien connue et par la grande épreuve où s'est fait voir votre courage. On n'ignore pas quel fut votre dévouement à la personne d'un père, pour lequel votre tendresse fit les mêmes vœux que pour vos enfants, sauf de le voir vous survivre, et ce vœu même, peut-être l'avez-vous formé. Car une grande affection se permet sur quelques points de contredire la commune raison. Quand votre père, A. Cremutius Cordus, voulut mourir, vous combattîtes de toutes vos forces son projet. Dès qu'il vous eut prouvé que c'était l'unique moyen d'échapper aux satellites de Séjan et à la servitude, sans approuver sa détermination, vous y prêtâtes une adhésion forcée et vos larmes coulèrent; en public, il est vrai, vous étouffâtes vos gémissements, mais ce ne fut pas sous un front joyeux, et cela dans un siècle où un grand effort de piété filiale était de ne pas se montrer dénaturé (a).

Mais à la première occasion, et sitôt que les temps changèrent, le génie de votre père, vainqueur des flammes qu'il (b) avait subies, fut par vous rendu au public; vous l'avez vraiment racheté du trépas, en réintégrant dans les bibliothèques

---

(a) J'ai rétabli la leçon vulgaire : *nihil impie facere*. Lemaire : *pie*, sens forcé.
(b) Voir Sénèque le père, *Controv.*, l. V. Préface.

publiques les livres que cet homme de cœur avait écrits de son sang. Que ne vous doivent pas les lettres latines? Un de leurs plus beaux monuments était en cendres. Que ne vous doit pas la postérité? L'histoire lui parviendra pure de mensonge : œuvre qui coûta cher à son auteur. Que ne vous doit-il pas lui-même? Sa mémoire vit et vivra tant qu'on mettra du prix à connaître les annales romaines, tant qu'il se trouvera un seul homme curieux de remonter aux faits de nos ancêtres, curieux de savoir ce qu'est un vrai Romain, et quand déjà se courbaient toutes les têtes attelées au joug de Séjan, ce que fut un mortel indomptable, un caractère, un esprit, une plume indépendante. Quelle immense perte pour la république, si ce génie qu'avaient condamné à l'oubli ses deux plus beaux mérites, l'éloquence et la liberté, n'en eût été exhumé par vous! On le lit, on l'admire; il est dans nos mains et dans nos cœurs; il ne craint plus l'outrage des temps; et de ses bourreaux, tout jusqu'à leurs crimes, qui seuls leur ont valu un nom, mourra bientôt dans le silence.

Témoin de votre force d'âme, je ne vois plus quel est votre sexe, je ne vois plus ce front qu'obscurcit depuis tant d'années l'immuable empreinte d'une première tristesse. Et remarquez combien peu je cherche à vous surprendre, à tendre aucun piége à votre cœur. Je vous rappelle vos malheurs d'autrefois; or voulez-vous savoir si cette nouvelle plaie se peut guérir? L'ancienne n'était pas moindre, et je vous la montre cicatrisée. A d'autres les molles complaisances et les ménagements : moi j'ai résolu d'attaquer de front vos chagrins; vos yeux sont fatigués, épuisés par les larmes que fait couler l'habitude, excusez ma franchise, plutôt encore que le regret : j'arrêterai ces larmes, vous-même, s'il est possible, aidant à votre guérison, sinon, malgré vous-même, dussiez-vous retenir et embrasser une douleur qui vous tient lieu de ce fils auquel vous l'avez fait survivre[1]. Car enfin quel en sera le terme? On a tout essayé en vain, on a épuisé les représentations de vos amis, l'ascendant d'hommes distingués, tous de votre famille; les belles-lettres, cet héréditaire et paternel apanage, ne sont plus qu'une consolation vaine qui vous distrait à peine un moment et que votre oreille laisse passer sans l'entendre. Le temps lui-même, remède naturel et tombeau des plus grandes afflictions, a pour vous seule perdu son efficacité. Trois ans déjà se sont écoulés, et votre deuil n'a rien diminué de sa première véhémence : il se renouvelle et s'affermit chaque jour; il s'est fait un titre de sa durée ; il est venu au point de croire qu'il y aurait honte à cesser.

De même que tous les vices s'enracinent plus profondément, si on ne les étouffe en leur germe ; ainsi ces affections tristes et malheureuses, victimes d'elles-mêmes, finissent par se repaître de leur propre amertume ; et l'infortune puise dans son chagrin une jouissance contre nature². J'aurais donc souhaité dès le principe venir à votre aide : un moindre remède eût suffi pour dompter le mal naissant ; invétéré, il faut des moyens plus énergiques pour le combattre. Même les plaies du corps se guérissent sans peine, quand le sang a fraîchement coulé : alors on emploie le feu, on sonde bien avant ; elles souffrent le doigt qui les interroge ; mais une fois corrompues, envieillies, dégénérées en ulcères funestes, la cure est plus difficile. Il n'est ménagement ni palliatif qui puisse désormais réduire une douleur aussi rebelle que la vôtre : le fer doit la trancher.

II. Je sais que toute consolation commence par des préceptes pour finir par des exemples. Il est bon parfois de changer cette méthode : on ne doit pas traiter de même tous les esprits Les uns cèdent à la raison ; aux autres il faut opposer de grands noms, une autorité qui ne leur laisse plus l'esprit libre, qui les éblouisse et leur impose. Pour vous, je mettrai sous vos yeux deux illustres exemples de votre sexe et de votre époque, une femme qui s'est livrée à tout l'entraînement de sa douleur, une autre qui, frappée par un semblable coup, mais perdant davantage, ne laissa pas toutefois au malheur un long pouvoir sur son âme et sut bien vite la rétablir dans son assiette. Octavie et Livie, l'une sœur, l'autre épouse d'Auguste, avaient toutes deux vu périr un fils à la fleur de l'âge et toutes deux l'espoir légitime qu'il régnerait un jour. Octavie avait perdu Marcellus, gendre et neveu d'un prince qui déjà se reposait sur lui, qui l'allait charger du fardeau de l'empire. Jeune, actif d'esprit, d'un talent plein de vigueur ; et puis d'une tempérance, d'une retenue de mœurs qui à son âge, qui dans son rang méritaient plus qu'une médiocre admiration ; patient dans les travaux, ennemi des voluptés, quelque tâche que lui imposât son oncle, quoi qu'il voulût pour ainsi dire édifier sur Marcellus, Marcellus eût pu y suffire. C'était un digne choix, une base que rien n'eût fait céder³. Tant que sa mère lui survécut, elle ne cessa de pleurer et de gémir, elle ne souffrit aucune parole qui eût pour but de la soulager, ni rien qui pût seulement la distraire. Tout entière à son deuil, absorbée par cette seule pensée, elle fut le reste de sa vie ce qu'on l'avait vue au convoi de son fils, non qu'elle n'osât se relever de son abattement; mais repoussant ce qui l'y eût aidée, elle croyait perdre deux fois son fils si elle renonçait à ses larmes. Elle ne voulut avoir aucun portrait de cet être tant chéri, ni qu'on parlât jamais de lui devant elle. Elle avait pris en aversion toutes les mères et détestait surtout Livie, dont le fils semblait avoir hérité du bonheur promis au sien. N'aimant que les ténèbres et la solitude, dédaignant jusqu'à son frère, elle refusa les vers faits pour célébrer la mémoire de Marcellus et tout ce que les beaux-arts lui prodiguaient d'hommages ; elle ferma son oreille à toute consolation; elle se tint en dehors des devoirs les plus ordinaires de la vie; même la haute fortune de son frère et les trop vifs rayons de sa grandeur la blessaient : elle se fit comme un tombeau de sa retraite. Entourée de ses autres enfants et de ses petits-fils, elle ne déposa plus l'habit de deuil, à la grande mortification de tous les siens, du vivant desquels il lui semblait avoir tout perdu.

III. Livie s'était vu ravir son fils Drusus, qui eût été un grand prince, qui était déjà un grand capitaine. Il avait pénétré jusqu'au fond de la Germanie, et planté les aigles romaines en des lieux où l'on savait à peine qu'il fût des Romains. Il était mort vainqueur en pleine expédition; et les ennemis même l'avaient respecté malade, avaient signé une trêve en son honneur et n'osaient souhaiter un accident pour eux si prospère. A la gloire de cette mort, reçue pour la république, se joignaient les regrets immenses des citoyens, des provinces, de l'Italie entière à travers laquelle, escortées des municipes et des colonies accourues à la cérémonie lugubre, ses funérailles furent menées triomphalement jusque dans Rome [1]. La mère n'avait pu recevoir du fils l'adieu suprême et la douceur du dernier baiser. Après avoir, durant une longue route, suivi ces dépouilles si chères et vu brûler dans toute l'Italie tant de bûchers, qui, à chaque pas, semblaient renouveler sa perte et irritaient sa blessure, Livie, dès qu'elle eut porté Drusus dans la tombe, y déposa son chagrin avec lui ; son affliction fut mesurée et non moins digne de l'épouse de César que légitime pour une mère [2]. Aussi ne cessa-t-elle de célébrer le nom de son fils, de multiplier partout son image en public, en particulier, de parler et d'entendre avec charme parler de lui, tandis qu'on ne pouvait rappeler et honorer le souvenir de Marcellus sans se faire un ennemi de sa mère.

Choisissez de ces deux exemples lequel vous paraît le plus louable. Suivre le premier, ce serait vous retrancher du nombre des vivants, prendre en aversion les enfants d'autrui, les vôtres, celui même que vous pleurez, être pour les mères une rencontre de sinistre augure, rejeter tout plaisir honnête et licite comme messéant à votre infortune, haïr la lumière, maudire votre âge qui ne vous plonge pas assez vite au tombeau, et, faiblesse des plus indignes qui répugne trop à vos sentiments connus par de plus nobles traits, ce serait faire voir que vous ne voulez plus vivre et que vous n'osez mourir.

Mais si vous prenez pour modèle la courageuse Livie, vous serez dans le malheur plus retenue, plus résignée, et ne vous consumerez pas de mille tourments. Quelle folie en effet (a) de se punir de ses misères, de les aggraver par un mal nouveau? Cette sévérité de mœurs, cette réserve qui fut la règle de toute votre vie, vous y serez fidèle encore aujourd'hui ; car la douleur aussi a sa modestie[6]. Pour assurer à votre fils un digne et plein repos, ne cessez de répéter son nom, de penser à lui : vous le placerez dans une sphère meilleure si son image, comme autrefois sa personne, se présente à sa mère sous les traits du bonheur et de la sérénité.

IV. Je ne vous mènerai pas à cette rigide école qui veut qu'on s'arme, dans des malheurs humains, d'une dureté inhumaine, et qu'une mère ait les yeux secs le jour même des funérailles d'un fils[7]. Prenons tous deux le bon sens pour arbitre et posons-nous cette question : « Que faut-il que soit la douleur? ou grande ou éternelle? » Ici, je n'en doute pas, l'exemple de Livie que vous avez vue de près et vénérée, sera préféré par vous. Elle vous appelle à ses conseils : dans la première ferveur de son deuil, quand l'affliction est le plus impatiente et rebelle, Livie s'abandonna aux consolations d'Aréus, le philosophe de son mari[8], et confessa que cet homme avait beaucoup fait pour elle, plus que le peuple romain qu'elle ne voulait pas attrister de sa tristesse, plus qu'Auguste, qui chancelait privé de son second appui (b), et n'avait pas besoin que le deuil des siens vînt l'accabler ; plus enfin que Tibère son fils, dont la tendresse lui fit éprouver, après cette perte prématurée et tant regrettée des peuples, que c'était le nombre plutôt que l'amour de ses en-

(a) J'ai préféré la leçon: *Quæ enim amentia* à *Quæ enim, malum, amentia*. Un manusc. : *major amentia*.
(b) De Drusus.

fants qui lui manquait. J'imagine que, près d'une femme si jalouse de maintenir sa renommée, Aréus dut entrer en matière et débuter de la sorte:

« Jusqu'à ce jour, Livie (autant du moins que je puis le savoir, moi, l'assidu compagnon de votre époux, initié par lui non-seulement aux faits qu'on laisse connaître au public mais aux plus secrets mouvements de vos âmes), vous avez pris garde de ne pas offrir en vous la moindre prise à la censure. Sur les plus grandes choses, et même sur les plus petites, vous vous êtes observée de manière à jamais n'avoir besoin de l'indulgence de la renommée, ce juge indépendant des princes. Et je ne sache rien de plus glorieux au rang suprême que d'accorder des milliers de grâces, et de n'en demander aucune. Suivez donc ici encore votre belle coutume ; ne hasardez rien dont vous puissiez dire : « Que ne l'ai-je pas fait, ou que ne l'ai-je « fait autrement? »

V. « Je vous prie aussi, je vous conjure même de ne pas vous montrer difficile et intraitable à vos amis. Vous ne pouvez ignorer, en effet, qu'ils ne savent maintenant comment se comporter devant vous, s'ils parleront quelquefois de Drusus, ou s'ils garderont le silence : ils ont peur que se taire sur cet illustre nom ne soit lui faire injure, ou que le prononcer ne vous blesse. Loin de vous, dans nos réunions, ses actions et ses discours sont exaltés, célébrés comme ils le méritent : devant vous toutes les bouches sont muettes sur lui. Vous êtes donc privée de la plus vive satisfaction, d'assister à l'éloge d'un fils pour la gloire duquel, j'en suis sûr, vous sacrifieriez vos jours, s'il était possible à ce prix de la rendre éternelle. Souffrez donc, provoquez même des entretiens dont il soit l'objet ; prêtez avec intérêt l'oreille à ce nom et à cette mémoire ; n'y voyez pas un sujet de déplaisir, comme le font tant d'autres qui, frappés comme vous, prennent pour un surcroît de malheur de s'entendre consoler. Appuyée tout entière sur le point sensible de vos souffrances, et oubliant les douceurs qu'elles vous laissent, vous n'envisagez votre sort que par son côté le plus triste. Au lieu de vous retracer ce qu'était votre fils, la douceur de son commerce, le charme de sa présence, les délicieuses caresses de son enfance, l'éclat de ses premiers progrès, vous ne vous attachez qu'à la dernière scène de sa vie. Comme s'il n'était pas en soi assez lugubre, votre imagination s'épuise à noircir encore le tableau.

« Fuyez, de grâce, l'ambition dépravée de paraître la plus

malheureuse des femmes. Songez-y bien encore : la grandeur ne consiste pas à montrer du courage quand tout nous seconde, quand la vie marche d'un cours prospère ; et ce n'est point sur une mer paisible et par un vent propice que l'art du pilote se déploie : il faut quelque choc subit de l'adversité pour éprouver l'âme. O Livie! n'allez point fléchir ; armez-vous au contraire d'une contenance ferme ! Si pesants que soient les maux tombés sur vous, supportez-les, et que le premier bruit vous ait seul effrayée. Rien ne charge de plus d'odieux la Fortune que l'égalité d'âme. »

Ensuite il lui montra qu'un fils lui restait, que de celui qu'elle avait perdu il lui restait des petits-fils.

VI. Marcia, la cause de Livie est la vôtre; c'est vous qu'Aréus assistait dans la personne de Livie, c'est vous qu'il consolait. Mais supposons, Marcia, que le sort vous ait ravi plus que ne perdit jamais aucune mère; et je n'atténue point sous des mots radoucis la grandeur de votre infortune ; si les pleurs désarment le sort, pleurons ensemble ; que tous nos jours s'écoulent dans le deuil ; que nos nuits, sans sommeil, se consument au sein de la tristesse ; que nos mains frappent, déchirent notre poitrine et s'attaquent même à notre visage ; exerçons sur nous toutes les rigueurs d'une salutaire affliction (a). Mais si nuls sanglots ne rappellent à la vie ce qui n'est plus ; si le destin est immuable, à jamais fixe dans ses lois que les plus touchantes misères ne sauraient changer ; si enfin la mort ne lâche point sa proie, cessons une douleur qui serait sans fruit. Soyons donc maîtres et non pas jouets de sa violence. Le pilote est déshonoré, si les flots lui arrachent le gouvernail, s'il abandonne les voiles que se disputent les vents et livre à l'ouragan le navire ; mais au sein même du naufrage, admirons celui que la mer engloutit ferme à son timon et luttant jusqu'au bout.

VII. « Mais il est naturel de regretter les siens. » Qui le nie, tant que les regrets sont modérés? L'absence, et à plus forte raison la mort de qui nous est cher, est nécessairement douloureuse et serre le cœur des plus résolus. Mais le préjugé nous entraîne plus loin que ne commande la nature.

Voyez comme chez la brute les regrets sont véhéments, et pourtant combien ils passent vite. La vache ne fait entendre ses mugissements qu'un ou deux jours ; la cavale ne continue pas plus longtemps ses courses vagues et insensées. Quand la

---

(a) Voy. *Consolat. à Polybe,* 24 et note

bête féroce a bien couru sur la trace de ses petits et rôdé par toute la forêt, après qu'elle est mainte fois revenue au gîte pillé par le chasseur, sa douleur furieuse est prompte à s'éteindre. L'oiseau qui voltige avec des cris si aigus autour de son nid dépeuplé, en un moment redevient calme et reprend son vol ordinaire. Il n'est point d'animaux qui regrettent longtemps leurs petits : l'homme seul attise sa douleur et s'afflige, non en raison de ce qu'il éprouve, mais selon qu'il a pris parti de s'affliger. Ce qui prouve qu'il n'est pas naturel de succomber à ces deuils, à ces déchirements, c'est qu'ils sont plus douloureux à la femme qu'à l'homme, plus aux barbares qu'aux peuples de mœurs douces et civilisées, plus aux ignorants qu'aux esprits éclairés. Or ce qui tient sa force de la nature reste identique dans tous les êtres.

Évidemment donc ce qui est si variable n'est point naturel. Le feu brûlera qui que ce soit, à tout âge et en tout pays, les hommes comme les femmes; le fer manifestera sur tout corps vivant sa propriété de trancher : pourquoi? parce qu'il l'a reçue de la nature, qui ne fait acception de personne. La pauvreté, le chagrin, l'ambition affectent diversement les hommes, plus ou moins imbus qu'ils sont du préjugé; et la faiblesse, l'impatience nous viennent d'avoir, à l'avance, cru terrible ce qui ne l'est point.

VIII. De plus, ce qui est naturel ne diminue point par la durée : le temps use la douleur; c'est en vain qu'elle se roidit, de jour en jour plus opiniâtre et que tout remède l'effarouche, celui qui sait si bien apprivoiser les plus intraitables instincts, le temps l'émoussera. Il vous reste encore, ô Marcia, un chagrin profond qui semble même endurci dans votre âme; il n'a plus cette vivacité des premiers transports, il est tenace et obstiné; tel qu'il est néanmoins, le temps vous le dérobera pièce à pièce. Chaque fois que d'autres soins vous occuperont, il perdra de son intensité. Jusqu'ici vous veillez à le maintenir : or, la différence est grande entre se permettre la douleur et se l'imposer. Combien il est plus convenable à la noblesse de vos sentiments de mettre fin à votre deuil, que d'attendre qu'il veuille cesser! Ne différez pas jusqu'au jour où il vous quittera malgré vous : quittez-le la première[9].

IX. « D'où vient donc cette persévérance à gémir sur nous-mêmes, si la nature n'en fait pas une loi? » C'est qu'on ne voit jamais les maux possibles avant qu'ils n'arrivent; comme si, privilégié contre eux, on avait pris une voie plus assurée que la foule ; les disgrâces d'autrui ne nous rappellent point qu'elles sont communes à tous [10]. Tant de funérailles passent devant nos demeures, et nous ne pensons pas à la mort ! Nous voyons tant de trépas prématurés ; et sur le berceau de nos fils nous rêvons toges viriles, emplois militaires, paternel héritage où ils nous succéderont ! La subite pauvreté de tant de riches frappe nos regards ; et il ne nous vient jamais à l'esprit que nos richesses aussi sont sur le penchant d'un abîme ! On évite moins la chute dès qu'on est heurté comme à l'improviste : les attaques prévues de loin arrivent amorties. Sachez que vous êtes là, debout, exposée à toutes les atteintes, et que les traits qui percèrent les autres ont sifflé à vos oreilles. Figurez-vous une muraille, une redoute couronnée d'ennemis et rude à gravir, où vous monteriez sans défense : attendez-vous à des blessures, et comptez que de cette hauteur flèches et javelots volant pêle-mêle avec les pierres sont dirigés sur votre personne. En les voyant tomber à vos côtés ou derrière vous dites d'une voix ferme : « Tu ne m'abuseras pas, ô Fortune ! ni trop de sécurité ni négligence ne m'auront perdue, si tu m'écrases. Je sais ce que tu me prépares : tu en as frappé un autre, c'est moi que tu visais. »

Qui jamais a considéré ses biens en homme fait pour mourir ? Qui ose un moment songer à l'exil, à l'indigence, à la mort de ce qui lui est cher ? Qui de nous, averti d'y songer, ne repousse point cela comme un augure sinistre qu'il voudrait détourner sur la tête de ses ennemis ou du donneur d'avis intempestif ? « Je ne croyais pas l'événement possible ! » Dois-tu rien croire impossible de ce que tu sais pouvoir arriver à tant de mortels, de ce que tu vois arrivé à tant d'autres ? Écoute une belle sentence, qui méritait de ne pas se perdre dans les facéties de Publius :

Le trait qui m'a frappé peut frapper tous les hommes

Celui-ci a perdu ses enfants : ne peux-tu pas perdre les tiens ? Celui-là s'est vu condamner : ton innocence est sous le coup du même glaive. Voici l'erreur qui nous aveugle et nous ôte notre vigueur d'hommes ; nous souffrons ce que nous ne pensions jamais devoir souffrir. C'est désarmer les maux présents que d'avoir prévu qu'ils viendraient.

X. Tout ce qui nous environne d'un éclat fortuit, postérité, honneurs, richesses, vastes portiques, vestibules encombrés de clients qu'on n'a pu admettre, une épouse illustre, d'un sang noble, d'une beauté parfaite, tout ce qui en un mot relève de l'incertaine et mobile fortune n'est qu'un appareil étranger qu'on nous prête, mais dont rien n'est donné en propre : la scène est ornée de décorations d'emprunt qui doivent retourner à leurs maîtres. Les unes seront remportées aujourd'hui, les autres demain; peu resteront jusqu'au dénoûment. L'homme n'a donc pas droit d'être fier, de se croire au milieu de ses biens; on n'a fait que lui livrer à bail; l'usufruit seul est à lui, c'est au propriétaire à fixer la durée de la concession [11]. Notre devoir à nous, est de tenir toujours disponible ce qui nous fut commis pour un temps indéterminé, et de tout rendre sans murmure à la première sommation. Il n'est qu'un méchant débiteur qui cherche chicane à son créancier. Tous nos proches, suivant ce principe, tant ceux que l'ordre de la nature nous fait souhaiter de laisser après nous, que ceux dont le vœu légitime est de nous précéder dans la tombe, doivent nous être chers à ce titre, que rien ne nous promet que nous les posséderons toujours, ni même que nous les posséderons longtemps. Habituez votre tendresse à voir en eux des êtres qui vous échapperont, qui déjà vous échappent ; regardez tout présent du sort comme chose réservée par le maître (a). Saisissez au passage la douceur d'être père ; faites goûter à vos enfants celle de vous posséder : pressez-vous de jouir pleinement les uns des autres. Rien ne vous assure du jour présent; un jour! trop long délai, de l'heure où je parle. Hâtez-vous : la fatalité vous talonne ; tous vos entours vont être dispersés ; la tente où vous dormez va se replier au cri d'alerte. Tout se doit ravir à la course. Malheureux, vous ne savez pas vivre en fugitifs.

Si vous pleurez la mort de votre fils, accusez l'heure de sa naissance : dès sa naissance l'arrêt de mort lui fut signifié. Il vous fut donné à cette condition : c'est la destinée qui dès le sein maternel ne cessait de le suivre. Nous venons au monde sujets de la fortune, reine cruelle et inexorable, pour subir à sa discrétion le juste aussi bien que l'injuste. Nos corps sont livrés sans réserve à sa tyrannie, à ses outrages, à toutes ses rigueurs : elle condamnera ceux-ci au feu, soit comme supplice, soit comme remède ; ceux-là aux chaînes de l'ennemi ou de leurs concitoyens ; les uns nus et roulant de vague en vague sur le mobile Océan, après une longue lutte n'échoueront pas même sur un banc de sable ou sur la plage : quelque monstre

---

(a) *Exceptum auctori*, Gronov., au lieu de: *exemptum auctore*.

énorme les engloutira ; d'autres, consumés par divers genres de maladies, seront tenus longtemps suspendus entre la vie et le trépas. Changeante et capricieuse maîtresse, qui n'a de ses esclaves nul souci, la fortune sèmera en aveugle et châtiments et récompenses. Pourquoi gémir sur les détails de la vie ? c'est la vie entière qu'il faut déplorer. De nouvelles disgrâces fondront sur vous avant que vous n'ayez satisfait aux anciennes. Modérez donc vos pleurs, vous surtout qui êtes d'un sexe impatient dans l'affliction : trop de sujets de crainte et de souffrance réclament leur part de votre sensibilité.

XI. Quel est donc cet oubli de votre sort et du sort de tous ? Née mortelle, vous avez donné le jour à des mortels : vous, matière corruptible et qui passe, harcelée sans cesse d'accidents et de maladies, comptiez-vous que de si fragiles éléments eussent engendré la force et l'immutabilité ? Votre fils n'est plus, c'est-à-dire, il a couru au terme où se hâte d'arriver ce que vous jugez si heureux de lui survivre, où tous ces plaideurs du Forum, ces oisifs des théâtres, ces suppliants de nos temples s'acheminent à pas inégaux. Et les objets de vos vénérations et ceux de vos mépris ne seront qu'une même cendre.

Sur le fronton du temple où la Pythie rend ses oracles, il est écrit : *Connais-toi toi-même.* Qu'est-ce que l'homme ? Un je ne sais quel vase fêlé, que peut briser (a) la moindre secousse ; il ne faut pas une grande tempête pour te mettre en pièces : le premier choc va te dissoudre¹². Qu'est-ce que l'homme ? Corps débile et frêle, nu, sans défense naturelle, incapable de se passer du secours d'autrui, en butte à tous les outrages du sort ; qui, après avoir glorieusement exercé ses muscles, est la pâture de la première bête féroce, la victime du moindre ennemi ; pétri de faiblesse et d'infirmité, s'il brille par ses traits extérieurs ; le froid, la chaleur, la fatigue, il ne supporte rien ; l'inertie, d'autre part, et l'oisiveté hâtent sa destruction ; il craint ses aliments, dont le manque ou l'excès le tuent ; que de soucis, que d'angoisses pour conserver ce souffle précaire, qui tient à si peu, qu'une peur subite ou l'éclat trop fort d'un bruit imprévu lui ravissent ! ce seul être toujours en quête, pour s'en nourrir, de substances malsaines, non créées pour lui (b), on s'étonne qu'il meure ! c'est l'affaire (a) d'un hoquet. Pour

---

(a) Je lis avec Fickert : *quolibet fragile jactatu.*
(b) *Nutrimentum quærens vitiosum,* d'après un manusc., au lieu de la leçon vulgaire : *Soli sibi nutrimentum vitiosum.*

renverser l'homme, en effet, est-il besoin d'un grand effort? Une odeur, une saveur, la lassitude, les veilles, les humeurs, la table et tout ce sans quoi il ne peut vivre, lui est mortel. Chaque pas qu'il fait le rappelle au sentiment de sa fragilité; tout climat ne lui est pas supportable; le changement d'eau, une température qui ne lui est pas familière, la plus mince des causes, un rien le rend malade; chair vouée à la corruption, molle, inaugurant son entrée dans la vie par des pleurs [13], que de révolutions, en passant, ce chétif animal n'excite-t-il pas? A quelles ambitieuses pensées ne le pousse pas l'oubli de sa condition? Il embrasse l'infini, l'éternité dans ses projets; il arrange l'avenir des fils de ses fils et de ses arrière-petits-fils, lorsqu'au milieu de ses vastes plans la mort vient qui le frappe, et ce qu'on appelle vieillesse n'est qu'une période de quelques années.

XII. Votre douleur, ô Marcia, si toutefois elle raisonne quelque peu, a-t-elle pour motif votre propre disgrâce, ou celle d'un fils qui n'est plus? Êtes-vous, dans cette perte, affligée de n'avoir pas du tout joui de son amour, ou de ce que vous pouviez, s'il avait plus longtemps vécu, en jouir davantage? Dans le premier cas, votre perte devient plus supportable: on regrette moins ce qui n'a donné ni joie, ni plaisir. Si vous confessez lui avoir dû de grandes jouissances, vous devez non pas vous plaindre qu'elles vous soient ravies, mais être reconnaissante de les avoir goûtées. Les fruits même de son éducation ont assez dignement couronné vos efforts. Si les gens qui nourrissent avec tant de soins de jeunes chiens, des oiseaux, ou tout autre animal dont s'engouent leurs frivoles esprits, ont un certain plaisir à les voir, à les toucher, si leurs muettes caresses les flattent; pour ceux qui élèvent leurs enfants, la récompense de l'éducation est dans l'éducation même. Quand ses travaux ne vous auraient de rien servi, son zèle rien conservé, ses talents rien acquis, l'avoir possédé, l'avoir aimé, n'est-ce rien pour vous? « Mais j'en pouvais jouir plus longtemps, plus pleinement! » Toujours fûtes-vous mieux traitée que si vous ne l'eussiez jamais eu. En effet, si l'on nous donnait le choix d'être heureux pour peu de temps, ou de ne pas l'être du tout, qui ne préférerait un bonheur passager à la privation totale de bonheur? Auriez-vous souhaité un être dégénéré qui

---

(a) Lemaire: *mortem unius quæ singulus opus est*. Un manusc.: *singulius*, d'où je tire: *quæ singultus pus est*, mieux lié à ce qui précède et à ce qui suit.

n'eût à vos yeux que tenu la place et porté le nom de fils, au lieu de la noble créature qui vous dut le jour ? Si jeune, et déjà tant de sagesse, tant d'amour filial, sitôt époux et sitôt père, sitôt fidèle à tous ses devoirs, sitôt revêtu du sacerdoce, tout pour ainsi dire avant l'heure, à la hâte (*a*).

Jamais presque les grandes félicités ne sont en même temps durables ; elles ne se prolongent et ne nous accompagnent jusqu'au bout que si elles sont venues par degrés. Les dieux, ne voulant vous donner un fils que pour peu de temps, vous l'ont sur-le-champ donné tel que l'eussent formé de longues années. Vous ne pouvez pas même dire qu'ils vous aient frappée d'un fatal privilége en vous ravissant vos joies maternelles. Promenez vos regards sur la multitude des hommes illustres ou vulgaires, partout s'offriront à vous des malheurs plus grands que le vôtre. Ils ont atteint de grands capitaines ; ils ont atteint des potentats ; la fable même n'en a pas affranchi ses divinités, afin sans doute que ce fût un allégement à nos douleurs de voir jusqu'au sang des dieux sujet à la mort. Encore une fois, jetez les yeux tout autour de vous : vous ne me citerez pas de famille si à plaindre qui ne trouve [14], dans une plus malheureuse encore, de quoi se consoler. Non pas certes que je présume assez mal de vos sentiments, pour croire que vous porteriez plus légèrement l'infortune, si je produisais devant vous la foule immense de ceux qui pleurent : il est inhumain de se consoler par le grand nombre des misérables. Je rappellerai pourtant quelques exemples, non pour établir que le deuil est chose ordinaire à l'homme : il serait ridicule de s'évertuer à prouver que nous sommes mortels ; mais pour vous faire voir combien d'hommes ont adouci les plus rudes coups en les souffrant avec calme. Commençons par le plus heureux. L. Sylla perdit son fils ; et cette perte n'arrêta ni le cours de ses guerres, ni son indomptable ardeur à frapper ennemis et concitoyens, et ne laissa pas supposer qu'il n'eût adopté que du vivant de son fils ce surnom d'*Heureux*, pris après sa mort. Il ne craignit ni la haine des hommes, sur les maux desquels se fondait son excessive prospérité, ni le courroux des dieux qu'accusait hautement le bonheur d'un Sylla [15]. Mais quand on rangerait parmi les problèmes le jugement à porter sur Sylla, ses ennemis même avoueront qu'il sut prendre à propos les armes et les déposer à propos ; et le point que je traite sera

---

(*a*) *Omnia tanquam præpropera*, un manusc. *Tam propera*, Lemaire.

démontré : ce n'est pas un extrême malheur que celui qui arrive aux plus heureux des hommes.

XIII. Que la Grèce n'accorde pas trop d'admiration à ce père qui, au milieu d'un sacrifice, apprenant que son fils était mort, se contenta de faire taire le joueur de flûte, d'ôter de son front la couronne, et continua jusqu'au bout la cérémonie. Ainsi a fait le pontife Pulvillus. Il présidait à la dédicace du Capitole; il avait la main sur le jambage de la porte, quand il reçut une semblable nouvelle. Feignant de n'avoir pas entendu, il prononça les mots solennels de la formule pontificale, sans qu'un seul gémissement interrompît sa prière : on lui parlait de son fils mort, et il invoquait Jupiter propice. On pouvait prévoir le terme d'un deuil qui, au premier moment, dans son premier transport, n'avait pu arracher un père des autels de la patrie, d'une inauguration, d'une fête. Il était bien digne de faire cette mémorable dédicace et digne du suprême sacerdoce, celui qui ne cessait d'adorer les dieux, même en éprouvant leur courroux. Il fit plus ; et après que, rentré chez lui, il se fut abreuvé de ses larmes, qu'il eut ouvert passage à quelques sanglots, et accompli les devoirs d'usage envers les morts, son visage redevint le même qu'au Capitole.

Paul-Émile, vers le temps du glorieux triomphe où Persée, roi de si grand renom, fut conduit enchaîné devant son char, avait donné en adoption deux de ses fils et s'en était réservé deux qu'il vit mourir. Quels fils s'était-il réservés, quand l'un de ceux qu'il avait cédés était Scipion ! Le peuple romain ne vit pas sans attendrissement le char du triomphateur vide de ses fils. Paul-Émile n'en harangua pas moins la foule, et il remercia les dieux de ce qu'ils avaient couronné ses vœux. Car il avait demandé au ciel que, si son éclatante victoire devait payer tribut à la fortune jalouse, ce fût aux dépens du général plutôt que de la république. Voyez son héroïque résignation ! La perte de ses fils, il l'appelle une grâce. Et quel père pouvait être plus affecté d'une telle catastrophe? Ses consolateurs et ses appuis tout à la fois l'abandonnent : et néanmoins Persée n'a pas la joie de voir les pleurs de Paul-Émile.

XIV. Irai-je maintenant, parmi tant de grands hommes, vous promener sans fin d'exemple en exemple et vous chercher des malheureux, comme si les heureux n'étaient pas plus difficiles à trouver? Qu'il est peu de maisons qui jusqu'au bout se soient maintenues de toutes pièces, où le sort n'ait rien bouleversé ! Prenez quelle année vous voudrez ; citez-en les consuls, M. Bibulus, par exemple, et J. César : vous verrez deux collègues si fort opposés par la haine, appariés par le malheur : M. Bibulus, homme plus honnête qu'énergique, eut deux fils tués à la fois, après qu'ils eurent servi de proie à la brutalité des hordes égyptiennes, pour qu'il n'eût pas moins à gémir sur la fin des victimes que sur l'infamie des bourreaux. Ce Bibulus pourtant qui [16], toute l'année de son consulat, craignant son ombrageux collègue, s'était tenu caché dans sa maison, en sortit le lendemain du jour où lui fut annoncée cette double mort, et voulut remplir ses fonctions ordinaires d'homme public. Pouvait-il à deux fils donner moins d'un jour? En un jour ont cessé les larmes d'un père qui avait pleuré un an son consulat.

J. César parcourait la Bretagne, et l'Océan ne pouvait plus borner sa fortune, lorsqu'il apprit la mort de sa fille, qui emportait avec elle la paix du monde. Il voyait déjà que Pompée souffrirait avec peine dans la république un rival de sa grandeur, et voudrait mettre un terme à des succès qui lui pesaient alors même que leur intérêt commun y gagnait; et toutefois César, trois jours après, reprit les soins du commandement et vainquit sa douleur aussi vite que ses autres ennemis.

XV. Vous citerai-je d'autres morts dans la famille des Césars, que la Fortune me semble frapper si souvent, pour que leurs deuils même servent le genre humain, en lui montrant qu'eux aussi, réputés fils des dieux, qui doivent engendrer des dieux, ne sont pas maîtres de leur propre sort comme du sort d'autrui?

Le divin Auguste vit ses enfants, ses petits-enfants, toute la race impériale s'éteindre, et repeupla par l'adoption la solitude de son palais. Et pourtant il souffrit tous ces revers en homme intéressé déjà à ce que nul ne se plaignît des dieux.

La nature et l'adoption avaient donné deux fils à Tibère : il les perdit tous deux. Et lui-même fit à la tribune l'éloge du second; et debout, en face du cadavre dont il n'était séparé que par un voile qui doit préserver les yeux d'un pontife de ce funèbre aspect, au milieu des pleurs de tout un peuple, il ne détourna pas son visage; il apprit à Séjan, présent à ses côtés, avec quelle force d'âme Tibère pouvait perdre les siens [17].

Voyez que de grands hommes n'a point respectés le sort devant qui tout succombe, bien qu'ils fussent ornés de tous les trésors de l'âme, de toutes les grandeurs publiques ou privées. Ainsi la mort fait sa ronde dévastatrice et sans distinction moissonne et chasse tout devant elle comme sa proie. Demandez à chacun le compte de sa vie : nul n'a reçu impunément la lumière !

XVI. « Tu oublies, m'allez-vous dire, que c'est une femme que tu veux consoler : tu me cites des hommes pour exemple. » Eh ! qui oserait dire que la nature, en créant la femme, l'ait dotée d'une main avare, et qu'elle ait rétréci pour elle la sphère des vertus ? Sa force morale, croyez-moi, vaut la nôtre; elle aussi peut, quand elle le veut, s'élever à tout ce qui honore l'homme : l'habitude lui fait supporter aussi bien que nous et le travail et la douleur. Et dans quelle ville, bons dieux ! pensé-je à réhabiliter les femmes ? Dans une ville où la royauté, trop pesante pour des têtes romaines, fut renversée par Lucrèce et Brutus ; Brutus à qui nous devons la liberté, Lucrèce à qui nous devons Brutus ; dans une ville où Clélie, bravant le Tibre et l'ennemi, fut pour son insigne courage placée par nous presque au rang des héros ! Du haut de son coursier d'airain, sur cette voie Sacrée où se presse la foule, elle fait rougir nos jeunes gens, portés sur leurs molles litières, de paraître en cet équipage aux lieux où les femmes même méritaient de nous la statue équestre.

Que si vous voulez des exemples de femmes courageuses dans le deuil, sans les chercher de porte en porte, dans une seule maison je vous montrerai les deux Cornélies, la première, fille de Scipion, mère des Gracques. Elle mit au monde douze enfants et vit passer leurs douze funérailles ; elle fit aisément preuve de force à la mort de ceux dont la naissance comme la fin ne furent pas sensibles à la république ; mais Tibérius et C. Gracchus qui, si on leur dénie le titre d'hommes vertueux, furent, on l'avouera, de grands hommes [18], elle les vit massacrés et privés de sépulture. Eh bien, à ceux qui voulaient la consoler et la plaindre, elle répondait : « Jamais je ne cesserai de me dire heureuse, moi qui ai enfanté les Gracques. »

L'autre Cornélie, femme de Livius Drusus, avait perdu son fils, jeune homme de grand renom, d'un génie distingué, qui marchait sur les traces des Gracques, et qui, laissant en instance tant de lois proposées, fut tué au sein de ses pénates, sans qu'on sût par quelle main. Elle supporta toutefois cette mort précoce et impunie avec le même courage que son fils avait mis à proposer ses lois.

Vous serez bientôt réconciliée avec la fortune, Marcia, en voyant que les traits dont elle a frappé les Scipions, et les mères et les fils des Scipions, et jusqu'aux Césars, sont les mêmes dont elle ne vous a pas fait grâce. La vie est toute semée d'embûches et d'ennemis de tous genres : avec eux point de longue paix, je dirai presque point de trêve. Vous aviez élevé quatre enfants, Marcia : sur des rangs épais tout coup porte, dit le proverbe. Est-il étrange que tout ce nombre n'ait pu passer sans échec sous l'œil jaloux du destin? « Quelle injustice! dites-vous : il a fait plus que me ravir mes fils, il les a choisis. » Non, vous ne pouvez trouver injuste que le plus fort fasse au plus faible part égale : il vous laisse deux filles, et de ces filles deux petits-fils ; et ce fils même, que vous pleurez maintenant jusqu'à ne plus songer au premier, elle ne vous l'a pas enlevé tout entier; il vous reste de lui deux filles, grande charge si vous faiblissez, grande consolation si vous reprenez courage. Le destin a voulu qu'en les voyant, vous vous rappeliez leur père [19], et non votre douleur. L'agriculteur, quand ses arbres sont abattus, déracinés par les vents, ou que la trombe en tournoyant les a brisés d'un choc subit, soigne précieusement les rejets qui survivent, à la place du tronc qui n'est plus, il en répartit la semence et les plants nouveaux ; et en un moment (car le temps, si prompt à détruire, ne l'est pas moins à tout relever), ces jeunes sujets grandissent plus beaux que les premiers. Remplacez votre Métilius par ses filles et comblez ainsi le vide de votre maison. Que cette double consolation adoucisse le regret d'un seul.

Sans doute il est dans notre nature de ne trouver du charme qu'à ce que nous avons perdu ; le souvenir de ce qu'on n'a plus [20] rend injuste pour ce qui reste. Mais calculez combien le sort, même en vous maltraitant, vous a épargnée, vous verrez qu'il vous est laissé plus que des consolations. Regardez vos nombreux petits-fils, vos deux filles.

XVII. Dites encore, ô Marcia : « Je pourrais m'indigner, si nos destins étaient selon nos mérites, si le malheur ne poursuivait jamais les bons; mais je vois que, sans nulle différence, bons et méchants, tous sont jouets des mêmes orages. Il est cruel pourtant de perdre un jeune homme qu'on a élevé, qui déjà pour sa mère, pour son père, était un appui et une gloire. » Cela est cruel, qui le nie? mais cela est dans l'ordre des choses humaines. Vous êtes née pour perdre, pour périr, pour espérer, pour craindre, pour troubler le repos d'autrui et le vôtre, pour redouter et souhaiter la mort, et, chose pire, pour ne savoir jamais votre vraie position.

Si l'on disait à un homme prêt à partir pour Syracuse :
« Connais d'avance tous les inconvénients comme tous les
agréments du voyage que tu projettes, puis embarque-toi, si
tu veux. Voici ce que tu pourras admirer. Tu découvriras d'abord cette île, séparée par un faible détroit de l'Italie, dont il
est constant qu'autrefois elle faisait partie ; mais elle fut détachée du continent par une soudaine irruption de la mer, qui

Du flanc de l'Hespérie arracha la Sicile (a).

Ensuite, car tu pourras fort bien raser *le gouffre insatiable*, tu
verras la fameuse Charybde, sommeillant tant que l'Auster ne
trouble point sa paix et, pour peu qu'il s'élève, engloutissant
les navires dans ses béants et profonds abîmes. Tu verras cette
fontaine tant célébrée par les poëtes, cette Aréthuse, limpide
et transparente jusqu'au fond de son canal, abondante en eaux
d'une extrême fraîcheur, soit qu'elles aient là leur origine
première, soit qu'elles traversent les mers par un lit souterrain pour reparaître sans avoir décru, et préservées du mélange de flots moins purs. Tu verras le port le plus tranquille
de tous ceux qu'ait creusés la nature, ou seule ou secondée par
l'art, pour abriter les flottes, et si sûr, que la furie des plus
grandes tempêtes n'y a pas accès. Tu verras où la puissance
d'Athènes s'est brisée, où, sous des roches creusées à une
profondeur infinie, sept mille de ses fils eurent une carrière
pour prison ; et cette ville immense dont les tours s'étendent
plus loin que les frontières de maintes cités, et ces hivers si
tièdes, et pas un seul jour sans soleil.

« Mais, toutes ces choses bien appréciées, un été lourd et
malsain compensera la douceur de l'hiver. Là tu trouveras Denys le tyran, bourreau de la liberté, de la justice, des lois ;
avide du pouvoir même après les leçons de Platon, de la vie
même après l'exil ; il livrera les hommes aux flammes ou aux
verges ; d'autres, pour une légère offense, seront décapités ; les
deux sexes devront fournir à sa lubricité ; et, au milieu des
sales troupeaux choisis pour les royales orgies, ce sera peu
pour lui de jouer deux rôles à la fois.

« Instruit de ce qui peut t'attirer, de ce qui peut te retenir,
embarque-toi, ou garde le rivage. » Après de tels avertissements, si cet homme persistait à dire : « Je veux aller à Syracuse ; » de quel autre pourrait-il légitimement se plaindre que

---

(a) *Énéid.*, III, 418.

de lui-même, n'étant point tombé là par hasard, mais bien prévenu, sachant où il venait?

De même la nature dit à tous : « Je ne veux tromper personne. Tu me demandes une postérité? Tu pourras l'avoir belle comme tu pourras l'avoir difforme; et s'il te naît plusieurs rejetons, le sauveur de la patrie peut se trouver du nombre, tout comme celui qui la trahira. Ne désespère pas d'avoir des fils assez honorables un jour pour qu'à leur considération le cri de la haine te respecte; mais songe aussi que peut-être leurs turpitudes feront de leur nom seul une injure. Il n'est pas impossible que tu reçoives d'eux les derniers devoirs et les éloges de la tombe; sois prêt pourtant à les déposer sur le bûcher, soit enfants, soit hommes, soit vieillards. Car que font ici les années? point de funérailles qui ne soient prématurées, dès qu'une mère y assiste. Mes conditions te sont connues d'avance; si tu deviens père, tu absous les dieux de tout reproche : ils ne t'ont rien garanti. »

XVIII. Eh bien, appliquons cette similitude à la vie entière et à l'entrée qu'on y fait. Tu délibérais si tu irais voir Syracuse : je t'ai exposé les charmes et les désagréments de l'entreprise. Suppose qu'aux portes de la vie tu me demandes les mêmes conseils : tu vas entrer dans la cité commune des dieux et des mortels, qui embrasse tout, qu'enchaînent des lois fixes, éternelles, qui fait rouler les corps célestes, infatigables dans leurs tâches. Là tu verras d'innombrables étoiles; tu t'émerveilleras qu'un unique soleil inonde de ses feux la nature entière, marque dans son cours quotidien la durée des jours et des nuits, et, dans son cours annuel, les étés, les hivers également partagés. Tu verras l'astre des nuits lui succéder, emprunter aux rayons de son frère une lumière douce et tempérée, tantôt se dérober aux yeux, tantôt dévoiler tout entier son orbe suspendu sur nous, croissant, décroissant tour à tour, et toujours autre le lendemain que la veille. Tu verras cinq planètes suivre des routes diverses et rebrousser le cours qui emporte le reste du ciel. A leurs moindres mouvements est attachée la fortune des peuples; les plus grands comme les plus petits événements s'opèrent selon qu'un astre heureux ou malin est intervenu [21]. Tu admireras l'amoncellement des nuages, l'eau qui retombe en pluie, le vol oblique de la foudre et le fracas des cieux.

Quand, rassasiés de ces hauts spectacles, tes yeux s'abaisseront sur la terre, un ordre de choses différent t'étalera d'autres merveilles. De vastes plaines qui se prolongent dans des lointains infinis; de grandes chaînes de montagnes dressant leurs crêtes neigeuses jusque dans les nues; des rivières qui tombent en cascades; des fleuves coulant d'une même source les uns à l'orient, les autres à l'occident; et, sur les plus hautes cimes, d'ondoyantes forêts; d'immenses bois avec leurs animaux, avec les chants de leurs oiseaux, concert unique de mille sons divers; la situation variée des villes, les nations séparées par la difficulté des lieux : celles-ci retirées sur des hauteurs presque inaccessibles, celles-là disséminées le long des fleuves, au bord des lacs, dans les vallées, autour des marais; des champs que le travail féconde, des arbres fertiles sans culture; des ruisseaux qui serpentent d'un cours paisible à travers les prairies; des golfes riants; des rivages reculant dans les terres pour former des ports, et tant d'îles semées sur les mers où elles apparaissent pour varier le tableau. Et ces pierres, ces perles brillantes; ces torrents, dont les ondes rapides roulent l'or pêle-mêle avec le sable; ces colonnes de feux qui jaillissent du sein de la terre, du milieu même des mers; et l'Océan qui fait au globe une ceinture, qui partage, avec ses immenses bras, les peuples en trois continents entre lesquels s'agite sa fureur turbulente! Sous ses flots, toujours mobiles sans même que le vent les soulève, tu verras des monstres énormes surpasser en grosseur tous les animaux terrestres : les uns, dont la masse pesante se meut sous la direction d'un guide; d'autres, plus prompts que la plus agile galère aidée de la rame; d'autres qui absorbent et vomissent l'onde amère, au grand péril des navigateurs. Tu verras des vaisseaux aller chercher des terres qu'ils ne connaissent même pas. Tu reconnaîtras qu'il n'est rien que ne tente l'humaine audace, et tu seras à la fois témoin et laborieuse associée de ces grands efforts; tu apprendras, tu enseigneras des arts qui entretiennent la vie, ou qui l'embellissent ou qui la gouvernent.

Mais là aussi seront mille fléaux du corps et de l'âme : les guerres, les brigandages, les empoisonnements, les naufrages, l'inclémence du ciel et les vices de nos organes, la mort prématurée d'êtres chéris, et la nôtre, peut-être douce, peut-être amenée par la douleur et les tortures. Délibère avec toi-même et pèse bien ta décision; si l'entrée te sourit, tu vois quelle issue te menace. Tu répondras : « Pourquoi ne choisirais-je pas de vivre? » Non : tu n'y consens point à cette existence où la moindre perte t'est si cruelle. Remplis donc les clauses du marché. — Mais nous n'avons pas été consultés. — Nos parents l'ont été pour nous : ils savaient les conditions de la vie ; et ils nous l'ont donnée à subir. »

XIX. Mais, pour passer aux motifs de consolation, voyons d'abord quel mal il faut guérir ; ensuite, par quels moyens. Ce qui fait l'amertume de nos larmes, c'est qu'il n'est plus là, celui qu'on aimait tant. Mais, en soi, ce regret devrait nous sembler supportable. En effet les absents, ou ceux qui vont l'être, tant qu'ils vivent (a), nous ne les pleurons pas, bien que nous soyons entièrement privés de les voir et de jouir d'eux. Le mal gît donc dans l'opinion, et nos souffrances ont pour mesure le tarif que nous leur fixons. Le remède est en notre puissance : regardons les morts comme absents, et ce ne sera pas nous abuser : nous les avons laissés partir, que dis-je ? envoyés devant pour les suivre [22].

Mais voici un autre sujet de larmes : « Qui aurai-je pour me protéger, pour me défendre du mépris ? » Écoutez une réflexion bien peu acceptable, mais vraie : dans une ville comme la nôtre, la perte d'enfants donne plus d'influence qu'elle n'en ôte. N'avoir plus d'héritiers détruisait jadis le crédit d'un vieillard ; c'est aujourd'hui un si grand titre à la prépondérance qu'on en voit feindre de haïr leurs fils, désavouer (b) leur sang, et créer autour d'eux une solitude factice.

Je sais ce que vous allez dire : « Ce qui me touche ici n'est pas un dommage matériel ; on ne mérite pas d'être consolé, quand on se chagrine de la perte d'un fils comme on ferait de celle d'un esclave, quand on a le cœur de considérer dans ce fils autre chose que lui-même. » Pourquoi donc, Marcia, êtes-vous si vivement affectée ? Est-ce parce que le vôtre est mort, ou qu'il n'a pas assez longtemps vécu ? Si vous pleurez sa mort, vous l'avez dû pleurer toujours, car toujours vous avez su qu'il mourrait. Persuadez-vous bien que hors de ce monde on n'éprouve plus de mal ; que les effrayants récits qu'on (c) nous fait des enfers sont des fables ; que les morts n'ont à craindre ni ténèbres, ni prisons, ni torrents qui roulent des flammes, ni fleuve d'oubli ; plus de tribunaux, plus d'accusés : dans une si large indépendance point de nouveaux tyrans. Ce sont

(a) *Absentes abfuturosque, dum vivent.* Et non : *Absentes enim abfuturos, dum viverent.*
(b) Voir *Constance du sage*, 6, et la note.
(c) Voir *Lettres* 24 et 84. Ovid., *Métam.*, XV, 3. Juvén., *Sat.* II. Pline *Hist.* VII, 56.

là jeux de poëtes qui nous ont agités de vaines terreurs. La mort est le dénoûment, la fin de toutes douleurs, la barrière que le malheur ne franchit pas ; elle nous remet dans ce calme profond où nous reposions avant de [23] naître. Qui pleure les morts doit pleurer aussi ceux qui ne sont pas nés. La mort n'est ni un bien ni un mal. Pour qu'une chose soit l'un ou l'autre, il faut qu'elle existe d'une manière quelconque ; mais ce qui n'est en soi que néant, ce en quoi tout s'anéantit, ne crée pour nous ni heur ni malheur. L'un comme l'autre supposent quelque élément, une sphère d'action. Le sort ne peut plus retenir ce que la nature congédie, et celui qui n'est pas ne saurait être malheureux. Votre fils a laissé derrière lui les confins de la servitude. Recueilli dans une profonde et éternelle paix, ni la crainte de la pauvreté, ni le souci des richesses, ni la volupté qui mine les âmes par ses fausses douceurs, ne le pressent de leurs aiguillons ; il n'éprouve pas l'envie du bonheur des autres, et nul ne le poursuit de la sienne ; l'invective ne blesse pas ses modestes oreilles ; plus de désastres publics ou privés qui contristent sa prévoyance ; sa pensée inquiète ne s'attache pas à tel événement futur où toujours se rattachent de pires incertitudes. Désormais il habite un séjour d'où rien ne peut le bannir, où rien ne saurait l'effrayer.

XX. Oh! combien s'aveuglent sur leurs misères ceux qui ne bénissent pas la mort comme la plus belle institution de la nature ! Soit qu'elle vienne clore une destinée prospère ; soit qu'elle chasse le malheur présent ; soit qu'elle éteigne le vieillard ou rassasié ou las de vivre ; soit qu'au printemps de l'âge, durant ses rêves de félicité, elle tranche l'homme en sa fleur ; soit qu'elle rappelle l'enfance avant les rudes journées du chemin, la mort qui pour tous est le terme, pour beaucoup le remède, que souhaitent quelques-uns, ne mérite jamais mieux de nous que lorsqu'elle n'attend pas qu'on l'invoque. Elle affranchit l'esclave en dépit du maître, dégage le captif de sa chaîne et tire de prison ceux qu'une ombrageuse tyrannie y retenait sans pitié ; elle montre à l'exilé, dont la pensée et les regards sont incessamment tournés vers la patrie, qu'il importe peu près de quelles cendres dormiront les nôtres. Si la Fortune a mal réparti des biens communs à tous ; si, de deux êtres nés égaux, elle a livré l'un en propriété à l'autre, la mort rétablit pleinement l'égalité. Chez elle on ne fait rien de par le caprice de personne ; chez elle on ne sent point la bassesse de son état ; c'est elle dont la porte (a) est ouverte à tous; c'est elle, ô Marcia! que votre père a tant désirée! Non, grâce à elle, ce n'est plus un supplice d'être né; grâce à elle, les menaces du sort ne m'abattront point; mon âme sera sauve et gardera la royauté d'elle-même. Je sais où en appeler (b). Je vois chez les tyrans des croix de plus d'une espèce, variées à leur fantaisie : l'un suspend ses victimes la tête en bas, l'autre les empale; d'autres leur étendent les bras sur une potence. Je vois leurs chevalets, leurs verges sanglantes, et pour chaque membre et chaque articulation autant d'instruments de torture ; mais je vois aussi la mort. Plus loin ce sont des ennemis sanguinaires, des citoyens despotes; mais à côté je vois la mort. La servitude n'est plus si fâcheuse quand, dégoûté du maître, on n'a qu'un pas à faire pour se voir libre. Contre les injures de cette vie, j'ai le bienfait de la mort.

Songez combien il est heureux de mourir à propos et à combien d'hommes il en a coûté d'avoir [24] trop vécu! Si Cn. Pompée [25], l'honneur et la colonne de l'État, eût été enlevé dans Naples par la maladie, il fût mort sans contredit le premier citoyen de la république. Et quelques jours de plus l'ont précipité de ce faîte de gloire! Il a vu, lui présent, ses légions taillées en pièces; et d'une bataille où le sénat formait la première ligne (qu'ils durent gémir, ceux qui restèrent!), le général a survécu. Il a vu le bourreau égyptien; cette tête sacrée pour les vainqueurs, il l'a présentée au vil satellite. Au reste, l'eût-on épargné, qu'il se fût repenti d'avoir la vie sauve : quoi de plus honteux pour Pompée que de vivre par la grâce d'un roi!

Et Cicéron, si alors qu'il sut détourner les poignards de Catilina dirigés à la fois sur lui et sur la république ; si à cette heure il fût mort, libérateur et sauveur de Rome; s'il eût suivi sa fille au tombeau, il eût pu y emporter encore le titre d'heureux. Il n'eût point vu le couteau levé sur la tête des citoyens, les bourreaux se partageant les biens des victimes qui payaient les frais de leur mise à mort, les dépouilles des consulaires vendues à l'encan, l'État affermant les massacres et les brigandages, tant de guerres, tant de rapines, tant de Catilinas.

Si M. Caton, à son retour de Chypre, où il venait de régler

(a) La leçon vulgaire est : *nulli paruit*, répétition affaiblie de ce qui précède; j'ai préféré, avec Fickert, celle de trois manusc. : *nulli non patuit*.

(b) *Quod appellem*, manusc. Fickert. Lemaire : *quo appellam*.

la succession d'un roi (a), avait été englouti par la mer, même avec les trésors qu'il rapportait, qui allaient solder la guerre civile, n'eût-ce pas été un bonheur pour lui? Il serait mort du moins avec la pensée que nul n'aurait osé commettre le crime devant Caton. Hélas! quelques années de plus ont contraint ce grand homme, né pour faire de tous des hommes libres comme lui, à fuir César et à suivre Pompée.

Disons-le : ce n'est point un malheur pour votre fils d'être mort jeune : le trépas lui a même fait remise de tous maux à venir. — Vous dites « qu'il a péri trop tôt et avant l'âge! » Mais supposons qu'il ait vécu davantage; mesurez la plus longue carrière qui soit donnée à l'homme, que c'est peu! Né pour une si brève durée, pour céder vite la place à d'autres, qui arrivent au même titre, il s'en vient préparer leur gîte. Je parle de la vie humaine qui, on le sait, se déroule avec une incroyable célérité; mais voyez ces villes qui comptent des siècles, et calculez combien peu ont subsisté les plus fières de leur antiquité. Tout ce qui est de l'homme est court et périssable et ne tient aucune place dans l'infini des temps. Ce globe avec ses peuples, ses villes, ses fleuves, l'océan qui l'embrasse n'est pour nous qu'un point, comparé à l'univers : notre existence est moindre qu'un point auprès de l'ensemble des temps, plus vaste que cet univers, puisque, dans l'espace qu'ils lui ouvrent, il revient tant de fois sur lui-même. Qu'importe donc d'étendre une chose dont le prolongement, quelque loin qu'il aille [26], n'est guère plus que rien? Il n'est de longue vie que celle qui a suffi à sa tâche. Quand vous me citeriez les Sibylles (b) et les hommes dont la longévité est un souvenir de tradition; quand vous supputeriez leurs cent, leurs cent dix années; que votre pensée se porte à l'éternité, la différence sera nulle de l'âge le plus court au plus long, si vous comparez l'espace qu'ont vécu ces hommes à tout celui qu'ils n'ont point vécu.

Votre fils d'ailleurs n'est point mort avant le temps : il a vécu autant qu'il a dû vivre; il ne lui restait plus rien au delà. L'époque de la vieillesse n'est pas la même pour tous les hommes, que dis-je? n'est pas la même pour tous les animaux. En quatorze ans, chez quelques-uns de ceux-ci, la vie est épuisée, et le plus long période pour eux est pour l'homme le premier. Rien de plus inégal que la mesure des destinées; nul ne meurt

(a) Ptolémée, qui avait fait le peuple romain son héritier.
(b) Je lis avec J. Lipse et deux manusc. : *vates*. Lemaire : *vaces*.

trop tôt, dès qu'il n'était pas créé pour vivre plus. Le terme à chacun est fixé : il restera toujours au même point; il n'est soins ni faveur qui puissent le reculer ; et pour le reculer, votre fils n'eût pas voulu se tourmenter de soins et de calculs. Il a eu sa part (a).

...... Et de sa course il a touché le but (b).

Rejetez donc l'accablante pensée qu'il eût pu vivre davantage. La trame de ses jours n'a pas été brusquement rompue : c'est chose où le hasard n'intervient jamais; chacun est payé de ce qui lui fut promis. Le destin suit son impulsion propre, et n'ajoute ni ne retranche à ses premiers engagements : nos vœux, nos affections n'y peuvent rien. Chacun aura tout ce qui, le premier jour, lui fut assigné. Du premier moment qu'on voit la lumière, on est entré dans le chemin de la mort, on s'est rapproché du terme fatal; et ces mêmes années dont s'enrichissait la jeunesse, la vie s'en appauvrissait [27].

Une illusion nous berce et nous fait croire à tous qu'on ne penche vers la tombe que déjà vieux et courbé par les ans, tandis que l'enfance dès l'abord, puis la jeunesse et tous les âges nous y poussent. La fatalité fait son œuvre : elle nous dérobe le sentiment du trépas qui, pour mieux masquer ses approches, se déguise sous le nom d'existence. La première enfance n'est déjà plus au second âge qu'absorbe à son tour la puberté; de pubère on devient jeune homme; le jeune homme disparaît dans le vieillard. Chaque progrès, à le bien prendre, est une décadence [28].

XXI. Vous vous plaignez, Marcia, que votre fils n'ait pas joui d'une aussi longue carrière qu'il le pouvait. D'où savez-vous si une carrière plus longue lui eût mieux valu, et si cette mort n'a point été une faveur pour lui? Où sont de nos jours les destinées qui portent sur d'assez fermes bases pour n'avoir rien à craindre de la marche du temps? Tout passe, tout s'évanouit chez les hommes; et la plus précaire situation, la plus fragile est celle qui nous sourit le plus. Le souhait des

---

(a) Le texte ici est tellement corrompu, qu'à partir de *promovebit* jusqu'à *Tulit suum*, il n'offre aucun sens. Le voici : *Scit libenter illum ulterius diligentiam ex consilio perdidisse.* J. Lipse proposait : *promovebis, si libeat : nec illum interius diligentia perduces* ou *reduces*. Je propose, en changeant bien moins : *nec libenter illu : ulterius diligentia et consilio pertulisset*, et j'ai traduit en conséquence.
(b) *Énéid.*, X. vers 472.

heureux devrait donc être de mourir [29] : d'autant que par ces grandes vicissitudes qui bouleversent toutes choses, il n'est de sûr que le passé [30]. Qui vous assurait que cette beauté rare de votre fils, que la sauvegarde d'une sévère pudeur préserva sous les yeux d'une impure cité, eût pu échapper aux maladies et porter inaltérées jusqu'à la vieillesse cette perfection, cette noblesse de traits?

XXII. Songez aux mille souillures de l'âme : car les bons naturels ne tiennent pas tous en vieillissant les heureuses promesses de l'adolescence; trop souvent ils tournent au mal. Plus tard, et avec plus de honte, la volupté les gagne et les pousse à déshonorer de nobles débuts; ou, de bonne heure voués aux tavernes et à la gloutonnerie, leur affaire essentielle devient leur manger et leur boire. Et les incendies, les chutes d'édifices, les naufrages, le fer déchirant du médecin qui extrait des os de corps vivants, qui plonge ses mains tout entières dans nos entrailles, et opère, avec des souffrances compliquées, sur les plus honteuses parties de nous-mêmes! Ajoutez l'exil : votre fils n'était pas plus innocent que Rutilius; la prison : était-il plus sage que Socrate? le glaive du suicide qui se perce le sein : était-il plus vénérable que Caton? En présence de telles perspectives, avouez que la nature s'est montrée généreuse d'avoir promptement mis en lieu sûr ceux à qui la vie réservait un pareil salaire. Rien de si fallacieux que cette vie, rien de si traître que ses piéges : nul assurément ne l'accepterait, s'il ne la recevait à son insu. Puis donc que le mieux serait de ne pas naître, comptez qu'après cette faveur, la plus grande est de cesser d'être au plus tôt, de rentrer bien vite dans son premier état [31].

Rappelez-vous cet horrible temps où Séjan livrait votre père à son client Satrius Secundus, comme on donne une gratification de guerre. Le ministre était furieux de quelques mots hardis de Cremutius, qui n'avait pu s'empêcher de dire : *On ne place pas Séjan sur nos têtes; il y monte.* Un décret plaçait la statue de cet homme au théâtre de Pompée qu'avaient consumé les flammes, et que Tibère rebâtissait. Votre père s'écria : *Pour le coup ce théâtre est vraiment perdu.* Eh! qui n'éclaterait de voir sur la cendre de Pompée ériger un Séjan, sur le monument du grand capitaine consacrer un soldat sans foi! Il est consacré, on y lit son nom; et ces chiens dévorants, apprivoisés pour le maître seul, terribles pour tout autre, et qu'il engraissait de sang humain, s'en viennent aboyer par son ordre autour de votre père. Que faire? S'il voulait vivre, il fallait implorer Séjan; mourir, il fallait l'obtenir de vous, sa fille : tous deux sont inflexibles; son choix est fait : il trompera sa fille. Ayant donc pris un bain qui l'affaiblît le plus possible, il se retire dans sa chambre sous prétexte d'y faire une collation; et renvoyant ses esclaves, il jette par la fenêtre quelques débris de mets pour faire croire qu'il a mangé; ensuite il s'abstient de souper comme s'il eût déjà pris assez de nourriture. Le second, le troisième jour, il fait de même : le quatrième jour son état de faiblesse le trahit. Alors vous serrant dans ses bras : « Ma chère fille, apprends la seule chose que je t'aie jamais cachée : tu me vois en chemin de mourir, et le passage est presque à demi franchi. Ne me rappelle pas à la vie : tu ne le dois ni le peux. » Puis il ordonne qu'on ferme tout accès à la lumière, et s'ensevelit dans les ténèbres. Sa résolution connue, ce fut une joie publique de voir la voracité de ces loups insatiables frustrée de sa proie. Les accusateurs, à l'instigation de Séjan, portent plainte au tribunal des consuls de ce que Cremutius Cordus se laisse mourir; ils s'y opposent, eux qui l'y ont contraint, tant ils craignent qu'il ne leur échappe. La question était importante : un accusé a-t-il le droit de se laisser mourir? Pendant qu'on délibère, que les accusateurs reviennent à la charge, il s'était mis, lui, hors de cause.

Vous voyez, Marcia, quelles crises imprévues fondent sur nous dans ces jours d'iniquité. La mort, dont vous gémissez que le fils ait subi la nécessité, fut presque interdite à l'aïeul.

XXIII. Outre que tout avenir est douteux, que les mauvaises chances y sont plus certaines, la route du ciel est plus facile aux âmes retirées de bonne heure du commerce des humains; car elles traînent après elles moins de fange et de fardeaux : affranchies avant d'être souillées [32], d'être absorbées par les intérêts d'ici-bas, elles revolent plus légères au lieu de leur origine, et se dégagent plus vite de ce qu'elles contractèrent d'impur et de grossier. Aussi ce séjour du corps n'est-il jamais cher aux grandes âmes; elles brûlent de sortir et de se faire jour; elles se sentent à la gêne dans leur étroite prison, accoutumées qu'elles sont à parcourir des régions plus sublimes, et à regarder d'en haut les choses de la terre. Voilà pourquoi Platon s'écrie que l'âme tout entière du sage aspire à la mort; que [33] c'est là ce qu'elle veut, ce qu'elle médite; que c'est la passion qui incessamment l'entraîne et la pousse hors de ce monde. Eh quoi ! Marcia, en voyant dans votre jeune fils déjà la prudence d'un vieillard, une âme victorieuse des voluptés, purifiée, vierge de tout vice, cherchant la fortune sans cupidité, les honneurs sans ambition, les plaisirs sans excès, vous flattiez-vous de le conserver longtemps? C'est au sommet de la perfection [34] que la catastrophe est imminente. Une vertu achevée disparaît bientôt et se dérobe aux yeux mortels; et ce qui mûrit de bonne heure n'attend pas l'arrière-saison. Plus un feu a jeté d'éclat, plus il est prompt à s'éteindre; il est vivace, lorsque luttant contre des matières lentes et difficiles à s'enflammer, sa lueur, que noyait la fumée, sort comme d'un nuage : la même cause qui lui dispute l'aliment fait qu'il dure. Ainsi les esprits qui brillent le plus passent le plus vite; car dès que la place manque au progrès, on touche à la chute. Fabianus cite un phénomène que nos pères ont vu à Rome, un enfant grand comme un homme de haute taille; mais il ne vécut guère, et toute personne sensée avait prédit qu'il mourrait tôt. Pouvait-il, en effet, parvenir à un âge dont la nature lui avait fait l'avance? Oui, la maturité est l'indice d'une décomposition imminente; la fin est proche, quand les phases d'accroissement sont épuisées.

XXIV. Croyez-moi, comptez les vertus, non les années de votre fils[35], il aura bien assez vécu. Demeuré orphelin, il fut sous la surveillance de ses tuteurs jusqu'à sa quatorzième année, et sous la vôtre toute sa vie. Bien qu'il eût une maison à lui, il ne voulut pas quitter le toit maternel. Lui qui par son âge, sa taille, sa noble figure et l'ensemble d'une constitution forte était fait pour les camps, il refusa la carrière des armes pour ne pas se séparer de vous. Calculez, Marcia, combien de mères voient rarement (a) leurs enfants, dès qu'elles habitent d'autres demeures qu'eux; songez que d'années perdues pour elles et passées dans l'anxiété tant qu'elles ont leurs fils aux armées, et voyez quel long espace de temps dont vous n'avez rien perdu! Jamais votre fils ne s'est éloigné de vos yeux; c'est sous vos yeux que l'étude a formé cet esprit supérieur fait pour égaler son aïeul, s'il n'eût été retenu par la modestie, qui trop souvent imposa aux progrès du génie le frein du silence. Jeune, et d'une beauté peu commune, parmi cette multitude de femmes qui s'étudient à corrompre les hommes, il ne se prêta

---

(a) Voy. plus haut, chap. XIX; Lettre LXV, et Stobée, Serm. 106.

aux espérances d'aucune; et l'impudeur de quelques-unes ayant été jusqu'à lui faire des avances, il rougit[36], comme d'une faute d'avoir plu. Cette pureté de mœurs le fit, à peine adolescent, juger digne du sacerdoce : le suffrage maternel l'appuyait sans doute; mais le crédit même de sa mère ne devait prévaloir que pour un candidat méritant.

Faites-le revivre en vous par la contemplation de ses vertus, qu'il vous semble à présent plus que jamais à vous; il n'a plus rien qui le distraie de sa mère; désormais plus de sollicitudes ni de chagrins à cause de lui. Tout ce que vous pouviez pleurer d'un si bon fils, vous l'avez pleuré; le reste est à l'abri du sort et pour vous plein de charmes, si vous savez jouir de ce fils, si ce qu'il y eut en lui de plus précieux est bien compris par vous. Son image seule a péri, et son image peu ressemblante; lui, maintenant immortel, en possession d'un état meilleur, débarrassé de fardeaux étrangers, il est tout à lui-même. Ces os, que vous voyez entourés de muscles, cette peau qui les recouvre, ce visage, ces mains, ministres du corps, et enfin toute l'enveloppe humaine, ne sont qu'entraves pour l'âme et que ténèbres. Elles accablent l'esprit, elles l'offusquent, le souillent et, le détournant du vrai, son domaine, le plongent dans le faux : toutes ses luttes sont contre cette[37] chair qui lui pèse, qui tend à l'enchaîner et à l'abattre. Il veut s'élancer aux régions d'où il est sorti, où l'attendent l'éternelle paix et, après le chaos et la nuit, le spectacle de la pure lumière.

XXV. Ce n'est donc pas au tombeau de votre fils qu'il vous faut courir. Là ne gît qu'une grossière dépouille, pour lui si incommode, des cendres, des ossements, qui ne faisaient pas plus partie de Métilius que sa tunique et ses autres vêtements extérieurs. Sans rien perdre ni rien laisser de lui sur cette terre, il a fui, il s'est envolé tout entier : et, après avoir quelque temps séjourné sur nos têtes, le temps de se purifier des vices inhérents à toute vie mortelle et de secouer leur longue souillure, il est monté au plus haut des cieux où il plane entre les âmes fortunées, admis dans la société sainte des Scipions, des Catons, ces grands contempteurs de la vie, que la mort, leur bienfaitrice, est venu affranchir. Là votre père, Marcia, quoique tous soient de la même parenté, s'unit plus intimement encore à son petit-fils ravi d'une clarté nouvelle; il lui développe la marche des astres qui l'avoisinent, et non plus par des conjectures, mais par la science universelle du vrai, il se plaît à l'initier dans les secrets de la nature. Et de même que c'est un charme (a) pour l'étranger de se voir montrer par son hôte les merveilles d'une ville inconnue, c'en est un pour votre fils d'interroger sur les phénomènes célestes un interprète de famille. Ils aiment encore à abaisser leur regard sur cette terre lointaine : ils prennent plaisir à contempler du haut de leur gloire ce qu'ils [38] ont quitté. Dans toutes vos actions, Marcia, songez que vous êtes sous les yeux d'un père et d'un fils, non tels que vous les connûtes, mais tels que sont des êtres plus parfaits, des citoyens du ciel; rougissez de toute pensée basse et vulgaire, et de pleurer leur bienheureuse métamorphose. Libres dans l'éternel espace, et jouissant de l'immensité, rien ne les sépare plus, ni les barrières de l'Océan, ni hautes montagnes, ni profondes vallées, ni syrtes aux sables perfides; toutes leurs voies sont unies; dans leur facile et rapide essor, leurs âmes se pénètrent l'une l'autre et se confondent parmi les astres.

XXVI. Figurez-vous, ô Marcia! entendre du haut des célestes voûtes la voix de ce père qui eut sur vous l'autorité que vous aviez sur votre fils. Ce n'est plus cette amère parole qui déplorait nos guerres civiles, et par laquelle les proscripteurs furent à jamais proscrits dans l'histoire; c'est un langage plus sublime encore, digne du lieu d'où il parle : « Pourquoi, ma fille, t'enchaîner à de si longs ennuis? D'où vient une telle ignorance du vrai, qui te fait croire ton fils iniquement traité, parce qu'il a pris en dégoût la vie et s'est retiré vers ses pères? Ne sais-tu point par quels orages la fortune bouleverse toutes choses; qu'elle ne prête ses faveurs et son indulgence qu'à ceux qui ont avec elle le moins d'engagements? Te citerai-je ces rois dont le bonheur eût été complet, si la mort fût venue plus tôt les soustraire aux maux qui allaient suivre? Et ces capitaines romains, dont la gloire serait sans ombre [59] si l'on ôtait quelque chose à leurs jours? Et ces héros, ces illustres têtes formées pour le glaive du bourreau militaire? Regarde ton père et ton aïeul, ton aïeul livré à la merci d'un assassin étranger; je n'ai, moi, souffert qu'aucune main touchât à ma personne, et, m'abstenant de toute nourriture, j'ai fait voir combien (b) j'étais fier du courage qui dicta mes écrits. Faut-il que, dans notre famille, celui-là soit le plus longtemps pleuré dont la mort est la plus heureuse? Ici toutes les âmes ne forment qu'une âme; et nous reconnaissons hors de l'épaisse nuit

(a) Je lis *monstrator*, manusc. Fickert, et non *monstratus*.
(b) *Juvaret*, manusc. Lemaire : *juvat*.

qui vous environne, que rien chez les hommes n'est, comme ils le pensent, ni désirable, ni élevé, ni magnifique : tout y est bassesse, misère, anxiété; et quelle mince parcelle on y voit de notre lumière! Ajouterai-je qu'ici point d'armées ennemies qui s'entre-choquent avec fureur; point de flottes qui se brisent les unes contre les autres? On n'y prépare, on n'y rêve point le parricide; des tribunaux n'y retentissent point tout le jour de procès : ici rien de caché, la pensée est sans voile, le cœur sans replis, la vie à découvert et sous les regards de tous; nous embrassons l'avenir et le passé des âges. Je bornais ma gloire à tracer les annales d'un siècle, d'un coin retiré du monde, les faits d'une poignée d'hommes : que de siècles maintenant, quelle suite et quel enchaînement de générations dans toute la somme des années je suis maître de contempler! Je puis voir quels empires doivent naître et quels doivent s'écrouler, la chute de cités fameuses, les nouvelles incursions des mers. Car, si tu peux trouver à tes regrets une consolation dans la commune destinée, sache que rien de ce qui est ne doit demeurer en place. Le temps abattra tout, emportera tout avec lui, et se jouera non-seulement des hommes, cette portion si chétive de son capricieux empire, mais des lieux, des contrées entières, des grandes divisions du globe, balayera des montagnes, fera plus loin surgir dans les airs des rochers inconnus, absorbera des mers, déplacera le cours des fleuves, et rompant les communications des peuples, dissoudra les sociétés et la grande famille des humains. Ailleurs il engloutira les villes dans des gouffres béants, ou le sol s'ébranlera pour les renverser : de ses flancs s'exhalera la peste; l'inondation couvrira les terres habitées; tout être vivant périra dans le monde submergé; et une vaste conflagration viendra dévorer et réduire en cendres ce qu'auront épargné [40] les eaux. Et lorsque l'heure sera venue où la création doit s'éteindre pour se renouveler, elle-même se brisera par ses propres forces; les astres heurteront les astres; toute matière s'embrasera, et tous ces grands luminaires, qui brillent dans un si bel ordre, formeront la flamme d'un seul incendie. Nous aussi, âmes fortunées, qui avons pour lot l'éternité, quand il semblera bon à Dieu de refondre cet univers, dans l'immense écroulement, nous-mêmes, faibles débris de plus, nous rentrerons au sein des éléments primordiaux. Heureux ton fils, ô Marcia! il est déjà initié à ces mystères! »

PETITES PIÈCES DE VERS[a].

I. A LA CORSE.

Corse, antique Cyrnos, que jadis cultiva
Des Phocéens errants la peuplade intrépide;
Moindre que la Sardaigne et plus grande qu'Ilva,
Corse, riche en poissons, riche en cours d'eau limpide[1];
Corse, climat terrible, aux étés dévorants,
Où, lorsque Sirius ouvre ses yeux ardents,
Sous un ciel sans pitié l'homme épuisé succombe,
Épargne des bannis : car l'exil, c'est la tombe;
Que ton sol soit léger à tous ces morts-vivants[2].

II. SUR LA MÊME.

Une enceinte de rocs tout abrupte et sauvage;
Au pied d'âpres coteaux de longs déserts maudits
Où ne rit au printemps nul gazon, nul ombrage;
Des étés sans moissons, des automnes sans fruits!
Jamais, quand les frimas viennent blanchir ces plaines,
La liqueur de Pallas sous mon toit n'a brûlé;
Ni pain, ni douce flamme au foyer, ni fontaines :
Qu'y trouver? un exil; qu'y voir? un exilé.

III. PLAINTE.

Quand d'un homme égorgé tu fouilles la blessure,
Ami, tu ne crois pas assez grand son malheur!
Laisse en paix le vaincu : quelquefois sous l'injure
Un bras mort se ranime et perce le vainqueur.

(a) Toutes ces pièces ont été composées pendant l'exil de l'auteur en Corse. Voir notre notice sur Sénèque.

IV. Autre plainte.

Cruel!... (dois-je nommer? la douleur fait tout dire);
Toi qui foules encor ma cendre en ennemi,
Que ma chute n'a pu contenter qu'à demi,
Acharné sur un mort, ton poignard le déchire.
Crois-moi : contre quiconque ose les outrager
Les mânes ont des droits ; et des traits de l'envie
Une ombre en son tombeau sait encor se venger.
Entends les dieux, entends mon spectre qui te crie :
« Le malheur est sacré[3]! Respecte mes destins;
La tombe a repoussé de sacriléges mains. »

V. Autre.

Dans tes vers quel venin, quels sarcasmes amers!
Et ton âme est encor plus noire que tes vers.
Hommes, femmes, enfants, tout ressent ta morsure,
Tout, même le vieillard, que respecte l'injure;
De tes traits au hasard le public est percé :
Tel, lançant des cailloux, s'agite l'insensé.
Mais la foule, plus sage, aussitôt se rallie :
On te fait, coup pour coup, payer cher ta folie,
Et la muse publique à ta rage répond,
Et plus d'un vers brûlant stigmatise ton front.

VI. Autre.

Quand je ne puis, à peine en garde et raffermi,
Soldat veuf de ma lance (a), accueillir l'ennemi,
Toi, beau diseur, armé de griefs homicides,
De noirs poisons, tu ris, de mon sort tu décides.
« Mais à table? Par jeu? » Qu'importe, si mes pleurs
Coulent, si mon mal vient de tes ris délateurs?
Que ton jeu cesse ; il n'est plus jeu dès qu'il déchire :
Bon mot qui peut tuer ne fait jamais sourire.

VII. A un ami.

Crispus, mon ferme appui, l'ancre de ma détresse[4],
Toi dont l'ancien forum eût vanté la sagesse.

(a) Je lis avec J. Lipse : *et e.... manu est.* Lemaire : *it e.... manu.*

Toi qui ne fus puissant que pour sauver autrui,
Qui sers à mon naufrage et de port et d'abri;
Dont l'amitié m'honore, et dont l'heureuse égide
Dans mon affliction me rassure et me guide ;
D'un ami trop paisible intrépide vengeur,
Oui, du miel le plus pur ton âme a la douceur;
D'un grand aïeul, d'un père ô la plus belle gloire!
Seul regret du banni, seul cher à sa mémoire,
Ton cœur, quand sur ces rocs je languis loin de toi,
Dis, dans son libre essor vole-t-il jusqu'à moi ?

VIII. PUISSANCE DU TEMPS.

Il n'est rien qu'il ne ronge, il n'est rien qu'il n'outrage;
Il veut que rien ne dure : et tout passe et périt.
L'Océan laisse à nu son antique rivage,
Le mont altier s'écroule et le fleuve tarit.
Eh! que dis-je? des dieux l'éclatante demeure
Doit s'embraser aux feux des astres confondus.
Est-ce un châtiment? Non, c'est la loi que tout meure :
Et le monde et les cieux un jour ne seront plus.

IX. UN VOEU.

Puissiez-vous me survivre, ô frères que j'adore!
Et n'avoir à pleurer de moi que mon trépas !
Rivalisons d'amour : ici la lutte honore;
Vaincre ou céder est noble en ces heureux combats.
Que Marcus[5], doux enfant, voix bégayante encore,
Provoque un jour la vôtre à d'éloquents débats!

X. A LA VILLE DE CORDOUE.

Prends le deuil, ô Cordoue ! étale tes douleurs :
Ma cendre attend ici le tribut de tes pleurs,
Car il meurt loin de toi ton bien-aimé poëte.
Ah! gémis comme aux jours où sur tes seuls remparts
Rome et le monde entier fondaient de toutes parts,
    Où de terreur longtemps muette,
Et d'un double fléau subissant tout le poids,
Sous Pompée et César tu périssais deux fois.
Sois comme au temps néfaste où devant tes yeux même,
Dans une nuit, qui fut pour toi la nuit suprême,
    Succombaient trois cents de tes fils;

Ou quand l'affreux brigand de la Lusitanie
Dans ta porte enfonçait une lance impunie.
Moi, ton grand citoyen, moi ta gloire jadis,
Cloué sur un écueil j'y sens finir ma vie.
Prends le deuil, ô Cordoue! et triste, applaudis-toi
Que l'extrême Océan si loin baigne ta rive :
    Le coup qui frappe ici sur moi
  Jusqu'à ton cœur plus lentement arrive.

CONSOLATION A HELVIA.

1. Plus d'une fois, mon excellente mère, l'élan de mon cœur m'a porté à vous consoler; chaque fois je l'ai contenu. Bien des motifs m'engageaient à oser. D'abord, il me semblait que j'allais déposer tout le faix de mes ennuis, si j'essuyais au moins vos larmes, dussé-je n'en pas tarir le cours; ensuite je me flattais d'avoir un ascendant plus fort pour vous tirer de votre abattement, quand je me serais relevé le premier; enfin j'appréhendais que la fortune, n'ayant pu triompher de moi (a), ne triomphât de quelqu'un des miens. Ainsi je m'efforçais de mon mieux, une main sur ma blessure, de me traîner jusqu'à vous pour panser les vôtres. Mais d'autres considérations ajournèrent mon projet. Je savais qu'il n'est pas bon de toucher à une plaie toute vive et encore saignante; les consolations pouvaient l'enflammer et l'aigrir; et dans les maladies mêmes du corps, rien n'est plus dangereux que les remèdes prématurés[1]. J'attendais donc que la violence même du mal l'eût brisé, qu'ainsi préparé pour la cure et mûri par le temps, il se laissât toucher et manier à loisir. D'ailleurs en compulsant tout ce que les plus beaux génies ont laissé de monuments écrits sur les moyens d'apaiser et de modérer les chagrins, je n'y trouvais aucun exemple d'homme qui se fît consolateur des siens, quand lui-même était pleuré d'eux. Dans cette situation nouvelle, j'hésitais, je craignais d'ulcérer au lieu de guérir. Et puis, ne fallait-il pas un langage tout neuf, pris loin des formes journalières et banales de consolation, à un homme qui, pour raffermir ses proches, soulevait sa tête pour ainsi dire du milieu même de son bûcher? Les grandes douleurs en outre, toutes celles qui passent la mesure commune, interdisent le choix des paroles; car elles étouffent sou-

(a) Je lis d'après un manusc.: *ne a me non victo*. Lemaire : *victu*.

vent jusqu'à la voix. N'importe; je ferai effort, non par confiance en mon propre génie; mais ce qui peut le mieux vous consoler, c'est de m'avoir moi-même pour consolateur. Vous qui ne me refuseriez aucune chose, vous ne refuserez pas, je l'espère, bien que tout chagrin soit rebelle, d'agréer les soins d'un fils qui veut adoucir vos regrets.

II. Voyez combien je me suis promis de vous trouver facile: je compte obtenir sur vous plus d'empire que la douleur, toute-puissante chez les malheureux. Je ne veux point d'abord l'attaquer de front, mais lui aider plutôt, lui fournir de nouveaux stimulants; je veux rompre tout appareil et rouvrir ce qui déjà peut s'être fermé. « Quel genre de consolation est-ce là? dira-t-on : faire revivre des maux effacés, et placer l'âme en face de toutes ses infortunes, lorsqu'à peine elle suffit à une seule! » Mais qu'on y réfléchisse : tout mal assez pernicieux pour s'accroître en dépit des remèdes le plus souvent cède à la méthode contraire. Oui, je remettrai sous vos yeux toutes les afflictions, toutes les scènes lugubres de votre vie; je n'agirai pas mollement avec vous, j'emploierai le fer et le feu, et par là qu'obtiendrai-je? Que votre âme, déjà victorieuse de tant d'assauts, rougira d'endurer si mal une dernière, une seule atteinte après tant de cicatrices. Laissons les pleurs et les gémissements sans fin à ces âmes timides, qui amollies au sein d'une longue prospérité s'affaissent au choc de la moindre disgrâce; mais ceux dont chaque pas dans la vie fut marqué par une infortune, doivent essuyer les plus rudes attaques avec une ferme et inébranlable constance². La continuité du malheur a du moins cet avantage, qu'à force de tourments elle finit par endurcir. La fortune vous a sans relâche accablée de maux inouïs : elle n'a pas même excepté l'heure de votre naissance. Vous perdîtes votre mère dès que vous fûtes arrivée au jour, ou plutôt même en y arrivant, exposée pour ainsi dire sur le seuil de la vie. Élevée sous les lois d'une marâtre, votre soumission, il est vrai, votre piété toute filiale l'ont obligée à se montrer mère pour vous; mais une bonne marâtre coûte toujours cher. L'oncle le plus tendre, le meilleur et le plus courageux des hommes vous est ravi alors que vous attendiez sa venue; et le destin, craignant que des rigueurs moins rapprochées ne vous soient trop légères, vous enlève dans le même mois un époux chéri qui vous a rendue mère de trois enfants. Quand vous pleuriez votre oncle, cet autre sujet de larmes vous est annoncé, et tous vos fils se trouvent absents ; comme si vos maux s'étaient à dessein accumulés sur le même moment pour que vous n'eussiez pas où reposer votre douleur. Pour ne point parler des périls, des alarmes sans nombre qui n'ont cessé de vous assaillir sans vous vaincre, naguère sur ce même sein qu'ils venaient de quitter, vous avez recueilli[5] les cendres de trois petits-fils. Vingt jours après que mon fils expiré dans vos bras eut avec vos derniers baisers reçu de vous les honneurs funèbres, vous apprenez que je vous suis ravi. Il vous manquait jusque-là de porter le deuil des vivants.

III. La plus grave, la plus pénétrante de toutes les atteintes qui vous aient frappée, ce fut la dernière, je l'avoue ; elle n'a point rompu seulement l'épiderme, elle a déchiré le cœur et les entrailles. Mais si la moindre blessure arrache de longs cris au soldat novice qui redoute plus la main de l'opérateur que le fer de l'ennemi, le vétéran, fût-il percé de part en part, voit trancher ses chairs sans s'émouvoir et sans gémir, comme si c'étaient celles d'un autre : opposez même courage au traitement qu'il vous faut subir. Loin de vous ces lamentations, ces accents plaintifs, et tout ce fracas ordinaire de douleur féminine. Vous auriez perdu le prix de tant de souffrances si elles ne vous avaient appris à souffrir. Eh bien ! vous semblé-je procéder timidement avec vous ? Je ne vous ai rien voilé de vos misères, je les ai toutes amoncelées sous vos yeux. Je l'ai fait dans un digne but ; car je veux vaincre vos chagrins, et non pas seulement les restreindre.

IV. J'y parviendrai, je l'espère, si je vous montre d'abord que rien dans mon sort ne doit faire juger malheureux ni moi, ni à plus forte raison les miens, qui souffriraient de mon malheur ; et si, passant à votre destinée particulière, laquelle dépend toute de la mienne, je vous prouve qu'elle n'est point au-dessus de vos forces. Je commencerai par ce que votre tendresse est le plus impatiente d'ouïr, et vous dirai que je n'éprouve aucun mal. Quand je ne pourrais vous en convaincre, je vous démontrerai du moins que le faix sous lequel je vous parais fléchir peut se supporter. Que si encore vous ne m'en croyez pas, je m'applaudirai davantage de me trouver heureux dans une situation qui ne fait presque que des misérables. Ne jugez point sur ouï-dire ; c'est moi qui, pour empêcher que des préjugés ne vous troublent, vous déclare que je ne suis pas malheureux. J'ajouterai, pour vous tranquilliser plus encore qu'il est impossible que je le sois jamais.

V. Heureux l'homme tel que l'a créé son auteur, s'il n'abdique pas sa destinée! Grâce à la nature, il ne lui faut pas grands apprêts pour bien vivre : chacun peut se faire son bonheur. Les choses du dehors n'ont qu'une mince importance : leur poids est faible dans la balance des biens et des maux : et ni les succès n'exaltent le sage ni les revers ne l'abattent Car il s'est toujours efforcé de placer en lui le plus qu'il peut de ses biens, de puiser dans son âme toutes ses joies. Est-ce donc que je me donne pour sage? Je n'ai garde. Si j'avais droit à ce titre, non content de nier que je fusse à plaindre, je me dirais le plus fortuné des hommes et l'égal presque de Dieu même. Jusqu'ici, ce qui suffit déjà pour adoucir toute amertume, je me suis mis à la suite des sages; trop faible encore pour me défendre seul, je me suis réfugié dans le camp de ces hommes qui savent se protéger (a) eux et les leurs. Ils m'ont prescrit de veiller sans cesse comme à un poste militaire, et de prévoir bien à l'avance les tentatives et les coups de main de la Fortune. Elle accable l'homme qu'elle surprend; elle est facile à repousser pour qui l'attend toujours. Ainsi l'arrivée de l'ennemi renverse ceux qu'elle trouve au dépourvu; mais si avant la guerre on s'est préparé à la guerre, en bon ordre et dispos, on soutient aisément le premier choc, toujours le plus étourdissant. Jamais je ne me suis fié à la Fortune, lors même qu'elle semblait en paix avec moi : toutes ses faveurs, dont elle me comblait si libéralement, richesses, honneurs, célébrité, j'ai su les tenir assez loin de moi pour qu'elle pût les retirer sans m'entraîner du même effort. Entre ces choses et moi, j'ai mis un grand intervalle : elles disparurent, elles ne me furent point arrachées. L'adversité ne brise que les âmes qu'avait leurrées la prospérité. Ceux qui s'affectionnent aux dons de la Fortune comme à des biens personnels et permanents, qui veulent s'en faire des titres à la considération, tombent dans l'abattement et le désespoir dès que leurs vains et puérils esprits, incapables de toute solide jouissance, ont vu fuir ces hochets menteurs et passagers. Mais quand la bonne fortune n'enfle point l'homme, la mauvaise ne le rapetisse point, il est pour toujours invincible à toutes deux, il a fait ses preuves de courage, il s'est assuré pendant le calme de toutes ses ressources contre la tempête.

Pour moi, j'ai toujours cru que ces objets après lesquels tous soupirent ne renferment pas la moindre parcelle du vrai bien : je les ai trouvés vides de substance, parés d'un vernis

(a) Trois manusc. portent *se ac suos*, que j'adopte, au lieu de *se ac sua*.

brillant mais trompeur, et n'ayant rien au fond qui répondît aux apparences. Dans ce qu'on appelle mal, je ne vois rien de si effrayant ni de si dur que me le faisait craindre l'opinion du vulgaire. Le mot en lui-même, par une sorte de préjugé et de convention, frappe désagréablement l'oreille; il semble sinistre et d'odieux augure; ainsi l'a voulu le peuple : mais les arrêts du peuple se cassent souvent au tribunal des sages.

VI. Laissant donc l'opinion commune qu'entraîne la première vue des choses, telle qu'on l'a cru saisir, voyons ce que c'est que l'exil. Rien au fond qu'un changement de lieu. Pour ne point sembler circonscrire la portée du mot et dissimuler les rigueurs qu'il comporte, j'ajoute que ce changement de lieu est suivi d'inconvénients, tels que la pauvreté, l'ignominie, le mépris, épouvantails que je combattrai plus tard. Je ne veux tout d'abord traiter que cette question : Quelle amertume ce changement apporte-t-il en soi? Vivre expatrié, dit-on, est une chose insupportable. Eh bien! voyez toute cette population à laquelle suffisent à peine les demeures de notre immense capitale : la plupart ont quitté leur patrie. Des municipes, des colonies, de tous les points du globe ils sont accourus en foule. Les uns y sont amenés par l'ambition, par les devoirs d'un emploi public, par la charge d'une ambassade, par l'amour du plaisir qui cherche, où la fortune abonde, un lieu commode à la corruption; certains s'y rendent par goût pour les beaux-arts ou pour les spectacles; tel y est entraîné par l'amitié, tel autre par ses talents, qu'il trouve à produire dans tout leur éclat sur ce grand théâtre; celui-ci vient y vendre sa beauté, celui-là son éloquence. Toute espèce d'hommes afflue dans cette ville qui propose de riches salaires aux vertus comme aux vices. Faites comparaître devant vous tous ses habitants; demandez à chacun d'où il est; vous verrez que la plupart ont déserté leur pays natal pour la ville, il est vrai, la plus grande et la plus belle du monde, mais qui pourtant n'est point la leur. Après cette Rome, que l'on peut dire la commune patrie, passez en revue les autres villes, il n'en est point qui ne renferme en grande partie des étrangers. Maintenant, de ces contrées où l'agrément du site et l'avantage des lieux attirent le plus de monde, transportez-vous aux déserts, aux îles les plus sauvages, à Sciathos, à Sériphe, à Gyare et en Corse, vous ne trouverez pas de si affreux exil où quelqu'un ne demeure par prédilection. Est-il rien d'aussi nu, d'aussi escarpé de toutes parts que mon rocher[4]? Est-il un sol plus pauvre en subsistances, une race d'hommes plus intraitable, un site plus repoussant, un climat plus voué aux intempéries? Eh bien, ici même se rencontrent plus d'étrangers que d'indigènes.

L'émigration est si peu pénible en elle-même qu'il n'y a pas jusqu'à cette Corse qui n'ait enlevé des hommes à leur patrie. C'est, suivant quelques-uns, un instinct voyageur, et je ne sais quelle fièvre de déplacement qui nous pousse à changer de demeure. Nous tenons en effet de la nature une âme inquiète et mobile, qui ne se fixe jamais; elle se prodigue, elle promène sa pensée dans la sphère du connu et de l'inconnu, toujours vagabonde, ennemie du repos, amoureuse surtout de la nouveauté. Ce n'est pas chose étrange, si l'on considère son principe originel. Elle ne doit point l'être à cette masse terrestre et pesante qu'on appelle le corps : c'est du souffle céleste qu'elle émane. Or l'essence des choses célestes est le mouvement perpétuel : elles fuient emportées par une course rapide. Voyez les astres, ces flambeaux du monde : aucun n'est immobile; ils roulent et changent incessamment de place; déjà entraînés par la marche de l'univers, ils se meuvent d'eux-mêmes dans un sens opposé, voyagent de constellation en constellation, toujours actifs, toujours tendant d'un point à un autre point. Tout n'est que révolution constante, tout n'est que migration et que passage alternatif; c'est l'ordre de la nature, la loi irrésistible. Après un certain nombre de siècles, le cercle de leurs cours révolu, ils repasseront de nouveau par leur premier chemin. Croirez-vous maintenant que l'âme humaine, formée des mêmes éléments que les corps célestes, souffre à regret le déplacement et les émigrations, quand la nature divine trouve dans une révolution ininterrompue et des plus rapides sa jouissance ou ses moyens de conservation[5].

Mais descendez du ciel sur la terre, vous verrez des nations, des peuples entiers changer de séjour. Que signifient ces villes grecques au milieu des contrées barbares? Pourquoi la langue des Macédoniens se parle-t-elle dans l'Inde et la Perse? La Scythie et toute cette longue chaîne de peuplades farouches et indomptées vous montrent des cités achéennes bâties sur les rivages du Pont. Ni les rigueurs d'un hiver éternel, ni le naturel des habitants, aussi âpre que leur climat, n'ont détourné des colonies de s'y établir. L'Asie renferme une foule d'Athéniens; la seule Milet a disséminé en divers lieux une population de soixante-quinze villes ; toute cette côte d'Italie que baigne la mer inférieure fut jadis la grande Grèce. L'Asie se dit le berceau des Toscans; des Tyriens peuplent l'Afrique, des Carthaginois l'Espagne; les Grecs se sont jetés dans la Gaule et les Gaulois dans la Grèce; les Pyrénées opposaient une barrière aux Germains, ils l'ont franchie ; l'inconstance humaine s'est aventurée à travers les pays les plus impraticables, les plus inconnus. Femmes, enfants, parents appesantis par l'âge, on entraînait tout avec soi. Les uns, après avoir longtemps erré, se sont arrêtés moins par choix que par lassitude au premier lieu venu; d'autres, pour s'emparer d'une terre étrangère, se sont fait un droit de leurs armes; ceux-ci furent engloutis dans les flots, comme ils voguaient vers des plages ignorées; ceux-là demeurèrent où le manque de provisions les força de faire halte. Et tous n'eurent pas les mêmes motifs pour quitter leurs foyers et en chercher de nouveaux. Tantôt c'est une cité détruite ; ce sont ses restes, échappés au fer ennemi, que la spoliation pousse à l'envahissement; tantôt des proscrits politiques; ici une population surabondante qui verse au dehors l'excédant de ses forces; là, l'invasion de la peste, le sol qui fréquemment s'entr'ouvre, un climat que désole quelque insupportable fléau; parfois les attraits d'une terre plus fertile qu'exagère encore la renommée ; d'autres enfin s'expatrient pour d'autres causes. Évidemment rien n'est demeuré constamment fidèle à son berceau. C'est un va-et-vient perpétuel du genre humain; c'est chaque jour, sur un cercle immense, quelque rayon qui se déplace. On jette les fondements de cités nouvelles; de nouveaux noms, de nouvelles nations apparaissent, quand d'autres cessent d'être ou s'absorbent dans la conquête d'un puissant voisin. Or toutes ces transplantations de peuples que sont-elles, que des exils en masse?

VII. Qu'est-il besoin de vous traîner par de longs circuits, de vous citer Anténor qui bâtit Padoue, Évandre qui crée sur les rives du Tibre le royaume d'Arcadie; et Diomède et tant d'autres, vainqueurs et vaincus, que la prise de Troie dispersa sous des cieux étrangers? L'empire romain ne reconnaît-il pas pour fondateur un exilé qui, fuyant sa patrie conquise, traînant avec lui quelques chétifs débris, chassé par la nécessité et la crainte du vainqueur, cherchait au loin un asile et le trouva en Italie? Que de colonies plus tard ce même peuple n'envoyat-il pas dans toutes les provinces? Partout où il a vaincu, le Romain y habite. On s'enrôlait avec joie pour ces émigrations; et le vieillard quittait ses autels domestiques pour se faire colon au delà des mers.

VIII. Bien que le sujet n'exige pas un plus grand nombre d'exemples, il en est un que j'ajouterai, parce qu'il est tout sous mes yeux. La Corse a nombre de fois changé d'habitants. Sans trop remonter dans la nuit des âges, nous voyons que, désertant Phocée, les Grecs aujourd'hui fixés à Marseille s'arrêtèrent d'abord dans cette île. On ne sait pas bien quel motif les en a chassés, l'insalubrité de l'air, le voisinage de la trop puissante Italie, ou des côtes peu propres au mouillage? Car il ne paraît pas que ce soit la férocité des insulaires, puisque les nouveaux venus prirent place parmi les peuples de la Gaule encore barbare et non civilisée. Puis vinrent les Liguriens, puis vinrent les Espagnols, ce que dénote la conformité des usages; car on retrouve ici la coiffure, la chaussure du Cantabre et quelques mots de sa langue, l'idiome national ayant, dans le commerce des Grecs et des Liguriens, perdu toute sa physionomie. Ensuite deux colonies romaines y furent détachées, l'une par Marius, l'autre par Sylla : tant ce rocher aride et couvert de ronces a de fois changé de population! Enfin à peine trouveriez-vous une terre habitée aujourd'hui par ses indigènes. Toutes les races ont été mêlées, entées l'une sur l'autre et remplacées successivement. Celle-ci aspire à ce que dédaigne celle-là; une troisième, qui a tout expulsé, est chassée à son tour. C'est l'arrêt du destin que rien ne soit constamment prospère et debout à la même place.

Quant à l'exil proprement dit, abstraction faite des autres désagréments qu'il entraîne, Varron, le plus docte des Romains, y voit un suffisant remède en ceci, que n'importe où l'on aille, on y jouit de la commune nature. Selon M. Brutus, c'est assez que l'exilé emporte avec soi tous ses mérites. Si, prise à part, chacune de ces consolations semble peu efficace pour un exilé, on conviendra que réunies elles peuvent être puissantes. En effet, combien peu de chose avez-vous perdu, quand ces deux biens, les plus grands de la vie, vous suivent quelque part que s'adressent vos pas, la commune nature, et la vertu qui vous est propre! Croyez-moi, l'architecte quel qu'il soit de cet univers, qu'on l'appelle le dieu tout-puissant, ou la raison incorporelle créatrice de ces corps immenses, ou le souffle divin réparti avec une égale énergie dans ses plus vastes comme dans ses moindres œuvres, ou le destin, l'immuable enchaînement des causes entre elles, cet agent suprême a tout réglé de façon qu'il ne tombât rien, que des choses de valeur infime, à la discrétion de nos ennemis. Ce qu'il y a de meilleur en l'homme est placé hors du pouvoir humain, et ne se donne pas plus qu'il ne s'enlève. Ce monde, le plus grand, le plus magnifique ouvrage de la nature, cette âme faite pour contempler et pour admirer l'univers dont elle est la plus noble partie, voilà qui nous est propre et permanent, voilà qui doit nous demeurer autant que nous demeurerons nous-mêmes. Marchons donc gaiement, la tête haute, d'un pas agile et intrépide, partout où le sort nous mènera.

IX. Que l'on parcoure telle région qu'on voudra, on n'en trouvera aucune qui ne soit pas faite pour l'homme. De partout également ses regards découvrent le ciel; partout le domaine des dieux est à même distance du domaine des mortels[6] Pourvu donc que ce spectacle dont mes yeux sont insatiables ne me soit pas ravi; pourvu que je puisse contempler la lune et le soleil, suivre de l'œil les autres astres, leur lever, leur coucher, leurs distances, rechercher les causes de leur marche tantôt plus rapide et tantôt plus lente, observer au sein de la nuit ces millions de points lumineux dont les uns demeurent fixes, et les autres, sans fournir un long cours, roulent toujours dans le même orbite; ceux-ci jaillissant tout à coup, ceux-là qui avec une traînée de flamme éblouissante semblent tomber du ciel ou dont les longs sillons de lumière vont traversant l'espace; pourvu que j'habite au centre de ces merveilles, initié aux immortels secrets autant qu'un homme peut l'être, et que mon âme, sœur de ces merveilles qu'elle aspire à contempler, ne descende pas de sa sublime sphère, que m'importe quelle boue foulent mes pieds?

« Mais cette terre où je suis n'abonde ni en arbres à fruits ni en ombrages riants; point de fleuves larges et navigables qui l'arrosent; l'étranger ne demande aucun de ses produits qui suffisent à peine à la nourriture de ses habitants; on n'y taille point de marbres précieux, on n'y exploite pas de filons d'or ou d'argent. » Quelle est étroite, l'âme qui fait sa joie des choses de la terre! Reportons-nous vers ce monde supérieur qui partout se montre le même, partout brille du même éclat, et songeons que ces vils objets, sources d'erreurs et de préjugés, font seuls obstacle au vrai bonheur. En prolongeant ces portiques, en surélevant ces tours déjà si hautes, en agrandissant ces vastes quartiers, en augmentant la profondeur de ces grottes d'été, en couronnant de faîtes toujours plus massifs ces salles à manger, que fait-on, que se dérober de plus en plus la vue du ciel? « Mais aux lieux où le sort m'a jeté, mon abri le plus spacieux est une cabane ? » Tu es certes bien pusillanime, et tu te consoles en avare, si tu ne dois ici ton courage qu'au souvenir de la cabane de Romulus. Ah! dis plutôt: Cet humble toit ne repousse pas la vertu ; il effacera les plus beaux temples si l'on y peut contempler la justice, la modération, la sagesse, la piété, la science des devoirs et de leur exacte distribution, la connaissance des choses du ciel et de la terre. Elle n'est jamais étroite, la demeure qui renferme tant et de si grandes vertus ; il n'est jamais accablant, l'exil où peut nous suivre un tel cortége.

Brutus, dans son traité *De la vertu*, assure qu'il vit Marcellus (a), exilé à Mitylène, aussi heureux que le comporte la nature humaine, et plus passionné que jamais pour les nobles études. Aussi ajoute-t-il qu'en le quittant, il se trouvait plus exilé que lui, qu'il laissait sur la terre d'exil. Heureux Marcellus, plus heureux dans ton bannissement des éloges de Brutus que de ceux de la République durant ton consulat! Qu'il est grand, cet homme dont on ne peut se séparer sans se croire exilé soi-même, et qui ravit l'admiration d'un personnage admiré même de Caton, son beau-père! Brutus rapporte encore que C. César évita de relâcher à Mitylène, ne pouvant soutenir la vue d'un grand homme indignement traité. Son retour fut obtenu par une démarche solennelle du sénat qui montra tant de sollicitude et d'affliction, que chacun de ses membres semblait animé du même esprit que Brutus, et supplier plutôt pour soi que pour Marcellus, dont l'absence était le bannissement de tous. Mais le plus beau jour du proscrit, fut celui où Brutus eut peine à s'arracher de sa présence, et où César ne put la supporter. Double et magnifique témoignage : revenir sans lui fut pour Brutus un vif chagrin, pour César une honte. Doutez-vous que cet homme héroïque, pour se résigner à l'exil, ne se soit dit : « Te voilà hors de ta patrie, est-ce là un malheur? La philosophie t'a enseigné que toute contrée est la patrie du sage. Mais quoi! ton proscripteur n'a-t-il pas lui-même passé dix longues années loin de la sienne, pour reculer, je le veux, les bornes de nos conquêtes; mais enfin ne les a-t-il pas passées loin d'elle? Voilà qu'aujourd'hui l'Afrique qui se relève grosse d'hostilités menaçantes, voilà que l'Espagne réchauffant des figues abattues et brisées, voilà que la perfide Égypte, en un mot, que le monde entier, attentif au moindre ébranlement

---

(a) Le même pour lequel Cicéron plaida devant César.

de l'empire, l'appellent partout à la fois. Où courra-t-il d'abord? A qui fera-t-il face? Ses victoires vont le chasser sur tous les points du globe. Qu'il reçoive l'hommage et l'encens des peuples : il doit te suffire à toi d'avoir Brutus pour admirateur⁷. »

Marcellus sut donc supporter l'exil, et le changement de séjour ne changea nullement son âme, bien qu'il eût pour compagne la pauvreté, laquelle n'est point un mal aux yeux de quiconque n'est pas encore infecté de mollesse et de cupidité, ces folies qui bouleversent tout l'homme. Qu'il est petit en effet, le nombre des choses nécessaires à notre conservation! Et à quel homme peuvent-elles manquer, pour peu qu'il ait d'énergie! Quant à moi, je le sens, ce ne sont point des ressources, mais des embarras que j'ai perdus. Ce qu'exige le corps se réduit à peu : il ne veut que se garantir du froid, apaiser sa faim, éteindre sa soif; au delà, c'est pour les fantaisies du vice, non pour le besoin qu'on travaille. Il n'est pas nécessaire de fouiller les plus profonds abîmes de l'onde, de se farcir l'estomac des débris sanglants de mille animaux, d'arracher des coquillages aux bords sans nom de la mer la plus reculée. Que les dieux et les déesses confondent cette sensualité qui franchit les limites d'un empire dont l'univers est si jaloux! Elle envoie prendre au delà du Phase de quoi pourvoir à ses fastueuses orgies, et n'a pas honte de demander des oiseaux à ces Parthes auxquels Rome n'a pas encore demandé compte de leurs attentats. Blasée sur tout ce qu'elle connaît, elle met à contribution le globe entier. Des extrémités de l'Océan on apporte des mets que peut à peine recevoir un estomac ruiné de raffinements. On vomit pour manger, on mange pour vomir ; et ces aliments, qu'ils ont cherchés par toute la terre, ils dédaignent de les digérer (*a*).

A qui méprise ces choses, quel tort fait la pauvreté? A qui les souhaite, elle est même salutaire; elle le guérit malgré lui ; et quand on repousserait cette amère leçon de la nécessité, toujours est-il que l'impuissance a même effet qu'un refus volontaire. Caligula, que la nature me semble n'avoir fait naître que pour montrer ce que peut l'extrême dépravation dans une extrême fortune, dévora en un souper dix millions de sesterces (*b*); et malgré le secours de tant de génies inventifs, il eut peine à trouver moyen de consommer d'un seul coup l'impôt de trois provinces. Que je plains ceux dont l'appétit ne s'éveille

---

(*a*) Voir *Lettre XXXXVII*.
(*b*) 1 948 356 fr.

que pour des mets payés à poids d'or ! Et cette cherté ne vient pas d'une exquise saveur, de ce qu'ils flattent particulièrement le palais : c'est qu'ils sont rares et difficiles à se procurer. Si l'on voulait revenir à la saine raison, serait-il besoin de tous ces arts au service de la bouche, de ces lointains trafics? Faudrait-il dépeupler les forêts, sonder les gouffres de l'Océan? A chaque pas s'offrent des aliments que la nature a placés en tous lieux; mais les aveugles! ils passent outre, ils voguent de climats en climats, de rivage en rivage [8], et quand peu les pourrait satisfaire, beaucoup les rend insatiables.

X. On voudrait leur crier : Pourquoi lancer en mer ces navires? pourquoi armer vos bras et contre les bêtes féroces et contre vos semblables? Pourquoi tant de bruit et de courses par tous chemins? Pourquoi entasser richesses sur richesses? Ne songerez-vous jamais à l'exiguïté de vos corps (a)? N'est-ce pas une folie et le dernier terme de l'aberration morale que ces vastes désirs avec des besoins si bornés? Enflez vos revenus, reculez vos limites, vos estomacs n'y gagneront rien en capacité. Que le négoce vous ait bien réussi, la guerre beaucoup rapporté, que vous rassembliez de toutes parts des masses de subsistances, vous n'aurez pas où loger tant de provisions. Et vous ne rêvez qu'acquisitions nouvelles ! Sans doute que nos pères, sur les vertus desquels notre corruption se soutient encore [9], étaient à plaindre d'apprêter eux-mêmes leurs aliments, de coucher sur la dure, de n'avoir ni toits brillants d'or, ni temples étincelants de pierreries ! Il est vrai qu'on gardait sa foi, alors qu'on jurait par des dieux d'argile [10]; qui les avait pris à témoin, retournait mourir chez l'ennemi pour ne point faillir à sa parole. Ce dictateur qui écoutait les députés samnites en préparant à son foyer les plus grossiers légumes de cette même main qui avait tant de fois terrassé l'ennemi et déposé le laurier triomphal sur les genoux de Jupiter Capitolin, vivait sans doute moins heureux que de notre temps un Apicius qui, dans cette ville d'où les philosophes s'étaient vu bannir comme corrupteurs de la jeunesse, tint école de bonne chère, et infecta son siècle de sa doctrine. Or, apprenez la fin de cet homme: elle vaut la peine d'être connue. Après un milliard de sesterces englouti en cuisine, et tant de riches présents des Césars et l'immense subvention du Capitole (b) absorbés d'orgie en orgie, écrasé de dettes, forcé de voir ses comptes pour la première

(a) Voir *Lettre CXIV*.
(b) Destinée à l'embellissement du temple, et détournée par Apicius.

fois, il calcula qu'il lui resterait dix millions de sesterces, et pensant que ce serait mourir de faim que vivre avec une pareille somme, il s'empoisonna. Quel effroyable luxe que celui pour qui dix millions de sesterces étaient la misère! Osez croire maintenant que c'est le degré de richesse qui fait le bonheur, et non le degré de raison.

XI. Voilà un homme que dix millions de sesterces épouvantent : tant d'autres envieraient son sort, et il s'y dérobe par le poison, ou plutôt ce dernier breuvage est le seul salutaire qu'ait pris ce mortel dépravé. S'il but et mangea du poison, ce fut lorsqu'il mettait dans ses festins énormes non-seulement sa délectation mais sa gloire, lorsqu'il faisait trophée de ses excès qu'il débauchait la ville entière par ses exemples, et provoquait à l'imiter une jeunesse déjà trop encline au mal quand les modèles lui manqueraient. Tel est le sort des hommes qui ne mesurent point la richesse sur la raison dont les bornes sont fixes, mais sur des habitudes perverses, des fantaisies sans limite et sans frein [11]. A la cupidité rien ne suffit : à la nature il suffit de si peu!

La pauvreté dans l'exil est donc loin d'être un mal, dès qu il n'est point de sol si indigent qui ne fournisse largement à la nourriture de son hôte. Est-ce d'un vêtement, est-ce d'un abri qu'a besoin l'exilé? Si c'est vraiment pour le besoin qu'il les désire, ni l'un ni l'autre ne lui manqueront : il faut aussi peu pour couvrir l'homme que pour le nourrir; la nature a voulu que rien de ce qu'elle lui rendait nécessaire ne fût pénible à trouver. S'il souhaite de la pourpre à double et triple teinture, tissée de bandes d'or, nuancée de diverses couleurs et broderies, la faute n'en est pas au sort mais à lui, s'il se trouve pauvre. Lui rendît-on même tout ce qu'il n'a plus, on n'aura rien fait: ses désirs, après son rappel, le laisseront plus dénué qu'il ne l'était dans les privations de l'exil. S'il souhaite un buffet étincelant de vases d'or, et une argenterie marquée au noble coin des artistes de l'antiquité, et cet airain dont la manie de quelques riches fait tout le prix, et ces légions d'esclaves qui rendent insuffisant le logis le plus ample, et ces bêtes de somme aux formes rebondies, à l'embonpoint artificiel, et des pierreries de tous les pays du monde; qu'il entasse ces richesses si haut qu'il voudra, jamais elles ne rassasieront son âme insatiable; tout comme aucun breuvage ne désaltérera l'homme dont la soif ne vient pas du besoin, mais de l'ardeur qui brûle ses entrailles : car ce n'est plus une soif, c'est une maladie.

Et cette fièvre n'attaque pas la cupidité seule ou la gourmandise. Elle est naturelle à tout appétit qui n'est point nécessité, mais dépravation : quoi qu'on lui prodigue, on ne met pas un terme au désir, on lui fait faire un pas de plus. Pour conclure donc : renfermez-vous dans la nature, vous ne sentirez pas la pauvreté ; sortez-en, la pauvreté vous suivra jusque dans l'opulence. Au nécessaire l'exil même peut suffire ; au superflu des royaumes ne suffiraient pas. C'est par l'âme qu'on est riche : ce trésor-là nous suit dans l'exil, dans les plus âpres solitudes ; il nous fait puiser en nous-mêmes, quand le corps a trouvé de quoi se soutenir, l'abondance et la satisfaction. L'argent n'importe en rien à l'âme, non plus qu'aux dieux immortels tous ces vains simulacres tant admirés par de stupides esprits, trop esclaves des sens. Ces marbres, cet or, cet argent, ces larges tables rondes d'un poli si parfait : pesante matière, que ne peut aimer une âme pure, ayant souvenir de son origine, détachée de la terre et de ses soins, prête à s'élancer au plus haut des cieux sitôt que sa chaîne se brisera, cependant que, malgré les entraves de la chair et les lourds embarras qui l'arrêtent de toutes parts, sa pensée explore dans son vol rapide le séjour des immortels. Aussi l'exil n'est jamais fait pour elle, indépendante, sœur des dieux, qui embrasse les mondes et les temps. Sa pensée parcourt l'univers céleste, et les siècles qui ne sont plus et tous ceux qui doivent naître[12]. Ce misérable corps, sa prison et sa gêne, est le jouet de tout ce qui l'environne ; c'est sur lui que les supplices, les brigandages, les maladies se déchaînent ; l'âme toute seule est chose sainte et qui ne meurt pas, et sur laquelle on ne saurait porter la main.

XII. N'allez pas croire que, pour atténuer les inconvénients de la pauvreté, pénible seulement dès qu'on la croit telle, ma ressource unique soit dans les préceptes des sages. Et d'abord, considérez en quelle majorité sont les pauvres que, sous nul rapport, vous ne verrez plus tristes ni plus soucieux que les riches ; je ne sais même s'ils ne sont pas d'autant plus gais que moins de soins partagent leur esprit. Si nous passons aux riches, dans combien de cas ne peut-on pas les assimiler aux pauvres? En voyage, leurs bagages sont fort restreints, et toutes les fois que l'exige la célérité de la marche, la foule de leurs suivants est renvoyée. A la guerre, que peuvent-ils emporter de leur attirail ? La discipline des camps proscrit tout cela. Non-seulement la force des circonstances ou le dénûment des lieux les mettent au niveau des pauvres, mais eux-mêmes choisissent certains jours où, quand l'ennui du faste vient à les prendre, ils ont pour table le gazon et, au lieu d'or et d'argent, se servent de vases d'argile (a). Insensés! ce qu'ils désirent par moments, ils passent leur vie à le craindre. O profond aveuglement d'esprit! ô cruelle ignorance du vrai! ils fuient la chose dont ils se plaisent à embrasser l'image. Pour moi, chaque fois que j'envisage les exemples de nos aïeux, j'ai honte de chercher des consolations à la pauvreté, quand, de nos jours, le luxe est venu au point que le bagage d'un exilé est plus riche que le patrimoine d'un grand d'autrefois. On sait qu'Homère n'avait qu'un esclave; Platon en eut trois; Zénon, le fondateur de la doctrine rigide et mâle des stoïciens, n'en avait point. Osera-t-on dire que leur existence fut à plaindre, sans mériter soi-même la plus profonde pitié? Menenius Agrippa, qui avait été entre le sénat et le peuple médiateur de la réconciliation générale, fut enterré au moyen d'une contribution publique. Pendant que Regulus battait les Carthaginois en Afrique, il écrivit au sénat que son mercenaire s'était enfui et laissait son champ à l'abandon. Le sénat ordonna que ce champ fût, en l'absence du général, cultivé aux frais de l'Etat. Certes, la perte d'un esclave n'achetait pas trop cher l'honneur d'avoir le peuple romain pour fermier. Les filles de Scipion furent dotées par le trésor public, leur père ne leur ayant rien laissé. Il était bien juste que l'État se fît une fois tributaire du héros qui lui valait chaque année les tributs de Carthage. Heureux les époux de ces filles auxquels le peuple romain tenait lieu de beau-père! Trouvez-vous les riches qui donnent en mariage à leurs pantomimes favorites un million de sesterces plus enviables qu'un Scipion dont les enfants reçurent du sénat, leur tuteur, une lourde monnaie de cuivre pour dot? Dédaignera-t-on une pauvreté dont on a de si illustres exemples? Un banni s'indignera-t-il d'être privé de quelque chose, quand Scipion a manqué de dot pour ses filles, Regulus d'un homme à gages, Menenius d'argent pour ses funérailles, et quand les secours votés à ces grands hommes furent aussi honorables que l'était leur indigence? Avec de tels patrons, la pauvreté rassure; elle devient même un titre de crédit.

XIII. On dira peut-être : « Pourquoi séparer subtilement des choses qui isolées sont supportables, et réunies ne le sont

(a) Voir *Lettres* XVII et XVIII.

plus? Le changement de lieu peut s'endurer, si l'on ne fait que changer de lieu, la pauvreté de même, si elle n'est pas jointe à l'ignominie qui d'ordinaire brise à elle seule l'énergie de l'âme. » A quiconque voudra m'effrayer par l'accumulation des souffrances j'ai ceci à répondre : « Si tu es assez fort contre un seul des traits de la Fortune, tu le seras contre tous ; dès qu'une fois la vertu a cuirassé notre âme, elle l'a faite invulnérable sur tous les points. Si la passion de l'or, si cette peste du genre humain, la plus furieuse de toutes, t'a quitté, l'ambition ne te retiendra guère. Si tu regardes ton dernier jour non comme un châtiment, mais comme une loi de la nature[13], si tu as banni de ton cœur la crainte de la mort, aucune terreur n'osera y entrer. Si tu te dis que le penchant aux plaisirs amoureux fut donné à l'homme non pour la volupté, mais pour la propagation de l'espèce, pur des atteintes de ce venin secret et inhérent à nos entrailles, il n'est point d'autre mauvais désir qui ne te respecte. La raison terrasse non pas chaque vice isolément, mais tous les vices ensemble : sa victoire est générale. Crois-tu que l'ignominie puisse jamais émouvoir le sage, pour qui sa conscience est tout, et qui a rompu avec les préjugés du vulgaire? Ce qui est pis même que l'ignominie, c'est une mort ignominieuse. Eh bien, vois Socrate : avec le même visage qui jadis avait seul imposé aux trente tyrans, il entre dans[14] cette prison dont il va ennoblir la honte ; car on ne pouvait voir une prison là où était Socrate. Quel homme serait assez aveugle aux lumières de la vérité pour croire Caton déshonoré par le double refus qu'il subit comme candidat à la préture et au consulat? C'est la préture, c'est le consulat qui furent déshérités de l'honneur que Caton leur apportait. Le mépris d'autrui n'atteint que l'homme qui déjà se méprise lui-même. Une âme basse, dégradée, donne prise à ces flétrissures ; mais celle qui reste supérieure aux plus rudes disgrâces, qui triomphe des mêmes maux dont les autres sont accablés, celle-là est comme sacrée par sa propre infortune ; car, tel est l'homme : rien ne commande son admiration comme le courage dans le malheur. Lorsque dans Athènes on menait Aristide (a) au supplice, et que sur son passage tous les yeux se baissaient et pleuraient non pas seulement l'homme juste, mais la justice elle-même sacrifiée en lui, il se trouva pourtant un misérable

---

(a) Sénèque confond Aristide, qui ne fut jamais conduit au supplice, avec Phocion.

qui lui cracha au visage, affront d'autant plus propre à l'indigner qu'il savait bien qu'une bouche impure pouvait seule se le permettre. Il se contenta de s'essuyer, et dit en souriant au magistrat qui l'accompagnait : « Avertissez cet homme de bâiller désormais avec plus de décence. » C'était faire affront à l'affront lui-même. Je sais qu'au dire de quelques-uns, rien n'est plus accablant que le mépris : ils choisiraient plutôt la mort. Je leur répondrai que l'exil est souvent à couvert de tout mépris. Le grand homme qui tombe reste grand même couché par terre ; il n'est pas, croyez-le, plus méprisé que ces temples dont les ruines sont foulées aux pieds, mais que révèrent les âmes religieuses comme s'ils étaient encore debout [15]. »

XIV. Puisque mon sort n'a rien, ô mère bien-aimée, qui doive éterniser vos larmes, je ne vois plus que des raisons à vous personnelles qui puissent les provoquer. Ces raisons se réduisent à deux : ou vous souffrez de cette idée qu'un appui vous manque, ou les regrets de l'absence vous sont intolérables. Je ne dois qu'effleurer le premier point : car votre cœur m'est connu ; rien ne vous est cher en nous tous que nous-mêmes. Que d'autres mères abusent, dans leur despotisme de femmes, de la puissance de leurs fils ; que, trouvant l'accès des honneurs fermé à leur sexe, leur ambition s'exerce au nom de ces fils dont elles dissipent les biens, dont elles briguent même l'héritage, dont elles fatiguent l'éloquence en la prêtant à ceux qu'elles protégent ; Helvia, au contraire, vivement réjouie de la fortune de ses enfants, n'en usa que bien peu ; elle mit toujours des bornes à notre libéralité, quand elle n'en mettait point aux siennes ; sous la tutelle même de son père, à des fils déjà riches elle a voulu donner encore ; elle a géré nos patrimoines avec les soins qu'on met au sien propre et le désintéressement qu'exige celui d'autrui ; elle a ménagé notre crédit comme s'il n'était pas aussi le sien ; il ne lui est revenu de nos honneurs qu'une joie pure et des sacrifices ; jamais sa tendresse n'a regardé à son intérêt. Pourriez-vous donc, après l'exil de votre fils, regretter ce qu'auparavant vous n'avez jamais compté comme à vous ?

XV. Aussi tous mes efforts doivent-ils se tourner vers la source même de votre affliction maternelle : « Je suis privée des embrassements d'un fils chéri ; je ne jouis plus de sa présence, de sa conversation. Où est-il celui dont la vue éclaircissait la tristesse de mon front ; dans le sein duquel je déposais tous mes soucis ? Où sont ces entretiens dont je ne me pouvais rassasier? Et ces études auxquelles j'assistais avec un plaisir que goûtent peu les femmes, plus assidûment que ne font les mères? Et ces douces rencontres? Et cette gaieté d'enfant qu'il avait toujours à ma vue? » Puis vous retrouvez les lieux mêmes de nos fêtes et de nos repas de famille, et, chose inévitable et bien propre à déchirer l'âme, les impressions d'une vie si intime naguère. Car, autre raffinement de la cruelle Fortune, c'est trois jours avant le coup qui m'a frappé, c'est quand vous étiez en pleine sécurité et loin de toute appréhension semblable, qu'elle imagina de vous rappeler à Rome. Elle avait bien fait de nous séparer par la distance des lieux, bien fait de vous préparer à ce malheur par une absence de quelques années, vous qui êtes revenue non pour jouir de votre fils, mais pour ne pas perdre l'habitude de le regretter. Si votre absence avait daté de plus longtemps, le chagrin eût été moins vif, l'intervalle même en eût adouci l'amertume : si vous ne fussiez point partie, du moins vous y eussiez gagné pour dernier avantage de voir deux jours de plus votre fils. Mais le destin a si bien combiné ses rigueurs, que vous ne pûtes ni assister à mes succès, ni vous faire à mon absence. Or plus ces coups sont rudes, plus il faut vous armer de courage et redoubler de vigueur contre un ennemi connu, vaincu par vous plus d'une fois. Ce n'est pas d'un corps jusqu'ici sans blessure que votre sang coule aujourd'hui; c'est sur vos cicatrices même que l'atteinte a porté.

XVI. N'invoquez pas pour excuse les droits de votre sexe, ce privilége des larmes qu'on lui accorde presque sans mesure, mais non pas sans terme; car si nos ancêtres ont, par un décret solennel, permis aux veuves de pleurer dix mois leurs maris, ç'a été pour composer avec la douleur obstinée des femmes; ils n'ont pas interdit le deuil, ils l'ont limité. Nourrir une affliction sans fin pour la perte d'un être aimé, c'est une faiblesse déraisonnable; n'en ressentir aucune serait une dureté inhumaine. Pour bien concilier la sensibilité et la raison, il faut que l'âme s'ouvre au regret, mais qu'elle en triomphe. Ne vous réglez pas sur quelques femmes dont le premier deuil n'a cessé qu'à leur mort, sur ces mères que vous connaissez, qui à la perte de leurs fils s'imposèrent ces lugubres voiles qu'elles ne dépouillèrent plus. Vous devez mieux répondre aux débuts si courageux de votre vie : s'excuser sur ce qu'elle est femme, ne sied pas à celle qui s'est tenue loin de toute faiblesse féminine. Ce n'est pas vous que le fléau dominant du siècle, la licence des mœurs a pu entraîner comme tant d'autres, ni perles ni diamants ne vous ont séduite; la richesse ne vous a point éblouie, ne vous a point paru le premier bien de l'humanité. Soigneusement élevée dans une maison austère et de mœurs antiques, l'exemple du vice, si dangereux même à la vertu, ne vous a point détourné d'elle. Jamais vous ne rougîtes de votre fécondité, comme si elle vous reprochait votre âge; jamais vous n'imitâtes ces femmes qui, n'ambitionnant pour tout mérite que d'être belles, déguisent les progrès de leur grossesse comme d'un fardeau qui les dépare, ou même étouffent dans leur sein le germe et l'espoir de leur race[16]. Ni fard, ni artifices de coquettes n'ont souillé votre visage; jamais vous n'adoptâtes ces costumes que l'on dépose sans en être plus nue (a). Vous n'avez eu pour parure que cette beauté même qui a résisté à l'outrage des ans; et la première gloire à vos yeux fut la chasteté.

Vous ne pouvez donc, pour autoriser votre douleur, invoquer les prérogatives d'un sexe dont vos vertus vous ont séparée. Vous devez être aussi étrangère à ses larmes que vous l'êtes à ses vices. Mais il est même des femmes qui vous défendront de vous consumer dans l'affliction et qui, après un abattement moindre sans doute et plus court chez vous que chez les autres, vous obligeront à vous relever. Jetez les yeux sur celles que d'éclatantes vertus ont portées au rang des grands hommes ; voyez Cornélie : de douze enfants qu'elle avait eus, le sort l'avait réduite à deux. A nombrer les morts, dix avaient péri; estimez la perte : dix Gracques. Et pourtant, à ceux qui pleuraient autour d'elle et maudissaient sa destinée, elle disait : « N'accusez pas la Fortune qui m'a donné des Gracques pour fils. » Voilà bien la femme dont devait naître celui qui s'écriait à la tribune : « Toi, insulter ma mère, celle qui m'a porté dans ses flancs! » Mais le mot de la mère me paraît bien plus énergique. Le fils mettait un haut prix à la naissance des Gracques ; et la mère, même à leur trépas. Rutilia suivit dans le bannissement son fils Cotta ; elle lui fut si tendrement attachée qu'elle aima mieux souffrir l'exil que son absence et ne revit sa patrie qu'avec lui. Il était rentré dans Rome et couvert de gloire lorsqu'elle le perdit, et cela, avec le

---

(a) Je lis, d'après un manusc. : *quæ nihil amplius nudaret quum poneretur.* Lemaire : *quæ nihil aliud, quam ut nudaret, componeretur.* Voy. d'ailleurs *Des bienfaits*, VII, IX ; et *Lettre* XC.

courage qu'elle avait mis à le suivre : les obsèques de son fils terminées, nul ne la vit plus dans les larmes. Héroïque dans l'exil de ce fils, elle se montra sage à sa mort : rien n'avait rebuté sa tendresse, rien ne put l'enchaîner à une affliction stérile et déraisonnable. C'est parmi ces femmes que je veux vous compter : constante imitatrice de leur vie, il sera beau de vous voir comme elles modérer, comprimer vos chagrins. Je sais que la chose n'est guère en notre pouvoir, qu'aucune affection n'obéit, et la douleur moins que tout le reste : farouche de sa nature, tous les remèdes la trouvent rebelle. Parfois on voudrait l'étouffer et dévorer ses gémissements; mais le visage a beau feindre, a beau se composer, les pleurs se font jour et débordent; on court occuper son esprit de spectacles et de gladiateurs; mais, au fort de ses distractions les plus vives, le moindre ressouvenir de ce qu'il a perdu le bouleverse. Mieux vaut donc vaincre la douleur que la tromper; car, en dépit des plaisirs qui lui donnent le change ou des affaires qui l'entraînent ailleurs, elle se réveille; dans son repos même elle prépare son élan pour de nouvelles morsures; mais terrassée par la raison, elle ne se relèvera plus. Je ne vous conseillerai pas de faire comme je sais qu'ont fait tant d'autres, de vous jeter dans des voyages prolongés ou de pur agrément, de consacrer beaucoup de temps et de soins à recevoir vos comptes, à administrer vos biens, de toujours vous embarrasser en quelque nouvelle affaire : tous palliatifs d'un moment qui, sans la guérir, contrarient la douleur; j'aime mieux la faire cesser que l'étourdir. Je préfère vous conduire au port où doit tendre quiconque fuit les coups de la Fortune, c'est-à-dire aux études libérales. Ce sont elles qui fermeront votre blessure, qui vous affranchiront de toutes vos tristesses. Ces habitudes studieuses n'eussent-elles jamais été les vôtres, il faudrait aujourd'hui les prendre : or autant que mon père et la rigueur de ses vieilles maximes l'ont permis, toutes les belles connaissances ont été sinon possédées, du moins abordées par vous. Plût au ciel que cet excellent homme, trop attaché aux usages de ses ancêtres, vous eût laissée approfondir plutôt qu'effleurer les doctrines des sages ! Vous n'auriez pas maintenant à chercher des armes contre la Fortune, vous les trouveriez en vous. Parce que certaines femmes puisent dans les lettres, non point des principes de sagesse, mais une séduction de plus à étaler, il ne souffrit pas que vous en fissiez une plus longue étude; mais votre heureux génie, prompt à tout saisir, a suppléé au temps, vous possédez les premières bases de toute science. C'est aujourd'hui qu'il y faut revenir ; elles feront votre sûreté, votre consolation, vos délices ; si vous leur ouvrez franchement votre âme, jamais plus n'y entrera la douleur, jamais l'inquiétude, jamais les inutiles tourments d'une affliction vaine ; votre cœur restera fermé à tous les chagrins, comme il l'est depuis longtemps à toutes les autres faiblesses.

Voilà vos plus sûrs auxiliaires et votre unique sauvegarde contre la Fortune ; mais comme, avant de gagner l'asile qu'ils vous promettent, il vous faut des appuis pour assurer votre marche, je veux en attendant vous montrer les consolations qui vous restent. Jetez les yeux sur mes frères : aurez-vous droit, tant qu'ils vivront, d'accuser la destinée ? Vous possédez en eux deux mérites divers qui doivent faire votre joie : l'un s'est élevé aux honneurs par ses talents ; la philosophie de l'autre les a dédaignés. Reposez votre cœur malade sur la dignité du premier, sur le calme du second, sur la tendresse de tous deux. Je les connais ces frères, et leurs sentiments les plus intimes. Gallion ne court sa brillante carrière que pour vous en reporter la gloire. Méla ne s'est voué à la retraite et au repos qu'afin d'être mieux à vous. Pour vous protéger comme pour charmer votre vie, la Fortune vous a bien partagée en fils : le crédit de l'aîné peut vous défendre, vous pouvez jouir des loisirs du plus jeune. Ils rivaliseront de dévouement ; et l'amour de deux fils compensera l'absence d'un seul. Oui, j'ose vous le promettre, il ne vous manquera que le nombre. Que vos yeux aussi se reportent sur vos petits-enfants, sur mon fils Marcus en qui tout est si aimable. Point de tristesse qui tienne à sa vue ; point de douleur si vive et si récente qui ne cède à ses insinuantes caresses [17]. Quels pleurs ne tariraient devant sa gaieté ? Est-il une âme serrée par le chagrin que ses gentillesses ne dilatent, que son espièglerie n'entraîne à ses jeux, qui ne soit distraite, arrachée aux pensées les plus absorbantes par ce babil dont personne ne se lasse [18] ? Dieux que j'implore, faites qu'il nous survive ! Que la rigueur des destins s'épuise toute et s'arrête sur moi seul ; que toutes les douleurs de la mère frappent sur moi, sur moi toutes celles de l'aïeule ! Soyez tous heureux où le sort vous maintient ; je ne me plaindrai pas qu'on m'ait ravi à mon fils et à mes foyers. Que du moins, victime pour toute ma maison, je ne lui laisse rien à souffrir de plus.

Pressez sur votre sein cette Novatilla qui bientôt vous donnera des arrière-petits-fils ; je l'avais si bien adoptée dans mes affections, qu'après ma perte, et tout en conservant son père, elle pourrait sembler orpheline. Aimez-la pour vous et pour moi. Le sort vient de lui ravir sa mère ; votre tendresse peut, sans effacer ses regrets, faire qu'elle sente moins son isolement. Qu'elle sache de vous régler ses mœurs et son extérieur : les leçons pénètrent plus avant quand elles s'impriment dans un âge encore tendre. Qu'elle prenne goût à vos entretiens ; qu'elle se forme à votre école. Quels dons vous lui ferez, quand vous ne lui donneriez que l'exemple ! Ce devoir solennel sera votre premier remède : les douleurs pieuses comme la vôtre n'ont de distraction possible que la raison, ou une noble tâche à remplir. Je compterais aussi votre père parmi vos grandes consolations, s'il n'était loin de vous. Mais votre cœur vous dira quels sont les intérêts du sien : vous sentirez combien il est plus juste de vous conserver pour lui que de vous sacrifier pour moi. Dans ses accès immodérés, quand la douleur s'emparera de vous, quand elle voudra vous entraîner, songez à votre père. Multipliée pour lui dans vos enfants et vos petits-enfants, vous n'êtes plus son seul bien ; toutefois, comme couronne de son heureuse carrière, il n'a que vous. Lui vivant, ce serait chose impie que de vous plaindre d'avoir trop vécu.

XVII. Je n'ai point nommé jusqu'ici celle qui sait le mieux adoucir vos peines, votre sœur, ce cœur si fidèle, dans lequel s'épanchent tous vos ennuis comme dans une autre vous-même, cette âme qui pour nous tous est une âme de mère. C'est elle qui mêla ses larmes aux vôtres ; c'est près d'elle que vous commençâtes à respirer. Vos affections deviennent toujours les siennes ; mais quand il s'agit de moi, ce n'est pas uniquement pour vous qu'elle s'afflige. Apporté à Rome dans ses bras, c'est par ses tendres soins de mère et de nourrice que je fus rétabli d'une longue maladie ; c'est aux efforts de son crédit que je dus ma questure ; et cette femme, si timide à soutenir le moindre entretien, à rendre un salut à haute voix, surmonta sa réserve par dévouement pour moi. Ni ses habitudes retirées, ni sa modestie, toute villageoise auprès de l'effronterie de tant de femmes, ni son amour du repos, ni ses mœurs solitaires et paisibles ne la retinrent : elle se fit pour moi sollicitense.

Voilà, mère bien-aimée, celle qui saura vous consoler et vous raffermir : rapprochez-la de vous le plus possible, embrassez-la de la plus étroite affection. La douleur fuit d'ordinaire ceux qu'elle aime le plus, et cherche à s'exhaler en liberté ;

que la vôtre, que toutes vos pensées se confient à votre sœur : voulez-vous conserver ou déposer vos chagrins, vous la trouverez prête soit à y mettre un terme, soit à les partager. Mais si je connais bien la sagesse de cette femme accomplie, elle ne vous laissera pas sécher sans fruit dans les larmes, elle vous citera son propre exemple dont j'ai moi-même été témoin. Son époux adoré, notre oncle, à qui elle s'était unie vierge, elle l'avait perdu sur le navire où ils voguaient ensemble ; et pourtant ni cette perte affreuse, ni les horreurs de la tempête ne l'accablèrent : elle triompha des éléments et du naufrage même pour rapporter le corps de cet époux. O que de femmes dont les actes sublimes sont restés dans l'ombre et perdus ! Que votre sœur eût eu pour contemporaine cette antiquité, si franche admiratrice des vertus, combien de génies eussent à l'envi célébré une femme qui, oubliant sa faiblesse, oubliant cette mer, formidable aux plus fermes courages, expose ses jours pour donner la sépulture à son mari, et, tandis qu'elle songe à lui conquérir un tombeau, ne craint pas d'en manquer elle-même ! Les chants de tous les poëtes ont glorifié une Alceste qui prit pour mourir la place de son époux. Il est plus beau de risquer sa vie pour ensevelir le sien : l'amour est plus grand de racheter à péril égal un moindre avantage.

S'étonnera-t-on après cela que, pendant seize ans que son époux gouverna l'Égypte, on ne l'eût jamais vue en public, qu'elle n'eût reçu chez elle personne de la province, qu'elle n'eût rien demandé à son mari, ni souffert qu'on la sollicitât de rien ? Aussi cette Égypte[19] médisante et ingénieuse à noircir ses préfets, cette province où qui peut éviter la faute n'échappe point à la calomnie, admira votre sœur comme un modèle unique de vertu ; et, chose bien difficile à un peuple qui se plaît aux bons mots même les plus dangereux, elle s'est interdit sur son compte toute parole indiscrète, et aujourd'hui souhaite encore, sans jamais l'espérer, une Romaine qui lui ressemble. Elle eût fait beaucoup si pendant seize ans son mérite se fût produit à tous les yeux ; elle fit plus en se laissant ignorer.

Tout ceci soit dit non pour entreprendre son éloge qu'affaiblirait plutôt un si bref exposé, mais pour vous peindre tout l'héroïsme de cette femme que ni l'ambition, ni la cupidité, compagnes et fléaux de la puissance, n'ont séduite ; qui sur un vaisseau désemparé, en face du naufrage et de la mort, ne connut point la peur, ne se détacha point de son époux inanimé, moins soucieuse d'échapper elle-même que de trouver où l'inhumer. Montrez un courage digne du sien ; que votre âme s'arrache à son deuil ; gardez que l'on ne croie que vous vous repentiez d'avoir été mère.

Au reste, comme il faut bien, quoi que vous fassiez, que vos pensées reviennent de temps en temps vers moi, et que mon souvenir se représente à vous plus fréquent que celui de vos autres enfants, non qu'ils vous soient moins chers, mais parce qu'il est naturel de porter plus souvent la main là où nous sentons la souffrance, voici l'idée que vous devez vous faire de moi. Mon esprit est libre et serein comme aux plus heureux jours ; et en est-il de plus heureux que ceux où l'âme, quitte de toute autre pensée et livrée aux travaux qu'elle aime, tantôt goûte le charme délassant des beaux-arts, tantôt s'élève à la contemplation d'elle-même et de l'univers, passionnée qu'elle est pour la vérité ? Elle étudie la terre d'abord et sa position, puis se demande ce qu'est cette mer, qui enceint notre globe, et d'où vient l'alternance de ses flux et reflux ; elle saisit le secret des effrayantes scènes qui remplissent l'intervalle des cieux à la terre ; elle visite l'orageux espace où grondent et jaillissent les foudres, où se déchaînent les vents, et d'où tombent les pluies, les neiges, les tourbillons de grêle ; puis, ces régions inférieures parcourues, elle s'élance au plus haut des cieux, et jouit du magnifique spectacle des choses divines ; elle se souvient qu'elle est immortelle, elle embrasse dans sa course tout le passé et tous les siècles à venir.

CONSOLATION A POLYBE.

XX.... comparés à notre corps, ils sont solides ; réduits aux conditions de cette nature qui détruit toutes choses et ne les a tirées de son sein que pour les y rappeler, ils sont bien frêles. Comment rien d'immortel eût-il pu sortir de nos mortelles mains [1]? Les sept grandes merveilles du monde, et ce qu'a pu bâtir de plus prodigieux encore la vanité des âges suivants, tout cela un jour se verra couché au niveau du sol. C'est la loi : rien ne dure toujours, presque rien longtemps ; chaque chose a son côté fragile: si le mode de destruction varie, au demeurant tout ce qui commence doit finir. L'univers, selon quelques-uns, est condamné à périr ; et ce bel ensemble qui embrasse tout ce qui est Dieu comme tout ce qui est homme, un jour fatal, s'il n'est pas impie de le croire, le viendra dissoudre et replonger dans la nuit du premier chaos. Allez maintenant, et lamentez-vous sur des morts individuelles ; gémissez sur la cendre de Carthage, et de Numance, et de Corinthe, et de tout ce qui a pu choir de plus haut, quand ce monde, qui n'a pas où tomber, doit crouler à son tour [2] ! Allez et plaignez-vous que les destins, qui oseront consommer cette œuvre dont frémit la pensée, ne vous aient pas fait grâce à vous !

XXI. Quel être assez superbe, assez effréné dans ses prétentions, voudrait, sous l'empire d'une nécessité qui ramène tout à la même fin, qu'il y eût exception pour lui et les siens, et qu'en cet univers, menacé de ruine lui-même, une famille quelconque fût sauvée ? C'est donc une puissante consolation de songer que ce qui nous arrive, tous avant nous l'ont subi et tous le subiront ; et la nature me semble avoir fait de sa plus dure loi la loi commune afin d'adoucir la rigueur du sort en le rendant égal pour tous [3].

Vous trouverez encore un sensible allégement dans la pensée que votre douleur est sans fruit pour l'objet de vos regrets comme pour vous; et vous ne voudrez plus prolonger ce qui serait inutile. Certes, si l'affliction peut en rien nous servir, je n'hésite pas : tout ce que mes malheurs m'ont laissé de larmes, je les répandrai sur le vôtre¹. J'en retrouverai encore dans ces yeux épuisés par tant de deuils domestiques, pour peu qu'elles vous puissent être de quelque avantage. Que tardez-vous ? Unissons nos plaintes; je prends en main tous vos griefs : « O Fortune! si inique au jugement de tous, tu semblais jusqu'ici avoir respecté un homme mis par ta grâce en assez haute vénération pour jouir d'une immunité presque sans exemple, pour voir son bonheur échapper à l'envie. Voici que tu lui infliges la plus grande douleur que, sauf la perte de César, il pouvait ressentir : après avoir bien sondé toutes les parties de son âme, tu as compris qu'une seule était ouverte à tes coups. Car quel autre mal pouvais-tu lui faire? Lui enlever son or? Jamais il n'en fut l'esclave ; aujourd'hui surtout, le plus qu'il peut, il l'éloigne de son cœur ; et dans une si grande facilité d'en acquérir, il n'y cherche pas de plus précieux avantage que de le mépriser. L'aurais-tu privé de ses amis ? Tu le savais si digne d'être aimé, qu'il eût aisément remplacé ceux qu'il aurait perdus. Car, de tous les personnages puissants dans la maison du prince, je n'ai connu que lui dont l'amitié généralement si utile était encore plus recherchée pour sa douceur. Lui aurais-tu ravi l'estime publique? Il y possède des droits trop solides pour être ébranlés même par toi. Aurais-tu détruit sa santé? Tu connaissais son âme nourrie et, pour dire plus, née au sein des doctrines libérales, et affermie au point de dominer toutes les souffrances du corps. Lui aurais-tu ôté la vie? Combien peu tu lui eusses fait tort! La renommée de son génie lui promet l'immortalité. Il a travaillé à se survivre dans la meilleure partie de son être, et ses illustres, ses éloquentes compositions le rachèteront du tombeau. Tant que les lettres obtiendront quelque honneur, tant que subsisteront la majesté de la langue romaine ou le charme de la langue grecque, Polybe doit briller entre ces grands noms qui verront en lui l'égal ou, si sa modestie refuse cet éloge, l'associé de leur génie.

XXII. « Ton unique pensée fut donc de trouver en lui l'endroit le plus vulnérable. C'est en effet à l'élite des humains que tu réserves tes coups les plus habituels, tes fureurs qui sévissent indistinctement et qu'il faut craindre même dans tes bienfaits. Qu'il t'eût coûté peu d'épargner cette rigueur à un homme sur lequel tes faveurs semblaient descendues avec choix et réflexion et non, suivant ton usage, jetées au hasard ! »

Couronnons, si vous voulez, ces plaintes par le portrait de ce noble jeune homme enlevé dès ses premiers progrès dans la carrière. Il était digne de vous appartenir ; et vous, certes, bien digne de n'avoir à verser aucune larme sur le frère même le moins méritant. Tous rendent de lui un égal témoignage : il manque à votre gloire, rien ne manque à la sienne [5] ; il n'y avait rien en lui que vous ne fussiez fier d'avouer. Sans doute pour un frère moins bon, votre bonté n'eût pas été moindre ; mais rencontrant dans celui-ci une plus riche matière, votre affection s'y est plus complaisamment déployée. Son crédit ne s'est fait sentir à personne par l'injustice ; il n'a menacé personne de son frère. Il avait pris exemple de votre modération ; il avait compris et de quel honneur et de quel fardeau vous chargiez les vôtres. Il a suffi à cette tâche. Impitoyable destinée, que ne désarme aucune vertu ! Avant de connaître tout son bonheur, votre frère fut moissonné par elle. Mon indignation, je le sais, est trop faible : il est si difficile de trouver des paroles qui rendent dignement les grandes douleurs ! Poursuivons toutefois nos plaintes, si nos plaintes servent de quelque chose : « Que prétendais-tu par tant d'injustice et de violence, ô Fortune ! T'es-tu sitôt repentie de tes faveurs ? Te ruer brutalement entre deux frères, et de ta faux sanglante trancher les nœuds d'une si douce concorde, bouleverser cette vertueuse famille de jeunes hommes tous dignes l'un de l'autre, et abattre sans nul motif une fleur de cette belle couronne ! Et que sert donc une pureté fidèle à toutes les lois de la morale, une frugalité antique, et au sein de la plus haute fortune l'empire de soi-même et la tempérance la plus scrupuleuse, le sincère et invariable amour des lettres, une âme vierge de toute souillure ? Polybe est dans les pleurs ; et averti par la perte d'un frère de ce que tu peux sur ceux qui lui restent, il tremble même pour les consolateurs que tu laisses à son affliction. O catastrophe non méritée ! Polybe est dans les pleurs ; il a pour lui la faveur de César, et il gémit ! Sans doute, Fortune insatiable, tu épiais l'occasion de montrer que rien, pas même César, ne peut garantir de tes attentats. »

XXIII. Nous pouvons accuser sans fin la destinée ; la changer, nous ne le pouvons. Fixe et inexorable dans ses rigueurs, ni invectives, ni pleurs, ni bon droit ne l'émeuvent : elle n'épargne jamais personne, elle ne fait grâce de rien. Étouffons donc des lamentations infructueuses : elles nous réuniraient plutôt à l'objet de nos douleurs qu'elles ne le tireraient de la tombe. Des tortures ne sont pas des remèdes : il faut dès l'abord y renoncer; et de puérils soulagements et je ne ne sais quel amer plaisir de tristesse ne doivent point captiver notre âme. Car si la raison ne met un terme à nos larmes, ce n'est pas le sort qui l'y mettra. Jetez les yeux sur l'humanité qui vous environne : partout d'abondantes et d'inépuisables causes de chagrins. Une besogneuse indigence appelle cet homme à un labeur de tous les jours; celui-là est aiguillonné par l'ambition, qui ne connaît pas le repos; tel qui a souhaité les richesses, les redoute, et l'accomplissement de ses vœux fait son supplice ; ou les soucis ou les affaires nous tourmentent, ou les flots de clients qui assiégent sans cesse notre vestibule ; l'un gémit d'avoir des enfants, l'autre de les avoir perdus. Les larmes nous manqueront plus tôt que les motifs d'en verser. Ne voyez-vous pas quelle existence nous a promise la nature en voulant que les pleurs fussent le premier augure de notre naissance [6] ? Tel est le début de la vie, et la suite de nos ans y répond : c'est dans les pleurs qu'ils se passent. Que ceci nous apprenne à nous modérer dans ce qui doit se renouveler si souvent; et voyant se presser sur nos pas cette masse d'afflictions imminentes, sachons tarir ou du moins réserver nos larmes. S'il est une chose dont il faille être avare, c'est surtout de celle dont l'usage n'est que trop fréquent. Pensez aussi, pour vous raffermir davantage, que le moins flatté de votre douleur est celui à qui elle semble s'adresser. Ou il vous défend ces cruels regrets, ou il les ignore : rien donc n'autorise un pareil hommage : offert à qui ne le sent point, il est stérile, et il déplaît s'il est senti.

XXIV. Est-il un homme dans tout l'univers qui se fasse une joie de votre deuil? je dirai hardiment que non. Eh bien, ces mêmes dispositions que nul ne nourrit contre vous, les supposez-vous à votre frère? croyez-vous qu'il veuille votre mal, votre supplice, vous arracher à vos travaux, c'est-à-dire à vos études [7], et à César? Cela n'est pas vraisemblable. Il vous a aimé comme un frère, vénéré comme un père, honoré comme son supérieur : il vous demande des regrets, non du désespoir. Pourquoi donc vous complaire dans l'affliction qui vous consume, quand votre frère, s'il reste chez les morts quelque sentiment, désirerait la voir finir ? S'il s'agissait d'un frère moins tendre, dont le cœur fût moins sûr, je réduirais tout à une hypothèse et je dirais : Ou votre frère exige de vous des souffrances et des pleurs sans fin, alors il est indigne de tant d'affection ; ou il est loin de les vouloir, et il faut renoncer à une douleur inefficace pour tous deux : à un cœur dénaturé de tels regrets ne sont pas dus ; un cœur aimant les refuserait. Mais la tendresse de celui-ci vous fut trop bien prouvée : tenez pour certain que la plus vive peine qu'il pût ressentir serait de vous voir pour lui dévoré d'amertumes, et vos yeux, qui le méritent si peu, condamnés sans relâche à se remplir tour à tour et à s'épuiser de larmes.

Mais voici surtout ce qui doit épargner à votre tendresse des gémissements superflus : songez aux frères qui vous restent et que vous devez instruire d'exemple à se roidir sous l'injuste main qui les frappe. Les grands capitaines, après un échec, affectent à dessein de la gaieté, et déguisent leur position critique sous un semblant de satisfaction, de peur qu'en voyant leur chef consterné, le courage des soldats ne s'abatte : tel est maintenant votre devoir. Prenez un visage qui démente l'état de votre âme, et, s'il se peut, bannissez entièrement vos douleurs : sinon, concentrez-les, contenez-en jusqu'aux symptômes ; ayez soin que vos frères se règlent d'après vous ; ils jugeront bienséant tout ce qu'ils vous verront faire, et leurs sentiments se régleront sur votre visage. Vous devez être et leur consolation et leur consolateur ; pourrez-vous retenir leurs plaintes, si vous laissez un libre cours aux vôtres ?

XXV. Un autre moyen de vous préserver des excès de l'affliction, c'est de réfléchir que rien de ce que vous faites ne peut rester secret. Une grande tâche vous fut imposée par le suffrage de l'univers (a) : osez la remplir. Vous êtes entouré de tout un essaim de consolateurs qui épient l'intérieur de votre âme et tâchent de surprendre jusqu'où va sa force contre la douleur[a], et si vous n'êtes habile qu'à user de la bonne fortune, et si vous sauriez souffrir en homme l'adversité ; tous les yeux observent les vôtres. Tout est permis à ceux dont les affections peuvent se cacher; pour vous, le moindre mystère est impossible : la fortune vous expose au grand jour ; le monde entier saura de quel air vous aurez reçu cette blessure, si au premier choc vous avez baissé l'épée, ou si vous êtes demeuré ferme. Désormais, au poste élevé où l'amitié de César et votre gloire littéraire vous ont mis, nul acte vulgaire ne vous sied, nulle faiblesse de cœur. Or quoi de plus faible et de moins viril

---

(a) Voir pour tout ce chapitre : *De la clémence*, I, VIII ; et *Lettre* XLIII.

que de se laisser miner au chagrin? Vous êtes, dans un deuil égal, moins libre que vos frères ; bien des choses vous sont défendues par l'opinion qu'on a conçue de vos talents et de votre caractère : et combien l'on exige, combien l'on attend de vous! Si vous aviez fait vœu d'entière indépendance, fallait-il attirer sur vous les regards de tous? Il vous faut maintenant remplir les belles promesses que vous avez faites aux admirateurs de votre génie, à ceux qui en transcrivent les productions, à tous ceux qui, s'ils n'ont pas besoin de vos puissantes faveurs, ont besoin des fruits de votre plume. Ils en sont les dépositaires : vous ne pouvez donc rien faire d'indigne des vertus et des lumières qui s'annonçaient en vous, sans qu'une foule d'hommes aient regret de vous avoir admiré. Vous n'avez pas le droit de vous affliger sans mesure ; et ce n'est pas le seul qui vous soit ravi : vous n'auriez pas droit de prolonger votre sommeil une partie du jour, de fuir le tourbillon des affaires pour le loisir et la paix des champs, de vous délasser, par un voyage d'agrément, des assidus travaux d'un poste laborieux, de vous récréer l'esprit par des spectacles variés, de régler à vos fantaisies l'emploi d'une journée.

XXVI. Mille choses vous sont interdites qui sont permises à l'humble mortel perdu dans son obscur recoin. C'est une grande servitude qu'une grande fortune. Aucune de vos actions ne vous appartient : tant de milliers d'audiences à donner, tant de requêtes à mettre en ordre, les torrents d'affaires qui affluent vers vous de tous les points du globe, et sur lesquelles, selon leur rang, vous devez appeler la pensée du maître du monde, tout cela exige une entière vigueur dans la vôtre. Oui, il vous est interdit de pleurer, afin de pouvoir écouter la foule de ceux qui pleurent. Pour essuyer les larmes de ceux dont la détresse cherche à aborder la pitié du plus doux des empereurs, il faut d'abord sécher les vôtres. Vous dirai-je enfin un remède qui pour vous ne sera pas le moindre? quand vous voudrez oublier tout, songez à César : considérez de quel dévouement, de quel zèle vous devez payer sa bienveillance ; vous sentirez qu'il ne vous est pas plus accordé de ployer sous le faix qu'à celui dont les épaules, si l'on en croit la tradition mythologique, supportent la voûte céleste. Et César lui-même, à qui tout est permis, par cela seul est loin de pouvoir tout se permettre[9]. Toutes les familles sont protégées par ses veilles, le repos public par son travail, les jouissances et les loisirs de tous par sa soigneuse activité[10]. Du jour où César s'est voué au bonheur du monde, il s'est ravi à lui-même ; et comme aux astres qui poursuivent leurs cours sans fin comme sans relâche, il lui est défendu de s'arrêter jamais, de disposer d'un seul instant. Dans une certaine mesure, la même nécessité vous commande, vous arrache au soin de vos intérêts, à vos goûts personnels.

Tant que César gouverne la terre, vous ne pouvez vous consacrer ni au plaisir, ni à la douleur, ni à aucune autre chose : vous vous devez tout au souverain. Et que dis-je ? puisque César, vous l'avouez hautement et sans cesse, vous est plus cher que votre vie, tant qu'il respire, vous ne sauriez sans injustice vous plaindre de la Fortune. Lui vivant, tous les vôtres respirent : vous n'avez rien perdu, vos yeux doivent être secs, sereins même : vous trouverez tout en lui, il vous tient lieu de tout. Il répugnerait trop à votre sagesse, à votre âme sensible et reconnaissante, de méconnaître votre félicité jusqu'à oser pleurer quelque chose tant que vit César.

Je vous indiquerai encore un autre remède, non sans doute plus puissant, mais d'un usage plus familier. C'est sous votre toit que le chagrin menace de vous saisir au retour, car en présence de votre divinité, il ne saurait trouver accès : César remplira toute votre âme ; une fois loin de lui, la douleur, comme trouvant l'occasion, tendra des pièges à votre isolement, et peu à peu se glissera dans cette âme livrée au repos. Ne souffrez donc pas qu'un seul de vos instants soit inoccupé : qu'alors vos muses chéries, si longtemps et si fidèlement aimées, vous payent de retour ; qu'elles réclament leur zélateur et leur pontife ; passez de longues heures avec Homère et Virgile qui ont bien mérité du genre humain, comme vous de toutes les nations et d'eux-mêmes, vous qui les fîtes connaître à tant d'hommes pour lesquels ils n'avaient point écrit. Ne redoutez rien pour tous les moments que vous aurez mis sous leur sauvegarde. Et surtout rédigez l'histoire des faits de votre empereur, pour que tous les siècles les apprennent par un témoignage domestique : lui-même, pour la forme et le plan de ces annales, vous donnera et la matière et l'exemple [11].

XXVII. Je n'irai pas jusqu'à vous conseiller de composer, avec cette grâce qui vous est propre, des fables et des apologues dans le goût d'Ésope, genre que n'a pas essayé le génie romain [12]. Il est difficile, sans doute, à une âme si rudement frappée, d'aborder tout à coup des exercices de pur agrément ; toutefois soyez sûr qu'elle est déjà raffermie et rendue à elle-même, si de productions plus austères elle peut descendre à de moins graves études. Car votre imagination, quoique souffrante encore et en lutte contre elle-même, sera distraite par le sérieux même des choses où elle s'appliquera ; mais celles qui demandent à l'écrivain un front déridé vous répugneront, tant que vous n'aurez pas retrouvé toute votre assiette. Commencez donc par des sujets sévères, pour vous détendre ensuite sur de plus riants.

Ce sera aussi un grand soulagement de vous demander souvent à vous-même : « Est-ce pour moi que je m'afflige ou pour celui qui a cessé d'être ? Si c'est pour moi, plus de mérite dans la faiblesse dont je me pare ; et ma douleur, excusable seulement si elle part d'un noble motif, dès qu'elle a l'intérêt en vue, n'est plus de la piété fraternelle (a). Or rien ne sied moins à l'honnête homme que de calculer à la mort d'un frère. Si c'est sur lui que je pleure, je dois admettre l'une de ces deux choses: ou il ne reste aux morts aucun sentiment, et mon frère, échappé à toutes les disgrâces de la vie, se retrouve aux lieux où il était avant de naître, libre de tout mal, sans crainte, sans désir, sans souffrance aucune ; quelle est alors cette folie de nourrir une douleur sans fin pour qui n'en éprouvera jamais ? Ou le trépas nous laisse encore quelque sentiment, et ainsi l'âme de mon frère, renvoyée comme d'une longue prison, jouit enfin d'elle-même, de son indépendance, du spectacle de la nature ; et tandis qu'il regarde d'en haut les choses de la terre, il contemple aussi de plus près les célestes mystères dont il a si longtemps et vainement cherché la clef. Pourquoi me consumé-je à regretter un frère qui est heureux ou qui n'est plus ? Pleurer un heureux serait l'envier, pleurer le néant est folie [13]. »

XXVIII. Ne sauriez-vous sans émotion vous le figurer dépouillé des brillants avantages qui l'entouraient de tout leur éclat ? Mais songez, s'il a perdu bien des choses, combien de choses il ne craint plus ! Point de ressentiment qui le tourmente, de maladie qui l'abatte, de soupçon qui le harcèle ; l'envie au fiel rongeur, constante ennemie de tout ce qui s'élève, ne s'acharnera plus sur lui ; la crainte ne l'aiguillonnera plus ; la légèreté de la Fortune, si prompte à déplacer ses faveurs, ne troublera plus sa paix. Calculez bien, on lui a fait

---

(a) J'adopte la leçon *desciscere*. Lemaire : *incipit dolor desciscens*.

grâce de bien plus qu'on ne lui a fait tort. Il ne jouira ni de l'opulence, ni de son crédit ni du vôtre ; plus de bienfaits à recevoir ni à répandre. Est-il à plaindre d'avoir perdu tout cela, ou heureux de ne pas le regretter? Croyez-moi, plus heureux est l'homme à qui la Fortune est inutile, que celui qui l'a sous la main. Tous ces faux biens si spécieux, qui nous amusent de leurs trompeuses douceurs, argent, dignité, puissance, et tant d'autres hochets devant lesquels l'aveugle cupidité humaine s'ébahit, ne se conservent qu'à grand'peine, sont vus avec envie ; ils pèsent à ceux même qu'ils décorent ; ils menacent plus qu'ils ne servent ; glissants et fugitifs, on ne les saisit jamais bien ; car n'eût-on dans l'avenir rien à craindre, une grande fortune à maintenir coûte par elle-même bien des soucis. Veuillez en croire ceux qui voient le mieux le fond des choses : toute vie est un supplice. Au milieu d'une mer profonde et sans repos, lancés dans les oscillations du flux et du reflux, tantôt élevés à des fortunes soudaines, tantôt dépouillés et plongés plus bas que nous n'étions montés, poussés, repoussés sans cesse, nulle part nous ne prenons pied en lieu stable ; nous flottons suspendus aux vagues, heurtés les uns par les autres, faisant mainte fois naufrage, le redoutant toujours. Sur cet orageux océan ouvert à toutes les tempêtes, le navigateur n'a de port que le trépas [14].

Ne pleurez donc pas, comme ferait l'envie, le bonheur d'un frère : il repose ; il est enfin libre, hors de péril, immortel [15]. Il voit que César lui survit, et tous les rejetons de César ; il vous voit lui survivre avec tous ses frères. Avant qu'elle changeât rien de ses faveurs, il a quitté la Fortune immobile encore et qui lui versait ses dons à pleines mains. Il jouit maintenant sans obstacle de l'immensité des cieux ; et d'une humble et basse région, il a pris son vol vers ce séjour, quel qu'il soit, qui ouvre aux âmes dégagées de leurs fers ses demeures bienheureuses ; et dans son vague et libre essor, il découvre tous les trésors de la nature avec un suprême ravissement. Détrompez-vous : il n'a point perdu la lumière ; il en respire une inaltérable, vers laquelle nous nous acheminons tous. Que plaignons-nous son sort ? Il ne nous a pas quittés, il a pris les devants [16].

XXIX. C'est, croyez-moi, un grand bonheur que de mourir au temps de la félicité. Rien n'est sûr, fût-ce pour tout un jour ; dans l'impénétrable obscurité de ce qui doit être, qui devinera si pour votre frère la mort a été jalouse ou bienveillante?

Une autre consolation infaillible pour vous, qui êtes juste en toutes choses, sera de penser non qu'un tort vous a été fait par la perte d'un tel frère, mais que vous êtes redevable au ciel d'avoir longtemps et pleinement joui de sa tendresse. Injuste est celui qui dispute au bienfaiteur tout droit ultérieur sur ses dons; avide, qui ne tient pas pour gain d'avoir reçu, mais pour dommage d'avoir restitué ; ingrat, qui nomme injustice le terme de la jouissance; déraisonnable, qui s'imagine qu'on ne peut goûter que des biens actuels, au lieu de se reposer aussi sur les fruits (a) du passé, de juger bien plus sûr ce qu'on laisse derrière soi ; car là point de révolution à craindre. On resserre trop ses jouissances, si on n'en croit trouver qu'aux choses que l'on tient et qu'on voit, si les avoir possédées est compté pour rien : car tout plaisir est prompt à nous quitter : il fuit, il s'envole, et presque avant qu'il n'arrive, il n'est plus. Que la pensée se reporte donc sur le passé : tout ce qui jamais a pu nous charmer, rappelons-le, et que de fréquentes méditations nous le fassent mieux savourer. Le souvenir d'avoir joui est plus durable et plus fidèle que la jouissance. Vous avez possédé un excellent frère : comptez cela pour une félicité des plus grandes. Au lieu de songer combien de temps encore vous pouviez l'avoir, songez combien de temps vous l'avez eu. La nature vous l'avait, comme à tous les frères, non donné pour toujours, mais prêté : il lui a plu de le redemander, sans attendre que vous en fussiez rassasié, elle a suivi sa loi. Qu'un débiteur s'indigne de rembourser un prêt, qui surtout lui fut fait gratuitement, ne passera-t-il pas pour injuste? Ainsi vous reçûtes la vie votre frère et vous : la nature a usé de son droit en exigeant plus tôt ses avances de qui elle a voulu. Ne l'accusez pas : ses conditions étaient connues ; accusez l'esprit humain si avide dans ses prétentions, si vite oublieux de ce que sont les choses, de ce qu'est l'homme lui-même, quand la nature ne l'en avertit pas. Félicitez-vous donc d'avoir eu un si bon frère ; et la jouissance d'un tel bien, quoique trop courte au gré de vos vœux, sachez l'apprécier. Reconnaissez que si la possession fût des plus douces, la perte était dans l'ordre des choses humaines. Il y a en effet une inconséquence des plus grandes à s'affliger de ce que le sort nous ait, pour peu d'instants, gratifié d'un tel frère, et à ne pas s'applaudir qu'il nous en ait gratifié. « Mais une perte si imprévue! » Chaque homme a son illusion qui l'abuse : s'agit-il de ceux qu'il aime, il oublie volontiers la loi de mortalité. La nature n'a garanti à personne qu'elle lui

(a) Voir *Lettres* LXXIII et XCXIX.

ferait grâce de l'indispensable tribut. Journellement passent devant nos yeux les funérailles d'hommes connus ou inconnus de nous; et nous pensons à autre chose, et nous appelons subite une catastrophe que chaque jour nous signale comme inévitable. Il n'y a donc pas là injustice du sort ; il y a dépravation d'esprit chez l'homme, insatiable en tout, et qui s'indigne de sortir d'un lieu où on ne l'admit qu'à titre précaire.

XXX. Combien était plus juste le sage qui, apprenant la mort de son fils, fit cette réponse digne d'une âme héroïque : « En lui donnant la vie, je savais qu'il mourrait un jour! » Certes il ne faut pas s'étonner que d'un tel père soit né un homme qui sut mourir avec courage. La mort d'un fils ne parut pas au philosophe une chose nouvelle : car qu'y a-t-il de nouveau qu'un homme meure, quand toute son existence n'est qu'un acheminement vers la mort ? « En lui donnant la vie, je savais qu'il mourrait un jour. » Puis il ajoute, avec plus de sagesse encore et de fermeté : « C'est pour cela que je l'ai élevé. »

C'est pour cela qu'on nous élève tous : quiconque arrive à la lumière est promis au trépas. Heureux du prêt qui nous est fait, rendons-le dès qu'on le réclamera. Le sort saisira l'un plus tôt, l'autre plus tard : il n'oubliera personne. Tenons-nous prêts et résolus : ne craignons jamais l'inévitable, et attendons toujours le possible. Citerai-je ces généraux, les enfants de ces généraux, et ces hommes tout chargés de consulats et de triomphes, payant leur dette à l'inexorable destin; des royaumes entiers avec leurs rois, des peuples avec leurs races diverses subissant la même fatalité ? Tout homme, que dis-je? toute chose marche à sa dernière heure ; tous cependant n'ont pas pareille fin. La vie abandonne l'un au milieu de sa course ; elle échappe à l'autre dès le premier pas, tandis qu'une extrême vieillesse, déjà lasse de jours, obtient à peine le congé qu'elle demande [17]. Celui-ci tombe au matin, celui-là le soir; mais tous nous tendons vers un terme unique. Je ne sais s'il y a plus de folie à méconnaître la loi qui nous condamne à mourir, que d'impudence à y résister.

Prenez en main, prenez les œuvres de l'un ou de l'autre de ces deux poètes dont vos travaux ingénieux ont accru la célébrité, et dont vous avez rompu les vers avec tant de bonheur que le mètre ayant disparu, ils n'ont rien perdu de leur grâce. Car en passant d'une langue dans une autre, tous leurs mérites, chose si difficile, les ont suivis sous ce costume étranger. Il n'est pas un seul chant de ces poëmes qui ne vous offre en foule des exemples de vicissitudes humaines, de hasards imprévus, et de larmes provoquées par mille et mille causes. Avec quelle verve foudroyante vous reproduisiez ces grandes leçons ! Relisez-les, vous rougirez de faiblir si vite, et de déchoir de la hauteur de vos discours. Gardez que ceux qui naguère et tout à l'heure même admiraient vos écrits, ne se demandent comment de si fières et de si fermes paroles sont sorties d'une âme si facile à briser. Ah! plutôt, reportez-vous, de ces pensées déchirantes, sur vos riches et nombreuses consolations : tournez vos yeux sur des frères chéris, sur une épouse, sur un fils. Pour le salut d'eux tous, la fortune a composé avec vous au prix d'un seul. Vous avez plus d'un cœur où vous reposer.

XXXI. Épargnez-vous le discrédit de paraître aux yeux de la foule plus touché d'une seule douleur que de tant de consolations. Vous voyez tous les vôtres frappés avec vous, sans qu'ils puissent vous venir en aide ; loin de là, ils attendent de vous leur soulagement, vous le sentez bien : moins donc leurs lumières et leur génie approchent des vôtres, plus votre devoir est de résister au mal commun. Et c'est déjà une sorte d'allégement que de partager sa peine entre plusieurs : un fardeau ainsi divisé doit réduire beaucoup la part qui vous reste. Je ne cesserai non plus de vous offrir l'image de César : tant qu'il gouverne le monde, et qu'il fait voir combien l'autorité se conserve mieux par les bienfaits que par les armes ; tant qu'il préside aux choses humaines, vous ne courez pas risque de vous apercevoir d'aucune perte ; en lui seul vous trouvez un support, un consolateur suffisant. Relevez votre courage, et chaque fois que les larmes voudront mouiller votre paupière, arrêtez vos yeux sur César : elles se sécheront au radieux aspect de cette puissante divinité. Ébloui de son éclat, vos regards ne pourront se porter sur nul autre objet : il les tiendra fixés sur lui seul. Il est nuit et jour le but de vos contemplations, votre âme n'en est jamais distraite ; pensez à lui, comme recours contre la Fortune invoquez-le, et sans doute ce prince, si débonnaire, si affectueux pour tous ceux qui lui appartiennent, aura déjà mis plus d'un appareil sur votre blessure et prodigué le baume qui doit charmer vos douleurs. Mais encore, n'en eût-il rien fait, voir seulement César ou penser à lui, n'est-ce pas l'adoucissement le plus prompt, le plus efficace pour vous? Vous tous, dieux et déesses, prêtez-le longtemps à la terre, qu'il égale les hauts faits d'Auguste et dépasse ses années ; que, tant qu'il sera parmi les mortels, il ne s'aperçoive pas que rien dans sa maison soit sujet à la mort. Que le maître futur de l'empire, que son fils voie apprécier par un père son long dévouement, et qu'il lui soit associé avant d'être son successeur! Que bien tard, et pour nos neveux seulement, luise le jour où sa famille le placera dans les cieux!

XXXII. Que tes mains, ô Fortune! s'abstiennent de lui faire outrage; ne laisse voir sur lui ta puissance que par son côté salutaire; permets qu'il ferme les plaies du genre humain dès longtemps malade et épuisé; tout ce que les fureurs du chef précédent ont ébranlé, permets qu'il le remette en place et le rétablisse. Puisse cet astre, qui vint briller sur un monde tombé dans le chaos et englouti dans les ténèbres, nous éclairer toujours! Qu'il pacifie la Germanie, qu'il nous ouvre la Bretagne, qu'il continue les triomphes de son père et en obtienne de nouveaux, gloire dont moi-même je serai spectateur: c'est la première de ses vertus, sa clémence, qui me le promet. Car, en me précipitant dans l'abîme, il n'a pas juré de ne m'en point tirer; que dis-je? il ne m'a pas même précipité : la Fortune me poussait à ma chute, et il m'a soutenu; et, guidée par l'indulgence, sa main divine m'a doucement déposé sur cette plage. Il a intercédé en ma faveur près du sénat : il a fait plus que me donner la vie, il l'a demandée pour moi. C'est à lui à voir comment il lui plaira d'apprécier ma cause : ou sa justice la reconnaîtra bonne, ou sa clémence la rendra telle; mais le bienfait sera égal pour moi, soit qu'il me sache, soit qu'il veuille me voir innocent. Cependant ce m'est une grande consolation dans mes misères de considérer son active compassion parcourant tout le globe; de ce même coin de terre où je suis enseveli, tant d'infortunés, plongés dans l'oubli d'une disgrâce de plusieurs années, ont été exhumés par lui et ramenés à la lumière! je ne crains pas d'être le seul qui échappe à sa pitié. Mais qui sait mieux que lui l'instant où il doit venir au secours de chacun? Je ferai tout pour que sa clémence ne rougisse pas de descendre à moi. Bénie soit-elle, ô César! Par elle, en effet, les exilés vivent sous ton règne avec moins d'alarmes que les premiers de l'empire sous Caligula. Plus d'angoisses, plus de glaive d'heure en heure attendu : chaque voile qui se montre à l'horizon ne les fait plus pâlir [18]. Grâce à toi, les rigueurs du sort ont pour eux des bornes : ils ont l'espérance d'un meilleur avenir, et le repos du présent. Ah! sans doute la foudre est juste dans ses coups, quand ceux même qu'elle frappe la révèrent [19].

XXXIII. Ainsi donc ce prince, l'universel consolateur du monde, a déjà, si tout ce que je vois ne m'abuse, soulagé votre âme et appliqué sur une si grave blessure des remèdes encore plus puissants ; il n'a rien omis pour vous raffermir : tous les exemples propres à vous inspirer la résignation, sa mémoire si fidèle [20] vous les a rapportés ; il vous a développé les préceptes de tous les sages avec son éloquence ordinaire. Nul n'aurait mieux rempli que lui ce rôle de persuasion. De tels discours auront un bien autre poids, tombant de ses lèvres comme autant d'oracles ; toute la violence de votre douleur se brisera devant cette autorité plus qu'humaine. Figurez-vous l'entendre vous dire : « Tu n'es pas le seul que la Fortune se soit choisi pour victime d'une si rude disgrâce ; pas une maison sur toute la face du globe n'existe ou n'a existé, qui n'ait eu quelque catastrophe à pleurer. Sans m'arrêter à des faits vulgaires qui, plus obscurs, n'en sont pas moins frappants, c'est à nos fastes, aux annales de cette république que je te ramène. Tu vois toutes ces images qui remplissent le vestibule des Césars. En est-il une que n'ait rendue fameuse quelque grande peine domestique ? Est-il un de ces hommes, ornement des siècles où ils brillèrent, qui n'ait eu le cœur déchiré du trépas des siens, ou qui ne leur ait lui-même laissé les plus cuisants regrets [21] ? Te rappellerai-je Scipion l'Africain apprenant dans l'exil la mort de son frère ? Il l'avait arraché à la prison, mais à la mort, il ne le put ; et combien le droit le plus légitime révoltait sa tendresse pour lui ! tous l'avaient vu quand, le même jour qu'il enleva ce frère aux mains de l'appariteur du tribun, il osa, homme privé, s'opposer au tribun lui-même. Il supporta cependant la mort de ce frère avec autant de courage qu'il l'avait défendu. Te citerai-je Scipion Émilien, témoin, presque en un seul et même moment, du triomphe d'un père et des funérailles de deux frères ? Eh bien, à peine adolescent, touchant encore à l'enfance, quand sa famille s'ensevelissait dans les trophées même de son chef [22], il contempla ce brusque vide avec la fermeté d'un héros né pour que Rome ne manquât point d'un Scipion, ou que Carthage ne survécût pas à ce nom-là.

XXXIV. « Parlerai-je de l'heureuse union des deux Lucullus rompue par la mort ? Et les Pompée, à qui le cruel destin ravit jusqu'à la consolation de s'abîmer dans le même naufrage ? Sextus Pompée survécut d'abord à sa sœur, dont la mort dénoua les liens si solidement formés de la paix publique ; il survécut à ce digne frère que la Fortune n'avait tant élevé que pour ne pas le précipiter de moins haut que son père ; et après cette nouvelle épreuve, il put suffire, non-seulement à sa douleur, mais aux soins de la guerre.

« Partout s'offrent d'innombrables exemples de frères séparés par la mort, ou plutôt à peine un seul couple fraternel a-t-il été vu vieillissant ensemble ; mais je me contenterai des exemples de notre maison. Non, nul n'est assez dépourvu de sens et de raison pour se plaindre que la Fortune lui inflige quelque deuil, quand il saura qu'elle a eu soif des larmes même des Césars ? Le divin Auguste a perdu Octavie sa sœur, si chèrement aimée, et la nature n'a pas fait remise de ce tribut de larmes à l'homme auquel elle destinait le ciel. Et que dis-je ? accablé de tous les genres de deuil, il a vu périr le fils de sa sœur (a), l'héritier qu'il se préparait. Enfin, pour ne pas compter une à une toutes ses afflictions, il a vu périr ses gendres, ses enfants et petits-enfants. Et nul de tous les mortels ne sentit plus que lui qu'il était homme, tant qu'il demeura chez les hommes. Cependant tant de coups terribles n'excédèrent pas les forces de cette âme assez grande pour suffire à tout ; et le victorieux, le divin Auguste dompta non-seulement les nations étrangères, mais encore ses douleurs.

« Caïus César Agrippa, fils adoptif et petit-fils d'Auguste mon oncle, au sortir de l'adolescence, perdit son frère chéri Lucius, prince de la jeunesse comme lui. C'est dans les apprêts de la guerre des Parthes, qu'il reçut cette blessure à l'âme, bien plus grave que celle qui allait frapper son corps ; et il endura l'une et l'autre avec un cœur de frère et de héros. Tibère, mon oncle, vit mourir dans ses bras et couvert de ses baisers mon père Drusus Germanicus, son frère puîné, qui nous ouvrait le fond de la Germanie et soumettait à notre empire les races les plus indomptables. Toutefois Tibère sut modérer et son chagrin, et celui des autres ; l'armée entière consternée, foudroyée par cette mort, réclamait les restes de son cher Drusus : il la contint dans les bornes d'une affliction toute romaine ; il jugea que non-seulement la guerre, mais aussi la douleur a sa discipline. Il n'eût pu arrêter les larmes des autres, s'il n'eût d'abord refoulé les siennes.

XXXV. « Marc-Antoine, mon aïeul, l'égal des plus grands, sauf de l'homme qui fut son vainqueur, réorganisait la république sous le pouvoir triumviral dont il était le chef ; il n'avait point de

---

(a) Marcellus si connu par les vers de Virgile.

supérieur, et, ses deux collègues exceptés, voyait tout au-dessous de lui, lorsqu'il apprit la fin tragique (a) de son frère. Fortune capricieuse, quel jeu tu te fais du malheur des humains! Dans le même temps que Marc-Antoine siégeait arbitre de la vie et de la mort de ses concitoyens, le frère de ce Marc-Antoine était condamné, conduit au supplice. Le triumvir supporta cependant cette affreuse plaie avec autant de grandeur d'âme qu toutes ses autres adversités : ses pleurs à lui, ce fut le sang de vingt légions immolées aux mânes fraternels. Mais, sans rappeler mille autres souvenirs de mort dont plusieurs me sont personnels, deux fois le sort m'a frappé dans mes affections de frère, et deux fois il a vu qu'il pouvait me blesser (b), mais non me vaincre. J'ai perdu Germanicus mon frère; et, pour bien juger combien je l'aimais, il faut comprendre jusqu'où va la fraternité la plus tendre. En ai-je moins su régler ma douleur de manière à ne rien omettre de ce qu'exigeait un cœur aimant, comme à ne rien faire que l'on pût blâmer dans un prince? »

Supposez donc, Polybe, que le père de la patrie vous rappelle ces exemples; que c'est lui qui vous montre qu'aucune chose n'est sacrée, n'est inviolable pour la Fortune, qui a osé faire sortir des pompes funèbres de ces mêmes palais où elle s'en vient chercher des dieux. Qu'on ne s'étonne donc plus de la trouver en quelque rencontre ou cruelle ou injuste. Peut-elle avoir pour des familles privées aucune équité, aucun ménagement, elle dont l'implacable fureur a tant de fois souillé par la mort l'oreiller sacré des Césars? En vain les plus amers reproches sortiront et de notre bouche et de la bouche de tout un peuple, elle ne changera point pour cela. Sourde à toute prière [23], à toute expiation, ce qu'elle a fait des choses de ce monde, elle le fera toujours : il n'est rien que laisse en paix son audace, rien où ne touchent ses mains profanes. Elle forcera les plus saintes barrières, comme ce fut de tout temps son allure; elle entrera, pour leur faire outrage, jusqu'en ces demeures qui ont des temples pour avenues, et aux portes couronnées de lauriers elle suspendra ses crêpes lugubres [24].

XXXVI. Puissent seulement nos vœux et les publiques prières obtenir d'elle, si elle n'a pas encore résolu d'anéantir la race

---

(a) C. Antonius, tué en Macédoine par ordre de Brutus.
(b) Par la mort de Germanicus et par celle de Livilla, que fit périr Tibère.

humaine, si le nom romain trouve encore grâce à ses yeux, qu'un prince donné au monde glissant vers l'abîme, soit aussi sacré pour elle qu'il l'est pour tous les mortels. Qu'elle apprenne de lui la clémence; qu'elle soit douce envers le plus doux des princes [28].

Pour vous, les yeux fixés sur ces grands hommes cités tout à l'heure, et reçus dans le ciel ou dans une sphère voisine du ciel, souffrez sans murmure que le sort étende sur vous aussi cette main qui ne respecte pas même ceux par qui nous vivons encore. Imitez leur courage à soutenir, à vaincre la douleur, et, autant qu'il est donné à l'homme, marchez sur les traces divines. Si ailleurs, sur la voie des dignités et de la noblesse, il y a l'obstacle bien grand des distances, la vertu est accessible à tous : elle ne dédaigne jamais quiconque fait tant que de se juger digne d'elle. Certes il est beau d'imiter ces hommes qui, pouvant s'indigner de n'être point exempts de votre infortune, n'ont pourtant pas tenu à injustice d'être en ce seul point assimilés aux autres, et n'y ont vu que le droit commun de la mort, subie par eux sans résistance farouche comme sans mollesse efféminée. Car ne point sentir ses maux, c'est n'être pas homme; ne pas les supporter, c'est manquer de courage.

Après avoir parcouru la série de tous les Césars qui se sont vu ravir par le sort des frères et des sœurs, je ne puis en oublier un qu'il faudrait retrancher de cette liste impériale, et que la nature enfanta pour la ruine et l'opprobre de l'humanité, pour renverser de fond en comble un empire que relève la clémence du meilleur des souverains. Caligula, cet homme aussi incapable de se réjouir que de s'affliger en prince, après la perte de sa sœur Drusilla, fuyant la vue et le commerce de ses concitoyens, sans assister aux obsèques de cette sœur, sans lui rendre les derniers devoirs, retiré à sa maison d'Albe, cherchait dans les dés, tout le jour et toute la nuit presque, et dans d'autres semblables jeux de hasard, le soulagement du plus vif chagrin. O honte du rang suprême! un empereur romain pleure une sœur, et ce sont les dés qui le consolent! Ce même Caïus, dans tous les caprices du délire, tantôt laisse croître sa barbe et ses cheveux, tantôt parcourt en égaré les rivages d'Italie et de Sicile, n'étant jamais bien sûr s'il veut pour Drusilla des pleurs

---

(a) Je lis avec Pincianus : *ac fere etiam pernoctatis, et hujusmodi aleis occupatus....* au lieu de : *ac foro, et pronotatis hujusmodi aliis occupationibus.*

ou des autels. Car dans le même temps qu'il lui voue des temples et les honneurs divins, quiconque n'a pas montré assez d'affliction est frappé par lui des plus cruels châtiments [26]. On l'a vu aussi impatient sous les coups de la mauvaise fortune, qu'il était dans la prospérité gonflé d'un orgueil plus qu'humain. Que toute âme romaine répudie l'exemple d'un insensé qui oublie son deuil dans des jeux hors de saison ou qui l'aigrit encore par une négligence et une malpropreté repoussantes, ou qui savoure, dans le mal d'autrui, la plus inhumaine des consolations. Pour vous, il n'est rien dans votre conduite qu'il vous faille changer, tant vous vous êtes de bonne heure passionné pour ces études qui relèvent si bien le prix de la prospérité, qui allégent si aisément l'infortune, qui font le plus bel ornement comme la plus douce consolation de l'homme.

XXXVII. Plongez-vous donc davantage encore dans vos études chéries : c'est maintenant qu'il faut vous en faire comme un rempart, en entourer votre âme, et que d'aucun côté la douleur ne trouve accès en vous. La mémoire de ce frère demande aussi que votre plume lui élève un monument durable. Car voilà les seules œuvres de l'homme que n'outrage nulle tempête, que le temps ne consume jamais ; tout le reste, entassements de pierres, mausolées de marbre, tombeaux de terre élevés à d'immenses hauteurs, ne prolongent pas de beaucoup notre nom : tout cela périt comme nous [27]. Il n'est d'indestructible que ce que le génie a consacré : voilà le généreux hommage, le temple que vous devez à votre frère. Mieux vaudra lui vouer votre génie, qui vivra toujours, qu'une douleur stérile et des larmes.

Quant à la Fortune, sa cause, il est vrai, ne saurait se plaider maintenant auprès de vous : car tous ses dons, dès qu'elle en a repris un seul, nous deviennent odieux ; on pourra néanmoins la défendre sitôt que le temps aura fait de vous un juge plus équitable : alors vous pourrez vous réconcilier avec elle. En effet, par combien d'avances n'a-t-elle pas compensé cette injure? par combien de faveurs ne va-t-elle pas la racheter encore ? Et après tout, ce qu'elle vous a ravi, c'est elle qui vous l'avait donné [28]. N'armez donc pas contre vous-même votre imagination, n'aidez pas à votre chagrin. Votre éloquence sait, il est vrai, agrandir les petites choses, tout comme rabaisser et réduire les grandes aux plus minces proportions ; mais qu'elle réserve sa vigueur pour d'autres besoins, qu'aujourd'hui elle s'emploie toute à vous consoler. Et encore, prenez garde, déjà même ces efforts ne seraient-ils pas de trop? car si la nature a ici ses exigences, l'amour-propre nous grossit la dette. Jamais au reste je ne prétendrai vous interdire toute tristesse. Je sais bien qu'il se trouve des gens d'une philosophie dure plutôt que courageuse, qui nient que le sage puisse connaître la douleur[29]. Mais il paraît que ces hommes ne sont jamais tombés dans un malheur pareil au vôtre; car alors la Fortune eût déconcerté leur fière sagesse, et les eût contraints, en dépit d'eux-mêmes, à confesser la vérité. La raison aura fait assez, si elle retranche seulement le superflu, l'excès de l'affliction; mais la supprimer toute, que nul ne l'espère ni ne l'ambitionne. Qu'elle garde plutôt une mesure qui, sans ressembler à l'insensibilité ni au délire, nous maintienne dans l'état d'une âme affectée, mais non jetée hors de son siége. Que nos pleurs coulent, mais pour cesser bientôt; que des gémissements s'échappent de nos cœurs brisés, mais qu'ils aient aussi leur terme. Réglez votre âme de manière à mériter l'approbation des sages et celle de vos frères. Faites que la mémoire de celui qui n'est plus puisse s'offrir à vous souvent et avec charme; dans vos discours parlez mainte fois de lui, et que vos souvenirs vous le représentent sans cesse. Or il faut, pour cela, savoir trouver dans ces souvenirs plus de douceur que d'amertume. Car il est naturel qu'à la longue l'esprit s'éloigne des pensées auxquelles il ne revient qu'avec tristesse. Rappelez-vous tant de modestie, tant d'aptitude à entreprendre, d'habileté à exécuter, de fidélité dans les engagements. Racontez aux autres toutes ses actions, toutes ses paroles, et redites-vous-les à vous-même. Pensez à ce qu'il fut, et à tout ce qu'il promettait d'être : car que ne pouvait-on pas hardiment espérer d'un tel frère?

Voilà, telles que je les ai pu rédiger, les réflexions d'un esprit dès longtemps affaissé et abâtardi par la disgrâce. Vous semblent-elles peu dignes de votre génie ou peu propres à guérir vos douleurs, songez qu'il n'a guère de loisir pour consoler les autres, celui qu'absorbent ses propres maux; et que les termes de notre idiome viennent difficilement au banni[30], entouré de barbares dont le langage discordant, choquant même pour leurs frères un peu civilisés, frémit constamment à son oreille[31].

DE LA VIE HEUREUSE.

I. Vivre heureux, mon frère Gallion, voilà ce que veulent tous les hommes : quant à bien voir ce qui fait le bonheur, quel nuage sur leurs yeux ! Et il est si difficile d'atteindre à la vie heureuse, qu'une fois la route perdue, on s'éloigne d'autant plus du but qu'on le poursuit plus vivement ; toute marche en sens contraire ne fait par sa rapidité même qu'accroître l'éloignement. Il faut donc, avant tout, déterminer où nous devons tendre, puis bien examiner quelle voie peut y conduire avec le plus de célérité. Nous sentirons, sur la route même, pourvu que ce soit la bonne, combien chaque jour nous aurons gagné et de combien nous approcherons de ce but vers lequel nous pousse un désir naturel. Mais tant qu'on marche à l'aventure, sans suivre de guide que les vagues rumeurs et les clameurs contradictoires qui nous appellent sur mille points opposés, la vie se consume en vains écarts, cette vie déjà si courte, quand on donnerait les jours et les nuits à l'étude de la sagesse. Déterminons donc bien où et par où nous devons aller, non sans quelque habile conducteur qui ait exploré les lieux que nous avons à traverser. Ce voyage est tout autre que les voyages ordinaires où un sentier bien choisi, les gens du pays qu'on interroge empêchent qu'on ne s'égare ; ici le chemin le plus battu, le plus fréquenté est celui qui trompe le mieux. Ainsi, par-dessus tout, gardons-nous de suivre en stupide bétail la tête du troupeau, et de nous diriger où l'on va plutôt qu'où l'on doit aller. Or il n'est rien qui nous jette en d'inextricables misères comme de nous régler sur le bruit public, regardant comme le mieux ce que la foule applaudit et adopte, ce dont on voit le plus d'exemples, et vivant non pas d'après la raison, mais d'après autrui. De là ce vaste entassement d'hommes qui se renversent les uns sur les autres. Comme en une déroute générale où, les masses se refoulant sur elles-mêmes, nul ne tombe sans faire choir quelque autre avec lui ; les premiers entraînent la perte de ceux qui suivent ; de même dans tous les rangs de la vie nul ne s'égare pour soi seul : on est la cause, on est l'auteur de l'égarement des autres. Car il n'est pas bon de s'attacher à ceux qui marchent devant ; et comme chacun aime mieux croire que juger, de même au sujet de la vie jamais on ne juge, on croit toujours [1] : ainsi nous joue et nous précipite l'erreur transmise de main en main, et l'on périt victime de l'exemple. Nous serons guéris à condition de nous séparer de la foule ; car tel est le peuple : il tient ferme contre la raison, il défend le mal qui le tue. Aussi arrive-t-il ce qui a lieu dans les comices où, les préteurs à peine élus, les électeurs même s'étonnent de leur choix, quand la mobile faveur a fait volte-face [2]. On approuve et on blâme tour à tour les mêmes choses ; telle est l'issue de tout jugement où la majorité décide.

II. Quand c'est de la vie heureuse qu'il s'agit, ne va pas, comme lorsqu'on se partage pour aller aux voix, me répondre : « Ce côté-ci paraît le plus nombreux. » Par là même il est le moins sage. L'humanité n'est pas tellement favorisée que le meilleur parti plaise au plus grand nombre : le pire se reconnaît à la foule qui le suit [3]. Cherchons ce qu'il y a de mieux à faire, non ce qui est le plus habituel, ce qui met en possession d'une félicité stable, non ce qu'approuve le vulgaire, le plus sot interprète de la vérité ; et j'entends par vulgaire aussi bien le chœur en chlamydes que les porteurs de couronnes [4]. Car ce n'est pas à la couleur du vêtement dont le corps s'enveloppe que s'arrêtent mes yeux ; je ne juge pas l'homme sur leur témoignage : j'ai un flambeau meilleur et plus sûr pour démêler le faux du vrai. Le mérite de l'âme, c'est à l'âme à le trouver. Oh ! si jamais il lui était loisible de respirer et de se retirer en elle-même et de s'imposer une torture salutaire, comme elle se confesserait la vérité et s'écrierait : « Tout ce que j'ai fait jusqu'ici, j'aimerais mieux ne l'avoir point fait ; quand je me rappelle tout ce que j'ai dit, je porte envie aux êtres muets ; tous les vœux que j'ai formés sont à mes yeux des imprécations d'ennemis ; tout ce que j'ai craint, ô dieux ! m'eût valu mieux mille fois que ce que j'ai désiré ! J'ai eu des inimitiés avec bien des hommes ; puis de la guerre je suis revenu à la paix, s'il est une paix possible entre méchants, et je n'ai pu encore rentrer en grâce avec moi-même. Je me suis consumé en efforts pour me tirer des rangs du vulgaire, pour me signaler par quelque mérite : qu'ai-je obtenu, que de m'exposer aux traits

de la malveillance, que d'indiquer où l'on me pouvait mordre? »
Ces hommes que tu vois préconiser l'éloquence, courtiser la fortune, adorer le crédit, exalter le pouvoir, sont tous des ennemis ou, ce qui revient au même, peuvent le devenir. Tout ce grand nombre d'admirateurs n'est qu'un grand nombre d'envieux.

III. Pourquoi ne pas chercher plutôt un bien qui profite, qui se sente, non un bien de parade? Ces choses qui font spectacle, qui arrêtent la foule, que l'on se montre avec ébahissement, brillantes à l'extérieur, ne sont au fond que misères. Je veux un bonheur qui ne soit pas pour les yeux, je le veux substantiel, partout identique à lui-même, et que la partie la plus cachée en soit la plus belle; voilà le trésor à exhumer. Il n'est pas loin; on peut le trouver : il ne faut que savoir où porter la main. Mais nous passons à côté, comme dans les ténèbres, nous heurtant même contre l'objet désiré⁵.

Pour ne pas te traîner par des circuits sans fin, j'omettrai les doctrines étrangères, qu'il serait trop long d'énumérer et de combattre. Voici la nôtre à nous; et quand je dis la nôtre, ce n'est pas que je m'enchaîne à un chef quelconque de l'école stoïcienne : j'ai droit aussi de parler pour mon compte. Ainsi je serai de l'opinion de tel, j'exigerai que tel autre divise la sienne : et peut-être, appelé moi-même le dernier, sans improuver en rien les préopinants, je dirai : « Voici ce que j'ajoute à leur avis. » Du reste, d'après le grand principe de tous les stoïciens, c'est la nature que je prétends suivre : ne pas s'en écarter, se former sur sa loi et sur son exemple, voilà la sagesse. La vie heureuse est donc une vie conforme à la nature; mais nul ne saurait l'obtenir, s'il n'a préalablement l'âme saine et en possession constante de son état sain; si cette âme n'est énergique et ardente, belle de ses mérites, patiente, propre à toute circonstance, prenant soin du corps et de ce qui le concerne, sans anxiété toutefois, ne négligeant pas les choses qui font le matériel de la vie, sans s'éblouir d'aucune, et usant des dons de la Fortune, sans en être l'esclave. On comprend, quand je ne le dirais pas, que l'homme devient à jamais tranquille et libre, quand il s'est affranchi de tout ce qui nous irrite ou nous terrifie. Car en place des voluptés, de toute chose étroite et fragile qui flétrit l'homme en le perdant, succède une satisfaction sans bornes, inébranlable, toujours égale; alors l'âme est en paix, en harmonie avec elle-même, et réunit la grandeur à la bonté. Toute cruauté en effet vient de faiblesse⁶.

IV. On peut définir encore autrement le bonheur tel que

nous l'entendons, c'est-à-dire formuler le même sens, en changeant les termes. Tout comme la même armée tantôt se développe au large, tantôt se masse sur un terrain étroit, ou se courbe au centre en forme de croissant, ou déploie de front toute sa ligne, sans perdre de sa force quelle que soit sa distribution, sans changer d'esprit ni de drapeau; ainsi la définition du souverain bien peut s'allonger et s'étendre, selon les goûts divers, comme se resserrer et se réduire. Ce sera donc tout un si je dis : « Le souverain bien, c'est une âme qui dédaigne toute chose fortuite, et qui fait sa joie de la vertu; » ou bien : « C'est l'invincible énergie d'une âme éclairée sur les choses de la vie, calme dans l'action, toute bienveillante et du commerce le plus obligeant. » Je suis libre de dire encore : « Celui-là est heureux pour lequel il n'est de bien ou de mal qu'une âme bonne ou dépravée; qui cultive l'honnête, et, content de sa seule vertu, ne se laisse ni enfler ni abattre par les événements; qui ne connaît pas de plus grandes délices que celles qu'il puise dans son cœur, et pour qui la vraie volupté est le mépris des voluptés[7]. » Tu peux, en te donnant carrière, faire prendre au même fonds diverses formes, tu n'altéreras ni ne modifieras sa valeur. Par exemple qui nous empêche d'appeler le bonheur une âme libre, élevée, intrépide et constante, placée en dehors de la crainte, en dehors de toute cupidité, aux yeux de laquelle l'unique bien est l'honnête, l'unique mal l'infamie, et tout le reste un vil amas d'objets qui n'ôtent rien à la vie heureuse, n'y ajoutent rien et, sans accroître ou diminuer le souverain bien, peuvent arriver ou s'en aller? L'homme établi sur une telle base aura, ne le cherchât-il point, pour compagnes nécessaires une perpétuelle sérénité, une satisfaction profonde comme la source dont elle sort, heureux de ses propres biens et ne souhaitant rien de plus grand que ce qu'il trouve en soi. Ne sera-ce point compenser dignement les sensations émoussées, frivoles, si peu persévérantes d'une méprisable chair? Le jour où le plaisir deviendrait son maître, la douleur le serait aussi.

V. Or tu vois quel misérable et funeste esclavage devra subir l'homme que le plaisir et la douleur, les plus capricieux despotes et les plus passionnés, vont se disputer tour à tour. Élançons-nous donc vers la liberté que rien ne donne, hormis l'indifférence pour la Fortune. Alors commencera ce bonheur inappréciable, ce calme d'un esprit retiré en un asile sûr d'où il domine tout; alors plus de terreurs; la possession du vrai nous remplira d'une joie immense, inaltérable, et de sentiments affectueux et expansifs que nous savourerons moins comme des biens, que comme les fruits d'un bien qui est en nous. Puisque j'ai déjà prodigué les définitions, disons qu'on peut appeler heureux celui qui ne désire ni ne craint plus, grâce à la raison. Tout comme les rochers n'éprouvent ni nos craintes ni nos tristesses, non plus que les animaux, sans que pourtant on les ait jamais dits heureux, puisqu'ils n'ont pas le sentiment du bonheur; il faut mettre sur la même ligne tout homme qu'une nature émoussée et l'ignorance de soi relèguent au rang des troupeaux et des brutes, dont rien ne le distingue. Car si la raison chez ceux-ci est nulle, celui-là en a une dépravée qui n'est habile qu'à le perdre et à pervertir toutes ses voies. Le titre d'heureux n'est pas fait pour l'homme jeté hors de la vérité; partant, la vie heureuse est celle dont un jugement droit et sûr fait la base et la base immuable. Il n'est d'esprit serein et dégagé de toute affliction que celui qui, échappant aux plaies déchirantes comme aux moindres égratignures, reste à jamais ferme où il s'est placé, certain de garder son assiette en dépit des colères et des assauts de la Fortune. Quant à la volupté, dût-elle nous assiéger de toutes parts, s'insinuer par tous nos sens, flatter notre âme de ses mille caresses successivement renouvelées, et solliciter ainsi tout notre être et chacun de nos organes, quel mortel, si peu qu'il lui restât de l'homme, voudrait être chatouillé nuit et jour, et renoncer à son âme pour ne plus songer qu'à son corps?

VI. « Mais l'âme aussi, dit l'épicurien, aura ses voluptés. » Qu'elle les ait donc, qu'elle (*a*) siége en arbitre de la mollesse et des plaisirs, saturée de tout ce qui délecte les sens; qu'elle porte encore ses regards en arrière et s'exalte au souvenir des débauches passées, qu'elle dévore en espoir et déjà dispose celles où elle aspire, et tandis que le corps s'engraisse et dort dans le présent, qu'elle anticipe l'avenir par la pensée. Elle ne m'en paraît que plus misérable : car laisser le bien pour le mal est une haute folie. Sans la raison point de bonheur ; et la raison n'est point chez l'homme qui néglige les meilleurs aliments et n'a faim que de poisons. Pour être heureux il faut donc un jugement sain ; il faut que, content du présent quel qu'il soit, on sache aimer ce que l'on a ; il faut que la raison nous fasse trouver du charme dans toute situation. Ils ont senti, ceux-là même qui disent : « Le souverain bien c'est la volupté, » dans

(*a*) Je lis *sedeat* avec deux manuscrits. Lemaire : *cedat*.

quelle place infime ils le mettent. Aussi nient-ils que la volupté puisse être détachée de la vertu; selon eux, point de vie honnête qui ne soit en même temps agréable, point de vie agréable qui ne soit en même temps honnête. Je ne vois pas comment des choses si diverses se laisseraient accoupler ainsi. Pourquoi, je vous prie, la volupté ne saurait-elle être séparée de la vertu? C'est qu'apparemment, comme tout bien tire de la vertu son principe, vous faites naître aussi de la même souche vos amours et vos ambitions. Ah! si cette parenté était vraie, nous ne verrions pas certaines choses être agréables, mais déshonnêtes, et certaines autres, des plus honorables, mais pénibles, mais douloureuses à accomplir.

VII. Ajoute ici que la volupté peut être le partage de la vie même la plus infâme; et la vertu n'admet pas une telle vie. Que de malheureux avec leur volupté, ou plutôt par la volupté même! Cela n'arriverait pas, si elle ne faisait qu'un avec la vertu, qui en est souvent privée, mais qui jamais n'en a besoin. Pourquoi allier des objets dissemblables, disons plus, qui se repoussent? La vertu est quelque chose de grand, de sublime, de souverain, d'invincible, d'infatigable; la volupté est chose basse, servile, impuissante, caduque, qui a son poste et son domicile aux lupanars et aux tavernes. La vertu, tu la trouveras dans le temple, au forum, au sénat, debout sur les remparts, le corps poudreux, le teint hâlé, les mains calleuses; la volupté le plus souvent va cherchant le mystère et appelle les ténèbres; elle rôde autour des bains, des étuves, des lieux qui redoutent l'édile, efféminée, sans vigueur, ruisselante de vins et de parfums, pâle ou fardée et souillée des drogues de la toilette. Le souverain bien est impérissable : il ne sort pas du cœur où il règne, il n'a ni satiété ni repentir. Car une conscience droite ne dévie jamais, n'est jamais odieuse à elle-même, n'a rien changé à ses principes, parce qu'elle a toujours suivi les meilleurs. La volupté au contraire, c'est au fort même de ses délices qu'elle s'éteint. Elle trouve en l'homme peu de place, aussi l'emplit-elle bien vite; puis vient le dégoût, et après les premiers élans elle s'affaisse. Y aurait-il jamais fixité dans une chose dont l'essence est le mouvement? Aussi ne peut-elle même avoir la moindre réalité, elle qui vient et passe comme l'éclair (*a*), qui s'évanouira dans l'usage d'elle-même.

(*a*) **Les manuscrits portent** *transitve*. *Transitu*, **mauvaise mais vulgaire** leçon. Je propose *transitque*.

Car elle arrive là pour cesser; dès qu'elle commence, elle vise à n'être plus [8].

VIII. Enfin, tout comme les bons, les méchants ont leur volupté. L'homme flétri ne jouit pas moins de sa honte que l'honnête homme de sa belle conduite. C'est pourquoi les anciens nous prescrivent d'adopter la meilleure, non la plus agréable vie, afin que la volonté, droite et bonne, ait le plaisir non pour guide, mais pour compagnon. La nature en effet est le guide qu'il faut suivre ; c'est elle qu'observe, elle que consulte la raison. C'est donc une même chose que vivre heureux et vivre selon la nature. Or voici en quoi cela consiste : à jouir de nos facultés physiques et de ce qui est fait pour elles, en usufruitier vigilant mais sans peur, comme de choses prêtées pour un jour et fugitives, à ne pas subir leur servitude, ni nous laisser posséder par ce qui ne vient point de nous, à mettre les aises du corps et les avantages fortuits au rang que tiennent dans les camps les auxiliaires et les troupes légèrement armées. Que tout cela serve et ne commande point; à ce titre seulement l'âme en tirera profit. Que l'homme de cœur soit incorruptible aux choses du dehors, invincible, admirateur seulement de son être, ayant foi dans son âme, préparé à l'une et à l'autre fortune, artisan de sa vie. Que l'assurance chez lui n'aille pas sans la science, ni la science sans la fermeté; que ses résolutions tiennent une fois prises, et que dans ses décrets il ne se glisse pas de rature. On conçoit, sans que je l'ajoute, quelle paix, quelle concordance régnera dans un tel esprit, et que tous ses actes seront empreints d'une dignité bienveillante. Chez lui la véritable raison sera greffée sur les sens et y prendra ses éléments ; car il n'a pas d'autre point d'appui pour faire effort ou prendre son élan vers le vrai, puis se replier sur lui-même. Le monde céleste aussi, qui embrasse tout, et ce Dieu qui régit l'univers, malgré leur tendance vers le dehors, rentrent néanmoins de toutes parts dans le grand tout et en eux-mêmes. Qu'ainsi fasse l'esprit humain : lorsqu'en suivant les sens dont il dispose, il se sera porté par eux à l'extérieur, qu'il soit maître d'eux et de lui-même et enchaîne près de lui en quelque sorte le souverain bien. De là sortiront cette unité de force, cette puissance homogène et cette raison sûre qui ne se partage et n'hésite pas plus sur ce qu'elle juge ou peut saisir, que sur ses convictions. Quand elle a mis cet ordre, ce plein accord entre toutes ses parties, quand elle s'est, pour ainsi dire, harmoniée, le souverain bien est conquis. Il ne reste plus de fausse voie, de passage où l'on glisse, où l'on se heurte, où l'on chancelle. Tout se fait par sa libre autorité, rien n'arrive contre son attente ; chacun de ses actes tourne à bien et s'exécute avec cette facilité prompte et cette allure qui ne tergiversent jamais. La lenteur, l'incertitude trahissent la lutte et l'inconsistance des pensées. Oui, prononce-le hardiment : le souverain bien c'est l'harmonie de l'âme, car les vertus doivent être où se trouvent l'accord et l'unité : le désaccord est le propre des vices.

IX. « Mais toi aussi, me dira-t-on, tu ne cultives la vertu qu'en vue d'une jouissance quelconque que tu en espères. » D'abord, si la vertu doit procurer le plaisir, il ne s'ensuit pas que ce soit pour cela qu'on la cherche ; ce n'est pas le plaisir seul qu'elle apporte, mais elle l'apporte en plus : et sans y travailler, ses efforts, quoique ayant un autre but, arrivent en outre à celui-là. Comme en un champ labouré pour la moisson quelques fleurs naissent par intervalles, bien que ce ne soit pas pour de minces bluets, qui pourtant réjouissent les yeux, qu'on a dépensé tant de travail ; l'objet du semeur était autre : la fleur est venue par surcroît ; de même le plaisir n'est ni le salaire, ni le mobile de la vertu, il en est l'accessoire ; ce n'est pas parce qu'elle donne du plaisir qu'on l'aime ; c'est parce qu'on l'aime qu'elle donne du plaisir. Le souverain bien est dans le jugement même et la disposition d'un esprit excellent ; quand celui-ci a rempli le cercle de son développement et s'est retranché dans ses limites propres, le souverain bien est complet, il ne veut rien de plus. Car il n'y a rien en dehors du tout, non plus qu'au delà du dernier terme. Tu te méprends donc quand tu demandes pour quel motif j'aspire à la vertu, c'est chercher quelque chose au-dessus du sommet des choses. Ce que je cherche dans la vertu ? Elle-même : elle n'a rien de meilleur, elle est à elle-même son salaire. Trouves-tu que ce soit trop peu ? Si je te dis : le souverain bien, c'est une inflexible rigidité de principes, c'est une prévoyance judicieuse, c'est la sagesse, l'indépendance, l'harmonie, la dignité, exigeras-tu encore un plus haut attribut, pour y rattacher tous ceux-ci ? Que me parles-tu de plaisir ? Je cherche le bonheur de l'homme, non de l'estomac, qui chez le bœuf ou la bête féroce a plus de capacité.

X. « Tu feins, reprend l'adversaire, de ne pas entendre ce que je dis ; car moi, je nie que la vie puisse être agréable, si elle n'est en même temps honnête, condition aussi peu faite pour la brute que pour l'homme qui mesure son bonheur à ses aliments. Oui, c'est clairement et devant tous que je l'atteste : cette vie, que j'appelle agréable, n'est possible qu'en compagnie de la vertu. » Eh! qui ne le sait? Ceux qui regorgent le plus de vos plaisirs, ce sont toujours les plus insensés des hommes. Le bien-être abonde chez l'iniquité ; et que de jouissances dépravées et sans nombre l'âme elle-même ne se crée-t-elle pas? D'abord l'arrogance, l'excessive estime de soi, cette enflure de cœur qui nous place au-dessus des autres mortels, l'amour aveugle et imprévoyant de ce que l'on possède, la mollesse énervante, ces transports de joie pour les plus minces, les plus puérils motifs, puis cet esprit moqueur et superbe qui jouit à vous humilier, et l'apathie, l'affaissement du moral qui s'endort sur sa propre lâcheté. Toutes folies que la vertu fait disparaître ; elle nous réveille de son brusque toucher, pèse les plaisirs avant de les admettre, et ne prise pas bien haut ceux même qu'elle approuve (c'est assez qu'elle les admette), heureuse non d'en user, mais d'en user avec tempérance : or la tempérance, qui retranche aux plaisirs, ébrèche ton souverain bien. Tu te jettes dans les bras du plaisir, moi je le tiens à distance ; tu l'épuises, moi je le goûte ; tu y vois le bien suprême, il n'est pas même un bien pour moi ; tu fais tout pour lui, et moi rien. Quand je dis moi, je parle du sage pour qui seul, selon toi, la volupté est faite.

XI. Mais je n'appelle point sage l'esclave de quoi que ce soit, et moins que tous l'esclave de la volupté. Comment, une fois dominé par elle, résistera-t-il à la fatigue, aux périls, à l'indigence, à tant de menaces qui grondent autour de la vie humaine? Comment soutiendra-t-il l'aspect de la mort, l'aspect de la douleur, le fracas d'un ciel en courroux, et une foule d'attaques acharnées, lui qu'un si mol adversaire a vaincu ? Tout ce que lui aura conseillé la volupté, il le fera. Eh! ne vois-tu pas que de choses elle lui conseillera? « Elle ne saurait, dis-tu, l'engager à rien de honteux : elle a la vertu pour compagne. » Mais, encore une fois, vois quel souverain bien c'est que celui qui a besoin de surveillant pour être un bien. D'ailleurs, comment la vertu régira-t-elle cette volupté qu'elle aura suivie ? Suivre c'est obéir, pour régir il faut être maître. Tu mets en arrière ce qui commande. Le digne emploi pour la vertu : tu fais d'elle le prégustateur de tes plaisirs ! Nous verrons plus tard si, chez des hommes qui l'ont si outrageusement traitée elle est encore la vertu, elle qui ne peut garder son nom dès qu'elle perd son rang ; en attendant, et c'est là le point, je te ferai voir nombre d'hommes assiégés de voluptés, sur qui la fortune a versé toutes ses grâces, et que tu seras forcé d'avouer méchants. Vois un Nomentanus, un Apicius recherchant à grands frais, comme ils les appellent, les biens de la terre et de l'onde, et passant en revue sur leur table les animaux de tous les pays. Vois-les du haut d'un lit de roses (a) contempler l'orgie qu'ils ordonnent, charmer leurs oreilles par le son des voix, leurs yeux par des spectacles, leurs palais par d'exquises saveurs. La moelleuse et douce pression des coussins investit tout leur corps ; et pour que leurs narines même prennent part à la fête, des parfums variés embaument jusqu'aux salles où sont offerts à la mollesse des repas qu'on peut dire funèbres [10]. Ces gens-là nagent dans les délices, vas-tu dire ; mais elles ne tournent pas à bien pour eux : ce n'est pas le vrai bien qui fait leur joie.

XII. « Si mal leur arrive, réplique-t-on, c'est qu'il survient beaucoup d'incidents qui bouleversent l'âme ; c'est que l'esprit est en proie à un flux et reflux de sentiments qui se combattent. » Cela est vrai, je vous l'accorde ; mais ces esprits égarés, capricieux et sous le coup du repentir, n'en perçoivent pas moins de vives voluptés ; aussi faut-il avouer que s'ils sont loin alors de tout malaise, ils ne le sont pas moins de la sagesse ; que, pour la plupart, leur joie est une folie délirante et leur rire un rire de furieux [11]. Tout au contraire les plaisirs du sage sont modérés, discrets, presque languissants, tout intérieurs et à peine sensibles au dehors ; car ce n'est point à sa sollicitation qu'ils viennent, et, bien qu'ils se présentent d'eux-mêmes, il ne leur fait point fête, il les accueille et les goûte sans aucun transport. Il les mêle à la vie comme un intermède et un jeu pour égayer le sérieux du drame. Que l'on cesse donc d'allier ce qui ne va point ensemble et d'accoler la vertu à la volupté. Faux assemblage qui flatte les penchants les plus dissolus. Tel homme noyé dans les plaisirs, qui toujours rampe dans sa crapule, sachant qu'il suit la volupté, croit aussi suivre la vertu. Il entend dire en effet qu'elles sont inséparables, puis sur ses vices il écrit *sagesse* et affiche ce qu'il devrait cacher à tous les yeux. Ainsi ce n'est pas Épicure qui pousse ces hommes à la débauche ; ce sont eux qui, livrés à tous les excès, cachent leurs goûts dépravés dans le sein de la philosophie et volent

---

(a) *Spectantes*. Des manusc. : *exspectantes*.

en foule aux lieux où ils apprennent qu'on vante le plaisir. Cette volupté d'Épicure, telle que vraiment je la conçois, ils n'apprécient pas combien (*a*) elle est réservée et sobre : c'est au nom seul qu'ils accourent, cherchant pour leurs désordres une autorité quelconque et un voile. Seul bien de l'homme vicieux, la honte du vice les abandonne [12] : ils louent ce dont ils rougissaient, ils se font gloire de leur corruption; et se relever de sa chute est impossible à cette jeunesse qui décore d'un titre honorable ses turpitudes et sa lâcheté.

XIII. Voilà ce qui rend cette apologie du plaisir pernicieuse : les préceptes honnêtes se cachent au fond de la doctrine, la séduction est à la surface. Oui, et telle est à moi ma pensée, je le dis en dépit de ceux des nôtres qui courtisent la foule, la morale d'Épicure (*b*) est vertueuse, irréprochable ; à l'examiner de près, elle est même austère. Ce qu'il appelle volupté se réduit à quelque chose d'assez étroit, d'assez maigre ; la loi que nous imposons à la vertu, il l'impose au plaisir. Il le veut soumis à la nature; or c'est bien peu pour la mollesse que ce qui suffit à la nature. D'où vient donc le mal? De ce que ceux qui mettent le bonheur dans une oisiveté nonchalante, dans les jouissances alternatives de la table et des femmes, cherchent pour une mauvaise cause un patron respectable. Ils s'en viennent, attirés par un nom qui séduit ; ils suivent, non la volupté qu'il enseigne, mais celles qu'ils lui apportent; croyant voir dans leurs passions les préceptes du maître, ils s'y abandonnent sans réserve et sans feinte, et la débauche enfin court tête levée. Je ne dis donc pas, comme presque tous les nôtres : « La secte d'Épicure est une école de scandale; » mais je dis : « Elle a mauvais renom; on la diffame sans qu'elle le mérite. » Qui peut bien connaître le temple, s'il n'est admis dans l'intérieur? Le fronton seul donne lieu aux faux bruits et invite à une coupable espérance. Il y a là comme qui dirait un héros en habit de femme. Tu gardes les lois de la pudeur, et la vérité t'est sacrée : ta personne ne se prête à aucune souillure, mais tu as à la main le tambour de Cybèle. Choisis donc un honnête drapeau et une devise qui par elle-même excite les âmes à repousser des vices dont l'approche seule nous amollit. Quiconque passe au camp de la vertu est présumé un noble caractère; qui s'enrôle sous la volupté est aux yeux de tous

(*a*) *Quam sobria*, au lieu de *quum*.
(*b*) Voir aussi *Lettre* XXXIII.

dépourvu de ressort et d'énergie, déchu de la dignité d'homme, voué à de honteux excès, si on ne lui montre à faire la distinction des plaisirs, s'il ne sait pas lesquels se renferment dans les besoins de la nature, lesquels se précipitent et n'ont plus de bornes, d'autant plus insatiables qu'on les rassasie davantage. Eh bien donc : que la vertu marche la première, tous nos pas seront assurés. L'excès du plaisir est nuisible ; dans la vertu pas d'excès à craindre : car elle est par elle-même la modération. Ce n'est pas un bien qu'une chose qui souffre de son propre accroissement.

XIV. Homme, tu as en partage une nature raisonnable : quel meilleur guide te proposer que la raison? Et si l'on veut marier la vertu à la volupté, et n'aller au bonheur qu'ayant toutes les deux pour compagnes, que la vertu précède et que l'autre suive, comme l'ombre suit le corps. Faire de la vertu, de ce qu'il y a de plus relevé au monde, la servante de la volupté, c'est l'œuvre d'un esprit incapable de toute idée grande. Que la vertu aille en tête, qu'elle porte l'étendard ; nous n'en aurons pas moins la volupté, mais nous en serons maîtres et modérateurs ; nous céderons quelque chose à ses prières et rien à ses ordres. Celui au contraire qui donne le pas à la volupté n'obtient ni l'une ni l'autre : il laisse échapper la vertu, et encore, loin de posséder les plaisirs, les plaisirs le possèdent ! ou leur absence le torture, ou leur excès le suffoque : malheureux s'ils le délaissent, plus malheureux s'ils l'assiégent en foule. Comme le navigateur, surpris dans la mer des Syrtes, tantôt il demeure à sec, tantôt la vague le roule et l'emporte au loin. Tel est l'effet d'une intempérance excessive et d'un aveugle amour des richesses ; car à qui prend un but mauvais pour un bon il est dangereux de réussir. C'est avec fatigue et péril que nous chassons les bêtes féroces ; leur capture même ne donne qu'une possession inquiète : souvent en effet elles ont mis leurs maîtres en pièces. De même quiconque a de grandes voluptés sous la main se trouve n'avoir pris que des monstres ; il est la proie de ses captifs. Plus ceux-ci sont forts et nombreux, plus il devient chétif esclave, et plus il a de maîtres, lui que le vulgaire appelle heureux. Pour suivre jusqu'au bout la similitude l'homme qui fouille les retraites du gibier, qui met une si grande importance

A lui tendre ses rets;
Qui de sa meute ardente investit les forêts (a),

(a) Virg., Géorg., I, 139.

celui-là, pour relancer des animaux, abandonne de plus utiles soins, et renonce à une foule de devoirs; ainsi le sectateur du plaisir lui sacrifie tout, ne tient nul compte du premier des biens, la liberté, qu'il aliène aux plus vils penchants : il se vend au plaisir, quand il pense l'acheter.

XV. « Cependant, qui empêche que la vertu et le plaisir ne se confondent, et ne réalisent le souverain bien de telle sorte que l'honnête et l'agréable soient une même chose? » C'est que l'honnête seul peut faire partie de l'honnête, et que le souverain bien n'aurait pas toute sa pureté s'il voyait en soi quelque alliage de moindre prix. La joie même qui naît de la vertu, quoique étant un bien, ne fait point partie du bien absolu; non plus que le calme et la sérénité, quelque beaux qu'en soient les motifs. Car ces choses ne sont des biens que comme conséquences du bien suprême, non comme compléments. Mais quiconque associe la vertu et le plaisir, sans même leur faire part égale, émousse par la fragilité de l'un tout ce que l'autre a de vigueur; cette liberté, qui n'est invincible qu'autant qu'elle ne voit rien de plus précieux qu'elle-même, il la met sous le joug. Car, et quelle plus grande servitude? il a déjà besoin de la Fortune; de là une vie d'anxiété, de soupçons, d'alarmes, il redoute les événements, il est suspendu à leurs moindres chances.

Ce n'est pas là donner à la vertu un fondement fixe et inébranlable : c'est la vouloir ferme sur un point mobile. Quoi de plus mobile en effet que l'attente des choses fortuites, que les révolutions du corps et des objets qui l'affectent? Comment peut-il obéir à Dieu, prendre en bonne part tout ce qui arrive, ne pas se plaindre du destin, et expliquer favorablement ses disgrâces, l'homme qu'agitent tout entier les plus légères pointes de la douleur ou du plaisir? On n'est pas même bon pour défendre ou venger sa patrie, ni pour soutenir ses amis, quand le cœur penche aux voluptés. Que le souverain bien s'élève donc à une hauteur d'où nulle violence ne l'arrache, où n'aborde ni la douleur, ni l'espérance, ni la crainte, ni rien qui porte atteinte à son sublime privilége. Or une telle hauteur n'est accessible qu'à la seule vertu; ces âpres sentiers ne seront gravis que par elle : elle s'y tiendra ferme et souffrira tous les accidents de la montée avec patience, de grand cœur même : elle saura que toute difficulté des temps est une loi de la nature. De même qu'un brave soldat supportera ses blessures, comptera fièrement ses cicatrices, et tout percé de traits et mourant bénira le général pour qui il succombe, elle aura gravé dans son âme cet antique précepte : *Suis Dieu*. Le lâche qui se plaint, qui pleure, qui gémit, n'en est pas moins forcé d'exécuter ce qu'on ordonne et violemment ramené au devoir. Or quelle démence de se faire traîner plutôt que de suivre ! Non moindre, en vérité, est la sottise de ces gens, oublieux de leur condition, qui s'affligent s'il leur arrive quelque chose de pénible, qui s'étonnent, qui s'indignent à l'une de ces disgrâces communes aux bons et aux méchants, je veux dire les maladies, les morts, les infirmités et les mille traverses auxquelles la vie de l'homme est en butte. Tout ce que la constitution de l'univers nous impose de souffrances, acceptons-le intrépidement (*a*). On nous enrôla sous serment pour subir toute épreuve humaine, pour ne point nous laisser bouleverser par les choses qu'il n'est pas en nous d'éviter. Nous sommes nés dans une monarchie : obéir à Dieu, voilà notre liberté [13].

XVI. C'est donc dans la vertu que réside le vrai bonheur. Et que te conseillera-t-elle ? De ne pas regarder comme biens ou comme maux ce qui n'est l'effet ni de la vertu, ni de la méchanceté ; puis, d'être inébranlable à tout mal qui viendrait d'un bien, et de te rendre, en ce qui dépend de toi, l'image de la divinité. Pour une telle entreprise que te promet-on ? Un privilége immense, égal à celui de Dieu même. Plus de contrainte, plus de privation ; te voilà libre et inviolable ; plus de perte à subir, plus de vaine tentative, plus d'obstacles. Tout succède selon tes vœux ; tu ne connais plus de revers ; rien ne contrarie tes prévisions ni tes volontés. « Eh quoi ! la vertu suffirait pour vivre heureux ? » Parfaite et divine qu'elle est, pourquoi n'y suffirait-elle pas ? Elle a même plus qu'il ne faut. Que peut-il manquer en effet à un être placé en dehors de toute convoitise ? Qu'a-t-elle affaire de l'extérieur, l'âme qui rassemble tout en elle ? Quant à l'homme qui chemine vers la vertu, quels que soient déjà ses progrès, il a besoin de quelque indulgence de la Fortune, lui qui lutte encore dans l'embarras des choses humaines, tant qu'il n'a pas délié ce nœud et rompu tout lien mortel. Où donc est la différence ? C'est que les uns sont attachés, les autres enchaînés, d'autres n'ont pas un membre qui soit libre. L'homme qui touche à la région supérieure, qui a gravi plus près du faîte, ne traîne après lui qu'une

---

(*a*) Les manusc.: *magno nisu eripiatur animo*. Je lis avec Muret : *magno excipiatur animo*.

chaîne lâche ; sans qu'il soit libre encore, il est déjà bien près de l'être.

XVII. Or maintenant ¹¹, qu'un de ces hommes qui vont clabaudant contre la philosophie me dise, selon l'usage : « Pourquoi donc ton langage est-il plus brave que ta conduite ? Pourquoi baisses-tu le ton devant un supérieur ? Pourquoi regardes-tu l'argent comme un meuble qui t'est nécessaire, et te montres-tu sensible à une perte ? Et ces larmes quand on t'annonce la mort de ta femme ou d'un ami ? D'où vient que tu tiens à l'opinion, que les malins discours te blessent, que tu as une campagne plus élégante que le besoin ne l'exige, et que tes repas ne sont point selon tes préceptes ? A quoi bon ce brillant mobilier, cette table où tu fais boire des vins plus âgés que toi, cette (*a*) maison richement ordonnée, ces plantations qui ne doivent produire que de l'ombre ? D'où vient que ta femme porte à ses oreilles le revenu d'une opulente famille ; que tes jeunes esclaves sont habillés d'étoffes précieuses; que chez toi servir à table est un art; qu'on y voit l'argenterie non placée au hasard et à volonté, mais savamment symétrisée (*b*) ? Que fais-tu d'un maître en l'art de découper ? » Qu'on ajoute, si l'on veut : « Pourquoi possèdes-tu au delà des mers, et as-tu des biens que tu n'as jamais vus ? Honte à toi, si insoucieux, que de tous tes esclaves tu n'en connais pas même quelques-uns, ou assez fastueux pour en avoir plus que ta mémoire n'en pourrait connaître ! » J'aiderai tout à l'heure à ces reproches et m'en ferai plus que l'agresseur ne pense : ici je répondrai seulement : Je ne suis pas un sage, et pour donner pâture à ta jalousie, je ne le serai jamais. Ce que j'exige de moi, c'est d'être, sinon l'égal des plus vertueux, du moins meilleur que les méchants; il me suffit de me défaire chaque jour de quelque vice et de gourmander mes erreurs. Je ne suis point parvenu à la santé, je n'y parviendrai même pas : ce sont des lénitifs plutôt que de vrais remèdes que j'élabore pour ma goutte, heureux si ses accès deviennent plus rares, si je sens moins ses mille aiguillons. A comparer mes jambes aux vôtres, quel faible coureur je suis (*c*) !

XVIII. Encore n'est-ce pas pour moi que je dis cela, pour moi qui suis plongé dans l'abîme de tous les vices; c'est pour

---

(*a*) *Cur laute....* au lieu de *cur autem domus*, ou *cur annuum disponitur ?*
(*b*) *Perite struitur*, et non *servitur* ou *servatur*.
(*c*) *Debilis cursor sum*, au lieu de *debiles, curs....* ou *debilibus....*

quiconque a quelque progrès à montrer. « Autre est mon langage, autre ma conduite! » Hommes pétris de malignité et ennemis des plus pures vertus, on a fait même reproche à Platon, on l'a fait à Épicure, on l'a fait à Zénon. Tous ces philosophes en effet ne nous entretenaient pas de leur vie à eux, mais de celle qu'il faut se proposer. C'est de la vertu, non de moi que je parle ; et quand je fais la guerre aux vices, je la fais avant tout aux miens; quand j'en aurai le pouvoir, je vivrai comme je le dois. Et la malveillance aura beau tremper à loisir ses traits dans le fiel, elle ne me détournera pas du mieux ; ce venin que vous distillez sur les autres, et qui vous tue, ne m'empêchera pas d'applaudir sans relâche à des principes que je ne suis pas sans doute, mais que je sais qu'il faudrait suivre, ne m'empêchera pas d'adorer la vertu et, bien qu'à un long intervalle, d'aller me traînant sur sa trace. J'attendrai, n'est-ce pas, que cette malveillance apprenne à respecter quelque chose, quand rien ne fut sacré pour elle, ni Rutilius, ni Caton? Comment aussi ne leur paraîtrait-on pas trop riche, à ceux qui ne jugent pas Démétrius le Cynique assez pauvre? Cet homme si énergique, qui lutta contre tous les désirs naturels, plus pauvre que tous ceux de son école, puisqu'à la loi qu'ils s'imposaient de ne rien avoir, il a joint celle de ne rien demander, n'est point, selon eux, assez dénué de tout. Car, voyez-vous, ce n'est pas la doctrine de la vertu, c'est la doctrine de l'indigence qu'il professait!

XIX. Diodore, philosophe épicurien qui, ces jours derniers, mit volontairement fin à son existence, n'agit pas, dit-on, suivant les préceptes du maître en se coupant la gorge. Les uns veulent qu'on voie là un acte de folie; et les autres, d'irréflexion. Lui, cependant, heureux et fort d'une bonne conscience, se rendait témoignage en sortant de la vie et bénissait le calme de cette vie passée dans le port et à l'ancre. Il disait, (et pourquoi murmuriez-vous de l'entendre, comme s'il vous fallait l'imiter?) il disait :

J'ai vécu, j'ai rempli toute ma destinée (a).

Vous disputez sur la vie de tel, sur la mort de tel autre, et vous aboyez aux grands noms qu'ennoblit un mérite quelconque, comme font de petits chiens à la rencontre de personnes qu'ils ne connaissent pas. Il vous importe en effet que nul ne passe

(a) Énéid., IV, 654.

pour homme de bien : il semble que la vertu d'autrui soit la censure de vos méfaits[15]. Vous êtes blessés de ce pur éclat auquel vous opposez vos souillures, sans comprendre combien tant d'audace tourne à votre détriment. Car si les suivants de la vertu sont cupides, débauchés, ambitieux, qu'êtes-vous donc, vous à qui le nom seul de vertu est odieux ? Vous soutenez que pas un ne réalise ce qu'il dit et ne conforme sa vie à ses maximes. Quoi d'étonnant, quand leurs paroles sont si héroïques, si sublimes, dominent de si haut toutes les tempêtes de la vie humaine ; quand ils ne visent pas à moins qu'à s'arracher de ces croix où tous, tant que vous êtes, enfoncez de vos mains les clous qui vous déchirent ? Le supplicié du moins n'est suspendu qu'à un seul poteau ; ceux qui se font bourreaux d'eux-mêmes subissent autant de croix que de passions qui les tiraillent : médisants toutefois, c'est à insulter autrui qu'ils ont bonne grâce. Je pourrais n'y voir qu'un passe-temps, n'était que certains hommes crachent de leur gibet sur ceux qui les regardent.

XX. Les philosophes ne réalisent pas tout ce qu'ils disent ? mais ils font déjà beaucoup par cela seul qu'ils disent, et parce qu'ils conçoivent l'idée du beau moral. Eh ! si leurs actes étaient au niveau de leurs discours, quelle félicité surpasserait la leur ? Jusque-là il n'y a pas lieu de mépriser de bonnes paroles et des cœurs pleins de bonnes pensées. L'application aux études salutaires, restât-t-elle en deçà du but, est louable encore. Est-ce merveille qu'on n'arrive pas au faîte quand on s'attaque à de si rudes montées ? Admirez du moins, lors même qu'ils tombent, leur généreuse audace. Elle est noble l'ambition de l'homme qui, consultant moins ses forces que celles de la nature humaine, s'essaye à de grandes choses, fait effort et se crée en lui-même des types de grandeur que les âmes le plus virilement douées seraient impuissantes à reproduire. L'homme qui s'est dit d'avance (a) : « L'aspect de la mort ne me troublera pas plus que son nom. Je me résignerai à toutes les épreuves, si grandes qu'elles soient ; mon âme prêtera force à mon corps. Les richesses, je les dédaignerai absentes aussi bien que présentes ; ni plus triste de les voir entassées chez d'autres, ni plus fier si elles m'entourent de leur éclat. Que la fortune me vienne ou se retire, je ne m'en apercevrai pas.

(a) *Quo videbo.* Lemaire : *quo jubebo et videbo* qui n'est pas dans les manuscrits.

Je regarderai toutes les terres comme à moi, les miennes comme à tous. Je vivrai en homme qui se sent né pour ses semblables, et je rendrai grâce à la nature d'une si belle mission. Pouvait-elle mieux pourvoir à mes intérêts? Elle m'a donné moi seul à tous et tous à moi seul. Ce que j'aurai, quoi que ce soit, je ne le garderai pas en avare, je ne le sèmerai pas en prodigue : je ne croirai rien posséder mieux que ce que j'aurai sagement donné. Je ne compterai ni ne pèserai mes bienfaits : l'obligé seul y mettra le prix. Jamais je ne penserai aller trop loin en obligeant qui le mérite. Je ne ferai rien pour l'opinion, je ferai tout pour ma conscience : je me figurerai avoir le public pour témoin de tout ce qu'elle me verra faire. J'aurai pour terme du manger et du boire de satisfaire les appétits naturels, non de remplir mon estomac, puis de le vider facticement. Agréable à mes amis, doux et traitable à mes ennemis, je ferai grâce avant qu'on m'implore, je préviendrai toute légitime prière. Je saurai que ma patrie c'est le monde, que les dieux y président, que sur ma tête, qu'autour de moi veillent ces juges sévères de mes actes et de mes paroles. Et à quelque instant que la nature redemande ma vie ou que la raison me presse de partir, je m'en irai avec le témoignage d'avoir aimé la bonne conscience, les bonnes études, de n'avoir pris sur la liberté de personne, ni laissé prendre sur la mienne. »

XXI. Qui se proposera d'agir ainsi, qui le voudra, qui le tentera, s'acheminera vers les dieux; et certes, dût-il dévier, *il échouera du moins dans un noble projet* (a). Vous autres, qui haïssez et la vertu et son adorateur, vous ne faites là rien d'étrange ; car les vues malades redoutent le soleil, et le grand jour est antipathique aux animaux nocturnes : éblouis de ses premiers rayons, ils regagnent de tous côtés leurs retraites et fuient dans d'obscures crevasses cette lumière qui les effraye. Gémissez, exercez votre langue maudite à outrager les bons; acharnez-vous, mordez tous à la fois : vos dents se briseront sur eux bien avant qu'elles ne s'y impriment. « Pourquoi cet amant de la philosophie mène-t-il une existence si opulente? Il dit qu'il faut mépriser l'or, et il en possède ; qu'il faut mépriser la vie, et il reste avec les vivants; la santé, et il est très-soigneux d'entretenir la sienne : il veut l'avoir la meilleure possible. L'exil est un vain mot, selon lui; il s'écrie : *Quel mal y a-t-il à changer de pays?* et pourtant,

---

(a) Vers d'Ovide, *Métam.*, II, 328.

s'il le peut, il vieillira dans sa patrie. Il prononce qu'une existence plus ou moins longue est indifférente ; toutefois, tant que rien ne l'en empêche, il prolonge la sienne, et dans une vieillesse avancée il conserve en paix sa verdeur. »

Oui, il dit qu'on doit mépriser ces choses, non pour ne les avoir point, mais pour les avoir sans inquiétude. Il ne les repousse pas, mais si elles s'éloignent, il fait tranquillement retraite avec elles. Où la fortune déposera-t-elle ses richesses plus sûrement que chez l'homme qui les lui rendra sans murmure ? Quand M. Caton louait Curius, Coruncanius et ce siècle où l'on était coupable aux yeux du censeur pour posséder quelques lames d'argent, lui, Caton (a), avait quarante millions de sesterces (b) : moins sans doute que Crassus, mais plus que Caton le censeur. C'était, si l'on compare, dépasser son bisaïeul de bien plus que lui-même ne fut dépassé par Crassus ; et si de plus grands biens lui étaient échus, il ne les eût pas dédaignés. Car le sage ne se croit indigne d'aucun des dons du hasard ; non qu'il aime les richesses, mais il les préfère : ce n'est pas dans son âme, c'est dans sa maison qu'il les loge ; il n'en répudie pas la possession, mais il les domine : il n'est point fâché qu'une plus ample matière soit fournie à sa vertu.

XXII. Eh! qui doute que pour le sage il n'y ait plus ample matière à déployer son âme dans la richesse que dans la pauvreté ? Toute la vertu de celle-ci est de ne point plier ni s'abattre ; dans l'autre, la tempérance, la libéralité, l'esprit d'ordre, l'économie, la magnificence ont un champ vaste et libre. Le sage ne se méprisera point, quand il serait de taille exiguë ; toutefois il en voudrait une grande : avec un corps grêle, et privé d'un œil, il peut se bien porter : il aimera mieux pourtant avoir aussi la vigueur physique. Il désirera ces avantages sans oublier qu'il a en lui quelque chose de plus fort que tout cela : il saura souffrir la mauvaise santé tout en souhaitant la bonne. Car il est des choses qui, bien que n'ajoutant guère à la somme du bonheur, et pouvant disparaître sans en amener la chute, contribuent néanmoins quelque peu à cette satisfaction que la vertu perpétue, comme elle l'a fait naître. Les richesses sont au sage ce qu'est au navigateur un bon vent qui l'égaye et facilite sa course, ce qu'est un beau jour, et, par

---

(a) Caton d'Utique.
(b) Environ 8 151 664 fr.

un temps brumeux et froid, une plage que réchauffe le soleil. Et après tout, quel sage, je veux dire des nôtres, pour lesquels la vertu est le seul bien, voudra nier que les objets même appelés par nous indifférents aient au fond quelque prix et que les uns soient à préférer aux autres? Il en est dont on fait certain cas; il en est que l'on prise fort haut. Ne nous abusons point : la richesse est de ceux qu'on doit préférer. « Pourquoi donc me railler, s'écriera quelqu'un, quand chez toi elles tiennent le même rang que chez moi? — Veux-tu savoir combien je suis loin de leur donner ce rang? A moi les richesses, si elles m'échappent des mains, ne m'enlèveront rien qu'elles-mêmes; toi, atterré du coup, tu croiras te survivre et te manquer tout ensemble, si elles se retirent de toi. Chez moi les richesses ont quelque place; elles ont chez toi la plus haute; pour tout dire, elles m'appartiennent, toi tu leur appartiens.

XXIII. Cesse donc d'interdire l'argent aux philosophes : personne n'a condamné la sagesse à la pauvreté. Oui, le philosophe aura d'amples richesses; mais elles ne seront ravies à qui que ce soit, ni souillées du sang d'autrui, ni acquises au détriment de personne ou par de sordides profits; mais elles sortiront de chez lui aussi honorablement qu'elles y seront entrées; mais elles ne feront gémir que l'envie. Exagère-les tant que tu voudras, elles sont honorables : s'il s'y trouve bien des choses que chacun voudrait pouvoir dire siennes, on n'y voit rien dont personne puisse dire : *C'est à moi*. Lui cependant ne renverra point à la Fortune ses faveurs, et un patrimoine loyalement acquis ne lui inspirera ni orgueil ni honte. Je me trompe : il éprouvera quelque orgueil si, ouvrant sa porte et exposant sa richesse aux regards publics, il peut dire : « Que quiconque y reconnaît son bien le reprenne. » Oh! qu'il est grand, qu'il mérite sa fortune celui dont le défi serait justifié par l'épreuve, celui qui resterait aussi riche après que devant! Oui, s'il peut sans crainte et impunément provoquer l'inventaire de tous, si nul n'y trouve à exercer la moindre revendication, c'est hardiment et au grand jour qu'il sera riche. Si, d'un côté, pas un denier n'entre chez le sage par de mauvaises voies, de l'autre, les trésors que la Fortune lui donne ou qui sont le fruit de ses mérites ne seront pas répudiés ni exclus par lui. Ils sont chez lui en si bon lieu! Pourquoi le leur envierait-il? Qu'ils viennent, qu'ils y trouvent leur digne hôte. Il n'en fera ni étalage, ni mystère : le premier est d'un sot imprudent; le second, d'un homme timide et pusillanime qui pense tenir dans sa bourse un bien inestimable. Non, encore une fois, il ne chassera pas de sa maison les richesses. Leur dirait-il : « Vous ne m'êtes bonnes à rien ; » ou : « Je ne sais pas me servir de vous ? »

Le sage, quand il pourrait cheminer à pied, aimera cependant mieux monter sur un char ; de même, s'il peut être riche, il acceptera la richesse : il l'aura, sans doute, mais comme chose fugitive et qui doit s'envoler ; il ne souffrira qu'elle pèse ni à personne, ni à lui-même. Il donnera.... vous dressez l'oreille? vous tendez le pan de votre robe? Il donnera aux bons ou à ceux qu'il pourra rendre tels. Il donnera avec mûre réflexion, choisissant les plus dignes, en homme qui se souvient qu'il faut rendre compte de la dépense non moins que de la recette. Il donnera d'après des motifs justes et plausibles : car c'est une perte des plus humiliantes qu'un présent mal placé. Sa bourse, facile à s'ouvrir, ne se videra point toute seule ; si beaucoup en sort, rien n'en tombe.

XXIV. On se trompe si l'on croit que donner soit une chose facile[16]. Elle présente beaucoup de difficulté pour qui du moins donne avec réflexion, sans semer au hasard et par boutade. Ici j'oblige sans rien devoir, là je m'acquitte ; j'accours à la voix du malheur ou poussé par la seule pitié ; je relève un homme qui ne mérite pas que la pauvreté le dégrade et le retienne dans ses entraves ; je refuse à d'autres, bien qu'ils aient besoin, parce que lors même que j'aurais donné, ils seront toujours dans le dénûment. Tantôt j'offrirai simplement, tantôt j'userai d'une sorte de contrainte. Puis-je montrer ici de la négligence, moi qui ne place jamais mieux que lorsque je donne (a) ? « Quoi! tu ne donnes que pour recouvrer ? » Dites mieux : pour ne pas perdre. Tel doit être le placement de nos dons, que nous n'ayons pas droit de réclamer, mais qu'on puisse nous rendre. Qu'il en soit du bienfait comme d'un trésor profondément enfoui que l'on n'exhume qu'en cas de nécessité. Et la maison même du riche, quelle large sphère n'ouvre-t-elle pas à sa bienfaisance ! Car qui oserait n'appeler la libéralité que sur des hommes libres? Faites du bien aux hommes, nous dit la nature ; esclaves ou libres, ingénus ou affranchis, affranchis devant le préteur ou devant nos amis, il n'importe : partout où il y a un homme, il y a place pour le bienfait. Le sage peut donc aussi répandre l'argent dans son

---

(a) Voir *Des bienfaits*, VI, III, et la note.

particulier et y pratiquer la libéralité, vertu ainsi appelée non qu'elle se doive aux hommes libres seuls, mais parce qu'elle part d'un cœur libre. Les bienfaits du sage ne se jettent jamais à des hommes flétris et indignes, comme aussi jamais ne s'épuisent et ne s'éparpillent tellement, qu'à l'aspect de qui les mérite ils ne puissent plus couler à pleine source. N'allez donc pas interpréter à faux ce que disent de moral, de courageux, de magnanime les aspirants de la sagesse; et d'abord, prenez-y bien garde : autre est l'aspirant, autre est l'adepte de la sagesse. Le premier vous dira : « Je parle vertu; mais je me débats encore au milieu d'une foule de vices. Ne me jugez pas sur la loi que je formule : en ce moment même je travaille à me faire, à me former, à m'élever à mon idéal immense. Quand j'aurai atteint complétement mon but, vous pourrez exiger que mes œuvres répondent à mon langage. »

Mais l'homme arrivé au bien suprême plaidera autrement sa cause, et dira : « D'abord il ne vous appartient pas de vous porter juges de ceux qui valent mieux que vous : pour moi déjà, preuve que je tiens le droit chemin, j'ai le bonheur de déplaire aux méchants. Mais je veux bien vous rendre un compte que je ne refuse à aucun mortel; écoutez ma profession de foi et quel cas je fais de toute chose. Je nie que les richesses soient un bien; autrement, elles rendraient l'homme bon; jusqu'ici, ce qu'on rencontre chez les méchants ne pouvant s'appeler bien, je refuse ce nom aux richesses; du reste qu'elles soient permises, utiles et d'une grande commodité dans la vie, je le confesse.

XXV. « Pourquoi est-ce donc que je ne les compte pas au nombre des biens, et que fais-je avec elles de mieux que vous, quand nous convenons, vous et moi, qu'on peut les avoir? Le voici : placez-moi dans la plus opulente maison, en un lieu où l'or et l'argent soient de l'usage le plus commun, je ne m'enorgueillirai pas de ces choses qui, bien qu'étant chez moi, n'en seront pas moins hors de moi. Transportez-moi sur le pont Sublicius (a), jetez-moi parmi les nécessiteux : je ne me mépriserai pas pour me voir assis aux côtés de ceux qui tendent la main vers l'aumône. Car qu'importe qu'on manque d'un morceau de pain, quand le pouvoir de mourir ne manque pas? Que dirai-je pourtant? Que cette maison opulente je la

---

(a) Où stationnait par privilége grand nombre de mendiants. Martial, X, v. Juvén., XIV, 134.

préfère au pont Sublicius. Entourez-moi d'un attirail splendide et des recherches de la mollesse, je ne m'en croirai nullement plus heureux pour avoir un manteau moelleux et dans mes festins la pourpre pour lit, tout comme je ne serai en rien plus à plaindre, si je n'ai qu'une poignée de foin pour reposer ma tête fatiguée, et pour dormir qu'un paillasson du cirque[17] dont la bourre s'échappe par les reprises d'une vieille toile. Que dirai-je encore? Que j'aime mieux montrer ma valeur morale sous la prétexte ou la chlamyde que les épaules nues ou à demi couvertes. Que tous mes jours s'écoulent à souhait, que des félicitations nouvelles s'enchaînent aux précédentes félicitations, je ne m'en ferai pas accroire pour cela. Changez en rigueur cette indulgence du sort : que de toutes parts mon âme ait à subir des pertes, des chagrins, des assauts de tout genre; que chaque heure m'apporte son sujet de plainte, non, au milieu des plus grandes misères je ne me dirai pas misérable; non, je ne maudirai aucun de mes jours : j'ai pourvu à ce qu'il n'y en ait point de néfaste pour moi. Que vous dirai-je pourtant? que j'aimerais mieux avoir à tempérer mes joies qu'à maîtriser mes douleurs. Voici ce que vous dira le grand Socrate : « Faites-moi vainqueur de toutes les nations; que le vo-
« luptueux char de Bacchus me promène triomphant jusqu'à
« Thèbes depuis les lieux où naît le jour; que les rois perses
« me demandent mes lois, je ne me souviendrai jamais mieux
« que je suis homme qu'à ce moment où toutes les voix me sa-
« lueront dieu. De ce faîte de gloire précipitez-moi par un brus-
« que retour sur le brancard ennemi pour orner la pompe d'un
« triomphateur cruel et superbe, on ne me traînera pas plus
« humilié sous son char que quand j'étais debout sur le mien[18]. »
Que vous dirai-je pourtant? J'aimerais mieux être vainqueur que captif. Tout le domaine de la Fortune, je le dédaignerai; mais de ce domaine, si on me donne le choix, je prendrai ce qu'il a de plus doux. Tout ce qui m'adviendra se transformera en bien; mais je préfère des éléments plus faciles, plus agréables, moins rudes à mettre en œuvre. Car ne croyez pas qu'aucune vertu soit exempte de travail : seulement les unes ont besoin d'aiguillon, comme les autres de frein. De même que sur une descente il faut au corps une force qui le retienne, et, pour monter, une impulsion; ainsi certaines vertus suivent un plan incliné, d'autres gravissent laborieusement. Doutez-vous qu'il y ait ascension, effort, lutte opiniâtre dans la patience, le courage, la persévérance, dans toute vertu qui fait face aux

dures épreuves de la vie et qui dompte le sort? Et, d'autre part, n'est-il pas manifeste que la libéralité, la modération, la mansuétude ne font qu'aller sur une pente? Là nous retenons notre âme qui pourrait glisser trop avant : ailleurs nous l'exhortons, nous la stimulons. Ainsi nous emploierons en présence de la pauvreté les plus énergiques vertus, celles chez qui les attaques augmentent le courage; et nous réserverons à la richesse les plus soigneuses, qui vont d'un pas circonspect et savent tenir leur équilibre.

XXVI. « Cette distinction ainsi faite, je préférerai pour mon usage celles dont l'exercice est plus paisible à celles dont l'essai veut du sang et des sueurs. Ce n'est donc pas moi, dira le sage, qui vis autrement que je ne parle; c'est vous qui entendez autrement. Le son des paroles frappe seul votre oreille; leur sens, vous ne le cherchez pas. « Quelle est donc la diffé-
« rence entre moi le fou et vous le sage, si vous comme moi
« nous voulons posséder? » Elle est très-grande. Chez le sage, la richesse est esclave; chez l'insensé, elle est souveraine; le sage ne permet rien à la richesse, et elle vous permet tout. Vous, comme si l'on vous en eût garanti l'éternelle possession, vous vous y affectionnez, vous faites corps avec elles : le sage au contraire ne pense jamais tant à la pauvreté que quand il nage dans l'opulence. Un bon général ne croit jamais tellement à la paix qu'il ne se prépare à la guerre; et cette guerre, bien qu'elle ne se fasse pas encore, vous est déclarée. Vous êtes fiers d'une maison magnifique, comme si elle ne pouvait ni prendre feu ni s'écrouler; vos yeux s'éblouissent de votre fortune inaccoutumée, comme si elle avait franchi tout écueil, désormais assez colossale pour que toutes les attaques du sort fussent impuissantes à la ruiner. Vous jouez indolemment avec les richesses, vous n'en prévoyez pas le péril; ainsi d'ordinaire les barbares qu'on assiége, ne connaissant pas nos machines, regardent les travaux des assaillants sans bouger et ne comprennent pas à quoi tendent ces ouvrages qui s'élèvent si loin d'eux. La même chose vous arrive : engourdis au milieu de votre avoir, vous ne songez pas combien d'accidents de toutes parts vous menacent qui tout à l'heure vous raviront ces précieuses dépouilles. Otez au sage les richesses [19], tous ses vrais biens lui resteront; car il vit satisfait du présent, tranquille sur l'avenir. « Il n'est rien, dira Socrate ou quiconque pourra juger les
« choses humaines avec la même autorité, il n'est rien que je
« me sois autant promis que de ne pas plier à vos préjugés la

« conduite de ma vie. Ramassez de tous côtés contre moi vos
« propos ordinaires, je ne prendrai pas cela pour des injures,
« mais pour de misérables vagissements d'enfants. »

« Ainsi parlera l'homme en possession de la sagesse, l'homme auquel une âme exempte de tout vice fait une loi de gourmander les autres, non qu'il les haïsse, mais pour les guérir. Il ajoutera encore : « Votre opinion m'inquiète non pour mon
« compte, mais pour le vôtre : haïr et harceler la vertu, c'est
« abjurer l'espoir de revenir au bien. Vous ne me faites à moi
« aucun tort, pas plus qu'aux dieux ceux qui renversent leurs
« autels; mais l'intention mauvaise est manifeste, et le des-
« sein est coupable lors même qu'il n'a pu nuire. Je supporte
« vos hallucinations comme le grand Jupiter souffre dans sa
« bonté les impertinences des poëtes qui l'ont affublé, celui-ci
« d'un plumage, celui-là de cornes; qui l'ont représenté adul-
« tère et découchant; qui en ont fait un maître cruel envers les
« dieux, injuste envers les hommes, ravisseur et corrupteur de
« nobles adolescents, de ses proches même, enfin parricide et
« usurpateur du trône de son roi, de son père. Tout cela n'allait
« à autre chose qu'à ôter aux hommes la honte de mal faire,
« s'ils avaient cru que les dieux fussent ainsi [20]. »

« Mais si vos propos ne me blessent en rien, toutefois, c'est pour l'amour de vous que je vous avertis, respectez la vertu. Croyez-en ceux qui l'ont suivie longtemps, et qui vous crient qu'ils suivent en elle quelque chose de grand, quelque chose qui de jour en jour leur apparaît plus grand encore. Honorez-la, elle comme les dieux, et ceux qui la prêchent comme ses pontifes ; et à chaque souvenir des livres sacrés que par moments on invoquera, *prêtez un silence favorable.* » Cette formule n'indique pas, comme le croit la foule, une faveur qu'on réclame ; mais on commande le silence pour que les saintes pratiques puissent s'achever dans l'ordre prescrit sans que nulle voix profane les vienne troubler.

XXVII. Il est bien plus essentiel encore de vous commander ce silence, pour qu'à chaque oracle énoncé par elle vous écoutiez avec l'attention la plus recueillie. Qu'un imposteur par état s'en vienne agitant son sistre (*a*); qu'un homme, habile à se taillader les membres, ensanglante d'une main légère ses bras et ses épaules (*b*); qu'un autre hurle en rampant sur ses

(*a*) Prêtre d'Isis.
(*b*) Prêtre de Bellone.

genoux dans les rues, ou qu'un vieillard en robe de lin (a), tenant une branche de laurier et une lanterne en plein jour, crie de toute sa force que quelque Dieu est irrité, vous accourez tous, vous êtes tout oreilles : il est inspiré, affirmez-vous ; et de l'ébahissement des uns s'augmente l'ébahissement des autres. Mais voici Socrate, qui de cette prison purifiée par sa présence et devenue plus respectable que pas un sénat, vous adresse ce langage : « Quelle est cette frénésie ? quelle est cette nature ennemie des dieux et des hommes, qui vous fait diffamer les vertus, et dans vos propos malfaisants violer les choses saintes ? Si vous le pouvez, louez les bons ; sinon, passez outre. Que s'il vous plaît de donner cours à votre odieuse licence, ruez-vous les uns contre les autres. Lorsqu'en effet votre folie s'attaque au ciel même, je ne dis pas que vous faites un sacrilége, mais vous perdez votre peine. Moi, j'ai fourni jadis matière aux bouffonneries d'Aristophane ; toute cette poignée de poëtes burlesques a vomi contre moi ses sarcasmes envenimés[21]. Ma vertu a dû son plus beau lustre aux atteintes qu'on lui portait : car le grand jour et les persécutions la servent, et nul n'apprécie mieux tout ce qu'elle vaut que ceux qui ont éprouvé ses forces en la provoquant. La dureté du caillou ne se fait bien connaître qu'à ceux qui le frappent. Je me livre à vos coups comme un rocher isolé sur une mer houleuse : les flots, quelque vent qui les pousse, le battent incessamment sans pour cela l'ébranler de sa base ni, malgré tant de siècles et des attaques perpétuelles, le détruire. Attaquez-moi, donnez l'assaut : c'est en vous supportant que je triompherai. Contre une force insurmontable toute agression, si vive qu'elle soit, ne fait tort qu'à elle-même. Cherchez donc quelque matière plus molle, plus prompte à céder, où puissent s'enfoncer vos traits. Avez-vous bien loisir de scruter les faibles d'autrui, de vous faire juges de qui que ce soit ? « Pourquoi ce philosophe est-il si lar« gement logé ? Pourquoi ce sage a-t-il si bonne table ? » Vous prenez garde aux pustules d'autrui, vous, sillonnés de tant d'ulcères. C'est comme qui rirait des taches rares d'un beau corps ou des moindres verrues, quand une lèpre hideuse le dévorerait lui-même. Reprochez à Platon d'avoir demandé de l'argent, à Aristote d'en avoir reçu, à Démocrite de s'en être peu soucié, à Épicure de l'avoir dissipé, reprochez-moi sans cesse Alcibiade et Phèdre. O trop heureuse la vie dont vous jouirez

---

(a) Prêtre égyptien.

le jour où il vous sera donné d'imiter nos vices! Que ne tournez-vous plutôt votre clairvoyance sur ces mauvaises passions qui de tous côtés vous poignardent, les unes vous assaillant du dehors, les autres consumant jusqu'à vos entrailles? Non, les choses humaines n'en sont pas à ce point que, malgré l'ignorance où vous êtes de votre situation, vous ayez du loisir assez pour exercer vos langues à insulter qui vaut mieux que vous.

XXVIII. « Voilà ce que vous ne comprenez pas ; vous portez un visage malséant à votre fortune, comme tant d'autres, tranquillement assis au cirque ou au théâtre, quand déjà leur maison est en deuil d'une catastrophe qu'ils ne connaissent point. Moi qui d'en haut vois plus loin que vous, j'aperçois les orages qui grossissent sur vos têtes pour éclater un peu plus tard, ou qui, déjà proches et imminents, vont vous balayer vous et vos biens. Et que dis-je? à présent même, bien qu'à peine vous le sentiez, une sorte de tourbillon roule et enveloppe vos âmes tour à tour détachées et rapprochées des mêmes objets : tantôt il vous élève jusqu'aux nues, tantôt vous précipite et vous brise au fond des abîmes.... » *Le reste manque.*

DU REPOS,

ou

DE LA RETRAITE DU SAGE.

XXVIII.... Les cirques, en y applaudissant par tant de mains, nous préconisent les vices. Quand nous ne tenterions nul autre moyen de salut (a), la retraite, par elle-même, profiterait encore : on en vaut mieux quand on est seul[1]. Et puis, cette retraite, ne peut-on la trouver auprès des hommes les plus vertueux, et choisir un modèle sur lequel on règle sa vie, ce qui sans loisir ne saurait se faire? On ne persévérera dans le plan une fois approuvé, que si nul n'intervient, s'appuyant du préjugé public, pour faire dévier nos idées encore chancelantes : alors la vie pourra marcher d'un cours égal et uniforme, cette vie que nous morcelons entre les plus contradictoires projets. Car de toutes nos misères la pire est que nous sommes changeants jusque dans nos vices; ainsi on n'a même pas l'avantage de s'en tenir à un mal qui nous soit familier. Un premier nous quitte, un second nous séduit; et pour surcroît de torture, nos jugements sont à la fois dépravés et instables. On flotte au hasard, on saisit un objet puis un autre; ce qu'on a poursuivi on le laisse, ce qu'on a laissé on le poursuit de nouveau : retours alternatifs de convoitises et de repentirs. C'est que nous dépendons tout entiers de l'opinion, et que le meilleur parti nous semble celui qui a le plus de sectateurs et d'apologistes plutôt que celui qui les mérite. Nous jugeons la route bonne ou mauvaise non par ce qu'elle est, mais par le grand nombre des vestiges, dont pas un ne marque le retour.

(a) *Nihil aliud quod sit*, selon les manuscrits, et non comme Lemaire : *quam quod sit.*

Tu me diras : « Que fais-tu, Sénèque? Tu désertes ton drapeau. Si je ne me trompe, tes stoïciens disent : Jusqu'au dernier terme de notre vie nous serons agissants, nous ne cesserons de vouer nos soins au bien de tous et au soulagement de chacun, de tendre même à nos ennemis une main secourable et bienveillante. Nous sommes de ceux qui n'octroient de congé à aucun âge, et, comme s'exprime éloquemment le poëte :

Sur nos cheveux blanchis le casque pèse encore (a).

Nous sommes de ceux qui, loin de rien donner avant la mort à l'oisiveté, ne souffrent pas même, s'il se peut, que ce dernier instant lui appartienne. Pourquoi donc nous tenir le langage d'Épicure sous la tente de Zénon? Que n'agis-tu plus résolûment? te déplais-tu chez lui, fais-toi transfuge plutôt que traître. »

Voici dès maintenant ma réponse : Me demandes-tu quelque chose de plus que de me modeler sur mes chefs? Eh bien ! j'aurai été non où ils m'envoient, mais où ils me mènent.

XXIX. Bien plus, je te prouverai que je ne suis pas infidèle aux préceptes des stoïciens, qui eux-mêmes ne les trahirent jamais ; et encore serais-je fort excusable quand ce ne serait pas leurs préceptes que je suivrais, mais leurs exemples.

Je diviserai en deux points ce que j'ai à dire : je ferai voir d'abord qu'on peut, dès le jeune âge, se vouer tout entier à la contemplation du vrai, se chercher une règle de vie, et s'y conformer dans la retraite ; en second lieu, que c'est surtout au guerrier émérite et à l'âge de vétérance qu'il appartient d'agir ainsi et de tourner sa pensée vers des fonctions d'un autre ordre, comme ces vierges de Vesta qui, partageant leurs années entre divers offices, apprennent le service de l'autel, puis, quand elles l'ont appris, l'enseignent aux novices.

XXX. Je montrerai que telle est aussi l'opinion des stoïciens, non que je me sois imposé la loi de ne rien hasarder contre le dire de Zénon ou de Chrysippe (b), mais parce qu'ici la chose même permet que je me range à leur avis : suivre toujours l'opinion d'un seul n'est pas d'un sénateur, mais d'un homme de parti. Plût aux dieux que tous les principes fussent trouvés, que la vérité parût sans voile et confessée de tous ! Nous ne changerions rien à ses décrets : jusqu'ici nous la cherchons avec ceux mêmes qui l'enseignent.

(a) *Énéid.* IX, 612.
(b) Voir *De la tranquillité de l'âme*, I, 1, et *Lettre* xxxiii.

Deux grandes sectes sont divisées sur le point qui nous occupe : celle d'Épicure et celle du Portique, mais toutes deux nous mènent au repos par des voies différentes. Épicure dit : « Le sage n'approchera point des affaires publiques, à moins de circonstances imprévues ; » et Zénon : « Le sage approchera des affaires publiques, à moins de quelque empêchement. » Le premier veut le repos par système, le second par nécessité. Or cette nécessité s'étend loin : l'État est-il trop corrompu pour qu'on puisse y porter remède, est-il envahi par les méchants le sage ne fera point d'efforts qui seraient vains et ne se prodiguera pas en pure perte, s'il a trop peu d'autorité ou de forces ; et la chose publique non plus ne l'acceptera pas, si sa mauvaise santé y fait obstacle. Comme il ne lancera pas en mer un vaisseau délabré, et ne donnera pas son nom pour la milice s'il est débile de corps, ainsi n'abordera-t-il pas une tâche (*a*) qu'il saura inexécutable pour lui. On peut donc, même avec des ressources encore entières, sans avoir encore éprouvé nulle tempête, se tenir à l'abri, et tout d'abord se consacrer aux bonnes études (*b*), suivre en un mot cet heureux loisir, ce culte des vertus que peuvent pratiquer les mortels même les plus amis du repos. Qu'exige-t-on de l'homme en effet ? Qu'il soit utile à beaucoup, s'il le peut ; sinon, à quelques-uns ; sinon encore, à ses proches ; ou enfin, à lui-même. Car se rendre utile à autrui, c'est travailler au bien commun. Comme quiconque se déprave ne se nuit pas à lui seul, mais nuit encore à tous ceux que, meilleur, il eût pu servir ; de même qui mérite bien de son âme rend service à la société ; car il lui prépare un homme qui la servira un jour.

XXXI. Il est deux sortes de républiques que doit embrasser notre dévouement : d'abord la grande, la vraie république, qui comprend les dieux et les hommes, où l'on ne voit point la cité dans tel ou tel coin de terre, mais dans les limites que nous mesure la carrière du soleil ; ensuite celle que nous assigna le sort de notre naissance : ce sera Athènes, ou Carthage, ou toute autre ville qui appartient non à tous, mais à tels ou tels. Quelques personnes vouent leurs soins à toutes deux en même temps, à la grande comme à la petite ; d'autres seulement à la première, d'autres enfin à la seconde.

(*a*) *Ad actum, qui se inhabilem sciet*, mss. Lemaire : *ad vitam quam inhabilem*.
(*b*) *Bonis artibus*, au lieu de *novis*.

Cette grande république, on peut la servir tout aussi bien au sein du loisir, je ne sais même si ce n'est mieux, en agitant ces questions : Qu'est-ce que la vertu ? Est-elle une ? en est-il plusieurs ? Est-ce la nature ou l'art qui fait l'homme de bien ? Est-ce une unité que cet ensemble qui embrasse les mers et les terres et tout ce qu'elles renferment ; ou Dieu a-t-il semé dans l'espace plusieurs mondes comme le nôtre ? Forme-t-elle un tout continu et plein, cette matière d'où naissent tous les êtres, ou est-elle divisée, entremêlée de vide et de parties compactes ? Dieu est-il assis devant son œuvre en spectateur, ou la dirige-t-il ? Est-il répandu au dehors et alentour, ou intimement mêlé au tout ? Le monde est-il immortel, ou est-ce parmi les choses périssables et nées pour un temps qu'il faut le compter ?

Celui qui médite ces problèmes, quel mérite a-t-il envers Dieu ? Que ses grandes créations ne restent pas sans admirateur. Nous répétons souvent que le souverain bien consiste à vivre selon la nature; or la nature nous a faits pour deux choses : la contemplation et l'action.

XXXII. Prouvons le premier de ces deux points. Eh ! ne sera-t-il pas prouvé pour quiconque, se consultant soi-même, verra quelle immense soif de connaître est en nous, combien les récits même les plus fabuleux éveillent notre intérêt ? Il est des hommes qui affrontent les mers et les fatigues des plus longs voyages pour le seul avantage de découvrir quelque secret reculé loin d'eux. Ce même instinct attire aux spectacles des peuples entiers, nous pousse à percer toute barrière, à explorer toute chose occulte, à dérouler les fastes antiques, à entendre conter les mœurs des nations barbares. La nature nous a donné un génie avide de savoir[2]; et parce qu'elle avait conscience de son art et de sa beauté, elle nous a créés spectateurs de ses sublimes scènes. Elle perdait le fruit de son œuvre, si des merveilles si hautes, si subtiles dans leur mécanisme, si splendides, et toutes diversement belles, n'avaient que la solitude pour témoin. Pour te convaincre qu'elle veut une attention sérieuse, non un simple coup d'œil, vois quel poste elle nous a assigné. C'est au centre d'elle-même qu'elle nous a établis, c'est tout le cercle de l'univers qu'elle nous a livré pour point de vue. Elle a donné à l'homme une attitude droite[3]; et de plus, afin que son œil, fait pour la contemplation, suivît sans peine le cours des astres de leur lever à leur coucher, et qu'il pût tourner son visage vers tous les points de la sphère mobile, elle a voulu qu'il portât la tête haute et placée sur un cou flexible. Puis elle a produit sur la scène six de ses signes pour le jour et les six autres pour la nuit : elle a étalé tous ses charmes visibles, et par ce qu'elle offrait à ses regards lui a inspiré un vif désir de connaître le reste. Nous ne pouvons ni tout voir ni saisir toute l'étendue de ce que nous voyons; mais notre regard, à force d'investigations, s'ouvre la voie et jette les fondements du vrai; ce qu'il découvre le met sur la trace de ce qui demeure obscur, et il arrive à un principe antérieur au monde même.

D'où ces astres sont-ils sortis? Quel fut l'état de l'univers avant que ses éléments se distribuassent en parties distinctes? Quelle intelligence débrouilla l'informe chaos? qui assigna sa place à chaque chose? Est-ce d'eux-mêmes et par leur nature que les corps pesants sont descendus, que les corps légers ont pris leur essor; ou plutôt, indépendamment des poids et des tendances, est-ce une force supérieure qui a réglé leurs lois respectives? Est-il vrai, et ce serait la grande preuve que l'homme émane du souffle divin, est-il vrai qu'une particule et comme des étincelles du feu céleste, tombées ici-bas, se sont fixées sur une argile qui leur était étrangère?

La pensée de l'homme force jusqu'aux remparts du ciel; c'est peu pour elle de connaître les choses visibles : je veux savoir, se dit-elle, ce qui existe au delà des cieux, si c'est un espace sans fond, ou une nouvelle enceinte qui a ses limites, quelles substances s'y trouvent et sous quel aspect. Sont-elles informes, confuses, occupant dans toutes leurs dimensions le même espace; ont-elles aussi leurs beautés quelconques et leur classement? Sont-elles liées à notre système ou reculées au loin et roulant dans le vide? Est-ce d'atomes indivisibles que procède tout ce qui est né et tout ce qui sera, ou la matière des corps est-elle continue et muable dans son entier? Les éléments luttent-ils entre eux, ou loin d'être une guerre, leur action diverse ne concourt-elle pas à un but unique? Juge combien l'homme, né pour ces recherches, a reçu peu de temps en partage, se le réservât-il même tout entier; n'en laissât-il rien ravir par trop de facilité, rien échapper par négligence, et, rigoureusement avare de ses heures, parvînt-il au terme de la plus longue vie humaine, sans que rien de ce qu'a fait pour lui la nature fût bouleversé par la Fortune, toujours est-il que pour atteindre aux immortels secrets l'homme est trop voisin de la mort.

Donc je vis selon la nature si je me suis donné à elle tout entier, si je lui voue mon admiration et mon culte. Or la nature a voulu que je fisse deux choses : agir et vaquer à la contemplation. Je les fais toutes deux, car la contemplation même n'est pas sans action.

Mais il importe de savoir, dis-tu, si c'est pour son plaisir que l'on embrasse cette vie contemplative, ne lui demandant rien de plus que des rêveries sans fin comme sans résultat, chose en effet assez douce, et qui a ses charmes. A quoi je réponds qu'il n'importe pas moins de savoir dans quel esprit tu te livres, toi, à la vie civile; si c'est pour fuir constamment le repos et ne jamais prendre le temps de lever tes regards des choses humaines vers les choses divines. Tout comme se jeter dans les affaires sans le moindre amour de ce qui est moral, sans culture de l'esprit, et produire des œuvres vides, serait la chose du monde la moins louable (l'intention morale devant toujours se joindre et se marier à l'acte); de même c'est un bien imparfait et languissant qu'une vertu apathique et lâchement oisive qui ne fait jamais preuve de ce qu'elle sait. Nul ne le niera : c'est dans la pratique qu'elle doit s'assurer de ses progrès ; et au lieu de se borner à méditer sur ce qu'il faut faire, elle doit parfois mettre la main à l'œuvre et traduire ses abstractions en réalités. Si pourtant la faute n'en est point au sage, si ce n'est pas l'ouvrier mais la matière qui manque, lui permettras-tu de rester avec lui-même? A quelle fin se retranche-t-il dans le repos (a)? Pour t'apprendre qu'alors même il fera encore de ces actes qui peuvent servir la postérité. Oui, nous sommes de ceux qui prétendent que Zénon et Chrysippe ont accompli de plus grandes choses que s'ils eussent conduit des armées, géré les premières charges, établi des lois, eux, les législateurs non pas d'une cité, mais du genre humain tout entier. Et pourquoi ne serait-il pas séant à l'homme de bien, ce loisir qui le fait l'arbitre des âges futurs et l'orateur non d'un petit nombre, mais de toutes les nations, de tous les hommes qui sont et seront jamais? Enfin je demande si c'est d'après leurs propres préceptes que vécurent Cléanthe, et Chrysippe et Zénon? Sans aucun doute tu répondras : « Ils ont vécu comme ils prescrivaient de vivre. » Eh bien, aucun d'eux n'a pris part au gouvernement. « Ils n'avaient, répliqueras-tu, ni la fortune ni le rang de ceux qu'on admet au maniement des affaires publiques. » Mais leur vie

---

(a) Je crois qu'il faut lire : *ut scias*, au lieu de : *ut sciat*.

n'est pas pour cela restée inactive : ils ont trouvé le secret de rendre leur repos plus profitable à l'humanité que n'ont pu l'être les agitations et les sueurs de tant d'autres. Aussi a-t-on jugé qu'ils ont beaucoup fait, bien qu'ils n'eussent rien fait dans la cité [4].

Au surplus il y a trois genres de vie dont on a coutume de se demander quel est le meilleur : l'un est tout au plaisir, l'autre à la contemplation, le troisième à l'action. Et d'abord, en déposant l'esprit de contention et cette haine que nous jurons implacable aux sectateurs des autres écoles, voyons si ces trois tendances, sous des noms divers, n'arrivent pas au même point. Ni le partisan du plaisir n'est exclu de la contemplation, ni celui qui se voue à la contemplation n'est dépourvu de plaisir, ni l'homme dont la vie est vouée à l'action n'est étranger à la contemplation.

« Il est bien différent, dis-tu, qu'une chose soit le but d'un système ou l'accessoire d'un autre but. » Sans doute la différence est grande : ici pourtant l'un n'est point sans l'autre. Le contemplateur ne saurait être sans action, ni l'homme d'action s'empêcher de réfléchir, et le troisième, dont nous nous accordons à penser si mal, est partisan non pas d'un plaisir inerte, mais d'un plaisir qu'il travaille à s'assurer par la raison. « Ainsi à son tour cette secte de voluptueux est agissante ! » Comment ne le serait-elle pas, quand Épicure lui-même dit que parfois il s'éloignera de la volupté, qu'il ira jusqu'à rechercher la douleur, si la volupté est menacée de repentir, ou s'il faut choisir une douleur moindre au lieu d'une plus grave ? A quoi tend ce que j'avance ? A faire voir que la contemplation plaît à tous. Pour d'autres c'est le but ; pour nous c'est une station, non un port. Ajoute à cela que d'après la loi de Chrysippe on peut vivre dans le repos, je ne dis point par résignation, mais par choix. Notre école nie que le sage doive entrer dans aucune sorte de gouvernement. Mais qu'importe comment il arrive au repos, soit que la chose publique ne veuille pas de lui ou qu'il ne veuille pas de la chose publique ? Si elle repousse tout le monde, (or jamais elle n'accueillera ceux qui sont tièdes à venir à elle,) je demande à quel ordre de choses le sage pourra participer. A la démocratie d'Athènes, où Socrate est condamné, d'où Aristote fuit pour ne pas l'être, où l'envie opprime les vertus ? Non, diras-tu : le sage ne se mêlera pas d'un tel gouvernement. S'en ira-t-il donc à Carthage, où l'anarchie est permanente, la liberté hostile à tout mérite, le juste et l'honnête souverainement méprisés, où l'on traite ses ennemis avec la dernière inhumanité, et ses concitoyens comme ses ennemis ? Il fuira aussi une pareille cité. Si je les passais toutes en revue, je n'en trouverais pas une qui pût souffrir le sage, ou que le sage pût souffrir. Or donc si cette république que nous rêvons pour nous ne se rencontre pas, le repos nous devient à tous une nécessité, dès que la seule chose qu'on pouvait lui préférer n'existe nulle part.

Que l'on prétende qu'il est très bien de naviguer, et qu'ensuite on dise qu'il ne faut pas s'embarquer sur une mer où les naufrages sont communs, où fréquemment de soudaines tempêtes emportent le pilote à l'opposé de sa destination, c'est là, je crois, me défendre de quitter le port tout en louant la navigation.... *Le reste manque.*

DE LA CONSTANCE DU SAGE

OU

QUE LE SAGE N'EST PAS ATTEINT PAR L'INJURE.

I. Il y a entre les stoïciens, Sérénus, et les autres sectes qui font profession de sagesse, autant de différence qu'entre l'homme et la femme, je crois pouvoir le dire : car bien que les deux sexes contribuent dans la vie commune pour une part égale, celui-ci est né pour obéir, celui-là pour commander [1]. Les autres philosophes ont trop de mollesse et de complaisance, à peu près comme ces médecins domestiques et faisant partie de nos gens, qui donnent aux malades, non les meilleurs et les plus prompts remèdes, mais ceux qu'on veut bien souffrir. Les stoïciens, prenant une voie plus digne de l'homme, ne s'inquiètent point qu'elle paraisse riante à ceux qui s'y engagent : ils veulent au plus tôt nous tirer de péril et nous conduire à ce haut sommet tellement hors de toute atteinte qu'il domine la Fortune elle-même. « Mais la route où ils nous appellent est ardue, hérissée d'obstacles ! » Est-ce donc par la plaine qu'on gagne les hauteurs [2] ? Et même cette région n'est pas si abrupte que quelques-uns se la figurent. A l'entrée seulement sont des pierres et des rocs inabordables au premier aspect : ainsi mainte fois on croit voir de loin des masses taillées à pic et liées entre elles, tant que la distance abuse les yeux. Puis à mesure qu'on approche, ces mêmes lieux, dont une erreur de perspective avait fait un seul bloc, insensiblement se dégagent ; et ce qui, dans l'éloignement, semblait tout escarpé, se trouve être une pente assez douce.

Dernièrement, lorsque nous vînmes à parler de M. Caton, tu t'indignais, toi que révolte l'injustice, que son siècle eût si peu compris ce grand homme, et qu'un mortel supérieur aux Pompée, aux César eût été ravalé au-dessous des Vatinius ; tu trouvais infâme qu'on lui eût arraché sa toge en plein forum, comme il voulait combattre un projet de loi ; que des rostres à l'arc de Fabius, traîné par les mains d'une faction séditieuse, il eût longuement subi les propos insultants, les crachats et tous les outrages d'une multitude en démence. Je te répondais que si tu avais sujet de gémir, c'était sur cette république que d'une part un P. Clodius, de l'autre un Vatinius et les plus méchants citoyens mettaient à l'enchère, hommes aveugles et corrompus, qui dans leur cupidité ne voyaient pas que vendre l'État c'était se vendre eux-mêmes avec lui².

II. Pour ce qui est de Caton, te disais-je, rassure-toi : car jamais le sage ne peut recevoir d'injure ni d'humiliation ; et Caton nous fut donné par les dieux immortels comme un modèle plus infaillible qu'Ulysse ou Hercule, héros des premiers âges, proclamés comme sages par nos stoïciens, comme indomptables aux travaux, contempteurs de la volupté et victorieux de toutes les terreurs. Caton ne lutta point contre des bêtes féroces, exercice digne d'un chasseur et d'un rustre ; il ne poursuivit pas de monstres avec le fer et le feu, et ne vécut pas dans un temps où l'on pût croire qu'un homme portât le ciel sur ses épaules : déjà on avait secoué le joug de l'antique crédulité, et le siècle était parvenu au plus haut degré de lumières. Caton fit la guerre à l'intrigue, ce monstre à mille formes, au désir illimité du pouvoir, que le monde entier partagé entre trois hommes n'avait pu rassasier⁴, aux vices d'une cité dégénérée et s'affaissant sous sa propre masse ; seul resté debout, il retint dans sa chute la république, autant que pouvait le faire le bras d'un mortel, tant qu'enfin entraîné, arraché lui-même, après l'avoir longtemps retardée il voulut partager sa ruine ; alors s'éteignit du même coup ce qui n'eût pas été séparé sans crime : Caton ne survécut point à la liberté, ni la liberté à Caton⁵. Or cet homme, penses-tu que le peuple ait pu lui faire injure en lui arrachant la préture ou la toge, en couvrant d'infâmes crachats sa tête sacrée ? Le sage est à l'abri de tout : ni injures, ni mépris ne sauraient l'atteindre.

III. Il me semble voir ta verve qui s'échauffe et bouillonne ; tu es prêt à t'écrier : « Voilà ce qui ôte crédit à vos préceptes ; vous promettez (a) de grandes choses qu'on est loin d'espérer, plus loin encore de croire ; et lorsqu'avec d'emphatiques paroles vous avez prétendu que le sage n'est jamais pauvre, vous

---

(a) Manusc. de Fickert : *promittitis*. Lemaire *promittis*.

ne niez pas qu'il manque souvent de valet, d'habit, de toit, d'aliment ; après avoir dit que le sage ne perd jamais la raison, vous ne niez pas qu'il puisse tomber dans la folie, tenir des discours peu sensés, et oser tout ce que la force du mal contraint de faire ; après avoir dit que le sage ne saurait être esclave, vous ne disconvenez pas qu'il puisse être vendu, exécuter les ordres d'un maître et lui rendre de serviles offices. Ainsi de vos airs si fiers, si sourcilleux, vous redescendez aussi bas que les autres : vous n'avez changé que le nom des choses. C'est pourquoi je soupçonne quelque artifice pareil dans votre maxime, au premier abord belle et magnifique : Le sage ne recevra ni injure ni humiliation. Or il importe beaucoup de savoir si c'est au-dessus de l'indignation que tu le places, ou au-dessus de l'injure. Prétends-tu qu'il se résignera? il n'a là aucun privilége ; il n'obtient qu'une chose vulgaire, et qui s'apprend par la continuité même des outrages, la patience Mais si tu dis qu'il ne recevra pas d'injures, en ce sens que nul ne tentera de lui être hostile, toute affaire cessante je me fais stoïcien. » Je réponds que je n'ai pas voulu décorer le sage d'un attribut imaginaire et de mots pompeux, mais le mettre en un lieu où nulle injure ne puisse porter. « Eh quoi ! il n'y aura personne qui le harcèle, qui le provoque ? » Sans doute rien de si sacré dans la nature qui ne rencontre un profanateur ; mais ce qui offre un caractère céleste n'en habite pas moins une sphère sublime, encore que des impies dirigent contre une grandeur fort au-dessus d'eux des coups qui ne l'atteindront pas. Nous appelons invulnérable, non ce qui n'est point frappé, mais ce que rien ne blesse. A ce signe-là reconnais le sage. N'est-il pas vrai que la force qui triomphe est plus sûre que celle qui n'a point d'assaillants ? Si l'on doute d'une puissance non éprouvée, on doit tenir pour ferme et avérée celle qui a repoussé toutes les attaques [6]. Apprends de même que le sage est de trempe meilleure, quand nulle injure ne peut lui nuire, que quand on ne lui en fait aucune. Le brave, à mes yeux, est l'homme que ni les guerres ne subjuguent, ni l'approche d'une force ennemie n'épouvante, non celui qui s'engraisse d'oisiveté au milieu de peuples indolents : c'est sur un sage de ce premier modèle que l'injure est impuissante. Il n'importe donc quelle multitude de traits on lui lance, s'il est impénétrable à tous. Il y a de certaines pierres dont la dureté est à l'épreuve du fer ; aucun outil ne peut couper, ni tailler, ni user le diamant, qui les émousse tous par sa vertu propre ; il y a des corps incombustibles qui, enveloppés de flammes, gardent leur consistance et leur figure ; des rochers, dressés en pleine mer, brisent la fureur des vagues et ne portent nulle trace des assauts qui les battent depuis tant de siècles : ainsi l'âme du sage est inexpugnable ; et, grâce à ses forces acquises, elle est aussi assurée contre l'injure que les objets dont je viens de parler.

IV. Mais encore, n'y aura-t-il personne qui essaye de l'outrager ? On l'essayera, mais l'outrage n'arrivera pas jusqu'à lui. Un trop grand intervalle l'éloigne du contact des choses inférieures, pour qu'aucun pouvoir nuisible étende jusqu'à lui son action. Quand les puissants de la terre, quand l'autorité la plus haute, forte de l'unanimité d'un peuple d'esclaves, tenteraient de lui porter dommage, tous leurs efforts expireraient à ses pieds, comme les projectiles chassés dans les airs par l'arc ou la baliste s'élancent à perte de vue pour retomber bien en deçà du ciel. Eh ! crois-tu, alors qu'un stupide monarque obscurcissait le jour par ses nuées de flèches, qu'une seule ait touché le soleil ; ou que de ses chaînes jetées dans la mer il ait pu effleurer Neptune ? Les êtres célestes échappent aux mains des hommes ; qui rase les temples ou jette au creuset leurs statues ne fait nul tort à la divinité : de même tout ce que l'audace, l'arrogance et l'orgueil tentent contre le sage, demeure sans effet. « Mais il vaudrait mieux que personne ne voulût l'insulter. » Tu souhaites à la race humaine une vertu difficile, des mœurs inoffensives. Que l'injure n'ait pas lieu, c'est l'intérêt de celui qui l'aurait faite, et non de l'homme qui, en fût-il l'objet, ne peut en souffrir. Je ne sais même si le sage ne montre pas plus clairement sa force par son calme au sein des orages, comme un général ne prouve jamais mieux la supériorité de ses armes et de ses troupes que lorsqu'il est et se juge en sûreté même sur le sol ennemi.

Distinguons, s'il te plaît, Sérénus, l'injure de la simple offense. La première, de sa nature, est plus grave ; l'autre, plus légère, ne pèse qu'aux âmes trop irritables : elle ne blesse pas, elle froisse. Telle est pourtant la faiblesse et la puérilité des amours-propres, que pour quelques-uns rien n'est plus cruel. Tu verras tel esclave aimer mieux recevoir des coups de fouet que des soufflets, et juger la mort et les verges plus tolérables que d'offensantes paroles. On en est venu à ce point de déraison que non pas seulement la douleur, mais l'idée de la douleur est un supplice ; on est comme l'enfant qui a peur d'une ombre, d'un masque difforme, d'une figure grimaçante, qui se met à pleurer aux noms désagréables à son oreille, à certains mouvements de doigts et autres épouvantails, dont l'illusion brusque et inattendue le fait fuir.

V. L'injure a pour but de faire du mal à quelqu'un : or la sagesse ne laisse point place au mal. Il n'est de mal pour elle que la honte, laquelle n'a point accès où habitent déjà l'honneur et la vertu : l'injure ne va donc point jusqu'au sage. Car si elle est là souffrance d'un mal, dès que le sage n'en souffre aucun, aucune injure ne peut le toucher. Toujours elle ôte quelque chose à celui qu'elle attaque, et on ne la reçoit jamais sans quelque détriment de sa dignité, de sa personne ou de ses biens extérieurs ; or le sage ne peut rien perdre : il a tout placé en lui, il ne confie rien à la fortune, il a ses biens sur une solide base, il se trouve riche de sa vertu qui n'a pas besoin des dons du hasard. Et ainsi son trésor ne peut ni grossir ni diminuer ; car ce qui est arrivé à son comble n'a plus chance d'accroissement. La fortune n'enlève que ce qu'elle a donné : elle ne donne pas la vertu, aussi ne la ravit-elle pas. La vertu est chose libre, inviolable, que rien n'émeut, que rien n'ébranle, tellement endurcie aux coups du sort, qu'on ne saurait la faire fléchir, loin de l'abattre. En face des appareils les plus terribles son œil est fixe, intrépide ; son visage ne change nullement, qu'elle ait de dures épreuves ou des succès en perspective. Donc le sage ne perdra rien dont il puisse ressentir la perte. Il a en effet pour seule possession la vertu, dont on ne l'expulsera jamais ; de tout le reste il n'use qu'à titre précaire : or quel homme est touché de perdre ce qui n'est pas à lui? Que si l'injure ne peut en rien préjudicier aux biens propres du sage, parce que la vertu les sauvegarde, on ne peut faire injure au sage.

Démétrius, surnommé Poliorcète, ayant pris Mégare, demandait au philosophe Stilpon s'il n'avait rien perdu : « Rien, répondit celui-ci ; car tous mes biens sont avec moi. » Et cependant son patrimoine avait fait partie du butin, ses filles étaient captives, sa ville natale au pouvoir de l'étranger, et lui-même en présence d'un roi qui, entouré d'armes et de phalanges victorieuses, l'interpellait du haut de son triomphe. Stilpon lui ravit ainsi sa victoire, et, au sein d'une patrie esclave, témoigna qu'il n'était pas vaincu, qu'il n'éprouvait même pas de dommage ; car il avait avec lui la vraie richesse, sur laquelle on ne met pas la main. Quant aux choses qu'on pillait et qu'on emportait de toutes parts, il ne les jugeait pas siennes, mais accidentelles et sujettes aux caprices de la Fortune : il n'avait pas pour elle l'affection d'un maître. Tout ce qui en effet arrive du dehors est d'une possession fragile et incertaine.

Songe maintenant si un voleur, un calomniateur, un voisin puissant, ou quelque riche exerçant cette royauté que donne une vieillesse sans enfants[7] étaient capables de faire injure à cet homme, quand la guerre et ce fier ennemi qui professait l'art sublime de forcer des remparts ne l'avaient pu dépouiller de rien. Au milieu des glaives partout étincelants et du tumulte de la soldatesque ardente au pillage, au milieu des flammes, du sang, des débris d'une cité croulante, du fracas des temples s'abîmant sur leurs dieux, il y eut paix pour un seul homme.

VI. Ne juge donc pas téméraire l'annonce que je t'ai faite : si dans ma bouche elle a peu de créance, je t'offre un garant. Tu as peine à croire que tant de fermeté chez un homme, tant de grandeur d'âme soit possible; mais si je le fais comparaître, si lui-même te dit : « N'en doute pas, quiconque naît homme peut s'élever au-dessus des choses humaines; douleurs, pertes, tribulations, blessures, révolutions qui grondent autour de lui, il peut tout envisager sans pâlir, supporter avec calme les disgrâces, et le bonheur avec modération, sans ployer sous les unes, sans se fier à l'autre, rester égal et le même dans les conjonctures les plus diverses, et penser que rien n'est à lui que lui seul, c'est-à-dire encore la meilleure partie de son être. Oui, et me voici pour exemple : que sous ce renverseur de villes[8] les fortifications s'ébranlent au choc du bélier; que les orgueilleuses tours, sapées par les mines et les voies souterraines[9], s'affaissent tout à coup; que ses terrasses montent au niveau des plus hautes citadelles, je le défie d'inventer des machines qui donnent à l'âme bien assise la moindre secousse. Je me suis tout à l'heure arraché des ruines de ma maison à la lueur d'un embrasement général, j'ai fui la flamme à travers le sang. A quel sort sont livrées mes filles; est-il pire que le sort de tous? je l'ignore. Seul et chargé d'ans, ne voyant rien que d'hostile autour de moi, je déclare néanmoins que mes biens sont saufs et intacts, je garde, j'ai encore tout ce que j'avais à moi. Tu n'as pas lieu, Démétrius, de me juger vaincu, de te croire mon vainqueur : ta fortune a vaincu ma fortune. Ces choses périssables et qui changent de maître, je ne sais où elles ont passé : quant à mon véritable avoir, il est, il sera toujours avec moi. Ces autres riches ont perdu leurs patrimoines; les libertins leurs amours et leurs courtisanes si scandaleusement aimées; les intrigants le sénat, le forum et les lieux consacrés à l'exercice public de tous les vices; l'usurier a perdu ces registres où l'avarice, dans ses fausses joies, suppute d'imaginaires richesses; moi, j'emporte la mienne entière et sans dommage. Adresse-toi donc à ceux qui pleurent, qui se lamentent, qui, pour sauver leur or, opposent leurs corps nus aux glaives menaçants, qui fuient l'ennemi la bourse pleine. »

Oui, Sérénus, reconnais que cet homme accompli, comblé des vertus humaines et divines, ne saurait rien perdre. Ses trésors sont enceints de fermes et insurmontables remparts, auxquels il ne faut comparer ni les murs de Babylone où Alexandre a pénétré, ni ceux de Carthage ou de Numance qu'un même bras a conquises, ni le Capitole ou sa citadelle qui gardent la trace de l'ennemi. Les murailles qui défendent le sage sont à l'abri de la flamme et des incursions; elles n'offrent point de brèche, elles sont hautes, imprenables, au niveau du séjour des dieux.

VII. Il ne faut pas dire, selon ta coutume, que notre sage ne se trouve nulle part. Ce n'est pas un vain portrait forgé pour honorer la nature humaine, ni le gigantesque idéal d'une chose qui n'est point et que nous rêvons; mais tel nous affirmons qu'est le sage, tel nous l'avons montré et le montrerons. Il est rare peut-être et ne se rencontre que de loin en loin dans les siècles; car les grands phénomènes, car ce qui excède l'ordinaire et commune mesure ne se produit pas fréquemment; toutefois, je crains bien que ce M. Caton, dont le souvenir a fait le début de cette discussion, ne soit fort au-dessus de votre modèle à vous (a). En résumé, il est certain que ce qui blesse est plus fort que ce qui est blessé; or la perversité n'a pas plus d'énergie que la vertu, et partant ne peut blesser le sage. L'injure n'est essayée que par les méchants contre les bons : ceux-ci entre eux vivent en paix; et les méchants ne sont pas moins hostiles les uns pour les autres que pour les bons. Que si l'on ne peut blesser que le faible, si le méchant est moins fort que le bon, si les bons n'ont à craindre l'injure que de qui ne leur ressemble pas, elle n'a certes point prise

(a) *Vestrum*, manusc. Fickert. *Nostrum*, leçon vulgaire.

sur le sage ; car il n'est plus besoin de t'avertir que lui seul est bon. « Si Socrate, dis-tu, a été injustement condamné, il a éprouvé une injure. » Ici nous devons distinguer : il peut arriver qu'on m'adresse une injure et que je ne la reçoive pas. Par exemple, qu'on me dérobe un objet dans ma maison des champs et qu'on le reporte à ma maison de ville, on aura commis un larcin et je n'aurai rien perdu. On peut devenir malfaiteur, sans avoir fait le mal. Celui qui sort des bras de sa femme, la croyant celle d'un autre, est adultère, bien que sa femme ne le soit pas. Quelqu'un m'a donné du poison, mais dont la force s'est perdue, mêlée à ma nourriture ; en me donnant ce poison on s'est engagé dans le crime, encore qu'on n'ait pas nui. Il n'en est pas moins assassin, l'homme dont j'ai trompé le fer en y opposant mon manteau. Tout crime, avant même d'avoir accompli son œuvre, est, pour ce qui fait le coupable, déjà consommé[10]. Certaines choses ont entre elles une condition d'existence et une connexion telles, que la première peut être sans la seconde, mais non la seconde sans la première. Essayons d'éclaircir ceci par un exemple. Je puis mouvoir mes pieds sans courir (a), je ne courrais pas sans mouvoir mes pieds ; je puis, quoique étant dans l'eau, ne pas nager ; si je nage, je ne puis pas n'être point dans l'eau. De ce genre est aussi la question qui nous occupe. Si j'éprouve une injure, nécessairement on me l'a faite ; si on l'a faite, il ne s'ensuit pas nécessairement que je l'éprouve. Mille incidents peuvent l'écarter. Le hasard peut arrêter la main qui me menace et détourner le trait qu'on m'a lancé ; ainsi l'injure, quelle qu'elle soit, peut être repoussée par un obstacle quelconque, interceptée en son chemin, de sorte qu'on l'ait faite sans qu'elle ait été reçue.

VIII. D'ailleurs la justice ne peut rien souffrir d'injuste, car les contraires ne s'allient point[11]. Or l'injure n'a jamais lieu sans injustice ; donc l'injure ne peut être faite au sage. Et ne t'étonne pas que nul ne puisse lui faire injure, nul aussi ne peut lui rendre service. Rien ne lui manque qu'il lui convienne d'accepter à titre de présent, et puis le méchant ne saurait lui en faire aucun. Il faudrait avoir avant de donner ; et il n'a rien que le sage soit flatté de recevoir. Personne ne saurait donc ou nuire au sage, ou lui être utile ; ainsi les êtres divins n'ont besoin d'aucune aide, ne sont pas vulnérables ; or le sage est voisin des dieux, il se tient presque sur leur ligne ; à la morta-

(a) *Ut curram*, leçon vulgaire. Il faut absolument *ut non*.

lité près, il est leur pareil[12]. Cependant qu'il gravit et monte vers ce séjour élevé de l'ordre, de l'immuable paix, où la vie marche d'un cours égal et harmonieux, plein de sécurité, bienveillant, né pour le bonheur de tous, pour se perfectionner lui et les autres, il ne connaîtra ni désirs ignobles, ni larmes, car appuyé sur la raison, il traversera les vicissitudes humaines avec un courage tout divin. Il ne laisse point prise à l'injure, je veux dire à celle qui viendrait non des hommes seulement, comme tu pourrais croire, mais de la Fortune même ; celle-ci entre-t-elle en lutte avec la vertu, elle n'en sort jamais son égale. Si cette heure suprême au delà de laquelle ne peuvent plus rien les lois irritées ni les menaces des plus cruels tyrans, et où l'empire du sort se brise, est acceptée par nous d'une âme égale et résignée ; si nous savons que la mort n'est point un mal, et par conséquent et bien moins encore une injure, nous endurerons beaucoup plus aisément le reste, dommages, souffrances, ignominies, changements de lieux, pertes d'enfants, séparations de toute espèce ; que tous ces flots d'adversité enveloppent le sage, ils ne le submergent point ; ce n'est pas pour que leur choc isolé le consterne. Et s'il supporte sans faiblesse les injures de la Fortune, que lui feront celles des hommes puissants, qu'il sait n'être que les mains de la Fortune ?

IX. Il souffrira donc tout, comme il souffre les rigueurs de l'hiver, l'intempérie du ciel, les chaleurs excessives, les maladies, mille autres accidents fortuits. Jamais il ne fait au méchant l'honneur de croire que la raison ait conseillé un seul de ses actes : la raison n'appartient qu'au sage ; chez tous les autres elle est absente : on n'y voit que fraudes, embûches, mouvements désordonnés de l'âme, mis par le sage sur la liste des accidents. Or tout ce qui est fortuit ne sévit et ne fait injure qu'en dehors de nous. Il songe encore quelle latitude offre l'injure dans ces intrigues qui nous suscitent tant de périls : tel est un accusateur suborné, ou des griefs calomnieux, ou les grands prévenus et armés contre nous, et tous ces brigandages qui s'exercent sous le costume de paix.

Autre espèce d'injure bien fréquente : on te dérobe un gain ou une récompense longtemps poursuivie ; un héritage brigué péniblement se détourne de toi ; on t'enlève la faveur lucrative d'une opulente maison. Le sage échappe à tout cela, lui qui ne sait vivre ni dans l'espoir ni dans la crainte. Ajoute aussi, que loin de recevoir de sang-froid une injure, il n'est personne qui n'en éprouve un trouble violent, et qu'un tel trouble n'atteint point l'âme forte, modératrice d'elle-même, dans son calme et sa paix profonde : car si l'injure la touche, elle perd sa paix et sa liberté. Mais le sage ignore la colère, qu'allume l'apparence de l'injure. Et serait-il étranger à la colère, s'il ne l'était à l'injure, qu'il sait ne pouvoir lui être faite? De là cette assurance, cette satisfaction, cette éternelle joie où s'exalte son cœur; de là ce cœur si peu froissé par les chocs qui lui viennent des choses ou des hommes, que l'injure même lui profite : c'est par elle qu'il s'éprouve, qu'il expérimente sa vertu. Faisons silence, de grâce, à cette parole, et l'oreille et l'âme recueillies assistons au mystère qui affranchit le sage de l'injure. Et l'on ne retranche rien pour cela à vos emportements, à vos cupidités si rapaces, à votre aveugle témérité, à votre arrogance. Sans toucher à vos vices, c'est l'affranchissement du sage qu'on poursuit; on prétend, non vous empêcher de faire l'injure, mais que le sage repousse au loin toutes celles qu'on lui adressera, et que sa constance, sa grande âme suffisent à le défendre. Ainsi, dans nos jeux sacrés, beaucoup n'ont triomphé qu'en fatiguant, par une opiniâtre patience, les bras qui les frappaient. Compte le sage au nombre des athlètes qui, par un exercice long et consciencieux, ont acquis la force d'endurer les coups et de lasser tous les assauts.

X. Maintenant qu'est achevée la première partie de notre tâche, passons à la seconde, où, par des arguments qui en partie nous sont propres, mais dont la plupart appartiennent à tous, nous ferons voir le néant de ce qu'on appelle offense. C'est moins qu'une injure; il est plus aisé de s'en plaindre que de s'en venger; et les lois même ne l'ont pas trouvée digne de leur animadversion. Le ressentiment de l'offense tient à un manque d'élévation dans l'âme que froisse un procédé, un mot peu honorables. Cet homme ne m'a pas reçu aujourd'hui, quoiqu'il en reçût d'autres; quand je parlais, il tournait dédaigneusement la tête, ou il a ri tout haut; au lieu de m'offrir la place d'honneur, c'est la dernière qu'il m'a donnée; et autres griefs de cette force. Qu'en dirai-je? Plaintes d'esprits blasés, où tombent presque toujours les raffinés, les heureux du siècle. A-t-il le loisir de remarquer ces riens, l'homme que pressent des maux plus sérieux? Des âmes inoccupées, naturellement faibles et efféminées, que l'absence d'injures réelles rend plus irritables, s'émeuvent de ces choses; et la plupart du temps tout naît d'une fausse interprétation. Il témoigne donc peu de prudence et de confiance en lui même, celui qui s'affecte à si bon marché ; évidemment il croit qu'on le méprise, et cette poignante idée ne vient point sans un certain abaissement de l'amour-propre qui se rapetisse et s'humilie. Mais le sage n'est méprisé de personne : il a conscience de sa grandeur ; il se dit dans son cœur que nul n'est en droit de le mésestimer ; et, pour tous ces tourments d'imagination, ou plutôt ces contrariétés, je ne dis point qu'il les surmonte, il ne les sent même pas.

Il est d'autres atteintes qui frappent le sage, bien qu'elles ne le terrassent point, la douleur physique, les infirmités, la perte de ses amis, de ses enfants, ou les malheurs de son pays que dévore la guerre. Je ne le nie pas, le sage est sensible à tout cela. Car nous ne lui attribuons pas un cœur de fer ou de rocher. Il n'y aurait nulle vertu à supporter ce qu'on ne sentirait point.

XI. Que fait-il donc? Il reçoit certains coups, mais les reçoit pour les vaincre, pour en guérir et fermer les plaies. Quant à ces piqûres dont nous parlons, il y est insensible : il ne s'arme pas contre elles de sa vertu accoutumée, de toute sa puissance de souffrir ; il n'y prend pas garde ou croit devoir en rire. Outre cela, comme la plupart des offenses partent d'hommes orgueilleux, insolents et qui supportent mal la prospérité, le sage a, pour repousser cette morgue maladive, la plus belle de toutes les vertus, la santé de l'âme et la magnanimité. Toutes ces petitesses passent devant ses yeux comme les fantômes d'un vain songe, comme des visions nocturnes sans consistance ni réalité. Il se représente aussi que tous les hommes sont trop au-dessous de lui pour avoir l'audace de dédaigner ce qui leur est si supérieur.

Le mot offense, *contumelia*, vient de *contemptus*, mépris, parce qu'on n'imprime cette sorte d'injure qu'à ceux qu'on méprise : mais jamais on ne méprise plus grand et meilleur que soi, fît-on même quelque chose de ce que dicte ordinairement le mépris. Un enfant frappe au visage ses parents, dérange ou arrache ou souille de salive les cheveux de sa mère ; il découvre aux yeux des siens ce que la pudeur veut qu'on voile ; il ne se fait pas faute de paroles obscènes ; et aucune de ces choses ne s'appelle offense : pourquoi? Parce que l'enfant ne peut mépriser personne. Par la même raison, nous sommes charmés, tout offensantes qu'elles soient pour nous, des saillies de nos esclaves, dont la témérité assure son droit sur les convives en commençant par le chef de la maison. Plus l'individu est avili et sert de jouet, plus il est libre de tout dire. On achète même pour cela de jeunes esclaves à l'humeur espiègle, on aiguise leur impudence, on leur donne des maîtres pour apprendre à débiter des sottises réfléchies que nous qualifions, non pas d'offenses, mais de gentillesses.

XII. Or quelle extravagance qu'une même chose tantôt nous amuse et tantôt nous fâche ; que ce qu'on appelle grossièreté dans une bouche amie, devienne, dans celle d'un misérable valet, un joyeux persiflage ! Ce que nous sommes avec les enfants, le sage l'est avec tout autre homme enfant encore après la jeunesse et sous des cheveux blancs. Ont-elles gagné quelque chose avec l'âge, ces âmes malades chez qui l'erreur seule a grandi ? Ils ne diffèrent des enfants que par la taille et l'apparence physique, d'ailleurs aussi légers, aussi inconstants, cherchant la volupté sans choix, peureux ; ce n'est jamais par caractère, mais par crainte, qu'ils sont calmes. Qu'on ne dise pas qu'ils se distinguent de l'enfance en ce que celle-ci est avide d'osselets, de noix et de jetons, et qu'eux veulent de l'or, de l'argent, des villes. Les enfants entre eux créent des magistratures, ont leurs robes prétextes, leurs faisceaux, leur petit tribunal ; les hommes au Champ de Mars, au forum, au sénat, jouent sérieusement les mêmes jeux[13]. Avec du sable amoncelé sur le rivage, les enfants élèvent des simulacres de maisons ; les hommes, pensant faire merveille, s'occupent de pierres, de murailles, d'édifices, et changent en masses périlleuses ce qui fut inventé pour abriter leurs personnes[14]. Même illusion chez l'homme fait que chez l'enfant, mais sur des objets autres, avec des conséquences plus graves. Le sage a bien raison de prendre les offenses des hommes comme des jeux d'enfants ; quelquefois il sévit contre eux et leur inflige, comme à ces derniers, des punitions qui les éclairent, non qu'il ait reçu l'injure, mais parce qu'ils l'ont faite et pour qu'ils n'y retombent plus. Ainsi l'on dompte certains animaux en les frappant ; et sans nous mettre en colère quand ils refusent le cavalier, nous les châtions pour que la douleur triomphe de leur résistance. Ainsi se trouve résolue aussi l'objection qu'on nous fait : pourquoi, si le sage ne reçoit ni injure ni offense, en punit-il les auteurs ? C'est qu'en effet il ne se venge pas, il corrige.

XIII. Et pourquoi croirais-tu le sage incapable de cette fermeté, quand tu la peux voir chez d'autres hommes dont les mobiles sont si différents? Jamais le médecin se met-il en colère contre un frénétique? Les imprécations du fiévreux auquel il défend l'eau froide, les prend-il en mauvaise part? Le sage est pour tous les hommes dans la même disposition que le médecin pour les malades ; celui-ci ne dédaigne pas de toucher, si elles ont besoin de remède, les parties les plus déshonnêtes de leur corps, ni d'examiner les derniers produits de leurs aliments et de leurs boissons, ni d'essuyer leur fureur qui s'exhale en invectives. Le sage sait trop que tous ces gens qui s'avancent parés de toges à bandes de pourpre, avec le coloris de la santé, sont loin d'être sains : il voit en eux des malades hors d'état de se maîtriser : aussi ne se fâche-t-il même pas si, dans leurs accès, ils se permettent quelque violence contre qui les veut guérir ; et comme il ne fait nul cas de leurs hommages, il met sur la même ligne leurs irrévérences. Comme il ne se prévaudra pas des respects d'un mendiant, il ne se croira pas offensé si quelque homme de la lie du peuple ne lui rend point son salut; ainsi encore, qu'une foule de riches aient de lui une haute idée, il ne l'aura pas de lui-même, certain qu'ils ne diffèrent en rien des mendiants, qu'ils sont même plus misérables, car les mendiants ont besoin de bien peu, les riches de beaucoup. D'autre part que lui importe qu'un roi des Mèdes, qu'un Attale asiatique, qu'il aura salué, passe sans lui rien dire, le visage arrogant? Il sait que leur condition n'est pas plus désirable que celle de l'esclave auquel échoit, dans un nombreux domestique, le gouvernement des malades et des fous. Irai-je m'indigner si quelque brocanteur du temple de Castor ne me salue pas par mon nom, lui, l'un de ces hommes qui vendent et achètent de méchants esclaves, et dont les boutiques sont pleines de valets de la pire espèce? Non, ce me semble ; car qu'y a-t-il de bon dans celui qui n'a que du mauvais sous la main ? Le sage fait aussi peu attention aux civilités ou aux impolitesses d'un tel homme qu'à celles d'un roi. Tu vois à tes pieds des Parthes, des Mèdes, des Bactriens : mais c'est la crainte qui les contient ; mais ils t'obligent à toujours avoir l'arc tendu ; mais c'est une race dégradée, vénale, qui ne soupire qu'après un nouveau maître.

Le sage ne sera touché des insultes de qui que ce soit ; car en vain les hommes diffèrent tous entre eux, il les estime tous pareils en ce que leur folie est égale. S'il s'abaissait jusqu'à prendre à cœur une injure, ou grave ou légère, jouirait-il jamais de la sécurité qui est le propre, le trésor du sage? Il se gardera de tirer vengeance d'une insulte : ce serait en honorer l'auteur. Car s'il existe un homme dont le mépris nous pèse, nécessairement son estime nous flatte.

XIV. Il y a des gens assez déraisonnables pour croire qu'une femme peut les offenser. Qu'importent ses richesses, le nombre de ses porteurs, les bijoux qui chargent ses oreilles, l'ampleur de sa litière ? Ce n'en est pas moins un être peu éclairé ; et si de saines doctrines, si un long enseignement n'ont retrempé cette âme, elle reste intraitable, et esclave de ses passions. Quelques-uns ne peuvent souffrir qu'un friseur les coudoie, prennent pour offenses les difficultés d'un portier, la morgue d'un *nomenclateur*[15], les hauteurs d'un valet de chambre. Oh ! que tout cela doit faire rire de pitié et doit remplir d'une douce satisfaction celui qui, du fracas des erreurs d'autrui, ramène ses regards sur sa propre tranquillité ! « Qu'est-ce à dire ? Le sage n'approchera pas d'une porte que défend un gardien brutal ? » Assurément il en tentera l'accès, si c'est chose essentielle qui l'appelle ; cet homme, quel qu'il soit, il le traitera comme un chien hargneux, qu'on apaise en lui jetant de la pâture. Il ne s'indignera pas d'une légère dépense pour franchir le seuil d'une maison, en pensant qu'il y a des ponts où le passage se paye. Il payera donc aussi cet homme, si brutal qu'il soit, qui lève un impôt sur les visites : il sait acheter ce qui se vend. Il n'y a qu'un petit esprit qui s'applaudisse d'avoir dit son fait à un portier, de lui avoir brisé sa baguette (*a*), d'avoir été droit au maître et demandé satisfaction sur les épaules de l'esclave. On descend, dans la lutte, au niveau de l'adversaire ; l'eût-on vaincu, on s'est fait son égal[16]. « Mais si le sage reçoit des soufflets, comment agira-t-il ? » Comme Caton quand on le frappa au visage : il ne prit point feu, il ne vengea point son injure, il n'eut pas même besoin de pardonner ; il la nia. Il y avait plus de grandeur à nier qu'à pardonner. Nous n'insisterons pas longtemps ; qui ne sait en effet que nulle de ces choses qui passent pour des biens ou des maux n'apparaît au sage sous la même face qu'aux autres hommes ? Il ne s'inquiète pas de savoir ce qu'ils appellent honte et misère ; il ne fait point route avec la foule : mais de même que les astres, dont la marche est en sens contraire à celle des cieux, lui il avance au rebours des préjugés de tous.

(*a*) Qu'il tenait à la main pour écarter les importuns, les mendiants et les animaux. Voir *De la colère*, III, xxxvii.

XV. Cessez donc de dire : « Le sage ne recevra-t-il pas d'injure, s'il est meurtri de coups, si on lui arrache un œil ? Ne recevra-t-il pas d'offense, s'il est poursuivi sur le forum des grossiers propos d'hommes impurs ; si au festin d'un riche on le condamne à se placer au bas bout de la table et à manger avec les valets chargés des plus vils emplois ; s'il est contraint d'essuyer ce qu'on peut imaginer de plus révoltant pour une âme bien née ? » Quelque répétés, quelque graves que deviennent de tels procédés, ils ne changeront pas de nature. Si de minces offenses ne le touchent pas, de plus grandes échoueront de même ; s'il n'est pas ému pour peu, il ne le sera pas pour beaucoup. Mais, la mesurant sur votre faiblesse, vous jugez au hasard une grande âme, et calculant jusqu'où vous pensez qu'irait votre patience, vous placez quelque peu plus loin le terme de celle du sage (a) ; or lui, sa vertu l'a établi sur les confins d'un autre monde : il n'a rien de commun avec vous. Aussi quelque durs, quelque lourds à endurer, quelque repoussants que soient de nom ou d'aspect tous vos fléaux, leur masse ne saurait l'accabler : tel il résisterait à chacun, tel il résiste à tous. Dire que le sage supportera ceci et qu'il ne supporterait pas cela, emprisonner une telle grandeur dans vos arbitraires limites, mauvaise logique : la Fortune triomphe de nous, si nous ne triomphons complétement d'elle. Et ne crois pas que ce soit ici de l'insensibilité stoïque. Épicure, que vous adoptez comme patron de votre lâcheté, qui ne prêche, selon vous, que mollesse, indolence et tout ce qui mène aux voluptés, Épicure a dit : « Rarement la fortune trouve le sage en défaut. » Que voilà presque parler en homme ! Ah ! dis d'un ton plus ferme encore, qu'elle n'a nul accès près de lui ! Voici la maison du sage, petite, sans ornements, sans fracas, sans appareil, sans portiers qui en surveillent l'entrée, qui vont classant la foule avec un dédain de mercenaires ; mais ce seuil vide de sentinelles, libre de concierges, la Fortune ne le franchit point ; elle sait que pour elle il n'y a point place où rien ne vient d'elle. Que si Épicure même, qui a tant accordé aux sens, porte à l'injure ce fier défi, quel effort chez nous peut sembler incroyable ou au-dessus de la nature humaine ? Il prétend que l'injure est supportable pour le sage, nous que pour le sage elle n'existe pas.

XVI. Ne dis point que cela répugne à la nature. Nous ne

(a) Voir les *Lettres* LXXI et CXVI.

nions pas qu'il ne soit pénible d'être frappé, maltraité, de perdre quelque membre ; mais nous nions que dans toutes ces choses il y ait injure ; nous leur ôtons, non pas leur aiguillon douloureux, mais le nom d'injures, qui ne peut être admis sans que la vertu s'amoindrisse. Laquelle des deux sectes dit le plus vrai, nous le verrons ailleurs ; quant au mépris de l'injure toutes deux s'accordent. Quelle est donc entre elles la différence ? La même qu'entre deux gladiateurs intrépides, dont l'un presse de la main sa blessure et se tient ferme, et dont l'autre, se tournant vers le peuple qui s'écrie, fait signe que la sienne n'est rien et ne souffre pas qu'on intervienne pour lui. Il ne faut pas croire qu'entre les deux écoles le dissentiment soit grave. Ce dont il s'agit, l'unique chose qui nous intéresse, deux autorités t'y convient : méprise les injures et ce que j'appellerais des ombres, des soupçons d'injures, les offenses. Pour dédaigner l'offense, il n'est pas besoin de toute la fermeté d'un sage ; il ne faut que voir juste et pouvoir se dire : « Ai-je mérité ou non ce qui m'arrive ? Si je l'ai mérité, ce n'est pas offense, c'est justice ; dans le cas contraire, c'est à l'auteur de l'injustice à rougir. Et qu'est-ce enfin que l'on nomme offense ? On a plaisanté sur ce que j'ai la tête chauve, ou les yeux malades, ou les jambes grêles, ou la taille défectueuse : quelle offense y a-t-il à s'entendre dire ce qui frappe tous les yeux ? Devant un seul témoin tel mot nous fait rire, qui devant plusieurs nous indigne ; et nous ne laissons point aux autres le droit de répéter ce que nous-mêmes disons journellement de nous. Modérée, la raillerie amuse, à dose plus forte elle irrite. »

XVII. Chrysippe rapporte qu'un homme entra en fureur pour avoir été appelé *brebis de mer*. Au sénat, nous avons vu pleurer Fidus Cornélius, gendre d'Ovide, parce que Corbulon l'avait qualifié d'*autruche plumée*. Il venait d'essuyer d'autres invectives qui déchiraient ses mœurs et sa vie, et son front était demeuré impassible : une sottise absurde lui arracha des larmes. Tant la raison laisse de faiblesse dans les âmes qu'elle abandonne ! Que penser de ceux qui se formalisent si l'on contrefait leur langage, leur démarche, un défaut corporel, un vice de prononciation ? Comme si ces traits devenaient plus frappants dans la copie faite par les autres que dans l'original, qui est nous-même. Quelques-uns n'aiment pas qu'on parle de leur vieillesse, de leurs cheveux blancs, de cet âge enfin où tous ambitionnent d'arriver. Rappeler à d'autres leur pauvreté, c'est un cuisant reproche : or ils se le font eux-mêmes, dès qu'ils la cachent. Aussi, pour ôter toute ressource aux impertinents et à ceux qui exercent leur gaieté aux dépens des autres, il n'y a qu'à s'exécuter d'avance : on ne prête plus à rire, quand on a ri de soi tout le premier. Vatinius, victime-née du ridicule et de la haine [17], était un railleur agréable et facétieux, si l'on en croit la tradition. Il disait lui-même force bons mots sur ses pieds goutteux et sur sa gorge toute taillaidée : ainsi échappait-il aux brocards de ses ennemis, plus nombreux encore que ses infirmités, et surtout à Cicéron. Ce qu'a pu faire, avec son front d'airain, un homme qui à force d'opprobres avait désappris à rougir, pourquoi ne le ferait pas celui en qui les études libérales et le culte de la sagesse auront porté quelque fruit? Ajoute que c'est une sorte de vengeance d'enlever à l'ennemi le plaisir de l'offense. On l'entend dire : « Malheureux que je suis! je crois qu'il n'a pas compris. » Tant il est vrai que tout le succès de l'offense est d'être sentie, d'indigner celui qui l'éprouve. Enfin l'insolent ne manquera pas de trouver plus tard son pareil, qui du même coup te vengera.

XVIII. Caligula, parmi tous les vices qui abondaient en lui, avait une merveilleuse aptitude aux sarcasmes, comme l'éprouvaient tous ceux qui donnaient prise à quelque stigmate (a), bien qu'il fût lui-même un ample sujet de moquerie. C'était cette pâleur caractéristique de sa folie, et si repoussante; c'étaient ces yeux disparaissant presque sous un front de vieille, et si affreusement louches; c'était cette tête chauve, que des cheveux d'emprunt semés par places rendaient si difforme, et puis cette nuque hérissée d'une soie rude, ces jambes grêles, ces pieds énormes. Je ne finirais pas si je voulais citer tous les mots méprisants qui lui échappèrent contre les auteurs (b) de ses jours, contre ses aïeux, contre tous les ordres de l'État : rapportons seulement ceux qui lui furent mortels. Asiaticus Valérius, son ami, honoré *des premières entrées*, était un homme peu traitable, à peine capable de souffrir une offense même faite à autrui. C'est à ce Valérius qu'en plein banquet, autant dire en assemblée publique, Caligula, d'une voix haute et claire,

---

(a) Texte altéré. Je traduis comme s'il y avait *ab omnibus.... feriendis*. Sénèque pensait au mot de Caligula sur lui : *sable sans chaux*.

(b) Lemaire : *in patres*. Trois manus. : *in parentes*, ce qui concorde avec Suétone : *Il n'épargnait pas même sa mère, qu'il disait née d'un inceste d'Auguste avec a fille Julie*.

osa dépeindre comment se comportait sa femme dans les bras d'un homme. Justes dieux! un mar. entendre ces choses, le prince les savoir, et pousser l'impudeur jusqu'à raconter je ne dis pas au consulaire, à l'ami, mais, lui empereur, à l'époux la honte de l'épouse et les dégoûts de son corrupteur! Chéréa, tribun militaire, avait une voix qui ne répondait pas à son courage et dont les sons peu mâles et cassés pouvaient faire suspecter ses mœurs. Lorsqu'il demandait le mot d'ordre, le prince lui donnait tantôt Vénus, tantôt Priape, accusant ce guerrier d'infâmes complaisances dans des termes toujours nouveaux; quand lui était en robe transparente, en sandales (a), chamarré d'or! Chéréa fut contraint de recourir au glaive pour se soustraire à de pareils mots d'ordre. Le premier d'entre les conjurés il leva le bras sur l'empereur; il lui fendit d'un seul coup la tête; puis mille autres épées vinrent de toutes parts achever de venger les injures des citoyens et de la patrie. Mais le premier qui fut homme alors, c'est celui qui l'avait paru le moins.

Ce Caligula ne voyait en tout que des offenses, aussi incapable de les souffrir qu'avide de les faire. Il s'emporta contre Hérennius Macer, qui l'avait salué du nom de *Caïus* (b); et un centurion primipilaire eut à se repentir de l'avoir appelé *Caligula* (c). On sait que, né dans les camps, il n'était familièrement désigné par le soldat que sous ce nom-là et sous celui d'enfant des légions; mais *Caligula* lui parut une satire et un outrage dès qu'il eut chaussé le cothurne impérial (d).

Ce sera donc déjà une consolation de savoir que, notre indulgence oubliât-elle de se venger, il se trouvera quelqu'un qui châtie le provocateur, le superbe, d'où nous est venue l'injure : car de tels êtres n'épuisent pas leur fiel sur une seule personne et dans une seule attaque. Jetons les yeux sur les exemples d'hommes dont nous louons la patience; sur un Socrate, qui, assistant aux comédies où il était publiquement bafoué, prit la chose de bonne grâce et ne rit pas moins que le jour où sa femme Xantippe l'arrosa tout entier d'une eau immonde. On reprochait à Antisthène d'être né d'une mère barbare, d'une

---

(a) C'est-à-dire en chaussure de femme ou d'efféminé. Voir *De la colère*, III, xviii; *Des bienfaits*, II, xii.
(b) Caïus, son nom de famille, au lieu de l'appeler *César*.
(c) Diminutif de *caliga*, chaussure de simple légionnaire.
(d) Voir le mot de Tibère, *Des bienfaits*, V, xxv.

Thrace; il répondit que la mère des dieux était aussi du mont Ida (a).

XIX. Ne descendons point dans le champ des rixes et des luttes; retirons-nous loin en arrière, et, quelques provocations que des insensés nous adressent, car l'insensé peut seul se les permettre, n'en tenons point compte. Et les hommages et les injures du vulgaire doivent être confondus dans le même mépris : ne nous affligeons pas de celles-ci, ne nous félicitons pas de ceux-là. Autrement la crainte ou le dégoût des mortifications nous feront omettre des devoirs essentiels; et nous manquerons à ceux d'hommes publics et privés, souvent même à ce qui nous sauverait, si nous tremblons, dans nos anxiétés de femmes, de rien ouïr qui nous désoblige; parfois aussi nos rancunes contre des hommes puissants se dévoileront avec une indiscrète liberté. Or la liberté ne consiste pas à ne rien tolérer; détrompons-nous : être libre, c'est mettre (b) son âme au-dessus de l'injure; c'est se rendre tel, qu'on trouve en soi seul la source de ses plaisirs; c'est se détacher de l'extérieur, pour ne point passer sa vie dans l'inquiète appréhension des rires ou des propos de tout venant. Car qui ne pourra nous offenser, si un seul le peut? Mais le sage et l'aspirant à la sagesse useront chacun d'un remède différent. A l'homme imparfait encore, et qui n'a pas cessé de se diriger sur le jugement du grand nombre, nous représenterons qu'à chaque pas l'injure et l'insulte l'attendent. Les accidents prévus sont toujours moindres. Plus sa naissance, sa renommée, son patrimoine le distinguent, plus il doit montrer de courage; qu'il se souvienne qu'en première ligne se tiennent les soldats de haute taille. Les offenses, les paroles outrageantes, les diffamations, toutes les avanies de ce genre, qu'il les supporte comme les clameurs de l'ennemi, les dards lancés de trop loin, les pierres qui, sans blesser, frappent le casque et ne font que du bruit. Que les injures graves, comme ces traits qui percent ou les armes ou la poitrine, ne l'abattent ni ne le fassent broncher. Quelque force qui vous menace, vous presse, vous assiége, céder est toujours une honte; défendez le poste que vous assigna la nature. Et quel est-il? celui d'homme de cœur. Le sage a un tout autre auxiliaire qui vous manque, car vous

(a) Ida en Phrygie, non en Crète, par conséquent, aux yeux des Grecs, en pays barbare.

(b) Je lis avec trois manus. : *superponere*. Lemaire : *supponere*.

luttez encore : il a la victoire gagnée. Ne soyez point rebelle à vos intérêts : sur la route de la vérité, nourrissez l'espoir d'y atteindre ; accueillez avec amour des doctrines meilleures, et appuyez-les de vos convictions comme de vos suffrages. Qu'il existe une âme invincible, une âme contre laquelle la Fortune ne puisse rien, voilà qui importe à la république du genre humain.

DE LA PROVIDENCE

ou

POURQUOI LES GENS DE BIEN SONT SUJETS AU MALHEUR, LORSQU'IL EXISTE UNE PROVIDENCE.

I. Tu me demandes, Lucilius, pourquoi, si le monde est régi par une Providence, les gens de bien éprouvent tant de maux. La réponse trouverait plus aisément place dans le corps d'un traité où nous démontrerions que cette Providence préside à toutes choses et qu'un Dieu habite au milieu de nous; mais puisqu'il te plaît de détacher une partie de la grande question et de voir résoudre ton objection unique, sans toucher au fond du procès, ma tâche ne sera pas difficile: je vais plaider la cause des dieux.

Il est superflu, pour le moment, de prouver que ce vaste univers ne peut subsister sans un être conservateur; que ce cours des astres, si régulier dans sa diversité, n'est point dû aux brusques mouvements du hasard, ce que le hasard fait surgir étant sujet à des perturbations fréquentes et à de promptes collisions; qu'au contraire une loi éternelle ordonne cette marche rapide et harmonieuse qui emporte toute l'immensité des terres et des mers et ces éclatants luminaires qui brillent rangés dans l'espace; qu'un tel ordre n'est pas le produit de l'errante matière; que des agrégations fortuites ne s'équilibreraient point avec l'art tout-puissant qui fit asseoir immobile la terre et son énorme masse, pendant qu'elle voit les cieux fuir si vite autour d'elle; qui, pour amollir la terre, versa les mers dans leurs bassins, sans qu'elles se sentissent grossir par les fleuves; qui enfin, de germes imperceptibles, fit naître de si grands végétaux. Que dis-je? tout ce qui paraît désordre et irrégularité, à savoir les pluies, les nuages et leur choc d'où jaillissent les foudres; les incendies vomis par la cime des monts entr'ouverts; les secousses du sol ébranlé; tous les mouvements qu'enfante autour du globe la partie orageuse de la création, quoique subits, n'arrivent pas sans dessein. Ils ont leurs raisons, comme ces phénomènes qui, vus hors de leur lieu naturel, paraissent des prodiges, tels que des eaux chaudes au milieu de la mer, et ces îles nouvelles qui tout à coup montent à sa surface. Et quand on voit la mer mettre à nu ses rivages en se retirant sur elle-même, et dans un court espace de temps les couvrir de nouveau, croira-t-on que c'est une aveugle impulsion qui tantôt repousse et refoule les ondes vers le large, tantôt les chasse et les renvoie précipitamment regagner leur place, si l'on observe surtout que ces eaux s'enflent progressivement, ont leurs heures et leurs jours marqués, et vont croissant ou décroissant suivant les attractions de la lune qui règle à son gré ces évolutions marines?

Mais réservons tout cela pour le temps convenable; d'autant que ce ne sont pas des doutes que tu élèves contre la Providence, mais des plaintes. Je te réconcilierai avec les dieux, toujours bons quand l'homme l'est lui-même. Car la nature ne comporte pas que ce qui est bon nuise aux bons. Il y a entre l'homme de bien et les dieux une amitié dont le lien est la vertu. Une amitié, ai-je dit, non; c'est plus encore: une parenté, une ressemblance. L'homme de bien ne diffère de Dieu que par la durée : il est son disciple, son émule, son véritable fils[1]. L'être sublime dont il descend, sévère censeur de toutes vertus, est comme un père rigide : il élève durement sa famille.

Quand donc tu verras les hommes vertueux, les bienvenus de la divinité, voués à la peine, aux sueurs, gravir de rudes montées, tandis que les méchants sont en fête et regorgent de délices, rappelle-toi qu'on aime la retenue dans ses enfants, la licence dans ceux des esclaves, qu'on astreint les premiers à une règle austère et qu'on excite la témérité des seconds. Ayons de Dieu la même idée; il ne traite pas mollement l'homme vertueux; il l'éprouve, il l'endurcit, il le mûrit pour le ciel.

II. Pourquoi l'homme de bien essuie-t-il tant de traverses? Rien de mal ne peut arriver à l'homme de bien : les contraires ne vont point ensemble. De même que toutes ces rivières, toutes ces pluies que versent les cieux, et ces milliers de sources médicinales, loin de changer la saveur de la mer, ne l'affaiblissent même point; ainsi tous les flots de l'adversité ne transforment point une âme courageuse, elle demeure la même et donne aux événements sa propre teinte; car elle est plus forte que les accidents extérieurs : je ne dis pas qu'elle ne les sent point, mais elle en triomphe; calme d'ailleurs et pacifique, elle ne se lève que pour repousser les chocs ennemis. Toute adversité est à ses yeux un exercice. Où est l'homme, digne de ce nom et que l'honnête aiguillonne, qui ne désire une épreuve à sa taille et ne brave le péril pour voler au devoir? L'oisiveté pour toute âme active n'est-elle pas un supplice? Nous voyons les athlètes soigneux de leur vigueur choisir les antagonistes les plus robustes et vouloir que ceux qui les préparent pour le combat déploient contre eux toutes leurs forces. Ils endurent les coups, les plus rudes étreintes; et s'ils ne trouvent pas leur égal, ils tiennent tête à plusieurs à la fois. Le courage languit sans adversaire : sa grandeur, sa force, son énergie n'éclatent tout entières que dans l'épreuve de la douleur.

Voilà, sache-le bien, ce que doit faire l'homme vertueux, s'il veut ne pas redouter la fatigue et la peine et ne pas se plaindre de la destinée : quoi qu'il arrive, qu'il le prenne en bonne part et en fasse profit. L'important n'est pas ce que tu souffres, mais dans quel esprit tu le souffres. Vois quelle différence entre la tendresse d'un père et celle d'une mère! Le père ordonne qu'on réveille son fils de bonne heure pour qu'il se livre à l'étude, même les jours de fête il ne le souffre pas à rien faire, il fait couler ses sueurs et quelquefois ses larmes. La mère, au contraire, le réchauffe sur son sein, toujours elle veut le tenir à l'ombre, éloigner de lui les pleurs, le chagrin, le travail. Dieu a pour l'homme de bien les sentiments d'un père, une mâle affection : « Qu'il soit, dit-il, secoué par la fatigue, par la douleur, par les privations, pour acquérir la véritable force. » Les animaux qui doivent à l'inaction leur embonpoint perdent toute vigueur; et non-seulement le travail, mais le mouvement seul et leur propre poids les accable. Une prospérité non encore entamée ne résiste à aucune atteinte; mais une lutte assidue avec les disgrâces, mais leurs chocs même durcissent l'épiderme; devant aucun mal on ne cède : vient-on à tomber, un genou en terre on combat encore.

Tu es surpris que Dieu, qui affectionne les bons, qui veut les rendre meilleurs encore et le plus parfaits possible, leur impose pour exercice quelque calamité[2]. Et moi, je ne m'étonne pas qu'il prenne parfois envie aux maîtres du ciel de considérer de grands hommes en lutte contre l'adversité. Souvent nous nous plaisons à voir un jeune homme intrépide qui reçoit, armé d'un épieu, l'élan d'une bête féroce, qui soutient jusqu'au bout l'attaque d'un lion sans pâlir; le spectateur est d'autant plus charmé que ce brave est d'un sang plus illustre. Ce n'est point là ce qui peut attirer l'attention divine, ce ne sont pas ces puérils passe-temps de la frivolité humaine. Voici un spectacle digne d'appeler les regards du Dieu qui veille à l'œuvre de ses mains; voici un duel[3] digne de Dieu : l'homme de cœur aux prises avec la mauvaise fortune, surtout s'il a provoqué la lutte. Oui, je ne vois rien de plus beau sur la terre aux yeux du maître de l'Olympe, quand il daigne les y abaisser, que ce Caton, inébranlable après la chûte dernière de son parti, et debout encore au milieu des ruines de la république. « Que le monde, se dit-il, soit tombé sous la loi d'un seul, la terre occupée par ses légions, la mer par ses flottes, que les armes de César nous tiennent assiégés, Caton saura trouver une issue : son bras seul lui ouvrira une large voie vers la liberté. Ce fer, que la guerre civile même n'a pu souiller ni rendre criminel, va donc enfin servir à un digne et glorieux usage. La liberté, qu'il n'a pu rendre à la patrie, il va la donner à Caton. Accomplis, ô mon âme, l'œuvre de tes longues méditations : dérobe-toi aux misères de l'humanité. Déjà Pétreius et Juba ont pris leur élan, et ils gisent percés par la main l'un de l'autre. Noble et généreux pacte de mort, mais peu convenable à notre grand caractère. Il nous siérait aussi peu de demander la mort que la vie. »

Certes les dieux auront vu avec une vive joie ce héros, cet intrépide libérateur de lui-même, veiller au salut des autres, organiser la retraite des fuyards, se livrer à l'étude cette même nuit qui devait être pour lui la dernière, plonger le fer dans sa poitrine sacrée, semer ses entrailles sur le sol et ouvrir de sa main une issue à cette âme auguste que le glaive eût profanée. Et, je veux le croire, si le coup fut mal assuré et insuffisant, c'est que c'était peu pour les dieux d'avoir vu Caton dans cette unique scène; ils retirèrent sa vertu et la redemandèrent : elle dut reparaître dans un acte plus difficile. Car il y a moins de courage à faire une première épreuve de la mort qu'à la recommencer. Les dieux pouvaient-ils ne pas se complaire à voir leur élève échapper à la vie par un si beau et si mémorable trépas? C'est une apothéose qu'un trépas admiré de ceux-là même qu'il épouvante.

III. La suite de mon discours m'amènera bientôt à montrer combien tous nos maux prétendus sont loin d'être des maux réels. Pour le présent, je me borne à dire : ces événements que tu nommes cruels, funestes, affreux, sont utiles d'abord à ceux mêmes qu'ils frappent, puis à l'humanité tout entière, dont les dieux tiennent plus compte que des individus ; ceux-ci d'ailleurs les acceptent et mériteraient des maux réels, s'ils ne le faisaient pas. J'ajouterai qu'ainsi le veut le destin, et qu'ils sont soumis à ces justes épreuves par la même loi qui les fait vertueux. De là je t'amènerai à ne jamais plaindre l'homme de bien, qu'on peut dire malheureux, mais qui ne peut l'être.

De toutes ces propositions la plus difficile à démontrer, ce semble, est la première : que ces crises qui nous font frémir d'épouvante sont dans l'intérêt de ceux qui les souffrent. « Est-ce donc pour leur bien, diras-tu, qu'ils sont chassés en exil, précipités dans l'indigence, qu'ils voient mourir enfants et femme, qu'on leur inflige l'infamie, ou qu'on les mutile ? » Tu t'étonnes qu'il sorte quelque bien de tout cela ; étonne-toi donc qu'à la cure de certaines maladies on emploie le fer et le feu aussi bien que la faim et la soif. Mais si tu songes que souvent il faut qu'un tranchant salutaire dénude les os, ou les extraie, extirpe les veines ou ampute les membres qui ne peuvent rester sans que tout le corps périsse, tu souffriras qu'on te démontre qu'il est des disgrâces utiles à qui les essuie, comme assurément plus d'une chose que l'on vante et que l'on recherche nuit à ceux qui s'en laissent charmer, vraie image de l'indigestion, de l'ivresse, de tous les excès qui mènent à la mort par le plaisir.

Entre plusieurs belles sentences de notre cher Démétrius (a), écoute celle-ci que j'ai tout fraîchement recueillie, qui retentit et vibre encore à mon oreille : « Je ne vois rien de si malheureux que celui que n'a jamais visité le malheur. » En effet, il ne lui a pas été donné de s'éprouver. En vain la Fortune aura secondé, prévenu même tous ses souhaits, les dieux ont mal présumé de lui. Il n'a pas été jugé digne de vaincre un beau jour cette Fortune, qui s'éloigne d'une âme pusillanime et semble dire : « Qu'ai-je à faire d'un tel adversaire ? Au premier choc il mettra bas les armes. Qu'ai-je besoin contre lui de toute ma puissance ? La moindre menace le va mettre en fuite : il ne soutient pas même mes regards. Cherchons ailleurs qui puisse

---

(a) Voir, sur ce philosophe, *Vie heureuse*, xviii, et *Lettre* xx.

nous tenir tête. J'aurais honte d'en venir aux mains avec un homme prêt à se rendre. »

Le gladiateur tient à déshonneur d'avoir en face un trop faible adversaire ; il sait qu'on triomphe sans gloire quand on a vaincu sans péril¹. Ainsi fait la Fortune : elle prend pour rivaux les plus braves, et passe dédaigneusement devant les autres. Elle attaque les fronts rebelles et superbes, pour tendre contre eux tous ses muscles. Elle essaye le feu contre Scævola, la pauvreté contre Fabricius, l'exil contre Rutilius, les tortures contre Régulus, présente le poison à Socrate, le suicide à Caton.

Ces grandes leçons d'héroïsme, la mauvaise fortune seule a le privilège de les donner. Plaindras-tu Scævola parce que sa main est posée sur le brasier ennemi et se punit elle-même de sa méprise, parce que cette main consumée fait reculer le roi que son glaive n'avait pu abattre? Eût-il été plus heureux de réchauffer cette main dans le sein d'une maîtresse? Plaindras-tu Fabricius parce qu'il emploie à bêcher sa terre tout le temps qu'il ne donne pas à la république ; parce qu'il fait la guerre aux richesses, comme à Pyrrhus ; parce qu'il mange à son foyer les herbes et les racines que, vieillard triomphal*, il a arrachées dans son champ? Eh quoi! serait-il plus heureux d'entasser dans son estomac des poissons de lointains rivages, des oiseaux pris sous un ciel étranger, ou de réveiller, avec les coquillages des deux mers, la paresse d'un appétit blasé, ou de se faire servir, ceints d'énormes pyramides de fruits, ces animaux gigantesques dont la prise coûte la vie à plus d'un chasseur? Plaindras-tu ce Rutilius, dont les juges ont à répondre au tribunal de tous les siècles, d'avoir souffert plus volontiers qu'on l'arrachât à sa patrie qu'à son exil, d'avoir seul refusé quelque chose à Sylla dictateur, et, au lieu de suivre la voix qui le rappelait, de s'être enfui encore plus loin? « Adresse-toi, lui dit-il, à ceux qu'a brusquement surpris dans Rome *ton heureux destin* : qu'ils voient le forum inondé de sang, le lac Servilius (car tel est le spoliaire (*a*) de l'ordonnateur des proscriptions) couvert de têtes de sénateurs ; des hordes d'assassins qui errent par toute la ville, et des milliers de citoyens égorgés en masse, au mépris, c'est peu dire, au piége même de la foi donnée. Qu'ils voient ces horreurs,

(*a*) Endroit du cirque où l'on traînait les gladiateurs morts et où l'on achevait les mourants. Voir *Lettre* xcIII.

ceux qui ne peuvent supporter l'exil. » Eh quoi! Sylla sera pour toi *l'heureux* Sylla, parce que à sa descente au forum le glaive écarte la foule devant lui, parce qu'il souffre qu'on expose en public les têtes des consulaires, parce qu'il fait payer par le questeur et inscrire au compte de l'État le prix de chaque meurtre? Et ce monstre avait dicté la loi Cornélia (*a*)!

Venons à Régulus. En quoi la Fortune l'a-t-elle maltraité, lorsqu'elle a fait de lui le modèle de la loyauté, le modèle de la constance? Les clous traversent ses chairs, et de quelque côté que son corps fatigué s'appuie, il pèse sur une blessure, et ses paupières sont tenues ouvertes pour des veilles sans repos. Plus vive est la torture, plus grande sera la gloire. Veux-tu savoir s'il se repent d'avoir mis la vertu à si haut prix? Rends-lui la vie et renvoie-le au sénat : il opinera encore de même.

Regardes-tu comme plus heureux Mécène, en proie aux tourments de l'amour, pleurant les divorces quotidiens de sa capricieuse épouse, et demandant le sommeil à ces concerts d'harmonie que le lointain rend plus doux à l'oreille? Il aura beau à force de vin s'assoupir, et se distraire au bruit des cascades, et recourir à mille voluptés pour tromper ses cruels ennuis, il y aura autant d'insomnie sur son duvet que sur la croix de Régulus. Mais Régulus se console en songeant que s'il souffre, c'est pour l'honneur; du sein de ses tortures il ne considère que leur cause; l'autre, flétri par les voluptés, pliant sous le faix d'une prospérité excessive, est plus tourmenté par le motif de ses souffrances que par ses souffrances même. Non, la corruption n'a pas tellement pris possession du genre humain qu'on puisse douter que, s'ils avaient le choix de leur destin, la plupart des hommes n'aimassent point mieux naître Régulus que Mécène. Ou si quelqu'un osait préférer le sort du favori d'Auguste, il préférerait par cela même, bien que sans le dire, être la femme de Mécène.

Crois-tu Socrate malheureux pour avoir bu, comme un breuvage d'immortalité, la coupe fatale que lui préparèrent ses concitoyens, et pour avoir discouru sur la mort jusqu'au moment de la mort même? Doit-on le plaindre d'avoir senti son sang se figer, et le froid qui s'insinuait dans ses veines y éteindre peu à peu la vie? Ah! portons envie à Socrate bien plutôt qu'à ces hommes qui boivent dans des coupes d'une seule pierre

(*a*) Contre les meurtriers et ceux qui auraient lésé la majesté du peuple romain.

précieuse, et pour qui de jeunes mignons, au sexe indécis ou retranché par le fer et instruits à tout souffrir, délayent dans l'or la neige qui couronne leur coupe. Ce qu'ils viennent de boire, leur estomac le rejette en entier ; ils sentent, dans leur morne dégoût, la bile refluer jusqu'à leur palais ; mais Socrate boira la ciguë avec une douce sérénité.

Pour Caton, sa cause est jugée : il a possédé le souverain bien, c'est ce que proclamera l'unanime témoignage des hommes sur un homme que la nature s'était choisi pour soutenir le choc des crises les plus terribles. « Les inimitiés des grands sont funestes, a-t-elle dit ; opposons Caton tout à la fois à Pompée, à César et à Crassus. Il est cruel de se voir supplanté par d'indignes rivaux ; qu'un Vatinius lui soit préféré. Il est affreux d'être engagé dans les guerres civiles ; qu'il aille par tout l'univers combattant pour la bonne cause avec autant de malheur que de constance. Il est cruel de se donner la mort ; qu'il se la donne. Qu'aurai-je obtenu par là ? De faire voir à tous qu'on ne saurait appeler maux des épreuves dont Caton m'aura paru digne. »

IV. Les prospérités descendent sur le vulgaire, sur les âmes communes ; mais réduire à l'impuissance le malheur et tout ce qui fait peur aux mortels n'appartient qu'au grand homme. Jouir d'un bonheur constant et traverser la vie sans que rien ait froissé notre âme, c'est ne pas connaître la seconde face des choses humaines. Tu es homme de courage : mais d'où puis-je le savoir, si le sort ne te donne les moyens de montrer ton grand cœur ? Tu es descendu dans l'arène ; si nul rival n'était là, la couronne est à toi, mais non la victoire [7]. Ce n'est pas de ton courage que je te félicite, c'est d'avoir gagné comme qui dirait le consulat ou la préture : un titre, un avancement.

J'en puis dire autant à l'homme vertueux, si quelque passe difficile ne lui a donné, ne fût-ce qu'une fois, l'occasion de signaler sa vertu : je t'estime malheureux, pour ne l'avoir jamais été ; tu as traversé la vie sans combat. Personne ne saura ta force, tu ne la sauras pas toi-même. Pour se connaître il faut s'être essayé ; à l'œuvre seulement [8] on apprend ce qu'on pouvait faire. Aussi a-t-on vu des hommes provoquer le malheur qui les respectait, et chercher à faire briller leur vertu près de s'ensevelir dans l'obscurité. Oui, le grand homme parfois aime l'adversité, comme le brave soldat aime la guerre. J'ai vu, sous Caligula, Triumphus le mirmillon se plaindre de la rareté des jeux : « Les belles années perdues ! » s'écriait-il.

Le courage est avide de périls : il songe où il tend, non à ce qu'il va souffrir : car les souffrances sont elles-mêmes une part de la gloire. Le guerrier est fier de ses blessures : il étale avec complaisance le sang qu'il est heureux de répandre ; et au retour de la bataille, quoique les autres aient aussi bien fait, les regards s'attachent surtout aux blessés.

Je le répète, Dieu traite en favoris⁹ ceux qu'il veut conduire à la perfection de la gloire, chaque fois qu'il leur offre matière à exercer leur courage et leur force d'âme, ce qui implique toujours quelque position difficile. Le pilote se fait connaître dans la tempête, et le soldat dans la mêlée. Comment saurais-je combien tu serais fort contre la pauvreté, si tu nages dans l'opulence ; combien tu opposerais de constance à l'ignominie, aux diffamations, aux haines populaires, si tu vieillis au milieu des applaudissements, si l'invariable faveur et je ne sais quel entraînement des esprits subjugués t'accompagnent partout ? Comment saurais-je avec quelle résignation tu supporterais la perte de tes enfants, si tous tes rejetons sont encore sous tes yeux ? Je t'ai entendu prodiguer aux autres des consolations ; j'aurais pu te juger, si tu t'étais consolé toi-même, si tu avais toi-même fait taire ta douleur. Ah ! je t'en conjure, garde-toi de frémir à la vue des épreuves que nous envoient les dieux comme pour aiguillonner nos âmes. L'adversité est l'occasion de la vertu¹⁰.

On aurait droit d'appeler malheureux ceux que l'excès du bonheur engourdit, et qu'un calme de mort tient comme enchaînés sur une mer immobile. Pour ceux-là tout accident sera nouveau. Le malheur est plus cruel quand on ne l'a jamais connu ; le joug pèse davantage à une tête qui n'y est point faite. Le soldat novice pâlit à l'idée d'une blessure ; le vétéran voit avec fermeté couler son sang ; il sait que ce sang a souvent préparé la victoire.

De même les élus de Dieu, ses bien-aimés, il les endurcit, il les éprouve, il les exerce ; les autres, qu'il paraît traiter avec indulgence, avec ménagement, il les garde comme une proie sans défense pour les maux à venir. Car c'est une erreur de croire que personne soit exempt : cet homme si longtemps heureux aura son tour. Quiconque te semble absous n'est qu'ajourné.

« Mais comment est-ce aux plus hommes de bien que Dieu inflige les maladies, les disgrâces de tout genre ? » Et comment à la guerre les expéditions les plus périlleuses sont-elles imposées aux plus braves? Le chef envoie des hommes d'élite, s'il faut, de nuit, surprendre et attaquer les ennemis, reconnaître un chemin, débusquer un poste. Aucun d'eux au départ ne dit : « Mon général m'a fait tort ; » mais : « Il m'a bien jugé. »

Qu'ainsi parle tout mortel commandé pour souffrir ce qui coûte tant de pleurs aux timides et aux lâches : « Dieu nous estime assez pour éprouver en nous jusqu'où va chez l'homme la puissance de souffrir. »

Fuyez les délices, fuyez cette mollesse énervante qui détrempe vos âmes, et les endort dans une continuelle ivresse, tant qu'un revers subit ne vous avertit point que vous êtes hommes. Celui que des panneaux diaphanes ont toujours défendu contre l'impression de l'air, qui garde aux pieds de tièdes enveloppes incessamment renouvelées, dont la salle de festins est entretenue dans une douce température par la chaleur qui circule sous le parquet et dans les murailles, celui-là ne peut sans risque être effleuré du plus léger souffle. Tout excès est nuisible, l'excès de la mollesse bien plus que tout autre. Il dérange le cerveau, entraîne l'esprit à de fantasques imaginations, répand sur le vrai et sur le faux un nuage épais qui confond leurs limites. Ne vaut-il pas mieux bien supporter une infortune continuelle qui nous convie à la vertu que d'être écrasé de l'énorme poids d'une félicité sans mesure? On s'éteint plus doucement par l'inanition ; l'indigestion déchire les entrailles. Les dieux suivent le même procédé avec les gens de bien que les précepteurs avec leurs disciples : ils exigent plus de travail de ceux dont ils ont meilleure espérance. Est-ce en haine de ses enfants, crois-tu, que le Spartiate éprouve leur courage par des flagellations publiques? Le père est là qui les exhorte à supporter les coups sans faiblir ; tout déchirés et à demi morts, on les conjure de tenir bon, d'offrir leurs corps blessés à de nouvelles blessures.

Qu'y a-t-il d'étonnant que Dieu mette à de rudes essais les âmes généreuses? L'apprentissage de la vertu n'est jamais bien doux. La Fortune nous frappe et nous déchire : souffrons. Ce n'est pas une persécution, c'est une lutte ; plus nous reviendrons à la charge, plus nous y gagnerons de vigueur. La partie de notre corps la plus robuste est celle que nous avons le plus mise en jeu. Offrons-nous aux coups de la Fortune, pour nous endurcir par elle et contre elle. Elle finira par nous rendre de force égale à la sienne. Le mépris du danger nous viendra de l'accoutumance. Ainsi les nautoniers se font des tempéraments qui résistent à la mer ; les mains du laboureur sont calleuses ; le bras du guerrier gagne du nerf pour lancer le javelot ; le coureur a le jarret souple. Les facultés les plus fortes de chaque homme sont celles qu'il a exercées. Pour braver la puissance du mal notre âme a un recours, la patience ; et tu sauras ce qu'elle peut faire en nous, si tu songes combien des nations dénuées de tout et fortes de leur indigence même acquièrent par le travail. Considère ces peuples à la frontière desquels finit la paix du monde romain [11], je veux dire les Germains et toutes ces races vagabondes semées sur les bords de l'Ister. Un éternel hiver, un ciel sombre pèsent sur eux, un sol avare leur livre une maigre subsistance, du chaume ou des feuillages les abritent seuls contre la pluie, ils courent sur des étangs que la gelée a durcis et se nourrissent des animaux qu'ils prennent à la chasse. Tu les crois malheureux ? Non ; il n'y a point de malheur dans ce que l'habitude a changé en seconde nature : insensiblement on prend goût à ce qui d'abord fut nécessité. Ils n'ont pour domicile que ces campements d'un jour où leur lassitude les arrête ; des aliments grossiers qu'il faut ravir à la pointe du glaive, un climat d'une rigueur effrayante, une nudité complète, tout cela te semble une affreuse misère, et c'est la vie de tant de peuples !

Pourquoi s'étonner que l'homme de bien soit ébranlé pour être affermi ? Il n'est d'arbre solide et vigoureux que celui qui souffrit longtemps le choc de l'aquilon. Les [12] assauts même qu'il essuie rendent sa fibre plus compacte, sa racine plus sûre et plus ferme. Il est fragile s'il a crû dans un vallon aimé du soleil. Concluons que l'intérêt des gens de bien, s'ils veulent que la crainte leur devienne étrangère, exige qu'ils marchent habituellement au milieu des terreurs de la vie et se résignent à ces accidents qui ne sont des maux que pour qui les supporte mal.

V. Ajoute, ce qui importe à tous, que les hommes vertueux sont, pour ainsi dire, autant de combattants qui payent de leurs personnes. Dieu s'est proposé, comme le sage, de montrer que toutes ces choses que le vulgaire ambitionne ou qu'il redoute ne constituent ni biens ni maux. Ce seront des biens manifestes, s'il les assigne aux bons seulement ; ce seront des maux, s'il ne les inflige qu'aux méchants. La cécité serait une chose affreuse si on ne perdait la vue qu'en méritant d'avoir les yeux arrachés : aussi Appius et Métellus [13] seront-ils privés de la lumière. Les richesses ne sont pas un bien : aussi deviennent-elles le partage d'Ellius, le prostitueur, pour que les **hommes**, qui consacrent l'or dans les temples, le voient aussi dans les antres de la débauche. La divinité ne saurait mieux ravaler les objets de nos convoitises qu'en les prodiguant à des infâmes et en les éloignant des gens de bien [14]. « Mais il est injuste que les bons soient mutilés, percés de coups, chargés de chaînes, tandis que les méchants conservent l'intégrité de leurs membres, leur indépendance, leur luxe effronté. » Eh bien quoi? Il est donc injuste que des braves prennent les armes, veillent la nuit dans les camps, et couverts de blessures et d'appareils se tiennent debout sur la tranchée, tandis que, dans la ville, des eunuques, des débauchés de profession vivent en pleine sécurité? Encore une fois, il est donc injuste que les plus nobles vierges soient réveillées la nuit pour la célébration des rites sacrés, quand les prostituées jouissent du plus profond sommeil?

Le travail réclame l'élite des humains. Le sénat délibère souvent des jours entiers, tandis que les plus vils citoyens charment leurs loisirs au champ de Mars, ou s'ensevelissent dans une taverne, ou tuent leur temps dans quelque cercle. Il en est ainsi de la grande république du genre humain : les gens de bien travaillent, se sacrifient, sont sacrifiés, et de [15] leur plein gré; le sort ne les entraîne point, ils le suivent, ils vont du même pas : ses intentions, s'ils les eussent connues, ils les eussent prévenues.

Je me rappelle encore cette parole généreuse du courageux Démétrius : « Dieux immortels, je n'ai qu'un reproche à vous faire: c'est de ne m'avoir pas révélé vos volontés plus tôt. Je me serais porté de moi-même où je n'arrive qu'à votre appel. Voulez-vous prendre mes enfants? C'est pour vous que je les ai élevés. Voulez-vous quelque partie de mon corps? Prenez-la. Le sacrifice est peu de chose : j'abandonnerai bientôt le tout. Voulez-vous ma vie? Pourquoi la refuserais-je? Je n'hésiterai pas à vous rendre ce que je tiens de vous. Je vous livrerai de grand cœur tout ce que vous demanderez. Eh quoi! j'eusse aimé mieux l'offrir que le laisser prendre. Qu'est-il besoin de ravir ce que vous pourriez accepter? Mais vous ne me l'enlèverez même pas : on n'enlève qu'à celui qui résiste. Je n'éprouve ni contrainte ni violence; je ne suis pas l'esclave de Dieu, j'adhère à ce qu'il veut; et ne sais-je pas d'ailleurs que tout marche en vertu d'une loi immuable, écrite pour l'éternité? » Oui, les destins nous conduisent; et le rôle réservé à chaque homme fut fixé dès la première heure de sa naissance. Les causes s'enchaînent aux causes : nos destins publics et privés sont liés à toute une série d'événements qui les mènent.

Souffrons donc tout avec courage : car tout arrive, non pas comme on croit, par hasard, mais à son heure. Il a été réglé dès longtemps quels seraient tes joies et tes pleurs ; et bien que la vie de chaque homme se colore en apparence de grandes variétés qui la distinguent, le tout se résume au même point : passagers, nous avons reçu des biens passagers. Pourquoi tant nous indigner ? Pourquoi nous plaindre ? C'est pour cette fin qu'on nous a créés. Que la nature use à son gré de notre argile qui est sa chose ; nous, satisfaits, quoi qu'il arrive, et courageux, songeons que rien ne périt de ce qui est nôtre. Quel est le devoir d'une âme vertueuse ? De s'abandonner au destin. C'est une grande consolation d'être emporté avec l'univers. Quelle que soit la loi qui nous impose cette vie et cette mort, elle est la même nécessité qui lie aussi les dieux : une marche irrévocable entraîne les choses humaines comme les choses divines. L'auteur et le moteur de l'univers a écrit la loi des destins, mais il y est soumis : il obéit toujours, il a ordonné une seule fois [16].

« Mais encore, comment Dieu fut-il assez injuste dans le partage des destinées pour assigner aux bons la pauvreté, les blessures, les morts prématurées ? » L'ouvrier ne peut changer la matière : il ne l'a que pétrie. Chaque être a ses conditions inséparables, cohérentes, indivisibles. Les natures languissantes et vouées au sommeil, ou dont la veille ressemble au dormir des autres, sont fabriquées d'éléments inertes : pour produire un homme digne de renommée, il faut un principe d'action plus puissant. Sa route ne sera pas unie : il lui faudra monter et descendre, céder aux flots et naviguer dans la bourrasque et poursuivre sa course ayant la Fortune contraire. Que d'écueils aussi, que d'obstacles ! Il les émoussera, les aplanira par lui-même. Le feu éprouve l'or ; et les revers, l'homme courageux [17]. Vois à quelle hauteur doit s'élever la vertu, et juge si elle peut marcher par des voies sans péril.

> Un chemin escarpé commence ma carrière.
> Mes coursiers rafraîchis, sortant de la barrière,
> Ne gravissent qu'à peine à la cime des airs.
> Là, tout dieu que je suis, du haut de l'Univers
> Je ne puis sans effroi voir l'abîme du vide.
> Enfin de mon déclin la pente est si rapide,

> Que Téthys qui, le soir, me reçoit dans ses eaux,
> Tremble d'y voir rouler mon char et mes chevaux (a).

A ces paroles, le généreux Phaéthon répondit : « Cette carrière me plaît ; je monte : l'entreprise vaut bien que je m'expose à la chute. » Le père essaye toujours d'intimider le jeune téméraire :

> Je veux qu'en ton chemin nulle erreur ne t'égare ;
> Oseras-tu braver plus d'un monstre barbare ?
> Les cornes du Taureau, la gueule du Lion,
> Et l'arc du Sagittaire ?..... ....

Il réplique de nouveau : « Le char est à moi ; qu'on l'attelle. Vous croyez m'intimider : au contraire. Je veux me tenir ferme où Phébus lui-même tressaille de crainte. C'est aux âmes basses et peureuses à suivre les routes les plus sûres : le courage tente les accès difficiles. »

VI. « Pourquoi cependant Dieu souffre-t-il qu'il arrive mal aux gens de bien ? » Non, il ne le souffre pas ; il a écarté d'eux tous les maux, en écartant tout ce qui est crime et turpitude, coupables pensées, projets ambitieux, aveugle débauche, et cupidité qui plane sur le bien d'autrui : eux, il les protége et les défend. Voudrait-on encore le constituer gardien de leur bagage ? Eux-mêmes le tiennent quitte de ce soin : ils méprisent les choses extérieures.

Démocrite se dépouilla de ses richesses, les regardant comme un fardeau pour le sage; est-ce merveille si Dieu laisse les gens de bien livrés à un sort que parfois ils recherchent spontanément? « Ils perdent leurs enfants! » Eh bien, quoi? eux-mêmes quelquefois ne les condamnent-ils pas à la mort? « On les envoie en exil ! » Mais souvent ils quittent volontairement leur patrie pour ne plus la revoir. « On leur ôte la vie ! » Eh ! ne se l'arrachent-ils pas, au besoin, de leurs propres mains? « Pourquoi souffrent-ils les rigueurs du sort? » Pour apprendre aux autres à souffrir : ils sont nés pour servir d'exemple. Figure-toi que Dieu leur dit : « Qu'avez-vous à vous plaindre de moi, vous qui vous êtes donnés à la vertu? J'ai environné les autres de faux biens; esprits vides, je les ai amusés de l'illusion d'un long songe [18] : je les ai parés d'or, d'argent et d'ivoire ; au dedans d'eux tout est misère. Ces hommes, qui vous paraissent les heureux de la terre, voyez-les, non du côté

(a) Ovid., *Métam.*, Liv. II, 63. trad. de Saint-Ange.

qu'ils aiment à montrer, mais de celui qu'ils cachent, ce n'est qu'indigence, ordure, turpitude : ils ressemblent à leurs murailles, ils n'ont de beau que la surface [19]. Là n'est point l'intrinsèque et pure félicité ; ce n'est qu'un placage, et bien mince. Tant qu'ils peuvent se tenir debout et se faire voir comme ils veulent être vus, ils brillent, ils imposent ; qu'un accident les déconcerte et les démasque, alors se découvrent les profondes et réelles souillures qu'un éclat d'emprunt déguisait. A vous seuls j'ai donné les biens sûrs et durables ; plus vous les sonderez et retournerez sous toutes les faces, plus vous les trouverez immenses et sans prix. Je vous ai donné de braver ce que tous craignent, de mépriser ce qu'ils convoitent. Votre éclat n'est point en dehors : tous vos trésors sont au dedans de vous. Ainsi le ciel n'a que faire de ce qui n'est pas lui : il est à soi-même un assez beau spectacle. C'est dans vous que j'ai placé tous vos biens : votre bonheur est de n'avoir pas besoin du bonheur. « Mais que d'afflictions, d'affreux revers, d'épreuves « accablantes ! » Comme je ne pouvais vous y soustraire, j'ai armé vos âmes contre tous les assauts. Souffrez avec courage ; par là vous l'emporterez sur moi-même : je suis en dehors de la souffrance ; vous êtes, vous, au-dessus d'elle [20]. Bravez la pauvreté : nul ne vit aussi pauvre qu'il est né. Bravez la douleur : elle passera, ou vous passerez. Bravez la Fortune : je ne lui ai pas donné de trait qui aille jusqu'à l'âme. Bravez la mort : elle est pour vous le néant ou une nouvelle vie. Avant tout j'ai voulu qu'on ne pût vous retenir malgré vous : la retraite est ouverte. Renoncez-vous à combattre? Fuyez, vous êtes libres ; de toutes les nécessités que je vous ai imposées, il n'en est point que j'aie rendue plus facile que la mort. Votre âme est sur une pente rapide, entraînante. Ouvrez les yeux, et voyez combien est court et dégagé le chemin qui mène à la liberté. Je n'ai pas mis d'aussi longs obstacles à la sortie qu'à l'entrée de cette vie. Le sort aurait eu sur vous trop d'empire, si l'homme avait autant de peine à mourir qu'à naître. Pas d'instant, pas de lieu qui ne vous enseigne combien il est aisé de rompre avec la nature et de lui renvoyer son présent. Au pied même des autels et dans les solennels sacrifices où l'on implore de longs jours, apprenez à mourir. Les taureaux de la plus belle taille succombent à une minime blessure : ces animaux, dont la force est si grande, la main de l'homme les abat d'un seul coup ; le fer le plus mince sait rompre les liens des vertèbres ; et l'articulation qui joint la tête au cou une fois tranchée, ces masses énormes tombent. La vie n'est pas profondément cachée en l'homme ; il ne faut pas même le fer pour l'arracher ; nul besoin de ces plaies qui plongent et sondent bien avant les entrailles : le trépas est tout proche. Je n'ai pas marqué le point où il faut frapper : toute place est vulnérable. Ce qu'on appelle mourir, cet instant où l'âme se sépare du corps passe trop vite pour être saisi dans sa rapidité. Que les étreintes d'un lacet vous suffoquent, que l'eau vous intercepte la respiration ; que la dureté du sol où se fait votre chute vous fracasse la tête ; que des charbons ardents avalés ferment passage à l'air que vos poumons exhalent (a), quel que soit le moyen, l'effet est prompt. Ne rougissez-vous pas de craindre si longtemps ce qui dure si peu? »

(a) Allusion au suicide de Porcia, fille de Caton d'Utique et femme de Brutus.

DE LA TRANQUILLITÉ
DE L'AME.

LETTRE DE SÉRÉNUS A SÉNÈQUE.

1. En m'examinant bien moi-même, cher Sénèque, j'ai reconnu certains défauts sensibles, patents, que je puis toucher du doigt; d'autres plus obscurs et cachés plus avant; d'autres enfin non habituels, mais qui, reparaissant par intervalles, sont à mon gré les plus incommodes, comme ces ennemis vagabonds qui nous assaillent à leurs moments et ne permettent de garder ni l'attitude vigilante de la guerre ni la sécurité de la paix.

Voici toutefois ma situation actuelle telle que je la saisis (car pourquoi taire à son médecin la vérité?). Sans être franchement délivré d'un joug redouté et maudit, je ne m'y vois plus courbé si fortement. Mon état, quoique non désespéré, n'en est pas moins déplorable et cruel : je ne suis ni malade ni guéri.

Ne me dis pas que les commencements de toute vertu sont faibles, que le temps lui apporte la consistance et la fermeté. Je n'ignore point que les avantages même que l'on recherche pour l'éclat, les dignités par exemple, le renom d'orateur, et tout ce qui dépend du suffrage d'autrui, grandissent par la durée; même les travaux qui donnent la vraie force, et jusqu'à ces mérites, qui pour plaire ont besoin de fard, attendent que l'âge et la succession des années les aient consacrés de leur empreinte; mais j'appréhende que l'habitude, qui consolide tout, ne donne en moi au défaut dont je parle des racines plus profondes. Un long commerce avec le mal comme avec le bien nous fait épouser l'un ou l'autre.

Cette fluctuation d'une âme hésitante qui ne se porte résolûment ni à la vertu ni au vice, cette infirmité-là est moins facile à peindre d'un seul trait que par détails. Je décrirai les accidents : tu trouveras un nom à la maladie. J'ai la passion de l'économie, je le confesse. Je n'aime ni un fastueux lit de parade, ni ces vêtements qu'on tire d'un précieux coffret, ou que force poids et machines ont tenu sous presse pour leur donner du lustre ; ma robe est vulgaire et de tous les jours : je la puis garder et endosser sans tant de précautions. Je n'aime point ces festins où l'on a pour ordonnateurs et pour témoins des bandes d'esclaves, qu'il faut plusieurs jours pour apprêter et une multitude de bras pour servir ; je veux des mets simples et communs, ni venus de bien loin ni achetés bien cher, qu'on trouve en tous pays, qui ne pèsent ni à la bourse, ni à l'estomac, qui ne se vomissent pas dès qu'on les a pris. J'aime un échanson sans beau costume et naïf enfant du foyer ; et la lourde argenterie de mon provincial de père, sans ciselure et sans nom d'artiste ; et une table que ne distinguent point les bigarrures de ses veines, qu'on ne cite point par la ville pour avoir appartenu successivement à plusieurs maîtres de bon goût : la mienne est faite pour mon usage et non pour arrêter l'œil charmé des convives ou allumer leur convoitise.

Tout livré que je suis à ces goûts modestes, je me laisse éblouir à la vue d'une brillante élite de jeunes esclaves, de serviteurs mieux vêtus que ceux de nos pompes triomphales, et chamarrés d'or. Ce superbe cortége de valets, cet édifice où le sol même que l'on foule est tout pavé de matières précieuses, où les plus riches métaux, prodigués dans les moindres recoins, brillent jusque sur les plafonds. et ce peuple de courtisans inséparables des grandes fortunes en train de périr, que te dirai-je ? ces eaux transparentes jusqu'au fond de leur canal et qui circulent autour même des tables, et ces banquets où tout répond à la splendeur des lieux, lorsque ces mille magnificences du luxe m'investissent de leur pompe étourdissante, moi qui sors tout rouillé de ma longue frugalité, mes yeux se troublent quelque peu et sont moins à l'épreuve que mon âme. Je m'éloigne alors, sinon moins sage, du moins plus triste, et devant mon chétif mobilier je ne porte plus la tête si haute ; une morsure secrète vient m'atteindre, je me prends à douter si cette vie ne vaudrait pas mieux que la mienne : de tout cela rien qui me change, mais aussi rien qui ne m'ébranle.

J'aspire à suivre les énergiques leçons de nos maîtres (a) et à me jeter dans les affaires publiques ; j'aspire aux honneurs et

---

(a) Les stoïciens. Voy. *le Repos du sage*, xxx.

aux faisceaux, non que la pourpre ou des verges dorées me séduisent, mais pour mes amis et mes proches, pour mes concitoyens, enfin pour tous les hommes que je dois mieux servir en vivant plus près d'eux. Je me rapproche ainsi docilement de Zénon, de Cléanthe, de Chrysippe, dont aucun pourtant ne prit part au gouvernement, mais qui tous me conseillent d'y entrer. Puis au premier choc qu'essuie mon âme novice à de telles secousses, si je me heurte à l'une de ces indignités trop fréquentes dans la vie humaine, ou à quelque obstacle qui empêche mon action, s'il ne faut donner un temps considérable à des futilités, je reprends goût à mon loisir, et pareil au coursier qui, malgré la fatigue, double le pas à l'approche du logis, je brûle de resserrer mon existence dans ses lares protecteurs. Pas un jour ne me sera enlevé par personne ; que me donnerait-on qui m'indemnisât d'une telle perte[2]? Mon âme ne se dévouera qu'à elle-même, ne courtisera qu'elle seule, ne fera rien qui ne soit pour elle, rien en vue de l'opinion : chérissons une vie tranquille, étrangère aux soucis politiques et privés.

Mais qu'une lecture mâle m'élève le cœur et que d'illustres exemples viennent à m'aiguillonner, me voilà prêt à voler au forum, à prêter ma voix à tel accusé, à tel autre mon appui, peut-être inefficace, mais dévoué, et à humilier devant tous le superbe, gonflé de ses iniques succès....

Pour composer, je crois qu'en vérité le mieux est d'envisager le sujet en lui-même et d'y conformer son discours ; que du reste les mots se subordonnent aux choses, et que n'importe où celles-ci nous mènent[3], l'expression suive sans trop se tourmenter. Qu'est-il besoin de composer pour la durée des siècles ? Tu veux faire en sorte que la postérité ne taise pas ton nom ? N'es-tu pas né pour mourir ? N'est-il pas plus commode d'entrer dans la tombe en silence ? Ainsi, pour occuper ton temps, pour ton utilité propre, non pour te faire préconiser, rédige quelques pages d'un style simple : il en coûte moins d'efforts à n'étudier que pour sa provision d'un jour.

En revanche, si quelques grandes pensées exaltent mon âme, elle se répand en termes pompeux, elle cherche des inspirations plus hautes et des expressions qui y répondent, et mon discours s'élève à la dignité du sujet ; oubliant alors les lois d'un goût trop circonscrit, je plane au-dessus de la terre et parle un langage qui n'est plus le mien.

Enfin, et pour couper court aux détails, je porte en toutes choses cette même faiblesse de bonne intention : j'ai peur d'y céder à la longue, ou, ce qui est plus inquiétant, de rester toujours comme en suspens sur un abîme, plus profond peut-être que je ne crois le voir. Car on envisage avec complaisance ses défauts personnels, et l'amour-propre altère nos jugements. Beaucoup, je crois, seraient arrivés à la sagesse, s'ils n'eussent imaginé l'avoir atteinte, s'ils ne se fussent dissimulé en partie leurs imperfections ou n'eussent passé sur celles qui frappaient le plus leurs yeux. Car ne crois pas que les flatteries d'autrui nous soient plus mortelles que les nôtres. Qui ose se dire la vérité? Qui, au milieu d'un troupeau de panégyristes et d'adulateurs, n'a pas enchéri à part soi sur tous leurs éloges?

Je t'en prie donc, si tu as quelque moyen de fixer cette fluctuation de sentiments, juge-moi digne de l'apprendre : que je te doive ma tranquillité. Ces mouvements de mon âme ne sont pas très-dangereux, n'amènent aucune révolte, je le sais, et pour décrire par une similitude exacte le sujet de mes plaintes, ce n'est point la tempête, c'est le mal de mer qui me tourmente. Sauve-moi donc de ce malaise, quel qu'il soit ; secours un homme qui, en vue de la terre, s'épuise pour y aborder.

RÉPONSE DE SÉNÈQUE.

II. Depuis longtemps, crois-moi, cher Sérénus, je cherche moi-même en silence à quelle situation je puis comparer la tienne, et je ne trouve rien qui en approche plus que l'exemple d'un homme qui relève d'une longue et sérieuse maladie : quelques frissons, de légers ressentiments l'effleurent par intervalles, et quitte de ses derniers malaises, il forme toujours d'inquiètes conjectures; déjà guéri, il présente son pouls au médecin, il interprète en mal la moindre chaleur qu'il éprouve. Ce n'est pas, Sérénus, que la santé lui manque, mais il n'y est plus accoutumé ; ainsi frémit encore une mer redevenue tranquille ou un lac qui se repose de la tempête. Il n'est donc pas besoin ici de ces remèdes violents par lesquels déjà nous avons passé : il ne s'agit plus de lutter contre toi-même, de te gourmander ou de t'aiguillonner vivement; il ne faut que ces soins qui viennent en dernier, qu'avoir foi en toi et te croire engagé dans la bonne voie, sans te laisser distraire par les traces multiples de ceux qui la traversent pour se perdre dans mille autres sens, ou de quelques égarés qui la côtoient d'un peu plus près. Mais le but où tu aspires est une chose grande, sublime, et qui rapproche de Dieu, l'impassibilité.

Cette ferme assiette de l'âme, appelée chez les Grecs εὐθυμία, et qui fut pour Démocrite le texte d'un bel ouvrage, je l'appellerai tranquillité; car il n'est pas nécessaire d'imiter et de calquer jusqu'aux formes des expressions : la chose dont nous parlons veut être désignée par un terme qui ait la force du mot grec, non sa physionomie. Nous cherchons donc où réside cette constante égalité, cette allure uniforme d'une âme en paix avec elle-même, heureuse et charmée de ses seuls trésors, dont le contentement ininterrompu porte sur une base immuable, une âme enfin que rien ne peut enfler ni abattre : voilà la vraie tranquillité. Les moyens généraux d'y parvenir seront l'objet de mes recherches; et de ce spécifique universel tu prendras telle dose que tu voudras. Commençons par signaler tous les caractères de la maladie où chacun reconnaîtra ses propres symptômes; et pour ton compte tu comprendras que dans ce mécontentement de toi-même tu as bien moins à faire que ceux qui, enchaînés à quelque emploi brillant et accablés du poids d'un grand titre, s'obstinent dans leur rôle par mauvaise honte plutôt que par volonté.

Rangeons tout à la fois dans la même classe et ces hommes qui, tristes jouets de leur légèreté, de leurs dégoûts, de leurs éternels changements de projets, n'aiment jamais rien tant que ce qu'ils ont quitté, et ceux qui croupissent dans le marasme de l'inertie. Ajoutes-y ceux qui, comme travaillés d'insomnie, s'agitent dans tous les sens, essayent de toutes les postures et ne doivent enfin le repos qu'à l'épuisement, renouvelant sans cesse les formes de leur existence pour s'arrêter où les a surpris, non point la haine du changement, mais la vieillesse, trop paresseuse pour innover; et ceux qui, peu changeants dans leurs plans de vie, persistent moins par constance que par apathie. Ils vivent, non comme ils veulent, mais comme ils ont commencé. Il est mille autres variétés de ce mal : mais uniforme en ses résultats, tout vice se déplaît à lui-même. Cela vient d'une âme privée d'équilibre, passionnée, mais timide ou malheureuse dans son ambition, soit qu'on n'ose pas tout ce qu'on désire, soit qu'on n'y atteigne point, et qu'élancé de plein vol vers ses espérances, on flotte forcément sans appuis ni base, suspendu dans l'espace qui nous sépare de l'objet de nos vœux. La vie n'est plus qu'incertitude, qu'apprentissage et pratique obligée d'artifices dégradants, pénibles; et quand le succès manque à l'œuvre, on souffre de s'être déshonoré en pure perte, on gémit non d'avoir voulu le mal, mais de l'avoir voulu en vain. Alors viennent nous saisir et le regret de nos entreprises et la peur d'en commencer d'autres ; alors grondent ces orages d'une âme qui ne trouve plus à s'épandre au dehors ; car elle ne peut ni commander ni obéir à ses passions ; l'existence s'arrête sur elle-même faute d'essor suffisant, et au milieu de ses vœux déconcertés une morne langueur la flétrit.

Tous ces tourments s'aggravent encore, quand le dépit d'un malheur si chèrement acheté jette l'homme dans la retraite et vers les études solitaires auxquelles ne peut se plier un esprit tendu aux affaires, avide d'action, et inquiet par nature, pauvre qu'il est de ressources personnelles. Aussi, sevré des distractions que la multiplicité même des occupations procure, cet asile, cette solitude, ces murailles lui pèsent ; il frémit de se voir livré à lui seul. De là cet ennui, ce mécontentement de soi, cette agitation de pensée qui n'a pas où se reposer, cette chagrine et maladive impatience du loisir, d'autant plus vive qu'on rougit d'en avouer les motifs, que l'amour-propre concentre profondément ses tortures, que les passions à la gêne et captives, faute d'issue se dévorent entre elles. De là ces abattements de corps et d'esprit, ce chaos d'irrésolutions sans fin, ces premiers pas qui laissent en suspens, ces échecs qui désespèrent, cette disposition à maudire notre inutilité, à nous plaindre de n'avoir rien à faire ; de là cette jalousie haineuse de l'agrandissement d'autrui. Car l'aliment de l'envie, c'est l'inertie après l'insuccès : on souhaite la ruine de tous parce qu'on n'a pas pu s'élever ; et l'aversion que lui inspire l'avancement des autres, jointe au dépit de ses mécomptes, aigrit l'homme contre sa fortune, il querelle son siècle, il se réfugie dans l'ombre où il couve son propre supplice, seul avec ses dégoûts et sa confusion.

En effet l'esprit humain, né pour agir, amoureux du mouvement, embrasse avec joie tout ce qui le réveille et l'entraîne au dehors ; mais surtout, plus il est dépravé, plus l'activité le réjouit, même en le consumant. Certains ulcères recherchent le nuisible frottement de la main, et ce contact leur est doux ; l'homme atteint de la gale trouve un plaisir bien vif dans tout ce qui envenime son mal hideux : ainsi l'âme sur laquelle les ulcères des mauvais désirs ont fait éruption se délecte dans la tourmente et le tracas des affaires. Il y a, même pour le corps, certains plaisirs qui ne sont pas exempts d'une sorte de souffrance, comme de se retourner dans un lit et changer de côté pour prévenir la fatigue, ou prendre une position nouvelle pour trouver la fraîcheur. Tel est l'Achille d'Homère, couché tantôt sur le dos, tantôt sur la face, et qui essaye successivement de toutes les postures. C'est là le propre d'un malade : ne pouvoir supporter longtemps le même état et demander son remède au changement. Voilà pourquoi l'on entreprend des voyages sans but, on côtoye tous les rivages, on promène sur la terre et sur l'onde une inconstance toujours ennemie des objets présents. Allons dans la Campanie. Puis déjà ce séjour de délices nous lasse : il nous faut une contrée sauvage. Parcourons le Brutium et les forêts Lucaniennes. Oui, mais cherchons parmi ces déserts de quoi récréer un peu nos yeux délicats de l'horreur monotone d'une nature repoussante. C'est Tarente : volons-y, voyons son port fameux, ses hivers tempérés, ses opulentes demeures dignes encore de leurs anciens maîtres; et bientôt : vite, retournons à Rome : depuis trop longtemps mes oreilles sont privées des applaudissements, du fracas du cirque; courons rassasier nos yeux de sang humain.

Les voyages se succèdent, les spectacles remplacent les spectacles, et comme dit Lucrèce :

> Ainsi l'homme toujours se fuit lui-même.... (a)

Mais que sert de fuir, s'il ne se quitte pas ? Il est à lui-même son éternel, son insupportable compagnon. Sachons-le donc bien : nos ennuis ne sont pas la faute des lieux, mais la nôtre. L'homme n'a de force pour rien supporter, il ne souffre ni le travail, ni les plaisirs, ni lui-même, ni quoi que ce soit un peu longtemps. Quelques-uns furent poussés au suicide, parce qu'à force de varier leurs projets d'existence ils retombaient dans le même cercle et ne s'étaient plus laissé le moyen de changer encore. Ils ont pris en dégoût la vie et la scène du monde; de là le cri désespéré des hommes de plaisir : « Verrai-je donc toujours les mêmes choses? (b) »

III. Contre cette sorte d'ennui tu me demandes le remède à employer? « Le meilleur serait, comme dit Athénodore, de se vouer aux affaires, aux emplois publics, aux devoirs de la vie civile. Si certains hommes passent tout le jour au soleil, dans les exercices et les soins du corps; si pour l'athlète il est es-

---

(a) *De natura rer.* III, 1801.
(b) Voir aussi *Lettre* 24.

sentiel de fortifier ses membres et de consacrer la majeure partie de son temps à entretenir cette force dont il fait son unique profession ; pour nous qui nous destinons aux luttes civiles, le travail de la pensée n'est-il pas une tâche bien plus belle encore ? Car en se proposant de servir ses concitoyens et tous les hommes, on s'exerce et l'on profite à la fois dans cette succession des devoirs publics et privés que l'on embrasse selon ses forces. Mais, ajoute-t-il, comme au milieu de cette frénétique ambition des hommes et de ces calomnies sans nombre qui donnent un mauvais tour aux actions les plus droites, la franchise est peu sûre et que toujours les obstacles seraient plus nombreux que les facilités, il faut s'éloigner du forum et des fonctions publiques.

« Mais, même au foyer domestique, l'âme trouve encore à déployer sa grandeur. Il n'en est pas d'elle comme du lion et de ces animaux dont la loge arrête les élans, c'est dans l'isolement qu'elle agit le mieux. En quelque lieu toutefois qu'elle se cache et dérobe le mystère de sa retraite, que son vœu soit de servir l'État comme les individus par ses talents, sa voix ou ses conseils. Car celui-là n'est pas seul utile à la république qui produit des candidats, défend des accusés, opine sur la paix et la guerre ; exhorter au bien la jeunesse ; dans une si extrême disette de sages précepteurs, former les âmes à la vertu, et quand elles se ruent vers les richesses et la volupté, les saisir, les ramener et, si l'on ne peut mieux faire, ralentir au moins leur course, voilà au sein de la vie privée faire œuvre d'homme public.

« Est-ce que celui qui juge entre les citoyens et les étrangers, ou le préteur urbain qui prononce aux plaideurs l'arrêt dont un assesseur lui dicte la formule, font plus que l'homme qui enseigne ce que c'est que justice, piété, patience, courage, mépris de la mort, connaissance des dieux, quel trésor est une bonne conscience et qu'on ne la doit qu'à soi-même ? Oui, si tu donnes ton temps à de telles études, en le dérobant aux fonctions publiques, tu n'as point déserté ni abdiqué ton ministère. Ce qu'on nomme la vie militaire, ce n'est pas seulement faire face à l'ennemi et se battre à la gauche ou à la droite. Ils sont soldats aussi ceux qui gardent les portes des places, dans un poste moins périlleux, mais qui n'exclut pas l'action, sentinelles vigilantes ou chefs des arsenaux ; si leur sang ne coule pas avec leurs sueurs, on ne les leur compte pas moins comme services. Réfugie-toi dans l'étude, tu échapperas à tous les dégoûts de l'existence ; l'ennui du jour ne te fera pas soupirer après la nuit, tu ne seras point à charge à toi-même et inutile aux autres, tu t'attireras de nombreux amis, et les plus honnêtes citoyens afflueront vers toi. Jamais en effet, si obscure qu'elle soit, la vertu ne reste cachée[8]; elle exhale au loin ses parfums, et quiconque est digne de l'approcher la devine à la trace. Que si nous rompons tout commerce avec nos semblables, si nous répudions le genre humain pour vivre concentrés en nous seuls, l'effet de cette solitude, désaffectionnée de tout, sera l'absence de motifs d'action. Nous nous mettrons à bâtir ici, à démolir là, à repousser la mer par nos constructions, à faire venir de l'eau en dépit des lieux, à gaspiller ce temps que la nature nous donne pour un meilleur usage. Tel en est trop avare, tel autre, prodigue ; ceux-ci le dépensent de manière à s'en rendre compte ; ceux-là ne s'en réservent rien. Et quoi de plus pitoyable qu'un vieillard qui n'a, pour témoigner qu'il a longtemps vécu, que le nombre de ses années[6] ! »

Pour moi, cher Sérénus, Athénodore me semble trop plier sous les circonstances, trop se hâter de faire retraite. Je ne nie point qu'il ne faille parfois reculer, mais insensiblement, pas à pas, en sauvant ses aigles, en sauvant l'honneur militaire. L'ennemi respecte et ménage mieux ceux qui parlementent sous les armes. Ainsi doit faire, selon moi, le sage ou l'homme qui aspire à l'être. Si la fortune prévaut et lui retranche les moyens d'agir, qu'il n'aille pas incontinent tourner le dos, et fuir sans armes, cherchant à se cacher, comme s'il était un lieu au monde où le sort ne pût nous poursuivre ; qu'il mette seulement plus de réserve à s'engager dans un état et plus d'attention à bien choisir celui où il pourra servir la patrie. On lui ferme la carrière des armes? Qu'il aspire aux honneurs civils ; réduit à la vie privée, qu'il soit orateur ; condamné à se taire qu'il prête à ses concitoyens sa muette assistance. L'accès même du barreau lui serait-il périlleux? Il peut chez les particuliers, dans les spectacles, dans les repas, agir en homme de bon commerce, en ami fidèle, en convive tempérant. Dépouillé des fonctions de citoyen, qu'il remplisse ses devoirs d'homme.

Aussi est-ce une des grandes vues du stoïcisme de ne point nous emprisonner dans l'enceinte d'une seule ville, de nous mettre en rapport avec le monde entier ; et si nous adoptons pour patrie l'univers (a), ce n'est qu'afin d'ouvrir un champ plus

---

(a) Comparer avec le ch. xxxi du Repos du sage.

vaste à la vertu. On te ferme le barreau, on te repousse de la tribune, des comices? Regarde derrière toi quelle immense étendue de régions se déploie, quelle multitude de peuples! Jamais une assez grande partie de la terre ne te sera interdite, qu'il ne t'en reste une plus grande encore. Prends garde seulement que tous les torts ne viennent de toi seul : tu ne veux peut-être servir la patrie qu'à titre de consul, ou de prytane, ou de céryx ou de suffète? Ne voudrais-tu donc aussi faire campagne que comme général ou tribun? Si les autres sont aux premiers rangs, si le sort t'a rejeté parmi les triaires, combats de la voix et de l'exemple, par tes exhortations et ton courage. Eût-il les mains coupées, le brave trouve encore à seconder les siens, rien qu'à garder son rang et à les animer de ses cris. Voilà ton rôle : que la Fortune t'éloigne des premiers postes de l'État, reste debout et assiste-nous de ta voix; si l'on étouffe ton cri dans ta gorge, reste debout encore, assiste-nous de ton silence.

Rien de ce que fait un bon citoyen n'est perdu : sa façon d'écouter, ses regards, son visage, son geste, son opposition muette, sa démarche même sont utiles. Comme ces substances salutaires qu'il n'est besoin ni de goûter, ni même de toucher, dont le parfum est efficace, la vertu répand de loin et sans qu'on la voie son heureuse influence. Soit que la vertu ait libre carrière et jouisse de ses droits, soit qu'elle n'ait qu'un accès précaire et replie forcément sa voile ; inactive, silencieuse et circonscrite, ou brillant au grand jour, en quelque état qu'elle soit elle sert l'humanité. Crois-tu donc qu'un sage repos soit d'un exemple si peu utile?

Concluons que le parti le meilleur est de mêler le loisir aux affaires, lorsque des empêchements fortuits ou la situation politique font obstacle à la vie active. Car toutes les barrières ne sont jamais si bien fermées qu'un acte honorable ne puisse se faire jour. Qu'on trouve une ville plus malheureuse qu'Athènes à l'époque où trente tyrans la déchiraient. Treize cents des meilleurs citoyens avaient été immolés par eux; et leur cruauté, loin de s'assouvir, s'irritait par ses excès même. Cette ville où siégeait l'Aréopage, ce tribunal si vénéré, qui possédait un sénat auguste et un peuple digne de son sénat, voyait chaque jour ses bourreaux tenir leur sinistre conseil; et la curie profonde était trop étroite pour tous ces tyrans. Quel repos pouvait-il y avoir pour une cité qui comptait autant de tyrans que de satellites? Nul espoir d'affranchissement ne pouvait même s'offrir aux âmes; on n'entrevoyait nul remède contre tant de fléaux déchaînés. Où eût-elle trouvé, la malheureuse ville, assez d'Harmodius?

Socrate cependant était au milieu de ce peuple, de ces sénateurs qui pleuraient et qu'il consolait; qui désespéraient de la république et qu'il rassurait; au milieu de ces riches qu'effrayait leur opulence et auxquels il reprochait le tardif repentir d'une fatale avarice; et il offrait à qui voulait l'imiter le grand exemple d'un citoyen qui marche libre en face de trente despotes. Voilà celui que cette même Athènes fit mourir en prison : il avait impunément bravé une légion de tyrans, et la cité libre ne put souffrir la liberté d'un homme. Sachons par là que même dans une patrie esclave l'occasion de payer de sa personne ne manque pas au sage, et que dans une ville florissante et prospère la cupidité, l'envie et mille autres vices, sans gardes armés, n'y sont pas moins rois.

Ainsi, selon que le permettent les circonstances politiques ou notre destin personnel, il faut étendre ou resserrer notre sphère d'action, mais agir en toute occurrence sans que la crainte nous retienne engourdis. Et l'homme de cœur est celui qui de toutes parts en butte à d'imminents périls, quand le bruit des armes et des chaînes résonne autour de lui, ne brise point son courage aux écueils, comme aussi ne s'y dérobe pas (a) : s'enterrer n'est point se sauver. « J'aime mieux cesser d'être, disait, je crois, Curius Dentatus, que d'être mort dès cette vie. » Quoi de pire en effet que de se voir effacé du nombre des vivants avant l'heure du trépas? Créons-nous un tout autre sort : si nous tombons sur une époque où la chose publique soit trop peu maniable, sacrifions davantage au loisir et aux lettres; comme dans une traversée périlleuse, prenons terre plus souvent; et sans attendre que les affaires nous quittent, prenons congé d'elles les premiers.

IV. Il faut considérer d'abord ce que nous sommes, puis ce que nous voulons entreprendre, enfin les hommes pour lesquels et avec lesquels nous devons agir. Ce que nous sommes, ai-je dit, avant tout : car presque toujours l'amour-propre nous exagère nos forces. L'un échoue pour avoir trop compté sur son éloquence; l'autre impose à ses biens plus de charges qu'ils n'en peuvent porter; l'autre accable son corps débile de fonctions trop

(a) Je lis comme Fickert, avec deux manuscrits : *nam ad exitia sensera is, obvorsus*. Lemaire : *nam enim debet everere se refuit, nec obversus*.

laborieuses. Ceux-ci ont une modestie peu propre aux débats civils, qui veulent être abordés avec assurance, ceux-là une roideur mal venue à la cour. Quelques-uns ne sont pas maîtres d'une susceptibilité prompte à s'indigner, à s'échapper en discours imprudents. Il en est qui ne peuvent réprimer leur humeur railleuse ni retenir un bon mot qui peut les perdre. A tous ces gens-là le repos vaut mieux que les affaires : tout caractère indomptable et farouche doit fuir ce qui peut irriter sa dangereuse indépendance.

V. Il faut ensuite apprécier nos entreprises et mesurer nos facultés à nos projets. Car il doit toujours y avoir plus de puissance dans le porteur que dans le fardeau, qui nécessairement nous écrase, s'il dépasse nos forces [8]. Il est encore des affaires moins grandes par elles-mêmes que parce qu'elles deviennent le germe fécond de mille autres : celles-là aussi doivent être évitées pour les embarras multiples qu'elles enfantent successivement. N'abordons pas non plus celles dont on n'est plus libre de se retirer; mettons la main aux choses que nous puissions ou terminer, ou du moins espérer voir finir. Renonçons à celles dont nos efforts ne peuvent qu'étendre le cercle et qui ne s'arrêtent point où on l'a voulu.

VI. Enfin il faut choisir les hommes, voir s'ils sont dignes que nous leur consacrions une partie de notre existence, si le sacrifice de notre temps leur profitera. Certains nous croient leurs obligés à raison de nos propres services. Athénodore disait qu'il n'irait point même souper chez qui ne penserait pas lui en avoir obligation. C'était assez dire qu'il irait bien moins encore chez ceux qui prétendent payer d'un dîner un service d'ami et comptent chaque plat pour un cadeau [9], comme si c'était pour nous faire honneur qu'ils boivent et mangent outre mesure. Qu'on leur ôte témoins et convives, l'orgie à huis clos ne les charmera guère.

Demande-toi si c'est à l'action ou aux loisirs studieux et à la contemplation, que la nature t'a fait le plus apte, puis incline où te porte l'instinct de ton génie. Isocrate saisit et entraîna d'autorité Ephorus loin du barreau, lui croyant plus de dispositions pour écrire l'histoire. Car les vocations forcées réussissent mal, tout labeur contre nature est stérile [10]....

VII. Mais rien n'est délicieux à l'âme comme une amitié fidèle et tendre. Quel trésor que des cœurs prêts à recevoir sans danger pour nous tous nos secrets, des consciences qui nous sont moins adverses que la nôtre, des hommes dont l'entretien charme nos soucis, dont le prudent conseil nous éclaire, dont la gaieté dissipe nos chagrins, dont la vue seule nous réjouit! Choisissons-les ces amis, autant qu'il se peut, libres de passions. Le vice en effet s'insinue, et de proche en proche il se communique; son contact seul est funeste. Si donc en temps de peste on doit prendre garde de s'arrêter auprès des personnes déjà infectées et que le fléau dévore, car nous contracterions leur mal et leur atmosphère seule nous empoisonnerait; de même dans le choix de nos amis nous tâcherons de nous associer les âmes qui ont le moins perdu de leur pureté.

C'est inoculer le fléau que de mêler à ce qui est malade ce qui ne l'est pas; non que je te prescrive de ne chercher, de n'attirer vers toi que le sage : car où le trouver ce mortel que nous poursuivons depuis tant de siècles? Le meilleur, c'est le moins mauvais. A peine aurais-tu la chance d'un plus heureux choix, quand tu chercherais parmi les Platon, les Xénophon et tous les rejetons de la souche socratique, quand tu pourrais puiser au siècle de Caton, qui produisit bien des hommes dignes d'avoir Caton pour contemporain, et bien des artisans de crimes les plus atroces que nulle part on ait vus. Car il fallait l'une et l'autre espèce d'hommes pour que Caton pût être compris. Caton dut avoir affaire aux bons pour en être admiré, et aux méchants, pour mettre sa vertu à l'épreuve. Mais aujourd'hui, par cette grande disette de gens de bien, soyons moins dédaigneux dans nos choix. Toutefois, évitons notamment ces gens moroses qui se lamentent sur tout, qui se complaisent à voir en tout des sujets de plainte. Même constamment fidèle et dévoué, c'est toujours un ennemi de ton repos qu'un compagnon irritable et à tout propos pessimiste.

VIII. Passons à la propriété, source la plus féconde des tribulations humaines[11]. Car si tu mets dans la balance d'un côté tous nos autres tourments, morts, maladies, craintes, regrets, douleurs et travaux à subir, et de l'autre les maux qu'enfante l'intérêt, ce dernier côté l'emportera de beaucoup. Il faut songer ici combien c'est un plus léger chagrin de ne pas posséder que de perdre; et nous comprendrons que la pauvreté est d'autant moins en butte aux regrets cuisants, qu'elle a moins de dommages à craindre. C'est une erreur de penser que le riche endure plus courageusement les pertes que le pauvre : les plus grands corps sentent aussi bien que les plus petits la souffrance des blessures. Bion dit ingénieusement : « Il est aussi douloureux aux têtes chevelues qu'aux têtes chauves [12] de se sentir épiler. » Il en est de même, sache-le bien, du riche et du pauvre : la perte est pénible à l'un comme à l'autre ; leur argent faisait corps avec eux : la séparation ne s'opère pas sans déchirement. Au reste, il est plus supportable, je le répète, et plus aisé de ne pas acquérir que de se voir dépouiller ; et tu trouveras des visages plus riants chez ceux que la fortune ne visita jamais que chez ceux qu'elle a délaissés. Il l'avait compris, ce Diogène, cette âme grande et virile ; et il s'arrangea de manière que rien ne pût lui être ravi. Appelle cela pauvreté, dénûment, détresse, flétris cette sécurité de tel nom que tu voudras, je veux croire que là n'est pas le bonheur, si tu me montres quelque autre état à l'abri des spoliations. Ou je me trompe, ou c'est être roi parmi tant d'hommes cupides et fourbes, parmi tant de larrons et de pirates, que d'être le seul à qui l'on ne puisse faire tort. Si l'on conteste la félicité de Diogène, que l'on doute aussi de la condition des dieux immortels et s'ils peuvent vivre heureux sans métairies, sans jardins, sans riches campagnes peuplées de colons étrangers, sans argent à gros intérêts sur la place.

Ne rougis-tu pas, ô homme ! de t'ébahir ainsi devant les richesses ? Lève tes regards vers le ciel : tu verras les dieux nus, donnant tout, ne se réservant rien. Appelleras-tu pauvre, plutôt que semblable aux dieux, l'homme qui s'est dépouillé des dons du hasard ? L'homme heureux, selon toi, sera-ce un Démétrius, cet affranchi de Pompée, qui n'eut pas honte d'être plus opulent que son maître ? Chaque jour la liste de ses esclaves, comme à un général les rôles de son armée, était apportée à cet homme, qui, dès le principe, eût dû se trouver riche avec deux esclaves suppléants et un bouge moins étroit. Diogène, lui, n'avait qu'un serviteur, lequel prit la fuite : on lui indiqua où il était ; il ne crut point que ce fût la peine de se le faire ramener. « Ce serait une honte, dit-il, que Manès pût vivre sans Diogène, et que Diogène ne pût vivre sans Manès. » Je m'imagine l'entendre ajouter : « Fortune ! va faire ailleurs de tes tours : il n'y a plus rien à toi chez Diogène. Mon esclave s'est enfui ; je dis mal : c'est un homme libre qui est parti. »

Une troupe d'esclaves exige le vêtement et la nourriture ; il faut fournir aux nombreux estomacs de la plus vorace des engeances, lui acheter des habits, surveiller toutes ces mains si rapaces, enfin tirer parti d'êtres qui ne servent qu'en pleurant et en maudissant. Combien est plus heureux l'homme qui n'a de frais à faire que pour celui qu'il coûte le moins de refuser, c'est-à-dire que pour lui-même! Mais n'ayant pas cette force en nous, ayons de moins amples patrimoines : nous serons moins exposés aux injures du sort. Les tailles moyennes, qui peuvent se ramasser sous le bouclier, valent mieux à la guerre que celles qui dépassent les autres, et qui offrent en tous sens une grande surface aux blessures. La vraie mesure de fortune est celle qui, sans tomber dans la pauvreté, ne s'en éloigne pas de beaucoup.

IX. Cette situation nous plaira, si d'abord nous avons du goût pour l'économie, sans laquelle les plus grandes richesses ne suffisent point (a), et avec laquelle les plus minces fournissent assez, d'autant que la ressource est à notre portée et que la pauvreté économe peut se tourner en vraie richesse. Habituons-nous à éloigner de nous le faste, et à priser dans les choses l'utilité, non l'éclat. Mangeons pour apaiser la faim, buvons pour éteindre la soif; ne payons au plaisir charnel que le tribut nécessaire. Sachons nous servir de nos jambes, régler notre table et notre costume non sur les exemples modernes, mais comme nous y invitent les mœurs de nos pères. Sachons nous fortifier dans la continence, repousser le luxe, fuir l'intempérance, calmer notre colère, envisager de sang-froid la pauvreté, cultiver la frugalité (dussions-nous avoir quelque honte d'apaiser à peu de frais des appétits naturels), tenons comme à la chaîne nos fougueuses espérances et notre imagination élancée vers l'avenir, et faisons en sorte que nos richesses viennent de nous-mêmes plutôt que de la Fortune. Oui, il est impossible, au milieu des variables et injustes caprices du sort, que de nombreux coups de vent ne frappent pas ceux qui déploient de trop vastes agrès : réduisons nos biens à d'étroites limites, et les coups porteront à faux.

Aussi a-t-on vu bien souvent des exils et des disgrâces salutaires; et de légers malheurs en ont guéri de plus graves, quand l'homme, sourd aux sages conseils, ne comportait pas un traitement plus doux. Eh! ne lui est-il pas utile que la pauvreté, l'ignominie, le renversement de sa position, le sauvent d'un grand mal par un moindre? Accoutumons-nous donc à

(a) Tous les manuscrits : *nec ullæ non satis patent*. Je ne comprends cette phrase qu'on lisant : *etsi quæ nullæ*...

pouvoir manger sans un peuple de convives, à nous faire servir par moins de valets, à n'avoir d'habits que pour l'usage qui les fit inventer, à être logés moins au large. Ce n'est pas seulement aux courses et aux luttes du cirque, c'est dans la carrière de la vie qu'il faut apprendre à tourner court.

Même les dépenses pour les études, les plus nobles de toutes, ne me paraissent raisonnables que si elles sont modérées. Que me font ces immenses quantités de livres, et ces bibliothèques dont le maître en toute sa vie peut à peine lire les titres? Cette masse d'écrits surcharge plutôt qu'elle n'instruit; et il vaut bien mieux t'adonner à un petit nombre d'auteurs que d'en effleurer des milliers. Quatre cent mille volumes furent brûlés à Alexandrie; superbe monument d'opulence royale! répéteront des enthousiastes, après Tite Live, qui appelle cela l'œuvre de la magnificence et de la sollicitude des rois. Il n'y eut là ni magnificence ni sollicitude; il y eut faste littéraire, que dis-je, littéraire ? ce n'est pas pour les lettres, c'est pour la montre qu'on fit ces collections ; ainsi, chez le grand nombre, chez des gens qui n'ont même pas l'instruction d'un esclave, les livres, au lieu d'être des moyens d'étude, ne font que parer des salles de festin. Achetons des livres pour le besoin seulement, jamais pour l'étalage.

« Mais je dépense plus honorablement de cette manière qu'en vases de Corinthe et en tableaux (a) ! » C'est un vice en tout que l'excès. Y a-t-il à excuser l'homme qui agence le citre [13] et l'ivoire en bibliothèque, qui va cherchant partout les œuvres bien complètes de tel auteur inconnu ou méprisé, et devant ses milliers de volumes, bâille, admirant par-dessus tout les tranches et les titres ? Aussi est-ce chez les moins studieux que tu verras tout ce qu'il y a d'orateurs et d'historiens et des cases superposées du plancher au plafond; jusque dans les bains et les thermes, on a sa bibliothèque d'un poli parfait, comme indispensable ornement de maison. Je pardonnerais volontiers cette manie, si elle provenait d'un excès d'amour pour l'étude ; mais ces recueils précieux, mais, avec leurs portraits, les écrits de ces divins génies s'achètent pour le coup d'œil, ils vont décorer des murailles [14].

X. Mais tu es tombé dans une position difficile, et inopinément des malheurs publics ou personnels sont venus t'enlacer

(a) Voy. De la brièveté de la vie, XII.

d'un réseau que tu ne saurais dénouer ni rompre. Songe que les prisonniers ont d'abord peine à supporter le poids de leurs fers et de leurs entraves : peu à peu le désespoir fait place à des dispositions plus résignées ; la nécessité leur enseigne à tout subir avec courage, l'accoutumance le leur rend facile. Point de situation dans la vie qui n'ait ses douceurs, ses heures de relâche, ses plaisirs, pourvu qu'au lieu de se croire à plaindre, on travaille à se faire envier.

Le meilleur titre que la nature ait à notre reconnaissance, c'est que sachant pour quelles misères nous naissons, elle a imaginé, comme adoucissement à nos peines, l'habitude qui nous familiarise vite avec ce qu'elles ont de plus rude [15]. Nul n'y résisterait, si les adversités avaient dans leur durée la même violence qu'au premier choc. La fortune nous mène tous en captifs : l'un porte des fers dorés et plus lâches ; ceux de l'autre sont plus serrés et de métal grossier. Mais qu'importe ? la même surveillance nous enveloppe tous ; ils sont enchaînés aussi ceux qui rivent nos chaînes [16], à moins qu'on ne juge moins lourde celle qui tient au bras gauche des gardiens. A celui-ci ses honneurs, à celui-là son opulence, à ce troisième sa noblesse, à cet autre son obscurité, sont autant de liens odieux ; certains hommes sentent peser sur leur tête le pouvoir d'autrui, quelques-uns le leur propre ; tel a l'exil pour prison, tel autre le sanctuaire. Tout état est un esclavage. Accoutumons-nous donc au nôtre ; plaignons-nous-en le moins possible, et sachons saisir tout ce qu'il s'y rattache d'avantages. Il n'est pas de sort si pénible qu'un bon esprit n'y trouve quelque dédommagement. Souvent, par une habile distribution, un très-petit espace se prête à une foule d'emplois, et l'enclos le plus resserré devient habitable à qui sait en tirer parti. Oppose la raison à tous les obstacles : devant elle les âpres écueils s'aplanissent, les étroits sentiers s'élargissent, et les fardeaux sont moins lourds à qui sait les porter. Il ne faut pas non plus que nos désirs volent trop loin ; ne leur laissons que l'horizon le plus proche, puisqu'ils ne peuvent souffrir une captivité absolue. Renonçons à ce qui n'est point pour nous ou qui coûte trop de peine ; allons à ce qui appelle notre main et sourit à nos espérances [17] ; mais sachons que toutes choses sont également frivoles ; à l'extérieur diverses formes, au fond mêmes vanités.

N'envions point ceux qui tiennent les hauts rangs : leur apparente élévation n'est que le penchant d'un précipice. A leur tour ceux qu'un sort perfide a mis sur ces postes glissants auront moins à craindre s'ils dépouillent l'orgueil naturel de leur fortune, s'ils font descendre leur grandeur le plus qu'ils pourront vers le plain-pied des autres hommes.

Il en est plus d'un sans doute que la nécessité enchaîne à ces sommets d'où l'on peut tomber, mais d'où l'on ne descend point; qu'ils témoignent du moins que le plus lourd de leur tâche est d'être obligés de peser sur les autres; qu'ils sont bien moins élevés que cloués à leurs charges. A force d'équité, de douceur, d'humanité dans le commandement, de générosité dans leurs grâces, qu'ils se ménagent pour les chutes à venir maint adoucissement, et que, suspendus sur l'abîme, cet espoir les rassure un peu. Mais rien ne préserve mieux de ces orages de l'âme que de fixer toujours quelque limite à son élévation et, au lieu d'attendre que la Fortune nous quitte à sa fantaisie, de s'exhorter soi-même au repos bien en deçà du dernier terme. Ainsi nous ressentirons encore la pointe de quelques désirs, mais bornés, qui ne nous jetteront pas dans l'incertain et l'infini.

XI. Ceci s'adresse aux âmes imparfaites, faibles et non encore guéries; je ne parle pas au sage. Celui-là n'a pas à marcher d'un pas timide et par tâtonnements; il a tellement foi en lui-même qu'il avancera sans hésiter à l'encontre de la Fortune et jamais ne lâchera pied devant elle. Car en quoi pourrait-il la craindre? Ses esclaves, son avoir, son rang parmi les hommes, tout son être enfin et ses yeux et ses mains, et le reste des choses qui peuvent rattacher à la vie, le sage met tout cela, met tout son être enfin nombre des objets précaires; il use de la vie comme d'un prêt, qu'il va rendre sans chagrin à la première répétition. Et loin de le rabaisser à ses propres yeux, cette idée qu'il ne s'appartient pas lui fait apporter en toute chose autant de scrupule et de circonspection qu'une conscience religieuse et pure en met dans la conservation d'un dépôt. Sommé de rendre, il ne voudra pas chicaner avec la Fortune, il lui dira : « J'ai possédé, j'ai joui, je te rends grâce. Il m'en a coûté cher pour utiliser ton bien ; mais tu l'ordonnes, je te le remets avec reconnaissance et de grand cœur. Veux-tu me laisser quelque chose de toi, je saurai encore le garder. En disposes-tu autrement, mon argent, soit monnaie, soit ciselures, ma maison, mes esclaves, je rends, je restitue tout cela. »

Si c'est la nature, notre première créanciere, qui nous appelle à restitution, disons-lui de même : « Reprends cette âme, meilleure que tu ne me l'as donnée. Sans tergiverser, ni reculer, je te représente volontairement ce que j'ai reçu de toi sans le savoir ; emporte-le. » Retourner au lieu d'où l'on est venu, qu'y a-t-il là de si terrible ? Celui-là vivra mal qui ne saura pas bien mourir. La vie est la première chose qu'il faut réduire à sa vraie valeur : compte-la au nombre de tes servitudes. « On ne peut souffrir, dit Cicéron, les gladiateurs qui s'abaissent à tout pour obtenir la vie ; on s'intéresse à ceux qui portent sur le front le mépris du trépas. » Ainsi de nous : c'est une cause ordinaire de mort que la peur de mourir. Dans les jeux qu'elle se donne à elle-même la Fortune dit au lâche : « Pourquoi t'épargnerais-je, indigne combattant ? Tu seras d'autant plus déchiré de coups et de blessures que tu ne sais pas tendre la gorge. Mais tu vivras plus longtemps et ton agonie sera plus courte, toi qui, sans baisser la tête ni te couvrir de tes mains, reçois en brave le fer ennemi. »

Qui craint la mort ne fera jamais acte d'homme vivant ; mais celui qui sait bien que dès l'heure où il fut conçu son arrêt fut porté, celui-là vivra selon les termes de l'arrêt, et en même temps, par la même force d'âme, fera en sorte que nul événement ne soit imprévu pour lui. En voyant d'avance le possible comme certain, il amortira le choc de tous les maux : car, à l'homme qui s'y tient prêt, qui les attend, ils n'apportent rien de nouveau ; mais celui qui, plein de sécurité, ne prévoit que d'heureuses chances, est accablé lorsqu'ils arrivent. La maladie, la captivité, ma maison qui s'écroule ou s'enflamme, rien de tout cela ne peut me surprendre. Je savais dans quelle orageuse société m'avait confiné la nature ; j'ai tant de fois ouï dans mon voisinage le cri des funèbres adieux, tant de fois vu passer devant ma porte la torche et les bougies des obsèques prématurées [18] ; l'écroulement de quelque haut édifice a tant de fois frappé mon oreille ; tant de liaisons commencées au forum, au sénat, dans les entretiens, ont pour moi disparu dans la nuit qui est venue séparer nos mains unies et heureuses de fraterniser ! Puis-je m'étonner jamais de voir fondre sur moi des périls qui n'ont cessé de planer sur moi ? Combien cependant s'exposent à la mer sans songer aux tempêtes ! Ne rougissons pas de prendre d'un méchant auteur une bonne pensée. Publius, talent plus vigoureux que les tragiques et que les comiques, quand il renonce aux plates bouffonneries et à ces propos qui s'adressent aux derniers rangs de l'amphithéâtre, Publius (a) nous dit, entre autres sentences qui s'élèvent non-seulement au-dessus du brodequin, mais même du cothurne :

> Le trait qui m'a frappé peut frapper tous les hommes.

Si nous gravons cela au fond de notre âme, si nous regardons tous les maux, qui journellement pullulent sous nos yeux, comme ayant le chemin aussi libre vers nous que vers les autres, nous nous trouverons armés bien avant l'attaque. Il n'est plus temps de s'aguerrir au péril quand le péril est en présence. « Je ne pensais pas que cela dût être ! Je n'aurais jamais cru l'événement possible ! » Et pourquoi non ? Où sont les richesses que l'indigence, la faim, la mendicité, ne suivent pas de près ? Quelle dignité avec sa prétexte, son bâton d'augure et sa chaussure patricienne, ne marche pas voisine de l'accusation, du bannissement, des notes infamantes, de mille flétrissures et du dernier mépris ? Quelle est la royauté que n'attendent pas la chute et la dégradation, et le vainqueur et le bourreau ? Révolutions que ne séparent point de longs intervalles; la même heure peut nous voir sur le trône et aux genoux d'un maître [19].

Souviens-toi que toute condition est chancelante, et que les revers d'autrui peuvent aussi t'atteindre. Tu es riche ? L'es-tu plus que Pompée ? Eh bien, lorsque Caïus, son parent de vieille date, hôte de nouvelle espèce, lui ouvrait le palais de César pour lui fermer sa propre maison, Pompée manqua de pain et d'eau. Il possédait des fleuves entiers qui naissaient et finissaient dans ses domaines, et il mendia l'eau des gouttières, il périt de faim et de soif dans le palais de son parent, de son héritier, qui marchandait les solennelles obsèques de l'affamé (b).

Tu fus honoré des plus hauts emplois ? Furent-ils aussi grands, aussi inespérés, aussi illimités que ceux de Séjan ? Le jour où le sénat lui avait fait cortége, il fut mis en pièces par le peuple, et, de celui que les dieux et les hommes avaient comblé de toutes les faveurs possibles, il ne resta rien pour le croc du bourreau.

Tu es roi ? Je ne te renverrai ni à Crésus qui par ordre du vainqueur monta sur le bûcher puis le vit éteindre, survivant ainsi à la royauté et au supplice; ni à Jugurtha qui en une

---

(a) Voy. sur Publius Syrus, *Consol. à Marcia*, IX.
(b) On ignore quel est ce descendant de Pompée.

même année fit trembler le peuple romain et reput ses yeux comme captif. Nous avons vu Ptolémée roi d'Afrique, et le roi d'Arménie, un Mithridate, dans les fers de Caligula ; l'un envoyé en exil, l'autre ne souhaitant rien qu'un exil moins perfide. Dans ces énormes vicissitudes de fortunes qui s'élèvent et qui tombent, si l'on n'envisage les maux possibles comme certains, on donne contre soi trop de forces à l'adversité, laquelle est désarmée dès qu'on l'ose voir venir. Une autre règle à suivre est de ne point travailler pour des choses vaines ou vainement, c'est-à-dire de ne pas aspirer à ce qu'on ne peut atteindre, ou à des conquêtes après lesquelles, à notre grande honte, une tardive lumière nous découvre le néant de nos ambitions ; en un mot, que nos travaux n'aillent pas échouer sans effet ou que les effets ne soient pas indignes des travaux. Car c'est là presque toujours ce qui contriste : le défaut de succès ou un succès dont on rougit.

XII. Retranchons ces allées et venues habituelles au peuple d'oisifs qui court sans cesse maisons, théâtres, places publiques avec des offres de service à tout venant, et l'air toujours affairé [20]. Demande à l'un d'eux sortant de chez lui où il va et ce qu'il compte faire : il te répondra qu'en vérité il n'en sait rien, mais qu'il verra du monde, qu'il fera quelque chose. Ils errent à l'aventure, à la quête des occupations et saisissant, non ce qu'ils auraient projeté de faire, mais ce que leur offre le hasard. Sans objet, sans résultat dans leurs courses, ils sont comme ces fourmis qui grimpent le long des arbustes et montent au sommet pour redescendre à vide jusqu'à terre. Voilà l'image de presque tous ces gens dont on qualifierait à bon droit l'existence de laborieuse inoccupation. C'est pitié de les voir courir comme à un incendie, heurtant ceux qui passent, tombant et faisant tomber ; et pourquoi s'évertuent-ils tant ? Pour donner un salut qu'on ne leur rendra point, ou grossir le deuil d'un mort qu'ils ne connaissent pas, ou assister au procès d'un plaideur par état, aux fiançailles d'un homme qui change de femme à tout instant, ou suivre une litière qu'en certains endroits ils portent eux-mêmes. Ils rentrent chez eux excédés de fatigues infructueuses ; ils jurent qu'ils ne savent pourquoi ils sont sortis, ni où ils sont allés ; et c'est à recommencer demain sur les mêmes allures qu'aujourd'hui.

Que toute peine donc se propose un but, un résultat. A défaut de motifs réels, les esprits inquiets et les fous s'agitent pour de creuses chimères, car il faut même à de telles gens quelque espoir pour se remuer, incités qu'ils sont par des apparences telles quelles, dont l'imagination préoccupée ne reconnaît pas tout le néant. De même chacun de ces hommes, qui ne sortent que pour grossir la foule, a mainte idée frivole et vaine qui le promène par la ville et, sans qu'il ait la moindre affaire devant lui, l'arrache de son lit dès l'aurore, l'envoie heurter à vingt portes différentes, saluer vingt nomenclateurs; et refusé presque partout, la personne qu'il trouve le plus difficilement chez elle, c'est lui-même.

De cette maladie procède un vice des plus odieux, la manie d'écouter, de s'enquérir de ce qui se sait et de ce qui ne se sait pas, d'apprendre une foule de choses qu'il est dangereux de raconter et dangereux d'entendre. C'est, je crois, à ce propos que Démocrite a dit au début de son livre : « Qui voudra vivre tranquille ne se chargera pas de nombreuses affaires, publiques ou privées, » entendant par là sans doute celles qui sont superflues, car les nécessaires, soit privées, soit publiques, il faut s'y vouer, fussent-elles nombreuses, fussent-elles infinies ; mais quand ce n'est pas la voix solennelle du devoir qui commande, il faut s'abstenir d'agir.

XIII. Celui qui entreprend beaucoup donne souvent prise à la Fortune : le plus sûr est de la tenter rarement, de songer sans cesse à ses caprices et de ne se rien promettre de sa constance. Je m'embarquerai, à moins de quelque incident ; je serai préteur, si rien n'y met obstacle ; ma spéculation réussira, s'il ne survient quelque traverse. Voici pourquoi nous soutenons qu'il n'arrive au sage rien d'inattendu : nous l'affranchissons, sinon des accidents, du moins des erreurs communes; toutes choses ne tournent pas comme il l'a voulu, mais comme il l'a prévu. Or il a prévu avant tout que ses plans pouvaient rencontrer des résistances. Et il faut bien que le regret d'avoir désiré en vain soit moindre chez l'homme qui ne s'est pas promis en tout cas le succès.

XIV. Prenons aussi cette facilité d'humeur qui n'embrasse pas trop ardemment un premier projet; passons de bonne grâce où le sort nous mène ; ne redoutons point de changer de vues ou d'état : seulement ne tombons pas dans cette vicieuse mobilité de plans qui est le plus grand ennemi de notre repos. Car si l'obstination est une cause nécessaire de misères et d'angoisses, puisque à chaque instant la Fortune lui arrache quelque illusion, un mal bien plus grave, c'est la légèreté qui ne se fixe nulle part. Deux fléaux pour la paix de l'âme : ne pouvoir ni changer ses plans, ni souffrir son sort. Détachons-nous donc entièrement du dehors pour revenir à nous : que sûre d'elle-même, heureuse et fière de ses avantages, notre âme se retire, le plus qu'elle pourra, de ce qui n'est pas elle, et que désormais toute à soi, insensible aux pertes, elle prenne en bonne part jusqu'à l'adversité. A la nouvelle d'un naufrage qui l'avait totalement ruiné, notre Zénon ne dit que ces mots : « La Fortune veut que je philosophe plus à l'aise. » Un tyran menaçait le philosophe Théodore de le faire mourir, de le priver même de sépulture : « Tu peux te satisfaire, répliqua celui-ci ; j'ai une pinte de sang à ton service. Quant à la sépulture, tu es bien simple de croire qu'il m'importe de pourrir dans la terre plutôt que dessus. »

Canus Julius, grand homme s'il en fut, et qui n'a rien à perdre de notre admiration pour être né dans ce siècle-ci, venait d'avoir une longue altercation avec Caligula (a). Le voyant sortir, le nouveau Phalaris lui dit : « Ne te flatte pas d'une fausse espérance, j'ai donné l'ordre de ta mort. — Grand merci ! très-excellent prince, » fut la réponse de Canus. Quel sens avait-elle? Je ne sais, car elle m'en présente plusieurs. Était-ce un sarcasme, une manière de peindre l'affreuse tyrannie sous laquelle la mort devenait une grâce? Lui reprochait-il ses scènes de frénésie journalière, où il se faisait remercier de ceux même dont il égorgeait les fils ou confisquait les biens? Ou acceptait-il avec joie la mort comme un affranchissement? Quoi qu'il en fût, sa réponse est celle d'une grande âme. Caligula, dira-t-on peut-être, était capable après cela de le condamner à vivre. Canus n'eut pas cette crainte : il savait le tyran fidèle à sa parole quand il promettait le supplice. Croirais-tu que les dix jours qui le séparaient de la mort, il les passa sans le moindre souci? On a peine à concevoir tout ce que dit, tout ce que fit cet homme, et quelle fut sa tranquillité. Il jouait aux échecs, lorsque le centurion, qui traînait au supplice une troupe de condamnés, le fit appeler à son tour. Canus alors compte ses pièces, dit à son adversaire : « N'allez pas après ma mort vous vanter faussement de m'avoir battu; » et au centurion : « Vous serez témoin que j'ai sur lui l'avantage d'une pièce. » Était-ce là jouer aux échecs? C'était se jouer du

---

(a) Sans doute au sujet du complot dont Caligula l'accusait d'être instruit : « Si je l'étais, répondit Canus, tu ne l'aurais jamais su. » (Boèce, De la Consolation philosophique.)

tyran. Ses amis étaient consternés de l'immense perte qu'ils allaient faire : « Pourquoi cette tristesse? leur dit-il. Vous cherchez encore si l'âme est immortelle; moi, je vais le savoir tout à l'heure. » Et il ne cessa pas, même au dernier moment, de chercher la vérité, et de demander à sa propre mort une solution. Un philosophe attaché à sa personne l'accompagnait, et déjà ils approchaient du tertre où s'immolaient journellement à notre dieu Caligula des victimes humaines. « A quoi songez-vous en ce moment? demanda-t-il à Canus, et quelle pensée vous occupe? — Je me propose, dit celui-ci, d'épier, dans ce moment si rapide, si mon âme se sentira sortir. » Et il promit, s'il découvrait quelque chose, de venir chez tous ses amis leur révéler l'état des âmes. Voilà bien le calme au fort de l'orage. Voilà un homme digne d'être immortel, qui appelle son heure fatale en témoignage de la vérité. Sur l'extrême limite de la vie, il interroge son âme au départ, et veut s'instruire non-seulement jusqu'à son trépas, mais par son trépas même. Nul ne philosopha plus avant dans la mort. Aussi n'as-tu pas à craindre notre indifférence, ô grand homme, ô précieuse renommée! Nous te signalerons à la mémoire des siècles, illustre victime, qui tiens ta grande place dans les massacres de Caïus.

XV. Mais que sert d'avoir repoussé les causes d'affliction personnelle? Il est des instants où une sorte d'horreur pour le genre humain nous saisit, à la rencontre de tant de crimes heureux, en voyant combien la simplicité de cœur est rare; l'innocence peu connue; la bonne foi, si elle ne profite, presque nulle part; les gains de la débauche non moins odieux que ses profusions; la vanité, pressée de franchir ses bornes naturelles jusqu'à vouloir briller par l'infamie. La pensée se perd dans cette nuit; et de l'écroulement pour ainsi dire des vertus qu'il n'est ni permis d'espérer chez les autres, ni utile de posséder, il ne surgit plus que ténèbres.

Il faut donc nous plier à ce tour d'esprit, qui envisage moins l'odieux que le ridicule des vices de l'humanité; il faut imiter Démocrite plutôt que son adversaire. Héraclite ne pouvait se trouver en public sans verser des larmes, et Démocrite riait sans cesse. Dans tout ce que nous faisons l'un ne voyait que misères, l'autre que puérilités. Il faut tenir peu compte de quoi que ce soit et porter légèrement la vie : le rire est ici plus humain que les larmes, et c'est mériter mieux de ses semblables de trouver en eux du plaisant que du triste. On leur laisse du moins quelque bon espoir; mais il y a folie à pleurer ce qu'on désespère de réformer; et à tout bien considérer, il est plus noble d'être gagné par le rire que par les pleurs. Le rire soulève une des plus légères affections de l'âme, il ne voit rien de grand, de sévère ni même de sérieux dans tout notre vain appareil. Qu'on réfléchisse sur chacune des choses qui nous font gais ou tristes, on sentira combien est vrai ce mot de Bion : « Toutes les affaires qui occupent les hommes sont de vraies comédies, et leur vie n'est ni plus respectable ni plus sérieuse que des embryons mal formés. » Mais le plus sage sera d'accepter tranquillement les mœurs communes et les vices des hommes sans se laisser aller ni aux rires ni aux larmes. Se tourmenter des misères d'autrui, c'est se vouer à d'éternels chagrins ; en faire un sujet de risée serait une jouissance barbare, tout comme c'est une stérile politesse que de verser des pleurs et composer son visage parce que le voisin enterre son fils.

Et aussi, dans tes chagrins personnels, ne donne à la douleur que ce qu'exige non l'usage (a), mais la raison. Car le grand nombre ne verse de larmes que pour être vu ; elles tarissent quand les témoins s'en vont; on croit malséant de ne pas pleurer quand tout le monde pleure. Elle est tellement invétérée en nous cette fausse honte qui nous assujettit à l'opinion, que la chose la plus naturelle, la douleur, arrive elle-même à l'affectation.

Une autre considération bien légitime qui d'ordinaire contriste l'âme et la jette dans l'anxiété, c'est la fin malheureuse des hommes vertueux. C'est Socrate contraint de mourir dans les fers ; Rutilius de vivre dans l'exil ; Pompée et Cicéron de tendre la gorge à leurs clients ; Caton, cette vivante image des vertus, se courbant sur son glaive et témoignant que le coup qui l'immole immole aussi la république. Quelle âme n'est torturée de voir la Fortune si inique dans ses récompenses? qu'espérer désormais, nous tous, quand les plus hommes de bien subissent les pires [21] destinées? Que faire donc? Examiner comment chacun d'eux a souffert la sienne : s'ils l'ont fait en héros, souhaiter leur courage ; si c'est lâchement et en femmes qu'ils périrent, leur perte est nulle pour l'humanité. Ou ils sont dignes que leur vertu te fasse envie, ou leurs cœurs pusillanimes ne valent pas un regret. Quelle honte ne serait-ce point, si la mort courageuse d'un grand homme n'enfantait que des

---

(a) Voy. *Consol. à Marcia*, et *Lettres* LXIII et XCIV.

lâches? Louons plutôt en lui un héros digne à jamais de nos éloges, et disons : « O l'homme de cœur ! O l'homme heureux ! te voilà libre des accidents humains, de l'envie, de la maladie, libre de la captivité : ce n'est pas toi que les dieux ont cru digne de la mauvaise fortune ; c'est elle qu'ils ont crue indigne de pouvoir jamais rien sur toi. » Quant à ceux qui fuient la lutte et qui du sein de la mort tournent encore les yeux vers la vie, il faut les ramener forcément à l'ennemi.

Je ne veux pleurer ni l'homme qui est dans la joie ni celui qui verse des larmes : le premier a séché les miennes ; l'autre, s'il en répand, n'est plus digne d'en obtenir de moi. Quoi ! je pleurerais Hercule expirant dans les flammes ; Régulus percé de clous qui le déchirent ; ou Caton, de son propre fer (a)? Ils ont tous, au prix de quelques jours de vie, acheté une éternelle gloire ; ils sont arrivés par la mort à l'immortalité.

Il est encore une source féconde de sollicitudes, c'est le pénible soin qu'on prend de se composer et de ne se jamais montrer tel qu'on est, comme font tant d'hommes dont toute la vie est un mensonge, une représentation de théâtre. Quel supplice que d'avoir sans cesse les yeux sur nous-mêmes, et de trembler qu'on ne nous reconnaisse pour n'être pas ce que nous semblons ! Quelle anxiété de tous les instants que de prendre le moindre coup d'œil pour un jugement porté sur nous ! Car mille incidents viendront malgré nous nous dévoiler[12] ; et dût-on réussir dans un rôle aussi difficile, quelle jouissance ou quelle sécurité, de passer sa vie sous le masque !

Mais quelle satisfaction dans cette simplicité franche qui n'a d'ornement qu'elle-même, qui ne jette pas un manteau sur ses mœurs ! On court le risque, il est vrai, d'être mésestimé, si tout en nous est sans voile pour tous ; car bien des gens dédaignent ce qu'ils abordent de trop près. Mais le vrai mérite n'a pas à craindre de rien perdre à un examen trop familier ; et, après tout, le dédain que nous attirerait la franchise vaut mieux que le supplice d'une continuelle dissimulation. Prenons toutefois un juste milieu : la distance est grande entre la franchise et le trop d'abandon.

Il faut aussi se retirer souvent en soi-même ; la fréquentation d'hommes qui ne nous ressemblent pas trouble l'âme la mieux réglée, réveille les passions et irrite ce qu'il peut y avoir en

---

(a) Je lis, avec le manusc. Colbert : *aut Catonem vulnere suo?* au lieu de *aut Catonem quod vulnera sua fortiter tulit?* leçon faible et plate.

nous de parties faibles et mal guéries. Entremêlons toutefois les deux choses et cherchons tour à tour la solitude et le monde. L'une fait désirer de revoir les hommes, l'autre d'habiter avec soi : elles se servent mutuellement de correctif; la solitude guérit du dégoût de la foule, la société dissipe l'ennui de l'isolement.

Que l'esprit non plus ne soit pas toujours également tendu : appelons-le parfois aux délassements. Socrate ne rougissait pas de jouer avec des enfants; et Caton cherchait dans le vin un allégement aux fatigues de la vie publique. Scipion (a), chargé de triomphes, ne dédaignait point de mouvoir en cadence ses membres aguerris, non pas en affectant ces molles attitudes aujourd'hui à la mode qui donnent à la démarche même un air plus qu'efféminé, mais selon la danse toute virile dont ces hommes antiques égayaient leurs jours de fête, et qui ne leur faisait rien perdre de leur dignité, quand ils eussent eu l'ennemi pour spectateur. Il faut donner du relâche à la pensée : elle se relève, après le repos, plus ferme et plus énergique. Comme on ne doit pas trop exiger du champ le plus fertile qu'épuiserait bientôt une production non interrompue, ainsi l'esprit le plus vigoureux se brise par un labeur trop assidu. Il veut, pour reprendre sa force, être détendu, relâché quelque peu. De la continuité des travaux résulte pour lui une sorte d'émoussement et de langueur.

Les hommes ne courraient pas avec tant d'ardeur aux divertissements et aux jeux, si un attrait naturel ne s'y rattachait : mais l'abus en ce genre ôte à l'esprit toute consistance et tout ressort. Ainsi le sommeil est indispensable à la réparation des forces; cependant le prolonger et le jour et la nuit serait une vraie mort. Grande est la différence entre relâcher et dissoudre. Les législateurs ont institué des fêtes, réjouissances publiques obligées, qu'ils regardaient comme un tempérament et une interruption nécessaire aux travaux. Et de grands hommes, m'a-t-on dit, se sont donné chaque mois leurs jours de vacance; d'autres partageaient chaque journée entre le loisir et les occupations. Par exemple, je me rappelle Asinius Pollion, ce grand orateur; passé la dixième heure (b), nulle affaire ne l'aurait retenu; il n'ouvrait plus même ses lettres, crainte d'y

---

(a) Il s'agit de Scipion le premier Africain. Cic., *De Orat.*, II; Horace, *Sat.* II, 1.

(b) C'est-à-dire quatre heures après midi, selon notre manière de compter.

trouver matière à de nouveaux tracas, et prenait deux heures pour se remettre des fatigues de tout le jour. D'autres dételaient au milieu de la journée et reportaient sur l'après-midi les affaires de moindre embarras. Nos pères ne voulaient point qu'après la dixième heure on fît de nouveaux rapports au sénat. A la guerre, le service de nuit est alternatif ; et qui revient d'expédition a sa nuit franche.

Ménageons nos forces intellectuelles et donnons-leur par intervalles un repos qui soit pour elles un aliment réparateur. La promenade dans les lieux découverts, sous un ciel libre et au grand air, récrée et retrempe nos facultés. Souvent un voyage en litière, un simple changement de contrée, donnent au moral une vigueur nouvelle, comme ferait encore un repas d'amis, un peu plus de vin que de coutume. Parfois même on peut aller jusqu'à l'ivresse, non pour s'y plonger, mais pour y noyer ses ennuis (a). Car elle les enlève, elle remue l'âme dans ses profondeurs, et entre autres affections chasse la mélancolie. On appelle *Liber* l'inventeur du vin, non parce qu'il provoque la licence des paroles, mais parce qu'il délivre l'âme des soucis qui la tyrannisent, parce qu'il lui donne plus d'assurance, de vigueur et d'audace à tout entreprendre. Mais le vin, comme la liberté, n'est salutaire que pris avec mesure. On croit que Solon et Arcésilaüs aimaient à boire ; on a reproché à Caton l'ivrognerie : on arriverait plutôt à rendre ce reproche honorable qu'à ravaler Caton. Mais que le remède ne soit pas trop fréquent : il pourrait tourner en habitude dangereuse ; seulement, à certains jours, convions notre âme à une gaieté franche et libre, et faisons quelque trêve à l'austère sobriété.

En effet, si nous en croyons un poëte grec (b), *Il est doux par moments de perdre la raison.* Vainement il frappe au temple des Muses, l'homme qui reste de sens rassis, dit Platon ; et Aristote : *Point de grand génie sans un grain de déraison.* L'imagination ne peut s'élever au grandiose et à la majesté du langage, si elle n'est fortement émue. C'est en dédaignant les pensées vulgaires et de tous les jours, c'est quand le souffle sacré l'exalte et la transporte, c'est alors qu'elle fait entendre des accents plus qu'humains. Elle ne peut atteindre à rien de sublime, à aucune œuvre ardue, tant qu'elle demeure en son assiette. Il faut qu'elle s'écarte de la voie commune, que toute

---

(a) Sénèque, sur ce point, se réfute lui-même : *Lettre* LXXXIII.
(b) Anacréon. *Dulce est desipere in loco* Hor., *Odes* IV, xii.

à son élan et mordant son frein, elle entraîne son guide et le porte où il eût à lui seul désespéré de monter.

Je t'ai montré, cher Sérénus, les moyens de conserver à l'âme sa tranquillité, de la lui rendre, de résister à la subtile contagion des vices. Sache bien toutefois qu'aucun de ces moyens n'est assez puissant pour préserver ce fragile trésor, si une active et continuelle vigilance n'entoure notre âme toujours prête à faillir.

APOTHÉOSE BURLESQUE DU CÉSAR CLAUDE,

VULGAIREMENT DITE

APOKOLOKYNTOSE (a).

I. Que s'est-il passé dans le ciel, le troisième jour avant les Ides d'octobre, sous les consuls Asinius Marcellus et Acilius Aviola, en l'année d'avénement, à l'aurore du plus fortuné des siècles? Voilà ce que je veux transmettre à la mémoire des hommes. Je ne sacrifierai ni à la haine ni à la reconnaissance. Je dirai la pure vérité : si on me demande d'où je la tiens, je puis d'abord, si je veux, ne pas répondre. Qui m'y forcerait? Ne sais-je pas que je suis libre à dater du jour où trépassa celui qui avait justifié le proverbe : *Il faut naître ou monarque ou fou* (b)? S'il me plaît de répondre, je dirai ce qui me viendra sur les lèvres. A-t-on jamais exigé d'un historien des cautions sous serment? Toutefois, s'il est nécessaire de produire mon garant, demandez à l'homme qui a vu Drusilla en route pour l'Olympe (c) : le même vous dira qu'il a vu Claude y monter aussi *d'un pas fort inégal* (d). Bon gré, mal gré, mon témoin doit voir tout ce qui se fait là-haut. Il est inspecteur de la voie Appia, par où vous savez que le

---

(a) Mot forgé qui veut dire : *Apothéose d'une citrouille*, et non pas *Métamorphose* (de Claude) *en citrouille*, comme on l'interprétait jusqu'ici contrairement au récit de l'auteur.
(b) Parce que les fous et les rois se permettent tout. Érasm., *Adag.*, I, 301.
(c) Livius Géminus, sénateur, qui jura en plein sénat avoir vu monter au ciel Drusilla, sœur de Caligula, lequel l'en récompensa par un don de 250 mille deniers (175 000 fr. à peu près).
(d) *Énéide*, II, 727. Claude était boiteux.

divin Auguste et Tibère César sont allés chez les dieux. Questionnez-le, seul à seul il vous contera la chose ; devant plusieurs, jamais il n'en sonnera mot. Car depuis qu'en plein sénat il a juré avoir vu Drusilla faire son ascension, et que pour prix d'une si bonne nouvelle, nul n'a voulu le croire, lui témoin oculaire, il a solennellement protesté qu'il ne révélerait plus rien, eût-il vu même en plein forum un homme assassiné. C'est de lui que j'ai su tous les faits, certains, clairs comme le jour : je vous les livre, et sur ce, lui souhaite santé et prospérité.

II.   Un cercle plus étroit, Phébus, bornait ton cours;
Triomphante, Cynthie empiétait sur les jours;
De pavots plus puissants la nuit venait armée.
L'automne aux doux trésors et le dieu des coteaux
Voyaient froisser déjà leur couronne entamée;
Et sur les ceps tardifs la grappe clair-semée,
Ridée au vent d'hiver, tombait sous les ciseaux.

On me comprendra mieux, je crois, si je dis qu'on était en octobre, au troisième jour des Ides d'octobre[1]. L'heure, je ne puis bien la préciser[2]. On aurait moins de peine à mettre d'accord les philosophes que les horloges : toutefois, c'était entre six et sept. « Malappris que tu es ! Quand les poëtes s'étendent si complaisamment sur leur thème, que non contents de décrire le lever, le coucher du soleil, ils ne peuvent même laisser en paix son midi[3], toi tu laisseras passer une heure si heureuse pour le vers ? »

Phébus avait franchi la moitié de son tour.
Déjà voisin du soir, dans les célestes plaines
Sur ses coursiers lassés il agitait les rênes,
Et d'obliques rayons dorait encor le jour.

III. Et Claude faisait effort pour rendre son âme qui ne trouvait pas d'issue. Mercure, que cette nature originale avait toujours charmé, tire à part une des trois Parques et lui dit : « Pourquoi, femme impitoyable, permets-tu que ce malheureux soit ainsi torturé ? Il ne fallait pas le faire souffrir si longtemps : voilà soixante-quatre ans que son souffle et lui sont en lutte. Pourquoi lui en veux-tu, à lui et à l'Empire ? Souffre que les astrologues disent une fois la vérité, eux qui, depuis qu'on l'a fait prince, l'enterrent chaque année, chaque mois. Au reste, rien d'étonnant qu'ils se trompent : nul n'a su l'heure de sa naissance ; on n'a même pas cru qu'il eût jamais achevé de naître (a). Allons, fais ton office :

Qu'il meure ; et qu'un plus digne enfin règne à sa place (b).

— A dire vrai, répond Clotho, je voulais lui laisser quelques jours de plus, pour qu'il fît citoyens romains le peu de gens qui ne le sont pas encore. Car il s'était mis en tête de voir tout ce qui est Grec, Gaulois, Espagnol, Breton, endosser la toge. Mais, comme il est bon de laisser quelques étrangers pour la graine, et que tu le veux ainsi, qu'ainsi soit. » Elle ouvre alors une petite boîte dont elle tire trois fuseaux : celui d'Augurinus (c), celui de Baba (d), et le troisième, de Claude. « Ce sont, dit-elle, trois personnages que j'expédierai dans l'année à fort peu de distance l'un de l'autre, afin que Claude ne s'en aille pas tout seul. Il ne faut point que celui qui tout à l'heure voyait tant de milliers d'hommes lui faire cortège par derrière, par devant, de droite et de gauche, soit brusquement abandonné à lui-même. Il se contentera pour le moment de ces deux amis de table. »

IV. A ces mots, elle prend l'un de ces vils fuseaux,
Le tourne, et de sa sœur dérobant les ciseaux,
Du stupide mortel abrége l'agonie.
Il est tranché le cours de sa royale vie :
Deuil heureux ! De la joie on revêt les couleurs ;
Lachésis, les cheveux entrelacés de fleurs,
Riante, et le front ceint des lauriers du Permesse,
D'une toison d'argent tire une blanche tresse
Dont le fil aminci, tout à coup jaunissant,
Prend du roi des métaux l'éclat éblouissant,
Il devient or. Ses sœurs, du miracle charmées,
Aident au doux labeur actives, animées ;
Et sous leurs mains, plus riche et plus brillante encor,
La laine en triple tour file des siècles d'or.
De sa molle toison doucement séparée,
Leurs doigts, ces doigts divins, l'ont à peine effleurée
Que le fil de soi-même et coule et s'assouplit :
Le bienheureux fuseau sans effort se remplit.

(a) Sa mère Antonia disait de lui que la nature ne l'avait qu'ébauché. *Suét.*, chap. III.
(b) *Géorg.*, IV, 90.
(c) Personnage inconnu.
(d) Autre sot personnage, mentionné dans la *Lettre* xv.

Phébus paraît : il voit par delà les années
D'un Nestor, d'un Tithon, croître ces destinées,
Et joyeux les dévoile en ses doctes chansons,
Prodigue tour à tour d'hymnes et de toisons.
C'est alors qu'oubliant les heures fugitives,
A la lyre, à la voix, ses trois sœurs attentives (a),
N'en poursuivent que mieux leur travail empressé.
Le plus long âge d'homme est plus que dépassé;
Et des vers fraternels on vante l'harmonie;
Et la chaîne des jours se prolonge infinie.
« O Parques! respectez cette œuvre de vos mains :
Qu'il garde, dit Phébus, tous ces dons surhumains.
Ce héros me ressemble et d'air et de visage;
L'art des chants sur la lyre est aussi son partage;
L'âge d'or avec lui s'en va recommencer;
Le silence des lois grâce à lui doit cesser.
Comme on voit de Vénus l'étoile fortunée
Ou Vesper ramenant la nuit illuminée,
Ou la vermeille Aurore, ou, quand mon astre a lui,
L'ombre déjà dissoute et fuyant devant lui,
Tel se lève Néron; tel aux regards de Rome
D'un pur et doux éclat brille ce fier jeune homme :
La bonté se reflète en ses traits, dans ses yeux,
Et sur un cou de lis flottent ses blonds cheveux. »

Ainsi dit Apollon. Lachésis, qui voulait pour sa part favoriser un si beau mortel, ourdit les fils à pleines mains et ajoute à Néron maintes années de gratification. Pour Claude tous décident

Qu'avec des chants de joie au plus vite on l'enterre.

Et son âme s'échappe en bulle d'air, et il n'y eut plus moyen de le prendre pour un vivant. Il rendit le dernier souffle en écoutant des comédiens (b) : on voit que j'ai bien raison de craindre ces gens-là. Voici la dernière parole que les hommes aient ouï sortir de sa bouche, après un son plus bruyant émis par l'organe dont il parlait avec le moins de peine (c) : « O

(a) Selon quelques auteurs, les Parques étaient filles de Jupiter et de Thémis ; de l'Érèbe et de la nuit, selon la plupart.

(b) Agrippine, pour mieux cacher la mort de son époux, fit venir au palais des comédiens, comme pour le divertir. Suét., *Claud.*, 45.

(c) Il avait songé, dit encore Suétone, chap. XXXII, à rendre un édit pour accorder toute liberté *flatum crepitumque ventris emittendi*. Voir Trimalchion dans Pétrone, 47, et les Réflexions plaisantes de Montaigne, I, 20.

guignon! je crois que me suis embrené! » Qu'avait-il *fait?* Je l'ignore : mais je sais bien qu'il a *fait* ainsi sur toute chose.

V. Vous dire ce qui s'est ensuite passé sur la terre serait superflu. Vous le savez de reste ; et il n'est pas à craindre qu'on perde le souvenir de ce que la publique allégresse a si bien gravé dans les âmes. Jamais les jours de félicité s'oublient-ils? Écoutez ce qui s'est fait dans le ciel, selon mon auteur : à lui la responsabilité.

On annonce à Jupiter l'arrivée d'un quidam de bonne taille, ayant les cheveux d'un blanc parfait et une sorte d'allure menaçante, car il branle continuellement la tête et traîne le pied droit. On lui a demandé de quelle nation il est; il a répondu on ne sait quoi en bredouillant et d'une voix inarticulée. On ne comprend pas son jargon qui n'est ni grec, ni romain, ni d'aucune nation connue.

Alors Jupiter donna l'ordre à Hercule qui, ayant parcouru toute la terre, était censé connaître tous les peuples, d'aller voir et d'examiner de quelle race il était. Or donc Hercule, au premier aspect, éprouva un trouble réel en homme qui n'aurait pas dompté encore tous les monstres (a). Il vit cette face d'espèce nouvelle, cette démarche insolite, il ouït cette voix qui n'appartenait à aucun animal terrestre, qui n'était, comme chez les monstres marins, qu'un rauque et sourd grognement, et il pensa que le treizième de ses travaux lui tombait sur les bras. En y regardant mieux, il crut démêler quelque chose d'un homme. Il s'approcha donc et, chose facile à un roitelet grec, il débita ce vers d'Homère :

Quel es-tu? D'où viens-tu? De quel pays es-tu (b)?

A ce langage, Claude est tout joyeux qu'il y ait là des gens lettrés : il espère qu'il va trouver à placer ses histoires (c) Et il réplique par ce vers du même poëte, qui voulait dire je suis César :

Les vents m'ont amené des rivages troyens (d);

(a) Je lis avec deux manus. : *ut qui etiam non omnia monstra domuerit.* Lemaire : .... *non Junonia monstra timuerit.*
(b) *Odyssée*, I, 179.
(c) Il avait écrit en grec l'histoire des Tyrrhéniens en vingt livres, et celle des Carthaginois en sept livres, outre celles qu'il avait faites en latin. (Suétone, *Claude*, 41 et 42.) Voir aussi *Consol. à Polyb.*, xxvi.
(d) *Odyssée*, X, 39.

Mais le vers suivant, Homérique aussi, eût été plus vrai:

Dont j'ai détruit les murs, tué les citoyens.

VI. Or il en aurait imposé à Hercule, fort peu malin (a), n'eût été la Fièvre qui seule, désertant son temple, accompagnait Claude ; elle avait laissé tous les autres dieux à Rome. « Cet homme, dit-elle, te conte de pures menteries. Je te dirai, moi qui ai vécu tant d'années avec lui, qu'il est natif de Lyon. Tu vois un bourgeois du municipe de Plancus. Comme je te l'annonce, c'est à seize milles de Vienne qu'il est né : il est franc Gaulois. Aussi, comme un bon Gaulois devait faire, il a pris Rome. Oui, je te le garantis né à Lyon où Licinius a fait le roi nombre d'années. Toi, Hercule, qui as plus battu de pays qu'un muletier qui ne débride jamais, tu dois savoir ton Lyonnais par cœur, et qu'il y a bien des milles entre le Xanthe et le Rhône. »

Ici Claude se fâcha tout rouge et poussa du mieux qu'il le put un grognement de colère. Que disait-il ? Impossible de le comprendre. Du reste, il faisait signe qu'on menât la Fièvre au supplice en levant sa main disloquée, mais assez ferme pour ce geste seul, son geste d'habitude, qui faisait décoller un homme. Il ordonnait donc que l'on coupât le cou à la Fièvre ; mais on eût dit qu'il n'y avait là que ses affranchis, tant nul ne se souciait de ses ordres.

VII. Alors Hercule : « Écoute-moi, et trêve d'impertinences. Te voici dans un pays où les rats rongent le fer (b). Si tu ne parles vite et franchement, je coupe court à tes billevesées. » Et pour avoir un air plus terrible, prenant le ton tragique :

« Dis quel est ton pays : sois prompt, ou ma colère
D'un seul coup te rejette, et bien mort, sur la terre.
Jadis cette massue écrasa vingt tyrans.
Quoi ? Que bredouilles-tu ? Quels sons incohérents !
Dénoue enfin les nœuds de ta langue indolente :
De quel sang put sortir cette tête branlante ?
Un jour, dans l'Hespérie, au triple Géryon
J'allai porter la guerre et, par occasion,
Ramenant vers Argos ses taureaux indomptables
Avec de gras troupeaux, l'honneur de ses étables.
Je vis, au pied d'un mont doré par l'Orient,
Deux fleuves réunis en un large torrent.
Là s'étonnent de fuir emportés par le Rhône
Les flots longtemps muets de la paisible Saône

(a) Deux mss : *minime vafro*. Lemaire : *minimo discrimine*.
(b) Par conséquent le fer de la hache.

Qui semblait ne savoir où diriger son cours
Ces beaux lieux auraient-ils vu commencer tes jours?»

Cela fut dit avec assez d'âme et de vigueur. Le dieu pourtant n'avait pas toute son assurance, craignant *d'un fou quelque taloche*. Mais Claude, en présence d'un robuste gaillard, n'eut plus envie de rire; il comprit que si à Rome personne n'était son égal, là-haut il n'avait plus le même crédit, et que le coq (*a*) n'est vraiment fort que sur son fumier. Il répondit ou, autant qu'on le put comprendre, il parut répondre : « O toi le plus vaillant des dieux, Hercule, je comptais que tu m'assisterais auprès des autres et que, si l'on me demandait un répondant, je pourrais me réclamer de toi, qui me connais parfaitement. Car si tu rappelles tes souvenirs, c'était moi qui devant ton temple rendais la justice, durant tout le jour, aux mois de Julius et d'Auguste. Tu sais combien j'y endurai de misères à écouter les avocats le jour et la nuit; oui, si tu étais tombé au milieu d'eux, toi qui te crois à toute épreuve, tu eusses préféré nettoyer les étables d'Augias : j'ai eu cent fois plus d'ordures à avaler.

VIII. « Mais comme je veux.... » (*Il manque ici plusieurs lignes dont la substance devait être ceci* : Hercule se laisse toucher; il promet à Claude la déification, et entre avec lui brusquement dans l'assemblée céleste pour le recommander. Les dieux, choqués du procédé, lui en font des reproches, et l'un d'eux lui dit :) « Il n'est pas étonnant que tu aies forcé les portes de notre salle; en est-il de sacrées pour toi? Or dis-nous quelle espèce de dieu veux-tu qu'on fasse de cet intrus? Un dieu d'Épicure, cela ne se peut : un être qui ne s'embarrasse de rien et qui n'embarrasse personne! Un dieu stoïcien? Comment lui donner forme ronde (*b*), comme dit Varron, sans tête, sans prépuce? Il a bien quelque chose d'un dieu stoïcien, car je ne lui vois ni cœur ni tête. Si, mon cher Hercule, il avait demandé ce service à Saturne, en l'honneur duquel il fêtait toute l'année les Saturnales tant qu'il fut César, Saturne n'eût pas obtenu ce nouveau dieu de son fils. Claude n'a-t-il pas, autant du moins qu'il était en lui, condamné Jupiter comme incestueux? Car enfin, il a fait périr L. Silanus son gendre, et, je vous demande, pourquoi? Silanus avait une sœur,

---

(*a*) Jeu de mots sur le double sens de *gallus* : *coq* ou *gaulois*.
(*b*) Les stoïciens donnaient à leur dieu la forme ronde.

la plus gracieuse des jeunes filles, que tout le monde appelait Vénus, et il avait mieux aimé l'appeler Junon. « Mais, dit Claude, pourquoi, je vous prie, faire des sottises à sa sœur? — A Athènes, lui répliqua-t-on, c'est à moitié permis ; à Alexandrie, tout à fait (a). Parce qu'à Rome les souris rongent les gâteaux pour les arrondir, celui-ci prétend tout redresser chez nous. Lui, dans sa chambre à coucher que faisait-il? Je ne sais ; *mais il vient fureter jusqu'aux plages célestes* ; il veut qu'on le fasse dieu. Il n'a pas assez d'un temple en Bretagne, de l'encens des Barbares et du titre de dieu qu'ils lui donnent : dieu barbouillé, bon pour ces fous (b). »

IX. A la fin Jupiter s'avisa qu'en présence d'un étranger dans la curie on devait dire son avis et non discuter. « Pères conscrits, dit-il, je vous avais permis quelques questions, et vous avez tenu de vrais propos de foire. J'entends que l'on observe les formes parlementaires. Cet individu, quel qu'il soit, que pensera-t-il de nous ? »

On fit sortir Claude ; et le premier auquel on demanda son avis fut le père Janus : il avait été désigné, pour les calendes de juillet, consul des après-dînées (c). Personnage des plus subtils, *qui toujours, à la fois, voit devant et derrière* (d). En habitué du forum, il débita force belles phrases que le sténographe ne put suivre, et que par ce motif je ne rapporte pas, pour ne point dénaturer les termes de son discours. Il s'étendit sur la majesté des dieux : « Il ne fallait pas prodiguer cet honneur. Autrefois, dit-il, c'était une grande affaire que d'être fait dieu; grâce à vous, ce n'est plus qu'une farce. En conséquence, pour qu'on ne m'accuse pas de poser une question de personne plutôt que de principe, je vote pour qu'à dater de ce jour on ne déifie plus aucun de ceux *qui mangent les fruits de la terre* (e), ou, pour dire autrement, qui trouvent en elle *leur nourrice et leur vie*. Quiconque, au mépris de ce sénatus-consulte, sera fait dieu, en personne, statue ou peinture, je le dévoue aux Larves, et, la première fois que nous aurons spectacle, je veux qu'il soit flagellé avec les gladiateurs malappris. »

(a) Il s'agit de sœurs d'un autre lit et de sœurs du même lit. Voir *Esprit des lois*, V, 5.
(b) Je lis, d'après Fickert : μωροί μόρυχον.
(c) Allusion moqueuse à l'abus des consuls substitués. Les Césars prodiguaient ce titre pour multiplier leurs créatures.
(d) *Iliad.*, III, 109.
(e) Manusc. Fickert : *mimum fecistis*. Lemaire : *minimum*.

Après lui fut interrogé touchant son opinion Diespiter, le fils de Vica Pota, désigné aussi consul de la petite banque. Il vivait de petits profits et vendait de petits droits de cité. Hercule l'aborde gracieusement et lui touche le bout de l'oreille. Aussi opine-t-il en ces termes : « Attendu que le divin Claude est lié par le sang au divin Auguste, tout comme à la divine Augusta son aïeule (il a décrété qu'elle serait déesse) ; qu'il dépasse de bien loin en sagesse tous les mortels, et qu'il est d'intérêt public que quelqu'un puisse, avec Romulus, dévorer ces raves dont les sucs *vous brûlent le palais;* je vote pour que dès aujourd'hui Claude soit fait dieu, sur le pied du plus méritant de ses prédécesseurs, et que la chose fasse appendice aux *Métamorphoses d'Ovide.* » Les avis se partageaient, et Claude paraissait avoir la majorité, grâce à Hercule qui, voyant que son fer était chaud, courait de l'un à l'autre et disait : « N'allez pas me désobliger; c'est une affaire dont j'ai fait la mienne : plus tard, s'il vous faut ma voix, vous l'aurez en retour : une main lave l'autre. »

X. Ce fut alors au divin Auguste à émettre son sentiment; il s'énonça en fort beau langage : « Pères conscrits, vous m'êtes témoins que du jour où je suis devenu dieu, je n'ai pas dit le moindre mot. Je ne me mêle jamais que de mes affaires. Mais je ne puis dissimuler plus longtemps, ni contenir ma douleur, qu'aggrave encore la honte que je subis. N'aurai-je conquis la paix sur terre et sur mer ; n'aurai-je éteint le feu des guerres civiles; second fondateur de Rome par mes lois, ne l'aurai-je embellie de mes constructions que pour *(a)*.... Comment dirai-je? Pères conscrits, je ne trouve pas de termes : toute parole est trop au-dessous de mon indignation. Invoquons au secours de mon impuissance la sentence qu'a portée l'éloquent Messala Corvinus : *Il a fauché les droits de l'Empire.* Ce misérable, pères conscrits, qui nous semblerait incapable de chasser une mouche, tuait les hommes aussi lestement qu'un chien s'assoit par terre *(b).* Mais que dire de tous ses forfaits juridiques? Je n'ai plus assez de larmes pour les malheurs publics, quand j'envisage ceux de ma famille. Je passerai donc sur les premiers et ne rappellerai que les seconds (*Ici deux lignes inintelligibles*).... Cette brute que vous

---

(a) Je lis comme Fickert et Orelli : *ut.... quid dicam;* Ailleurs : *et quid quid.... Et quid dicam.*

(b) *Quam canis adsidit.* Manusc. Lemaire : *excidit.*

voyez, cachée tant d'années à l'abri de mon nom, m'a témoigné sa reconnaissance en faisant mourir d'abord deux Julies, mes petites-filles, l'une par le fer, l'autre par la faim, puis mon arrière-neveu L. Silanus. Prends garde, Jupiter, la cause est mauvaise; en tous cas elle te touche de près. Si cet être doit siéger parmi nous, je lui dirai : Divin Claude, pourquoi tous ceux que tu as fait périr, hommes ou femmes, les as-tu condamnés sans jamais instruire leur procès, sans les entendre? Est-ce une chose qui se fasse ? Au ciel du moins elle ne se fait pas.

XI. « Voilà Jupiter : depuis tant d'années qu'il règne, il n'a cassé qu'une jambe, celle de Vulcain

> Qu'il saisit par un pied et lança de l'Olympe (a).

« Il s'est aussi fâché contre sa femme, et l'a suspendue à la voûte du ciel; mais l'a-t-il tuée? Toi, qu'as-tu fait de Messaline, dont j'étais le grand-oncle au même titre que je suis le tien? Tu l'as mise à mort. « Je ne sais pas, dis-tu (b). » Que le ciel te maudisse! N'y a-t-il pas plus de honte encore à ne l'avoir pas su qu'à l'avoir fait? Oui, il a sans interruption continué Caligula mort. Celui-ci tua son beau-père, Claude tue son gendre. Caligula défendit qu'on donnât au fils de Crassus le surnom de **Magnus**; Claude lui rend son surnom et lui prend sa tête. Il immole, dans une seule famille, Crassus Magnus, Scribonia, Tristionia, Assario, tous dignes de leur noblesse, sauf Crassus, si complétement sot qu'on aurait pu en faire un roi (c).

« Songez donc, pères conscrits, quel est ce monstre qui sollicite pour qu'on l'admette au rang des dieux! Voudrez-vous maintenant faire de lui un des vôtres? Voyez ce corps, pétri par la colère céleste. Au surplus, qu'il prononce seulement trois paroles de suite, et je veux qu'il m'emmène comme esclave. Lui un dieu! A quel culte, à quelle foi pourra-t-il prétendre? Vous-mêmes, si vous divinisez de tels êtres, qui croira en votre divinité? Pour conclure, pères conscrits, si je me suis décemment comporté parmi vous, si je n'ai répondu malhonnêtement à personne, vengez mes injures. Or voici mon vote motivé. » Et prenant ses tablettes, il lut :

« Attendu que le divin Claude a fait périr son beau-père Ap-

(a) *Iliade*, 1, 59.
(b) Narcisse avait pris sur lui d'ordonner le **meurtre**.
(c) Même idée qu'au chap. r.

pius Silanus ; ses deux gendres Pompeius Magnus et L. Silanus ; le beau-père de sa fille, Crassus le frugal, semblable à lui Claude comme un œuf à un œuf (a); Scribonia, belle-mère de sa fille ; Messaline son épouse, et tant d'autres dont on n'a pu calculer le nombre, je vote pour qu'une peine sévère lui soit infligée : des procès à juger sans vacance aucune ; qu'il soit au plus tôt déporté, et qu'il ait à vider le ciel en un mois et l'Olympe en trois jours. »

Chacun se rangea à cet avis. A l'instant le fils du Cyllène, le saisissant par la nuque, le traîne vers ces lieux sombres

  D'où nul, dit-on, n'est jamais revenu (b).

XII. Comme ils descendaient par la voie sacrée, Mercure demande ce que signifie tout ce concours de monde et si ce ne sont pas les funérailles de Claude. Car la chose était des plus magnifiques, on n'y avait rien épargné : cela sentait son dieu qu'on enterre. Joueurs de flûtes, sonneurs de cors, et sénateurs (c) de toute espèce, une cohue, un concert-monstre (d), que Claude lui-même pouvait entendre. Ce n'était que joie, qu'allégresse ; le peuple romain marchait du pas d'un peuple libre. Agathon et quelques avocats pleuraient, mais franchement, du fond de l'âme. Les jurisconsultes sortaient de leurs ténèbres, pâles, amaigris, ayant à peine le souffle, en train seulement de ressusciter. L'un d'eux, voyant les avocats conférer tête basse et déplorer tant d'honoraires perdus, s'en vint leur glisser son mot : « Je vous disais bien que les Saturnales ne dureraient pas toujours ! » Claude, en voyant ses obsèques, comprit qu'il était mort : aussi chantait-on, à grand renfort de voix, cette complainte en vers anapestes :

  Partez sanglots, coulez pleurs ;
  Faisons tous même grimace :
  Que de lugubres clameurs
  Retentisse au loin la place.
  Il est tombé ce héros,
  En lumières, en courage
  Bien plus grand que ses rivaux
  De tout pays, de tout âge !

(a) Ironie : Claude était fort gourmand.
(b) Catulle, *le Moineau de Lesbie*.
(c) Je lis *senatorum*. Beaucoup de sénateurs, de la plus basse extraction, avaient été nommés sous Claude, par le crédit des affranchis.
(d) Je lis *tantus concentus*, avec J. Lipse et Orelli. Ailleurs : *conventus*.

Il eût pu vaincre en courant
Dans sa fuite si légère
Le Parthe récalcitrant,
D'une lance meurtrière
Larder le Perse défait (a),
Bander l'arc, et d'un seul trait
Jeter l'ennemi par terre,
Ou, dès qu'il se retournait,
Blesser le Mède au derrière.
Dieux! quel bras, quel coup d'œil sûr!
Au delà de tout rivage,
Vieux Neptune, en vain ta rage
Protégeait leur dernier mur :
Le Brigante aux yeux d'azur (b),
Le Breton subit ses chaînes;
Il dit, nouveau courtisan,
Devant les haches romaines
Se courba ton Océan.
Pleurez cet esprit d'élite,
Qui jugea mieux et plus vite
Cause importante ou petite,
Sans avoir entendu qu'un
Des plaidants, souvent aucun?
Après toi toute l'année
Qui donc voudra désormais,
Tant que dure la journée,
Ne rien ouïr que procès?
Minos te cède la place :
Son peuple muet le chasse
Du tribunal des enfers;
Et dans sa Crète natale,
Des cent villes qu'elle étale
Il va juger les pervers.
Qu'un long sanglot dans les airs
De vos seins meurtris s'exhale,
Avocats, race vénale,
Et nouveaux faiseurs de vers.
Aux dés, qu'aimait son génie,
Vous dont la chance bénie
Grossissait l'ample trésor,
Pleurez ses beaux écus d'or!

XIII. Claude se délectait à entendre ses louanges : il eût bien voulu regarder plus longtemps. Mais le Talthybius (c)

(a) Fickert ; *sequi Persida telis.* Lemaire : *Perfida....* n'offre aucun sens.
(b) Fickert : *Scotobrigantas.* Lemaire : *Scuta Brigantas.* D'autres : *cula.*
(c) Nom du héraut ou messager des Grecs devant Troie.

céleste l'empoigne, et lui enveloppant la tête pour qu'il ne soit pas reconnu, l'entraîne par le champ de Mars, puis, entre le Tibre et la voie couverte (a), il plonge avec lui aux enfers.

Déjà l'y avait précédé, par un chemin plus court, l'affranchi Narcisse (b), pour recevoir son patron. Luisant de parfums, car il sortait du bain, il accourt au-devant de Claude et s'écrie : « Comment! Un dieu chez les hommes! — Allons! dépêche, dit Mercure, et va nous annoncer. » L'autre aurait voulu flagorner plus longtemps son maître; Mercure lui réitère l'ordre de se hâter, et un coup de caducée stimule sa lenteur. Plus prompt que la parole on eût vu s'envoler Narcisse. Là tous les abords sont en pente, la descente est facile (c); aussi malgré sa goutte arriva-t-il en un moment à la porte de Pluton. Sur le seuil était couché Cerbère, ou, comme dit Horace, *le monstre aux cent têtes* s'agitant et secouant sa crinière hérissée. Narcisse, accoutumé à la blanche levrette qui faisait ses délices, se troubla bien un peu lorsqu'il vit ce chien noir à long poil, dont certes vous ne voudriez pas faire la rencontre dans les ténèbres. Il ne laissa pas de crier bien haut : « Voici le César Claude. » Aussitôt s'avancent, battant des mains, des ombres qui chantaient :

Nous le tenons, pour nous tous quelle joie (d)!

C'étaient C. Silius (e), consul désigné; Junius, chef des gardes prétoriennes; Sextus Trallus; M. Helvius, Trogus, Cotta, Vectius Valens, Fabius, chevaliers romains que Narcisse avait fait conduire à la mort. Au milieu de cette foule chantante était Mnester le pantomime, que par motif de convenance (f) Claude avait fait raccourcir. Messaline aussi reçut promptement la nouvelle de l'arrivée de Claude. Les premiers accourus de tous les affranchis furent Polybe, Myron, Harpocras, Amphæus, Phéronacte : Claude les avait tous dépêchés pour

---

(a) Voie sacrée près de laquelle les cloaques se dégorgeaient dans le Tibre.
(b) Anachronisme volontaire. Narcisse survécut à Claude.
(c) *Facilis descensus Averni.* Virg. *Enéid.* VI.
(d) Formule d'allégresse que chantaient les prêtres d'Égypte quand ils avaient trouvé le nouveau bœuf Apis.
(e) Il avait épousé publiquement Messaline en l'absence de son mari Claude.
(f) « Les affranchis de Claude lui persuadèrent qu'après avoir immolé de si grandes victimes, on ne devait pas épargner un histrion. » Tacit. *Ann.*, XI, 36. On peut entendre aussi : *pour lui donner plus de grâce.*

avoir partout maison prête. Suivaient les deux préfets (a) Justus Catonius et Rufus fils de Pompeius ; puis ses amis Saturnius Luscius et Pedo Pompeius et Lupus et Celer Asinius, consulaires ; enfin la fille de son frère, la fille de sa sœur, son gendre, son beau-père, sa belle-mère, toute sa parenté au complet. Ils marchent par bande serrée au-devant de Claude, qui les voyant s'écrie : « Tout est plein de mes amis ! Comment êtes-vous ici, vous autres ? »

Alors Pedo Pompeius : « Que dis-tu, monstre de cruauté ? Comment nous sommes ici ? Et quel autre nous y a envoyés que toi, bourreau de tous tes amis ? Allons devant le juge : je te ferai voir qu'ici nous en avons. »

XIV. Il le conduit au tribunal d'Éaque. Celui-ci informait d'après la loi Cornélia contre les assassins. Pedo requiert que le nom de Claude soit mis au rôle, et signe l'acte d'accusation, qui porte trente sénateurs tués, des chevaliers romains jusqu'à trois cent quinze et plus, et d'autres citoyens, tout autant *qu'il est de grains de sable et de grains de poussière*(b).

Épouvanté, Claude jette les yeux tout autour de lui, cherchant quelque défenseur pour plaider sa cause. Pas un avocat ne se trouve. Enfin s'avance P. Pétronius (c), son ancien convive, sachant parler le baragouin de Claude ; il demande à le défendre ; refusé. L'accusateur Pedo crie et déclame fort. Pétronius se sent des velléités de répondre. Éaque, le plus juste des hommes, l'en empêche. Ouïe la partie adverse seulement, il condamne et dit :

Jugé comme il jugea ; c'est de toute équité.

Il se fit un grand silence. Tous étaient stupéfaits, étourdis par la nouveauté de la chose qui, disait-on, ne s'était jamais vue. Claude la trouvait inique plutôt que nouvelle. On disputa longtemps sur le genre de peine : que devra-t-on lui infliger ? Il y en eut qui dirent : « Si l'on donnait vacance à quelque (d) criminel qu'il remplacerait ? Tantale mourra de soif si on ne lui vient en aide ; jamais Sisyphe n'est relevé de sa tâche ; il faut bien qu'un jour la roue du malheureux Ixion soit enrayée. »

(a) Ce personnage, et tous ceux qui sont cités après lui, avaient péri comme complices du mariage de Silius.
(b) *Iliad.*, IX, 309.
(c) Voy. Tacite, *Ann.*, VI, 45. Il bégayait comme Claude.
(d) Au texte : *si uni dii laturam fecissent....* ce qui n'offre pas de sens. Je proposerais : *si uni dilationem....* ou *dilaturam* (qu'on ne trouve nulle part), s'il était latin.

On ne voulut donner congé à aucun des vétérans de l'enfer, de peur que Claude n'espérât pour l'avenir la même grâce. On décida qu'un supplice nouveau devait être inventé ; on imaginerait un travail stérile, l'illusion de quelque désir sans terme ni résultat. En conséquence, Éaque ordonne que Claude jouera aux dés avec un cornet percé ; et déjà celui-ci s'était mis à ramasser incessamment ses dés qui fuyaient, et cela sans rien avancer.

XV. Car à peine il saisit d'une fiévreuse main
Le cornet d'où s'échappe ou la perte ou le gain
Que du vase sans fond, tonneau des Danaïdes,
Il sent les dés couler entre ses doigts avides.
Il recommence, et tout glisse encore, et sans fin
Il prend ses dés, les jette et les reprend en vain.
Ainsi du mont fatal Sisyphe atteint la cime,
Quand déjà son fardeau roule au fond de l'abime.

Soudain parut Caligula qui revendiquait Claude comme son esclave ; il produit des témoins qui l'avaient vu charger Claude de coups de fouets, de férules, de soufflets. Il se le fait adjuger ; Éaque lui livre l'homme, et Caligula le passe à Ménandre, son affranchi, pour en faire un débrouilleur de procès.

DE LA CLÉMENCE.

LIVRE I.

I. Je me suis proposé, Néron César, d'écrire sur la clémence, pour vous tenir lieu comme d'un miroir qui vous mît en face de vous-même, et vous fît voir à quelle sublime jouissance il vous est donné d'arriver. Bien qu'en effet le véritable fruit des bonnes actions soit de les avoir faites, et qu'en dehors des vertus, il n'y ait aucun prix digne d'elles, il est doux cependant pour une conscience pure de s'examiner, de passer en revue ses souvenirs, puis reportant ses regards sur cette immense multitude, anarchique, séditieuse, passionnée, prête à s'élancer pour tout perdre avec elle si elle allait rompre son joug, il est doux de se dire : « Seul de tous les mortels j'ai été élu et jugé digne de représenter les dieux sur la terre : j'ai le droit de vie et de mort sur les peuples. La balance des destinées et des conditions de tous est remise en mes mains ; ce que le sort réserve à chaque individu, c'est par ma bouche qu'il le déclare : une seule de mes réponses va porter l'allégresse aux nations et aux cités. Rien ne fleurit nulle part que par ma volonté et sous ma tutelle. Tous ces milliers de glaives que la paix conservée par moi retient dans le fourreau, je puis d'un signe les en faire sortir : quelles nations seront anéanties ou transportées ailleurs, affranchies ou réduites en servitude, quel roi va devenir esclave, quel front va ceindre le bandeau royal[1], quelles villes doivent tomber ou s'élever, c'est à moi de le décider. Au sein de la toute-puissance, rien n'a pu m'arracher d'injustes condamnations, ni la colère, ni la fougue de la jeunesse, ni cet esprit de témérité et de révolte chez les peuples, qui souvent fait perdre patience aux âmes les plus calmes, ni l'ambition cruelle, mais si commune aux maîtres du monde, de signaler leur pouvoir par la terreur. J'ai enfermé, j'ai scellé mon glaive, avare du sang même le plus vil[2] :

toujours, à défaut d'autres titres, le titre d'homme m'a trouvé indulgent. Couvrant ma sévérité d'un voile, ma plus belle arme est la clémence. Je m'observe comme si les lois, que de la poussière et de l'oubli j'ai exhumées au grand jour, me devaient demander compte de mes actes. La jeunesse de l'un, la vieillesse de l'autre me touchent ; à celui-ci son illustration, à celui-là son obscurité ont valu le pardon ; et si les motifs de commisération me manquent, c'est pour moi-même que je fais grâce. Qu'aujourd'hui les dieux immortels me somment de leur répondre, je suis prêt à leur présenter le tableau complet du genre humain. »

Oui, César, vous pouvez hardiment jurer que de tout ce qui fut commis à votre tutelle et à votre foi, la force ni l'artifice du chef n'en ont rien ravi à la république. Vous avez aspiré à une gloire bien rare, que jamais prince n'a encore obtenue, celle de n'avoir lésé personne. Vos efforts ne sont pas perdus ; et votre insigne bonté n'a trouvé ni ingrats ni dépréciateurs : vous êtes payé de retour. Jamais homme ne fut cher à un homme autant que vous l'êtes au peuple romain, qui voit en vous ses délices pour une longue suite de jours.

Mais grande est la tâche dont vous vous êtes chargé. On ne parle plus ni du divin Auguste, ni des premiers temps de Tibère ; on ne vous cherche de modèle à imiter que vous-même. On s'attend à un règne conforme à ses prémices, à sa première année[8].

Espoir difficile à remplir, si la bonté, au lieu d'être naturelle en vous, n'y était qu'un emprunt passager. Car tout masque ne se porte jamais longtemps. La feinte tombe bien vite et rend l'homme à son caractère ; mais quand la vérité est là, quand nos vertus naissent pour ainsi dire de notre fonds même, le temps ne peut que les faire croître et s'améliorer. Dans quel hasardeux avenir entrait le peuple romain, alors qu'on ignorait où se porterait tout d'abord cette âme des Césars qui est en vous! Les vœux de l'Empire ont maintenant leur garantie : car il n'est plus à craindre que Néron vienne à s'oublier tout à coup lui-même.

Trop de bonheur, il est vrai, rend les peuples exigeants ; leurs désirs ne sont jamais assez modérés pour s'arrêter aux biens obtenus. Une grande faveur est un pas fait vers de plus grandes ; et l'on embrasse les plus folles prétentions dès qu'on a goûté d'une grâce inattendue. Et tous vos concitoyens cependant, forcés de reconnaître leur bonheur, confessent de plus que s'il s'y peut ajouter quelque chose, c'est qu'il ne cesse point. Tout les contraint à cet aveu, le dernier qui échappe à l'homme, une sécurité profonde et prospère, et tout droit à l'abri de toute injustice. Ils ont sous les yeux la plus heureuse forme de république, où il ne manque, d'une liberté extrême, que la licence de s'entre-déchirer. Mais ce qui par-dessus tout frappe les grands comme les petits d'une égale admiration, c'est votre clémence. Et en effet, quant aux autres vertus du prince, chacun, selon son rang de fortune, ou les éprouve ou en espère plus ou moins ; de sa clémence tous se promettent le même appui. Eh! où est l'homme si fort et si satisfait de son innocence, qui ne se réjouisse de voir assise auprès du souverain la clémence, secourable à la fragile humanité ?

II. Dans l'opinion de quelques-uns, je le sais, la clémence est le soutien des méchants, car s'il n'y a pas eu crime, elle reste inapplicable : c'est la seule vertu qui chez un peuple d'honnêtes gens n'ait rien à faire. Mais d'abord comme l'art de guérir, utile aux seuls malades, est estimé aussi de ceux qui se portent bien, ainsi la clémence, qu'invoque l'homme digne de punition, est révérée encore de qui n'a point fait le mal. Et puis, elle peut s'étendre parfois même à des innocents, quand il arrive qu'une situation est réputée crime (a) ; et la clémence vient en aide non-seulement à l'innocence, mais souvent encore à la vertu, puisqu'il se rencontre par la fatalité des temps des actes louables qui courent risque d'être punis [4]. Ajoutez qu'une grande partie des hommes est capable de retour aux pratiques honnêtes. Il ne convient pas toutefois de pardonner au hasard : car dès que toute distinction entre les bons et les méchants est effacée, la confusion survient et les vices débordent. Apportez ici cette réserve qui sait démêler les âmes guérissables des âmes désespérées. Que votre clémence ne soit ni indistincte et banale, ni trop exclusive : il est également cruel de pardonner à tous [5] et de ne faire grâce à personne. On doit tenir un milieu ; or l'équilibre étant difficile, s'il faut que l'un des deux côtés y gagne, que ce soit celui de l'humanité.

III. Mais ceci sera mieux traité en son lieu. Je divise maintenant tout notre sujet en trois parties. La première complétera l'éloge de la clémence ; la seconde en montrera la nature et les caractères ; comme en effet certains vices ont de la ressemblance avec des vertus, on ne peut les en distinguer qu'en les marquant de traits qui les fassent reconnaître. Nous recher-

(a) *Interim* fortuna *pro culpa est*. Allusion à Britannicus. On a dit en France : *Il y a des situations qui conspirent.*

cherons en troisième lieu comment l'âme s'élève jusqu'à cette vertu, comment elle s'y affermit et se l'approprie par l'usage.

Que la clémence soit de toutes les vertus celle qui convient le mieux à l'homme, comme étant celle qui nous humanise le plus, c'est une vérité nécessaire et aussi constante pour nous stoïciens, qui voulons qu'on voie dans l'homme un être sociable, né pour le bien général, que pour ceux qui le vouent uniquement au plaisir, et jamais ne parlent ou n'agissent sans avoir leur intérêt pour but. Car si c'est le calme et le repos qu'il aime, l'homme trouve dans sa nature cette vertu qui chérit la paix, qui retient le bras prêt à frapper. Mais il n'est personne en qui la clémence soit plus belle que dans un roi ou chef d'Empire. En effet une grande[6] puissance n'est honorable et glorieuse qu'autant que son action est salutaire; et c'est un fléau que celle qui n'est forte que pour le mal. Il a seul fondé sa grandeur sur une ferme base, celui que la république sait être non pas seulement le chef, mais l'homme du peuple, dont on sent journellement la sollicitude veiller à la conservation de tous et de chacun; dont la présence, loin d'être comme l'apparition d'un féroce et nuisible animal élancé de son repaire et qui fait tout fuir, semble celle d'un astre bienfaisant et pur, vers lequel on vole, on s'empresse[7]. Tous sont prêts à se dévouer pour lui aux glaives assassins; ils voudront qu'il passe sur leurs corps, s'il faut pour le sauver joncher sa route de cadavres humains. Sentinelles vigilantes, ils protégent la nuit son sommeil; ils se pressent à ses côtés, ils l'environnent pour le défendre; ils courent au-devant des périls qui le menacent. Ce n'est point sans raison qu'existe chez les peuples et dans les cités ce concert d'amour et de protection pour le chef, et que chacun prodigue sa personne et ses biens partout où le salut du souverain le demande. Ce n'est point mépris de soi-même ou folie, si tant de milliers de têtes consentent à tomber pour une seule, si tant de morts rachètent une seule vie, quelquefois celle d'un vieillard infirme[8]. De même en effet que le corps est tout entier au service de l'âme; en vain appartiennent à l'un la noblesse des formes et des proportions, tandis que l'autre habite en nous inaperçue, insaisissable, et ne sait elle-même quel endroit la recèle; les mains, les pieds, les yeux ne s'en font pas moins ses ministres, cette chair est son rempart, son ordre me cloue sur place ou me fait courir sans relâche et par tous chemins; quand ce maître est cupide, nous explorons les mers dans l'espoir du gain; s'il aime la gloire, nous avons bientôt livré notre main aux flammes, ou sauté volontairement dans l'abîme : de même aussi cette immense multitude, enveloppe d'une seule âme, est gouvernée par son souffle ⁹ et obtempère à sa sagesse, menacée qu'elle est de périr écrasée sous ses propres forces, dès qu'une puissante raison ne la soutient plus.

IV. C'est donc leur propre conservation que les peuples aiment, lorsque pour un seul homme ils font sortir dix légions en bataille, lorsqu'ils s'élancent aux premières lignes et offrent leurs poitrines aux blessures pour ne pas voir ses drapeaux reculer. Le prince est le lien qui fait de la république un seul corps, il est le souffle, il est la vie que respirent ces milliers d'hommes, inutiles fardeaux pour eux-mêmes et proies pour l'ennemi, si ce génie de tout l'empire se retire d'eux.

.... Le roi vivant, tous ont un même esprit;
Sa mort brise le pacte................. (a).

Ce sera là le coup mortel pour la paix que Rome donne au monde; la fortune du peuple-roi s'écroulera. Un tel danger sera loin de lui, tant qu'il saura supporter le frein; que si quelque jour il le brise, ou si quelque accident l'en dégage et qu'il se refuse à le reprendre, cette belle unité, ce faisceau du plus grand des Empires éclatera en mille pièces; et Rome ne sera plus souveraine le jour où elle cessera d'obéir.

Si donc les princes et les rois, si les tuteurs des États, de quelque nom qu'on les salue, se voient l'objet d'affections plus fortes que ne le sont même les affections privées, n'en soyons pas surpris. Et si le bon citoyen préfère l'intérêt de sa patrie au sien propre, naturellement cette préférence embrasse celui qui est la patrie personnifiée. Dès longtemps, en effet, l'empereur s'est tellement confondu avec la république, que l'un ne peut être séparé de l'autre sans que tous deux périssent : le chef a besoin des forces de tous, et il faut une tête à l'État.

V. Je semble m'être éloigné ici de mon thème, et je touche au contraire au fond même du sujet. Oui, César, puisque, comme je le prouve en ce moment, vous êtes l'âme de la république, puisque celle-ci est votre corps, vous voyez, je pense, combien la clémence est un besoin pour vous; c'est vous-même que vous épargnez quand vous semblez épargner autrui. Usez donc d'indulgence même envers les citoyens les plus

(a) Virgile, *Géorgiq.*, IV, 212.

répréhensibles : ce sont de vos membres malades: et s'il est parfois nécessaire de vous tirer du sang, gardez que le fer n'aille trop avant (a). La clémence, disais-je, est, pour tous les hommes, conforme à leur nature, mais elle est d'autant plus glorieuse aux souverains, qu'elle a près d'eux plus de malheureux à sauver et se déploie sur une plus riche matière. La cruauté de l'homme privé fait peu de victimes : celle du prince sévit comme une guerre. Or, bien que les vertus se donnent la main, et qu'aucune ne soit meilleure ou plus noble qu'une autre, il en est pourtant qui vont mieux à certains personnages.

La grandeur d'âme sied à tout mortel, à celui même qui au-dessous de lui ne voit plus rien. Car quoi de plus grand et de plus héroïque que de vaincre la mauvaise fortune? Cette grandeur d'âme toutefois est plus au large dans la prospérité et frappe mieux les regards sur un lieu élevé que dans la plaine. La clémence, sous quelque toit qu'elle habite, maintient près d'elle le bonheur et la paix; mais plus rare chez les rois, elle y est d'autant plus admirable. Quoi de plus digne d'éloge, en effet, que de voir l'homme à la colère duquel il n'est point d'obstacle; dont les sentences de mort ne rencontrent, même où elles frappent, que l'acquiescement du respect; à qui nul ne demandera compte; dont le courroux, dès qu'il éclate, interdit jusqu'à la prière; de le voir s'imposer un frein à lui-même, et faire de son pouvoir un usage meilleur et plus doux, pénétré qu'il est de cette pensée : « Tout homme peut tuer malgré la loi[10]; moi seul puis sauver malgré elle? »

C'est aux grandes positions que va bien une grande âme : si on ne s'élève pas jusqu'à elles, si même on ne les surpasse, on les ravale plus bas que la terre. Or c'est le propre d'une grande âme d'être calme et sereine et de regarder du haut de son mépris les injures et les offenses. S'emporter jusqu'au délire est une faiblesse de femme.

Les bêtes féroces seules, et encore les races les moins généreuses, mordent tout d'abord et s'acharnent sur l'ennemi abattu. L'éléphant, le lion écartent leurs agresseurs et s'éloignent[11]; les espèces ignobles sont obstinées dans leurs vengeances. Une colère inflexible et barbare n'est pas digne d'un roi : la colère le fait descendre au niveau presque de l'offenseur; mais qu'il octroie la vie ou sauve l'honneur à l'homme justement menacé

(a) Voy. de la Colère, I, xvi

de les perdre, il fait alors ce qui n'est possible qu'à celui qui peut tout. Car on peut arracher la vie à plus élevé que soi ; on ne peut la donner qu'à son inférieur. Donner la vie, privilége de la souveraineté, laquelle n'est jamais plus auguste que lorsqu'elle exerce ce bienheureux pouvoir des dieux[12], à qui tous, bons et méchants, nous devons la lumière. Que le prince donc, s'associant à la pensée divine, se complaise à voir ceux de ses sujets qui sont vertueux et utiles, et laisse le reste dans la foule ; qu'il s'applaudisse de l'existence des uns, qu'il tolère celle des autres.

VI. Songez que vous êtes dans une ville où, dans les rues les plus larges, une multitude sans cesse affluente s'étouffe au premier obstacle qui l'arrête en son cours ; où, rapide torrent, elle demande passage vers trois théâtres à la fois. Cette ville où se consomment les produits du reste du monde, en quel vaste et muet désert elle se changerait, s'il n'y devait rester que ce qu'un juge sévère pourrait absoudre ! Est-il beaucoup de magistrats qui ne soient sous le coup de la loi même au nom de laquelle ils informent? Est-il un accusateur sans reproche ? Je ne sais même si l'homme qui pardonne le plus difficilement n'est pas celui qui a le plus souvent eu besoin d'indulgence. Nous avons tous prévariqué, les uns plus, les autres moins ; ceux-ci de dessein prémédité, ceux-là poussés par l'occasion ou l'instigation des méchants ; et parfois, peu fermes dans nos sages principes, nous les avons à contre-cœur et malgré nous sacrifiés. Et l'on nous voit et l'on nous verra faillir jusqu'à notre dernier jour. Que dis-je ? Ces âmes si épurées, qui ont pour toujours échappé au désordre et aux égarements, ne sont remontées à l'état d'innocence qu'à travers bien des fautes.

VII. Or, puisque j'ai parlé des dieux, que puis-je mieux proposer au prince que de se former sur leur modèle, que d'être envers ses peuples ce qu'il voudrait que les dieux fussent envers lui ? Gagnerait-il à les trouver impitoyables pour toutes ses fautes et ses erreurs ? Voudrait-il s'en voir poursuivi jusqu'à sa perte totale ? Où serait le roi sûr de sa vie et dont les aruspices n'auraient pas à recueillir les restes (a) ? Que si les dieux, dans leur exorable justice, ne lancent pas soudain leur tonnerre sur les monarques prévaricateurs, combien n'est-il pas plus juste qu'un homme, placé à la tête d'hommes comme

(a) Allusion à la mort de Romulus.

lui, exerce avec douceur son empire, et se demande si l'aspect de la nature n'est pas plus riant et plus beau par un jour pur et serein, que quand le globe s'ébranle aux éclats répétés de la foudre, et que les éclairs brillent de tous côtés [13]? Eh bien! le tableau d'un règne paisible et modéré n'est pas autre que celui d'un ciel serein et sans nuage. Un gouvernement cruel, c'est l'orage dans une obscure nuit, où tout tremble au bruit de coups inattendus, où tout s'épouvante, où pas même l'auteur du trouble universel n'échappe aux contre-coups. On excuse plus facilement l'homme privé qui s'opiniâtre dans ses vengeances : il est vulnérable, et son ressentiment naît d'une injure éprouvée. D'ailleurs il craint le mépris; et ne pas rendre guerre pour guerre paraîtrait faiblesse plutôt que générosité. Mais l'homme qui tient en main la vengeance et néglige d'en user, celui-là est sûr d'obtenir le glorieux titre de clément [14]. Libre aux individus obscurs de ramasser le ceste, de se jeter dans l'arène des procès, des querelles, et de lâcher bride à leur colère : entre jouteurs d'égale force les coups ne sont point si pesants; mais un roi, qu'un seul éclat de voix, qu'une parole [15] peu mesurée lui échappe, sa dignité est compromise.

VIII. Peut-être vous semble-t-il dur qu'on enlève aux princes cette liberté de paroles dont jouissent les moindres mortels. C'est être esclave, dit-on, ce n'est plus régner. Eh! ne l'éprouvez-vous pas? Tout en notre faveur, le gouvernement n'est servitude que pour vous. Bien différente est la situation de ces hommes cachés dans la foule qu'ils ne dépassent point; leurs vertus, pour se produire, ont longtemps à lutter, et leurs vices sont obscurs comme eux [16]. Mais la renommée enregistre vos paroles et vos actes; aussi nul ne doit-il se montrer plus inquiet de sa réputation que celui qui, bonne ou mauvaise, verra s'étendre au loin la sienne. Que de choses vous sont interdites qui, grâce à vous, nous sont permises! Je puis aller seul et sans crainte par la ville où il me plaît, bien que nulle suite ne m'accompagne, et sans avoir d'arme chez moi ni à mon côté; vous, au sein de la paix que vous donnez à tous, il vous faut vivre armé. Vous ne pouvez vous dégager de votre fortune; elle vous assiége, et n'importe où vous descendiez, elle vous suit [17] en grand appareil. Telle est la servitude du rang suprême de ne pouvoir se faire petit. Cette nécessité vous est commune avec les dieux : leur ciel aussi les retient captifs, et descendre est aussi impossible pour eux que dangereux pour vous. Vous êtes enchaîné à votre grandeur. Nos démarches à nous ne sont sensibles que pour peu de gens : nous nous montrons, nous disparaissons, nous changeons d'état, sans que la foule s'en aperçoive ; vous, il ne vous est pas plus donné qu'au soleil de vous dérober aux regards. Une vive lumière rayonne sur vous ; tous les yeux sont tournés vers elle. Vous sortez, pensez-vous, non, c'est un astre qui se lève ; votre bouche ne peut s'ouvrir que ses accents ne soient recueillis par toutes les nations, ni votre courroux éclater, que le monde ne frémisse, ni votre justice frapper personne, sans tout ébranler alentour. La foudre, fatale à peu d'hommes, quand elle tombe est l'effroi de tous [18] ; ainsi les potentats qui tonnent sur nos têtes envoient la terreur bien au delà du châtiment. Et ce n'est pas sans raison. On ne se demande plus ce qu'a fait, mais ce que pourra faire celui qui peut tout.

Ajoutez que l'homme privé, s'il reçoit patiemment l'injure, s'expose à en recevoir de nouvelles [19] : quant aux rois, la mansuétude assure d'autant mieux leur sécurité. Comme de fréquentes vengeances, pour quelques haines qu'elles compriment, accroissent l'irritation commune, il faut que la volonté de sévir cesse avant les motifs. Sinon, de même qu'un arbre élagué multiplie ses rameaux en les renouvelant, et qu'une foule de plantes ne se fauchent que pour repousser plus touffues, la cruauté des rois grossit le nombre de leurs ennemis à chaque tête qu'elle retranche. Le père et les enfants du mort, et les proches et les amis lui succèdent, tous à la place d'un seul [20].

IX. Je veux rendre cette vérité plus sensible pour vous par un exemple de famille [21]. Le divin Auguste fut un prince fort doux, à le prendre du jour où il fut seul chef de l'État. Quand la république avait plusieurs maîtres, il abusa du glaive. A l'âge où vous êtes, à peine sorti de sa dix-huitième année, déjà il avait plongé le poignard au sein de ses amis, déjà il avait attenté secrètement aux jours du consul M. Antoine, déjà il avait été collègue des proscripteurs. Il comptait quarante ans et plus au temps de son séjour en Gaule, lorsqu'il reçut l'avis que L. Cinna, homme d'un esprit borné, conspirait contre lui. On lui disait où, quand et de quelle manière l'attentat devait s'exécuter : l'un des complices lui dénonçait tout. Auguste, résolu de se venger, convoqua ses amis en conseil. Sa nuit était agitée, car il songeait qu'il allait condamner un jeune patricien, à ce crime près irréprochable, un petit-fils de Cn. Pompée. Il n'avait pas la force de faire mourir un homme, lui qui avait dicté avec M. Antoine, dans un souper, l'édit de proscription. Il gémissait, il proférait par intervalles des paroles sans suite et contradictoires. « Quoi! je laisserai aller mon assassin libre et tranquille, et les alarmes seront pour moi, l'impunité pour lui! Quoi! lorsqu'après tant de guerres civiles qui ont vainement menacé ma tête, lorsqu'au prix de tant de combats sur mer et sur terre d'où je suis sorti sain et sauf, j'avais conquis la paix du monde, cet homme aura voulu non-seulement me tuer, mais faire de moi un holocauste. » On devait l'attaquer dans un sacrifice où il allait présider. Ensuite, après un moment de silence, d'une voix bien plus forte, et plus indignée contre lui-même que contre Cinna : « Pourquoi vis-tu, si ta mort importe à tant de citoyens! Quoi! toujours des supplices, toujours du sang! Je suis pour les jeunes nobles une tête condamnée, contre laquelle ils aiguisent leurs poignards. La vie n'est pas d'un tel prix, que pour ne la point perdre il faille tant de victimes. »

Enfin Livie l'interrompit en lui disant : « Accueillerez-vous les conseils d'une femme? Suivez l'exemple d'un médecin : si les remèdes ordinaires ne réussissent pas, ils emploient les contraires. La sévérité jusqu'ici n'a pas été heureuse. A Salvidiénus a succédé Lépide, à Lépide Muræna, à Muræna, Cæpio, à Cæpio, Egnatius et d'autres que je ne nomme pas, car quelle honte que de pareilles gens aient eu tant d'audace! Essayez maintenant de la clémence. Pardonnez à Cinna : il est découvert, il ne peut plus vous nuire, sa grâce peut servir votre gloire. »

Charmé de trouver en elle l'avocat de ses propres pensées, l'empereur remercia son épouse, contremanda sur-le-champ son conseil et fit appeler Cinna seul. Renvoyant alors tout le monde de sa chambre, après avoir fait placer un second siége pour Cinna : « Je te demande avant tout, lui dit-il, de m'écouter sans m'interrompre, sans couper mon discours d'aucune exclamation : tu auras tout loisir de parler après moi. Je t'ai trouvé, Cinna, dans le camp de mes adversaires, non pas devenu, mais né mon ennemi ; et je t'ai laissé vivre, je t'ai rendu tout ton patrimoine. Aujourd'hui ton bonheur et ta richesse sont tels, que le vaincu fait envie aux vainqueurs. Tu as demandé le sacerdoce : de préférence à de nombreux compétiteurs dont les pères s'étaient battus pour ma cause, je te l'ai donné. Après tant de bienfaits, tu as résolu de m'assassiner. »

À ce mot, Cinna s'étant écrié qu'une telle démence était loin de sa pensée : « Tu ne tiens pas ta parole, reprit Auguste, il était convenu que tu ne m'interromprais point. M'assassiner, te dis-je, voilà ton dessein. » Et il indiqua le lieu, le jour, les complices, le plan de l'attaque, le bras chargé de frapper. Puis le voyant baisser les yeux et, non plus par suite de sa promesse, mais confondu par sa conscience, demeurer muet : « Quel est ton but? ajouta-t-il. De régner à ma place? Certes, le peuple romain est à plaindre, si tu n'as pour monter à l'împire d'autre obstacle que moi. Tu ne peux même pas défendre les intérêts de ta maison[22] : tout récemment, dans une cause privée, tu as succombé sous le crédit d'un affranchi. Il t'est plus facile sans doute de prendre César à partie. Je veux bien te faire place, si je suis le seul qui gêne tes prétentions. Mais les Paul-Émile, les Fabius Maxime, les Cossus, les Servilius subiront-ils ta loi, eux et toute une légion de patriciens, non pas de ceux qui affichent de vains titres, mais de ces hommes qui font honneur aux images de leurs aïeux? »

Je ne reproduirai pas tout son discours ; il envahirait une grande partie de ce traité ; car on sait qu'il parla plus de deux heures, prolongeant ainsi la seule vengeance qu'il voulût tirer. « Cinna, dit-il à la fin, je te fais grâce une seconde fois ; j'avais épargné un ennemi, j'épargne un conspirateur, un parricide. A dater de ce jour devenons amis ; luttons à qui de nous deux aura le plus loyalement donné ou reçu la vie. » Plus tard il lui conféra spontanément le consulat, en le grondant de n'oser point le demander ; il n'eut pas d'ami plus fidèle et plus dévoué ; il fut son unique héritier ; et personne ne trama plus de conspiration contre lui.

X. Votre aïeul pardonna aux vaincus : eh! s'il n'eût pardonné, sur qui eût-il régné? Sallustius, les Cocceius, les Dellius et toute la cohorte des *premières entrées* (a), il la recruta dans le camp de ses adversaires. Déjà les Domitius, les Messala, les Asinius, les Cicéron, et toute la fleur de Rome, avaient été gagnés par sa clémence. Avec quelle longanimité il attendit la mort de Lépide! Il souffrit nombre d'années qu'il gardât les insignes du principat, et ne se laissa transférer qu'à la mort du triumvir le titre de grand pontife. Il aima mieux qu'on y vît un honneur qu'une dépouille. Il dut à cette clémence son salut et sa sécurité : elle le rendit le favori, le bien-aimé des ci-

---

(a) Voy *Constance du sage*, XVIII ; et surtout *des Bienfaits*, VI, XXXIV.

toyens, bien que la république ne courbât sous sa main qu'une tête encore indomptée ; sa clémence lui vaut aujourd'hui encore les suffrages de cette renommée si peu complaisante même aux princes vivants. Nous le croyons au rang des dieux, sans attendre que la loi l'ordonne. Si nous confessons qu'il fut un bon prince et bien et dignement surnommé père de la patrie, c'est uniquement parce que les offenses à sa personne, d'ordinaire plus sensibles au souverain que les violations du droit, ne le poussaient à aucune rigueur ; parce qu'aux mots les plus sanglants il se contentait de sourire ; parce qu'il semblait souffrir lui-même les peines qu'il infligeait ; parce que tous les condamnés pour adultère commis avec sa fille, loin qu'il les ait punis de mort[23], reçurent de lui des sauf-conduits pour s'éloigner en toute sûreté. Voilà ce que j'appelle pardonner : savoir tant d'hommes prêts à s'irriter pour vous, à faire leur cour la tête de votre ennemi à la main, et non-seulement sauver, mais protéger cet ennemi !

XI. Tel fut Auguste déjà vieux, ou déclinant vers la vieillesse, après une jeunesse bouillante, irascible, signalée par tant d'actes vers lesquels il ne tournait qu'à regret les yeux. Nul n'oserait mettre en parallèle votre douceur avec celle d'Auguste, tout divin qu'on le nomme, opposât-on à vos jeunes années les [24] années plus que mûres d'un vieillard. Il a été clément et modéré ; mais ce fut après Actium, après cette mer souillée du sang romain, après qu'il eut brisé aux côtes de Sicile ses flottes et celles de ses rivaux, après les hécatombes de Pérouse[25] et les proscriptions. Pour moi, je n'appelle pas clémence la lassitude de la cruauté. La vraie clémence, César, est celle dont vous faites preuve, qui n'est point née d'une barbarie repentante, qui consiste à rester sans tache, à n'avoir jamais versé le sang des citoyens. C'est, au sein de la toute-puissance, véritablement régner sur soi-même, c'est être l'amour de l'univers, cette commune patrie si dévouée pour vous, que de ne se laisser ni enflammer de passions coupables ou irréfléchies, ni corrompre aux exemples de ses prédécesseurs, que de ne pas tenter jusqu'où va la rigueur de ses droits sur les peuples, mais, au contraire, d'émousser le glaive du pouvoir.

Grâce à vous, ô Néron ! Rome est pure de supplices ; et votre belle âme a pu se glorifier *de n'avoir pas versé dans le monde entier une goutte de sang humain*, chose d'autant plus grande et admirable que jamais le glaive ne fut confié à de plus jeunes mains. La clémence, revenons-y, ne donne pas seulement de la gloire, elle est aussi une sauvegarde : c'est l'ornement de tout empire et en même temps son plus sûr appui. Pourquoi en effet les bons rois vieillissent-ils en paix et transmettent-ils le sceptre à leurs fils et à leurs petits-fils, tandis que le règne des tyrans est aussi détesté qu'éphémère? Par quoi se distingue le tyran du bon roi? car en apparence leur fortune, leur puissance est la même. N'est-ce pas que le premier sévit par plaisir; le second, seulement par justice et par nécessité?

XII. « Eh quoi ! les rois aussi n'infligent-ils pas souvent la mort? » Oui, quand l'intérêt public les y détermine; mais le tyran, la cruauté lui tient au cœur. Le tyran s'il diffère du roi, c'est par les actes, non par le titre. Denys l'ancien peut en toute justice être mis au-dessus de bien des rois; et rien n'empêche d'appeler tyran L. Sylla, dont les égorgements ne cessèrent que faute d'ennemis. Qu'importe qu'il soit descendu de la dictature, qu'il ait repris la toge d'homme privé? quel tyran but jamais le sang humain aussi avidement que lui, qui fit massacrer à la fois sept mille citoyens romains ; qui, voisin du massacre et siégeant près du temple de Bellone, entendait les cris confus de cette multitude gémissante sous le glaive, et disait au sénat épouvanté : « Continuons, pères conscrits, c'est une poignée de séditieux que je fais mettre à mort? » Il disait vrai : ce n'était pour lui qu'une poignée d'hommes. Tout à l'heure, à ce propos (a), nous déciderons comment il faut sévir contre des ennemis, quand ce sont des concitoyens, des membres d'une même république qui s'en sont détachés pour passer à l'état d'ennemis.

C'est donc, comme je le disais, par la clémence que la grande différence du roi au tyran se manifeste. Tous deux peuvent également s'entourer d'armes : mais chez l'un, elles sont le rempart de la paix publique ; l'autre les a pour comprimer de puissantes haines par une puissante terreur. Et ces bras même, auxquels il se confie, il ne les voit pas sans effroi; les ressentiments des peuples accroissent ses ressentiments ; détesté parce qu'il est craint, il veut se faire craindre parce qu'on le déteste, et il adopte l'infernale maxime qui a perdu tant de ses

---

(a) L'édition Lemaire porte : *Sed mox ille Sulla : Consequamur quomodo....* (Puis Sylla ajouta : Décidons comment....) Je lis avec un Mss. de Fickert : *Sed mox de Sulla consequamur....*

pareils : *Qu'on me haïsse, pourvu que l'on tremble* [26] ! Il ignore quelle explosion s'apprête, quand la mesure des haines est comblée. En effet, une crainte modérée contient les esprits ; mais continuelle, violente, mais si elle met l'homme en face des suprêmes périls, elle relève l'audace des plus abattus et pousse à tout entreprendre. Ainsi une enceinte de cordes et de plumes tient en respect l'animal sauvage ; mais pris à dos par le piqueur dont les traits le harcèlent, il tentera de se faire jour à travers l'obstacle qu'il fuyait et foulera aux pieds l'épouvantail [27].

Le courage le plus ardent est celui que l'extrême nécessité fait éclater. Il faut que la crainte laisse encore quelque sécurité et fasse envisager bien plus d'espoir que de péril ; autrement, si la soumission n'en a pas moins à trembler, on n'aspire plus qu'à heurter de front le péril, on fait bon marché d'une vie dont on n'était plus maître. Un roi humain et débonnaire a des auxiliaires fidèles qu'il emploie au salut de l'État ; le soldat est fier de penser que la sécurité publique est son ouvrage ; point de travaux qu'il n'endure avec joie : c'est un père qu'il garde. Quant au tyran farouche et sanguinaire, nécessairement ses satellites lui pèsent.

XIII. Pourrait-il les avoir fidèles et dévoués, ces hommes de tortures, de chevalets et de supplices, auxquels il jette comme à des bêtes des citoyens à dévorer? Plus anxieux, plus soucieux (a) que les plus grands criminels, car il appréhende et les hommes et les dieux témoins et vengeurs des forfaits, il est venu au point de ne pouvoir changer de caractère. Entre autres maux, en effet, ce qu'a de plus affreux la cruauté, c'est son besoin de persévérer ; et le retour au bien ne lui est plus ouvert. De nouvelles fureurs doivent soutenir les premières [28] ; quel plus grand malheureux que l'homme pour qui le crime est une nécessité?

O qu'il est digne de pitié, à ses yeux du moins, car le plaindre serait impie, celui qui ne signale sa puissance que par les meurtres et les rapines, à qui tout est devenu suspect, sa cour aussi bien que son peuple! Il redoute les armes, et c'est aux armes qu'il a recours ; il ne peut croire ni à la foi d'un ami ni à l'amour d'un fils. S'il envisage tout ce qu'il a fait, tout ce qu'il va faire, s'il descend dans cette conscience chargée de crimes et de remords, bien souvent il craint la mort,

---

(a) *Omnibus rebus* leçon vulgaire. Je lis *reis obnoxior* avec J. Lipse. Un manusc. *reis noxior*. Un autre : *reis obnoxior*.

plus souvent il la désire, plus odieux à lui-même qu'à ceux qu'il opprime.

Celui au contraire qui, veillant à tous les intérêts, bien qu'il en défende plus spécialement quelques-uns, alimente comme siennes [29] toutes les parties du corps social ; celui qui, porté par nature à la bonté, lors même qu'il convient de sévir, laisse voir avec quelle répugnance il prête son bras à la rigueur préservatrice des lois ; qui n'a dans l'âme rien d'hostile, rien de farouche ; qui exerce doucement une autorité salutaire, qui veut la faire aimer, trop heureux si de sa prospérité tous avaient leur part ; qui est affable dans ses discours, et d'un abord facile ; dont le visage, et c'est ce qui gagne surtout les peuples, respire l'amabilité ; qui, favorable aux vœux légitimes, repousse sans aigreur ceux qui ne le sont pas, celui-là est chéri, défendu, vénéré de tous ses sujets. Les entretiens secrets parlent de lui de la même manière que les harangues. On désire sous lui d'être père ; et la stérilité, compagne forcée des maux publics, disparaît : on croit bien mériter de ses enfants en les faisant naître dans un si beau siècle. Un tel prince est gardé par ses bienfaits ; il n'a nul besoin de satellites : pour lui les armes sont une décoration [30].

XIV. Quel est donc le devoir d'un prince ? Celui d'un bon père, qui tantôt reprend ses enfants avec douceur, tantôt les menace, et parfois même frappe pour mieux avertir. Un homme sensé ne déshérite pas son fils au premier mécontentement. A moins que des torts graves et répétés n'aient vaincu sa patience, à moins qu'il n'appréhende des fautes plus grandes que celles qu'il punit, sa main se refuse toujours à signer le fatal arrêt. Il fait d'abord mille tentatives pour rappeler ce caractère indécis des sentiers mauvais où il glisse ; c'est quand tout espoir est perdu, qu'il essaye des moyens extrêmes ; car on n'a recours aux grands châtiments que si tout remède est épuisé.

Cette tâche du père est aussi celle du prince que nous appelons père de la patrie sans qu'une vaine flatterie nous y porte, car ses autres surnoms sont purement honorifiques. Ceux de grand, d'heureux, d'auguste, et tous les titres possibles dont nous surchargeons une fastueuse majesté, sont pour elle un banal tribut ; mais nommer le prince père de la patrie [31], c'est lui dire que le pouvoir qui lui fut remis est tout paternel, qu'il doit être le plus tempéré de tous, plein de sollicitude pour ses enfants, et placer leurs intérêts avant les siens. Père, il ne se décidera que bien tard à retrancher l'un de ses membres : l'a-t-il retranché, il voudrait pouvoir le remettre en place; il gémira de la séparation; il aura beaucoup et longtemps hésité. Qui condamne précipitamment est près de condamner avec plaisir, et l'extrême rigueur touche à l'injustice. De nos jours Erixon, chevalier romain, pour avoir fait périr son fils sous le fouet, fut dans le forum percé de coups de poinçons [32] par le peuple. A peine l'autorité d'Auguste put-elle l'arracher aux mains indignées des fils et des pères.

XV. T. Arius, qui, ayant surpris son fils en flagrant délit de parricide, l'avait exilé après avoir instruit son procès, fut admiré de tout le monde pour s'être borné à l'exil et à un exil bien doux, car il relégua le coupable à Marseille et lui fit une pension annuelle égale à celle qu'il recevait avant son crime. Grâce à cette généreuse conduite, dans une ville où jamais défenseur ne manqua même aux plus grands forfaits, nul ne mit en doute la justice d'une sentence portée par ce père qui avait pu condamner son fils, mais qui ne pouvait le haïr. Ce même exemple va vous donner à comparer un bon prince avec un bon père.

Prêt à juger son fils, T. Arius avait prié Auguste de faire partie du tribunal domestique (a). Auguste donc vint chez un simple citoyen, prit place et s'assit au conseil d'une famille étrangère. Il ne dit pas : « Qu'il vienne dans mon palais; » c'eût été déférer l'enquête à l'empereur et non au père. Après l'audition de la cause et la discussion de tous les moyens de défense du jeune homme et des charges qu'on lui opposait, le prince demanda que chacun votât par écrit, de peur que l'opinion de tous ne fût celle qu'eût émise l'empereur. Puis, avant l'ouverture des votes, il jura que la succession d'Arius, homme opulent, ne serait point acceptée par lui [33].

On me dira : « Il y avait de la faiblesse d'âme dans cette crainte de paraître vouloir s'ouvrir des chances par la condamnation du fils; » mon avis est tout autre. Tout citoyen comme nous eût eu nécessairement dans une bonne conscience de quoi braver les interprétations malignes : un prince doit beaucoup faire pour l'opinion. Auguste jura qu'il n'accepterait point la succession. Ainsi Arius perdit le même jour deux héritiers; mais l'empereur avait racheté la liberté de son

---

(a) Tribunal auquel étaient soumis les fils de famille et aussi la femme devenue *fils de famille* par la confarréation.

vote, et après avoir prouvé que sa sévérité était désintéressée, ce qu'un prince doit toujours avoir à cœur, il opina ainsi : « Que le fils soit exilé où le père voudra. » Il ne vota ni pour le supplice du sac et des serpents (*a*), ni pour la prison ; il songea non sur qui il prononçait, mais dans quel conseil il siégeait. Un père, dit-il, devait se contenter de la peine la plus douce, infligée à un fils adolescent encore, qu'on avait poussé à un crime pour lequel il avait fait voir une timidité voisine de l'innocence : il suffisait de l'éloigner de Rome et des regards paternels.

XVI. O prince bien digne d'être appelé au conseil des pères, et digne d'être nommé cohéritier même de fils innocents! Voilà la clémence qui sied au souverain, celle qui, quelque part qu'elle se montre, y fait prévaloir la douceur en toutes choses. Nul ne doit être assez abject pour que sa mort ne soit pas sentie par le prince : quel qu'il soit, il est membre de l'État. Cherchons pour exemple au pouvoir suprême des autorités moindres, et il en est de plus d'un genre : le prince commande à ses sujets, le père à ses enfants, le précepteur à ses disciples, le tribun ou le centurion à ses soldats. Ne jugerait-on point détestable père celui qui sans cesse, pour les plus légères causes, accablerait de coups ses enfants ? Quel maître d'arts libéraux est le plus digne de sa profession, ou de celui qui frappe en bourreau ses élèves si leur mémoire est en défaut, si leur coup d'œil n'est pas assez prompt pour lire sans hésiter, ou de celui qui aime mieux les corriger par de simples avis et les reprendre en les piquant d'honneur? Un tribun, un centurion implacable fera des déserteurs, et pour ceux-ci il y a pardon. Car enfin est-il juste de commander avec plus de rigueur et de dureté à l'homme qu'au stupide animal? Et encore, l'écuyer habile n'effarouche pas par des coups redoublés le cheval qu'il veut dompter ; il le rendrait ombrageux et rétif, s'il ne lui faisait sentir pour l'apaiser une main caressante. Ainsi le chasseur qui dresse de jeunes chiens à suivre la piste, ou qui les emploie, déjà exercés, à lancer ou à poursuivre le gibier, ne les menace pas trop souvent, ce serait les décourager et éteindre leur noble instinct dans le sentiment dégénéré de la peur; mais il ne les laisse pas non plus errer et vaguer à leur fantaisie. Ainsi encore les conducteurs de bêtes de somme, de ces races indo-

---

(*a*) On cousait les parricides dans un sac de cuir avec un serpent, un singe, un coq et un chien, et on les jetait dans la rivière.

lentes nées pour l'insulte et les mauvais traitements, les poussent souvent par trop de cruauté à secouer le joug.

XVII. Il n'est point d'être moins facile, et qu'il faille gouverner avec plus d'art que l'homme, aucun qu'il faille plus ménager. Car quoi de moins raisonnable que ceci : on rougira de décharger sa colère sur des bêtes de somme ou des chiens, et la pire condition sera celle de l'homme soumis à l'homme? On traite les maladies, on ne s'irrite pas contre elles : or il y a ici maladie morale, elle a besoin d'une cure indulgente; que l'homme qui l'applique n'ait aucune aigreur contre nous. Mauvais médecin que celui qui désespère, pour n'avoir pas à guérir. Telle doit être, envers les âmes malades, la conduite du chef à qui le salut de tous est commis : ne pas dès l'abord repousser tout espoir, ne pas déclarer les symptômes mortels. Qu'il lutte contre les vices, qu'il tienne bon; qu'il fasse honte aux uns de leur mal, qu'il amuse les autres par des lénitifs, et la cure ainsi déguisée réussira mieux et plus tôt. Le prince doit s'étudier non-seulement à guérir, mais à ne laisser que d'avouables cicatrices. Il ne tire nulle gloire d'un châtiment cruel : qui doute en effet de sa puissance? La gloire est immense au contraire de suspendre ses coups, d'arracher de nombreuses victimes à la colère des autres et de n'en immoler aucune à la sienne.

XVIII. Il est beau de commander avec douceur aux esclaves : il faut qu'un maître considère non ce qu'il peut leur faire impunément souffrir, mais ce qu'autorisent l'équité et la bonté qui ordonnent aussi d'épargner des captifs, des malheureux achetés à prix d'argent. A combien plus juste titre ordonnent-elles de ne pas traiter des hommes libres, de sang noble, d'illustre race, comme des esclaves dont on abuse, de voir en eux des citoyens que vous précédez par le rang, et dont on vous livra non la propriété, mais la tutelle! L'esclave trouve asile au pied de la statue impériale. Comme esclave, tout m'est permis contre lui; comme homme, il est des choses que me défendent le droit commun de tout ce qui respire et la nature, qui l'a fait mon semblable. Qui ne portait à Védius Pollion (a) plus de haine que ses esclaves mêmes, lui qui engraissait de chair humaine ses lamproies et qui, pour la moindre faute, faisait jeter ces infortunés dans son vivier, que dis-je? dans son réservoir de serpents? Monstre digne de mille morts, soit qu'il se repût

---

(a) Voy. de la Colère, III, xl. Pline, Hist. IX, xxix.

des lamproies qui avaient dévoré ses esclaves, soit qu'il n'eût ces animaux que pour les nourrir de la sorte! Si les maîtres impitoyables sont montrés du doigt par toute la ville qui les réprouve et les déteste; l'iniquité des rois et leur mauvais renom s'étendent plus au loin et les livrent à la haine des siècles. Qu'il eût mieux valu ne pas naître, que de voir sa naissance comptée parmi les calamités publiques!

XIX. Nul ne peut rien imaginer de plus glorieux que la clémence pour l'homme placé à la tête des autres, de quelque manière et à quelque titre qu'il y soit monté. Et certes, avouons-le, cette vertu est d'autant plus belle et magnifique que le pouvoir qui la pratique est plus grand; et le pouvoir ne doit jamais nuire, s'il se conforme aux lois de la nature. C'est elle en effet qui inventa la royauté, laquelle se retrouve chez les animaux et surtout chez les abeilles, dont le roi habite la cellule la plus spacieuse, à l'endroit le plus sûr et au centre de ses États. Il est de plus exempt de travail, lui qui surveille celui des autres; à sa mort tout l'essaim se disperse. Elles ne souffrent jamais plus d'un roi, et le combat révèle le plus digne. La forme de son corps est remarquable : il diffère de tous ses sujets tant par sa grosseur que par ses couleurs éclatantes; mais voici surtout ce qui le distingue : les abeilles sont très-irascibles, et, eu égard à leur petitesse, des plus ardentes à combattre, et elles laissent leur aiguillon dans la plaie; le roi seul est sans aiguillon. La nature n'a pas voulu qu'il fût cruel ni qu'il exerçât une vengeance qui lui coûterait trop cher : elle lui a retiré son arme, et sa colère reste inoffensive. Grande leçon pour les puissants de la terre! La nature, selon sa coutume, se manifeste dans de petits êtres, et de sublimes enseignements nous viennent de ses moindres ouvrages.

Rougissons de ne pas prendre exemple sur ces faibles animaux, nous dont le courroux doit se modérer d'autant plus que l'explosion en est plus funeste. Plût aux dieux que l'homme subît la même loi que l'abeille, que la vengeance se brisât avec l'arme et ne trouvât pas les moyens de porter plus d'un coup, ni d'autres bras pour servir ses fureurs! Elle se lasserait bien vite, si elle ne s'assouvissait qu'à ses dépens et n'exhalait son venin qu'au péril de sa vie. Et même, telles que sont les choses, elle ne le pourrait impunément. Force est au tyran d'éprouver toutes les peurs[34] qu'il inspire; il faut qu'il surveille toutes les mains, et qu'au moment même où nul ne complote, il se croie menacé, et qu'aucun instant de sa vie ne soit libre de crainte. Peut-on supporter une si douloureuse existence, quand il est si facile, sans faire de mal et, partant, sans en craindre, d'exercer une autorité tutélaire à la satisfaction de tous? Quelle erreur de croire qu'il y ait sûreté pour le prince, là où rien n'est en sûreté contre lui! Par la sécurité [35] qu'on donne on achète la sécurité. Il n'est pas besoin de bâtir de hautes forteresses, de munir de retranchements des collines escarpées, de tailler à pic les flancs des montagnes, de se hérisser de murailles et de tours : un roi sans gardes est protégé par sa clémence. Il n'est de rempart inexpugnable que l'amour des citoyens.

Quoi de plus beau pour le prince que de vivre entouré des vœux d'un peuple entier, vœux qui ne s'énoncent pas sous l'œil des délateurs; que de voir le moindre ébranlement de sa santé exciter non l'espoir, mais l'alarme de tous; de savoir que ses sujets n'ont rien de si précieux qu'ils ne sacrifient pour sauver ses jours et qu'ils se figurent éprouver eux-mêmes tous les biens qui peuvent lui arriver? Il prouve par les actes d'une bonté journalière que la république [36] n'est pas à lui, mais bien lui à la république. Qui oserait lui dresser quelque embûche? Qui ne souhaiterait, s'il était possible, détourner même les coups du sort loin d'un chef sous qui la justice, la paix, la pudeur, la sécurité, l'honneur fleurissent respectés, et qui maintient l'État enrichi dans l'abondance de tous les biens? il est contemplé comme le serait la divinité, si elle daignait se rendre visible à nos adorations et à notre culte. Car enfin, n'est-ce pas approcher des dieux que se montrer, comme est leur nature, bienfaisant, généreux, puissant pour le bonheur du monde? Voilà le but, voilà l'exemple à se proposer: n'être jugé le plus grand que pour qu'on vous juge aussi le meilleur.

XX. Un prince punit pour l'un de ces deux motifs : ou il se venge, ou il venge autrui. Discutons d'abord le motif qui le touche personnellement; car la modération est plus difficile, quand la vengeance est réclamée par le ressentiment et non pour l'exemple. Est-il besoin qu'ici j'avertisse de ne pas croire aisément, d'approfondir les choses, de présumer plutôt l'innocence, de montrer qu'aux yeux du juge l'affaire le touche, comme elle touche le prévenu. Ceci n'est que justice; la clémence n'a rien à y voir. Mais nous exhorterons le prince, lorsque l'offense est manifeste, à rester maître de lui-même, à faire grâce de la peine s'il le peut sans risque, sinon à la réduire; à se montrer enfin plus exorable dans sa cause que dans celle des autres. Comme en effet la générosité consiste non à se faire libéral du bien d'autrui, mais à donner ce qu'on s'ôte à soi-même; ainsi, j'appelle clément non pas l'homme qui fait bon marché des griefs d'autrui ; mais celui qui, poussé par les siens propres, ne bondit pas sous l'aiguillon ; qui a compris qu'il est d'une grande âme de souffrir les injures au faîte de la puissance, et que rien n'est plus digne de gloire qu'un prince qu'on offense et qui ne punit pas.

XXI. La vengeance d'ordinaire a ces deux effets : ou elle console de l'injure reçue ou elle rassure pour l'avenir. La condition du prince est trop haute pour avoir besoin qu'on le console ainsi, et sa puissance trop incontestée pour qu'il veuille la faire mieux reconnaître en perdant quelques malheureux. Je parle ici d'offenses ou d'attaques parties de rangs inférieurs; car ceux qui furent pour un temps ses égaux, s'il les voit tombés au-dessous de lui, que faut-il de plus à sa gloire[37]?

Un esclave, un serpent, une flèche peuvent tuer un roi; mais pour faire grâce il faut être plus grand que celui qu'on sauve. Le prince doit donc user généreusement du magnifique pouvoir qu'il tient des dieux, d'ôter ou de donner la vie; il le doit surtout envers ceux qu'il sait avoir tenu le même rang que lui. Leur sort est-il en ses mains, sa vengeance est complète, rien n'y manque : la peine est réelle, suffisante[38]. Car c'est avoir perdu la vie que de la devoir; et quiconque, jeté du haut des grandeurs aux pieds de son adversaire, a dû attendre la sentence d'un autre sur sa tête et sa couronne, n'existe désormais que pour la gloire de son sauveur, qui gagne bien plus à respecter ses jours qu'à l'effacer du nombre des vivants. C'est le perpétuel trophée de la vertu du triomphateur : traîné devant son char il n'eût fait que passer. Que si l'on peut sans risque lui laisser aussi son royaume, le rasseoir sur ce trône d'où il était tombé, combien ne s'en accroît pas le renom de celui qui de la défaite d'un ennemi n'a voulu que la gloire! Voilà triompher de sa victoire même et montrer qu'on n'a rien trouvé chez les vaincus qui fût digne du vainqueur[39]. A l'égard de sujets, d'inconnus, d'hommes sans nom, la modération est d'autant plus juste, qu'il y a moins de mérite à les avoir terrassés. Tantôt faites-vous une joie du pardon; tantôt dédaignez de frapper; éloignez-vous de faibles reptiles : ils souillent la main qui les écrase. Quant à ces hommes qui, amnistiés ou punis, feront l'entretien de tous, c'est le cas d'user d'une clémence solennelle.

XXII. Passons aux délits entre citoyens : la loi, en les punissant, poursuit un triple but que le prince aussi doit avoir en vue ; elle veut ou amender ceux qu'elle atteint, ou rendre les autres meilleurs par l'exemple du châtiment, ou que, les méchants disparus, la sécurité se rétablisse. Des peines modérées amenderont plus facilement les coupables : car celui-là s'observe et se conduit mieux qui n'est pas tout à fait mort à l'honneur. L'honneur perdu ne se ménage plus ; et c'est une autre impunité que de n'avoir plus de place pour le châtiment. Quant aux mœurs publiques, on les corrige mieux en étant sobre de punitions ; car le grand nombre des délinquants crée l'habitude du délit (a) ; on trouve moins lourde une flétrissure dont tant d'autres partagent le poids ; et la sévérité perd, par sa fréquence même, ce qu'elle a de plus efficace, l'influence de l'exemple. Un prince fonde les bonnes mœurs dans la société et en extirpe les vices, lorsqu'il sait les souffrir non en approbateur, mais en homme à qui les châtiments répugnent et dont le cœur saigne à les appliquer. On a honte de faillir quand c'est la clémence qui gouverne. La peine paraît bien plus grave, venant d'un juge connu pour sa douceur.

XXIII. D'ailleurs vous verrez se commettre plus souvent les crimes qui sont plus souvent punis. Votre père, en cinq ans, a fait coudre dans le sac fatal plus de parricides qu'on n'en a vu punir dans tous les siècles précédents. Les enfants se portaient bien moins fréquemment au dernier des forfaits, lorsqu'aucune loi ne l'avait prévu ; et ce fut par une haute prudence que d'éminents législateurs, consommés dans la science du cœur humain, aimèrent mieux passer ce crime sous silence, comme un phénomène incroyable et au-dessus de l'humaine audace, que de laisser voir en le proscrivant qu'il n'était pas impossible. Ainsi les parricides ont commencé avec la loi, et la peine a donné l'idée du crime. C'en est fait de la piété filiale, depuis que nous avons vu plus de sacs que de croix. Dans un état où l'on punit rarement, il s'établit un concert de moralité, et l'on s'y affectionne comme à un trésor commun. Qu'un peuple se croie moral, il le sera : il s'indigne bien plus contre ceux qui s'écartent de la règle générale, s'il les voit en petit nombre. Il est dangereux, croyez-moi, d'apprendre au peuple qu'il y a plus de méchants qu'il ne pense.

XXIV. On fit jadis, dans le sénat, la proposition de distin-

(a) Voy. *des Bienfaits*, III, XVI.

guer par le vêtement les esclaves des hommes libres; mais l'on sentit bien vite quel péril nous menacerait du jour où nos esclaves commenceraient à nous compter. Sachez que même chose est à craindre, si l'on ne fait grâce à personne : on verra bientôt combien l'emporte la masse des citoyens dépravés. La multitude des supplices fait aussi peu d'honneur au prince qu'au médecin celle des funérailles. Une autorité moins rude est mieux obéie. L'esprit humain est de sa nature indocile; il se cabre contre les obstacles et la contrainte; il suit plus volontiers qu'il ne se laisse conduire. Et comme un fier et généreux coursier se prête mieux à un frein plus léger, ainsi la moralité publique marche d'un mouvement spontané à la suite de la clémence; on apprécie cette vertu du prince et l'on veut se la conserver. Cette voie est donc la plus efficace. La cruauté est un vice qui n'est pas de l'homme, qui n'est pas digne de cette âme dont le fond est la douceur même. C'est une rage d'animal féroce que de se complaire au sang et aux plaies; c'est répudier le nom d'homme et se transformer en monstre des bois.

XXV. Réponds en effet, Alexandre, livrer Lysimaque à la fureur d'un lion [40], est-ce autre chose que le déchirer de tes propres dents? Ce lion c'est toi, cette férocité c'est la tienne. Oh! que tu voudrais être toi-même armé d'ongles et de mâchoires assez larges pour dévorer un homme tout entier! Je n'exige pas de toi que cette main, si infailliblement mortelle à tes amis, soit secourable pour aucun, ni que cette âme cruelle, insatiable fléau des nations, s'assouvisse sans meurtre et sans carnage (a); je t'appellerai clément si, pour mettre à mort un ami, tu prends ton bourreau chez les hommes. Voilà surtout ce qui rend la cruauté exécrable, c'est qu'elle passe d'abord les bornes légales, puis celles de l'humanité. Elle recherche des supplices nouveaux, elle s'ingénie, elle imagine des instruments pour varier et prolonger la douleur, elle se délecte à voir souffrir des hommes. Cette horrible maladie de l'âme est arrivée au plus haut degré de la démence, quand la barbarie devient pour elle un plaisir et le meurtre un passe-temps.

Derrière un pareil homme viennent les bouleversements, les haines, les poisons, les glaives; tout le menace d'autant de périls qu'il y a de gens menacés par lui : ici des embûches isolées,

---

(a) Deux manusc. portent *vocetur*, bien préférable à la leçon vulgaire *vocatur*.

ailleurs une révolte générale l'assiége. Car si un particulier qu'on immole n'émeut guère, ne soulève pas des cités; contre un fléau qui sévit au loin et qui s'attaque à tous, les traits partent de toutes parts. Tel reptile venimeux se dérobe par sa petitesse, et on ne se réunit pas pour le détruire; mais un serpent démesuré, qui a pris des proportions phénoménales, qui empoisonne les sources où il s'abreuve, qui brûle de son haleine et qui broie tout sur son passage, on l'attaque avec des balistes (a). Un faible mal peut nous abuser et nous échapper; s'il est extrême, on court à l'encontre. Ainsi un seul malade ne trouble même pas une maison; mais quand des morts multipliées ont signalé l'épidémie, le cri d'alarme est universel: on fuit, et la violence s'attaque aux dieux même. Que le feu éclate dans une seule demeure, la famille et les voisins viennent y jeter de l'eau; mais si l'incendie est vaste, s'il a déjà dévoré plusieurs édifices, on démolit, pour l'étouffer, une partie de la ville.

XXVI. Pour se venger des cruautés d'un maître, il a suffi du bras d'un esclave bravant l'inévitable supplice de la croix; mais les tyrans, des nations, des races opprimées par eux ou seulement menacées de l'être, se sont levées pour les exterminer. Leurs satellites même ont parfois tourné leurs armes contre eux et pratiqué sur leurs personnes les leçons de perfidie, de sacrilége, de férocité qu'ils avaient reçues d'eux⁴¹. Que peut-on espérer jamais de gens qu'on a soi-même formés au crime? L'iniquité n'est pas longtemps soumise et ne se borne pas au mal qu'on lui prescrit. Mais supposons la cruauté impunie, quel règne que le sien! Quel spectacle offre-t-il? celui d'une ville prise d'assaut, et l'effroyable aspect de la terreur générale. Tout n'est que désespoir, alarme, confusion : on redoute jusqu'au plaisir. Point de sécurité même à table, où l'ivresse aussi doit veiller soigneusement sur sa langue; même aux spectacles, où l'on cherche des prétextes pour vous accuser et vous perdre. Qu'importent ces coûteux appareils qu'ont payés les trésors des rois et que les plus fameux artistes concourent à embellir? Des jeux dans une geôle peuvent-ils plaire?

L'affreuse jouissance, bons dieux! que d'égorger, de torturer, de s'applaudir au bruit des chaînes, d'abattre des têtes de citoyens, de marquer son passage par des flots de sang, de voir à son aspect tout trembler, tout fuir! Qu'y aurait-il de

(a) Allusion au fameux serpent de Régulus.

pis à vivre sous l'empire des lions et des ours, à la merci des serpents et des animaux les plus destructeurs? Encore ces êtres privés de raison, prévenus selon nous et coupables de férocité, respectent-ils ceux de leur espèce; et chez les brutes du moins la ressemblance est une sauvegarde[42]. Le tyran, dans sa rage, méconnaît même les liens du sang; étrangers ou parents, tout lui est égal, pourvu qu'il s'exerce, par le meurtre des individus, à faucher des nations entières. Embraser des villes, faire passer la charrue sur d'antiques cités, c'est, pour lui, donner preuve de puissance; n'immoler qu'une ou deux victimes n'est pas assez royal; et si d'un même temps il ne fait tendre la gorge à toute une troupe de malheureux, il s'imagine que son droit de sévir est amoindri. Ah! plutôt quel bonheur n'est-ce point de sauver une foule d'hommes, de les rappeler comme du sein de la mort à la vie, et de mériter par sa clémence la couronne civique! Quel plus digne, quel plus beau laurier pour un front souverain que cette couronne : *Pour avoir sauvé des citoyens!* Que sont auprès ces faisceaux d'armes ravis aux vaincus, ces chars teints du sang des barbares, ces dépouilles, fruits de la conquête? C'est un pouvoir divin que celui qui sauve des multitudes d'hommes et des peuples; mais tuer en masse et sans distinction, un incendie, un mur qui s'écroule ont ce pouvoir-là.

LIVRE II.

I. Ce qui m'a engagé, Néron César, à écrire sur la clémence, c'est surtout une parole que je n'ai pu vous entendre proférer, ni redire moi-même à d'autres sans admiration; parole généreuse, magnanime, pleine d'humanité, qui non calculée, ni émise pour les oreilles de la foule, éclata tout à coup, et mit au grand jour la lutte d'un bon cœur avec les devoirs de votre rang. Près de sévir contre deux brigands, le préfet de vos cohortes, le vertueux Burrhus que vous, son prince, savez apprécier, vous pressait d'écrire le nom des coupables et pour quel motif vous vouliez punir : cette sanction, longtemps ajournée, il insistait pour l'obtenir enfin. Forçant sa répugnance et la vôtre, il vous présentait le papier, il vous le mettait en main, et vous vous écriâtes : *Je voudrais ne pas savoir écrire* [43] ! O réponse digne d'être entendue de toutes les nations qui couvrent le sol de l'Empire, et de celles qui jouissent sur nos confins d'une précaire indépendance, et de celles qui de fait ou d'intention nous sont hostiles! Qu'elle serait digne d'être transmise à l'assemblée générale des peuples pour servir de formule au serment de leurs chefs et de leurs rois! Comme elle rappelle l'innocence primitive du monde et mériterait de faire revivre ces anciens jours! Oui, c'est maintenant qu'il serait à propos de s'entendre pour revenir au juste et à l'honnête en bannissant la convoitise du bien d'autrui, source de toutes les corruptions du cœur : il serait temps qu'on vît la piété, l'intégrité, la foi, la modération renaître, et qu'après les excès de sa trop longue domination, le génie du mal fît à la fin place au règne du bonheur et de la vertu.

II. Cet avenir, César, est en grande partie le nôtre : j'en accepte et proclame avec joie l'augure. La douceur de votre âme va se répandre et pénétrer insensiblement dans tout le corps de votre empire; tout se va former sur votre modèle [44]. C'est à la tête que se rattache toute la santé de l'homme : c'est d'elle qu'il reçoit la vigueur et l'énergie, par elle qu'il languit et s'affaisse ; elle est l'esprit de vie comme le principe de mort. Et citoyens et alliés, tous se rendront dignes de la bonté du prince; on verra par tout le globe les vertus reparaître ; on abjurera l'esprit de violence.

Pardonnez si je m'arrête quelque peu à parler de vous. Ce n'est pas pour charmer votre oreille, telle n'est point ma coutume, et j'aimerais mieux vous choquer par la vérité que vous plaire par la flatterie [45]. Quel est donc mon but? Outre que je veux vous rendre le plus familiers qu'il se peut les actes et les paroles qui vous honorent, afin que ce qui est aujourd'hui l'élan d'une heureuse nature devienne un principe [46] réfléchi ; je songe en moi-même à cette foule de mots expressifs, mais horribles, passés en maximes sociales qui se répètent et circulent partout, comme celle-ci : *Qu'on me haïsse, pourvu qu'on me craigne!* ce qui ressemble à ce vers grec : *Que la terre à ma mort s'abîme dans les flammes* [47], et à mille traits de même espèce. Or je ne sais comment dans les âmes atroces, exécrables, la matière prêtait davantage pour rendre leur pensée avec vigueur et véhémence. Je ne connais pas une parole de douceur et de bonté dont l'énergie me frappe Pour conclure donc : donnez rarement, avec répugnance et après une longue hésitation, cette signature qu'il faut parfois nécessairement tracer, et qui vous faisait prendre l'écriture en haine; oui, selon votre usage, hésitez longtemps, ajournez plus d'une fois.

III. Et pour ne pas prendre le change à ce mot séduisant de clémence qui pourrait nous jeter dans un autre excès, examinons en quoi elle consiste, quelles sont et sa nature et ses limites. La clémence est la modération d'une âme qui a le pouvoir de se venger; ou bien, c'est l'indulgence du supérieur dans la punition de l'inférieur. Il est plus sûr de donner plusieurs définitions, de peur qu'une seule ne soit incomplète et, pour ainsi dire, n'échoue par un vice de formule : on peut donc encore appeler clémence une disposition de l'âme à la douceur dans l'application des peines. Une autre définition, qui trouvera des contradicteurs, quoiqu'elle approche le plus du vrai, serait celle-ci : la clémence est cette modération qui remet quelque chose de la peine due et méritée; on va se récrier et dire qu'aucune vertu ne fait rien de moins que ce qu'elle doit. Et cependant tous reconnaissent la clémence dans cette retenue de l'âme qui reste en deçà de ce que la justice pouvait infliger. L'ignorance croit que la sévérité est le contraire de la clémence; mais jamais vertu ne fut le contraire d'une autre vertu.

IV. Quel est donc l'opposé de la clémence? La cruauté, qui n'est autre chose qu'un excès de rigueur dans la mesure des châtiments. Mais il est des hommes qui, sans avoir à châtier, sont néanmoins cruels : ceux, par exemple, qui tuent des inconnus, des passants, non en vue d'un profit, mais pour le plaisir de tuer. Et non contents d'assassiner, ils torturent, comme Sinis, comme Procuste, comme les pirates qui accablent de coups leurs captifs et les jettent vivants dans les flammes. Voilà aussi de la cruauté : mais n'étant pas une suite de la vengeance, car il n'y a pas eu offense, ni dû courroux qu'excite un méfait, puisqu'aucun crime ne l'a provoquée, elle est en dehors de notre définition, laquelle ne comprend que l'excessive rigueur dans les punitions. Nous pourrions dire : c'est être plus que cruel, c'est être féroce que de se faire une joie de torturer; nous pourrions dire : c'est de la démence; car il en est de plus d'un genre, et la plus caractérisée est celle qui va jusqu'à massacrer et déchirer des hommes. J'appellerai donc cruels ceux-là seulement qui punissent, non sans motif, mais sans mesure. Tel était Phalaris qui, dit-on, sévissait non pas contre des innocents, mais au delà des bornes de l'humanité et de la raison. Nous pourrions prévenir toute chicane en définissant la cruauté un penchant de l'âme vers le parti le plus rigoureux. La cruauté et la clémence sont choses qui se repoussent; mais la sévérité s'allie certes bien avec la première. Et c'est ici le lieu de se demander ce que c'est que la compassion. Généralement elle est louée comme une vertu; et l'on appelle bon l'homme compatissant. Mais cet état de l'âme est pure faiblesse. La cruauté et la compassion sont sur les limites, l'une de la sévérité, l'autre de la clémence : il faut se garder ou de tomber dans la cruauté en croyant se montrer sévère, ou dans la compassion qu'on aurait prise pour de la clémence. En ce dernier cas le mécompte offre moins de péril; mais l'erreur est égale dès qu'on sort de la vraie mesure.

V. De même donc que la religion honore les dieux, et que la superstition les outrage (*a*); de même tout homme de bien se montrera clément et doux, mais il évitera la compassion [48]. Car c'est le vice d'une âme pusillanime que de défaillir à l'aspect du mal d'autrui; et les moins nobles caractères y sont le plus sujets. Ce sont des vieilles et des femmelettes que les larmes des plus grands scélérats émeuvent, et qui briseraient, si elles pouvaient, les portes de leur prison. La compassion considère non la cause, mais le sort de celui qui souffre; la clémence concorde avec la raison. Je sais que la secte stoïcienne est mal famée auprès des ignorants, comme trop dure, comme incapable de donner aux princes et aux rois aucun bon conseil. On lui reproche de dire que son sage ne s'apitoie jamais, ne pardonne jamais : doctrine qui, ainsi présentée, est odieuse. Car elle semble ravir tout espoir aux faiblesses humaines, et appeler au châtiment les moindres peccadilles. S'il en est ainsi (*b*), que penser d'une école qui ordonnerait d'oublier qu'on est homme et qui fermerait le seul port assuré contre la Fortune, le recours de l'homme à son semblable? Mais non : il n'est point de secte plus bienveillante, plus douce, plus amie du genre humain, plus vouée aux intérêts de tous; car elle a pour loi d'être utile et secourable, et de songer non pas seulement à soi-même, mais à la société comme aux individus.

(*a*) Voy. lettre CXXIII.
(*b*) Passage altéré. *Quidni hæc scientia* ou *quid in hac*... leçon des Mss. Je propose *quidnam hæc*...

La compassion est une impression maladive à l'aspect des misères d'autrui, ou un chagrin qu'on éprouve à l'idée qu'elles ne sont pas méritées. Or la maladie morale n'atteint point le sage : son âme est toute sereine, et aucun nuage ne peut l'obscurcir. Rien ne sied mieux (*a*) à l'homme que les sentiments élevés : or il ne peut les avoir tels, celui que la crainte abat, dont le cœur est en deuil et se serre de tristesse. C'est ce qui n'arrivera pas au sage, même dans ses propres infortunes : il repousse tous les traits du sort dont le courroux se brise à ses pieds; son visage est toujours le même, calme, impassible, ce qui ne pourrait être si le chagrin avait accès en lui. Ajoutez qu'au sage appartiennent la prévoyance et la promptitude du conseil : or jamais rien de pur et de net ne sort d'une source troublée. Le chagrin ôte à l'homme sa clairvoyance, le génie des expédients, la faculté de fuir le péril, d'apprécier ce qui est juste. Le sage n'a donc point cette *compassion*, qui n'est qu'une malheureuse *passivité* de l'âme; mais tout ce que font d'ordinaire les compatissants[49], il le fera de lui-même, et dans un autre esprit.

VI. Il consolera ceux qui pleurent, sans pleurer avec eux; il tendra la main au naufragé, donnera l'hospitalité au proscrit et l'aumône au nécessiteux, non cette aumône humiliante que la plupart de ceux qui veulent passer pour compatissants jettent avec dédain à ceux qu'ils assistent et qu'ils craindraient même de toucher; il donnera ce que l'homme doit à l'homme sur le patrimoine commun. Il rendra le fils aux larmes de la mère, il fera détacher ses fers, il le retirera de l'arène, il donnera même la sépulture au criminel; mais dans tous ses actes il sera calme d'esprit et de visage. Ainsi le sage ne s'apitoiera pas; il secourra, il obligera, lui né pour aider ses semblables et travailler au bien public dont il offre à chacun sa part. Il y a même certains méchants, en partie condamnables, mais qu'on peut amender, sur lesquels sa bonté s'étendra. C'est surtout aux grandes misères courageusement subies qu'il sera heureux de porter secours. Chaque fois qu'il le pourra, il corrigera les torts de la Fortune : où emploierait-on mieux les richesses, le pouvoir, qu'à relever ce que le sort a jeté par terre? Son visage ni son âme ne trahiront nulle défaillance en voyant la jambe desséchée d'un mendiant, ses haillons (*b*), sa maigreur,

---

(*a*) *Nihilque quam magnus*, leçon Lemaire. Je préfère le Mss : *nihilque æque hóminem, quam....*

(*b*) Texte corrompu. Un Mss. *obcrusati cujus aredum aut panno jam*

sa vieillesse courbée sur un bâton. Mais il obligera tous ceux qui en seront dignes ; et, à l'exemple des dieux, sa prédilection sera pour le malheur. La commisération est voisine de la misère ; elle a quelque chose d'elle et participe de sa nature. Il n'est, sachez-le bien, que des yeux malades qui, en voyant d'autres yeux [30] couler, larmoient à leur tour; tout comme certes ce n'est pas gaieté, mais faiblesse de nerfs, que de rire toujours lorsque rient les autres, et de bâiller par contre-coup à chacun de leurs bâillements. La commisération est l'infirmité d'une âme trop sensible à l'aspect de la misère : l'exiger du sage serait presque vouloir qu'il se lamentât et s'en vînt gémir aux funérailles du premier venu [31].

VII. Mais pourquoi ne pardonne-t-il pas? Je vais le dire. Établissons d'abord ce que c'est que le pardon, pour qu'on sache que le sage ne doit pas l'accorder. Le pardon est la remise d'une peine méritée. Pourquoi le sage ne doit-il pas faire cette remise? On en trouve les raisons longuement déduites chez ceux qui ont traité cette matière. Je serai plus bref, le débat n'étant pas soulevé par moi; je dirai : On pardonne à celui qu'on devait punir : or le sage ne fait jamais ce qu'il ne doit pas et n'omet jamais ce qu'il doit faire; il ne remet donc pas la peine qu'il doit infliger ; mais ce que vous demandez au pardon, le sage prend une voie plus honorable pour l'accorder : il épargne, il conseille, il rend meilleur. Il agit comme s'il pardonnait, et il ne pardonne pas; parce que pardonner, c'est avouer qu'on omet quelque chose de ce qu'on eût dû faire. Il admonestera l'un de paroles seulement, sans lui appliquer d'autre peine, eu égard à son âge susceptible encore d'amendement; cet autre, victime manifeste de préventions outrées, il le déclarera quitte, comme dupe d'une erreur ou ayant failli dans l'ivresse. Il renverra des prisonniers de guerre sains et saufs, quelquefois même avec éloge, si c'est pour de nobles motifs, pour la foi jurée, pour les traités, pour la liberté qu'ils ont pris les armes. Ce sont là des actes non de pardon, mais de clémence. La clémence a son libre arbitre : elle ne juge pas d'après un texte, mais selon l'équité la plus large : elle a droit d'absoudre et de régler le litige au taux qu'il lui plaît. Non qu'elle fasse rien en cela de moins que ne veut la justice, mais c'est qu'elle voit dans ses arrêts la justice

---

maciem d'où on a fait : *ob æruscantis civis aridam ac pannosam maciem....* Je propose, en changeant bien moins : *ob crus alicujus aridum aut pannosam m....*

même. Pardonner, c'est ne pas punir ce qu'on juge punissable, c'est remettre une peine exigible. Faire acte de clémence, c'est en principe proclamer que l'homme qu'on acquitte n'était passible de rien de plus. C'est donc un acte plus complet que le pardon, et plus honorable. En tout ceci, selon moi, on dispute sur les mots : sur les choses même on est d'accord. Le sage fera remise de beaucoup ; il sauvera bien des âmes malades, mais qui ne seront pas incurables. Il imitera l'habile agriculteur, qui ne soigne pas seulement les arbres droits et de belle venue, mais qui adapte à ceux dont une cause quelconque faussait la croissance des appuis qui les redressent ; il ébranche le pourtour de celui-ci que des rameaux trop touffus empêcheraient de s'élancer ; il fume le pied de celui-là qui dépérissait par défaut du sol ; il donne de l'air à cet autre qu'étouffait l'ombre de ses voisins. Ainsi le véritable sage discernera les caractères et comment chacun doit être traité, comment les penchants dépravés se rectifient....

DE LA BRIÈVETÉ DE LA VIE.

I. La plupart des mortels, Paulinus, se plaignent [1] de l'avarice de la nature : elle nous fait naître, disent-ils, pour si peu de temps ! ce qu'elle nous donne d'espace est si vite, si rapidement parcouru ! enfin, sauf de bien rares exceptions, c'est alors qu'on s'apprête à vivre, que la vie nous abandonne. Et sur ce prétendu malheur du genre humain la multitude et le vulgaire ignorant n'ont pas été seuls à gémir : même des hommes célèbres s'en sont affligés et n'ont pu retenir leurs plaintes. De là cette exclamation du prince de la médecine : *La vie est courte, l'art est long.* De là aussi Aristote fait le procès à la nature et lui adresse ce reproche, si peu digne d'un sage, que libérale pour les animaux seulement, elle leur accorde cinq et dix siècles de vie, tandis que l'homme, né pour des choses si grandes et si multipliées, finit bien en deçà d'un si long terme [2].

Non : la nature ne nous donne pas trop peu : c'est nous qui perdons beaucoup trop. Notre existence est assez longue et largement suffisante pour l'achèvement des œuvres les plus vastes, si toutes ses heures étaient bien réparties. Mais quand elle s'est perdue dans les plaisirs ou la nonchalance, quand nul acte louable n'en signale l'emploi, dès lors, au moment suprême et inévitable, cette vie que nous n'avions pas vue marcher, nous la sentons passée sans retour. Encore une fois, l'existence est courte, non telle qu'on nous l'a mesurée, mais telle que nous l'avons faite ; nous ne sommes pas pauvres de jours, mais prodigues. De même qu'une ample et royale fortune, si elle échoit à un mauvais maître, est dissipée en un moment, au lieu qu'un avoir médiocre, livré à un sage économe, s'accroît par l'usage qu'il en fait ; ainsi s'agrandit le champ de la vie par une distribution bien entendue.

II. Pourquoi nous plaindre de la nature ? Elle s'est montrée généreuse. La vie, pour qui sait l'employer, est assez longue. Mais l'un est possédé par l'insatiable avarice; l'autre s'applique péniblement à d'inutiles labeurs; un autre est plongé dans l'ivresse, ou croupit dans l'inaction, ou s'épuise en intrigues toujours à la merci des suffrages d'autrui, ou, poussé par l'aveugle amour du négoce, court dans l'espoir du gain sur toutes les terres, sur toutes les mers. Dévorés de la passion des armes, certains hommes ne rêvent que périls pour l'ennemi, ou tremblent pour eux-mêmes; ceux-ci, pour faire aux grands une cour sans profit, se consument dans une servitude volontaire. Ceux-là, sans nul relâche, ambitionnent la fortune d'autrui ou maudissent la leur. Le plus grand nombre, sans but déterminé, sont les jouets d'un esprit mobile, irrésolu, mécontent de soi, qui les promène de projets en projets. Quelques-uns ne trouvent rien qui leur plaise et où ils doivent diriger leurs pas : engourdis et bâillants, la mort vient les surprendre; tant cette sentence, échappée comme un oracle de la bouche d'un grand poëte (*a*), est à mon sens incontestable

> De notre vie, hélas! la plus grande partie
> Est celle où nous vivons le moins.

Tout le reste n'est point vie, mais durée (*b*). Les vices sont là qui assaillent ces hommes de toute part, qui ne souffrent pas qu'ils se relèvent, qu'ils portent en haut leur regard, pour voir où luit la vérité : ils les tiennent plongés, abîmés dans d'immondes désirs[3]. Jamais loisir de revenir à soi : si parfois le hasard les gratifie d'un peu de calme, comme sur une mer profonde, où les vagues roulent encore après la tempête, leur agitation persiste, les passions ne leur laissent jamais de repos[4].

Je ne parle là, penses-tu, que de gens dont chacun avoue les misères. Vois les heureux autour desquels la foule s'empresse : leur prospérité les suffoque. Que de riches auxquels pèsent leurs richesses! Que d'hommes dont l'éloquence ardente à s'étaler, à fournir chaque jour sa carrière, arrache le sang de leurs poumons[5]! Combien sont pâles de leurs continuelles débauches! Combien immolent complétement leur liberté au peuple de clients qui déborde autour d'eux! Parcours enfin tous les rangs, des plus humbles aux plus élevés : l'un assigne, l'autre comparaît; l'un est accusé, l'autre défenseur,

---

(*a*) Ménandre.
(*b*) Lemaire : *certum.... omne spatium.* Tous les Mss., sauf un : *ceterum...*

un troisième est juge : aucun n'est à soi-même, tous se consument pour ou contre un autre. Demande ce que font ces hommes, dont les noms chargent la mémoire des nomenclateurs (a); voici tous leurs traits distinctifs : l'un s'emploie pour celui-ci, l'autre pour celui-là, aucun pour soi-même. Et l'on en voit se plaindre, avec une indignation bien folle, du dédain de leurs grands patrons qui, lorsqu'on veut les aborder, n'ont pas un moment à donner! Oses-tu bien accuser la morgue d'autrui, toi qui jamais ne trouves un moment pour toi-même? Cet homme du moins, quel qu'il soit, si hautain de visage, t'a regardé enfin ; il a prêté l'oreille à tes discours, il t'a admis à ses côtés ; toi, tu n'as jamais daigné t'envisager, ni te donner audience.

III. Ne crois donc pas qu'on te doive rien pour de tels offices : lorsqu'en effet tu les rendais, c'était, non par désir de te donner à autrui, mais par impuissance de rester avec toi. Quand les plus brillants génies qui furent jamais s'uniraient en ce point, ils ne pourraient s'émerveiller assez d'un tel aveuglement de l'esprit humain. On ne laisse envahir ses champs par qui que ce soit ; au plus mince différend sur les limites, on a recours aux pierres et aux armes; mais sur sa vie on laisse empiéter qui le veut; bien plus : soi-même on introduit les usurpateurs. Vous ne trouvez personne qui veuille partager son argent avec vous : entre combien de gens n'éparpille-t-on pas son existence? Sévères économes de nos patrimoines, s'agit-il de dépenser le temps, nous sommes prodigues à l'excès du seul bien dont il serait beau d'être avare [6]. Volontiers prendrais-je dans la foule des vieillards le premier venu pour lui dire : « Te voici arrivé au dernier période de la vie humaine ; cent ans ou plus pèsent sur ta tête : voyons, rappelle ton passé, fais-lui rendre compte. Dis ce que t'en a dérobé un créancier, une maîtresse, un plaideur, un client, tes querelles conjugales, l'ordre à maintenir parmi tes gens, tes courses officieuses par la ville. Ajoute les maladies qui furent ton ouvrage, et tout le temps que tu laissas stérile, tu te verras plus pauvre d'années que tu n'en supputes. Repasse en ta mémoire combien de fois tu as été fixe dans tes projets; combien de jours ont eu l'emploi que tu leur destinais; quel usage tu as fait de ton être; quand ton front est demeuré calme et ton âme exempte de trouble; quelle œuvre dans un si long es-

---

(a) Voy. *Tranquillité de l'âme,* XII; *Constance du sage,* XIV

pace a été par toi menée à fin ; que de gens ont mis ta vie au pillage quand toi tu ne sentais pas ce que tu perdais ; combien les vaines douleurs, les folles joies, les avides calculs, les conversations décevantes ont absorbé de tes moments : vois le peu qui t'est resté de ton lot ; tu reconnaîtras que tu meurs trop jeune. »

IV. D'où vient donc tout le mal, ô hommes ? Vous vivez comme si vous deviez toujours vivre ; jamais il ne vous souvient de votre fragilité. Loin de mesurer la longueur du temps écoulé, vous le laissez perdre comme s'il coulait à pleins bords d'une source intarissable ; et peut-être ce jour que vous sacrifiez à tel homme ou à telle affaire est le dernier de vos jours. Vous craignez tout [7], comme de chétifs mortels ; et comme des dieux vous voulez tout avoir. Rien de si ordinaire que d'entendre dire : « A cinquante ans je quitterai tout pour la retraite ; à soixante ans je prendrai congé des emplois. » Et qui donc te garantit que tu dépasseras ce terme ? Qui permettra que les choses aillent comme tu les arranges ? N'as-tu pas honte de ne te réserver que les restes de ton existence, et de destiner à la raison le seul temps qui ne soit bon à rien ? Qu'il est tard de commencer sa vie à l'époque où elle doit finir ! Quel fol oubli de la condition mortelle que de remettre à cinquante ou soixante ans les projets de sagesse, que de vouloir entrer dans la carrière à un âge où peu d'hommes ont poussé la leur ! Vois comme il échappe aux plus puissants et aux plus élevés d'entre les humains des paroles de regret, des vœux pour ce repos qu'ils préconisent, qu'ils préfèrent à toutes leurs prospérités. Ils voudraient bien par instants descendre de leur faîte [8], s'ils le pouvaient impunément : car lors même qu'au dehors rien ne l'attaque ou ne l'ébranle, toute haute fortune tend à crouler sur elle-même.

V. Le divin Auguste, à qui les dieux avaient plus prodigué qu'à personne, ne cessait d'invoquer le repos, de demander qu'on le déchargeât de l'empire. Tous ses discours revenaient toujours à ce point, qu'il espérait pour lui le repos. Il charmait ses travaux de l'illusoire mais douce consolation qu'un jour il vivrait pour lui-même. Dans une lettre au sénat, où il annonçait que sa retraite ne serait pas sans dignité et ne démentirait point sa gloire passée, je trouve ces paroles : « Mais cela serait plus beau à effectuer qu'à mettre en projet ; toutefois le désir d'atteindre à un moment si désiré m'entraîne à tel point que, l'heureuse réalité se faisant attendre, j'en puise quelque avant-goût dans le plaisir de vous en parler. » Le repos lui semblait chose si précieuse, que, ne pouvant le posséder en effet, il l'anticipait par la pensée. L'homme qui voyait tout relever de lui seul, et qui faisait la destinée des hommes et des peuples, ne songeait qu'avec la plus vive joie au jour où il dépouillerait sa grandeur⁹. Il avait éprouvé combien cette fortune dont l'éclat remplissait toute la terre coûtait de sueurs et cachait d'anxiétés secrètes, lui qui, d'abord contre des citoyens, puis contre ses collègues, enfin contre ses proches, réduit à lutter par les armes, avait rougi de sang la terre et la mer; lui qui, promené par la guerre en Macédoine, en Sicile, en Égypte, en Syrie, en Asie et sur presque tous les rivages, n'avait tourné contre l'étranger que des légions lasses de civils massacres. Tandis qu'il pacifie les Alpes, qu'il achève de dompter ces races enclavées dans l'empire, dont elles troublaient la paix, tandis qu'il recule nos frontières au delà du Rhin, de l'Euphrate, du Danube, au sein même de Rome s'aiguisent contre lui les poignards de Muréna, de Cépion, de Lépide, des Egnatius. Il n'a pas encore échappé à leurs embûches, que sa fille et une foule de jeunes nobles, liés par l'adultère comme par un serment, épouvantent sa vieillesse fatiguée et lui font craindre pis qu'une nouvelle Cléopâtre avec un autre Antoine (a). Il tranchait ces ulcères avec les membres mêmes ; d'autres renaissaient à l'instant. Comme en un corps trop chargé de sang, toujours il y avait éruption sur quelque point. Auguste donc soupirait après le repos : dans cet espoir, dans cette pensée ses travaux devenaient moins lourds. Tel était le vœu de celui qui pouvait combler tous les vœux.

Cicéron, ballotté entre les Catilina et les Clodius, ses ennemis déclarés, et les Crassus et les Pompée, ses équivoques amis, vogue au hasard sur le vaisseau de l'État qu'il préserve un moment du naufrage où lui-même enfin va périr : le calme ne le rassure point et la tourmente l'accable. Que de fois ne maudit-il pas son fameux consulat exalté par lui-même non sans sujet, mais sans mesure ! Sur quel ton lamentable il s'exprime dans une lettre à Atticus, après la défaite de Pompée, dont le fils réchauffait encore en Espagne un parti vaincu : « Tu me demandes, dit-il, ce que je fais ici. Je vis à demi libre dans mon Tusculum. » Puis retours sur le passé qu'il déplore, plaintes du présent, désespoir de l'avenir. Cicéron s'est dit à

(a) Sa fille Julie, et Julius Antonius, fils du triumvir Marc-Antoine.

demi libre! Mais certes jamais le sage ne descendra à cette humiliante qualification : jamais de demi-liberté pour lui, toujours liberté pleine et entière. Indépendant, roi de lui-même, placé plus haut que tous, rien pourrait-il dominer cet homme qui domine la Fortune?

VI. Livius Drusus, homme énergique et véhément, après avoir ressuscité les plans subversifs et les funestes motions des Gracques, fort d'un immense concours venu de toute l'Italie, sans prévoir l'issue de cette lutte qu'il ne pouvait mener à fin ni n'était libre de quitter une fois engagée, maudissait, dit-on, une vie agitée dès ses premiers ans, et s'écriait : « Je suis le seul qui, même enfant, n'aie pas eu un jour de congé. » Et en effet, encore pupille et sous la prétexte, il osait déjà recommander des accusés aux juges et interposer son crédit dans le barreau (a) avec tant d'efficacité que plus d'un jugement fut notoirement arraché par lui. Où ne se fût pas emportée une si précoce ambition? On pouvait le prédire : c'est à d'énormes catastrophes publiques et privées que devait aboutir une audace si prompte à se faire jour. Il s'y prenait tard pour se plaindre *de n'avoir pas eu un jour de congé*, lui factieux dès l'enfance et tyran du forum. On n'est pas sûr s'il s'est lui-même donné la mort. Il expira soudainement d'une blessure reçue dans l'aine; si l'on put douter que cette mort eût été volontaire, nul n'en contesta l'à-propos.

Il n'est pas besoin de prolonger la liste de ces hommes qui, jugés heureux par les autres, ont rendu contre eux-mêmes un sincère témoignage en maudissant (b) tout le drame de leur vie. Mais ces plaintes n'ont changé ni les autres ni eux-mêmes; sitôt les paroles proférées, le cœur retombe dans ses vieilles erreurs. Oui certes, votre vie se prolongeât-elle par delà mille années, ce serait un cercle encore bien étroit; que de siècles vos passions ne dévoreraient-elles pas! Or cet espace que la nature franchit en courant, que la raison peut étendre, nécessairement vous échappera bientôt. Car vous ne savez ni saisir, ni retenir, ni retarder ce qu'il y a de plus fugitif au monde; vous le laissez s'envoler, comme une chose insignifiante ou réparable.

En tête de cette classe d'hommes, je compte ceux dont le

(a) Loin d'être admis à présenter requête au barreau, on n'y paraissait même pas avant d'avoir pris la robe virile. Voy. *Lettre* IV.

(b) *Perosi*, leçon de deux Mss. au lieu de *prodentes*, leçon vulgaire.

vin et la débauche prennent tous les instants ; car il n'en est point de plus honteusement occupés. Que d'autres se laissent captiver aux prestiges d'une vaine gloire, c'est là du moins une erreur honorable. Énumère-moi les mortels avides, colères, injustes dans leurs haines ou dans leurs guerres : il y a dans tous ces excès quelque chose de viril. Mais se vautrer dans l'intempérance et la débauche est un déshonneur, une souillure. Examine l'emploi que ces gens-là font de leurs jours, et compte ce qu'en absorbent de vils calculs, des artifices, des appréhensions, des soins à rendre, à recevoir, des cautions à donner ou à prendre, des festins, devenus aujourd'hui d'importants devoirs, tu verras comme ni dans leurs maux, ni dans leurs biens, ils n'ont le temps de respirer. Enfin tout le monde convient qu'un homme jeté dans ce torrent ne peut bien remplir aucune tâche ; ni l'éloquence, ni les arts libéraux ne sont faits pour lui : son esprit partagé ne reçoit nulle impression profonde, il rejette tout comme lui étant imposé de force. Il n'est propre à rien moins qu'à vivre, science déjà la plus difficile de toutes.

VII. Les professeurs de toute autre science se trouvent partout en grand nombre. On a vu même des enfants en posséder si bien quelques-unes, qu'ils auraient pu les enseigner. Mais l'art de vivre, il faut toute la vie pour l'apprendre ; et, ce qui t'étonnera peut-être davantage, toute la vie il faut apprendre à mourir. Tant de grands hommes, brisant tout importun lien, ont dit adieu aux richesses, aux emplois, aux plaisirs, pour se consacrer jusqu'au dernier jour à cette unique science de vivre ; et néanmoins presque tous sont sortis de la vie sans avoir, de leur aveu même, trouvé ce secret ; comment ceux dont je parle le posséderaient-ils ?

Il n'appartient, crois-moi, qu'à une âme élevée et qui voit à ses pieds les erreurs humaines, de ne se rien laisser dérober de son temps ; et la plus longue vie est celle de l'homme qui, aussi loin qu'elle a pu s'étendre, l'a gardée pour lui tout entière. Aucune partie n'en est restée inculte ou sans emploi ; aucune n'a admis d'usurpateurs : il n'a rien trouvé qui fût digne d'être échangé contre son temps, dont il a été l'avare économe. Aussi son lot lui a-t-il suffi ; mais, et il le faut bien, quel déchet pour ceux dont la vie fut en grande partie gaspillée par la foule ! Et ne crois pas qu'ils ne s'aperçoivent point de ce qu'ils perdent : écoute la plupart de ceux qu'une grande prospérité surcharge, au milieu de leurs troupeaux de clients, ou de leurs procès à soutenir ou d'autres illustres misères, écoute-les s'écrier maintes fois : « Je n'ai pas le temps de vivre! » Pourquoi ne l'as-tu pas? Tout ce monde qui t'attire à soi t'enlève à toi-même. Que de jours t'a ravis cet accusé; et ce candidat; et cette vieille, lasse d'enterrer ses héritiers; et ce riche dont la feinte maladie irrite l'espoir de ses cupides flatteurs; et cet ami puissant qui vous a tous, non dans son amitié, mais dans son étalage! Eh oui, fais le calcul et la revue de tes jours, tu verras qu'il n'en est resté pour toi que bien peu, et que les jours de rebut (a). Un autre a obtenu les faisceaux qu'il désirait tant, et il aspire à les déposer, et il répète sans cesse : « Quand l'année sera-t-elle écoulée? » Celui-ci donne des jeux, honneur qu'il doit au sort et qu'il avait prisé si haut, et il s'écrie : « Quand serai-je quitte de ces embarras? » On s'arrache cet avocat dans tout le forum; il encombre la place entière d'un immense concours qui dépasse la portée de sa voix, et lui encore s'écrie : « Quand donc y aura-t-il vacances? » Chacun presse les instants de son existence; et l'impatience de l'avenir nous travaille, et le dégoût du présent. Mais l'homme qui met chaque moment à profit, qui règle chaque journée comme si elle était toute sa vie, celui-là ne souhaite ni n'appréhende le lendemain. Eh! quelle nouvelle jouissance une heure de plus peut-elle lui apporter? Il a tout connu, il a goûté de tout à satiété : que le sort capricieux ordonne du reste comme il voudra, sa vie est à l'abri du sort. On peut y ajouter, on ne peut rien en ôter; y ajouter, de quelle manière? Comme à un convive repu déjà, mais non gorgé, on peut présenter d'autres mets qu'il ne désirait pas, mais qu'il savoure encore [10]

VIII. Ainsi, parce qu'un homme a des cheveux blancs et des rides [11], ne va pas croire qu'il ait vécu longtemps; il n'a pas longtemps vécu, mais longtemps duré. Car enfin, penses-tu qu'on ait fait une longue traversée quand, accueilli dès le port par une furieuse tempête, poussé en mille sens contraires par les vents qui soufflaient avec violence de points opposés, on n'a pu que tournoyer dans le même cercle? Ce n'est pas là un long voyage; c'est une tourmente prolongée. Je m'étonne toujours quand je vois des hommes demander à d'autres leur temps, et ceux-ci le donner avec tant de complaisance. Des

---

(a) Je lis *rejiculos* d'après deux Mss. qui portent *reiiculos*. Trois autres : *rudiculos*. Un seul : *ridiculos*

deux côtés l'on n'a en vue que le motif de la demande ; mais le temps même, pas un n'y songe. C'est comme un rien que l'on demande, un rien que l'on accorde : on joue avec ce qu'il y a de plus précieux au monde. Ce qui abuse, c'est que le temps est chose impalpable, qui ne frappe point les yeux : et l'on en tient fort peu de compte ; je dirais presque, il n'a aucun prix. Des hommes du plus brillant mérite reçoivent un salaire annuel au prix duquel ils louent leurs travaux, leurs services, leur savoir-faire : le temps n'est prisé par personne. On le jette à pleines mains, il semble ne rien coûter. Mais vois les mêmes hommes quand ils sont malades ; si la mort les menace de près, comme ils embrassent les genoux des médecins ! Redoutent-ils le dernier supplice, ils sont prêts, pour vivre, à sacrifier tout ce qu'ils possèdent, tant est grande la contradiction de leurs sentiments [12].

Si, comme les années passées, on pouvait leur mettre à chacun sous les yeux les années à venir, de quel effroi ne [13] seraient-ils pas saisis en voyant quel peu il leur en reste ! Comme ils les économiseraient ! Or, s'il est facile, tout modique qu'il soit, de ménager un bien dont on est sûr, avec quel soin doit-on garder celui qui, sans qu'on sache à quel moment, doit nous échapper ! Ne crois pas cependant qu'ils en ignorent tout le prix. Ils disent tous les jours à ceux qu'ils chérissent le plus fortement qu'ils donneraient pour eux une portion de leur vie. Ils la donnent cette portion, et sans qu'ils y pensent ; ils s'en dépouillent sans profit pour les autres ; ils ne savent pas même s'ils se dépouillent en effet, et dès lors ils supportent sans peine un dommage inaperçu pour eux. Personne ne te restituera tes années ; personne ne te rendra à toi-même. La vie suivra sa pente primitive sans rebrousser son cours ou l'interrompre, sans faire nul fracas ni t'avertir de sa rapidité ; elle coulera en silence. Ni la puissance des rois ni la faveur des peuples ne la feront aller plus loin [14]. Selon l'impulsion reçue au départ, elle courra jusqu'au bout, jamais ne se détournant, jamais ne s'arrêtant. Que vas-tu devenir ? Durant tes vaines occupations, la vie se précipite, la mort, d'une heure à l'autre, arrivera et, bon gré mal gré, elle se fera recevoir.

IX. Cette pensée peut-elle être celle d'aucun homme, je dis de ces hommes qui se piquent de prudence et qui sont trop laborieusement occupés pour embrasser une vie meilleure ? Ils approvisionnent leur vie aux dépens de leur vie même ; ils distribuent leurs plans sur un long avenir : or voilà surtout comme notre existence se perd, à différer. Voilà ce qui leur dérobe successivement les jours les plus près d'eux, et leur vole le présent [15] en leur promettant l'avenir. Le plus grand empêchement à la vie, c'est l'attente, que tient en suspens le lendemain. Tu perds le jour actuel : ce qui est aux mains de la Fortune, tu le veux régler ; ce qui est aux tiennes, tu le lâches. Que prétends-tu? Où élances-tu ton être? Tout ce qui est à venir repose sur l'incertain. Vis dès cette heure. Entends le cri du plus grand de nos poëtes ; ne dirait-on pas qu'une bouche divine a dicté à sa muse cette salutaire pensée :

> Tous vos jours les meilleurs, ô mortels misérables,
> Fuient les premiers..........................

Que tardes-tu? semble-t-il dire; qu'attends-tu? Si tu ne t'empares de ce jour, il fuit; quand tu t'en seras emparé, il fuira encore. Il faut donc combattre la rapidité du temps par la promptitude à en user [16]. Cette cascade qui se précipite ne coulera pas toujours : hâte-toi de puiser. Ce qui condamne encore admirablement tes plans illimités, c'est que le poëte ne parle pas même de saisons, mais de jours. Tranquille, et dans cette effrayante fuite des temps, nonchalamment immobile, ce sont des mois, des années, une longue suite d'années que dans tes rêves ambitieux il te plaît d'accumuler; or de quoi te parle-t-on? d'un jour, et d'un jour qui fuit. Il n'est donc que trop vrai : tous les meilleurs jours fuient les premiers pour les malheureux mortels, pour ceux bien entendu qui se tourmentent de soins frivoles et, encore enfants par l'intelligence, se voient surpris par la vieillesse, à laquelle ils arrivent sans apprêts, sans armes. Ils n'ont pourvu à rien : ils tombent tout à coup et en aveugles aux mains de l'ennemi : ils ne sentaient pas ce qu'il gagnait journellement sur eux. De même qu'un entretien, une lecture, quelque pensée qui les absorbe dérobe aux voyageurs la longueur du chemin; ils se voient arrivés avant de s'imaginer qu'ils approchaient : ainsi le voyage rapide et continuel de la vie, où l'on marche, soit éveillé, soit endormi, toujours du même pas, ces malheureux préoccupés ne le jugent bien qu'au terme fatal.

X. Un tel sujet, si je voulais le diviser et l'étendre sous différents titres, me fournirait des preuves en foule, pour démontrer que la vie de ces hommes se réduit à bien peu de chose. Fabianus, qui n'était pas de ceux qui ne sont philosophes qu'en chaire, mais un franc philosophe du vieux temps, avait coutume de dire : « Il faut combattre les passions à force ouverte et non par de subtils discours ; ce ne sont pas des coups ménagés, c'est un choc vigoureux qui dissipera cette perfide milice. Brisons net l'arme du sophisme, n'escarmouchons pas avec lui. » Mais pour mieux confondre l'erreur, éclairons-la : ne nous bornons pas à la plaindre.

La vie se partage en trois époques : celle qui est, celle qui fut, celle qui sera. Celle que nous traversons n'est bientôt plus ; ce qui est devant nous est incertain ; le passé seul est assuré : c'est là que la Fortune a perdu ses droits, c'est là ce qui ne peut retomber à la discrétion de personne. Voilà ce que perdent les hommes stérilement occupés : ils n'ont pas le loisir de tourner leur regard en arrière, et, quand ils l'auraient, trop d'amertume s'attache aux souvenirs qui sont des remords. Ils reportent à regret leur pensée sur une époque mal employée ; ils n'osent toucher à ces désordres dont l'immoralité se voilait sous la séduction du plaisir présent : la plaie se rouvrirait au contact. Il n'est que l'homme qui a dans tous ses actes suivi l'arrêt de sa conscience, laquelle ne se trompe jamais, il n'est que cet homme qui revienne avec charme vers le passé. Quand on s'est longtemps laissé aller aux rêves de l'ambition, aux dédains de l'orgueil, aux abus de la victoire, aux ruses de la déloyauté, aux exactions rapaces, aux prodigalités ruineuses, il faut bien que l'on tremble devant ses souvenirs. Le passé cependant est une portion de notre vie désormais sacrée, inviolable [17], hors de l'atteinte des événements humains, soustraite à l'empire du sort : ni le besoin, ni la crainte, ni l'invasion des maladies ne peuvent la troubler. On ne saurait nous la contester ni nous la ravir : la jouissance en est aussi constante qu'inaltérable. Le présent n'a qu'un jour et même qu'un moment à la fois ; le passé offre tous ses jours ensemble, dociles à ton appel et se laissant considérer et retenir à volonté : mais l'esclave du vice n'a pas ce loisir-là. Il n'appartient qu'à l'âme calme et rassise de passer en revue tous les âges qu'elle a franchis ; les autres âmes sont sous le joug : impossible à elles de tourner la tête et de regarder en arrière. Leur vie s'est allée perdre dans un abîme ; et comme on a beau toujours verser dans un crible où manque le fond qui reçoit et qui garde, de même qu'importe quelle mesure de temps on prodigue à ceux qui n'ont point place pour y rien déposer : âmes fêlées et percées à jour, tout passe au travers [18]. Le présent est bien court, si court même qu'il semble à plusieurs qu'il n'est point.

Il fuit en effet d'une fuite éternelle; il coule et se précipite; il a cessé d'être plus tôt qu'il n'est venu; il est aussi peu stationnaire que les cieux ou les astres, dont l'active et continuelle rotation ne les laisse jamais au même point de l'espace. Les hommes à préoccupations ne possèdent donc que le présent, si rapide qu'il est insaisissable; et les mille soins qui les partagent le leur dérobent encore.

XI. Enfin veux-tu savoir combien peu de temps ils vivent? Vois combien ils souhaitent de vivre longtemps. Vieux et décrépits, ils mendient dans leurs prières un supplément de quelques années. Ils se rajeunissent à leurs propres yeux, se bercent de leur mensonge et s'abusent avec autant de satisfaction que s'ils trompaient aussi le destin [19]. Mais qu'ensuite leur santé chancelante les avertisse que l'heure est venue, avec quel effroi ils se voient mourir! Ils ne sortent pas de la vie, ils en sont arrachés. Ils se donnent hautement le nom d'insensés pour n'avoir pas pensé à vivre : que seulement ils échappent à la maladie, comme ils sauront goûter le repos! Ils reconnaissent alors combien inutilement ils amassaient, pour ne pas jouir, et que tant d'efforts n'ont abouti à rien.

Comment au contraire une vie passée loin de toute affaire ne serait-elle pas longue? Rien n'en est aliéné ni jeté à l'un et à l'autre; rien n'en est livré à la Fortune, perdu par négligence, entamé par prodigalité; rien n'en demeure stérile, tout, pour ainsi dire, est en plein rapport. Ainsi la vie la plus bornée aura été plus que suffisante : aussi, que le dernier jour vienne quand il voudra, le sage n'hésitera point : il ira au-devant de la mort d'un pas assuré.

Tu demandes peut-être ce que j'entends par hommes préoccupés. Ne crois pas que je désigne seulement ceux contre lesquels il faut lâcher les chiens pour les chasser enfin des tribunaux; ni ceux qu'étouffe honorablement la foule de leurs solliciteurs, ou qui moins noblement se font écraser à la porte d'autrui; ni ceux que d'obséquieux devoirs arrachent de chez eux et envoient se morfondre au seuil des grands; ni ceux que l'appât d'un lucre infâme pousse aux enchères de biens confisqués, sauf à rendre gorge plus tard. Il est aussi des inactions fort occupées. Dans sa villa, dans son lit, dans la plus entière solitude et bien qu'isolé de tous, plus d'un est à charge à lui-même. Il en est dont la vie ne doit pas s'appeler oisive, mais laborieusement désœuvrée.

XII. Appelles-tu homme de loisir l'amateur qui va classant

avec une inquiète minutie ces vases de Corinthe dont la manie de quelques curieux fait tout le prix; celui qui consume la majeure partie de ses jours au milieu de vieux métaux enrouillés; ou cet autre qui au gymnase (car, ô ignominie! les vices qui nous travaillent ne sont plus même romains) va, pour contempler les jeunes combattants, s'installer au lieu même où ils se frottent d'huile ; ou celui qui assortit par couples ses troupeaux de vainqueurs, selon la couleur (a) et l'âge; ou celui qui se charge de nourrir les athlètes les plus en renom? Appelles-tu hommes de loisir ceux qui passent tant d'heures chez le barbier à se faire enlever le moindre poil qui aura commencé à poindre pendant la nuit; à tenir conseil sur chaque cheveu; à rétablir une mèche déplacée, ou à ramener de ci et de là leur chevelure sur un front dégarni! Quelle indignation, si le barbier a omis quelque mince détail, oubliant que ce n'est pas un homme qu'il rase! Quelle fureur, si le rasoir a entamé leur crinière, si rien dépasse la ligne ordonnée, si chaque mèche ne retombe pas toute dans son anneau spécial! Est-il un de ces êtres qui n'aimât mieux voir bouleverser l'État que sa chevelure, qui n'ait plus grand souci de l'ajustement de sa tête que de ce qui peut la sauver, qui ne choisisse d'être un homme bien coiffé plutôt qu'un honnête homme? Appelles-tu gens de loisir ceux qui partagent tous leurs moments entre le peigne et le miroir? Et ces autres, qui composent, écoutent ou récitent des chansons, grave besogne, où ils se torturent pour plier le ton naturel de leur voix, le meilleur comme aussi le plus simple, aux inflexions d'une langoureuse mélodie? Leurs doigts battent incessamment la mesure d'un air qu'ils ont dans la tête : prennent-ils part aux actes les plus sérieux, les plus tristes même, tu les entends qui fredonnent entre leurs dents. Ces-gens-là sont non pas oisifs, mais oiseusement occupés. Il n'est point jusqu'à leurs repas, j'ose le dire, qu'on puisse leur compter comme heures de loisir, quand on voit avec quelle sollicitude ils disposent leur argenterie; quelle importance ils mettent à ce que les tuniques de leurs Ganymèdes soient relevées avec grâce; comme ils sont soucieux de voir en quel état le sanglier va sortir des mains du rôtisseur, et avec quelle célérité leurs valets aux membres bien lisses courront, le signal donné, chacun à leur tâche; avec quel art l'oiseau sera découpé en tranches de la propor-

---

(a) Voir lettre xciv, et Lucain, x, 127.

tion requise, avec quel empressement de malheureux esclaves essuieront les rebutantes sécrétions de l'ivresse (a). Tout cela pour atteindre à une renommée de bon goût et de magnificence ; et cette maladie les poursuit tellement dans tous les détails de la vie, qu'ils ne boivent ni ne mangent sans y mettre de la prétention.

Tu ne compteras pas sans doute parmi les hommes de loisir ceux que l'on transporte de côté et d'autre en chaise ou en litière, qui ont leurs heures pour se faire promener et se croiraient coupables de les manquer; qui ne se baignent en grande ou en petite eau, qui ne mangent que sur l'avis d'un autre, et dont l'âme alanguie est tellement énervée par l'extrême mollesse, qu'ils ne peuvent savoir par eux-mêmes s'ils ont faim. J'ai ouï dire qu'un de ces délicats (si toutefois désapprendre la vie humaine et ses habitudes doit s'appeler délicatesse), enlevé du bain à bras d'hommes et déposé sur un siége, fit cette question : « Suis-je assis? » Il ignore s'il est assis! Crois-tu qu'il sache bien s'il existe, s'il voit, s'il se repose ? Était-ce ignorance réelle ou affectée? J'aurais peine à dire laquelle est le plus pitoyable. Ces sortes de gens sans doute sont fort sujets aux distractions; mais fort souvent ils les simulent. Ils ont des travers favoris qu'ils regardent comme l'enseigne du bonheur. Il est pour eux trop simple et trop ignoble de savoir ce qu'ils font. Ose dire maintenant que nos mimes exagèrent trop souvent la satire de notre mollesse. A coup sûr ils omettent beaucoup plus qu'ils n'inventent; et nos incroyables excès se sont si fort multipliés dans ce siècle, qui n'a de génie que pour le vice, que l'on peut accuser la scène de n'en pas dire assez. Grands dieux! avoir perdu dans la mollesse la conscience de son être au point de s'en rapporter à d'autres pour savoir si l'on est assis!

XIII. Ce n'est donc pas là un homme de loisir; cherche un autre terme: il est malade, il est déjà mort. Être homme de loisir c'est avoir le sentiment de ce loisir même; mais celui-là ne vit qu'à demi qui a besoin qu'on lui indique en quelle posture est sa personne : comment pourrait-il se dire maître de la moindre fraction de son temps? Il serait trop long d'énumérer tous ceux qui ont consumé leurs jours aux échecs, à la paume, ou à se rôtir le corps au grand soleil. Le repos ne consiste pas en des plaisirs si affairés. Par exemple, et nul ne l'a mis en doute, ne

---

(a) Voir sur tous ces détails, la *Vie heureuse*, xvii, et lettre t.vii.

s'évertuent-ils point sans effet, ceux que d'oiseuses recherches littéraires absorbent sans cesse? Or de ceux-là déjà le nombre est assez grand parmi nous. C'était une maladie grecque de rechercher combien Ulysse avait eu de rameurs; si l'Iliade fut écrite avant l'Odyssée; si ces poëmes sont du même auteur; et autres vétilles semblables qui, à les garder pour soi, ne font rien pour la satisfaction intérieure, et, à les mettre au jour, donnent moins l'air d'un savant que d'un fâcheux. Voici les Romains gagnés à leur tour par ce stérile engouement des connaissances futiles [20]. Ces jours derniers j'ouïs certain savant nous relater quels généraux romains avaient les premiers fait telle ou telle chose. C'est Duillius qui remporta la première victoire navale; c'est Curius Dentatus qui le premier fit voir des éléphants à son triomphe. Ces détails du moins, bien qu'ils n'aient pas la vraie gloire pour objet, roulent encore sur des faits nationaux. Nul profit à tirer d'une telle science, bien que dans sa spécieuse puérilité elle offre quelque intérêt. Faisons grâce encore à cette question : Qui le premier persuada aux Romains de monter sur un vaisseau? ce fut Claudius, surnommé pour cette raison *Caudex*, nom que les anciens donnaient à l'assemblage de plusieurs planches, d'où vient que les tables de nos lois se nomment *codices*, et que, même aujourd'hui, les bateaux de comestibles qui, de temps immémorial, circulent sur le Tibre, s'appellent *caudicariæ*. Je veux encore qu'il ne soit pas indifférent de savoir que Valérius Corvinus fut le premier vainqueur de Messana et que, le premier des Valérius, il prit le nom de la ville soumise et fut appelé Messana, surnom dont le peuple altéra la prononciation et qui devint par la suite Messala. Permettras-tu aussi qu'on s'occupe de savoir que L. Sylla fit voir le premier dans le cirque des lions déchaînés, tandis qu'auparavant on leur laissait leurs chaînes; et que le roi Bocchus fournit les archers qui devaient les tuer? Faisons cette dernière concession. Mais que Pompée ait le premier donné au cirque un combat de dix-huit éléphants, courant comme en champ de bataille sur des malfaiteurs, quel profit tirer d'un tel fait? Le premier citoyen de Rome, celui que parmi nos illustres aïeux la renommée nous peint comme un modèle de bonté, crut que c'était un spectable mémorable que de faire périr des hommes d'une manière nouvelle. Ils combattent? C'est peu. On les déchire? C'est peu encore : que d'énormes bêtes les broient sous leur masse. Il valait mieux laisser de pareils actes dans l'oubli, de peur qu'un jour quelque homme puissant ne vînt à les apprendre et ne voulut enchérir sur ces excès d'inhumanité.

XIV. Oh ! quels épais nuages répand sur l'esprit de l'homme une haute fortune ! En voilà un qui se croit supérieur à la nature humaine, pour avoir livré des bandes de malheureux à des monstres nés sous un autre ciel, pour avoir mis aux prises des combattants de forces si disproportionnées, et versé à flots le sang à la face de ce peuple qu'il forcera tout à l'heure à répandre le sien par torrents. Et plus tard ce même homme, dupe de la perfidie Alexandrine, tendra la gorge au fer du dernier des esclaves et reconnaîtra enfin la vanité du surnom qu'il étale.

Mais, pour revenir au point que j'ai quitté, et faire voir encore d'autres exemples des inutiles travaux de certains hommes, le même savant contait que Métellus, ayant défait les Carthaginois en Sicile, fut le seul Romain qui devant son char de triomphe fit marcher cent vingt éléphants captifs; que Sylla fut le dernier qui agrandit l'enceinte de la ville, ce qui n'avait lieu chez nos ancêtres qu'après une conquête en Italie, non sur l'étranger. Du moins vaut-il mieux savoir cela que d'apprendre, comme il l'affirmait, que le mont Aventin n'est pas compris dans nos murs pour l'un de ces deux motifs : ou parce que le peuple s'y retira jadis, ou parce que Rémus, y consultant le vol des oiseaux, ne les trouva point favorables. Il y a une infinité de traditions de ce genre qui sont des fictions, ou qui ont un air de mensonge. Or en admettant que ceux qui les citent parlent de bonne foi ou offrent caution de ce qu'ils écrivent, guériront-ils un seul préjugé, étoufferont-ils une seule passion ? qui rendront-ils plus courageux, plus juste, plus libéral ? Je ne sais parfois, disait notre ami Fabianus, s'il ne vaut pas mieux renoncer à toute étude que de s'empêtrer dans celles-là.

Seuls de tous les mortels ils ont le vrai loisir, ceux qui donnent le leur à la sagesse ; seuls ils savent vivre. Car non contents de bien garder leur part d'existence, ils y ajoutent tout l'ensemble des âges. Toutes les années qui furent avant eux leur sont acquises. Avouons-le, sous peine d'être les plus ingrats des hommes : ces illustres fondateurs des saintes doctrines, c'est pour nous qu'ils sont nés, ils nous ont défriché la vie[21]. Ces admirables connaissances, arrachées aux ténèbres et produites au grand jour, c'est le labeur d'autrui qui nous y donne accès. Aucun siècle ne nous est interdit : tous nous sont ouverts [22]; et si, par un généreux essor, nous voulons franchir les limites étroites de l'humaine faiblesse, notre esprit peut planer sur le vaste horizon des temps. Il peut discuter avec Socrate, douter avec Carnéade, goûter le loisir d'Épicure, triompher de l'humanité avec les stoïciens, l'outrepasser avec les cyniques, enfin, émule de la nature, entrer avec elle en partage de tous les siècles. Pourquoi de ce temps si borné, de cette vie précaire et transitoire ne pas s'élancer à plein vol vers ces espaces immenses, éternels; où tous les sages sont nos concitoyens ?

Ces gens qui se prodiguent en mille visites officieuses, qui privent du repos eux et les autres, quand ils ont bien satisfait leur manie, et frappé comme ils font chaque jour à toutes les portes, et pénétré par chacune de celles qu'ils ont trouvées ouvertes, et promené à la ronde leurs salutations intéressées, dans cette ville immense qu'agitent tant de passions diverses, combien de personnes ont-ils pu voir ? Combien dont le sommeil, la débauche ou l'incivilité les a éconduits, ou qui ont mis leur patience aux abois pour finir par leur échapper, sous prétexte d'affaire pressante? Combien ont évité de paraître dans leur vestibule encombré de clients et se sont dérobés par quelque issue secrète, comme s'il n'était pas plus malhonnête d'esquiver une visite que de la refuser? Combien, à demi endormis et alourdis par l'orgie de la veille, tandis que des malheureux ont hâté leur réveil pour aller attendre celui du patron, combien entr'ouvriront à peine les lèvres pour redire dans un bâillement dédaigneux un nom [23] que leur esclave leur souffla mille fois à l'oreille ?

Celui-là, nous pouvons le dire, cultive de vrais amis qui cherche tous les jours à se familiariser davantage avec un Zénon, un Pythagore, un Démocrite, un Aristote, un Théophraste, et tous ces autres oracles de la morale et de la science. Pas un qui n'ait pour nous du temps de reste, pas un qui ne nous reçoive, qui ne nous renvoie plus contents de nous-mêmes et de lui, pas un qui nous laisse partir les mains vides. La nuit comme le jour ils sont accessibles pour tous. Pas un ne te forcera de mourir, tous t'en apprendront le secret; ils n'useront pas tes années à leur profit, ils t'offriront le tribut des leurs. Tu n'auras point à pâlir de leur avoir parlé; leur amitié ne te sera pas mortelle; et ce [24] n'est pas à grands frais qu'on leur fait sa cour.

XV. Tu emporteras de chez eux tout ce que tu voudras : il

ne tiendra pas à eux que plus tu auras pris, plus tu ne puises encore. Quelle félicité, quelle belle vieillesse est réservée au client de ces grands patrons ! Il aura en eux des amis pour délibérer, sur les moindres comme sur les plus graves objets, pour leur demander tous les jours conseil sur lui-même, pour entendre d'eux la vérité sans offense, l'éloge sans flatterie, pour se former à leur image. Nul n'a eu le privilège de se choisir ses aïeux, dit-on tous les jours ; c'est le sort qui les donne. On se trompe : l'homme peut désigner à qui il devra sa naissance. Il y a des familles de nobles génies : à laquelle veux-tu appartenir? Choisis, et non-seulement son nom, mais ses richesses seront les tiennes. Il ne te faudra ni avarice, ni épargne sordide pour les conserver; elles grossiront d'autant plus que tu en feras part à plus de monde. Ces sages t'ouvriront la voie à l'immortalité ; ils t'élèveront à un poste d'où nul ne te précipitera : voilà l'unique secret de prolonger cette périssable vie, que dis-je? de l'échanger contre une vie qui ne périt point. Les honneurs, les monuments, tout ce que l'ambition fait décréter ou s'édifie de ses propres mains, s'écroule bien vite : il n'est rien qu'à la longue le temps ne détruise, le temps qui moissonne sitôt ce que lui-même [25] avait consacré. La sagesse est à l'abri de ses coups. Aucun siècle ne l'effacera, ni ne la mettra en poudre ; l'âge suivant et de proche en proche tous les âges ultérieurs ajouteront à la vénération qu'elle inspire : car si l'envie s'attache aux gloires contemporaines, on admire plus franchement celles qui déjà sont loin de nous [26].

Ainsi la vie s'agrandit pour le sage : pour lui ne sont point faites les limites imposées au reste des hommes. Seul affranchi des lois de l'humanité, tous les siècles lui sont soumis, comme à Dieu. Le passé, il le ressaisit par le souvenir; le présent, il sait l'employer ; l'avenir, il en jouit d'avance. Elle est longue sa vie, parce que sur ce seul point du temps il concentre tous les temps. Mais qu'elle est courte et soucieuse l'existence de ceux qui, oublieux du passé, négligent le présent et tremblent pour l'avenir! Arrivés au terme, ils reconnaissent trop tard, les malheureux, combien ils ont été longtemps occupés sans rien faire.

XVI. Et ne dis pas : « Une preuve que leur vie est longue, c'est qu'ils invoquent quelquefois la mort. » Tristes jouets de leur folie et de passions qui, ne sachant où se prendre, donnent tête baissée contre l'objet même de leur frayeur, souvent ils désirent la mort par cela même qu'ils la craignent. Et cette autre preuve de longue vie, tu ne l'admettras pas non plus : « Souvent la journée leur semble trop longue ; attendent-ils le moment fixé pour un festin, ils se plaignent des heures trop lentes à passer. » Oui, quand leurs occupations les quittent, abandonnés à leur loisir ils se consument ; ils ne savent ni qu'en faire, ni s'en débarrasser. Ils aspirent donc à une occupation quelconque ; et dans l'intervalle toutes les heures leur pèsent. Cela est si vrai, que si le jour a été affiché pour un combat de gladiateurs, ou si la date de tout autre spectacle ou divertissement est attendue, ils voudraient franchir les jours intermédiaires. Dès qu'ils attendent, tout délai est trop long. Mais cet instant dont ils sont amoureux, bref et rapide qu'il est, leur folie l'abrége bien plus encore[27] ; d'une époque déjà en avant d'eux ils se rejettent toujours plus avant et ne peuvent se fixer dans un même désir. Ce n'est pas que les journées leur soient longues, c'est qu'ils les voient comme obstacles. Que les nuits au contraire leur semblent courtes, passées dans les bras des prostituées ou dans les orgies ! De là encore le délire des poëtes, dont les fictions nourrissent les égarements des hommes, et qui ont imaginé que Jupiter, dans l'ivresse d'une jouissance amoureuse, avait doublé la durée de la nuit. N'est-ce pas vraiment enflammer nos vices que d'alléguer en leur faveur l'autorité des dieux, que de fournir à la passion, par d'augustes[28] exemples, l'excuse de ses déportements ? Pourraient-ils, ces voluptueux, ne pas trouver courtes des nuits qu'ils achètent si cher ? Ils perdent le jour à désirer la nuit, et la nuit à craindre le retour de la lumière. Leurs plaisirs mêmes sont inquiets, troublés de mille alarmes, et au fort de leur joie vient les assaillir cette désolante pensée : « Combien cela durera-t-il[29] ? » Fatale réflexion, qui a fait gémir des rois sur leur puissance ; et le rang suprême leur a offert moins de charmes que la certitude de le perdre un jour ne leur a donné d'épouvante. Alors qu'il déployait son armée dans des plaines immenses, sans la compter qu'en mesurant le terrain qu'elle couvrait, le roi de Perse, le superbe Xerxès se prit à pleurer en songeant qu'au bout de cent années, de tant de milliers d'hommes à la fleur de l'âge, pas un ne survivrait[30]. Et ces mêmes hommes, il va, lui qui les pleure, hâter pour eux l'heure mortelle, il va les perdre sur terre, sur mer, dans les combats, dans les retraites, et dévorer en peu d'instants ces existences pour lesquelles il appréhende la centième année.

XVII. Pourquoi leurs joies mêmes sont-elles si inquiètes ? C'est qu'elles ne reposent point sur des bases solides ; et le même néant d'où elles sortent fait leur instabilité. Or que penser de leurs moments malheureux, comme ils les appellent eux-mêmes, quand ceux dont ils sont si fiers et qui les placent à leurs yeux au-dessus de l'humanité sont mêlés de tant d'amertumes? Toute extrême jouissance a ses sollicitudes ; et la plus riante fortune est celle à laquelle on a le moins droit de se fier. Un succès pour s'affermir a besoin d'un succès nouveau ; pour les vœux accomplis il faut faire encore d'autres vœux. Car rien de ce qu'élève le hasard n'a de consistance : plus l'édifice gagne en hauteur, plus il est sujet à crouler ; et nul ne trouve de [31] charme à ce qui menace ruine. Nécessairement donc elle est des plus malheureuses, non pas seulement des plus courtes, la vie de ceux qui acquièrent à grand'peine ce qu'ils ne garderont qu'avec plus de peine encore : que d'efforts pour atteindre ce qu'ils ambitionnent, que d'anxiétés pour retenir ce qu'ils ont atteint [32] ! Et en attendant on ne tient nul compte d'un temps qui ne reviendra plus. De nouvelles agitations succèdent aux premières, une espérance en éveille une autre, l'ambition appelle l'ambition. On ne cherche pas la fin de ses misères, on en change l'objet [33]. Nos honneurs ont fait nos tortures ? le soin d'y pousser autrui nous prendra encore plus de temps. Candidats, sommes-nous à la fin de nos brigues ? nous commençons à briguer pour les autres. Avons-nous déposé le rôle fâcheux d'accusateurs ? nous passons à celui de juges. Cessons-nous de juger ? nous voilà rapporteurs. A-t-on vieilli dans la gestion mercenaire des biens d'autrui ? c'est des siens mêmes qu'on se fait esclave. Marius échange la chaussure de soldat contre les soucis de consul. Si Quintius se hâte de terminer sa dictature, c'est de la charrue qu'on le rappellera. Scipion va marcher contre les Carthaginois, peu mûr d'années pour une si haute entreprise ; vainqueur d'Annibal, vainqueur d'Antiochus, il illustre son consulat, il cautionne celui de son frère ; on va même, s'il ne s'en défend, l'associer à Jupiter ; puis ce glorieux sauveur, en butte aux orages des factions, qui, jeune homme, aura dédaigné les honneurs presque de l'apothéose, mettra dans un exil obstiné la jouissance et l'ambition de ses vieux jours (a). Jamais ne nous

---

(a) Il fit graver sur sa tombe : *Ingrate patrie, tu n'as pas même mes os.*

manqueront, soit dans le bonheur, soit dans la disgrâce, les motifs d'inquiétude : mille embarras nous couperont les voies du repos ; sans jamais en jouir, nous y aspirerons toujours [34].

XVIII. Sépare-toi donc de la foule, cher Paulinus ; et, après de trop longues tourmentes pour ta course bornée, qu'un port plus tranquille te recueille enfin. Songe que de fois tu as bravé les flots, que d'orages tu as essuyés, ou qui menaçaient ta tête ou que tu détournas sur toi quand ils nous menaçaient tous. Assez d'épreuves et de jours d'alarmes ont témoigné de ta vigueur morale : essaye ce qu'elle pourra faire dans la retraite. Si la plus grande et certes la meilleure part de tes jours fut donnée à l'État, réserves-en aussi quelque peu pour toi. Ce n'est point à un lâche ou apathique repos que je te convie; je ne veux pas que le sommeil, que les voluptés, idoles de la foule, étouffent ce qu'il y a de vie dans ton âme. Ce n'est point là le vrai repos. Tu rencontreras de plus graves affaires que tout ce qui jusqu'ici a exercé ton courage, affaires à traiter loin de tous tracas et soucis. Tu administres les revenus de l'univers avec le désintéressement qu'exige l'affaire d'autrui, avec le zèle que tu mettrais aux tiennes, avec le scrupule dû à celles de l'État. Tu te concilies l'affection dans une charge où il est difficile d'éviter la haine : et cependant, crois-moi, mieux vaut régler les comptes de sa vie que ceux des subsistances publiques. Cette âme vigoureuse et à la hauteur des plus grandes choses, ne l'enchaîne plus à un ministère honorable sans doute, mais qui ne mène guère au bonheur ; rappelle-la à toi-même, et songe que tu ne t'es point voué avec tant d'ardeur dès ta première jeunesse aux études libérales, pour devenir l'honnête gardien de plusieurs milliers de mesures de blé. Tu avais donné de plus nobles et de plus hautes espérances. On ne manquera pas d'hommes qui joignent à une intégrité exacte l'assiduité au travail. La bête de somme par sa lenteur même est plus propre au transport des fardeaux que les coursiers de noble race : qui jamais surcharge leur vive et généreuse allure d'un lourd bagage ? Songe en outre que de sollicitude dans l'énorme responsabilité que tu acceptes : c'est à l'estomac de l'homme que tu as affaire ; ni la raison ne trouve docile, ni l'équité n'apaise, ni les prières ne fléchissent un peuple affamé. Naguère, dans ces quelques jours qui suivirent la fin tragique de Caligula (si l'on garde aux enfers quelque sentiment, combien son ombre dut gémir de laisser le peuple romain lui survivre) (a) il ne restait plus (b) qu'une semaine de subsistances! Alors qu'il construit ses ponts de vaisseaux et que [35] des forces de l'Empire il se fait un hochet, voici le dernier des fléaux, même pour des assiégés, la famine à nos portes [36]. L'homicide famine et, comme suite naturelle, la subversion de tout l'État : c'est ce que faillit coûter l'imitation d'un roi barbare et fou, du déplorable orgueil d'un Xerxès. Dans quelle situation d'esprit durent être les magistrats chargés des approvisionnements publics? Menacés du fer, des pierres, de la flamme et de Caligula (c), ils dissimulèrent sous le plus profond secret le mal affreux que Rome couvait dans ses entrailles. C'était sagesse à eux : car il est des affections qu'il faut traiter à l'insu du malade; beaucoup sont morts d'avoir connu leur mal.

XIX. Cherche donc un asile dans ces occupations que tu sais, plus tranquilles, plus sûres et plus hautes. Tes soins pour que le blé se verse dans les greniers de l'État sans être altéré par la fraude ou la négligence dans le transport; pour que l'humidité ne le gâte ni ne l'échauffe, pour que la mesure et le poids s'y retrouvent, ces soins, dis-moi, valent-ils les études sublimes et sacrées qui te révéleront et la nature des dieux et leur félicité, et leur condition et leur forme ; où tu sauras quel sort attend ton âme, dégagée des liens du corps, au séjour de la paix; quelle main retient au centre du monde les corps les plus pesants, suspend au-dessus les plus légers, promène le feu au sommet de la voûte étoilée et lance les astres dans leurs carrières? J'omets tant d'autres phénomènes non moins riches en merveilles. Ne veux-tu pas, renonçant à la terre, t'élever en esprit jusque-là? Ton sang est chaud encore, ta vigueur te reste, élance-toi vers un monde meilleur. Ce qui t'attend dans cette vie nouvelle, c'est l'inépuisable science du bien, l'amour et la pratique des vertus, l'oubli des passions, l'art de vivre et de mourir, un calme profond, absolu.

Misérable est la condition de tout homme futilement occupé, mais plus misérables sont ceux dont les occupations n'ont pas leur mobile en eux-mêmes; ils dorment au sommeil d'un

---

(a) On sait qu'il souhaitait que le peuple romain n'eût qu'une tête, pour la faire tomber d'un seul coup.
(b) Leçon vulgaire : *superesse!* Je crois devoir lire, avec J. Lipse : *superfuere*.
(c) Je lis avec un Mss. *Caium*. Voir pour ce sens, *De la colère*, III, XIX. Un autre : *Gaïum*. Un autre : *Graium*. Trois autres et Lemaire : *gladium*.

autre, ils marchent à son pas, ils mangent à son appétit [37]. Aimer ou haïr, la chose du monde la plus indépendante, est chez eux pure obéissance. Veulent-ils savoir combien leur vie est courte? Qu'ils se demandent quelle fraction leur en appartient. Quand tu leur verras la prétexte (a) déférée à plusieurs reprises, un nom fameux dans le forum, n'en sois point jaloux. On paye tout cela de sa vie : pour qu'une seule année se compte par leur nom, ils usent toutes leurs années. Certains hommes, ardents à monter aux plus hauts grades de l'ambition, sentent dès les premières luttes la vie leur échapper; d'autres qui ont percé, à travers mille indignes bassesses, jusques au faîte des dignités, sont saisis de l'affreuse pensée qu'ils travaillaient [38] pour une épitaphe; tel vieillard décrépit, qui se bâtit, en jeune homme, des espérances toutes neuves sur un long avenir, au milieu de rudes et malencontreux efforts, succombe d'épuisement.

XX. L'ignoble chose que ce praticien qui pour d'obscurs plaideurs, sous le faix de l'âge et en face d'un sot auditoire dont il mendie l'approbation, s'en vient rendre le dernier souffle! Honte à qui, rassasié de jours plus tôt que d'affaires, tombe expirant au milieu de pareils offices! Honte à qui, en pleine agonie, s'obstine à recevoir ses comptes, et fait rire l'héritier qu'il a tant fait languir! Je ne puis ici passer sous silence une anecdote qui s'offre à ma pensée. Turannius, vieillard d'une activité sans égale, à quatre-vingt-dix ans passés, ayant reçu de Caligula, sans la demander, sa mise à la retraite des fonctions d'intendant, se fit étendre sur un lit, et voulut que toute sa maison l'entourât, le pleurât comme mort [39]. Et tous ses gens de pleurer leur vieux maître condamné au repos; et il ne finit ces lamentations que lorsqu'on lui rendit tous ses tracas. Est-ce donc une si douce chose de mourir à la tâche? Ainsi sommes-nous faits presque tous : la passion du travail survit au pouvoir de travailler; on lutte contre son impuissance, et on n'estime la vieillesse fâcheuse que parce qu'elle éloigne des affaires. A cinquante ans la loi ne nous enrôle plus sous le drapeau; à soixante, elle dispense de siéger au sénat [40]; eh bien, les hommes obtiennent congé d'eux-mêmes plus difficilement que de la loi. Et tandis qu'ils entraînent et sont entraînés, qu'ils s'arrachent le repos les uns aux autres, artisans réciproques de leur infortune, leur vie passe sans fruit, sans plaisir, sans nul

---

(a) Costume officiel des prêtres et des magistrats.

progrès moral ; pas un qui se place en présence de la mort, pas un qui ne pousse à l'infini ses prétentions. J'en vois, hélas! qui réglementent pour le temps même où l'on n'est plus : masses gigantesques pour leurs tombeaux, monuments publics à inaugurer sous leur nom, et ce bûcher où combattront des gladiateurs, et tout l'orgueil de leurs obsèques.

En vérité, ces gens-là devraient être enterrés comme s'ils fussent morts enfants : c'est aux torches et aux bougies qu'on mènerait leur deuil (a)[41].

(a) Voy. *de la Tranquillité de l'âme*, II, et lettre CXXII.

DES BIENFAITS.

LIVRE I.

I. Parmi tant de causes diverses d'erreurs où nous jette l'absence de méthode et de réflexion dans la vie, ô vertueux Libéralis (*a*), la plus humiliante, j'ose presque le dire, est que nous ne savons ni donner ni recevoir. Qu'arrive-t-il en effet? Que, mal placés, nos bienfaits sont mal reconnus : on ne nous rend point, et nous nous plaignons, mais trop tard : tout était perdu à l'instant même où nous donnions.

Ne t'étonne point que des vices monstrueux qui pullulent ici-bas nul ne soit plus commun que l'ingratitude. J'en vois plusieurs motifs : d'abord nos bienfaits ne vont pas chercher les plus dignes; et nous qui, pour conclure un prêt, nous enquérons si scrupuleusement du patrimoine et du mobilier de l'emprunteur, nous qui ne confions aucune semence à un sol stérile ou ruiné, bienfaiteurs sans discernement, nous jetons au hasard, plutôt que nous ne donnons.

Et puis j'aurais peine à dire lequel est le plus honteux de méconnaître un bienfait, ou d'en réclamer le prix. Car ici la nature du contrat défend d'exiger plus qu'on ne veut bien nous rendre; d'autre part, le nier devient une banqueroute (*b*) odieuse; par cela même qu'il n'est pas besoin d'argent pour se libérer, que le cœur suffit, et que c'est payer un service que d'aimer à le reconnaître[1].

Mais si celui-là est coupable qui ne paye pas même d'un aveu, nous aussi nous avons nos torts. Nous rencontrons beaucoup d'ingrats, nous en faisons davantage[2]; reproches amers, exigences sans fin, humeur changeante et qui se repent d'une bonne œuvre à peine faite, esprit chagrin qui incrimine les moindres retards ; voilà ce qui tue toute reconnaissance, non-seulement après le bienfait, mais au moment même où l'on donne. Près de qui en effet suffit-il d'une simple ou d'une première demande? Au seul soupçon qu'on vient nous prier, qui de nous par un front rembruni, des regards distraits, des prétextes d'affaires, des discours sans fin calculés de manière à ne pas conclure, ne ferme d'avance la bouche à la supplication, ou n'esquive par mille détours l'abord des plus pressantes misères? Serré de près et pris au dépourvu, ce sont des délais que j'appelle de lâches refus ; ou, si l'on promet, n'est-ce point d'un air de répugnance, le sourcil froncé, avec ces sèches paroles qui ont peine à sortir? Or comment se sentir obligé par des services bien moins obtenus qu'arrachés? Peut-on montrer de la reconnaissance à qui laisse tomber ses faveurs du haut de son orgueil, à qui les jette avec humeur, à qui donne par lassitude, pour n'être plus importuné? Quelle erreur d'espérer du retour quand on m'a excédé de remises, torturé par ³ l'attente ! Les sentiments de l'obligé se règlent sur ceux du bienfaiteur : ne soyez donc point tièdes à obliger ; on ne doit plus qu'à soi-même ce qu'on a reçu d'un indifférent. Gardez aussi de trop tarder : l'intention faisant le prix du service, accorder tard, c'est avoir longtemps refusé. Surtout n'humiliez point : car l'injure, tel est le cœur humain, pénètre plus avant que le bienfait ; en moins de rien celui-ci⁴ s'efface, le souvenir de l'autre est tenace et fidèle. Or qu'attendre d'un homme que l'on offense en l'obligeant? C'est bien assez pour vous s'il vous pardonne vos bienfaits.

Qu'au reste la foule des ingrats ne ralentisse point notre générosité. Car nous les premiers, je le répète, nous contribuons à les multiplier ; et puis, voit-on les dieux eux-mêmes se départir de leur munificence, nécessité pour eux si douce, parce que certains hommes les outragent ou les oublient? Les dieux suivent leur nature : ils versent leurs dons sur l'univers et jusque sur ceux qui mésinterprètent leurs bontés. Prenons-les pour guides, autant que nous le permettent nos imperfections : donnons, ne plaçons point à usure. Nous méritons d'être déçus, si nous avançons un bienfait dans l'espoir qu'il nous reviendra. « Mais il nous a mal réussi ! » Nos enfants aussi et nos femmes trompent nos espérances ; nous prenons néanmoins les titres de pères et d'époux ; et l'expérience nous trouve si rebelles, que nous revolons aux combats après la défaite et sur les mers après le naufrage*. Ah! c'est plutôt en libéralité qu'il est beau d'être opiniâtre. Qui refuse parce qu'on ne lui rend point n'avait donné que pour recevoir : il fait bonne la cause des ingrats, qui ne s'avilissent à ne pas rendre que quand on les en laisse libres. Que de gens sont indignes du jour! et pourtant le jour luit pour eux. Que d'hommes se plaignent d'être nés! et la nature n'en crée pas moins de nouvelles générations, et elle laisse vivre ceux même qui voudraient n'avoir jamais été.

Il est d'une âme et grande et bonne de cultiver la bienfaisance, non pour ses fruits, mais pour elle-même, et de chercher, après tant d'ingrats, l'âme qui doit nous répondre. Où serait la gloire de l'homme généreux, s'il n'était jamais dupe? Ici-bas la vertu consiste à répandre des bienfaits, dussent-ils ne pas nous revenir; mais tout noble cœur en recueille le prix à l'instant même. Oui, loin que l'ingratitude doive nous décourager ou ralentir en nous l'essor de la plus belle des vertus, si l'on m'ôtait l'espoir de trouver un homme reconnaissant, j'aimerais mieux n'être point payé de retour que de ne pas faire le bien. Car ne point obliger, c'est devancer le tort de l'ingrat. Je dis là ma pensée : qui ne rend point est plus coupable; qui ne donne point l'est plus tôt.

II.   Quand ton or sur la foule en bienfaits se répand,
      Pour en bien placer un il en faut perdre cent.

Dans le premier vers deux choses sont à reprendre : ce n'est pas sur la foule qu'il faut répandre ses bienfaits; et puis jamais en rien, en bienfaisance moins qu'en tout le reste, la prodigalité n'est louable. Otez le discernement, ce n'est plus la bienfaisance; elle encourt toute autre qualification. Le second vers est admirable : par un seul service bien placé, il console de la perte de cent autres. Mais vois, je te prie, s'il ne serait pas plus vrai, et plus séant à la dignité de l'homme généreux, de l'exhorter aux bonnes œuvres, dût-il n'en bien placer aucune. Car il est faux de dire : on en perd cent. Aucune ne périt; qui croit perdre avait compté gagner. La bienfaisance ne tient point de parties doubles; elle ne sait que débourser; s'il rentre quelque chose, c'est pur gain ; s'il ne rentre rien, il n'y a point perte. Je donne pour donner; on ne porte pas ses bonnes œuvres sur son livre d'échéances; on ne se fait pas exacteur avare, au jour et à l'heure assignés. L'honnête homme n'y pense plus, et on ne le lui rappelle en s'acquittant : autres ment le don se transforme en créance. C'est une usure honteuse que de compter ses bienfaits comme avances. Quel que soit le sort des premiers, ne cesse point d'en répandre ailleurs de nouveaux. Mieux vaut qu'ils demeurent oubliés chez l'ingrat; car la honte, l'occasion, l'exemple peuvent quelque jour le ramener. Ne te lasse point, poursuis ton œuvre et remplis ton rôle d'homme de bien. Aide tes semblables de ta bourse, de ta signature, de ton influence, de tes lumières, de tes salutaires avis.

III. La brute même est sensible aux bons traitements : point de si farouche animal qu'on n'apprivoise à force de soins et dont on ne puisse gagner l'attachement. Le lion laisse manier impunément sa gueule par son maître; un peu de nourriture obtient du sauvage éléphant toutes les complaisances de la domesticité [7]. Tant les êtres les plus éloignés de comprendre et d'apprécier un bienfait sont vaincus cependant par une bonté assidue et persévérante. L'ingrat a tenu bon contre un premier service? il ne tiendra pas contre un second. Cette deuxième épreuve échoue-t-elle encore? une troisième peut rappeler les deux premiers qui ont échappé. Celui-là perd, qui croit trop vite avoir perdu. Mais qu'on persiste, qu'on verse bienfait sur bienfait, on arrache enfin la reconnaissance au cœur le plus dur et le plus oublieux. Cet homme ne lèvera point un œil rebelle sur tant de bons offices : n'importe où il se tourne pour échapper à ses souvenirs, qu'il t'y retrouve : investis-le de tes bienfaits.

Quel est le pouvoir, quel est le caractère de la bienfaisance, je vais le dire, si tu me permets de passer sur ces questions qui n'importent pas au sujet : pourquoi il y a trois Grâces; pourquoi elles sont sœurs et se tiennent par la main; pourquoi on les peint riantes, jeunes et vierges, sans ceinture et en robe transparente. Selon les uns, elles figurent celui qui donne, celui qui reçoit, et celui qui rend; selon d'autres, les trois manières de faire le bien : obliger, rendre, puis recevoir et rendre tour à tour. Quand je suivrais l'une ou l'autre opinion, que nous sert ce puéril savoir? Que signifient ces mains entrelacées et ce chœur dansant qui revient sur lui-même? Que la chaîne du bienfait qui passe d'une main à l'autre remonte toujours au bienfaiteur, que tout le charme est détruit, si elle se brise en un point, que sa beauté vient de l'union et de la succession des rôles. Aussi les Grâces sont-elles riantes : mais le sourire de l'aînée a quelque chose de plus noble, comme l'est celui du bienfaiteur. Leur figure est épanouie : ainsi l'est ordinairement l'air de ceux qui donnent comme de ceux qui reçoivent. Elles sont jeunes : la mémoire du bienfait ne doit pas vieillir. Vierges : il doit être irréprochable, pur, sacré pour tous ; ni gêne, ni entrave ne lui sied ; voilà pourquoi leurs robes n'ont point de ceinture. L'étoffe en est transparente : car les bienfaits ne craignent pas le grand jour.

Qu'il se trouve d'assez serviles partisans des Grecs pour croire tout cela fort essentiel, aucun pourtant ne dira qu'ici il soit à propos de connaître les noms qu'Hésiode a imposés aux Grâces. Il appelle l'aînée Aglaé, la cadette Euphrosyne, la plus jeune Thalie. Chacun tourmente et explique ces noms à sa guise ; c'est à qui en tirera un sens quelconque, tandis que le poëte a donné à ses jeunes filles le nom qui lui a plu. Ainsi encore Homère changea le nom de l'une d'elles en celui de Pasithéa et lui donna un mari, pour faire savoir qu'elles ne sont pas vestales. Je citerais même un poëte qui leur accorde des ceintures et des robes phrygiennes épaisses de broderies d'or. On place Mercure dans leur compagnie, non parce que la logique ou la rhétorique donne du relief au bienfait, mais c'est que telle a été l'idée du peintre. Chrysippe même, ce génie subtil qui pénètre les vérités les plus abstruses, qui ne parle que dans un but sérieux et ne donne aux mots que ce qu'il faut pour l'intelligence, a rempli tout son livre de ces inepties. Il ne dit que très peu de choses sur la manière de donner, de recevoir et de rendre, et intercale non les fables dans les préceptes, mais les préceptes dans les fables. Car, outre ces détails transcrits par Hécaton, Chrysippe dit que les Grâces sont filles de Jupiter et d'Eurynome, plus jeunes que les Heures, mais d'un peu meilleure mine et, à ce titre, données pour compagnes à Vénus. Il juge même que le nom de la mère importe beaucoup à la chose. Ce nom est Eurynome, vu que dans une famille nombreuse il faut d'amples distributions ; comme si c'était l'usage de nommer les mères après la naissance de leurs filles, comme si les poëtes rapportaient bien fidèlement les noms. De même que le nomenclateur, faute de mémoire, paye d'effronterie et vous applique un nom quelconque quand il ne peut trouver le vôtre, les poëtes ne pensent pas que dire la vérité soit leur affaire ; mais, contraints par les besoins du mètre ou séduits par l'éclat d'un mot, ils donnent de leur chef à toute chose tel nom qui fait bien pour le vers. Et on ne leur impute point à fraude une désignation portée pour une autre sur leurs registres ; car le premier poëte qui va suivre en crée de sa façon une troisième. Pour preuve voici Thalie, dont il est ici question : dans Hésiode c'est l'une des Grâces, et dans Homère, une Muse.

IV. Or, pour ne point faire ce que je blâme, je laisse là ces vétilles, tellement hors de mon sujet qu'elles ne l'avoisinent même par aucun point. Mais défends-moi, si l'on vient à me faire un crime d'avoir rappelé à l'ordre Chrysippe, esprit supérieur il est vrai, mais qui n'en était pas moins grec, et dont la subtilité s'émousse par trop de finesse et se replie souvent sur elle-même : ses traits en apparence les plus vigoureux piquent, mais ne percent point. Veut-on un exemple de cette subtilité? C'est la bienfaisance qu'il a prise pour texte : il veut donner les règles du contrat qui lie le plus fortement la société humaine, fixer une loi de conduite telle qu'on ne prenne pas pour bonté de cœur cette facilité irréfléchie qui séduit; il veut que la libéralité, laquelle ne doit ni tarir en nous ni se répandre sans mesure, ne soit pas restreinte par la circonspection, qui la tempère; il veut enseigner à recevoir de bonne grâce, à rendre de même ; il veut proposer aux hommes cette noble lutte qui tend, de fait et d'intention, non-seulement à égaler, mais à vaincre le bienfaiteur, car la reconnaissance n'est jamais au niveau du service, si elle ne le dépasse; il veut enfin apprendre aux uns à ne pas compter qu'on leur doive, aux autres à amplifier leur dette.

Cette glorieuse émulation de surpasser le bienfait par un bienfait plus grand, comment Chrysippe croit-il l'inspirer? Il dit que les Grâces étant filles de Jupiter, on doit craindre, en montrant peu de gratitude, de commettre un sacrilège et de faire injure à de si belles vierges. Eh! enseigne-moi quelque moyen d'être plus libéral et plus dévoué envers ceux qui m'ont obligé, d'établir entre eux et moi une rivalité telle qu'ils oublient, eux, ce qu'ils ont fait, et que j'en garde, moi, un persévérant souvenir. Pour ces futilités, laissons-les aux poëtes, dont l'unique but est de charmer l'oreille et d'ourdir une fable amusante. Mais que ceux qui veulent guérir les âmes, maintenir parmi nous l'empire du devoir et inculquer aux hommes la mémoire des bons offices, que ceux-là parlent au sérieux et plaident cette cause de toutes leurs forces, à moins que par hasard tu ne penses que de frivoles et fabuleux propos, des raisonnements de vieille femme, peuvent conjurer le fléau le plus désastreux, la banqueroute des bienfaits.

V. Mais si je passe les discussions oiseuses, je dois en revanche établir qu'avant tout il nous faut savoir quelle dette un bienfait reçu nous impose. Je dois, dit l'un, telle somme qu'on m'a donnée; un autre, le consulat; celui-ci, le sacerdoce; celui-là, un gouvernement : mais ce sont là les signes extérieurs du bienfait, non le bienfait même. Le bienfait ne peut se toucher de la main : c'est dans le cœur qu'il loge. Il y a loin de la matière de l'acte à l'acte lui-même. Ce n'est ni or, ni argent, ni quoi que ce soit, si grand qu'il paraisse (a), qui constitue le bienfait, c'est l'intention de celui qui donne[9]. Le vulgaire, il est vrai, n'y voit que ce qui s'offre aux yeux, ce qui se livre et se possède : pour ce qui s'y trouve de vraiment cher et précieux, il en tient peu compte. Mais ces objets que nous saisissons, que nous contemplons, auxquels se prend notre cupidité, sont périssables; la Fortune, l'injustice nous les peuvent ravir : or le bienfait survit à la perte de la chose donnée[10]. C'est en effet un acte moral, que nulle puissance n'anéantit. J'ai racheté mon ami des mains des pirates, un autre ennemi le prend et le jette en prison; ce n'est pas ma bonne œuvre, c'est seulement le fruit de cette bonne œuvre qui est perdu. J'ai rendu à un père ses enfants arrachés au naufrage ou à l'incendie; qu'ensuite une maladie, un accident les lui enlève, une chose leur survit, le mérite de les avoir sauvés. Donc tout ce qui usurpe à faux le nom de bienfait n'est que le moyen de manifestation d'une pensée bienveillante.

En bien d'autres matières encore il arrive que le signe est fort distinct de la chose. Un général décerne des colliers, une couronne murale ou civique; que vaut en soi une couronne, une prétexte, des faisceaux, un tribunal, un char? Rien de tout cela n'est l'honneur, je n'y vois d'honneur qu'en symbole. De même ce qui frappe nos yeux n'est pas le bienfait, c'en est le vestige et la marque.

VI. Qu'est-ce donc que le bienfait? Un acte de bienveillance qui rend heureux du bonheur qu'on procure, une œuvre d'inclination, un élan spontané du cœur. Ce n'est donc pas la chose faite ou donnée qui importe, c'est l'intention, puisque le bienfait consiste, non dans la chose donnée ou faite, mais dans la pensée de celui qui fait ou qui donne. Grande est ici la différence, et elle ressort de cette vérité que le bienfait est toujours un bien, tandis que la chose faite ou donnée n'est ni un

(a) Je lis, avec un Mss., *pro maximis* au lieu de *e proximis*.

bien ni un mal. C'est l'intention qui relève les plus petites choses, ennoblit les plus communes, ravale les plus grandes et les plus estimées : les objets de nos convoitises, neutres par leur nature, ne sont ni bons ni mauvais : tout dépend de l'intention dirigeante, qui donne aux choses leur caractère. L'essence du bienfait n'est donc pas ce qui se compte et se délivre; tout comme ce n'est pas la victime, fût-elle des plus grasses et toute brillante d'or, qui honore les dieux, mais bien la volonté pieuse et droite des adorateurs. Avec un peu de farine ou un grossier gâteau les bons sont toujours assez religieux [11], tandis que le méchant ne laverait pas son impiété, quand il inonderait les autels du sang des hécatombes.

VII. Si les bienfaits consistaient dans les choses non dans la volonté, ils seraient d'autant plus grands que l'on recevrait davantage : or cela n'est pas. Souvent l'homme qui mérite le mieux de moi est celui qui donne peu, mais avec grandeur, et dont le bon vouloir équivaut aux largesses des rois (a); son présent est modique, mais il vient du cœur ; il a oublié sa pauvreté en voyant la mienne ; il avait non la volonté seulement, mais la passion d'être utile ; en m'obligeant, il s'est cru lui-même l'obligé ; il donnait comme s'il était sûr de tout recouvrer, il se voyait rendre comme s'il n'eût pas donné ; enfin il a saisi, il a provoqué l'occasion de me servir. Mais, je le répète, qu'elles ont peu de charme, bien que par le fait et l'apparence elles semblent de grand prix, les grâces qui sont arrachées ou qui échappent par mégarde, et combien ce qu'on donne facilement touche plus (b) que ce qu'on jette à pleines mains [12] ! L'offrande de l'un est exiguë, mais il n'a pu faire davantage; celle de l'autre est riche, mais il a hésité, différé; mais il a plaint ce qu'il a donné ; ses secours superbes, dont il a fait parade, ne cherchaient point la satisfaction de l'homme auquel ils s'adressaient : c'étaient des gratifications pour sa vanité, non pour moi [13].

VIII. Un jour que les disciples de Socrate lui faisaient en foule mille offres de tout genre, chacun selon ses moyens, Eschine qui était pauvre lui dit : « Je ne saurais te rien donner qui fût digne de toi, et c'est par là seulement que je sens ma pauvreté. Reçois donc la seule chose qui m'appartienne : je me donne à toi tout entier. Puisse mon offre t'agréer, toute

---

(a) Virgil. *Georgiq.*, IV, 139.
(b) Je lis avec Fickert *gratius* au lieu de *gravius*.

faible qu'elle est ; et songe que si d'autres t'ont donné beaucoup, ils se sont réservé davantage. — Eh ! crois-tu, répliqua Socrate, ne m'avoir pas fait là un riche cadeau, ou par hasard t'estimerais-tu si peu ? Eh bien donc, je prendrai à tâche de te rendre à toi-même meilleur que je ne t'aurai reçu. » Eschine par un tel présent l'emporta sur Alcibiade, aussi généreux que riche, et sur toute la munificence d'une jeunesse opulente.

IX. Vois comme le cœur trouve de quoi se montrer libéral, même dans la gêne la plus étroite. Je me figure Eschine disant : « C'est en vain, ô Fortune ! que tu as voulu me faire pauvre : je trouverai en dépit de toi un présent digne de Socrate ; et si je ne puis rien offrir du tien, c'est du mien que je donnerai. » Or ne crois pas qu'il se jugeât sans valeur en se donnant lui-même pour prix de ses progrès : c'était l'ingénieux moyen d'obtenir Socrate en retour.... Il faut examiner qui donne, et non le prix de ce qui est donné....

L'homme adroit fait un accueil facile aux prétentions immodérées ; et tel vœu téméraire, qu'au fond il ne secondera nullement, il l'encourage par ses discours. Pire est encore, à mon avis, l'homme au rude langage, aux airs importants, avec son odieux étalage de crédit. Car on courtise et l'on déteste le favori de la Fortune, et ceux qui, s'ils pouvaient, agiraient comme lui, s'indignent de ses façons d'agir.... Tel qui, sans se cacher de rien, affichait la femme d'autrui, abandonne aux autres la sienne. On est rustre, on ne sait pas vivre, on est homme à mauvais procédés, et un détestable parti, comme disent nos matrones, quand on ne veut pas que sa femme s'étale en litière, spectacle ambulant pour les curieux qu'elle admet à la voir sous tous les aspects en robe diaphane. Celui qu'aucune maîtresse n'a mis en relief, qui n'entretient pas quelque femme mariée, nos grandes dames l'appellent homme de mauvais ton, de passions ignobles, coureur de chambrières. Ainsi le genre de fiançailles le plus honnête est l'adultère ; ainsi, veuf et célibataire par mutuel accord, on ne prend plus pour femme que celle qu'on a prise à autrui. On pille et l'on dissipe, et la cupidité rapace tente de ressaisir ce qu'elle a dissipé ; on ne se fait conscience de rien ; on méprise la pauvreté chez les autres, on la craint pour soi comme le pire des maux ; mille attentats troublent la paix publique ; le faible est opprimé par la force et par la terreur. Car que l'on dépouille les provinces, et qu'entre deux enchérisseurs qu'elle écoute, une justice vénale s'adjuge au plus offrant, cela n'a rien d'étrange : vendre ce qu'on a acheté n'est-ce pas le droit des gens?

X. Mais l'indignation provoquée par le sujet même, m'emporte trop loin de mon but. Arrêtons-nous, et pourtant ne souffrons pas que le blâme pèse tout sur notre époque. Ç'a été la plainte de nos aïeux, c'est la nôtre, ce sera celle de nos descendants, que les mœurs sont perverties, que l'iniquité triomphe, que le monde est de plus en plus dépravé et que toute vertu s'en va. Cependant à cet égard tout reste et restera au même point, sauf de légers mouvements en deçà ou au delà [14], comme ceux des eaux que le flux amène et pousse au loin sur la grève, que le reflux ramène et fait rentrer dans leur lit intérieur. Tantôt l'adultère sera plus fréquent que les autres crimes et la pudeur brisera tous ses freins ; tantôt la fureur des banquets prévalant, les patrimoines iront honteusement s'engloutir dans les cuisines ; ici les soins excessifs du corps et de la beauté physique trahiront la difformité de l'âme ; là une liberté mal réglée éclatera en licence et en audace ; tantôt l'esprit de cruauté emportera les individus comme les peuples, et dans la frénésie des guerres civiles tout ce qu'il y a d'inviolable et de saint sera profané ; l'ivrognerie pour un temps sera en honneur, et beaucoup absorber de vin sera la mesure du mérite. Jamais stationnaires, les vices sont toujours mobiles et discordants et en lutte flagrante, tour à tour envahissants et dépossédés. C'est au surplus toujours la même sentence que nous devons porter contre nous : nous sommes méchants, nous l'avons été, et, je souffre à le dire, nous le serons encore. Il y aura encore des homicides, des tyrans, des larrons, des adultères, des ravisseurs, des sacriléges, des traîtres ; après eux tous arriverait l'ingrat, si tous ces méfaits ne venaient de l'ingratitude sans laquelle peut-être pas un grand crime n'a surgi [15]. Garde-toi, comme de l'immoralité la plus grave, de l'admettre en ton âme : pardonne-la, comme une faute légère, à qui l'aura commise. Car à quoi se réduit le dommage ? A un bienfait perdu. Mais le meilleur nous en reste : nous avons donné. Et si, d'une part, nos bienfaits doivent chercher de préférence ceux qui y répondront dignement, parfois aussi nous obligerons, dussions-nous mal augurer du retour ; nous donnerons à ceux que nous jugerons devoir être ingrats, à ceux même que nous saurons l'avoir été. Si je puis, par exemple, rendre à un père ses fils que je sauverais d'un grand péril sans rien risquer moi-même, je n'hésiterai point.

A l'homme reconnaissant je prodiguerai jusqu'à mon sang pour le défendre, et je prendrai ma part de ses dangers ; pour l'ingrat, si je peux par un cri l'arracher aux brigands, ce cri qui doit sauver un homme je le proférerai de grand cœur.

XI. Il nous reste à dire quelle sorte de bienfaisance il faut pratiquer, et de quelle manière. D'abord donnons le nécessaire, puis l'utile, ensuite l'agréable, et, le plus possible, ce qui doit durer. Il faut commencer par le nécessaire ; car ce qui apporte la vie nous affecte bien autrement que ce qui n'est que l'embellissement de la vie, un accessoire. On peut se montrer dédaigneux appréciateur d'une chose dont on se passerait sans peine, de laquelle on pourrait dire : « Reprenez-la ; je n'en ai nul besoin : ce que j'ai me suffit. » On est tenté parfois, non-seulement de rendre ce qu'on a reçu, mais de le jeter loin de soi.

Dans la foule des choses nécessaires s'offrent en première ligne celles sans lesquelles on ne peut vivre ; puis celles sans lesquelles on ne le doit pas ; et enfin celles sans lesquelles on ne voudrait plus vivre. Mettons dans la première classe l'acte qui nous sauve des mains de l'ennemi, des fureurs d'un tyran, de la proscription, de tant d'autres périls divers, à mille faces, qui assiègent la vie humaine. Dissipons n'importe lequel de ces périls : plus il était grave et terrible, plus nous aurons de titres à la reconnaissance. Car alors on se représente la grandeur du mal auquel on échappe, et le charme du bienfait s'augmente de toute la crainte qui a précédé. N'allons pas toutefois, quand nous pourrons nous hâter, différer jamais le salut d'un homme, et vouloir que son effroi donne plus d'importance à notre service. Immédiatement après viennent ces choses sans lesquelles la vie est à la vérité possible, mais une vie pire que la mort : telles sont la liberté, la pudeur, la bonne conscience. Nous compterons en troisième lieu ce que d'étroits liens, le sang, le long usage, l'habitude nous ont rendu cher, comme nos enfants, nos femmes, nos pénates, tous les objets auxquels notre âme s'est si intimement attachée, qu'il nous semblerait plus affreux de les perdre que d'être arrachés de la vie.

Arrive ensuite l'utile, matière aussi variée qu'elle est vaste. De ce genre est l'argent, quand ce n'est pas outre mesure, mais dans un esprit de modération qu'on l'amasse ; tels sont un honneur, un avancement pour qui vise à monter ; car la première utilité, c'est l'utilité personnelle. Le reste n'est que superflu : élément de sensualité. Ici la règle à suivre est de saisir l'à-propos qui flatte : que ce soient des choses non vulgaires, rares pour tous les temps, du moins pour le nôtre, ou que peu d'hommes en aient de pareilles, ou que, si elles n'ont point de valeur par elles-mêmes, le choix du temps ou du lieu leur en donne. Cherchons l'objet dont l'offre doit le mieux plaire, qui frappera souvent les yeux du possesseur ; qu'il croie toujours nous voir en le voyant. N'allons pas surtout en envoyer d'inutiles, comme à une femme ou à un vieillard un équipement de chasse, à un homme illettré des livres, à un amateur de l'étude et des lettres des filets. D'un autre côté prenons garde qu'en voulant faire un envoi qui plaise, nous n'ayons l'air de rappeler un défaut personnel : n'offrons pas des vins à un ivrogne, des médicaments à un valétudinaire. C'est presque une satire, ce n'est plus un don, quand l'homme qui le reçoit y voit une allusion à son côté faible.

XII. Si nous avons le choix, donnons de préférence des choses de durée, afin que nos dons ne meurent point, s'il est possible. Peu d'hommes sont assez reconnaissants pour songer à ce qu'ils ont reçu, quand ils ont cessé de le voir. L'ingrat même retrouve le souvenir en même temps que nos présents ; dès qu'ils s'offrent à sa vue, l'oubli ne lui est plus possible : ils lui retracent, ils lui inculquent le nom de leur auteur. Il faut d'autant plus chercher à faire des présents qui durent, que jamais on ne doit les rappeler : laissons l'objet lui-même réveiller la mémoire assoupie. Je donnerai plus volontiers de l'argenterie que de l'argent ; plus volontiers des statues qu'un vêtement, que tout ce que l'usage détériore trop vite. Chez peu de gens la gratitude survit au don ; chez la plupart il ne demeure pas dans l'âme plus longtemps que dans les mains. Je ne veux donc pas, s'il se peut, que mon présent s'anéantisse : je veux qu'il subsiste, qu'il s'attache mon à ami, qu'il vive avec lui.

Il n'est point d'homme si peu sensé qu'il faille lui recommander de ne pas envoyer, les fêtes terminées, des gladiateurs, des bêtes féroces, ni des costumes d'été en hiver, ou d'hiver en été. Qu'en tout ceci le bon sens nous guide : ayons égard aux temps, aux lieux, aux personnes : car selon les circonstances les mêmes choses plaisent ou désobligent. N'est-on pas mieux venu en donnant à un homme ce qu'il n'a pas que ce qu'il possède en abondance, ce qu'il a cherché longtemps sans le rencontrer que ce qu'il verra partout ?

Il faut dans un présent, non pas tant la magnificence, que la rareté et une certaine recherche qui lui fassent trouver place même chez le riche : ainsi les fruits les plus communs, qui quelques jours plus tard seront dédaignés, flattent dans leur primeur. Ce qui relève aussi un présent, c'est qu'on ne l'ait reçu que de nous, ou que nous ne l'ayons fait à personne.

XIII. Alexandre le Macédonien venait de vaincre l'Orient et s'élevait dans son orgueil au-dessus de la condition d'homme, quand les Corinthiens le complimentèrent par ambassadeurs et lui décernèrent le droit de cité dans leur ville. Il se mit à rire d'un pareil hommage ; mais l'un des ambassadeurs : « Ce titre de concitoyen, dit-il, Corinthe ne l'accorda jamais qu'à Hercule et à toi. » Le prince alors reçut avec joie le privilége qu'on lui déférait, admit les députés à sa table, et eut pour eux tous les égards possibles, considérant non plus qui lui envoyait ce titre, mais avec qui il le partageait. Et cet homme, esclave de la gloire, dont il ne connaissait ni la nature, ni les limites, lui qui marchant sur les traces d'Hercule et de Bacchus, ne s'arrêtait pas même où elles avaient cessé, reporta ses regards des Corinthiens à l'associé qu'ils lui donnaient ; il crut voir ce ciel qu'ambitionnait sa présomptueuse pensée s'ouvrir pour lui parce qu'on l'accolait à Hercule. En quoi donc ressemblait à Hercule ce jeune insensé dont la seule vertu fut une heureuse témérité ? Hercule ne vainquit jamais pour lui-même : il traversa le monde non en conquérant, mais en libérateur. Qu'avait-il besoin de conquêtes, ce héros terrible aux méchants, vengeur des bons, pacificateur de la terre et des mers ? Mais Alexandre ! brigand dès l'enfance, déprédateur des peuples, fléau de ses amis comme de ses ennemis, il fit consister le bien suprême à être la terreur des mortels, oubliant que non-seulement les animaux les plus féroces, mais les plus lâches même sont redoutés pour la malfaisance de leur venin.

XIV. Mais revenons à notre sujet. Des grâces jetées à tout venant ne sont des grâces pour personne. On ne se croit pas le convive d'un hôtelier, d'un cabaretier, ni de qui fête tout un public, quand on peut dire : « Quelle faveur m'a-t-il faite à moi, qu'il n'ait faite à tel ou tel qu'il connaît à peine, à un histrion (a), à un infâme ? Était-ce par estime pour moi ? Non certes : c'était pour complaire à sa manie. » Si tu veux que je prise tes

---

(a) Je lis comme Muret et J. Lipse : *mimicum* au lieu de *inimicum*.

dons, ne les prostitue pas [16]. Se croit-on obligé pour des choses toutes banales ?

Qu'on n'induise pas de là que je veuille retenir l'élan de la libéralité et lui imposer un frein plus étroit. Non : qu'elle se porte aussi loin qu'elle voudra, mais qu'elle s'y porte sans écarts.

On peut donner de telle façon que, tout en recevant ce qu'ont reçu cent autres, chacun ne se croie pas confondu dans la foule, et puisse, au moyen de quelque marque particulière, se flatter d'une grâce spéciale. Qu'il puisse dire : « On m'a donné comme à tel autre, mais de tout cœur ; sans me faire trop attendre, et cet autre le méritait depuis longtemps. D'autres ont obtenu les mêmes choses, mais non accordées avec le même ton, ni la même prévenance ; ils n'ont obtenu qu'à leur prière, j'ai accepté à la sienne (a). Ils ont reçu, mais ils étaient bien en état de rendre ; et leur vieillesse, libre d'héritiers, laissait beaucoup à espérer. C'était me donner plus que me donner autant : car on ne se promettait pas de retour. » La courtisane qui sait se partager entre plusieurs amants, accorde à chacun d'eux quelque gage particulier d'affection ; voulez-vous de même doubler le charme de vos services, trouvez le moyen de contenter plusieurs à la fois, tout en ménageant [17] à chacun de quoi lui faire croire qu'il est le préféré. Pour moi je ne prétends pas entraver la bienfaisance : plus elle se multiplie et grandit, plus elle devient honorable. Mais j'y veux du discernement : quel cœur en effet est jamais touché de ce qui se donne au hasard et à la légère ?

Que si donc quelqu'un s'imagine qu'en traçant ces préceptes nous voulons resserrer les bornes de cette vertu et lui ouvrir une moins vaste carrière, il prend nos conseils bien à contresens (b). Car est-il une vertu plus vénérée, plus encouragée par nous ? Et de qui ces exhortations viendraient-elles plus convenablement que de nous qui cimentons par elle la société du genre humain ?

XV. Quelle est donc ma pensée ? Comme l'élan du cœur le plus noble cesse de l'être, bien qu'il parte d'une volonté droite, s'il dépasse cette mesure qui fait la vertu, je ne veux pas que la libéralité devienne profusion. Un bienfait n'est doux à rece-

---

(a) Je lis *quum rogarer*, et non *quum rogaret*.
(b) Au lieu de : *ne perperam exaudiat*, je crois qu'il faut lire *næ perperam exaudiat*.

voir et ne s'accueille avec une religieuse gratitude, qu'autant que la raison le dispense au mérite, et non lorsqu'il tombe à l'aveugle, étourdiment semé par l'irréflexion; il faut qu'on puisse s'en faire gloire, et dire : « Il était pour moi. » Appelles-tu bienfaits des actes dont je rougirais d'avouer l'auteur? Mais combien elles sont plus flatteuses, combien elles descendent plus avant dans l'âme pour n'en sortir jamais, ces grâces qui nous font songer avec délices moins à elles-mêmes qu'à celui de qui nous les tenons!

Crispus Passiénus [18] répétait souvent qu'il préférait l'estime de certains hommes à leurs services, et les services de certains autres à leur estime. « Par exemple, ajoutait-il, à Auguste je lui demanderai plutôt son estime, à Claude ses services. » Je pense, moi, qu'il ne faut rien désirer de gens dont on dédaignerait l'estime. « Comment? Fallait-il refuser les dons de Claude? » Non, mais les recevoir comme ceux de la Fortune, sachant qu'elle peut l'instant d'après devenir hostile. Pourquoi donc séparerions-nous deux choses qui se fondent l'une dans l'autre? Il n'y a pas de bienfait là où manque ce qui en est l'âme, le discernement. Autrement la somme donnée, fût-elle immense, dès que ce n'est pas la raison ni une intention pure qui l'offre, n'est pas plus un bienfait que ne le serait un trésor trouvé. Il est mille choses qui peuvent s'accepter, mais pour lesquelles on ne doit rien.

LIVRE II.

I. Poursuivons, vertueux Libéralis, ce qui nous reste à dire de la première partie : comment faut-il donner? Sur ce point, la voie la plus courte à indiquer est, ce me semble, celle-ci : donnons comme nous voudrions recevoir; mais avant tout, donnons de bon cœur, sans retard, sans nulle hésitation.

On ne sait point gré d'un bienfait qui est resté longtemps cloué aux mains du bienfaiteur, qu'il semblait ne lâcher qu'avec peine, comme si lui-même se l'arrachait. Et si quelque retardement vient à la traverse, évitons à tout prix de paraître avoir délibéré. L'hésitation touche de près au refus et n'acquiert aucun titre à la gratitude : comme en effet le grand charme du don est dans la bonne volonté de l'auteur, celui qui par sa lenteur même a fait preuve de mauvais vouloir, n'a pas donné ; il s'est laissé prendre ce qu'il n'a pas su retenir. Libéralité chez bien des gens n'est qu'impuissance de refuser en face.

Les bienfaits les plus agréés sont ceux qui viennent d'eux-mêmes, faciles et empressés, et qui n'éprouvent de délai que par la pudeur de l'obligé. Le chef-d'œuvre de la bienfaisance est de prévenir les vœux ; sa seconde gloire est de les suivre. « Il sera donc mieux d'aller au-devant de la prière, parce que l'honnête homme qui sollicite a la physionomie contrainte et la rougeur au front : épargnons-lui cette gêne, nous l'obligerons deux fois¹. Il n'a point obtenu gratis, s'il a demandé pour recevoir ; car, et nos sages ancêtres le pensaient, rien ne coûte comme ce qui s'achète avec des prières. On serait plus sobre de vœux, s'il les fallait émettre publiquement ; tant y a que même pour s'adresser aux dieux, qu'on peut certes supplier sans honte, on aime mieux le faire dans le silence et le secret du cœur.

II. Il y a un mot humiliant, qui pèse et ne peut se dire que le front baissé : *Je vous demande*². Épargnons-le à notre ami, à quiconque peut le devenir par nos bons procédés. Quelque hâte qu'on y mette, le bienfait vient tard s'il ne vient qu'après la demande. Tâchons donc de deviner les vœux de chacun et, quand nous les aurons saisis, évitons-leur l'amère nécessité de la prière. Un bienfait délicieux et qui vivra dans leur âme, sache-le bien, c'est celui qui les a prévenus. Si nous n'avons pu prendre les devants, coupons court aux paroles du solliciteur, pour ne pas sembler les avoir attendues ; et une fois averti, promettons sur-le-champ ; prouvons par notre empressement même que nous étions prêts à agir avant qu'on nous interpellât. Si pour un malade quelque nourriture en temps utile peut le sauv , si une goutte d'eau donnée à propos lui vaut un remède, de même le plus vulgaire service, quand il est prompt, quand pas un moment n'a été perdu, grandit beaucoup à nos yeux et efface en mérite tel don plus précieux venu tard et après longue réflexion. Qui fut si prompt à obliger ne laisse pas douter du plaisir qu'il goûte à le faire. Aussi est-ce avec bonheur qu'il oblige ; tout en lui reflète la physionomie de son âme.

III. Ce qui gâte souvent les plus grands services, c'est le silence ou la lenteur à répondre, qui singent l'importance et le grand sérieux et qui promettent de l'air dont on refuse³. Qu'il vaut bien mieux joindre à de bonnes œuvres de bonnes paroles et ce langage bienveillant et poli qui relève le prix du bienfait! Pour que l'obligé se corrige et n'hésite plus à demander, ajoutez, si vous voulez, quelque reproche amical : « Je t'en veux ; tu avais besoin de quelque chose et tu as trop tardé à m'en instruire ; je t'en veux d'y avoir mis tant de façons, d'avoir employé un tiers. Pour mon compte, je me félicite de l'épreuve où tu veux bien mettre mon amitié : désormais, quoi que tu désires, réclame-le comme un droit. Cette fois-ci j'oublierai ton manque de procédé. »

De cette sorte on sera plus content de toi que du service, quel qu'il soit, qu'on était venu demander. Le grand mérite du bienfaiteur, ce qui prouve le mieux la bonté de son âme, c'est lorsque en le quittant on se dit : « Quelle bonne fortune j'ai eue aujourd'hui ! J'aime mieux ce que j'ai reçu de cette main que s'il m'en était venu vingt fois plus par une autre. Ma reconnaissance n'égalera jamais tant de générosité. »

IV. Mais que d'hommes par la dureté de leurs paroles et leurs airs sourcilleux font prendre en haine le bienfait, l'accompagnant d'un tel langage, d'une telle superbe qu'on se repent de l'avoir obtenu⁴ ! Puis, la promesse faite, surviennent d'autres retards; et quel supplice, quand on a obtenu une chose, d'avoir à la demander encore ! Le bienfait doit se donner comptant; or il est, chez certaines gens, plus difficile à réaliser qu'à promettre. Il faut prier l'un de faire ressouvenir, et l'autre, d'effectuer. Ainsi passant par une foule de mains, le bienfait s'use; et le principal auteur en perd presque tout le mérite, qui se partage entre tous ceux qu'il faut solliciter après lui. Tu auras donc grand soin, si tu veux qu'on apprécie dignement tes bons offices, qu'ils arrivent à qui a reçu ta promesse, dans toute leur fraîcheur, tout entiers et, comme on dit, sans aucun déchet. Que nul ne les intercepte, ne les retienne en route : personne ne peut, de ce que tu donnes, se faire un mérite qui ne diminue le tien.

V. Rien n'est si amer qu'une incertitude prolongée. On souffre moins parfois à voir trancher d'un coup ses espérances qu'à les voir languir. Tel est pourtant le défaut de la plupart des protecteurs, de reculer par un travers d'amour-propre l'effet de leur parole, crainte d'éclaircir la foule des postulants, comme ces ministres des rois qui se complaisent au long étalage de leur pompe hautaine et qui croiraient leur puissance amoindrie, si chacun ne voyait à loisir et sous mille aspects jusqu'où elle va. Ils n'obligent jamais sur-le-champ, ni en une fois : leurs outrages volent, leurs bienfaits se traînent.

Il est bien vrai, crois-moi, ce mot d'un poëte comique :

> Quoi ! n'as-tu pas compris
> Que plus ta grâce est lente, et moins elle a de prix[5] ?

De là ces exclamations qu'un généreux dépit nous arrache : « Fais donc, si tu veux faire; » et : « La chose ne vaut pas tant de peine.... j'aimerais mieux ton refus tout de suite. » Quand l'impatience saisit l'âme jusqu'à prendre en haine le bienfait qui se fait attendre, peut-on s'en montrer reconnaissant ?

S'il est d'une atroce barbarie de prolonger les tortures des condamnés; s'il y a une sorte d'humanité à leur donner d'un seul coup la mort, parce que la souffrance suprême n'est déjà plus quand elle arrive, et que le temps qui le précède fait la plus grande partie du supplice : ainsi une faveur a d'autant plus de prix qu'elle nous a tenus moins en suspens. Car l'attente, même du bien, nous pèse et nous inquiète; et comme un bienfait, presque toujours, est le remède de quelque mal, si, pouvant me guérir sur l'heure, vous me laissez lentement déchirer, ou m'apportez trop tard la joie du salut, vous mutilez votre bienfait. Toujours la bonté se hâtera; et qui agit d'après son cœur a pour habitude d'agir sans délai. Mais tarder, mais remettre de jour en jour, ce n'est pas obliger franchement. C'est perdre deux choses inappréciables, l'à-propos et la preuve de zèle qu'on eût pu donner. Vouloir tard tient du non vouloir.

VI. En toute affaire, Libéralis, ce qui n'est pas de légère importance, c'est la façon de dire ou d'exécuter : on gagne beaucoup par la vitesse, on perd beaucoup par la lenteur. Tous les javelots sont armés du même fer; mais quelle énorme différence entre le trait qu'un bras puissant lance de toute sa force et celui qui échappe d'une main sans vigueur ! La même épée égratigne ou pourfend, selon que la main qui la guide est plus ou moins ferme. L'un fait le même don qu'un autre : la différence est toute dans la façon de donner. Qu'il est doux, qu'il est précieux le don, lorsque son auteur ne veut pas même de remercîment, lorsqu'en donnant il oublie qu'il donne ! Quant à réprimander au moment même où l'on oblige, c'est folie, c'est greffer l'outrage sur le bienfait. N'empoisonnons jamais nos grâces et n'y mêlons nulle amertume⁶. As-tu même lieu, as-tu envie d'admonester, choisis un autre moment.

VII. Fabius Verrucosus comparait le bienfait grossier d'un bourru à un pain mêlé de gravier, que l'on prend par besoin, que l'on mange avec répugnance. L'empereur Tibère, que M. Ælius Népos, ancien préteur, avait sollicité de l'aider à payer ses dettes, exigea de celui-ci la liste des gens auxquels il devait. Ce n'est pas là un don, c'est une convocation de créanciers. La liste produite, l'empereur lui manda qu'il avait donné ordre que tout fût payé. Sa lettre finissait par d'humiliants reproches; Ælius n'eut de cette façon ni dettes à payer ni service à reconnaître. Il fut quitte de ses créanciers, sans que Tibère l'eût pour obligé.

Ce fut chez le prince un calcul : il ne voulut pas, je pense, voir se multiplier les mêmes demandes qui l'auraient assiégé en foule. Ce système peut-être n'aura pas été sans effet pour contenir d'audacieuses cupidités par le frein de la honte : mais qui donne en bienfaiteur doit suivre une tout autre voie.

VIII. On doit embellir ce qu'on donne de tout ce qui peut le faire mieux agréer. L'action de Tibère ne fut pas un don, mais une réprimande. Et pour dire en passant toute ma pensée sur ce sujet même, il sied peu, fût-ce à un souverain, de donner pour faire honte. Encore Tibère ne put-il échapper par là, comme il le cherchait, aux importunités : il se trouva plus tard quelques personnes qui sollicitèrent la même grâce. Il voulut que toutes exposassent en plein sénat les causes de leurs dettes : après quoi il leur en donna le montant. Je vois là une censure plutôt qu'une libéralité; ce n'est plus secours, c'est aumône de prince. Appellerai-je bienfait ce que je ne puis me rappeler sans rougir? On m'a renvoyé devant un juge; pour obtenir j'ai dû plaider.

IX. Aussi est-ce l'avis de tous les maîtres de la sagesse, que telles grâces doivent se faire publiquement, que telles autres veulent le mystère. Le grand jour convient à celles qu'il est glorieux de mériter : tels sont les dons militaires, les distinctions honorifiques, enfin tout ce que relève la publicité. Mais ce qui ne procure ni avancement ni relief, les secours qui soulagent l'infirmité, l'indigence ou l'ignominie, doivent être des œuvres muettes et ne se révéler qu'à celui qu'elles consolent. Parfois même, près de ceux qu'on aide, il faut user de subterfuge; il faut qu'ils reçoivent sans savoir de quelle main[7].

X. Arcésilas avait, dit-on, un ami pauvre et qui dissimulait sa pauvreté. Celui-ci tomba malade, et n'avouait même pas qu'il lui manquait de quoi pourvoir aux dépenses les plus nécessaires. Arcésilas crut devoir à son insu venir à son aide, et sans qu'il s'en doutât il glissa sous son chevet un sac d'argent, afin qu'en dépit d'un scrupule déplacé son ami trouvât, plutôt qu'il ne le reçût, ce dont il avait besoin (a).

« Eh quoi ! l'obligé ignorera de qui il aura reçu ? » Qu'il l'ignore avant tout, si cela même est une condition du bienfait. Plus tard bien d'autres procédés, d'autres bons offices lui feront deviner l'auteur du premier. Admets enfin qu'il ignore s'il a reçu, je saurai, moi, que j'ai donné. « C'est peu, » diras-tu. Oui, peu, si tu calcules en usurier; mais si tu veux donner de la façon qui peut le mieux servir ton semblable, tu donneras, et le témoignage de ta conscience te suffira. Sinon, ce n'est pas de faire le bien qui te charme, mais de passer pour l'avoir fait. Tu veux qu'il le sache! Tu cherches donc un débiteur. Tu veux à tout prix qu'il le sache! Mais s'il lui est plus utile de l'ignorer, plus honorable, plus doux, ne changeras-tu pas de pensée? Tu veux qu'il le sache! A ce compte tu ne sauverais point un homme dans les ténèbres?

Je ne nie pas que, si la chose s'y prête, il ne soit permis de jouir des sentiments de l'obligé; mais s'il a tout à la fois besoin et honte de mes secours, si mes dons l'effarouchent à moins que je ne les cache, je ne les mets point dans les journaux[8]. Et en effet, je dois d'autant moins lui indiquer que j'en sois l'auteur, que l'un de nos premiers préceptes, des plus essentiels, m'interdit tout reproche et jusqu'au moindre avertissement. En matière de bienfaits, la loi des deux parties commande à celle qui donne d'oublier à l'instant, à celle qui reçoit de se souvenir toujours. Rien ne déchire l'âme et ne l'humilie comme le fréquent rappel de ce qu'on a fait pour nous[9].

XI. On s'écrierait volontiers, comme ce Romain qui sauvé des proscriptions triumvirales par un ami de César, ne pouvait souffrir la jactance de son libérateur : « Eh! rends-moi à Octave! Quand cesseras-tu de dire : je t'ai sauvé, je t'ai arraché au massacre? — Oui, si tu me laisses m'en souvenir, je te dois

---

(a) Quand sa servante eut découvert le sac, le malade dit en souriant : *C'est un larcin d'Arcésilas.* (Plutarque.)

la vie ; si tu m'y forces, cette vie est une mort. Je ne te dois rien, si tu ne m'as sauvé que pour me faire servir à ton triomphe. Me traîneras-tu toujours en captif? Ne me laisseras-tu point oublier mon triste destin? Vaincu, je ne suivrais qu'une fois le char du vainqueur. »

Il ne faut pas dire le bien qu'on a fait. Le rappeler, c'est le redemander. N'y revenons point, n'en réveillons point la mémoire : un second service doit seul faire ressouvenir du premier. Ne l'allons pas même raconter à d'autres : que le bienfaiteur garde le silence ; c'est à l'obligé de parler. Car on nous dirait comme à celui qui vantait partout son bienfait : « Tu ne nieras pas qu'on ne te l'ait payé. — Quand cela ? — Plus d'une fois et en plus d'un lieu ; partout et chaque fois que tu l'as publié [10]. »

Qu'est-il besoin que tu parles? Pourquoi te charger du rôle d'autrui? Il y a un homme qui s'en acquittera plus noblement que toi ; et, quand il parlera, on te louera en outre de n'avoir point parlé. Tu me juges ingrat si, par suite de ton silence, ton action n'est sue de personne? Garde-toi d'un pareil jugement : que si même on vient à citer devant toi tes bienfaits, réponds : « Il méritait certes davantage ; mais je sens que la volonté de tout faire pour lui m'a jusqu'ici moins manqué que l'occasion. » Et ne le dis pas pour surfaire tes services ni avec cette finesse qui parfois repousse l'éloge pour mieux se l'attirer.

Enfin couronne ton œuvre par toute sorte de bons procédés. L'agriculteur sème en pure perte, si ses travaux cessent aux semailles. Que de soins avant que les grains deviennent épis! Rien n'arrive à maturité sans une culture constante et suivie du premier au dernier moment : tel est le sort des bienfaits. En est-il qui puissent effacer ceux qu'un père nous prodigue? Ils seraient pourtant sans effet, s'ils nous abandonnaient encore enfants, si une persévérante tendresse ne menait à bien l'œuvre paternelle [11]. Il en est de même de tous les bons offices : si tu ne les cultives, tu les perds. C'est peu d'avoir planté l'arbuste, il faut l'élever ; il faut, pour recueillir la reconnaissance, non-seulement semer le bienfait, mais le soigner avec amour.

Surtout, je le répète, épargnons à l'oreille des ressouvenirs toujours importuns, des reproches toujours haïssables. Rien dans un acte de bienfaisance n'est à éviter autant que l'orgueil. A quoi bon un air arrogant? A quoi bon l'enflure des paroles?

La chose même te relève assez. Loin de toi d'inutiles vanteries : les faits parleront malgré ton silence. Le bienfait nonseulement perd sa grâce, mais devient odieux s'il part de l'orgueil.

XII. Caligula donna la vie à Pompeius Pennus, si c'est donner que ne pas ôter [12]; et comme Pennus le remerciait de son pardon, il lui présenta à baiser *son pied gauche*. Ceux qui l'excusent et qui disent qu'il ne le fit point par insolence prétendent qu'il ne voulait que montrer la dorure ou l'or de son brodequin enrichi de perles. Je le veux bien : qu'y avait-il d'humiliant pour un consulaire de baiser de l'or et des perles? Et d'ailleurs eût-il pu choisir sur toute la personne de Caïus une partie plus pure à baiser? Cet homme, né pour changer les mœurs d'un État libre en une servitude digne de la Perse, fut peu content de voir un sénateur, dégradant ses cheveux blancs et ses titres, se prosterner devant lui, en présence des grands, dans la vile attitude d'un suppliant, d'un vaincu qui implore son vainqueur ; il trouva moyen de faire ramper plus bas que ses genoux la liberté romaine. N'est-ce pas fouler du pied la république, et même, on peut le dire, c'est ici le cas, la fouler de la plus sinistre façon? Ce n'était pas assez d'affront, assez d'insolente frénésie que d'écouter en pareil accoutrement un consulaire plaidant pour sa tête, si l'auguste empereur n'eût appuyé les clous de sa chaussure sur la face d'un sénateur.

XIII. Orgueil d'une éminente fortune! Monstre enfanté par la sottise! Qu'il est doux de ne rien recevoir de toi! Comme tout bienfait de toi se tourne en outrage! Comme tu n'aimes en tout que les extrêmes, et comme tout te sied mal! Plus tu arrives à te guinder haut, plus tu parais bas, et nous fais voir que tu connais peu cette grandeur dont tu es si gonflé. Tu corromps tout ce que tu donnes. Je voudrais bien savoir ce qui te cambre si fort la taille, d'où te viennent ces airs, ces habitudes de physionomie si peu naturelles, et ce masque au lieu de visage?

Que j'aime les bienfaits lorsqu'ils s'offrent sous les traits de la sensibilité, ou du moins de la douceur et de la sérénité; lorsque le bienfaiteur ne m'écrase pas de toute la hauteur de son rang, lorsque, aussi affable qu'on peut l'être, il descend à mon niveau et dépouille ses dons de tout faste; lorsqu'il choisit l'àpropos, et que l'occasion plutôt que l'urgence l'engage à me servir! Il n'est qu'un moyen de guérir chez les grands cette arrogance qui tue les bienfaits, c'est de leur prouver que les largesses ne paraissent pas plus grandes pour être faites avec plus de fracas ; qu'ils ne peuvent par là se grandir eux-mêmes aux yeux de personne ; que c'est une fausse dignité que celle de l'orgueil, et qu'elle ferait haïr même ce qu'il y a de plus aimable.

XIV. Il est des choses qu'il serait fatal d'obtenir ; et de celles-là ce n'est pas le don, mais le refus qui est un bienfait. Aussi doit-on considérer l'intérêt du demandeur avant son désir. Souvent en effet c'est notre mal que nous souhaitons [13], et nous n'en pouvons entrevoir toute la portée, parce que la passion trouble le jugement. Mais sitôt que le désir s'attiédit, que cette fougue d'une âme ardente, devant laquelle a fui la raison, est tombée, on maudit les pernicieux auteurs de ces présents qui nous ont nui. Comme on refuse l'eau froide aux malades, le glaive aux désespérés qui rêvent le suicide, et aux amants tout ce que leur passion pourrait tourner contre eux-mêmes ; ainsi à toutes les demandes de choses préjudiciables, quand on emploierait sollicitations, soumissions, larmes pathétiques, nous opposerons une persévérante résistance. Il convient d'envisager l'effet le plus éloigné de nos services aussi bien que le plus prochain : donnons ce qu'on est heureux de recevoir, ce qu'on sera heureux aussi d'avoir reçu.

Bien des gens disent : « Je sais que cela ne lui profitera pas ; mais que faire ? il m'en prie : je ne puis résister à ses instances. C'est son affaire ; c'est à lui, non à moi qu'il devra s'en prendre. » Tu te trompes : c'est à toi, et avec justice, quand la raison lui reviendra, quand la fièvre, qui embrasait son âme, se sera calmée. Comment ne haïrait-il pas celui qui ne l'a aidé que pour son dommage et au risque d'un grand mal ? Octroyer aux gens ce qui doit les perdre, c'est une bonté cruelle [14]. S'il est noble et beau de sauver un homme en dépit même de ses efforts et de sa volonté ; lui accorder de désastreuses faveurs, c'est de la haine officieuse et complaisante. Nos bienfaits doivent être de ceux qui, à mesure qu'on en use, satisfont de plus en plus, qui enfin ne tournent jamais à mal. Je ne donnerai point d'argent que je saurai devoir être le prix d'un adultère : je ne veux pas me trouver complice d'un acte ou d'un projet infâme. Si je puis, j'en préviendrai l'exécution ; sinon, je n'y aiderai pas. Que la colère emporte mon ami à un acte injuste, ou que l'ardeur de l'ambition l'éloigne des voies de la prudence, je me garderai qu'il puisse jamais dire : « C'est son amitié qui m'a tué. Souvent il n'y a nulle différence entre les présents de nos amis et les souhaits de nos ennemis. Tout ce que ceux-ci nous veulent de mal, l'intempestive tendresse de ceux-là nous y prépare et nous y pousse. Or quelle honte, et cela n'est que trop fréquent, que les effets de l'amitié ressemblent à ceux de la haine!

XV. N'accordons pas de bienfaits qui puissent tourner à notre honte.

La première loi de l'amitié voulant qu'on égale son ami à soi-même, il faut songer à lui comme à soi. Donnons-lui s'il est dans le besoin, mais de manière à n'y pas tomber nous-mêmes ; secourons-le s'il va périr, mais sans vouloir périr pour lui, à moins que notre vie ne rachète celle d'un grand homme, ou ne s'immole à une grande chose. Ne rendons pas de ces services que nous rougirions de solliciter. Si je fais peu, je ne l'exagérerai pas, et si je fais beaucoup, je souffrirai qu'on l'estime pour peu (*a*). Car comme celui qui tient note de ce qu'il a donné en détruit tout le charme ; montrer à tous combien on donne, ce n'est pas faire valoir son bienfait, c'est le reprocher (*b*).

Il faut consulter ses facultés et ses forces, afin de ne faire ni plus ni moins qu'on ne peut. Il faut apprécier l'homme à qui l'on donne : car il est des dons trop mesquins pour qu'ils doivent partir de gens haut placés, et d'autres sont trop grands pour la main qui reçoit. Il s'agit donc de comparer les deux personnes, de peser le bienfait en conséquence, de voir s'il est onéreux ou trop petit pour celui qui donne, et si celui qui recevra ne le dédaignera pas ou ne sera pas trop au-dessous.

XVI. Ce fou d'Alexandre, qui n'avait dans l'esprit que des idées gigantesques, faisait présent d'une ville à je ne sais quel particulier. Cet homme, se mesurant lui-même avec la grandeur d'une telle offre, la refusa comme devant trop l'exposer à l'envie, et comme disproportionnée pour sa condition. « Je n'examine point, dit le monarque, ce qu'il te convient d'accepter, mais ce qu'il me convient de donner. » Réponse en apparence héroïque et royale, au fond très-absurde. La convenance n'est jamais absolue : elle est relative à la chose, à la personne,

---

(*a*) Au texte : *Nec magna pro parvis accipi patiar*. Je crois qu'il faut lire : *sed magna....*

(*b*) Ibid. : *Commendat, non exprobrat*. Je lis, avec d'anciennes éditions : *non commendat, sed....*

aux temps, aux motifs, aux lieux, à mille accessoires, sans lesquels la raison du fait n'existe plus.

O le plus présomptueux des êtres! S'il ne lui convient pas de recevoir, te convient-il mieux de donner? Garde une proportion entre les personnes et les dignités : toute vertu a ses bornes, et l'excès n'en est pas moins blâmable que le défaut. Libre à toi, j'y consens, grâce à ta haute fortune, de vouloir que tes cadeaux soient des villes; et il était certes plus grand de ne pas les prendre que de les jeter aux premiers venus; tel homme du moins est trop petit, pour que dans le pan de sa robe tu doives fourrer une cité.

XVII. Un cynique demandait un talent à Antigone (a) qui répondit : « C'est trop demander pour un cynique. » Sur ce refus, l'autre se rabat à un denier : « Pour un roi c'est trop peu donner, » réplique de nouveau le prince. Ignoble subterfuge! moyen bien trouvé de ne donner ni l'un ni l'autre : pour le denier il ne vit que le roi; pour le talent, que le cynique; ne pouvait-il au cynique accorder le denier, et, comme roi, le gratifier du talent? Qu'il y ait des dons trop considérables pour qu'un cynique doive les accepter, soit; mais il n'en est point de si mince qu'un roi humain ne puisse honnêtement faire. Si l'on me demande mon avis, j'approuve le refus en lui-même : car c'est une chose intolérable qu'un contempteur de l'argent tende la main pour en obtenir. Haine aux richesses, as-tu dit : c'est ta profession de foi; tu as pris ce rôle : il faut le jouer. Quoi de plus injuste que de vouloir la richesse avec les honneurs de l'indigence? Envisageons donc, et ce que nous sommes, et ce que peut être l'homme que nous songeons à obliger.

J'emploierai ici une comparaison du stoïcien Chrysippe : « Au jeu de paume, dit-il, si la balle tombe, sans nul doute c'est la faute de celui qui l'envoie ou de celui qui l'attend. Elle soutient sa volée tant qu'elle voyage d'une main à l'autre, aussi adroitement rendue que servie; or il faut pour cela qu'un bon joueur règle la force de ses coups sur le plus ou moins de distance de l'adversaire. » Il en est ainsi du bienfait : s'il n'est à la mesure du donnant comme du recevant, il ne partira ni n'arrivera juste. Si nous avons en tête un joueur habile et exercé, nous enverrons plus hardiment la balle; car de quelque roi-

---

(a) Général d'Alexandre, et qui devint roi d'une partie de l'Asie. Un talent : 5560 fr. Un denier, 25 c.

deur qu'elle vienne, une main preste et agile ripostera. Mais en face d'un novice et d'un ignorant, nous y mettrons moins de vigueur et de fermeté : nous la dirigerons mollement, terre à terre, jusque dans la main qui l'attend. Même règle à suivre pour le bienfaiteur : il est des cœurs qu'il faut instruire; soyons contents s'ils font quelque effort, s'ils se risquent, s'ils ont bon vouloir. Mais le plus souvent nous faisons, nous travaillons à faire des ingrats, comme s'il n'y avait de bienfaits vraiment grands que ceux qu'on n'a pu reconnaître : nous imitons ces joueurs malins qui ne se proposent que de faire siffler l'adversaire, au préjudice du jeu lui-même, dont la durée dépend du concert des parties.

Bien des gens ont un si mauvais naturel qu'ils aiment mieux perdre le fruit de leurs services que de paraître l'avoir recueilli; esprits superbes, qui jamais ne vous tiennent quittes. Combien n'est-il pas plus juste et plus généreux de me laisser à moi aussi mon rôle, de m'aider même à témoigner ma reconnaissance, de tout interpréter charitablement, de prendre mes remercîments comme un véritable acquit, et de m'ouvrir, à moi lié par vos dons, la facilité de me dégager! On maudit le prêteur trop rigoureux à exiger son dû, aussi bien que celui dont les lenteurs et les difficultés tendent à reculer le remboursement; de même accepter le retour d'un bienfait est un devoir, comme c'en est un de ne pas l'exiger. L'homme qui mérite le mieux d'autrui donne facilement, ne redemande jamais, est charmé quand on lui rend ce qu'il avait franchement oublié, et reprend du même cœur que s'il recevait.

XVIII. On voit des hommes qui non-seulement donnent avec hauteur, mais qui reçoivent de même : choses dont il faut se garder. Et c'est ici le moment de passer à la seconde partie de cet ouvrage, où sera traitée la manière de recevoir les bienfaits. Tout devoir qui s'accomplit à deux exige autant de chaque côté. Quand on a bien déterminé ce que doit être un père, on sait qu'il ne faut pas moins de soin pour préciser ce que doit être un fils. Si le mari a sa tâche à remplir, celle de la femme n'est pas moindre. C'est un échange nécessaire d'avances et de retours, un contrat forcément égal, mais, dit Hécaton, difficile à régler. Car non-seulement l'honnête est d'un pénible accès, mais tout ce qui touche à l'honnête; il faut non-seulement l'accomplir, mais l'accomplir selon la raison. Elle doit nous guider durant toute la vie, et diriger de ses conseils nos moindres actes comme nos plus grands; c'est d'après ses inspirations qu'on doit donner. Mais son premier avis sera de ne pas recevoir de tous. De qui donc? En deux mots voici ma réponse : de ceux à qui nous voudrions avoir donné.

N'est-il pas vrai même qu'il faut plus de choix pour s'engager que pour obliger autrui? Car, n'en résultât-il aucun inconvénient, et il en survient de nombreux, quel affreux supplice d'être obligé à un homme à qui on ne voudrait rien devoir! Il est si doux au contraire de recevoir les bienfaits de celui qu'on chérirait encore après une injustice, de celui dont l'affection, d'ailleurs pleine de charme, devient en outre un devoir pour nous! Mais pour une âme délicate et probe rien de pis que d'avoir à aimer ce qui n'a point ses sympathies [15].

Ici comme toujours il faut que j'avertisse que je ne parle point des vrais sages : pour eux tout devoir est aussi un plaisir ; maîtres de leur âme, ils lui dictent telle loi qu'il leur plaît, et cette loi dictée, ils l'observent : je parle de ces hommes moins parfaits qui veulent bien suivre la voie de l'honnête, mais dont les passions n'y apportent souvent qu'une rétive obéissance.

Il me faut donc choisir celui de qui je voudrais recevoir, et choisir même avec plus de soin un bienfaiteur qu'un créancier. A ce dernier je ne dois rendre que la somme reçue; et si je rends, je suis quitte et libéré; à l'autre, il faut davantage ; et, quand j'ai payé mon tribut, je n'en demeure pas moins lié; je n'en dois pas moins, après la restitution [16], recommencer sur nouveaux frais. L'amitié prescrit de repousser des cœurs indignes d'elle. Que la même loi s'applique au lien sacré de la bienfaisance, d'où naît l'amitié. « Il ne m'est pas toujours permis, objectera-t-on, de dire : *Je ne veux pas;* il est des cas où il faut recevoir malgré soi. Un tyran cruel et emporté me donne: si je dédaigne son présent, il se croira outragé. Puis-je ne pas accepter? Je mets sur la même ligne qu'un brigand, qu'un pirate ce roi qui porte un cœur de pirate et de brigand : que faire? Voilà un homme peu digne que je devienne son débiteur. »

Quand je dis qu'il faut choisir son bienfaiteur, j'excepte la force majeure et la crainte, sous la pression desquelles périt la liberté du choix. Si rien ne t'enchaîne, si tu es maître de vouloir ou de ne vouloir point, tu pèseras la chose en toi-même; si la nécessité t'ôte le libre arbitre, tu sauras que tu n'acceptes point, que tu obéis Il n'y a jamais obligation où il n'y a pas eu pouvoir de refuser. Veux-tu savoir si je consens, fais que je puisse ne pas consentir [17]. « Et si c'est la vie qu'on t'a donnée? »

Qu'importe en quoi consiste le don, s'il n'est fait volontairement et reçu de même ? De ce que tu m'as sauvé, mérites-tu que je t'appelle mon sauveur ? Le poison quelquefois a tenu lieu de remède : on ne le compte pas pourtant parmi les substances salutaires. Il est des choses qui servent, mais qui n'obligent point.

XIX. Un tyran avait un abcès qui fût percé par le poignard d'un homme venu pour l'égorger. Ce tyran dut-il le remercier de ce qu'un mal, devant lequel l'art des médecins avait reculé, se trouvait guéri par l'assassinat ? Tu vois que le résultat importe assez peu, car je ne puis regarder comme bienfaiteur quiconque, voulant me nuire, m'aura servi. Au hasard appartient le bienfait, à l'homme l'offense.

Nous avons vu dans l'amphithéâtre un lion qui, reconnaissant son ancien maître dans une des victimes qu'on livrait aux bêtes, le protégea contre toute attaque (a). Est-ce un bienfait que le secours de ce lion ? Non : il n'a ni voulu faire ni fait un acte réfléchi de bienfaisance. Au lieu d'une bête féroce, mets un tyran. Il m'aura sauvé la vie comme elle ; mais ni elle ni lui ne sont des bienfaiteurs. Il n'y a pas bienfait, si j'ai reçu forcément ; il n'y a pas bienfait, si je dois à qui je ne voudrais pas devoir. Avant tout laisse-moi mon libre arbitre : tu donneras après.

XX. On agite souvent cette question : M. Brutus fit-il bien de recevoir la vie que César lui laissa, César qu'il jugeait digne de mort ? La pensée à laquelle obéit Brutus en l'immolant sera discutée ailleurs. En ceci toutefois cet homme, grand dans le reste de sa vie, s'abusa fort, ce me semble, et n'agit point selon les principes du stoïcisme, soit que le nom de roi l'eût effarouché, tandis que le meilleur gouvernement est celui d'un roi [18] juste; soit qu'il espérât rétablir la liberté dans une ville où l'on trouvait tant de profit et à commander et à servir ; soit qu'il s'imaginât pouvoir rappeler à sa forme première cette république dont les anciennes mœurs n'étaient plus, et faire refleurir l'égalité entre citoyens et la stabilité des lois là où il avait vu tant de milliers d'hommes combattre non pour repousser l'esclavage, mais pour le choix d'un maître [19]. Combien il fallait méconnaître obstinément la nature des choses et son propre pays pour croire qu'à l'usurpateur immolé il ne succéderait pas quelque héritier de ses projets, comme il s'était rencontré un Tarquin, après tant de rois ex-

---

(a) C'est sans doute le même trait longuement rapporté par Aulu-Gelle, V, p. 14, l'histoire d'Androclès et du lion.

terminés par le fer et par les feux du ciel[20] ! Au reste il fit bien d'accepter la vie, sans qu'il dût pour cela regarder comme un père l'homme qui n'avait conquis son droit de faire grâce qu'en violant le droit. Celui-là n'est pas mon sauveur qui ne s'est pas fait mon bourreau : il ne m'a pas tiré de péril, il m'a laissé aller.

XXI. On pourrait plutôt discuter jusqu'à un certain point ce que doit faire un captif, quand le prix de sa rançon lui est offert par un homme qui a prostitué son corps et sa bouche aux plus sales complaisances. Souffrirai-je que cet impur devienne mon sauveur? Et s'il me sauve, de quelle reconnaissance le payerai-je? Vivrai-je avec un monstre de débauche? Refuserai-je de vivre avec qui m'a racheté? Voici quel est mon sentiment. Je recevrai, même d'un homme de cette sorte, la somme que je dois livrer pour ma tête ; mais je la recevrai comme prêt, non comme bienfait. Je lui rembourserai sa somme ; et si l'occasion s'offre à moi de le tirer d'un danger, je l'en tirerai ; quant à l'amitié, ce lien des âmes qui se ressemblent, je ne descendrai pas jusque-là : je ne verrai pas en lui un libérateur, mais un placeur de fonds à qui je sais qu'il faut rendre ce qu'on reçoit.

Il y a tel homme qui mérite que je reçoive ses bienfaits, mais qui va se nuire pour m'obliger : je n'accepterai point, par cela même qu'il est prêt à me servir à son détriment ou au prix d'un péril quelconque. Il veut me défendre en justice ; mais cette démarche lui ferait d'un homme puissant un ennemi. Son premier ennemi ce serait moi si, quand il veut s'exposer pour ma cause, à mon tour je ne prenais le parti plus simple de rester exposé tout seul.

Je ne vois rien que d'insignifiant et de fort ordinaire dans ce trait cité par Hécaton : Arcésilas, dit-il, refusa d'un fils de famille une offre d'argent, pour ne pas offenser le père, qui était avare. Qu'y avait-il de si louable à ne pas recéler un vol, à aimer mieux ne pas recevoir que d'avoir à restituer? La belle modération, de ne pas accepter le bien d'autrui !

S'il nous faut un exemple de noble désintéressement, prenons celui de Græcinus Julius, du grand citoyen que Caligula fit tuer, par cela seul qu'il ne convenait pas au tyran de trouver chez personne une pareille vertu (a). Græcinus, un jour qu'il recevait l'argent que lui envoyaient ses amis pour contribuer

---

(a) Græcinus avait refusé de se porter accusateur de Silanus. Il fut le père d'Agricola.

aux frais des jeux publics, refusa de Fabius Persicus une somme considérable, et répondit à ceux qui, s'arrêtant plus à l'offrande qu'au personnage qui offrait, lui reprochaient ce refus : « Moi, recevoir un service d'un homme dont je n'accepterais pas à table une santé ! » Et comme le consulaire Rebilus, non moins décrié que Persicus, lui envoyait une somme encore plus forte et insistait pour qu'il en ordonnât l'acceptation : « De grâce, lui dit-il, excusez-moi ; j'ai déjà refusé Persicus. » Est-ce là recevoir de toute main ? N'est-ce pas plutôt choisir, comme on choisit pour faire un sénateur ?

XXII. Quand nous croirons devoir accepter, acceptons avec joie, avec tous les signes du plaisir, si évidents pour celui qui donne qu'il en recueille à l'instant même le fruit de son action. C'est une satisfaction légitime que de voir son ami satisfait, plus légitime encore, s'il l'est par nous. Montrons combien le don nous a touchés, par l'effusion de nos sentiments ; et ce n'est pas devant le bienfaiteur seulement, mais en tout lieu qu'il faut le témoigner. La joie qu'on manifeste en recevant un service est le premier intérêt qu'on en paye.

XXIII. Il y a des hommes qui ne veulent accepter qu'en secret, qui évitent les témoins et les confidents : ils ont à coup sûr une arrière-pensée. Comme le bienfaiteur ne doit donner de publicité à ses présents qu'autant qu'elle peut plaire à l'obligé, qu'à son tour celui-ci les proclame devant tous. Ce que tu rougirais de devoir, ne l'accepte point. Tel vous témoigne sa gratitude à la dérobée, dans un coin, à l'oreille. Ce n'est point là de la réserve, c'est une manière de dénégation. Ingrat est celui qui ne remercie qu'en l'absence de tiers.

Comme certains emprunteurs ne veulent ni billets, ni entremise de courtiers, ni signature de témoins ou d'eux-mêmes ; ainsi font ceux qui s'étudient à ce que les services qu'on leur rend soient le plus possible ignorés. Ils craignent de leur donner de l'éclat, afin de paraître les devoir plutôt à leur mérite qu'à l'aide d'autrui. Sobres d'hommages pour ceux auxquels ils doivent la vie ou leur élévation, la peur de passer pour protégés leur vaut l'épithète bien plus fâcheuse d'ingrats.

XXIV. D'autres disent le plus de mal de ceux qui leur ont fait le plus de bien. Il est parfois moins dangereux d'offenser les hommes que de les servir : pour prouver qu'on ne vous doit rien, on prend le parti de vous haïr (a)[21]. Or il n'est point

---

(a) Voy. lettres XIX et LXXXI; et Tacite, *Ann.*, IV, XVIII.

de plus pressant devoir que de fixer en nous le souvenir de nos obligations ; et il faut maintefois le renouveler, parce qu'on ne saurait les reconnaître si on ne se les rappelle, et que se les rappeler c'est déjà les reconnaître.

Il ne faut recevoir ni avec indifférence, ni d'un air bas et obséquieux. Si l'on est froid au moment même où les services récents ont tant de charme, que fera-t-on quand la première impression de plaisir sera émoussée ? L'un reçoit avec dédain, et semble dire : « Je n'en ai vraiment pas besoin ; mais, puisque vous le désirez si fort, je veux bien me laisser faire. » Un autre témoigne tant d'indolence qu'il vous laisse en doute s'il sent le bien que vous lui faites ; un troisième ouvre à peine la bouche, et il y a là plus d'ingratitude que dans un silence absolu. Que nos paroles répondent à la grandeur de l'acte, soyons-en moins chiches ; disons même : « Vous avez fait plus d'heureux que vous ne pensez. » Car il n'est personne qui ne s'applaudisse de ce que ses bienfaits portent loin. « Vous ne savez pas tout ce que je vous dois ; apprenez donc que vous êtes loin d'estimer votre action ce qu'elle vaut. » La plus prompte reconnaissance est celle qui s'exagère sa dette. « Jamais je ne pourrai m'acquitter envers vous ; du moins ne cesserai-je de proclamer partout que je ne puis m'acquitter. »

XXV. Jamais Furnius ne gagna mieux la faveur d'Auguste et ne le rendit plus facile à lui accorder de nouvelles grâces que le jour où obtenant le pardon de son père qui avait suivi le parti d'Antoine, il s'écria : « César, vous n'avez qu'un tort envers moi ; vous m'avez condamné à vivre et à mourir ingrat. » Quelle plus belle marque d'une âme reconnaissante que ce mécontentement d'elle-même, quoi qu'elle fasse, que ce désespoir de jamais s'élever à la hauteur du bienfait ! Voilà par quels discours et d'autres de ce genre nos sentiments, loin de se concentrer en nous, doivent éclater et luire à tous les yeux. A défaut même de paroles, si l'on est affecté comme on doit l'être, le fond du cœur se peint sur tous les traits. Celui qui sera reconnaissant, dès l'instant même du bienfait rêve aux moyens de l'être. « Il en est de la reconnaissance, dit Chrysippe, comme de ces coureurs qui, tout prêts à lutter de vitesse, sont retenus par la barrière ; qu'elle attende l'instant précis où, comme au signal donné, elle se précipitera. » Et ne lui faut-il pas toute la promptitude, tout l'élan possible pour atteindre la bienfaisance qui fuit devant elle ?

XXVI. Voyons maintenant ce qui surtout fait les ingrats. C'est ou la présomption, la malheureuse habitude innée chez l'homme de s'admirer lui-même et tout ce qui se rattache à lui ; ou la cupidité, ou l'envie. Commençons par le premier point. Il n'est personne qui ne se juge favorablement et qui, dès lors, pensant avoir tout mérité, ne reçoive une grâce comme une dette et ne se croie même estimé au-dessous de son prix : « Il m'a donné, mais après combien de délais et de peines ! N'eussé-je pas gagné mille fois plus si je m'étais consacré à tel ou tel autre, ou à moi-même ? Je m'attendais à mieux : mais me confondre avec la foule, me juger digne de si peu ! Il eût été plus honnête de m'oublier. »

XXVII. L'augure Cn. Lentulus, la plus grande *notabilité pécuniaire*, avant que les affranchis eussent prouvé qu'à côté d'eux il était pauvre, compta, et c'est le mot, car il ne fit que les compter, jusqu'à quatre cents millions de sesterces (a). Aussi dépourvu d'esprit que rétréci de cœur, malgré son avarice extrême on lui eût arraché un écu plutôt qu'une parole, tant était grande la stérilité de son entretien. Eh bien, quoiqu'il dût tous les progrès de sa fortune à Auguste, auquel il n'avait apporté qu'une pauvreté pliant sous le faix d'un grand nom, ce Lentulus, devenu le premier de Rome en richesses et en crédit, se plaignait perpétuellement de l'empereur, qui l'avait, disait-il, arraché à ses études, et dont les faveurs accumulées n'égalaient pas ce qu'il perdait en renonçant à l'éloquence. Notez qu'entre autres services, Auguste l'avait sauvé ainsi du ridicule et d'un labeur fort inutile.

L'avidité exclut toute reconnaissance ; car aux prétentions déréglées aucun don ne suffit [22]. On convoite d'autant plus qu'on a recueilli davantage ; et la soif d'amasser s'augmente avec les monceaux d'or où elle est assise, pareille à la flamme, toujours plus active à mesure qu'elle s'élance d'un plus vaste foyer. De même l'ambition ne peut nous souffrir tranquilles à tel degré d'honneurs où jadis il était téméraire à nous d'aspirer. Le tribun ne sait nul gré à ceux qui l'ont élu, et se plaint qu'on ne l'ait pas porté à la préture ; la préture même ne le flatte guère, si l'on n'y joint le consulat, qui ne le satisfait pas non plus s'il ne l'a qu'une année. L'ambition se dépasse elle-même : ses propres succès disparaissent à ses yeux, qui ne voient plus le point de départ, mais le but à atteindre. Un fléau

(a) 82 millions et demi de francs environ.

plus violent et plus acharné que tout cela, c'est l'envie, qui nous irrite par ses comparaisons.

XXVIII. « Il a fait cela pour moi ; mais pour celui-ci il a fait plus, mais il s'est hâté pour celui-là ; » et, sans admettre le droit d'aucun, on oppose à tous le sien qu'on s'exagère. Combien n'est-il pas plus simple et plus sage d'amplifier le service obtenu, sachant bien que nul n'est prisé des autres autant que de soi-même! J'aurais dû recevoir plus, mais il lui était difficile de me donner davantage : plusieurs avaient droit au partage de ses libéralités. C'est un commencement; sachons nous en contenter, notre manière de recevoir le provoquera à continuer. S'il a fait peu, il fera plus souvent ; cet homme m'est préféré ; et moi, je l'ai été à tant d'autres! Sans avoir mon mérite ni mes titres, il a eu le don de plaire. La plainte ne me rendra pas digne de mieux, mais indigne de ce que j'ai eu. Il la prodigué à des infâmes; que m'importe? La Fortune choisit-elle bien souvent? On gémit tous les jours des prospérités du vice; et maintefois la grêle qui passe à côté de l'enclos du méchant écrase la moisson du juste. Chacun éprouve les caprices du sort, en amitié comme en tout le reste. Point de bienfait si complet que ne puisse rapetisser la jalousie; point de si mince faveur que ne grandisse une interprétation bienveillante ; les motifs de plainte ne manqueront jamais à qui ne voit dans un bienfait que le côté défavorable.

XXIX. Vois avec quelle injustice sont appréciés les bienfaits du ciel, même par des hommes qui font profession de sagesse. Ils se plaignent que nous n'ayons pas l'énorme taille de l'éléphant, la vitesse du cerf, la légèreté de l'oiseau, l'impétueuse vigueur du taureau; que notre peau ne soit pas solide comme celle du buffle, élégante comme celle du daim, fourrée comme celle de l'ours, souple comme la robe du castor *(a)*; ils envient au chien la finesse de son odorat, à l'aigle son œil perçant, au corbeau ses longs jours, à tant d'autres leur aptitude merveilleuse à nager. Et bien que la réunion de certaines facultés soient incompatibles dans le même individu, comme un corps agile et robuste en même temps, de ce que l'inconciliable et les contraires n'entrent point dans l'organisation de l'homme, ils crient à l'injustice, et vont querellant cette Providence, insoucieuse de nous, qui nous a refusé une santé inaltérable, une force à toute épreuve, la science de l'avenir. Peu s'en faut

(a) Il faut lire *fibris*, non *sibris*, qui n est pas latin.

que leur impudence n'aille jusqu'à maudire la nature, parce que, placé plus bas que les dieux, l'homme ne marche point leur égal. Qu'il vaut bien mieux se reporter à la contemplation de leurs grands, de leurs innombrables bienfaits, et leur rendre grâces de nous avoir assigné le plus magnifique des domiciles, le second rang dans le monde et l'empire de la terre [23] ! Ose-t-on bien comparer à nous ces animaux dont nous sommes les souverains? Tout ce que nous n'avons point, nous ne pouvions l'avoir. Qui que tu sois donc, injuste appréciateur de la condition humaine, songe à tout ce qu'a fait pour nous le père des mortels, à tant d'animaux, bien plus forts que l'homme, et qui subissent son joug, à d'autres, bien plus agiles, qu'il atteint; songe que rien de ce qui peut mourir n'est hors de la portée de ses coups. Que de vertus, que d'arts nous furent départis; et ce génie enfin qui, dès l'instant où il le veut, embrasse tel objet qu'il lui plaît, plus rapide que les astres mêmes dont il devance de plusieurs siècles les futures révolutions! Songe à tant de productions du sol, à tant de ressources, à tant de trésors qui s'accumulent les uns sur les autres! Que tu suives toute l'échelle des êtres et, faute d'en trouver un dont tu préfères l'ensemble au tien, que tu choisisses dans tous chacune des qualités que tu voudrais avoir, sois juste envers la nature pour toi si complaisante, tu seras forcé d'avouer que l'enfant gâté de la nature, ce fut toi. Oui, nous fûmes les plus chers favoris des dieux immortels, nous le sommes toujours. Et, honneur le plus insigne qu'ils nous pussent faire, ils nous ont placés immédiatement après eux. Nous avons reçu de grands biens, de plus grands dépasseraient notre capacité [24].

XXX. Cette digression, cher Libéralis, m'a semblé nécessaire, et parce qu'il fallait parler un peu des plus grands de tous les bienfaits, dès que je traitais des plus modiques, et parce que le vice sur lequel j'appelle l'exécration s'étend avec audace des premiers à tous les autres. A qui en effet témoignera-t-il sa gratitude, quelle faveur jugera-t-il assez précieuse ou digne de retour, celui qui dédaigne les plus magnifiques de toutes les faveurs? A qui pensera-t-il devoir son salut, son existence, l'homme qui nie avoir reçu des dieux cette même vie que tous les jours il leur demande? Enseigner la reconnaissance, c'est donc plaider et la cause des hommes et celle des dieux : les dieux n'ont nul besoin, ils sont hors de la sphère des désirs; nous pouvons néanmoins leur témoigner notre gratitude. Nul n'est en droit de s'excuser sur sa faiblesse et sa misère; nul ne saurait dire : « Que ferais-je, et comment m'y prendre? Puis-je jamais payer de retour ces êtres si supérieurs, ces maîtres de toutes choses? » Rien n'est plus facile : avare, tu le peux sans frais; paresseux, sans travail. Au moment même où l'on t'oblige tu te mets au pair, si tu veux, avec tout bienfaiteur; reçois-tu avec gratitude, tu as rendu.

XXXI. Voilà de tous les paradoxes de la secte stoïque le moins étrange, à mon avis, et le moins incroyable; recevoir avec gratitude, c'est rendre. Comme en effet nous rapportons tout à l'intention, tenons pour fait tout ce qu'on a voulu faire; et comme la piété, la bonne foi, la justice, toutes les vertus enfin existent tout entières en elles-mêmes, encore bien qu'elles n'aient pu se produire activement; la reconnaissance aussi peut exister par la volonté seule. Chaque fois qu'on vient à bout de ce qu'on se proposait, on recueille le fruit de sa peine. Le bienfaiteur, que se propose-t-il? l'utilité d'autrui et sa propre satisfaction. Si son vœu est rempli, si son bienfait m'est parvenu, et si nous sommes heureux l'un par l'autre, il a trouvé ce qu'il cherchait; car il ne demandait rien en retour : autrement c'eût été non un bienfait, mais un trafic.

On a réussi dans sa traversée quand on a touché le port qu'on désirait; le trait qu'on lance a répondu à l'impulsion d'une main sûre s'il frappe le but; l'homme qui fait le bien veut qu'on y soit sensible; si je le suis il a ce qu'il voulait. Mais il en a espéré quelque profit! Ce n'était plus dès lors un bienfait, dont le propre est de ne songer nullement au retour. Si je reçois du même cœur que l'on me donne, j'ai déjà rendu; sinon, la pire des conditions serait imposée à la plus noble vertu. Pour que je pusse être reconnaissant, on me renverrait à la Fortune. Non, si ses rigueurs m'empêchent de m'acquitter, le cœur suffit pour répondre au cœur. Quoi donc? Ne ferai-je pas aussi tout mon possible pour me libérer? Ne dois-je pas épier l'instant et les occasions, et souhaiter même de rendre au centuple ce que j'ai reçu? Triste sort du bienfait pourtant, s'il n'est pas permis d'y répondre les mains vides.

XXXII. Celui, dit-on, qui éprouve le bienfait a beau avoir reçu du meilleur cœur, il n'a pas accompli sa tâche. Reste l'obligation de rendre. De même au jeu de paume (a) c'est quelque chose de recevoir la balle avec adresse et promptitude; mais on n'appelle bon joueur que celui qui l'a renvoyée

---

(a) Voy. plus haut, ch. XVII.

convenablement et sans effort, comme il l'a reçue. « La comparaison est inexacte. » Pourquoi? « Parce que la beauté du jeu consiste dans les mouvements d'un corps agile, non dans l'intention ; parce qu'un entier développement est nécessaire aux actes qui ont les yeux pour juges. » Et pourtant je ne te refuserai pas le nom de bon joueur si, ayant reçu la balle comme tu le devais, il n'a pas tenu à toi qu'elle ne fût renvoyée. « Mais, poursuit-on, bien que l'art du joueur n'y perde rien, puisqu'il a fait ce qui dépendait de lui, et qu'il est capable de faire le reste, le jeu toutefois demeure imparfait, ce jeu qui ne s'exécute bien que tant que la balle est tour à tour servie et rendue. » Je ne prolongerai pas cette réfutation ; j'accorderai qu'il en soit ainsi : que le jeu y perde et non le joueur ; de même aussi, dans la question présente, il y aura perte sur le bienfait auquel on doit la pareille ; mais rien ne manque à l'âme, elle a trouvé sa digne rivale, qui a fait, autant qu'il était en elle, tout ce qu'elle voulait faire.

XXXIII. Un service m'a été rendu ; je l'ai reçu de la manière que le bienfaiteur voulait qu'il le fût ; dès lors il a ce qu'il désire, la seule chose qu'il désire : je suis donc reconnaissant. Après cela il lui reste le droit d'user de moi et l'avantage tel quel que peut offrir un homme reconnaissant ; mais ce n'est pas là le complément d'une dette à demi payée, c'est un accessoire au payement. Phidias fait une statue : le fruit de l'art est autre chose que le loyer de l'artiste ; le fruit de l'art, c'est d'avoir réalisé l'idée ; le loyer de l'artiste, c'est de l'avoir réalisée avec profit. Phidias a parfait son œuvre, bien qu'il ne l'ait pas vendue. Il en recueille un triple fruit, d'abord la satisfaction intérieure de l'avoir achevée, puis la gloire, et enfin le profit que lui rapportera soit la reconnaissance, soit le prix de la vente, soit quelque autre avantage. De même le premier fruit du bienfait est l'intime jouissance que goûte celui qui a fait parvenir où il a voulu les effets de sa générosité. Vient ensuite la gloire, et en troisième lieu ce que l'obligé peut rendre à son tour. Ainsi lorsqu'un service est reçu de bon cœur, son auteur en a déjà recueilli la valeur, mais non le salaire effectif. Je dois donc ce qui est en dehors du bienfait même, mais ce bienfait, la manière dont je l'ai reçu l'a payé.

XXXIV. « Qu'est-ce à dire? On a payé de retour quand on n'a rien fait? » D'abord, on a beaucoup fait : à un cœur généreux on a offert un cœur touché ; comme entre amis, tout s'est passé d'égal à égal. Distinguons en outre : un bienfait ne s'acquitte pas de même qu'une créance. N'attends pas que je te produise une quittance : c'est l'âme qui satisfait à l'âme. Ce que je dis, bien qu'au premier aspect ton opinion y soit combattue, ne te choquera pas, pour peu que tu te prêtes à ma pensée et que tu songes qu'il existe plus de choses que de mots. Il y a une infinité de choses sans nom, qu'à défaut d'appellations propres, nous désignons par des termes étrangers et d'emprunt. Nous disons le pied d'un lit, d'une voile, d'un vers, comme le pied d'un homme ; nous appelons chien l'animal qu'on dresse pour la chasse, un poisson, une constellation. Trop pauvres de mots pour assigner à chaque chose un nom spécial, au besoin nous en empruntons. La bravoure est cette vertu qui méprise des périls nécessaires ; ou bien encore, c'est la science de repousser, de soutenir, de provoquer ces périls ; nous donnons pourtant le nom de brave au gladiateur, et au dernier des esclaves qu'un moment de vertige pousse au mépris de la mort.

L'épargne est l'art d'éviter les dépenses superflues ou d'user modérément de son bien ; cependant ce mot est pour nous le synonyme de calculs étroits et de lésinerie, quoiqu'il y ait l'infini entre la modération et l'avarice. Ce sont choses différentes par essence ; mais, vu la pénurie du langage, nous qualifions d'épargne l'une et l'autre, comme nous nommons brave le sage qui ne s'émeut point des dangers imprévus, aussi bien que le fou qui se rue à travers les périls. Ainsi le bienfait est à la fois, comme je l'ai dit, l'acte et l'objet donné au moyen de cet acte, comme de l'argent, une maison, la prétexte. Le nom est le même pour les deux choses : le sens et la portée sont tout autres.

XXXV. Prête-moi donc attention, tu vas voir que je n'avance rien qui répugne à ton opinion. Le bienfait qui s'accomplit par l'acte est rendu si je le reçois avec affection ; celui qui consiste dans la chose même n'est pas rendu encore, mais je voudrais le rendre. Mon cœur a répondu au tien, mais je dois la chose. Ainsi, bien que nous disions qu'un bienfait est payé s'il est reçu avec joie, nous prescrivons néanmoins de rendre quelque équivalent de ce qu'on a reçu.

Nous avons tels points de doctrine qui s'écartent des idées communes, puis qui y rentrent par une autre voie. Nous nions que le sage reçoive l'injure ; et cependant, s'il est frappé d'un coup de poing, l'agresseur sera condamné pour injure. Nous soutenons qu'un fou ne possède rien ; mais quiconque dérobe quelque objet à un fou, nous le punirons comme voleur. Tous les hommes non sages, disons-nous (a), sont insensés, et pourtant nous n'ordonnons pas à tous l'ellébore; tout en les jugeant insensés nous leur conférons le droit de suffrage et des magistratures. De même nous prétendons que recevoir un bienfait dignement, c'est y répondre; et nous n'en laissons pas moins l'obligé sous le poids de sa dette: il y doit satisfaire, après qu'il y a déjà satisfait. C'est là exhorter à la reconnaissance, loin de nier le bienfait.

Ayons foi en nous-mêmes, et n'allons point faiblir de cœur, comme accablés d'une charge intolérable. « Il m'a comblé de biens; il a défendu mon honneur; il m'a fait quitter le triste appareil de suppliant; ma vie, et ce qui vaut mieux que la vie, ma liberté est sauve : comment reconnaîtrai-je tant de services? Quand viendra le jour où je lui prouverai tout mon dévouement? » Ce jour, c'est celui même où il te prouve le sien. Accepte, embrasse avec amour le bienfait; réjouis-toi, non de recevoir, mais de rendre, et de devoir encore. Tu n'auras pas de tels risques à courir que le sort puisse faire de toi un ingrat. Je ne te proposerai rien de bien difficile : tu pourrais céder au découragement; la perspective de tes charges et d'une longue redevance pourraient glacer ton zèle : je ne t'ajourne point, tu peux payer comptant. Tu ne seras jamais reconnaissant si tu ne l'es sur l'heure. Que feras-tu donc? Il ne s'agit pas de prendre les armes; et plus tard peut-être le faudra-t-il; de courir les mers, mais il se peut que tu t'embarques sous la menace des vents. Tu veux rendre le bienfait? montre-toi touché de le recevoir, tu auras fait acte de gratitude : non qu'à ce prix tu puisses te juger quitte, mais tu devras avec plus de sécurité.

(a) Je lis avec deux Mss. : *Insanire omnes stultos dicimus*, ce qui est l'axiome stoïcien. Lemaire : *omnes dicimus*.

LIVRE III.

I. Ne pas répondre aux bienfaits est une chose honteuse et réputée telle chez tous les hommes, mon cher Libéralis. Ainsi l'ingrat lui-même se plaint des ingrats; et tous sont entachés d'un vice odieux à tous; tel est enfin le renversement des principes, que l'on hait parfois le bienfaiteur non-seulement après le bienfait, mais à cause du bienfait. C'est chez quelques-uns l'effet d'une perversité naturelle, j'en conviens : chez la plupart c'est le temps qui d'un jour à l'autre emporte leurs souvenirs; et ces mêmes impressions qui, dans leur nouveauté, étaient si vives, en vieillissant se sont effacées.

C'est sur quoi je me rappelle avoir discuté avec toi : cette classe d'hommes n'était pas ingrate, à t'entendre, mais oublieuse; comme si ce qui fait l'ingratitude l'excusait; comme si l'homme n'était pas ingrat dès lors qu'il oublie, puisque l'oubli n'a lieu que chez l'ingrat. Il y a plusieurs espèces d'ingrats, comme de voleurs, comme d'homicides : leurs crimes sont au fond les mêmes, quoiqu'ils offrent une grande variété de genres. Ingrat est celui qui nie un service obtenu; ingrat qui le dissimule; ingrat qui ne rend point; plus ingrat que tous celui qui oublie. Les autres, en effet, s'ils ne payent pas, sentent qu'ils doivent; ils gardent du moins la trace du bienfait que leur mauvaise conscience tient enseveli; et peut-être un jour seront-elles converties à la reconnaissance par une cause quelconque, telle que les avertissements de la honte, un désir subit de vertu, comme il s'en élève parfois au cœur même du méchant, enfin une occasion facile et engageante; mais comment connaîtrait-il la gratitude, l'homme à qui le bienfait a pu échapper tout entier?

Et lequel juges-tu le plus désespéré, ou celui chez qui la reconnaissance a failli, ou celui qui a perdu jusqu'à la mémoire? Les mauvais yeux redoutent la lumière, l'aveugle ne la voit plus; qui n'aime pas ses parents est dénaturé, qui ne les reconnaît pas est en démence. Or y a-t-il ingratitude pareille à celle qui écarte et repousse au point de n'y songer plus ce qui devrait tenir la première place dans sa pensée et s'y représenter sans cesse? Certes on ne rêve guère au moyen de s'acquitter, quand on se laisse gagner par l'oubli.

II. D'ailleurs, pour rendre le bien qu'on a reçu, il faut, outre la vertu, les circonstances, les moyens ; il faut que le sort nous seconde. Un cœur qui se souvient n'a pas de frais à faire pour être reconnaissant. Se refuser à ce qui n'exige ni peine, ni richesse, ni bonheur, c'est n'avoir plus pour se couvrir l'ombre d'un prétexte. Non, il n'a jamais voulu s'acquitter celui qui a éloigné de soi le bienfait jusqu'à le perdre de vue. Comme les ustensiles habituels, qui souffrent journellement le contact de la main, ne risquent jamais de se rouiller ; comme au contraire ceux qu'on ne ramène plus sous nos yeux, mais qu'on laisse à l'écart où ils gisent comme inutiles, contractent par le temps même toutes sortes de souillures ; ainsi tout souvenir que l'esprit remanie et rafraîchit sans cesse ne lui échappe jamais : il ne perd que ceux auxquels il se reporte trop rarement [1].

III. Outre cette cause, il en est d'autres bien fréquentes qui font tirer un voile sur les plus importants services. La première de toutes et la plus puissante, c'est que, toujours préoccupé de nouveaux désirs, on n'envisage plus ce qu'on a, mais ce qu'on poursuit, oubliant ce qui est, tout entier à ce qu'on voudrait qui fût. Ce qu'on possède, on n'en tient plus compte. Et qu'arrive-t-il ? Le bien obtenu, nos prétentions nouvelles le font si mince que son auteur lui-même encourt notre indifférence. Nous l'avons aimé, vénéré, proclamé le créateur de ce que nous sommes, tant que nos premiers avantages ont su nous plaire ; puis, subitement épris d'un rang plus élevé, c'est là que nos vœux nous emportent, car le mal de tout mortel devenu grand est de vouloir grandir encore : dès lors s'évanouit tout ce qu'auparavant il nommait bienfait ; il considère non plus ce qui le met au-dessus des autres, mais seulement ceux qui le précèdent et ce que leur sort a d'éblouissant (a). Or nul ne peut être à la fois envieux et reconnaissant : car l'envie part d'un cœur mécontent et chagrin ; la reconnaissance, d'un cœur satisfait. Et puis, comme chacun de nous ne voit que le présent, si prompt à passer, rarement la pensée se replie vers le temps qui n'est plus. De là vient que nos premiers maîtres et tous leurs soins pour nous sont effacés de notre esprit, parce que notre enfance est déjà bien loin ; les bienfaits

(a) Voy. Livre II, xxvii et xxviii.

placés sur notre adolescence ont péri de même, parce que elle aussi nous l'avons quittée sans retour. Ce qui a été, nous le comptons non pas simplement comme passé, mais comme absolument perdu ; et si notre mémoire est fragile, c'est que nous sommes tout à l'avenir.

IV. Rendons ici témoignage à Épicure, qui se plaint si souvent de l'ingratitude des hommes envers ce qui a cessé d'être. Quoi qu'ils aient recueilli de biens autrefois, dit-il, ils n'y reviennent plus, ne les comptent point parmi leurs jouissances, tandis que les plus certaines sont celles qu'on ne peut plus nous ravir (a). Les biens présents n'ont point encore toute leur fixité : quelque accident peut les abattre ; l'avenir est suspendu à mille chances : le passé seul est en lieu sûr, comme une réserve. La reconnaissance peut-elle donc se trouver chez ceux qui franchissent la vie tout entière sans voir que le présent et l'avenir? C'est du souvenir que naît la gratitude; et on accorde bien peu au souvenir quand on donne tant à l'espérance.

V. S'il est des connaissances, mon cher Libéralis, qui, une fois entrées dans l'esprit, s'y gravent à jamais; s'il en est d'autres qu'il ne suffit pas d'avoir apprises pour les posséder, et dont la chaîne se rompt à moins qu'on ne la suive jusqu'au bout, la géométrie par exemple, la science des révolutions célestes et toute autre notion fugitive par sa subtilité même; ainsi la grandeur de certains bienfaits ne permet pas qu'on les oublie, tandis que d'autres moins importants, mais fort nombreux et d'époques diverses, glissent de notre mémoire. C'est, je l'ai dit, parce qu'on n'y fouille pas souvent et qu'on ne fait pas volontiers la récapitulation de ses dettes.

Entendez les solliciteurs : pas un qui ne vous dise que votre souvenir vivra éternellement dans son âme, pas un qui ne proteste d'un attachement, d'un dévoûment sans bornes ; et, s'il est des formules plus humbles pour engager sa foi, ils les trouvent. Mais ce langage du premier jour, bien peu de temps après ils l'évitent comme dégradant et peu digne d'hommes libres; et ils arrivent enfin à ce que j'appelle, moi, le dernier degré de perversité et d'ingratitude, à l'oubli total. Il est si vrai qu'on est ingrat quand on oublie, que pour être reconnaissant, il suffit de se ressouvenir.

(a) Voy. *La Vie heureuse*, VI; *Brièveté de la vie*, X; *Consol. à Polybe*, XXIX; *Lettre* XC.

VI. On demande si un vice aussi odieux devrait rester impuni, et si la loi tant débattue dans nos écoles ne pourrait pas régner dans l'État, cette loi qui donne contre l'ingrat une action fondée en équité aux yeux de tous. Pourquoi non? Des cités même ne reprochent-elles pas à d'autres cités les services qu'elles leur ont rendus, et la dette des ancêtres n'est-elle pas exigée des descendants?

Nos pères, ces hommes véritablement grands, ne redemandaient rien qu'à l'ennemi : ils donnaient noblement et perdaient de même. Excepté les Mèdes (*a*), aucun peuple n'a donné recours en justice contre les ingrats; grande présomption qu'il n'en fallait point donner. Contre tous les autres méfaits les nations s'accordent; et l'homicide, l'empoisonnement, le parricide, le sacrilége subissent, selon les divers pays, une peine diverse, mais partout ils en subissent une. Le crime dont je parle, le plus fréquent de tous, n'est puni nulle part, quoique partout réprouvé. Ce n'est pas qu'on l'absolve; mais un fait mal déterminé est d'une appréciation difficile : on n'a pu que lui infliger l'exécration des hommes et le laisser parmi ces choses que nous renvoyons au jugement des dieux.

VII. Au reste il s'offre à moi de nombreux motifs pour que cette inculpation ne tombe pas sous l'empire de la loi. Le premier de tous, c'est que le plus beau côté du bienfait disparaît, s'il engendre une action à l'instar d'un prêt de telle somme, ou d'un fermage, ou d'un loyer. Ce qu'il y a de plus magnifique dans le don, c'est que l'on donne, fût-on sûr de perdre; c'est qu'on laisse tout à la discrétion de l'obligé. Si je l'assigne, si je l'appelle devant le juge, dès lors il n'y a plus bienfait, mais créance. Ensuite si rien n'est plus honorable que la gratitude, elle cesse de l'être dès qu'elle est forcée; et on ne louera pas plus un homme reconnaissant que celui qui rend un dépôt ou qui paye une dette avant contrainte judiciaire.

Ainsi nous gâterons les deux plus beaux actes de la vie humaine, la reconnaissance comme le bienfait. Car qu'y a-t-il d'admirable en l'un, si le don gratuit dégénère en prêt, et dans l'autre, si le retour de spontané devient obligatoire? Il n'y a

---

(*a*) Sénèque se trompe. Les Athéniens, les Perses, les Macédoniens ont admis l'action contre les ingrats. A Rome, à Marseille on avait puni des affranchis ingrats envers leurs anciens maîtres. Sur les Athéniens, voy. Valère-Maxime, V, III.

point de gloire à être reconnaissant, s'il n'y a sûreté pour l'ingratitude.

Ajoute que pour appliquer cette seule loi tous les tribunaux suffiraient à peine. Qui n'actionnerait pas, et qui ne serait pas actionné ? Il n'est personne qui n'élève trop haut, personne qui n'amplifie les moindres services qu'il a rendus. D'ailleurs tout ce qui rentre dans le domaine légal peut se spécifier et ne laisse pas au juge une latitude indéfinie. Aussi le sort d'une bonne cause paraît-il moins chanceux devant le juge qu'auprès d'un arbitre ; parce que les textes enferment le premier et lui posent des limites qu'il ne saurait franchir, tandis que le second est libre, et qu'aucun lien n'enchaîne sa conscience : il peut retrancher, il peut ajouter et régler sa sentence non d'après la loi et les prescriptions juridiques, mais selon l'impulsion de l'humanité et de la pitié. L'action contre l'ingrat, loin de lier le juge, le constituerait libre et souverain. Car qu'est-ce que le bienfait? Rien ne le détermine ; et puis l'évaluation en dépendrait de l'interprétation plus ou moins bienveillante du magistrat. Qu'est-ce que l'ingrat ? Point de loi qui le définisse. Plusieurs le sont, bien qu'ayant rendu ce qui leur fut donné; comme d'autres, qui n'ont rien rendu, ne le sont point. Un magistrat, même inhabile, peut, sur certains cas, porter son arrêt, quand il faut décider si tel fait existe ou non, ou quand la présentation d'un garant fait évanouir la contestation. Mais quand le pur raisonnement doit prononcer entre les parties, c'est la présomption morale qu'il faut suivre. Dès qu'il s'élève un différend que la sagesse seule peut trancher, on ne saurait pour cela prendre un juge dans la foule des *selecti* inscrits au tableau d'après le cens et comme fils de chevaliers (a).

VIII. Ce n'est donc pas que la question ait semblé peu digne d'être déférée au juge ; c'est qu'on n'a point trouvé de juge capable de l'apprécier. Et tu n'en seras pas surpris, si tu pèses bien ce que présenterait de difficulté toute cause de cette nature. Tel m'a donné une forte somme, mais il est riche : le sacrifice pour lui est insensible. Tel autre m'a donné autant, mais il y perd tout son patrimoine. Si la somme est la même, quelle différence dans le bienfait ! Second exemple : un homme paye pour un débiteur adjugé à son créancier, mais il avait l'argent chez lui ; un autre avance la même somme, mais il l'a

---

(a) Sorte de jury formé tous les ans par le préteur. Voy. *Esprit des lois*, XI, XVIII.

empruntée, ou sollicitée, il a consenti à se charger d'une lourde obligation. Mettras-tu sur la même ligne l'auteur d'une largesse qui ne l'a point gêné et l'homme qui s'est endetté pour donner?

Souvent c'est la circonstance, non la somme, qui fait la grandeur du bienfait. C'en est un que le don d'une terre capable par sa fertilité de remédier à la disette d'un pays ; c'en est un que le morceau de pain offert à l'affamé. C'est un bienfait que la donation de vastes contrées traversées de rivières nombreuses et navigables; c'en est un d'indiquer à l'homme consumé par la soif et qui tire à peine quelque souffle d'un gosier desséché la source qui le désaltérera. Qui comparera ces différences ? Qui les pèsera ? La décision est difficile, quand ce n'est pas la chose, mais son importance, qui est en question. Les dons fussent-ils les mêmes, si la façon de les faire est autre, ils n'ont plus le même poids. On m'a rendu service, mais de mauvaise grâce ; mais on a témoigné du regret de m'avoir servi, mais on m'a regardé avec plus de hauteur que de coutume : on m'a donné si tard qu'on m'eût obligé davantage par un prompt refus. Comment le juge entrera-t-il dans l'appréciation de ces services, quand le langage, l'hésitation, l'air du visage en détruisent le mérite?

IX. Ajouterai-je que certains bienfaits ne doivent ce nom qu'à nos extrêmes désirs ; et que d'autres, qu'on ne classe pas sous ce titre banal, ont plus de prix quoique ayant moins d'éclat? C'en est un, penses-tu, que de nous conférer le droit de cité dans un puissant État, de nous faire asseoir aux bancs des chevaliers, de nous défendre d'une accusation capitale; mais nous donner d'utiles conseils ; mais nous retenir sur la pente du crime ; mais désarmer le suicide ; mais par d'heureuses consolations réconforter le désespoir, et, quand il veut suivre au tombeau ceux qu'il regrette, le réconcilier avec la vie; mais veiller au chevet d'un malade, et si sa santé, son salut dépendent d'un moment, épier et saisir l'instant propice à l'alimentation, ou ranimer par le vin ses artères défaillantes et lui amener le médecin qui l'arrache au trépas, de tels services peuvent-ils s'estimer, et ordonnera-t-on de les compenser par des services d'autre nature ? Cet homme t'a donné une maison: moi je t'ai averti que la tienne allait crouler sur toi. Il t'a donné un patrimoine, et moi une planche dans le naufrage. Il a combattu pour toi, et son sang a coulé ; moi je t'ai sauvé la vie par mon silence. Comme les bienfaits se reçoivent en autre monnaie qu'ils ne se rendent, faire la balance est difficile.

X. Et en outre, le jour du remboursement n'est point fixe, comme pour un prêt de deniers. Qui n'a pas rendu aujourd'hui peut le faire plus tard ; et au bout de quel temps, dis-moi, l'ingratitude sera-t-elle constante ? Les plus grands bienfaits ne se démontrent point. C'est souvent un mystère enseveli dans la conscience des deux intéressés. Introduirons-nous cette règle : que le bien ne se fasse qu'en présence de témoins ? Et quelle peine infliger aux ingrats ? Sera-ce la même pour tous, quand les bienfaits sont si divers ? Sera-t-elle différente et graduée sur le plus ou moins d'importance du service ? Oui ? Elle sera donc taxée pécuniairement ; et si c'est la vie, si c'est plus que la vie qu'on a reçu ? Quel châtiment décernerez-vous ? Moindre que le bienfait, ce ne serait pas juste ; capitale comme lui, quelle horreur que le bienfait aboutisse à une catastrophe sanglante !

XI. « Mais, dit-on, certaines prérogatives ont été accordées aux pères. Comme on les a traités avec une considération toute spéciale, il devrait en être ainsi des autres bienfaiteurs. » Nous avons consacré la prérogative des pères, parce qu'il était d'intérêt public qu'on élevât des enfants : il fallait être encouragé dans cette tâche pour en courir les chances incertaines. On ne pouvait leur dire, comme à tout bienfaiteur : « Choisis à qui tu voudras donner. Ne t'en prends qu'à toi, si tu es dupe. Assiste qui le méritera. » Dans l'acte qui nous déclare pères, rien n'est laissé au discernement : tout se borne à des vœux. Afin donc de mieux décider l'homme à en aborder le risque, on a dû l'investir d'une certaine autorité. D'ailleurs il y a cette différence que les pères, après avoir été les bienfaiteurs de leurs enfants, le sont encore et le seront toujours ; et il n'est pas à craindre qu'ils se vantent sans avoir rien fait. Quant aux autres personnes, il s'agit non-seulement de savoir si elles ont recouvré, mais si elles avaient donné. Les services d'un père sont incontestés ; et comme il est utile à la jeunesse d'être gouvernée, on lui a imposé, pour ainsi dire, des magistrats domestiques dont la surveillance pût la contenir. Enfin la dette contractée envers un père est partout la même : on a pu l'apprécier une fois pour toutes. Toutes les autres dettes sont diverses entre elles, dissemblables, et varient jusqu'à l'infini : elles n'ont donc pu être soumises à aucune évaluation ; il était plus juste de tout laisser là que de tout égaliser.

XII. Il est des choses qui coûtent beaucoup à ceux qui les donnent : d'autres sont beaucoup pour ceux qui les reçoivent et ne coûtent rien à donner. Parfois c'est un ami, et parfois un inconnu que l'on oblige. Le don est plus grand, à valeur égale, si c'est de ce don même que datent nos relations. On nous apporte tantôt des secours, tantôt des honneurs, tantôt des consolations. Il y a tel homme qui n'imagine rien de plus doux que de rencontrer un cœur où reposer son infortune. Tel autre, en revanche, aimera mieux qu'on s'occupe de son élévation que de sa vie même ; un troisième croira devoir plus à son libérateur qu'à l'auteur de son avancement. Toutes ces choses auront plus ou moins de prix, selon que le penchant du juge inclinera vers l'une ou vers l'autre.

Et puis, je choisis moi-même mon créancier ; mais un bienfait, souvent je le reçois de qui je ne l'eusse pas voulu ; parfois même c'est à mon insu qu'on m'oblige. Que feras-tu? M'appelleras-tu ingrat si l'on m'a, sans mon aveu, grevé d'un bienfait que sciemment je n'eusse point accepté ; ou ne m'appelleras-tu point ingrat si je n'ai pas rendu ce qu'après tout j'aurai reçu?

XIII. Un homme m'a obligé, et ce même homme ensuite m'a fait une injure (*a*). Un seul bon office me fait-il une loi de dévorer tous ses outrages ; ou n'est-ce pas comme si je m'étais acquitté, dès qu'il a lui-même annulé son bienfait par l'injure qui a suivi? Comment après cela estimer si l'avantage reçu l'emporte sur le tort éprouvé? Un jour entier ne me suffirait pas si je tentais d'énumérer toutes les difficultés. C'est, dit-on, refroidir la bienfaisance que de ne pas venger le bienfait, que de n'infliger aucune peine à ceux qui le renient. Mais, d'un autre côté, prends garde qu'on sera bien plus circonspect à l'accepter, si l'on court risque d'avoir à plaider, d'être inquiété quoique innocent. Nous-mêmes enfin, nous serons plus lents à donner : car on n'aime pas à donner aux gens malgré eux. Mais celui que son bon cœur et l'attrait seul d'une bonne œuvre déterminent à la faire, donnera d'autant plus volontiers à des hommes qui ne lui devront rien que s'ils le veulent. Bien mince en effet est la gloire d'une vertu qui prend ses sûretés avec tant de soin.

XIV. Sans loi d'ailleurs, les bienfaits seront moins nombreux, mais plus vrais ; or est-ce un mal de laisser le frein aux

---

(*a*) Voy. *Lettres* VI et LXXXI.

libéralités étourdies? Et tel est le vrai but de ceux qui n'ont fait de loi pour aucun de ces actes : ils ont voulu plus de circonspection dans les dons, comme dans le choix de ceux à qui l'on rendrait service. Examine plus d'une fois qui tu obliges : tu n'auras ni droit d'action, ni droit de répétition. Tu te trompes, si tu penses que le juge viendra à ton secours. Aucune loi ne te remettra en possession : la bonne foi de l'obligé est ta seule ressource. De cette sorte le bienfait conserve son importance et sa noblesse : il est profané, si tu en fais matière à procès. C'est la voix de l'équité même, c'est le droit des gens qui nous crie : Rends ce que tu dois. Mais honte au bienfaiteur qui nous somme de rendre! Et quoi rendre? La vie, qu'il te doit, la dignité, la sécurité, la santé? Les plus grands services ne peuvent être acquittés. « Eh bien, qu'il me paye d'un équivalent. » Cela revient toujours à mon dire : la dignité du bienfait n'est plus, s'il se transforme en marchandise. N'excitons point les âmes à la cupidité, aux contestations, aux discordes : elles s'y portent assez d'elles-mêmes. Combattons de notre mieux cette tendance, et coupons court aux occasions, si on veut les chercher.

XV. Ah! que ne pouvons-nous persuader aux hommes de ne recevoir de leurs débiteurs que des remboursements volontaires! Plût au ciel que nulle stipulation ne liât l'acheteur au vendeur, que les pactes et conventions n'eussent pas besoin, comme garantie, de l'empreinte des sceaux, et qu'on leur préférât pour gardiens la bonne foi, l'amour du juste, la conscience[2]! Mais le parti le plus sûr l'a emporté sur le plus noble; et on aime mieux enchaîner la bonne foi que de compter sur elle. Les deux parties amènent leurs témoins : celle-ci ne prête que sur plusieurs signatures et par entremise de courtiers; celle-là n'a pas assez d'une enquête sur les biens de l'emprunteur, elle veut avoir droit sur sa personne. Quelle honte pour la race humaine que cet aveu de perfidie et d'iniquité publique! On se fie plus aux cachets qu'aux consciences. Pourquoi a-t-on mandé ces respectables personnages? Dans quel but apposent-ils leurs seings? Évidemment pour qu'on ne nie pas avoir reçu ce qu'on reçoit[3]. Ce sont des hommes incorruptibles, des vengeurs de la vérité, penses-tu! Mais tout à l'heure, à ces mêmes hommes, on ne prêtera pas d'une autre manière. N'était-il donc pas plus honorable de subir la mauvaise foi de quelques-uns que de craindre la déloyauté de tous? Il ne manque à la cupidité que de ne plus vouloir placer un bienfait sans caution. Il est d'une âme généreuse et grande d'assister, de servir les hommes : qui répand des bienfaits imite les dieux ; qui les redemande est usurier. Et pour venger la cause des bienfaiteurs, nous les reléguerions dans la classe la plus méprisable !

XVI. Il y aura, dit-on, plus d'ingrats, si l'on ne donne point d'action contre eux. Tout au contraire, il y en aura moins : on mettra plus de discernement dans les bienfaits. D'ailleurs il n'est pas bon qu'on fasse savoir à tous combien sont nombreux les ingrats : la multitude des coupables ferait perdre la honte du crime (a), et une flétrissure si commune ne déshonorerait plus. Quelle femme à présent est humiliée qu'on la répudie, depuis que d'illustres et nobles dames comptent leurs années non plus par consulats, mais par le nombre de leurs époux[4] ? Elles divorcent pour se remarier, elles se remarient pour divorcer encore. On reculait devant ce scandale, tant qu'il était rare ; mais depuis qu'il n'est pas de jour où les journaux n'annoncent un divorce, à force d'entendre parler de la chose, on s'est instruit à la pratiquer.

A-t-on la moindre honte de l'adultère, maintenant qu'on est venu au point de ne prendre le mari que pour mieux enflammer l'amant ? La chasteté n'est plus qu'une preuve de laideur. Y a-t-il femme si misérable, si repoussante, qui ait assez d'une couple d'amants[5], qui ne donne pas à chacun son heure, sans que le jour suffise à tous ; se faisant porter de chez l'un dans la maison de l'autre, s'établissant chez un troisième ? On est malapprise et d'un autre siècle[6], si l'on ne sait pas qu'un seul amant n'est qu'un second mari. Comme la honte de ces turpitudes n'est plus rien depuis qu'elles se sont propagées au loin, de même les ingrats croîtront en nombre et en audace s'ils viennent une fois à se compter.

XVII. « Eh quoi ? L'ingrat sera donc impuni ! » Et l'impie, dis-moi, le sera-t-il ? Et l'envieux, et l'avare, et l'homme violent ou cruel ? Appelles-tu impuni ce que tous abhorrent, ou sais-tu un plus affreux supplice que l'exécration du genre humain ? Le châtiment de l'ingrat, c'est de n'oser plus ni recevoir de personne, ni donner à qui que ce soit, d'être ou de se croire signalé à tous les regards, d'avoir perdu le sentiment de la meilleure et la plus douce chose de la vie. Toi qui juges malheureux l'homme qui n'a point l'usage de la vue ou chez

---

(a) Voy. *De la clémence*, I, XXII

qui la maladie a fermé le passage des sons, tu ne plaindrais pas celui qui ne sait plus sentir un bienfait? Il redoute les dieux dont l'œil est ouvert sur tous les ingrats; et la conscience du bienfait qu'il a étouffé en lui le consume et le torture; enfin, et cette seule peine est assez forte, il ne goûte plus le fruit de ce que j'appelle ce qu'il y a de plus délicieux au monde.

Celui au contraire qui est heureux d'avoir reçu, jouit d'une satisfaction toujours égale et permanente. Le don pour lui a disparu : il ne voit plus que l'intention, qui suffit à sa joie. Il goûte lui, à tout instant, le charme du bienfait; l'ingrat ne l'a goûté qu'une fois.

Comparons leur existence à tous deux : celui-ci est sombre, soucieux, comme l'est un dépositaire parjure, un débiteur frauduleux : c'est l'homme qui refuse ce qu'il doit aux auteurs de ses jours, aux guides de son enfance, à ses précepteurs. L'autre, gai et serein, n'attendant que l'occasion de prouver sa reconnaissance, trouvant dans cette seule affection mille délices, bien loin de vouloir faillir à son obligation, ne cherche qu'à s'acquitter le plus largement, le plus généreusement possible envers ses parents, comme envers ses amis, comme envers l'homme le plus obscur, fût-il même son esclave; car il juge, non l'état de la personne, mais la valeur du service.

XVIII. Ce n'est pas que certains philosophes, Hécaton, par exemple, ne se demandent si un esclave peut être le bienfaiteur de son maître. Car on a distingué, on a dit : « Il y a le bienfait; il y a le devoir; il y a le service d'état. Le bienfait, c'est ce qu'un tiers donne : on appelle un tiers celui qui, sans encourir le blâme, pouvait nous négliger. Les devoirs sont la tâche d'un fils, d'une épouse, et de ces personnes que tout autre lien avertit et oblige de nous porter secours. Le service d'état nous vient de l'esclave que sa condition met dans l'impuissance de prétendre jamais obliger son supérieur, quoi qu'il fasse pour lui. ».... Mais en outre, vouloir qu'un esclave ne puisse en aucun cas être le bienfaiteur de son maître, c'est méconnaître les droits de l'humanité. Ce qui importe ici, c'est le cœur, non l'état. La vertu n'est d'avance fermée à personne : elle ouvre à tous son sanctuaire, elle accueille, elle invite tout le monde, hommes libres, affranchis par naissance, esclaves, rois et proscrits[7]. Elle ne choisit ni la noblesse, ni le cens : l'homme tout nu lui suffit. Nous serait-il resté un abri contre les coups imprévus du sort, et l'âme eût-elle pu se promettre rien de grand, si la vertu la mieux reconnue changeait au gré de la Fortune? Si l'esclave ne peut être le bienfaiteur du maître, le sujet ne peut l'être de son roi, ni le soldat de son général. Qu'importe en effet quelle autorité nous enchaîne, dès qu'elle est absolue? Car si l'esclave ne peut aspirer au titre de bienfaiteur, lui, contraint et passif, qui craint les derniers châtiments, l'obstacle est pareil pour le sujet et le soldat, puisque, à des titres différents, on a sur eux les mêmes droits. Et pourtant on est parfois bienfaiteur de son roi, de son général : on peut donc l'être de son maître. Un esclave peut être juste, courageux, magnanime : donc il peut être bienfaisant. Car c'est là aussi de la vertu. Il est si vrai qu'un esclave est capable de ce rôle, que souvent le salut du maître est l'œuvre de l'esclave. On ne doute pas qu'il ne puisse être le bienfaiteur d'autres personnes que de son maître : pourquoi ne le serait-il pas encore de ce dernier?

XIX. « C'est, dit-on, que l'esclave ne devient pas créancier du maître, lors même qu'il lui prête de l'argent. Autrement, il en ferait tous les jours son obligé : car il le suit dans ses voyages, le soigne dans ses maladies, déploie pour lui le zèle le plus actif. Toutes ces choses qui venant d'un homme libre, s'appelleraient bienfaits, de la part d'un esclave ne sont que des services forcés. Un bienfait, c'est ce qu'on donne étant libre de ne pas donner : or l'esclave n'a pas la faculté du refus. Il n'oblige donc pas, il obéit, et ne se glorifie pas d'avoir fait ce qu'il ne pouvait point ne pas faire. » Même avec cette restriction j'aurai cause gagnée, et j'amènerai l'esclave à se voir libre en mille choses. En attendant, dites-moi, si je vous le montre combattant pour sauver son maître sans songer à lui-même, et, criblé de blessures, versant ce qui lui reste de sang et de vie, cherchant enfin au prix de sa mort à donner à ce maître le temps de s'échapper, nierez-vous qu'il soit son bienfaiteur, parce qu'il est esclave? Si je vous le montre, invité à trahir les secrets de son maître, et ne se laissant ni gagner aux promesses du tyran, ni effrayer par ses menaces, ni vaincre par aucune torture, détournant de tout son pouvoir les soupçons de son bourreau et sacrifiant sa vie à sa foi, nierez-vous encore qu'il soit le bienfaiteur de son maître, parce qu'il est esclave? Reconnaissez ici un héroïsme d'autant plus beau que les exemples en sont plus rares chez des esclaves, d'autant plus touchant, que, malgré l'odieux qui s'attache à presque toute domination, et bien que toute contrainte pèse, l'amour pour un maître a été plus fort que la haine commune pour l'esclavage. Loin donc de dire qu'il n'y a pas bienfait, parce que l'action part d'un esclave, dites qu'il est d'autant plus méritoire que la servitude même n'a pu glacer son dévouement.

XX. On se trompe, si l'on croit que la servitude s'empare de tout l'homme : la meilleure partie de son être y échappe[8]. Son corps peut devenir le sujet et le lot d'un maître ; son âme a la royauté d'elle-même : elle est toute libre, elle a des ailes ; malgré la prison qui l'enferme, son essor que rien ne captive s'élève aux actes les plus sublimes et va, dans les champs de l'infini, s'associer aux intelligences célestes. C'est donc le corps que la Fortune livre à un maître. C'est le corps qui s'achète et se vend : mais l'intime portion de nous-mêmes, on ne la donne pas en propriété. Tout ce qui relève d'elle participe de son indépendance. Aussi le maître n'a-t-il pas droit de tout ordonner, comme l'esclave n'est pas contraint de tout faire. Ce qu'on lui commandera contre la république il ne l'exécutera point : jamais ses mains ne se prêteront au crime.

XXI. Il est des actes que les lois n'ordonnent ni ne défendent : c'est là que l'esclave trouve matière au bienfait. Tant qu'il se borne à faire ce qu'on exige d'un esclave, il ne rend qu'un service forcé. Va-t-il au delà de ce qui lui est imposé, c'est un bienfait. S'élève-t-il jusqu'à l'affection d'un ami, le nom de serviteur ne lui convient plus. Il y a des choses que le maître est tenu de fournir à l'esclave, comme le vivre, le vêtement : jamais cela ne s'est nommé bienfait ; mais c'en est un que de s'attacher à lui, de l'élever libéralement, de l'initier dans les arts que l'on enseigne aux citoyens. La réciproque a lieu dans le rôle de l'esclave : tout ce qui dépasse le cercle des fonctions serviles, tout ce que lui dicte de généreux non l'obéissance, mais une impulsion volontaire, s'appellera bienfait, si toutefois la chose eût mérité ce nom de la part de tout autre.

XXII. « L'esclave, dit Chrysippe, est un mercenaire à vie. » Or comme un mercenaire nous oblige quand il fait plus que la besogne pour laquelle il s'est loué, de même l'esclave qui, par dévouement pour son maître, va au delà des devoirs de sa condition et s'élève à quelque grand acte qui honorerait tout comme né dans une classe plus heureuse, l'esclave qui surpasse ainsi l'attente de son maître est un bienfaiteur trouvé au sein de nos foyers. Vous semble-t-il juste que ces hommes, qui nous irritent s'ils font moins que leur devoir, n'obtiennent pas de reconnaissance s'ils font plus que ce qu'ils doivent et font d'ordinaire ? Veut-on savoir quand il n'y a pas bienfait de leur part? C'est quand le maître peut dire : « Malheur à eux s'ils re fusent ! » Mais quand ils ont fait ce qu'ils pouvaient ne pas vouloir, louons-les de l'avoir voulu. Ce sont deux choses contraires que le bienfait et l'injure. On peut rendre service au maître, si l'on peut recevoir de lui une injure : or un juge est établi pour connaître des injures faites par les maîtres à leurs esclaves, pour punir ceux qui font d'eux les victimes de leur cruauté, ou de leur débauche, ou qui leur fournissent d'une main trop avare les choses nécessaires à la vie°....

« Comment ! Un bienfait aurait lieu d'esclave à maître ! » Dites plutôt : d'homme à homme. Enfin ce qui dépendait de lui il l'a fait : il a rendu un grand service à son maître ; il dépend de toi que tu ne l'aies point reçu d'un esclave. Mais quel est l'homme si haut placé que le sort ne puisse réduire à avoir besoin même du dernier des hommes ? Je vais citer maint exemple de bienfaits de genres tout divers, parfois même opposés. Celui-ci donne la vie à son maître ; celui-là la mort ; un troisième le sauve quand il va périr et, si ce n'est assez, périt en le sauvant : l'un aide au suicide de son maître, l'autre a su lui donner le change.

XXIII. Claudius Quadrigarius rapporte, au dix-huitième livre de ses Annales, qu'au siége de Grumentum, quand déjà toute défense était désespérée, deux esclaves passèrent dans le camp romain, où même ils se rendirent utiles. La ville prise, et le vainqueur se répandant de tous côtés, les deux esclaves qui savaient les chemins, courent les premiers au logis de leur maîtresse, la font marcher devant eux, et aux questions qu'on leur adresse sur elle, répondent que c'est leur maîtresse, et une maîtresse fort cruelle qu'ils conduisent eux-mêmes au supplice. L'ayant menée hors des murs, ils la tinrent cachée avec grand soin jusqu'à ce que la fureur de l'ennemi fût calmée ; et quand rassasié de vengeance, le soldat romain fut revenu à son caractère, eux aussi reparurent ce qu'ils étaient et se remirent sous le pouvoir de leur maîtresse. Elle les affranchit sur l'heure ; elle ne s'indigna pas de devoir la vie à des hommes sur qui elle avait eu droit de vie et de mort. Peut-être même s'en applaudit-elle davantage. Car sauvée par l'ennemi, elle n'eût éprouvé que l'effet d'une clémence vulgaire et de tous les jours ; sauvée par ses esclaves, elle devint l'objet d'un noble souvenir et un exemple pour les deux cités. Dans l'horrible confusion d'une ville prise, où chacun ne songeait qu'à soi, tous avaient fui cette femme, hormis deux transfuges. Et ceux-ci, pour montrer dans quel esprit s'était faite leur première désertion, passèrent de nouveau des vainqueurs à la captive sous leur masque de parricides. Leur bienfait fut sublime en ceci : pour empêcher le meurtre de leur maîtresse, ils ne crurent pas trop faire en s'avouant ses meurtriers. Non, crois-moi, non, te dis-je, il n'est pas d'une âme servile d'accepter l'infamie d'un crime pour prix d'un acte de vertu.

C. Vettius, préteur des Marses, était mené prisonnier au général romain. Un de ses esclaves arrache l'épée du soldat qui traîne Vettius, tue d'abord ce dernier, puis s'écrie : « Il est temps de songer à moi; voilà que j'ai affranchi mon maître. » Et d'un seul coup il se perce de part en part. Trouve-moi un plus noble libérateur que cet esclave.

XXIV. César assiégeait Corfinium et y tenait bloqué Domitius. Celui-ci commanda à son médecin, qui était aussi son esclave, de lui donner du poison. Comme il le voyait hésiter : « Que tardes-tu? lui dit-il; crois-tu que la chose dépende tout à fait de toi? Je te demande la mort, et j'ai mes armes. » L'esclave promit d'obéir, et lui fit prendre un breuvage inoffensif qui l'assoupit; puis il s'en fut trouver le fils de son maître et lui dit : « Ordonnez qu'on s'assure de moi, jusqu'à ce que l'événement prouve si c'est du poison que j'ai donné à votre père. » Domitius vécut et fut sauvé par César; mais l'esclave l'avait sauvé le premier.

XXV. Dans la guerre civile, un proscrit fut caché par son esclave qui, paré des bagues et couvert des vêtements de son maître, alla au-devant des émissaires, leur dit qu'il ne demandait point grâce, qu'ils pouvaient exécuter leurs ordres, et présenta sa tête.

Quel héroïsme d'avoir voulu mourir pour son maître en un temps où c'était une rare preuve de foi de ne pas vouloir sa mort! Qu'il est beau de se montrer humain dans la barbarie générale; fidèle, quand tous sont perfides; et lorsque de si hauts prix sont offerts à la trahison, de n'ambitionner pour prix de sa foi que le trépas!

XXVI. Notre siècle a ses exemples que je n'omettrai pas. Sous l'empereur Tibère la fureur des délations s'était propagée comme une épidémie qui, plus terrible que toute guerre civile, dépeuplait Rome en pleine paix. On recueillait les propos de l'ivresse, les innocentes saillies de la gaieté : tout devenait péril, pour sévir tout prétexte était bon. Le sort des accusés ne donnait même plus lieu aux incertitudes · c'était le même pour tous. L'ex-préteur Paulus assistait à un festin ayant à son doigt le portrait de Tibère sur une pierre gravée en relief. Le scrupule serait déplacé si je cherchais une périphrase pour dire qu'il alla prendre un pot de chambre. Cela fut aussitôt remarqué par Maro, l'un des fameux espions de l'époque. Mais l'esclave de l'homme dont on tramait la perte profita de son ivresse pour lui retirer son anneau et, comme Maro prenait les convives à témoin que l'image de César avait été mise en contact avec un objet obscène, comme il dressait déjà sa dénonciation, l'esclave montra la bague dans sa main [10]. Qui le traiterait d'esclave après cela pourrait appeler le délateur un convive.

XXVII. Sous le divin Auguste, la parole n'était pas dangereuse encore, mais pouvait être fâcheuse. Un membre du sénat, Rufus, avait dans un souper exprimé le vœu qu'Auguste ne revînt pas sain et sauf d'une expédition qu'il préparait; et il avait ajouté que tous les taureaux et les veaux faisaient le même vœu (a). Ce propos fut soigneusement remarqué. Dès qu'il fit jour, un esclave, qui pendant le repas s'était tenu aux pieds de son maître, lui rendit compte de ce que l'ivresse lui avait fait dire à table, et lui conseilla de prévenir César en se dénonçant lui-même. Rufus profite de l'avis et va aborder l'empereur comme il descendait de son palais. Il proteste que la veille il n'était pas dans son bon sens; il souhaite que ses paroles retombent sur lui et sur ses fils et supplie Auguste de lui pardonner et de lui rendre ses bonnes grâces. « C'est chose faite, répondit le prince. — Mais, ajouta l'autre, personne ne me croira rentré en grâce si je n'obtiens de vous quelque présent; » et il demanda une somme qui n'eût pas été à dédaigner pour un favori. César la lui accorda en disant : « Dans mon intérêt j'aurai soin de ne plus me brouiller avec vous. » Il est beau à Auguste d'avoir pardonné, d'avoir joint la libéralité à la clémence. Personne, au récit de ce trait, ne pourra s'empêcher de louer l'empereur; mais d'abord il louera l'esclave. Tu n'attends pas que je te dise qu'il fut affranchi? Non sans rançon toutefois : César en avait fait les frais.

XXVIII. Après tant d'exemples, doutera-t-on qu'un maître reçoive quelquefois un bienfait de son esclave? Pourquoi l'action serait-elle rabaissée par la personne, plutôt que la personne relevée par l'action? Nous avons tous même commence-

---

(a) Pour ne pas servir d'hécatombes après la victoire.

ment et même origine : nul n'est plus noble qu'un autre, s'il n'a un naturel plus droit et plus apte aux pratiques du bien [11]. Étaler dans un vestibule ses aïeux en peinture, et placer à l'entrée de sa demeure la longue série des noms de sa famille enguirlandés de mille festons généalogiques, c'est être un homme connu, plutôt que noble. Notre seul père à tous est le ciel : par de brillants ou obscurs degrés chacun de nous remonte à cette origine première. Ne sois point dupe de ces hommes qui, dans le recensement de leurs ancêtres, partout où leur manque un nom illustre, ont un dieu à y colloquer. Ne méprise point celui qui n'a pour cortége que des noms sans gloire et peu secondés de l'inclémente Fortune. Eussiez-vous pour ascendants des affranchis, ou des esclaves, ou même des barbares, n'en portez pas moins haut votre courage, franchissez tout cet intervalle de boue : au terme vous attend la vraie et suprême noblesse.

Pourquoi se gonfler d'orgueil et de vanité jusqu'à s'indigner de recevoir des bienfaits d'un esclave, et, sans rien voir que sa condition, oublier ses services? Un esclave! Oses-tu appeler ainsi qui que ce soit, toi l'esclave de la lubricité et de l'intempérance, d'une adultère maîtresse, ou plutôt le valet banal de toutes les adultères? Traiter un homme d'esclave, toi! Mais où donc courent te déposer les porteurs qui te promènent dans cette couche que tu nommes ta chaise, ces estafiers déguisés en soldats et costumés comme aux jours de parade? Où, dis-moi, vont-ils te descendre? Devant la loge d'un misérable portier, ou près d'un sarcleur de jardins qui n'a même pas de rang chez son maître. Et tu nies encore qu'un esclave puisse être ton bienfaiteur, toi pour qui le baiser de l'esclave d'autrui est un bienfait? Quel immense contraste de sentiments! Au même instant tu méprises les esclaves et tu leur fais ta cour ; impérieux et despote chez toi, humble au dehors, aussi méprise que méprisant. Car il n'est point d'âmes plus rampantes que celles qui portent le plus haut l'insolence ; et nul n'est prêt à vous fouler aux pieds comme ceux qui ont appris à prodiguer l'outrage à force de le recevoir [12].

XXIX. Ce que je dis là, j'ai dû le dire pour rabattre l'outrecuidance de ces hommes qui sont tout par leur fortune, et pour revendiquer les droits de l'esclave à exercer la bienfaisance, afin que ceux du fils aussi soient reconnus. On se demande, en effet, s'il est des cas où les enfants puissent rendre à leurs parents de plus signalés services qu'ils n'en ont reçu d'eux. On accorde que beaucoup de fils ont été plus grands, plus puissants, et quelques-uns plus vertueux que leurs pères. Si on l'admet, il se peut donc qu'ils aient mieux mérité d'eux, puisque leur fortune était plus ample et leurs dispositions meilleures. Quoi qu'il donne à son père, le fils, dit-on, donne toujours moins : car cette faculté même de donner, c'est du père qu'il la tient. Ainsi jamais le père n'est surpassé en bienfaits, puisque c'est grâce à lui qu'ont lieu ces mêmes bienfaits qui surpassent les siens. — Mais d'abord il est des choses qui doivent leurs commencements à d'autres, et qui ne laissent pas d'être plus grandes que leurs commencements; et on ne peut conclure qu'un effet n'est pas plus grand que sa cause, de cela seul qu'il n'eût pu gagner autant d'importance sans cette cause. Il n'est rien qui ne se hâte de laisser bien loin son berceau. Les germes, principes de toutes choses, ne sont pourtant que la moindre partie de ce qu'ils produisent. Vois le Rhin, vois l'Euphrate et tous les fleuves les plus fameux : que sont-ils, mesurés où ils prennent leur source? Cette masse d'eau effrayante et le nom qu'ils portent, c'est dans leur cours qu'ils les ont acquis. Retranche les racines, les bois ne s'élèveront plus, et les hautes montagnes perdront leur vêtement. Considère ces arbres si gigantesques, à estimer leur élévation, et qui, à voir l'épaisseur et l'envergure de leurs rameaux, s'étendent si au large : combien est peu de chose, en comparaison, ce que tient de place la fibre toute mince des racines! Les temples s'appuient sur leurs fondations comme les fiers remparts de Rome ; pourtant les matériaux jetés dans le sol pour affermir tout l'édifice ont disparu. C'est ce qui arrive pour toutes choses : les développements qui suivent ensevelissent toujours leurs principes. Je n'aurais pu rien acquérir, si les bienfaits de mes parents ne m'eussent ouvert la voie; mais tout ce que j'ai acquis n'est pas pour cela moindre que la chose sans laquelle je n'aurais pu acquérir. Si une nourrice n'eût allaité mon enfance, je n'eusse rien pu faire de ce que ma tête et mon bras exécutent, ni m'élever à cette célébrité que mes talents civils et militaires m'ont value : est-ce à dire qu'aux œuvres les plus importantes tu préféreras la tâche d'une nourrice ? En quoi diffèrent ces deux genres de bienfaits, puisque sans ceux d'un père comme sans les soins d'une nourrice, j'étais hors d'état d'avancer plus loin ?

XXX. Si c'est à l'auteur de mon être que je dois tout ce que je puis faire, songe que mon être n'a commencé ni à mon père, ni même à mon aïeul. Il y aura toujours quelque chose d'antérieur d'où l'origine prochaine tirera son origine. Pourtant nul ne dira qu'à des inconnus, à des ancêtres plus reculés que tous les souvenirs je doive plus qu'à mon père. Je leur devrai plus cependant, si mon père leur doit de m'avoir engendré. Tout ce que j'ai fait pour mon père, dit-on, eussé-je fait beaucoup, est moindre que la valeur de son présent, parce que je n'existerais pas, si je n'y avais puisé la vie. A ce compte, qu'un homme ait guéri mon père malade et mourant, je ne pourrai rien faire pour cet homme qui ne soit au-dessous d'un tel service ; car mon père ne m'eût pas engendré, s'il n'eût été guéri. Mais vois : ne serait-on pas plus dans le vrai en appréciant si ce que j'ai pu faire et ce que j'ai fait était bien mon œuvre, l'œuvre de mes forces, de ma volonté ? Examine ce qu'est en soi le fait de ma naissance : qu'y remarqueras-tu ? Un don chétif et précaire, une chance commune de bien comme de mal, le premier pas sans doute vers toutes choses, mais non plus grand que toutes, quoiqu'il soit le premier. J'ai sauvé mon père, je l'ai porté à la dignité la plus haute, j'ai fait de lui le premier de la cité ; et, non content de voir rejaillir sur lui l'éclat de mes actions, je lui ai ouvert, pour qu'il en fît de grandes à son tour, une carrière ample, facile, aussi sûre que glorieuse. Honneurs, richesses, j'ai accumulé sur lui tout ce qui suscite l'ambition des hommes; et, supérieur à tous, j'ai voulu rester son inférieur. Dira-t-on : « La faculté que tu avais de faire tout cela est un don de ton père ? » Je répondrai : Oui, sans doute, si pour le faire il suffisait de naître. Mais si vivre est la moindre des choses pour vivre dignement, et si vous ne m'avez transmis que ce qui m'est commun avec la bête, avec le plus chétif et le plus immonde animal, ne revendiquez point un bienfait qui n'émane pas de vous, bien que sans vous je ne l'eusse point reçu. Supposez que pour cette vie que je vous dois j'aie sauvé la vôtre : alors aussi je l'emporte sur vous, attendu que je vous donne, à vous qui le sentez, ce que je sens bien que je vous donne, et cela non dans un but de volupté pour moi, ni surtout au moyen de la volupté; attendu enfin qu'il est d'un plus grand prix de conserver l'existence que de la recevoir, comme la mort est bien plus légère à qui n'en a pas eu les angoisses.

XXXI. En vous sauvant la vie, je vous en fais jouir à l'instant même : en la recevant de vous, j'ignorais si je vivais. Je vous l'ai sauvée quand vous craigniez de mourir ; vous me l'avez donnée avec chances de mort. Je vous ai sauvé une vie déjà développée et complète : vous m'avez engendré dépourvu de raison, fardeau pour le sein maternel. Voulez-vous savoir le peu de prix d'un tel présent fait de la sorte? Si vous m'eussiez exposé, c'était un mauvais service de m'avoir engendré. D'où je conclus que la cohabitation du père et de la mère constitue un médiocre bienfait, s'il n'est suivi d'autres qui continuent ce commencement de don et le sanctionnent par des soins ultérieurs. Le bien n'est pas de vivre, mais de vivre vertueusement. Je vis en homme vertueux, mais je pouvais vivre tout autrement : donc, la seule chose que je vous doive, c'est de vivre. Que vous me jugiez obligé pour ce don en lui-même, pour une vie dénuée de tout le reste, inintelligente, que vous vous en targuiez comme d'un grand service, songez-y, c'est me croire obligé pour un bien dont jouissent la mouche et le vermisseau. Ensuite, pour ne pas dire plus, si je me suis adonné aux études qui font l'honnête homme, afin de diriger ma course dans le droit chemin de la vie, vous avez de votre bienfait même recueilli plus que vous ne m'aviez donné. Car vous m'aviez livré à moi-même novice et sans expérience; moi, je vous ai rendu un fils dont vous pouvez vous applaudir d'être père.

XXXII. Mon père m'a nourri : si je lui rends le même service, je fais plus pour lui, heureux qu'il est, non pas seulement d'être nourri, mais de l'être par un fils; et il trouve plus de charme dans mon affection que dans ce soin matériel. Les aliments qu'il m'a donnés ne sont arrivés qu'à mon corps. Mais qu'un homme s'élève assez haut pour se faire connaître aux nations par son éloquence, ou par sa justice, ou par ses hauts faits à la guerre, pour environner son père du reflet de sa renommée, et dissiper par une éclatante lumière l'obscurité de son berceau, ne rend-il point par là aux auteurs de ses jours un inestimable service? Qui connaîtrait Ariston et Gryllus, s'ils n'avaient eu Xénophon et Platon pour fils? Le nom de Sophronisque, grâce à Socrate, ne saurait périr. Il serait long d'énumérer tous les hommes dont les noms ne vivent que parce que la rare vertu de leurs enfants les a transmis à la postérité. Lequel des deux a rendu le plus grand service à l'autre, ou le père d'Agrippa, inconnu même après la mort de son fils, ou ce fils, honoré de la couronne navale, de cette décoration unique entre tous les dons militaires; qui élevait dans Rome tous ces imposants édifices supérieurs en magnificence à ceux des âges précédents et que depuis on ne devait point surpasser?

Octavius fut-il jamais le bienfaiteur de son fils, plus que ce fils, devenu Auguste, n'a été celui de son père, bien que le rang du père adoptif (Jules César) laissât dans l'ombre Octavius? Quelle satisfaction pour lui, s'il eût vu Auguste, après les guerres civiles étouffées, donner la paix et la sécurité au monde! Il n'eût pas reconnu son propre sang : il eût à peine cru, reportant ses yeux sur lui-même, que ce grand homme fût né dans sa maison.

Irai-je après cela citer tant d'autres pères que l'oubli eût déjà dévorés, si la gloire de leurs fils ne les eût tirés des ténèbres et ne leur conservait encore quelque éclat? D'ailleurs, nous n'examinons pas s'il est des fils qui aient rendu à leurs pères plus qu'ils n'en ont reçu, mais si la chose est possible. Quand les traits que j'ai rapportés ne te satisferaient point, ne surpasseraient point le bienfait de la vie, un fait est-il au delà des forces de la nature parce qu'aucun âge ne l'a encore produit? Si un acte isolé ne peut l'emporter en grandeur sur le mérite des soins paternels, plusieurs réunis feront pencher la balance.

XXXIII. Scipion sauva son père dans un combat : à peine revêtu de la prétexte, il poussa son cheval contre l'ennemi; c'était peu d'avoir bravé, pour arriver à son père, les extrêmes périls qui de toutes parts pressaient les chefs principaux, d'avoir triomphé de tant d'obstacles, d'avoir, lui, nouveau venu, passé sur le corps aux vétérans pour courir à la première ligne, d'avoir enfin devancé son âge : ajoute que ce même héros va défendre ce père (*a*) accusé, l'arracher aux puissants adversaires ligués contre lui ; qu'il va, outre un second et un troisième consulat, accumuler sur lui tous les honneurs qu'un consulaire même puisse ambitionner, qu'il va faire hommage à sa pauvreté des trésors qu'il tient du droit de la guerre, et, chose la plus flatteuse pour un guerrier, l'enrichir des dépouilles de l'ennemi. Si c'est peu encore, ajoute qu'il lui continue ses gouvernements de provinces et ses commandements extraordinaires ; ajoute que, par la ruine des plus redoutables cités, devenu le protecteur et le vrai fondateur d'un empire qui désormais s'étendait sans rival de l'Orient à l'Occident, il apporte une illustration nouvelle à un père déjà si illustre. C'était, dis-tu, le père de Scipion ! Mais est-il douteux que le

---

(*a*) Il y a ici une erreur presque incroyable. Ce n'est pas à son père, mais à son frère aîné, L. Scipion, que ces services ont été rendus. Est-ce erreur des copistes? *Patrem* pour *fratrem*.

vulgaire bienfait de la naissance ne soit éclipsé par cette sublime piété filiale et par cet héroïsme dont je ne saurais dire si la patrie recueillait plus de sécurité que de gloire?

XXXIV. Enfin, si ce n'est assez de tout cela, figure-toi un fils qui arrache son père à la torture et qui s'y soumet à sa place. Tu peux étendre aussi loin que tu voudras les bienfaits du fils, tandis que celui du père était simple et facile, et même accompagné de plaisir pour le bienfaiteur, et nécessairement prodigué par lui à bien d'autres sans le savoir, bienfait où la mère est de moitié, où il avait en vue les lois du pays, les prérogatives des pères, la perpétuité de sa maison et de sa race, toute autre chose enfin que l'être auquel il donnait le jour. Et celui qui, parvenu à la sagesse, l'aura enseignée à son père, discuterons-nous encore s'il a plus donné que reçu, lui qui rend à son père une vie heureuse, quand il n'a reçu que la vie ? « Mais, dit-on, c'est à votre père que vous devez d'agir en tout comme vous faites et de lui rendre tant de services. » Et à mon précepteur aussi je dois les progrès de mon éducation libérale. Je n'en ai pas moins dépassé ceux qui m'en ont transmis les principes et surtout ceux qui m'ont appris les premiers éléments; et encore que sans eux on ne saurait faire un pas dans la science, il n'en résulte point que, quelque pas qu'on ait fait, on reste au-dessous d'eux. Grande est la distance des commencements à la perfection; est-ce à dire que les uns soient comparables à l'autre, parce que, sans le début, on ne peut monter jusqu'au terme?

XXXV. Mais il est temps de produire des raisons marquées pour ainsi dire à notre coin. Tant qu'il existe des bienfaits plus grands que les siens, le bienfaiteur peut être surpassé : un père donne la vie à son fils; mais il y a quelque chose de meilleur que la vie : un père peut donc être surpassé, puisqu'il y a quelque chose de plus grand que son bienfait. Et même celui qui a donné la vie à un autre, si cet autre le sauve une et deux fois de la mort, a plus reçu qu'il n'a donné : or le père a donné la vie; il peut donc, s'il est plusieurs fois délivré de la mort par son fils, recevoir un bienfait plus grand que le sien. Qui reçoit un bienfait reçoit d'autant plus que son besoin était plus grand : or la vie est un plus grand besoin pour le vivant que pour celui qui n'est pas né et qui par conséquent ne peut avoir aucun besoin. Le père doit donc plus à son fils, s'il reçoit de lui la vie, que le fils ne reçoit du père en naissant. Pourquoi le fils ne pourrait-il vaincre le père en bienfaits? Parce qu'il tient de lui l'existence, et que sans elle il n'eût jamais fait acte de bienfaiteur? Mais ici le père est dans le même cas que tous ceux qui donnent la vie à d'autres : on n'aurait pu s'acquitter envers eux, si on ne l'eût point reçue. Selon vous, on ne pourrait non plus s'acquitter avec usure envers un médecin qui souvent aussi nous rend la vie, ni envers un matelot qui nous a sauvés du naufrage. Et pourtant on peut surpasser les bienfaits de ces hommes, comme de tous ceux qui d'une manière quelconque nous ont conservé le jour : donc il peut en être de même des pères. Si l'on m'a rendu un service qui avait besoin d'être soutenu des services de beaucoup d'autres, et qu'à mon tour j'en aie rendu un qui pouvait se passer d'auxiliaire, j'ai plus fait qu'on n'a fait pour moi. Le père donne au fils une vie prompte à s'éteindre, si de nombreux secours ne la viennent protéger ; le fils qui sauve la vie du père lui donne une chose qui n'a plus besoin d'autre assistance pour se maintenir. Ainsi est vaincu en bienfaits le père qui reçoit de son fils la vie que lui-même lui avait donnée.

XXXVI. Ceci ne détruit pas la vénération due aux auteurs de nos jours et ne fera pas que leurs enfants soient moins bons pour eux : loin de là, ils en vaudront mieux. Car la vertu est, de sa nature, passionnée pour la gloire et brûle de dépasser qui la précède. La piété filiale sera plus ardente, si elle se livre à la reconnaissance avec l'espoir de surpasser le bienfait. Les pères eux-mêmes s'y prêteront volontiers et avec bonheur; car en une foule de cas nous gagnons à être vaincus. Est-il une rivalité aussi désirable, une félicité aussi grande pour des parents que d'avouer que leurs bienfaits mêmes le cèdent à ceux de 'eurs fils? L'opinion contraire fournit une excuse à ces derniers et les rend plus lents à payer leur dette, tandis que nous devons les aiguillonner et leur dire : « Courage, vertueux jeunes gens! Une honorable lutte est ouverte entre vos parents et vous, pour savoir qui a plus donné ou reçu. Ils ne sont pas vainqueurs, pour vous avoir prévenus. Prenez seulement cette confiance qui vous sied si bien, et gardez-vous du découragement : vous les vaincrez comme c'est leur vœu. Et dans cette noble arène vous ne manquez pas de chefs qui vous exhortent à les imiter et vous commandent de marcher sur leurs traces à cette victoire que bien des fils ont obtenue. »

XXXVII. Cette victoire fut celle d'Enée : son père l'avait porté enfant sans effort comme sans risque ; et il porta ce père chargé d'ans au travers même de l'armée ennemie, des ruines de Pergame croulante autour de lui, lorsque, tenant embrassés les objets de son culte et ses dieux pénates, le religieux vieillard surchargeait sa marche d'un double fardeau. Il le sauva du milieu des flammes et, que ne peut le dévouement d'un fils? le transporta jusqu'au delà des mers pour l'offrir à notre vénération comme l'un des fondateurs de cet empire.

Cette victoire fut celle des jeunes Siciliens qui, au moment où l'Etna, en proie aux convulsions les plus violentes, vomissait l'incendie sur les villes, sur les campagnes, sur une grande partie de l'île, s'attelèrent au char qui portait leurs parents. Les laves, on l'a cru, se retirèrent devant eux et la flamme, s'écartant à droite et à gauche, ouvrit un passage que franchirent ces jeunes héros, si dignes de l'être impunément.

Cette victoire fut celle d'Antigone qui (*a*), après le gain d'une importante bataille, fit hommage à son père des fruits de son triomphe et lui livra la souveraineté de Chypre. C'est être vraiment roi que de ne vouloir pas l'être quand on le pourrait.

Cette victoire, T. Manlius (*b*) la remporta sur son père, tout impérieux qu'était celui-ci. Relégué temporairement par lui à la campagne, pour la grossière stupidité qu'il montra dans son adolescence, il alla trouver un tribun du peuple qui avait assigné Manlius, lui demanda audience et l'obtint. Le tribun comptait voir en lui le délateur d'un père odieux et pensait avoir bien mérité du fils dont l'exil était, entre autres choses, l'un des plus forts griefs imputés au père. Mais le jeune homme, trouvant le tribun seul, tire un fer caché sous sa robe et dit : « Si tu ne jures de te désister, ce fer va te percer le sein. Je te laisse à choisir le moyen de délivrer mon père de son accusateur. » Le tribun jura et tint parole; il rendit compte à l'assemblée du motif de son désistement. Jamais nul autre ne tenta impunément d'imposer silence à un tribun.

XXXVIII. Les exemples se pressent à la suite l'un de l'autre quand il s'agit de fils qui ont arraché leurs pères aux dangers, qui des derniers rangs les ont fait monter aux premiers, qui les ont tirés de la plèbe et de l'ignoble foule pour les offrir à l'entretien de tous les siècles. Aucune énergie de langage, aucune puissance de génie ne saurait exprimer tout ce qu'il y a de mérite, tout ce qu'il y a de gloire à jamais assurée dans la

---

(*a*) Faute de copiste, selon J. Lipse. Il voudrait lire : *Vicit Antigoni filius*. Il s'agit en effet, voir Plutarque, de Démétrius Poliorcètes.

(*b*) Voy. Cicéron, *de Offic.*, III, xxxi ; Tite-Live, VII, iv.

mémoire des hommes à pouvoir se dire : « J'ai obéi, j'ai cédé en tout à mes parents ; leurs commandements, soit justes, soit iniques et cruels pour moi, m'ont trouvé docile et soumis ; sur un seul point j'ai été rebelle ; je n'ai pas voulu leur être inférieur en bienfaits. » Luttez de dévouement, je vous en conjure, et, même après un échec, rétablissez vos lignes. Heureux les vainqueurs! Heureux encore les vaincus! Quoi de plus beau qu'un jeune homme puisse tenir ce langage à lui-même, car à tout autre ce serait impie : « J'ai vaincu mon père en bienfaits? » Quoi de plus fortuné qu'un vieillard qui répète à tous et partout que les bienfaits de son fils l'emportent sur les siens? Quoi de plus triomphant que de céder à cet autre soi-même[13]?

LIVRE IV.

I. De tous les points que nous avons traités, Æbutius Liberalis, aucun peut-être ne semblera aussi essentiel, ou méritant, comme dit Salluste, *un plus grand soin d'exposition*, que celui qui vient sous ma plume : l'acte qui opère le bienfait, et la gratitude qui paye de retour sont-ils par eux-mêmes choses désirables ?

Il se trouve des hommes qui ont pour l'honnête un culte intéressé : la vertu gratuite ne saurait leur plaire, la vertu, qui n'a plus rien en soi de magnifique, dès qu'elle a quelque chose de vénal! Quoi de plus honteux en effet que de supputer à quel taux on se ferait homme de bien? Il n'est pour la vertu ni gain qui séduise, ni perte qui décourage : elle est si loin d'employer la corruption des promesses et de l'espérance, qu'elle exige au contraire que pour elle on se sacrifie, elle qui souvent se donne en tributs volontaires. C'est en foulant aux pieds nos intérêts qu'il faut marcher à elle, n'importe où elle nous appelle, où elle nous envoie, sans égard pour notre fortune; au besoin même, ne soyons pas avares de notre sang pour la suivre, et que jamais ses ordres ne soient discutés par nous.

« Que gagnerai-je, dira-t-on, à faire tel acte de courage, de reconnaissance? » La conscience de l'avoir fait. On ne te promet rien au delà ; s'il t'en advient par suite quelque avantage, compte-le comme une gratification du hasard. L'honnête porte son salaire en lui-même. Si l'honnête est en soi désirable, et si le bienfait est chose honnête, sa condition ne sera pas autre, dès que sa nature est identique. Or que par lui-même l'honnête soit désirable, c'est ce qu'on a mainte fois et amplement prouvé.

II. Ici nous avons à combattre les épicuriens, voluptueux qui vivent à l'ombre de leurs jardins, philosophes de table chez qui la vertu n'est que le ministre des voluptés. Elle leur obéit, elle les sert, elle les voit au-dessus d'elle. « Il n'est, disent-ils, point de volupté sans vertu. » Pourquoi vient-elle avant la vertu? Ne crois pas qu'il y ait là simple dispute de rang : le principe tout entier et son autorité sont en cause. Ce n'est plus la vertu, si elle se résigne à suivre. Le premier rôle lui appartient : à elle à conduire, à commander, à se tenir au poste le plus élevé; et vous voulez qu'elle prenne le mot d'ordre! « Mais, répliquent-ils, que vous importe? Comme vous je nie que le bonheur puisse exister sans la vertu. Cette même volupté, dont je me fais le suivant et l'esclave, sans la vertu je la réprouve et la condamne. Rien qu'un point nous divise : la vertu contribue-t-elle au souverain bien, ou est-elle le souverain bien lui-même? » Quand le problème se réduirait là, n'y voyez-vous donc qu'une transposition d'étiquette? Non, c'est une confusion réelle, un aveuglement manifeste que de placer en tête ce qui doit marcher en dernier. Je m'indigne, non pas que la vertu soit mise après la volupté, mais qu'on les associe le moins du monde. Cette volupté qu'elle méprise, elle en est l'ennemie, se cabre devant elle et fuit au plus loin, et s'apprivoise mieux au travail, à la douleur, dignes épreuves de l'homme, qu'à ce vil bien efféminé.

III. Cette digression, cher Libéralis, était nécessaire, parce que les bienfaits, dont nous traitons maintenant, étant des actes de vertu, il est ignominieux d'avoir, quand on donne, tout autre but que de donner. Si l'on donnait dans l'espoir de recouvrer, ce serait aux plus opulents, non aux plus dignes; or nous voyons au riche insolent préférer le pauvre. Ce n'est plus être bienfaisant que d'avoir égard à la fortune. D'ailleurs si, pour servir les hommes, nous n'avions de mobile que l'intérêt, nul ne devrait faire moins de largesses que ceux qui ont le plus de facilités pour en faire, comme les riches, les grands, les rois qui n'ont pas besoin qu'on les assiste. Tout ce que nous prodigue, la nuit comme le jour, l'intarissable bonté des dieux, ne nous arriverait plus : car leur nature leur suffit pour toutes choses, leur garantit la plénitude du bonheur, la sécurité, l'inviolabilité. Ils ne feraient donc de bien à personne, si l'on ne considérait, pour en faire, que soi et son propre avantage. Je n'appelle point libéralité, j'appelle usure cette circonspection qui cherche, au lieu des plus honorables placements, les prêts les plus lucratifs et les rentrées les plus faciles. Comme les dieux sont loin de faire un pareil calcul, la libéralité est une de leurs vertus. Car si la bienfaisance avait pour unique motif son avantage, Dieu n'ayant nul avantage à espérer de nous, nul motif pour lui de nous faire du bien.

IV. Je sais ce qu'ici l'on va me répondre : « Dieu en effet ne nous fait aucun bien : tranquille et ne songeant point à nous, détournant sa face de ce monde, il s'occupe d'autre chose ou, ce qui semble à Épicure la plus haute félicité, ne s'occupe de rien ; et les hommages non plus que les injures ne le touchent. »

Celui qui parle ainsi n'entend donc pas la voix de nos prières [1] et ces vœux qu'élèvent de toutes parts, les mains tendues vers le ciel, les hommes dans leurs foyers, les nations dans leurs temples. Pareille chose certes ne se verrait pas, et les mortels ne se seraient point accordés dans l'unanime délire d'implorer des divinités sourdes et des cieux impuissants, s'ils n'avaient reconnu des bienfaits venus d'en haut qui tantôt préviennent, tantôt suivent leurs prières, bienfaits dont l'à-propos égale la grandeur, dont l'intervention dissipe les plus terribles menaces. Eh ! quel est l'être assez misérable, assez rebuté des hommes ou du sort et tellement né pour la souffrance, qu'il n'ait rien éprouvé de la munificence divine ? Regarde autour de toi : ceux mêmes qui vont pleurant leur destinée et ne savent que gémir, vois s'ils sont tout à fait exclus des faveurs célestes, s'il en est un seul vers lequel ne se soient détournées quelques gouttes de cette inépuisable source. Est-ce donc peu que ces faveurs distribuées également à tous ceux qui naissent ? Et pour ne pas parler des biens qui plus tard nous sont dispensés à dose inégale, la nature a-t-elle donné peu en se donnant elle-même ?

V. Dieu ne fait aucun bien aux hommes ! D'où vient donc ce que tu possèdes [2], ce que tu donnes, ce que tu refuses, ce que tu entasses, ce que tu ravis ? D'où viennent ces enchantements sans nombre créés pour tes yeux, pour ton oreille, pour ta pensée ? Et cette profusion de richesses où ton luxe même trouve ses éléments ? Car ce n'est pas à nos besoins seulement qu'on a songé : on nous aime jusqu'à soigner notre superflu. Et tous ces arbres si diversifiés par leurs fruits, tous ces végétaux salutaires, toutes ces variétés d'aliments, répartis sur l'année entière³, au point qu'à l'oisif même le hasard offre ici-bas sa subsistance; et ces animaux de tous genres naissant sur la terre ferme ou au sein des eaux, ou dispersés dans les champs de l'air, pour que chaque élément nous apporte son tribut; ces fleuves aux mille détours, riantes ceintures de nos campagnes, dont les uns, larges et navigables, sont faits pour prêter aux relations des peuples des chemins qui marchent (a), qui courent; dont quelques autres, aux jours marqués, s'en viennent, avec leurs crues merveilleuses, rafraîchir de leur subite irrigation un sol sur lequel pèse le ciel dévorant des étés; et ces sources médicinales si abondantes; et ces torrents d'eaux chaudes qu'on voit jaillir jusque sur nos rivages?

> Et toi, Laris, et toi, Benacus, quand ton onde
> S'élève en frémissant comme une mer qui gronde (b).

VI. Si quelqu'un t'eût fait don de quelques arpents, tu appellerais cela un bienfait, et ces espaces sans bornes que la terre ouvre au loin devant toi, ce n'est pas là un bienfait, dis-tu? Que l'on te donne une somme d'argent, que l'on remplisse ton coffre-fort, action à tes yeux vraiment grande, tu appelleras cela un bienfait; et tant de métaux mis à ta portée, tant de fleuves sortis de la terre et charriant l'or pur à sa surface (c); cet argent, cet airain, ce fer ensevelis dans toute contrée par énormes masses, la faculté de les découvrir que Dieu t'a donnée, les signes qu'il a disposés à la superficie du sol pour te révéler ces trésors, toutes ces choses ne sont pas des bienfaits pour toi? Que l'on te donne une maison où brillera quelque peu de marbre, et dont le plafond plus riche que d'autres sera parsemé d'or ou de peintures, ce présent ne te semblera pas médiocre; et l'immense domicile construit pour toi, sans nul risque ni d'incendie, ni d'écroulement, où tu contemples non de frêles placages, plus minces même que la lame qui les divise, mais

---

(a) *Flumina præbitura viam cursu vadentia.* Voilà le mot fameux de Pascal : *Les rivières sont des chemins qui marchent.* Si Sénèque eût mis *vadentem*, que j'ai cru pouvoir risquer dans ma version, le mot de Pascal était un pur plagiat.
(b) *Géorg.*, II, 159.
(c) Les mss. : *decurrunt sola* (ou *solum*) *aurum vehentia.* Les éditeurs : *solum aurum.* Je crois qu'il faut lire : *solidum aurum.*

des blocs massifs des pierres les plus précieuses, des masses énormes de telle substance si variée, si bien nuancée, dont le moindre fragment te frappe d'admiration ; ce domicile dont la voûte, resplendissante pendant le jour, s'éclaire la nuit de nouveaux feux ne serait pas pour toi un bienfait? Toi qui mets tant de prix à ce que tu possèdes, ingrat que tu es, tu prétends ne le devoir à personne ! De qui te vient cet air que tu respires ; cette lumière qui te permet de distribuer et de régler les actes de ton existence ; ce sang, dont le cours entretient chez toi la chaleur et la vie; ces exquises saveurs qui provoquent ton palais quand déjà l'appétit n'est plus ; ces stimulants, qui réveillent tes sens fatigués de jouir; ce calme où tu croupis et où tes jours se flétrissent? Si peu que tu aies de reconnaissance, ne diras-tu pas :

> C'est un dieu qui m'a fait ce loisir :
> Il sera toujours dieu pour moi; j'irai choisir,
> Bien souvent, pour l'autel où je lui sacrifie,
> Un des tendres agneaux de notre bergerie.
> Grâce à lui, mes troupeaux errent comme tu vois,
> Et ma flûte à mon gré s'anime sous mes doigts (*a*).

Oui, c'est à un dieu que nous devons, non pas quelques génisses, mais ces troupeaux de toute race qu'il a semés sur le globe entier où, errants de toutes parts, ils trouvent leur pâture préparée par lui, et les pacages de l'été qui viennent après ceux de l'hiver; nous lui devons non pas seulement d'enfler un chalumeau et de moduler des airs informes et rustiques, bien que non sans charme et soumis à une certaine harmonie, mais tous ces secrets de l'art, toute cette diversité de voix, tous ces sons partis et de la bouche humaine et des instruments pour former des accords dont l'idée nous fut inspirée par lui. Car ce n'est pas à nous que nos découvertes doivent s'attribuer, pas plus que la croissance de nos corps et les fonctions de nos organes correspondantes à des périodes fixes, et la chute des dents de l'enfance, et l'époque où, adulte déjà, l'homme pubère entre dans l'âge de la force, et cette dernière dent qui pose sa limite au développement de la jeunesse. Tous les âges de la vie, ainsi que tous les arts, existent en germe chez l'homme ; et c'est notre maître, c'est Dieu qui fait sortir de principes cachés toutes nos aptitudes⁵.

(*a*) Virg., *Églog.* 1, 6.

VII. « C'est de là nature, dis-tu, que me vient tout cela. » Ne vois-tu pas que ce mot de nature n'est qu'un autre nom que tu donnes à Dieu? Qu'est-elle cette nature, sinon Dieu (a), sinon la raison divine incorporée à l'univers et à ses diverses parties? Tu peux, si tu le veux, appliquer à l'auteur des choses toute autre désignation. Tu le nommeras aussi dignement Jupiter souverainement bon et souverainement puissant, Jupiter tonnant, Jupiter *stator*, non, comme disent les historiens, pour avoir, selon le vœu de Romulus, *arrêté* son armée en fuite; mais c'est parce que sa tutelle bienfaisante donne au grand tout la stabilité, qu'il est *stator* et *stabilitor*. Que tu l'appelles destin, tu ne te tromperas encore pas : car le destin n'étant que l'enchaînement et la complication des causes, il est, lui, la cause universelle et première, de laquelle dérivent toutes les autres. Quelques noms que tu choisisses, ils lui seront propres et convenables[6], s'ils offrent quelque idée de l'action et de l'influence d'un pouvoir céleste. Ses dénominations peuvent être aussi multipliées que le sont ses bienfaits.

VIII. C'est en lui que nos stoïciens voient Bacchus-pater, Hercule, Mercure. Bacchus-pater, parce qu'il est père de tous les hommes et qu'il a institué le premier cette faculté génératrice qui veille à conserver le monde par la volupté; Hercule, parce que sa force est invaincue, et qu'après que ses travaux l'auront lassée, elle s'évaporera dans les flammes; Mercure, parce qu'en lui est la raison, le nombre, l'ordre, la science[7]. Tu ne saurais tourner les yeux ni faire un pas sans le trouver devant toi : rien n'est vide de lui[8] : il remplit de sa présence toute la création.

Tu ne gagnes donc rien, ô le plus ingrat des mortels! à nier ta dette envers Dieu pour l'attribuer à la nature, puisque sans Dieu point de nature et sans nature point de Dieu; puisque tous deux sont même chose et n'ont pas de rôles séparés.

Si tu avais reçu quelque chose de Sénèque, tu te dirais redevable à Annæus ou bien à Lucius : ce ne serait pas une substitution de créancier, mais de nom; car que tu cites le prénom, le nom ou le surnom, l'identité subsistera. C'est ainsi que tu appelles Dieu, la nature, le destin, la fortune, toutes désignations du même être usant diversement de sa puissance. De même la justice, la probité, la prudence, le courage, la frugalité sont

(a) Voy. *Questions naturelles*, II, XLV

les trésors d'une même âme : que l'une d'elles te séduise, c'est cette âme qui te séduit.

IX. Mais de peur que la discussion ne dévie et ne change d'objet, je le répète, Dieu nous prodigue d'innombrables et immenses bienfaits, sans espoir de retour, puisqu'il n'a nul besoin des nôtres et que nous ne saurions lui en rendre aucun. La bienfaisance donc est par elle-même chose désirable. L'utilité de l'obligé est son seul but : rapprochons-nous-en et laissons de côté nos propres avantages. « Vous conseillez, me dira-t-on, de choisir avec soin qui l'on veut obliger, attendu que l'agriculteur ne confie pas de semence à un sable stérile. Or, si vous parlez juste, c'est votre intérêt que vous suivez en faisant le bien, ainsi que l'homme qui laboure et qui sème ; et vraiment, semer n'est pas chose désirable en soi. Outre cela, vous cherchez à qui vous donnerez, ce qu'il ne faudrait pas faire, si par elle-même la bienfaisance était désirable ; car enfin, n'importe en quel lieu et de quelle manière elle s'exercerait, elle serait toujours bienfaisance. » Je réponds que nous ne pratiquons l'honnête pour aucun autre motif que pour lui-même. Cependant, quoique tel doive être notre unique but, nous examinons ce que nous voulons faire, quand et comment nous le ferons : car tout cela constitue le bienfait. Quand donc je choisis l'homme qui doit le recevoir, c'est que je veux que le bienfait soit réel, parce que si je donne à un infâme, il n'y a plus là ni acte honnête, ni bienfait.

X. Restituer un dépôt est en soi une chose qu'on doit désirer de faire : je ne le rendrai pas toujours, ni en tout lieu, ni en tout temps. Souvent il n'y a pas de différence entre nier et rendre publiquement. Je consulterai les intérêts du déposant ; et si la restitution doit lui nuire, je refuserai. De même, en matière de bienfaits, je verrai quand, à qui, comment, pourquoi je veux donner. Rien en effet ne doit se faire sans l'aveu de la raison ; il n'y a de bienfaits que ceux que la raison avoue, parce qu'elle est toujours compagne de l'honnête.

Que d'hommes n'entendons-nous pas se reprocher leur don irréfléchi et dire : « J'aimerais mieux l'avoir perdu, que d'avoir donné à cet homme ! » La plus humiliante façon de perdre, c'est de donner inconsidérément ; et il est cent fois plus triste de mal placer ses largesses que de ne pas les recouvrer. Car c'est la faute d'autrui si on ne nous rend point ; si nous choisissons mal, c'est la nôtre. Pour choisir, je ne m'arrêterai à rien moins qu'à ce que tu penses, je veux dire à l'homme qui doit rendre. Je préférerai la reconnaissance à la restitution. Souvent, sans jamais rendre, on est reconnaissant, tout comme ingrat, après avoir rendu. C'est sur le cœur que portera mon estimation. Ainsi je laisserai le riche non méritant, pour donner au pauvre homme de bien. Car ce dernier montrera sa gratitude au sein de l'extrême misère et, tout lui manquant, son cœur lui restera. Ce n'est ni profit, ni plaisir, ni gloire que j'attends de mon bienfait. Content de plaire à celui-là seul que j'oblige, je donnerai pour remplir un devoir. Or tout devoir implique un choix : quel sera-t-il? Tu veux le savoir?

XI. Il tombera sur l'homme intègre, candide, qui se souvient et qui le prouve, qui respecte le bien d'autrui, qui n'est pas attaché au sien en avare, qui a bon cœur. Et après que je l'aurai choisi, si la Fortune lui refuse tout moyen de s'acquitter, je n'en aurai pas moins atteint mon but. Si l'intérêt, si de sordides calculs me font généreux, si je ne suis serviable qu'afin d'être servi, je ne ferai rien pour l'homme qui va voyager au loin en divers pays, rien pour celui dont l'absence sera sans retour, rien pour le malade désespéré, ni si moi-même je me vois mourant, car alors je n'ai plus le temps de recouvrer mes avances. Et pourtant, ce qui prouve que la bienfaisance est chose désirable pour elle-même, l'étranger brusquement poussé dans nos ports et qui doit partir tout à l'heure, se voit assisté par nous. A l'inconnu, au naufragé, le bâtiment qui le ramènera chez lui est offert tout équipé. Il nous quitte, sans presque connaître l'auteur de son salut, sans que nos yeux doivent le revoir jamais; il nous délègue les dieux pour garants de sa dette, il les charge de sa reconnaissance et nous laisse satisfaits par la seule conscience d'un service désintéressé*.

Et lorsque, arrivés aux limites de la vie, nous rédigeons nos volontés dernières, que faisons-nous qu'une répartition de bienfaits dont nous ne tirerons aucun fruit? Que de temps nous mettons à combiner dans le secret de notre âme combien et à qui nous donnerons, quand nul ne nous rendra! Or jamais nos dons ne sont plus circonspects, jamais nos délibérations plus soucieuses que le jour où nos intérêts s'évanouissant, l'honnête seul apparaît devant nous, mauvais juges du devoir tant que l'image en est altérée par l'espoir et la crainte et par le plus lâche de tous les vices, la volupté. Sitôt que la mort nous vient isoler de tout, et nous appelle à prononcer une incorruptible sentence, nous cherchons les plus dignes pour leur transmettre nos biens, nous n'apportons à aucun acte un soin plus religieux qu'à celui dont les clauses ne nous concernent plus (*a*).

XII. Et certes alors quelle vive satisfaction de se dire : « Voilà un homme que je ferai plus riche : sa dignité recevra de cet accroissement de biens un nouveau relief. » Si l'on ne donnait que pour recevoir, il faudrait mourir intestat. « Vous appelez, dit-on, le bienfait une créance non remboursable : or une créance n'est pas chose par elle-même désirable. » Si nous parlons de créance, c'est au figuré et par métaphore. De même nous disons que la loi est la règle du juste et de l'injuste, ce qui ne fait pas qu'une règle soit désirable par elle-même. Nous sommes réduits à user de ces mots pour mieux faire entendre les choses. Quand je dis créance, on comprend une quasi créance. Veut-on savoir plus? j'ajoute non remboursable, parce que toute vraie créance peut ou doit être remboursée.

Il est si vrai que le bien ne doit pas se faire dans des vues d'intérêt, que souvent, comme je l'ai dit, nous devons le faire à nos dommages et périls. Ainsi je défends le voyageur entouré de brigands lorsque je pourrais passer mon chemin sans risque ; ainsi je soutiens l'innocent qui succombe sous l'accusateur en crédit, et je détourne sur moi les attaques d'une puissante cabale : le sombre costume dont je le débarrasse, je m'expose à le prendre à mon tour en face des mêmes adversaires, moi qui pouvais me ranger à l'écart, et contempler avec sécurité des débats qui ne me touchaient point. Ainsi je cautionne un condamné ; je fais tomber l'écriteau fatal cloué aux propriétés d'un ami, et je m'oblige envers ses créanciers ; ainsi, pour délivrer un proscrit, j'affronte moi-même la proscription.

Quiconque veut acheter une maison à Tusculum ou à Tibur, afin de jouir d'un air salubre et d'une retraite d'été, ne dispute guère sur le revenu : l'a-t-il achetée, il faut l'entretenir. La bienfaisance n'a pas d'autre calcul ; tu me demandes ce qu'elle rapporte? Je réponds : une bonne conscience. Ce qu'elle rapporte? Dis-moi à ton tour ce que rapportent la justice, l'innocence du cœur, la grandeur d'âme, la chasteté, la tempérance? Si tu cherches autre chose au delà d'elles-mêmes, ce n'est pas elles que tu cherches.

XIII. Que gagnent les cieux à accomplir leurs révolutions ; et le soleil, à prolonger, à raccourcir les jours? Tous ces phénomènes sont autant de bienfaits, car ils s'opèrent pour notre

(*a*) Voy. plus bas, chap. XXII.

utilité. De même que les cieux ont pour tâche d'entretenir la rotation des sphères ; le soleil, de changer tous les jours le lieu de son lever et de son coucher, et de nous verser gratuitement ses faveurs salutaires ; ainsi l'homme, entre autres devoirs, doit pratiquer la bienfaisance. Pourquoi donne-t-il ? Pour ne pas manquer de donner, pour ne pas perdre l'occasion d'une bonne œuvre. Chez vous (*a*) le plaisir consiste à efféminer vos organes dans une léthargique indolence, à vous procurer cette absence de soucis qui est le sommeil de l'âme, à vivre cachés sous d'épais ombrages, dans cette mollesse de pensées que vous appelez le calme et qui chatouille à peine l'engourdissement d'un cœur affadi, à ne pas sortir du mystère de vos jardins où vous engraissez de boissons et de mets vos corps pâlis d'inaction ; notre plaisir à nous est de rendre des services, même pénibles, pourvu qu'ils soulagent les peines des autres ; même périlleux, pourvu qu'ils tirent leurs personnes du péril ; même onéreux à notre fortune, pourvu qu'ils allégent le joug de la détresse et du besoin. Que m'importe que mes bienfaits me rentrent ? Une fois rentrés (*b*), ne faut-il pas qu'ils sortent de nouveau ? Le bienfait envisage l'utilité de qui le reçoit, non la nôtre : sans quoi, c'est nous que nous obligerions. Voilà pourquoi tant de choses, éminemment utiles à autrui, perdent leur mérite en se faisant payer. Le commerçant est utile aux cités, le médecin aux malades, le marchand d'esclaves aux esclaves qu'il vend ; mais, comme tous ces hommes font l'affaire d'autrui dans leur intérêt, ils n'obligent pas ceux qu'ils servent.

XIV. Il n'y a plus bienfait quand c'est au gain qu'on sacrifie. Je donnerai ceci, on me rendra cela : véritable encan. Je n'appelle point chaste la femme qui repousse un amant pour mieux l'enflammer, ni celle qui craint la loi ou son mari. Car, selon le mot d'Ovide :

> En disant non, par peur, elle a vraiment dit oui (*c*).

C'est avec raison qu'on met au nombre des coupables celle qui n'a de vertu que par crainte et non par conscience ; de même qui n'a donné que pour recevoir n'a point donné. Suis-je

---

(*a*) Ceci s'adresse aux épicuriens qu'il réfute.
(*b*) Je lis avec tous les mss. *quum recepero*. Ruhkopf et Lemaire : *cum non*....
(*c*) *Amorum*, III, *Eleg.* IV, v. 4.

donc le bienfaiteur de l'animal que je nourris pour m'en servir ou pour le manger? Suis-je le bienfaiteur de l'arbuste que je cultive pour que la sécheresse ou la dureté d'un sol non remué ne le fassent point pâtir? Ce n'est jamais par bienveillance et par équité qu'on va travailler à son champ, non plus qu'à aucune chose dont le fruit est autre qu'elle-même. On est amené à exercer la bienfaisance non point par une pensée cupide ou sordide, mais par esprit d'humanité, de générosité, par le désir de donner encore après avoir donné, d'ajouter aux anciens services des services récents qui les renouvellent, sans se rien proposer que le plus grand bien possible de ceux qu'on oblige : hors de là, c'est chose mesquine, sans honneur, sans gloire, d'être utile parce que cela profite. Quelle noblesse y a-t-il à s'aimer soi-même, à épargner, è acquérir pour soi? Tous ces calculs, la vraie passion de la bienfaisance nous en détourne : elle nous entraîne impérieusement aux plus grands sacrifices et laisse là tout intérêt, trop heureuse de ses seules bonnes œuvres.

XV. N'est-il pas hors de doute que l'injure est le contraire du bienfait? Or, de même que faire l'injure est en soi une chose qu'il faut éviter et craindre, le bienfait en est une dont la pratique est par elle-même désirable. Pour empêcher l'une, la honte prévaut sur toutes les récompenses qui poussent au crime ; ce qui invite à l'autre, c'est l'image de l'honnête, assez entraînante à elle seule. Non, je ne mentirai pas si je dis que tout mortel aime le bien qu'il a fait, que par une disposition naturelle il voit avec un plaisir plus vif l'homme qu'il a comblé de ses grâces, et qu'un motif pour lui d'obliger derechef, c'est d'avoir obligé une fois, ce qui n'arriverait pas, si les bienfaits par eux-mêmes n'avaient pour leur auteur un grand charme. Que de fois n'entends-tu pas dire : « Je n'ai pas le courage d'abandonner un homme à qui j'ai sauvé la vie, que j'ai arraché au péril. Il me prie de plaider sa cause contre d'influents personnages. J'y répugne : mais que faire? Je l'ai assisté dans tant d'occasions! » N'est-il pas clair que la générosité porte en soi je ne sais quelle puissance secrète qui nous force à la perpétuer, d'abord par l'ascendant du devoir, puis par l'impulsion d'un premier bienfait? Tel qui, dans le principe, n'avait nul droit à notre obligeance, l'obtient par cela seul qu'il l'a déjà obtenue. Et nous sommes si loin d'avoir ici pour mobile l'intérêt, que nous continuons nos soins et notre affection aux œuvres même les plus stériles, parce que nos bienfaits seuls nous y attachent : ces bienfaits fussent-ils malheureusement placés, on a pour eux la même indulgence qu'un père pour ses enfants contrefaits [10].

XVI. Nos mêmes adversaires avouent que, pour eux, ils payent de retour non en vue de l'honnête, mais parce que cela est utile. Autre mensonge dont nous les convaincrons avec moins de peine que du premier, car les arguments qui ont démontré que la bienfaisance est désirable par elle-même s'appliqueront aussi à la reconnaissance.

Il est bien établi, et nos preuves ultérieures découlent de là, que l'honnête ne se pratique par nul autre motif que parce qu'il est l'honnête. Qui donc osera contester que la reconnaissance soit une chose honnête? Qui ne déteste l'ingrat, nuisible à tous, comme à lui-même? Eh quoi! si l'on te parle d'un homme qui aux plus grands bienfaits d'un ami répond par l'ingratitude, qu'éprouves-tu? Ne vois-tu là, au lieu d'un acte infâme, que l'omission d'une chose qui eût pu lui être utile et profitable? Je m'assure que dans ta pensée c'est un méchant homme, qui a plus besoin de châtiment que de curateur; et cette pensée, tu ne l'aurais pas, si la gratitude n'était par elle-même désirable et honnête.

D'autres vertus peut-être ont leur mérite moins en dehors, et pour y reconnaître l'honnête on a besoin de les interpréter : celle-ci se montre sans voile, trop belle pour ne reluire que d'un faible et douteux éclat. Est-il rien d'aussi louable, et qui parle aussi également au cœur de tous les hommes que cette vertu qui répond aux bienfaits par la reconnaissance?

XVII. Quel motif, dis-moi, nous y porte? L'appât du gain? Qui ne le méprise point est ingrat. La vanité? Peut-on tirer gloire d'avoir payé ce qu'on devait? La crainte? Elle est nulle chez l'ingrat. Son crime est le seul contre lequel on n'ait pas fait de loi; la nature semblait l'avoir suffisamment prévenu. Comme aucune loi ne prescrit l'amour filial, la tendresse paternelle, puisqu'il est superflu qu'on nous pousse où nous allons spontanément; comme il n'est besoin d'exhorter personne à cet amour de soi que l'on contracte tout en naissant, ainsi l'amour pur de l'honnête peut se passer de mobiles étrangers. L'honnête plaît par sa propre nature; et tel est l'ascendant de la vertu, qu'il est dans le cœur même des méchants d'approuver le bien qu'ils ne font pas. En est-il un qui ne veuille paraître bienfaisant; qui au sein du crime et de l'iniquité n'ambitionne de passer pour bon; qui ne colore ses actes les plus tyranniques d'un certain vernis de justice ; et qui ne se donnerait même, s'il osait, pour protecteur de ceux qu'il a lésés ? Aussi souffrent-ils avec complaisance les remercîments de leurs victimes, d'autant plus jaloux qu'on les croie humains et généreux, qu'ils sont moins capables de l'être. Ils ne joueraient pas ce rôle, n'était cet amour de l'honnête qui, désirable pour lui-même, les fait courir après un renom que dément leur conduite et déguiser une perversité dont on aime le fruit, mais qui elle-même fait honte et horreur ; car nul mortel n'a renoncé aux lois de sa nature et dépouillé l'homme jusqu'à se faire méchant pour le plaisir de l'être [11]. Demande en effet à quelqu'un de ces hommes de rapine, si, ce qu'il doit aux brigandages et aux vols, il ne préférerait pas l'obtenir légitimement. Celui qui fait métier de détrousser et d'assassiner les passants aimerait bien mieux trouver ce qu'il ravit. Tu n'en verras pas un qui ne préfère jouir des profits de l'iniquité sans la commettre. Grâces soient rendues mille fois à la nature pour avoir voulu surtout que la vertu pénétrât d'avance toutes les âmes de sa lumière : ceux même qui ne la suivent plus la voient encore.

XVIII. Une preuve que le sentiment de la reconnaissance est désirable par lui-même, c'est que par elle-même l'ingratitude est une chose à fuir ; car rien ne brise et ne dissout les liens de la communauté humaine comme le fait ce vice. Notre sûreté en effet a-t-elle d'autre base qu'un échange mutuel de services ? Notre unique ressource en cette vie, notre seul rempart contre les attaques imprévues, repose sur ce commerce de bienfaits. Suppose l'homme isolé : qu'est-il ? La proie des bêtes sauvages, la victime la plus désarmée, le sang le plus facile à verser. Les autres animaux sont assez forts pour se protéger eux-mêmes : chez eux les races vagabondes, et qui doivent vivre solitaires, naissent toutes armées. L'homme n'est environné que de faiblesse [12] : il n'a ni la puissance des ongles ni celle des dents pour se faire redouter ; nu, sans défense, l'association est son bouclier. Dieu lui a donné deux choses qui d'un être précaire l'ont rendu le plus fort de tous : la raison et la sociabilité [13]. Il n'eût été l'égal d'aucun dans l'état d'isolement, et le voilà maître du monde. La société le constitue dominateur de tout ce qui respire ; né pour la terre, la société le fait passer en souverain sur un élément qui n'est pas le sien et lui livre par surcroît l'empire des mers. Elle écarte de lui l'invasion des maladies, prépare de loin des appuis à sa vieillesse, apporte des soulagements à ses douleurs; elle nous rend courageux, car elle nous permet d'en appeler contre la Fortune. Détruis la société, et l'unité de l'espèce humaine, par laquelle subsistent les individus, se rompra. Or on la détruit, si l'on veut que l'ingratitude ne soit pas abhorrée pour elle-même, mais pour d'autres périls qu'elle court. Que d'hommes en effet peuvent être ingrats impunément? En un mot j'appelle ingrat, quiconque n'est reconnaissant que par crainte.

XIX. Nul homme sensé n'a peur des dieux. Car c'est folie de craindre des êtres qui ne peuvent que le bien; et jamais on n'aime ceux que l'on redoute. Toi, Épicure, tu fais pis : tu désarmes la divinité, tu lui enlèves tous ses traits, toute sa puissance; et pour qu'elle n'effraye plus personne, tu la relègues hors de tout mouvement (a). Ainsi confinée comme dans une immense et impénétrable enceinte, bien loin de l'approche et de la vue des mortels, elle n'a plus rien d'imposant pour toi : tous moyens de servir comme de nuire lui manquent. Au centre de l'espace qui s'étend de ce ciel à l'autre, vide d'animaux, d'hommes et de choses, elle gît là délaissée, heureuse d'esquiver la chute des mondes qui s'écroulent autour et au-dessus d'elle, elle n'entend pas nos vœux, elle n'a de nous nul souci. Et tu affectes de l'honorer comme un père, apparemment par reconnaissance; autrement, si tu ne veux point paraître reconnaissant, vu que tu ne tiens d'elle nul bienfait, et que tes atomes, tes fameux corpuscules se sont au hasard et sans dessein agglomérés pour te produire, pourquoi l'honores-tu? A cause, dis-tu, de sa sublime majesté, de sa nature incomparable. Je le veux bien; mais enfin tu le fais sans qu'aucun espoir ni salaire t'y engagent. Il y a donc quelque chose qui en soi-même est désirable, qui t'entraîne par sa propre beauté : ce quelque chose c'est l'honnête. Or quoi de plus honnête que la gratitude, cette vertu dont le champ est aussi étendu que la vie?

XX. « Mais, poursuis-tu, elle comporte aussi quelque utilité. » Eh! quelle vertu n'a la sienne? On n'en dit pas moins qu'une chose est recherchée pour elle-même lorsque, bien qu'elle offre en dehors d'elle quelques avantages, elle plaît à part de ces avantages et quand même on l'en prive. La reconnaissance est utile; mais j'en aurai, dût-elle me nuire. Quel but poursuit-elle? Veut-elle, en se montrant, s'attirer de nouveaux amis, de nouveaux bienfaits? Et si c'est l'injure qu'on va

---

(a) Tous les Mss. *extra motum.* Muret et Lemaire : *extra mundum.*

susciter contre soi? Si l'on reconnaît que, loin d'y rien gagner, on va même beaucoup perdre de ce qu'on avait obtenu et mis en réserve, descendra-t-on volontiers à de tels sacrifices? Ingrat est celui qui s'acquitte en vue d'un nouveau don, et qui espère alors qu'il rend. Ingrat celui qui assiége le lit d'un malade parce qu'un testament va s'écrire, et qui a le loisir de songer à un héritage, à un legs. Vainement ferait-il tout ce qu'un ami fidèle et consciencieux doit faire, dès qu'un vil espoir brille à ses yeux, dès que sa cupidité est à l'affût et que ses soins sont une amorce, comme ces oiseaux qui se repaissent des corps qu'ils déchirent, et qui épient d'un lieu voisin la chute de la brebis vaincue par la contagion, lui aussi plane sur la mort et vole autour d'un cadavre.

XXI. Un cœur reconnaissant n'est séduit que par la pureté même de ses intentions. En veux-tu la preuve, veux-tu voir que l'intérêt ne le corrompt point? Il y a deux manières d'être reconnaissant : on donne ce titre à l'homme qui rend quelque chose pour ce qu'il a reçu. Peut-être aura-t-il de l'ostentation ; il a quelque acte à faire valoir, à mettre en avant. Ce même titre on le donne encore à celui qui reçoit de bon cœur, qui de bon cœur avoue sa dette. Ce dernier est réduit à sa conscience : quel avantage peut-il attendre d'un sentiment resté secret? Toutefois cet homme, fût-il hors d'état de rien faire de plus, est reconnaissant : il aime, il est obligé, il brûle de payer sa dette. Ce qu'on pourrait désirer encore ne manque pas par sa faute. On ne cesse point d'être artisan, pour n'avoir pas sous la main les instruments de son art; on n'en est pas moins bon chanteur pour ne pouvoir faire entendre sa voix qu'étouffent les frémissements de la foule. Je veux payer ma dette : outre ce vouloir, il me reste à faire quelque chose non pour être reconnaissant, mais pour être quitte. Souvent en effet qui a payé sa dette est ingrat, qui ne l'a pas payée est reconnaissant. Comme toute autre vertu, celle-ci s'apprécie entièrement par le for intérieur. S'il fait ce qu'il doit, ce qui reste inachevé doit s'imputer à la Fortune. Un homme peut être éloquent sans parler; robuste, les bras croisés ou même enchaînés; bon pilote, quoique en terre ferme : car, une fois consommé dans son art, il ne peut rien perdre aux obstacles qui l'empêchent de le mettre en œuvre; ainsi on est reconnaissant rien qu'en voulant l'être, sans avoir de cette volonté que soi-même pour témoin.

Je dirai plus : on peut être reconnaissant même en paraissant ingrat, et quand l'opinion, aveugle interprète, nous signale faussement comme tels. Quel autre guide suit-on alors que cette conscience même qui, refoulée en nous, fait encore notre joie, qui crie plus haut que la multitude et que la renommée, qui est à elle seule notre univers., et qui, ayant en face d'elle une immense foule de contradicteurs, ne compte pas les voix, mais l'emporte par son seul suffrage [14]. Que si elle voit infliger à sa loyauté les châtiments de la trahison, loin qu'elle descende de sa hauteur, elle s'élève au-dessus même de son supplice.

XXII. « J'ai, se dit-elle, ce que je voulais, ce que je demandais. Je ne m'en repens point, je ne m'en repentirai jamais ; et jamais l'injuste Fortune n'entendra (a) de moi cette parole : « Qu'ai-je été chercher ? A quoi me sert mon dévouement ? » Il me sert, fussé-je sur le chevalet, fussé-je au milieu des flammes qui envahiraient chacun de mes membres et viendraient à m'envelopper vivant ; quand tout ce corps, soutenu d'une bonne conscience, fondrait sur le bûcher, j'aimerais cette flamme à travers laquelle ma foi brillerait dans tout son éclat (b).

Et pour ramener ici l'argument énoncé plus haut, dans quel but veut-on témoigner sa gratitude à l'heure de la mort ? Pourquoi pèse-t-on si bien alors les services de chacun ? Pourquoi craint-on, en balançant les souvenirs de toute une vie, qu'aucun bon office ne semble nous avoir échappé ? Il ne reste plus rien où puisse s'étendre notre espoir. Et pourtant, placés sur le seuil fatal, nous voulons quitter la scène du monde avec le plus de reconnaissance possible. C'est qu'elle est grande, la récompense que porte en soi l'accomplissement de cette vertu ; c'est que l'honnête a pour captiver l'âme humaine un ascendant immense, une beauté qui nous pénètre tout entiers et nous entraîne, sous le charme de l'admiration, vers sa lumière éblouissante.

Sans doute l'honnête devient la source d'une foule d'avantages. La vie a moins d'écueils pour l'homme vertueux ; l'amour et le suffrage des bons le secondent ; et l'on jouit d'un plus tranquille destin quand on a pour soi son innocence et un cœur plein de gratitude. Car la nature eût été la plus injuste des marâtres, si à ce devoir sacré elle n'eût attaché que misè-

---

(a) Je lis avec J. Lipse : *hanc vocem audiat*. Lemaire : *audiam*.
(b) Voy. Lettre LXVI.

res, inquiétudes et stérilité. Mais consulte-toi bien : cette vertu, qui souvent est d'un sûr et facile accès, voudras-tu gravir jusqu'à elle à travers les rocs et les précipices, par des voies assiégées de monstres et de serpents ?

XXIII. Il ne s'ensuit pas qu'une chose cesse d'être en elle-même désirable, parce que du dehors un bénéfice quelconque vient s'y joindre. Presque toujours les plus belles vertus sont accompagnées d'avantages nombreux, mais tout accessoires, qu'elles traînent après elles, qu'elles ont précédés. Qui doute que les révolutions périodiques du soleil et de la lune n'agissent sur ce globe, domicile du genre humain ; que l'un, par sa chaleur, n'entretienne la vie des corps, ne dilate le sein de la terre, n'arrête l'envahissement de l'élément humide, ne brise les entraves dont le triste hiver enchaîne la nature ; que l'autre, par ses tièdes et pénétrantes rosées, ne hâte efficacement la maturité des fruits: que la fécondité de notre race ne corresponde à ses phases diverses ; que le soleil, dans son cours circulaire, ne nous donne une mesure pour l'année, et la lune pour le mois, dans la sphère moindre qu'elle décrit? Eh bien, sans tenir compte de tout cela, le soleil par lui-même ne serait-il pas un spectacle assez beau pour nos yeux et assez digne de nos hommages, quand il ne ferait que passer sur nos têtes? La lune ne mériterait-elle pas notre admiration, quand elle traverserait l'espace dépourvue d'influence? Et la voûte céleste, lorsque la nuit elle étale ses feux et s'illumine de ses innombrables étoiles, quel est l'homme dont elle ne captive l'attention? Et qui, en l'admirant, songe à son utilité? Regarde glisser dans leur muette harmonie tous ces astres, qui sous l'apparence du repos, et comme d'immobiles ouvriers, nous dérobent leur vitesse. Que de faits s'accomplissent dans cette nuit que tu observes, toi, pour distinguer et calculer tes jours! Quel nombre infini de choses se déroule sous ce silence[18]! Quel enchaînement de destinées fatalement tracées dans ces lignes de feu! Ces globes, que tu considères comme semés pour l'ornement, travaillent chacun à leur tâche. Car ne crois pas qu'il n'y en ait que sept qui cheminent, et que le reste demeure fixe. Si les mouvements de quelques-uns nous sont perceptibles, des dieux innombrables, par delà toute portée de nos yeux, et à l'écart des autres, vont et reviennent sans cesse. Et parmi ceux qui veulent bien souffrir nos regards, la plupart vont d'un pas inaperçu et suivent leur marche mystérieuse. Eh bien! n'es-tu donc pas saisi par l'aspect d'un si vaste ensemble, quand même tu n'y verrais point ton guide, ton protecteur, le foyer de la chaleur et de l'être, le souffle qui te pénètre tout entier?

XXIV. Bien que ces merveilles soient pour nous de la première utilité, et absolument nécessaires à la vie, leur majesté toutefois s'empare exclusivement de la pensée; il en est de même de toute vertu, et notamment de la reconnaissance, dont les avantages sont grands, mais qui ne prétend pas qu'on l'aime à ce titre : elle a en elle quelque chose de plus noble, et c'est peu la comprendre que de la mettre au rang des choses utiles. Est-on reconnaissant par intérêt? On ne l'est alors qu'en proportion de cet intérêt même. La vertu n'admet point d'amant au cœur sordide : n'ayons pas de bourse à remplir si nous venons à elle. L'ingrat se dit : « Je voulais m'acquitter; mais je crains la dépense, je crains les risques, j'appréhende d'être mal venu : agissons plutôt selon ma convenance. » Le même principe ne peut faire l'homme reconnaissant et l'ingrat. Comme leurs œuvres sont diverses, leurs mobiles le sont également. L'un est ingrat en dépit du devoir, parce que tel est son intérêt : l'autre est reconnaissant malgré son intérêt, parce que tel est son devoir.

XXV. Nous nous sommes proposé de vivre selon la nature et de suivre l'exemple des dieux : or les dieux, en tout ce qu'ils font, que suivent-ils, sinon le but pour lequel ils le font? A moins que tu ne regardes comme un digne prix de leurs œuvres des entrailles fumantes et la vapeur de l'encens [16]. Vois tout ce que chaque jour ils élaborent pour nous, leurs largesses sans fin, ces productions sans nombre dont ils couvrent la terre, ces vents qui soufflent si à propos et qui, ébranlant au loin les mers, nous transportent sur tous les rivages, ces pluies soudaines et abondantes qui ramollissent le sol, renouvellent les veines épuisées des fontaines, et par de secrètes infiltrations les ravivent et les alimentent. Ils font tout cela sans récompense, sans que nul avantage leur en revienne. Que la raison humaine, si elle ne veut s'écarter de son modèle, observe la même loi : n'allons jamais en mercenaires où l'honneur nous appelle. Rougissons de vendre un seul de nos bienfaits : les dieux nous servent gratuitement.

XXVI. « Si vous voulez imiter les dieux, nous dit-on, l'ingrat lui-même a droit à vos bienfaits : car le soleil luit aussi pour les scélérats, et les mers ne se ferment point aux pirates. » Ici l'on demande si l'homme vertueux fera du bien à l'ingrat qu'il connaît pour tel ? » Souffre qu'au préalable j'oppose quelques mots pour éviter le piége d'une objection captieuse. D'après le système stoïcien, tu dois admettre deux classes d'ingrats. Dans la première est l'insensé (a), car il est en outre méchant. Le méchant n'est pur d'aucun vice ; il a donc aussi celui de l'ingratitude. Ainsi nous disons de tout méchant qu'il est intempérant, avare, voluptueux, envieux ; non que tous ces vices soient saillants et notoires en lui, mais parce qu'ils peuvent le devenir, et qu'ils y sont, quoique non développés. La seconde classe d'ingrats comprend ceux que le vulgaire désigne sous ce nom et qui sont portés à l'être par une propension de leur nature. Quant à l'ingrat qui n'a ce vice que comme il a tous les autres, l'homme généreux lui fera du bien : car à qui pourrait-il en faire, s'il excluait cette classe d'hommes ? Mais celui qui fait banqueroute aux bienfaits et qui cède en cela au penchant de son âme, on ne l'assistera pas plus qu'on ne livre de l'argent à un débiteur en faillite ou un dépôt à l'homme qui en aura nié plusieurs. Tel est appelé timide parce qu'il est insensé ; et la peur s'attache aussi au méchant, puisque tous les vices indistinctement assiégent son cœur. Mais l'homme timide proprement dit, c'est l'homme qu'effrayent naturellement les bruits les plus inoffensifs. L'insensé a tous les vices, sans que son naturel l'entraîne aussi fortement vers tous : il est plus enclin soit à l'avarice, soit à la mollesse, soit à la témérité.

XXVII. C'est donc à tort qu'on interpelle ainsi les stoïciens : « Qu'est-ce à dire ? Achille est un peureux ? Quoi ! Aristide, à qui la justice a donné son nom, est un homme injuste ? Quoi ! Fabius, dont les sages délais ont sauvé l'État, est un téméraire ? Quoi ! Décius craint la mort ? Mucius est un traître ? Camille un transfuge ? » Nous ne prétendons pas que tous les vices soient chez tous aussi prononcés que tel vice chez quelques-uns : nous disons que le méchant et l'insensé ne sont exempts d'aucun vice ; l'audacieux même n'est point à nos yeux absous de la peur, ni le prodigue libre d'avarice. De même que l'homme a tous les sens qu'il doit avoir, sans que pour cela tout homme ait la vue de Lyncée ; de même l'insensé n'a pas pour tous les vices l'ardeur et la fougue de certaines gens pour certains vices. Ils se trouvent tous chez tous les hommes, mais tous ne dominent pas dans chaque

---

(a) C'est-à-dire, quiconque n'est pas entièrement sage.

homme. L'un est par caractère porté à l'avarice; l'autre est voué à l'incontinence ou au vin, ou, s'il ne l'est pas encore, il est formé de manière que tout en lui l'y prédispose.

Donc, pour revenir à ma thèse, point de méchant qui ne soit ingrat, car tous les germes de dépravation sont en lui : toutefois on appelle proprement ingrat quiconque est plus enclin à ce vice ; voilà l'homme dont je ne me ferai pas le bienfaiteur. Si c'est mal prendre les intérêts de sa fille que de l'unir à un malfamé contre lequel furent obtenus maints divorces; si l'on répute mauvais gardien de son patrimoine celui qui en commet le soin à un homme condamné pour mauvaise gestion ; si c'est tester contre tout bon sens que de laisser pour tuteur à son fils un spoliateur de pupilles, ainsi passerait pour faire le pire usage de la bienfaisance quiconque choisirait de ces ingrats chez lesquels doit se perdre tout ce qu'on y place.

XXVIII. « Les dieux même, a-t-on dit, accordent aux ingrats mille faveurs. » Mais elles étaient préparées pour les bons : si elles arrivent jusqu'aux ingrats, c'est qu'on ne peut faire d'eux un peuple à part. Or il vaut mieux rendre service même aux méchants à cause des bons, que de manquer aux bons à cause des méchants[17]. Ainsi les biens dont tu parles, le jour, le soleil, ces périodes d'hiver et d'été tempérées par les transitions du printemps et de l'automne, ces pluies, ces sources où chacun puise, ces vents qui soufflent à époques fixes, tout cela fut institué pour l'universalité des hommes : les exceptions étaient impossibles. Le souverain donne au mérite des honneurs, et aux indignes même leur part des largesses publiques. Le voleur y reçoit sa mesure de froment, et aussi le parjure, l'adultère, et, sans distinction de moralité, tous ceux dont les noms sont inscrits. Quel que soit le don, si on le reçoit comme citoyen et non à titre d'honnête homme, l'honnête comme le malhonnête homme en emportent une part égale. Dieu aussi a versé à la race humaine de ces largesses qui sont pour tous et dont il n'a exclu personne: car il ne pouvait faire que le même vent fût propice aux bons et contraire aux autres ; c'était pour la communauté un bien que la mer s'ouvrît aux relations des peuples et que l'empire de l'homme vît ses limites élargies. Et Dieu ne pouvait dire aux pluies qui devaient tomber de ne pas descendre sur les terres de l'injuste et du méchant[18].

Il est des choses de domaine public. C'est pour les bons comme pour ceux qui ne le sont point que se fondent les villes; les monuments du génie se transcrivent et se publient pour tomber même en d'indignes mains ; la médecine indique ses remèdes aux plus grands coupables. Les recettes salutaires n'ont jamais été supprimées pour empêcher de guérir ceux qui ne le méritaient pas. Exigeons un contrôle : que l'on apprécie les personnes pour toute faveur donnée comme prix spécial du mérite, mais non pour ces choses qui admettent le pêle-mêle et la foule. Il y a loin entre choisir et ne pas exclure. On fait droit même au larron ; l'homicide aussi jouit de la paix publique ; et celui-là revendique son bien, qui a ravi la chose d'autrui. Le sicaire, l'homme qui dans nos villes fait métier du meurtre, nos remparts le défendent de l'ennemi : l'égide des lois protége leurs plus grands prévaricateurs. Il est des faveurs qui ne pouvaient se donner aux individus sans aller aux masses. N'arguez donc pas de ces avantages auxquels nous sommes invités en commun : mais ce qui d'après mon jugement doit échoir à tel particulier, je ne le donnerai pas sciemment à l'ingrat.

XXIX. « Ainsi, poursuit-on, vous ne lui donnerez pas même un conseil dans ses perplexités, ni ne lui permettrez de puiser de l'eau, ni ne lui montrerez sa route s'il s'égare ; ou bien vous vous prêterez à cela, mais vous ne lui ferez aucun don. » Distinguons ici, ou du moins tâchons de distinguer. Un bienfait est une œuvre utile, mais toute œuvre utile n'est pas un bienfait. Il est des choses de si mince valeur que la qualification de bienfait ne saurait leur appartenir. Il faut deux conditions pour le constituer. D'abord la grandeur de l'objet, car il en est de trop petits pour atteindre à un pareil titre. A-t-on jamais appelé bienfait un morceau de pain, une vile pièce de cuivre, la permission d'allumer du feu, choses néanmoins plus utiles parfois que les plus grands dons? Leur peu de valeur intrinsèque, même quand la circonstance en faisait des nécessités, leur ôte tout mérite. La seconde condition, et la plus essentielle, c'est que le bienfait s'opère à l'intention de celui-là même auquel je veux qu'il parvienne, que je l'en juge digne, que je donne de bon cœur, que j'éprouve de la joie à donner. Rien de tout cela dans les actes indifférents dont je viens de parler. Car nous n'y voyons pas des tributs offerts au mérite, mais des bagatelles qu'on laisse prendre : ce n'est pas à l'homme que nous donnons, c'est à l'humanité.

XXX. Quelquefois même, je l'avoue, j'accorderai certaines choses à qui n'en serait pas digne, en considération d'autres hommes, comme dans la poursuite des honneurs souvent la noblesse d'un infâme est préférée au mérite sans nom. Ce n'est pas sans raison qu'on a consacré la mémoire des grandes vertus, et plus de gens sont heureux de bien faire, si la reconnaissance du bien ne meurt pas avec eux. Qui a fait consul le fils de Cicéron, si ce n'est le nom de son père ? Qui fit naguère passer d'un camp hostile à la même dignité et Cinna, et Sextus Pompée, et les autres Pompée, sinon la grandeur d'un seul homme, grandeur telle que sa chute même élevait encore assez haut tous les siens [19] ? Tout récemment Fabius Persicus, dont même les bouches impures évitaient le baiser (a), à qui dut-il d'être promu au sacerdoce dans plus d'un collége, sinon à ce Verrucosus, à cet Allobrogicus et à ces trois cents qui, pour sauver la république, opposèrent une seule famille à l'invasion de l'ennemi ? C'est notre dette envers toute vertu que de la révérer vivante et après même qu'elle a disparu de nos yeux. Comme elle s'est efforcée non-seulement d'être utile à l'âge contemporain, mais d'étendre ses services jusque dans ceux où elle ne serait plus, que de même notre gratitude ne se borne pas à une seule génération. Cet homme a donné le jour à de grands citoyens : nos bienfaits lui sont dus ; quel qu'il puisse être, il mérite par ses fils. Cet autre est issu d'illustres aïeux : quel qu'il soit, laissons-le s'asseoir à l'ombre de leurs noms. Comme les lieux les moins purs rayonnent alors qu'ils reflètent le soleil, il est bon que d'obscurs neveux tirent quelque éclat de leurs ancêtres.

XXXI. Ici, cher Libéralis, je crois devoir justifier les dieux. Souvent en effet on se demande à quoi songeait la Providence en mettant sur le trône un Aridée. Crois-tu que ce fut à lui qu'elle donnait ce trône ? Non, mais bien à son père, mais à son frère. Pourquoi établit-elle maître du monde Caligula, cet homme si altéré du sang des hommes et qui le faisait couler sous ses yeux avec autant (b) de délices que si sa bouche eût dû le boire ? Est-ce donc à lui, penses-tu, que fut donné l'empire ? N'est-ce pas à son père Germanicus, et à son aïeul, et à son bisaïeul et à d'autres qui, antérieurs à ceux-ci, ne leur ont pas cédé en gloire, bien que restés dans la vie privée et dans l'égalité commune ? Toi, Libéralis, quand tu faisais (c) consul

(a) Je lis, comme Pincianus : *cujus osculum etiam impuri vitabant* Texte vulgaire, altéré : *cujus osculum etiam impediret viri vota boni.*
(b) Au texte : *jubebat.* Je crois qu'il faut lire : *juvabat.*
(c) Il faut lire avec Fickert *faceres* et non *faceret.* Voy. en effet la fin du chapitre.

Mamercus Scaurus, ignorais-tu qu'il recueillait bouche béante les menstrues de ses servantes? Lui-même en faisait-il mystère? Cherchait-il à paraître pur de ces horreurs? Voici un mot de lui sur lui-même, qui circulait, je m'en souviens, et qu'on louait en sa présence. Trouvant un jour Asinius Pollion couché, il s'offrit, usant d'une équivoque obscène, à lui faire ce qu'il aimait le mieux qu'on lui fît; et comme le front de l'autre se rembrunissait : « Si j'ai dit quelque chose de mal, s'écria-t-il, que tout retombe sur moi, sur ma tête! » Et ce mot-là, lui-même le racontait. Est-ce bien cet homme, cet effronté cynique que tu as admis aux faisceaux et au siége de justice? Non : mais au souvenir de Scaurus son grand ancêtre, le prince du sénat, il te répugne que sa race demeure dans l'obscurité.

XXXII. Les dieux, ce me semble, traitent avec plus de faveur certains mortels en considération de leurs pères, de leurs aïeux, et certains autres, pour les vertus à venir de leurs neveux, arrière-neveux et descendants encore plus reculés. Car les dieux savent quelles phases doit subir leur ouvrage : la science de tout ce qui doit sortir de leurs mains se dévoile incessamment à eux : pour nous tout sort d'une source cachée, et l'événement que nous jugeons inattendu était prévu et familier pour eux. « Cet homme-ci sera roi, parce que ses aïeux ne l'ont pas été, et qu'à leurs yeux la plus belle couronne fut la justice et le désintéressement, et qu'ils voulurent non que l'État se dévouât pour eux, mais se dévouer à l'État. Cet autre sera roi, parce que l'un de ses ancêtres fut un homme juste qui porta son âme plus haut que sa fortune, et qui, dans les discordes civiles, consultant le bien du pays, aima mieux être vaincu que vainqueur. S'acquitter envers lui devint impossible dans de si longs troubles : qu'en mémoire de lui son petit-fils soit à la tête du peuple, non qu'il ait expérience ou capacité, mais l'aïeul a mérité pour le descendant. Celui-ci est difforme de corps, hideux d'aspect, il rendra ridicules les insignes royaux ; on va m'en faire un crime, me taxer d'aveuglement, de témérité et de ne pas savoir où je place ce qui n'est dû qu'aux plus hautes supériorités : mais je sais, moi, que c'est à un autre que je donne tout cela, à un autre que je paye une dette ancienne. D'où mes censeurs le connaîtraient-ils, cet homme (a) d'autrefois qui, fuyant la gloire obstinée à

(a) Je lis avec deux Mss. : *illum quondam* au lieu de *quemdam*, Lemaire.

le suivre, allait aux périls de l'air dont en reviennent les autres, ne séparant jamais son intérêt de l'intérêt public ? Où est cet intrus, dites-vous ? Qui est-il ? D'où vient-il ? « Vous l'ignorez ; mais chez moi se relèvent les comptes de ce qui a été reçu et donné. Je sais ce que je dois et à qui : je solde les uns à long terme, je suis en avance avec d'autres, selon que la circonstance et les ressources de mon gouvernement le comportent. »

XXXIII. Ainsi je donnerai parfois à l'ingrat, non à cause de lui. « Et quand tu ne sauras si l'on est reconnaissant ou non, attendras-tu que tu le saches, ou craindras-tu de perdre l'occasion du bienfait ? Attendre est long : car, comme dit Platon, le cœur humain est difficile à deviner ; ne pas attendre est téméraire. » Nous répondrons que jamais l'homme n'attend pour ses desseins une certitude complète, le vrai se trouvant trop au-dessus de sa portée ; mais il va où le conduit le vraisemblable. C'est de la sorte qu'on procède en toute démarche. Ainsi l'on sème, ainsi l'on s'embarque, ainsi l'on combat, ainsi l'on devient époux et père, quoiqu'en tout cela l'événement soit incertain. On se décide pour les choses dont on croit pouvoir bien augurer. Car qui garantit au semeur sa moisson, au navigateur le port, au guerrier la victoire, à l'époux une chaste compagne, au père de dignes enfants ? On se guide sur le raisonnement, non sur l'évidence absolue. Attendre afin de n'agir qu'à coup sûr, ne se mouvoir jamais que sur des données infaillibles, c'est vouloir [20] que la vie s'arrête privée de toute action. Puisque la probabilité me sert de mobile pour tant de cas, à défaut de certitude, je n'hésiterai pas à obliger l'homme dont la reconnaissance est probable.

XXXIV. « Mille incidents, dit-on, donneront au vice les moyens de simuler la vertu, et la vertu elle-même te déplaira comme vice ; car les apparences sont trompeuses et nous y croyons. » Qui le nie ? Mais je ne trouve rien autre chose pour régler mes calculs. C'est par cette voie que je dois poursuivre le vrai : je n'en ai pas de plus sûres. J'aurai soin de me livrer au plus rigoureux examen et ne me rendrai pas de prime abord. Il en est ici comme d'une mêlée, où il peut se faire que ma main, par l'effet de quelque méprise, dirige mon dard contre un camarade et épargne l'ennemi que je croirais des nôtres. Mais ces cas seront rares et n'arriveront point par ma faute, mon but étant de frapper l'ennemi et de défendre le compatriote.

Si je sais que tel est ingrat, je ne l'obligerai point. « On m'a circonvenu, on m'en a imposé! » Le bienfaiteur n'a là aucun tort : c'est à l'homme supposé reconnaissant que j'ai donné. « Mais si tu as promis d'obliger quelqu'un qu'ensuite tu saches n'être qu'un ingrat, l'obligeras-tu ou non? Si tu le fais, tu pèches sciemment: tu donnes à qui tu ne dois pas donner. Si tu refuses, tu pèches encore en ne donnant pas à qui tu as promis. Ici chancellent votre assurance et cette orgueilleuse prétention : que le sage ne se repent jamais de ses actes, ne corrige jamais ce qu'il a fait et ne change point de résolution. » Non, le sage ne change point de résolution, toutes choses demeurant ce qu'elles étaient lorsqu'il l'a prise. Jamais le repentir ne le gagne, parce qu'on ne pouvait à ce moment faire mieux que ce qu'on a fait, décider mieux que ce qu'on a décidé. Du reste il ne s'engagera qu'avec cette restriction : s'il n'arrive rien qui empêche. Et si nous disons que tout lui réussit, que rien n'arrive contre son attente, c'est qu'il prévoit dans sa pensée que tel incident peut s'offrir qui mette obstacle à ses desseins. Au sot vulgaire cette présomption qui compte avoir pour soi la Fortune; le sage raisonne l'une et l'autre chance. Il sait tout ce que peut l'erreur, que d'incertitude ont les choses humaines, que d'oppositions traversent nos projets. Il suit d'une marche circonspecte la double et changeante face du sort, et ses résolutions sont certaines devant un avenir incertain. Or la restriction sans laquelle il ne projette, il n'entreprend rien, est encore ici sa sauvegarde.

XXXV. J'ai promis mon bienfait, sauf le cas éventuel où je devrais ne rien donner. Car que direz-vous si ce que j'ai promis à cet homme la patrie l'exige de moi pour elle-même; si l'on porte une loi qui défende à tous de faire ce à quoi je m'étais engagé envers mon ami? Je t'ai promis ma fille en mariage : j'ai reconnu ensuite que tu es étranger; je ne puis m'allier à un étranger : mon excuse est cette même loi qui me l'interdit. Je n'aurai trahi mon engagement, on ne m'accusera d'infidélité que si, toutes choses étant dans le même état qu'au moment de mon obligation, je manque à l'exécuter. Un seul point changé me laisse libre de délibérer de nouveau et me dégage de ma parole. J'ai promis de t'assister en justice, mais je viens à découvrir que par ton procès tu cherchais à nuire à mon père; j'ai promis de partir avec toi pour l'étranger, mais on m'annonce que la route est infestée de brigands; je devais pour toi comparaître en personne, mais la maladie de mon fils, mais les couches de ma femme me retiennent,

Tout doit être dans le même état que lorsque je t'ai promis, pour que tu puisses dire que tu as ma parole. Et peut-il s'opérer changement plus complet que si je découvre en toi un méchant homme, un ingrat? Ce que je donnais à ton mérite supposé, je le refuserai à ton démérite, et j'aurai encore droit de t'en vouloir pour m'avoir abusé.

XXXVI. Toutefois j'examinerai aussi de quelle importance est la chose : je prendrai conseil de ce que vaut celle que j'ai promise. Si c'est une bagatelle, je donnerai, non que tu le mérites, mais parce que j'ai promis ; non à titre de présent, mais pour racheter ma parole, et je me tancerai à part moi, et je m'infligerai ce petit sacrifice comme peine de mon irréflexion. Voilà, me dirai-je, pour qu'il t'en souvienne, pour qu'à l'avenir tu sois plus réservé à promettre; je *payerai*, suivant le dicton, *pour le trop parlé*. Si la somme est trop forte, je me garderai d'encourir un blâme *multiplié*, comme disait Mécène, *par dix millions de sesterces*. Je ferai cette comparaison : c'est quelque chose d'être constant dans sa promesse, c'est beaucoup aussi de ne pas donner à un indigne. Toutefois considérons la valeur de l'objet: s'il est léger, fermons les yeux ; mais s'il doit me causer un dommage ou une honte sensibles, j'aime mieux avoir à justifier une seule fois mon refus, que perpétuellement ma condescendance. Je le répète, tout est dans la portée des termes de mon engagement. Non content de retenir ce que j'aurai étourdiment promis, je redemanderai ce que j'aurai donné mal à propos. C'est folie de se croire lié par un malentendu.

XXXVII. Philippe, roi de Macédoine, avait un soldat, homme d'action, dont en plus d'une expédition il avait éprouvé les utiles services : de temps à autre, pour prix de sa valeur, il lui donnait part dans le butin et encourageait cette âme vénale par de fréquentes gratifications. Ce soldat fut jeté par un naufrage sur les terres d'un Macédonien qui à cette nouvelle s'empresse d'accourir, rappelle ce qui lui reste de vie, le transporte en sa demeure, lui cède son lit, le réconforte brisé qu'il était et demi-mort, le soigne trente jours à ses propres frais, le guérit et lui donne de quoi se remettre en route; et le soldat de répéter à tout instant : « Je te prouverai ma reconnaissance ; que j'aie seulement le bonheur de revoir mon général. » Il va en effet conter à Philippe son naufrage, sans dire un mot de son bienfaiteur, et le prie tout aussitôt de lui accorder la ferme d'un particulier qu'il désigne. Ce particulier, c'était son hôte, celui-là même qui l'avait recueilli, qui l'avait sauvé. Souvent les rois, surtout en temps de guerre, donnent les yeux fermés. L'équité d'un seul homme ne peut tenir contre tant de passions sous les armes : nul ne saurait être en même temps honnête homme et bon chef d'armée. Comment rassasier tous ces milliers d'insatiables? Qu'auront-ils, si on laisse à chacun le sien? Ainsi pensait Philippe, en envoyant le soldat en possession des biens qu'il demandait. Mais l'exproprié ne souffrit pas sans mot dire l'iniquité en pauvre campagnard trop heureux qu'on ne l'eût pas donné lui-même avec sa terre : il écrivit au roi une lettre laconique et franche. Philippe en la recevant fut si indigné qu'il manda sur-le-champ à Pausanias de rendre les biens à leur premier maître ; et quant à celui que l'honneur militaire, que le naufrage, que l'hospitalité n'avaient pu guérir de la plus ingrate convoitise, il voulut qu'on lui imprimât sur le front ces stigmates : *Hôte ingrat.* Il méritait bien que ces stigmates lui fussent non pas imprimés, mais gravés dans les chairs, l'homme qui jetait son sauveur, dépouillé de tout et dans l'état d'un naufragé, sur le rivage où lui-même avait été gisant. Mais sans vouloir discuter ici quelle mesure était à garder dans le châtiment, toujours est-il qu'il fallait reprendre à ce monstre ce qu'il avait envahi par le plus grand des crimes. Et qui eût eu pitié de son supplice, après un acte fait (*a*) pour glacer la compassion dans l'âme la plus compatissante?

XXXVIII. Philippe donnera-t-il parce qu'il a promis, quoiqu'il agisse contre son devoir, contre la justice, quoique ce soit commettre un crime et par ce fait seul fermer aux naufragés tout rivage? Non : il n'y a pas légèreté à revenir d'une erreur qu'on reconnaît et qu'on maudit. Il faut avouer noblement qu'on a mal jugé, qu'on a été dupe. C'est le fait d'un stupide orgueil de vouloir à toute force que notre parole, quelle qu'elle soit, demeure fixe et irrévocable. Ce n'est pas une honte quand la chose change, de changer d'avis. Dis-moi : si Philippe eût laissé le soldat possesseur du rivage que son naufrage lui avait conquis, n'était-ce pas interdire le feu et l'eau à toute victime de la tempête? « Ah plutôt, se dit-il, tu iras dans l'intérieur de mon royaume portant sur ton front endurci ces caractères que je voudrais pouvoir te graver dans les yeux.

(*a*) Il faut lire avec presque tous les mss. *nemo misereri misericors....* au lieu de *miserari miseros*, Ed. Lemaire.

Montre combien c'est chose sacrée que la table hospitalière. Fais lire sur ta face ce décret préservateur qui ne veut pas que recevoir des malheureux sous son toit soit un crime capital. Ce décret-là sera mieux sanctionné que si je l'eusse inscrit sur l'airain.

XXXIX. « Pourquoi donc, va-t-on me dire, votre chef Zénon, ayant promis de prêter cinq cents deniers à quelqu'un qu'il découvrit ensuite n'être pas sûr, s'obstina-t-il, bien que ses amis l'en dissuadassent, à prêter cette somme parce qu'il l'avait promise? » D'abord un prêt est de nature tout autre qu'un bienfait. Je puis, quand j'aurais mal placé, exiger ma créance, assigner le débiteur; et s'il a failli, j'en tirerai un dividende : quant au bienfait, il se perd tout entier, à l'instant même. Ici d'ailleurs c'est le fait d'un méchant homme ; là, d'un mauvais administrateur. Ensuite Zénon lui-même, si la somme eût été plus forte, n'eût point persisté à prêter. Cinq cents deniers (*a*), ce n'est, comme on dit, que ce que coûte un caprice : était-ce la peine de rétracter sa parole? J'irai souper en ville, parce que je l'ai promis, quand même il ferait froid, mais non pas s'il tombe de la neige. Je quitterai la table pour assister à des fiançailles, parce que je m'y suis engagé, et n'attendrai pas que ma digestion soit faite, mais je n'irai point si j'ai la fièvre. Je cautionnerai, parce que je l'ai promis, pourvu qu'on n'exige pas une caution indéterminée, une obligation envers le fisc.

Il y a, ai-je dit, la restriction tacite : si je le puis, si je le dois, si c'est alors comme aujourd'hui. Faites que les choses, quand vous me sommez de ma parole, soient les mêmes qu'au moment où je l'ai donnée : si j'y manque, ce sera légèreté (*b*). Qu'il survienne quelque chose de nouveau, serez-vous surpris, quand la condition du garant change, de voir changer ses dispositions? Remettez tout dans le même état, et je suis le même. J'ai promis de comparaître pour vous, et je fais défaut. Il n'y a pas d'action contre tout défaillant : la force majeure m'excuse

XL. Attends-toi à la même réponse sur cette autre question : la nécessité de s'acquitter est-elle absolue, et le bienfait doit-il toujours se rendre? Témoigner de la reconnaissance est pour moi un devoir ; mais quelquefois je suis empêché de rendre la pareille soit par ma misère, soit par la fortune de

---

(*a*) Environ 400 fr.
(*b*) Presque tous les mss. : *levitas erit*. Lemaire : *non erit*.

mon bienfaiteur. Car que rendre à un roi ; que rendre à un riche si je suis pauvre, quand surtout certains hommes prennent la restitution d'un bienfait pour une offense et vont toujours accumulant de nouvelles largesses sur les premières [21] ? Pour de tels personnages puis-je rien de plus que vouloir ? Dois-je en effet repousser un nouveau don, parce que je n'ai pas rendu encore le premier ? J'accepterai d'aussi bonne grâce qu'on me donnera, et mon ami trouvera en moi matière toute prête pour exercer sa munificence [22]. Ne vouloir pas d'un nouveau bienfait, c'est s'offenser de ceux qu'on a reçus. Je ne m'acquitte point, qu'importe ? Suis-je cause du retard, si l'occasion ou la faculté me manque ? Lui ne m'a obligé que parce qu'il a eu l'une et l'autre. Est-il bon ou méchant ? S'il est bon, ma cause est bonne ; s'il ne l'est pas, je ne la défends point.

Je ne pense pas non plus qu'il faille s'acquitter, même au déplaisir de nos bienfaiteurs, en toute hâte, et les poursuivre alors qu'ils reculent. Ce n'est point payer de retour que de rendre contre leur gré quand tu n'as point reçu contre le tien. Au plus mince cadeau qu'on leur envoie, certaines gens ripostent vite et mal à propos par un autre, puis vont protestant qu'ils sont quittes. C'est une sorte de refus que ce brusque retour de politesse : c'est effacer un présent par un présent.

Quelquefois même je ne rendrai pas, quoique je le puisse. Quand cela ? Lorsque je devrais m'ôter à moi plus que je ne donnerais à mon ami, et qu'il ne sentirait pas s'il gagne rien à une restitution qui me dépouillerait de beaucoup. S'empresser de rendre à toute force est moins d'un cœur reconnaissant que d'un débiteur. En deux mots : qui désire trop tôt se libérer doit à contre-cœur ; qui doit à contre-cœur est ingrat [23].

LIVRE V.

I. Dans les livres précédents j'avais, ce semble, complété ma tâche, ayant traité de la manière dont il faut donner et recevoir : car cette partie de nos devoirs est limitée dans ces deux termes. Si je m'attarde encore, ce n'est pas que le sujet m'y oblige, mais je m'y complais : or, il faut aller où il conduit, non vers tous les points de vue qu'il ouvre. A chaque pas, en effet naissent de ces questions qui sollicitent l'esprit par je ne sais quel charme et qui, sans être inutiles, ne sont pas nécessaires. Mais tu le veux, continuons, maintenant que le fond même du sujet est épuisé, à nous enquérir de ces faits qui, à vrai dire, y sont plutôt connexes qu'inhérents et dont l'examen scrupuleux, s'il ne paye pas de la peine qu'il coûte, n'est pourtant point un labeur stérile.

Pour toi, nature d'élite, si portée à la bienfaisance, Libéralis Æbutius, aucun éloge de cette vertu n'a rempli l'idée que tu t'en fais. Je ne vis jamais homme apprécier si largement les services même les plus légers. Et cette bonté d'âme est allée jusqu'à ressentir comme fait à toi-même tout le bien que l'on fait à d'autres. Tu serais prêt, pour éviter au bienfaiteur un repentir, à payer la dette de l'ingrat. Tu es si loin de toute ostentation, si empressé à décharger ceux que tu obliges, que dans tout le bien que tu opères, tu voudrais faire croire non que tu donnes, mais que tu rends. Aussi des dons faits de cette manière te reviennent-ils plus pleinement : car presque toujours ils retournent d'eux-mêmes à qui n'en redemande rien ; et comme la gloire s'attache de préférence à ceux qui la fuient [1], la gratitude répond aux bienfaits par un tribut d'autant plus doux qu'on la laisse plus libre de les méconnaître. Il ne tient pas à toi qu'après avoir reçu on ne se risque à te demander de nouvelles grâces, que tu ne refuseras pas, que tu ajouteras, plus nombreuses et plus grandes, à celles dont on étouffe et dissimule le souvenir. Résolution d'un homme excellent, d'un cœur magnanime, qui tolère l'ingrat jusqu'à ce qu'il l'ait fait reconnaissant. Et cette façon d'agir ne te trompera point : le vice ne résiste pas à la vertu, si tu ne te presses pas trop de le haïr.

II. Tu as encore pour maxime favorite ce mot que tu juges admirable : il est honteux d'être vaincu en bienfaits. Mais la vérité du mot est à bon droit mise en question ; car la chose est bien autre que tu ne l'imagines. Jamais, dans les luttes qui honorent, la défaite n'est honteuse, pourvu qu'on ne jette point ses armes et que le vaincu veuille ressaisir la victoire. Tout le monde n'a pas au service de ses bonnes intentions les mêmes forces, les mêmes facultés, le même appui de cette Fortune dont nos plus vertueux desseins, du moins dans leurs effets, subissent l'influence. La volonté seule de s'élever au bien est louable, lors même qu'un plus agile concurrent nous a devancés [2]. Ce n'est point comme dans ces combats offerts en spectacle, où la palme annonce le plus digne ; et là encore souvent le faible doit son triomphe au hasard. Dès qu'il s'agit d'un devoir que chacune des deux parties désire remplir le mieux possible, si l'une a pu davantage, a eu sous la main de quoi satisfaire son vœu et qu'à tous ses efforts la Fortune ait laissé le champ libre, quand l'autre, avec un zèle égal, aurait rendu moins qu'elle n'a reçu, ou même n'aurait rien pu rendre, mais n'aspirerait qu'à s'acquitter et s'y porterait de toutes les forces de son âme, cette autre ne serait pas plus vaincue que le soldat qui meurt sous les armes et qu'il a été plus facile à l'ennemi de tuer que de mettre en fuite. Ce que tu regardes comme une honte, la défaite, l'homme vertueux ne peut l'éprouver : car jamais il ne cédera, jamais il ne renoncera ; debout et prêt jusqu'au dernier jour, il mourra à son poste, déclarant tout haut qu'il a reçu beaucoup, qu'il voulait ne pas rendre moins.

III. Les Lacédémoniens proscrivent le combat du pancrace et du ceste, où la seule preuve d'infériorité est l'aveu du vaincu. Le coureur qui touche le premier la borne a devancé de vitesse, non de courage, son compétiteur. Le lutteur renversé trois fois perd la palme, il ne la cède pas. Comme Sparte avait grandement à cœur que ses enfants ne fussent point vaincus, elle les éloignait de toute lutte où le vainqueur est déclaré non par le juge ni par le résultat en lui-même, mais par l'aveu du champion qui se retire et livre à l'autre l'avantage. L'honneur dont ce peuple est si jaloux pour les siens, chacun peut l'obtenir de sa vertu, de son zèle, et ne jamais se laisser vaincre : car, en face même d'une force supérieure, l'âme peut rester invincible. Personne ne dit des trois cents Fabius : « Ils se sont fait battre, » mais : « Ils se sont fait tuer. » Régulus a été pris, non défait par les Carthaginois ; ainsi en est-il de tout homme accablé sous l'effort et le poids d'une Fortune ennemie, mais dont le cœur ne fléchit pas.

De même, en matière de bienfaits, qu'on en ait reçu un plus grand nombre, de plus importants, de plus fréquents, on n'est pas vaincu pour cela. Les bienfaits de l'un l'emportent peut-être sur ceux de l'autre, si l'on met en balance les choses données et reçues ; mais à comparer qui donne et qui reçoit, en ne tenant compte que des intentions en elles-mêmes, ni l'un ni l'autre n'aura la palme. Tels souvent deux gladiateurs, dont l'un sera tout criblé de plaies et l'autre n'aura que de légères atteintes, sont réputés sortir égaux de la lice, bien que le plus maltraité semble avoir eu le dessous.

IV. Nul ne peut donc être surpassé en bienfaits, pourvu qu'il sache devoir, qu'il veuille rendre, et que l'insuffisance du fait soit compensée par l'intention. Tant que l'on persévère ainsi, tant que se maintient cette volonté, assez de traits signalent la reconnaissance : qu'importe de quel côté se compte le plus de petits cadeaux? Tu pourras, toi, donner beaucoup, moi, je ne pourrai que recevoir ; la fortune est pour toi, j'ai pour moi la bonne volonté. Et pourtant je te vaux, autant que des braves sans armes ou qui n'en ont que de légères en valent d'autres armés de toutes pièces.

Non, jamais l'homme n'est vaincu en bienfaits; car la gratitude est toujours au niveau de la volonté. S'il était honteux de recevoir plus qu'on n'a donné, il ne faudrait rien accepter d'hommes bien plus puissants que nous et auxquels nous ne pouvons rendre la pareille. Je parle des grands et des rois, que la Fortune met à même de faire des largesses nombreuses en échange desquelles ils ne recouvrent que bien peu de choses, beaucoup moins qu'ils ne donnent. Les rois, ai-je dit? A eux aussi on peut rendre service ; et ce pouvoir qui les met si haut ne subsiste que par le concours et le ministère de leurs inférieurs.

Il est des âmes dégagées de toute ambition, que presque nulle convoitise humaine n'arrive à effleurer : ceux-là, la Fortune elle-même ne peut les gratifier de rien. De toute nécessité je serai vaincu en bienfaits par un Socrate, je le serai par un Diogène, qui marche nu au milieu des richesses macédoniennes et foule aux pieds le faste des rois. Oh ! qu'alors à ses propres yeux, comme à tous les yeux qui, pour reconnaître le vrai, n'étaient voilés d'aucun brouillard, il dut paraître supérieur à l'homme qui voyait le monde à ses pieds ! N'était-il pas bien plus puissant, n'était-il pas bien plus riche que cet Alexandre qui possédait tout? Car il avait plus à refuser que l'autre ne pouvait offrir.

V. Il n'y a point de honte à être vaincu par de tels hommes. Suis-je en effet moins courageux parce que tu me mets en face d'un adversaire invulnérable? Le feu en a-t-il moins le pouvoir de brûler, s'il tombe sur une matière incombustible ; et le fer a-t-il perdu sa propriété tranchante, lorsque c'est une pierre, dont la nature compacte repousse toute atteinte et résiste aux corps les plus durs, qu'il s'agit de diviser? Au sujet de la reconnaissance ma réponse est la même. Point de honte à être vaincu par un bienfaiteur dont la grande fortune ou la rare vertu ferme aux services toute voie de retour. Nous sommes presque toujours vaincus par les auteurs de nos jours, ne les possédant guère qu'au temps où ils nous semblent incommodes, où leurs bienfaits ne sont pas compris de nous. A peine avons-nous gagné quelque expérience et venons-nous à entrevoir que nous devons les aimer pour les choses mêmes qui nous les rendaient peu aimables, je veux dire leurs avertissements, leur sévérité et leur attention à veiller sur notre jeunesse imprudente, ils nous sont ravis. Peu arrivent jusqu'à l'âge où l'on recueille dans ses enfants tout le fruit de ses soins : les autres n'ont senti d'eux que le fardeau. Toutefois, il n'y a point de honte à être vaincu en bienfaits par un père; et comment y en aurait-il? On ne doit rougir de l'être par personne. Avec certains bienfaiteurs on est leur égal et leur inférieur tout ensemble : leur égal par le cœur, qui est la seule chose qu'ils exigent, la seule que nous leur promettions ; leur inférieur par la fortune, qui peut empêcher qu'on ne s'acquitte, sans pour cela qu'on ait à rougir comme vaincu. Il n'y a pas de honte à ne pas atteindre, pourvu que l'on s'obstine à suivre. Souvent je me vois forcé d'implorer de nouveaux services avant d'avoir acquitté les premiers. Et je ne suis ni détourné ni honteux de ma demande par le motif que je devrai sans pouvoir rendre : car il ne tiendra pas à moi que je ne prouve de mon mieux ma reconnaissance. Il peut survenir du dehors quelque empêchement ; néanmoins je ne serai pas vaincu en bon vouloir, et je succomberai sans honte à des difficultés indépendantes de moi.

VI. Alexandre, le roi de Macédoine, se glorifiait souvent de n'avoir été vaincu en bienfaits par personne. Il ne dut pas, l'outrecuidant, priser bien haut, ni les Macédoniens, ni les Cares, ni les Grecs, ni les Perses, ni ces peuplades éparses qui n'avaient point d'armée, pour ne pas s'avouer qu'il tenait d'eux un empire qui s'étendait de l'angle de Thrace jusqu'au bord des mers inconnues. C'était à Socrate à se glorifier ainsi, c'était à Diogène qui, certes, avait triomphé d'Alexandre. Oui, il en avait triomphé le jour où ce conquérant, gonflé d'un orgueil plus qu'humain, vit un homme auquel il ne pouvait ni rien donner, ni rien ravir.

Le roi Archélaüs pria Socrate de venir à sa cour. Socrate, dit-on, répondit qu'il ne voulait point aller chez un homme dont il recevrait plus qu'il ne pourrait lui rendre. Mais d'abord il eût été maître de ne rien accepter ; ensuite, c'est de lui que serait venu le premier bienfait : car c'est sur une prière qu'il serait venu, et c'était faire ce qu'après tout le roi était hors d'état de lui rendre. Enfin, Archélaüs n'eût pu offrir que de l'argent et de l'or, et il eût reçu en retour le mépris de l'or et de l'argent. Quoi ! il était impossible à Socrate de s'acquitter envers le prince ? Et qu'aurait-il reçu d'égal à ce qu'il eût donné, je veux dire le spectacle d'un homme sachant vivre et mourir et possédant le dernier mot de ces deux sciences ? Ce roi aveugle en plein jour, il l'eût initié aux secrets de la nature si étrangers pour lui, qu'un jour d'éclipse de soleil il fit fermer son palais et raser la tête à son fils en signe de deuil et de calamité. Quel service à lui rendre que de le tirer de la retraite où la peur le tenait caché, de l'obliger à se rassurer, de lui dire : « Ce n'est point là une défaillance du soleil, c'est la rencontre de deux astres ; c'est la lune qui, cheminant au-dessous du soleil, a interposé son globe juste entre nous et lui et nous empêche de le voir : elle n'intercepte qu'une faible partie de ses rayons, si elle ne fait que l'effleurer à son passage ; elle en couvre davantage, si elle lui oppose une plus grande surface ; elle en dérobe tout à fait l'aspect, quand elle vient à glisser son disque directement entre la terre et le soleil ; mais tu vas voir les deux astres se disjoindre en sens divers par leur propre vitesse ; le jour va être rendu à la terre, et tel sera l'ordre constant des siècles : il y a des jours fixes et marqués d'avance où l'interposition de la lune empêchera le soleil de nous verser tous ses rayons. Encore un moment, et l'astre va reparaître, va sortir de cette espèce de nuage et, dégagé de tout obstacle, nous envoyer librement sa lumière. »

Le philosophe ne pouvait-il pas payer de retour Archélaüs en lui apprenant à régner ? Certes, le bienfait de Socrate se fût de beaucoup amoindri, si le prince avait pu faire la moindre chose pour Socrate.

Pourquoi donc ce dernier répondit-il de la sorte ? Enjoué de son naturel, habitué, dans son langage, à procéder par sous-entendus, raillant tout le monde, surtout les puissants, il aima mieux s'excuser finement que refuser avec une hauteur farouche. « Je ne veux pas, dit-il, recevoir de bienfaits d'un homme à qui je ne pourrais rendre en même monnaie. » Peut-être craignit-il qu'on ne le forçât d'accepter contre son gré, d'accepter ce qui n'eût pas été digne de Socrate. » Il eût refusé, dira-t-on, s'il ne l'eût pas voulu. » Mais c'était courroucer contre lui un prince arrogant qui prétendait qu'on fît grand cas de tous ses dons. Nulle différence entre ne pas vouloir donner à un roi et ne pas vouloir accepter de lui : il met sur la même ligne l'un et l'autre et il est plus amer à l'orgueil d'être dédaigné que de n'être pas craint². Veux-tu savoir ce qu'en effet Socrate ne voulait point? Il ne voulait point aller à une servitude volontaire, lui de qui Athènes libre ne put supporter la libre censure.

VII. Nous avons, je pense, suffisamment traité cette question : s'il est honteux d'être vaincu en bienfaits; celui qui la pose sait que d'habitude on n'est pas son propre bienfaiteur. Autrement il serait clair qu'il n'y a pas de honte à être vaincu par soi-même. Cependant quelques stoïciens mettent aussi en doute si l'on peut se rendre service à soi-même, si l'on se doit de la reconnaissance. Pour que le problème parût proposable, ils ont fait ce raisonnement : on dit souvent : « Je me félicite; je ne puis me plaindre que de moi-même; je m'en veux; je me punirai; je me déteste; » et cent autres phrases de ce genre où l'on parle de soi comme on ferait d'un tiers. Or si je puis me faire du mal, pourquoi ne pourrais-je me faire aussi du bien? Et pourquoi des services qui s'appelleraient bienfaits, si je les rendais à d'autres, n'auraient-ils pas le même nom quand c'est à moi que je les rends? Ce qui, me venant d'un autre, serait une dette, si je me le donnais à moi-même n'en serait pas une? Pourquoi serais-je ingrat envers moi? Ce serait une honte non moins grande que d'être avare, dur, cruel et négligent envers soi. Il y a autant d'infamie à se prostituer qu'à prostituer autrui. N'est-il pas vrai qu'on blâme le flatteur, l'homme qui, à l'affût de vos paroles, s'apprête à vous louer faussement, tout comme on blâme quiconque se complaît en soi-même, s'admire et se fait pour ainsi dire son propre flatteur? Le vice est odieux, non-seulement quand il nuit au dehors, mais quand c'est sur lui-même qu'il réagit. Quel homme est plus admirable que celui qui sait se commander, qui est maître de lui? Il est plus facile de gouverner des nations barbares et impatientes d'un joug étranger que de contenir son âme et de lui faire la loi. Platon remercie Socrate des leçons qu'il a reçues de lui; pourquoi Socrate ne se remercierait-il pas de celles que lui-même s'est données? M. Caton a dit : « Ce qui te manque, emprunte-le à toi-même. » Pourquoi ne me donnerais-je pas, si je puis me prêter? Dans une infinité de cas nous avons l'habitude de nous scinder en deux personnes. Nous disons : « Laissez-moi me consulter; je me tirerai l'oreille. » Si ces façons de parler sont justes, on peut, tout comme s'en vouloir, se savoir gré, se louer comme se faire des reproches, se devoir à soi-même ou son dommage ou son profit. Le tort et le bienfait sont les con traires; si l'on dit d'un homme : « Il s'est fait tort, » nous pourrons dire : « Il s'est accordé un bienfait. »

VIII. Est-il naturel de se devoir à soi-même? Ce qui l'est, c'est que l'obligation précède le retour. Point de débiteur sans créancier; pas plus que de mari sans femme ou de père sans fils. Il faut que quelqu'un donne pour que quelqu'un reçoive : ce n'est ni donner ni recevoir que de faire passer une chose de la main gauche dans la droite. Un homme ne se porte pas lui-même, quoiqu'il meuve son corps d'un lieu à un autre; celui qui plaide sa propre cause ne s'assiste point; on ne s'érige point une statue comme on ferait à un patron; un malade qui ne doit qu'à ses propres soins son rétablissement n'exige pas de soi-même un salaire : ainsi, en toute affaire d'où on aura tiré quelque utilité personnelle, on ne devra pas se rendre grâce, n'ayant pas à qui la rendre. Accordons qu'on puisse se rendre service : en même temps qu'on donne on reçoit; accordons qu'on reçoive de soi un bienfait : on le restitue en le recevant. C'est à ma caisse, comme on dit, que j'emprunte : signature fictive, aussitôt rendue que donnée. Le donnant n'est pas autre que l'acceptant : c'est un seul et même homme. Ce terme de dette n'est de mise qu'entre deux personnes : comment donc l'appliquer à une seule, qui se libère en s'obligeant? Comme dans un cercle ou une balle, il n'y a ni bas ni haut, ni fin, ni commencement, parce que le mouvement bouleverse cet ordre, met devant ce qui était derrière, ce qui descendait remonte, et, de quelque façon que tout aille, tout se retrouve au même point; ainsi de l'homme, crois-moi: retourne-le sous mille faces, c'est toujours lui. S'il se blesse, il n'a de réparation à poursuivre contre personne. Qu'il s'enchaîne et qu'il s'emprisonne, il n'est point traduit pour fait de violence. Quand il se rend service il s'acquitte du même coup. On dit que rien ne se perd dans la nature, car tout ce qu'on lui arrache lui retourne; rien ne saurait périr, parce que rien n'a d'issue pour s'échapper, et que tout rentre au sein dont il est sorti. Quelle analogie a cet exemple avec la question présente? Le voici : je te suppose ingrat : le bienfait pour cela ne se perd point, il est encore chez son auteur; ou bien refuses-tu de le reprendre? Il est chez toi avant d'être rendu. Tu ne peux rien perdre : ce que l'on t'enlève ne t'en reste pas moins acquis. C'est en toi que tourne le cercle : recevoir, pour toi c'est donner; donner c'est recevoir.

IX. « Il faut, dit-on, se faire du bien, et partant s'en savoir gré. » Le principe dont cette conséquence est tirée n'est pas vrai. On ne se fait pas du bien ; on obéit à sa nature qui inspire à l'homme l'amour de soi, d'où lui vient cet extrême soin d'éviter le nuisible, de rechercher l'utile. Ainsi n'est point libéral quiconque ne donne qu'à lui-même ; n'est point clément qui se pardonne ; n'est point compatissant qui s'émeut de ses propres maux. Ce qui, fait pour autrui, est libéralité, clémence, compassion, fait pour nous-mêmes est instinct de nature. Le bienfait est un acte volontaire : or, se servir est une nécessité. Plus on a répandu de bienfaits, plus on est bienfaisant. Qui jamais a été loué pour s'être secouru, pour s'être arraché aux mains des brigands ? On ne s'accorde pas plus un bienfait que l'hospitalité ; il n'est pas plus possible de se faire un don qu'un prêt. Si chacun s'accorde des bienfaits, il le fait toujours et sans cesse : il n'en peut calculer le nombre. Quand donc s'acquitterait-on, puisque c'est par où l'on s'acquitte que l'on s'obligerait ? Comment, en effet, démêler si l'on s'oblige ou s'acquitte ? C'est dans l'intérieur du même homme que tout se passe. Je me suis tiré d'un péril : me voilà obligé par moi-même ; je me tire d'un second péril : est-ce m'obliger ou m'acquitter ? Et puis, quand j'accorderais le premier point, qu'on est le bienfaiteur de soi-même ; la conséquence, je ne l'accorderais pas. Car ici on a beau donner, on n'est pas redevable. Pourquoi ? Parce qu'on recouvre au même instant. Il faut d'abord recevoir un bienfait, puis le reconnaître, enfin le rendre. Il n'y a pas lieu à reconnaître dès qu'on recouvre incontinent. On ne donne qu'à un autre ; on ne doit qu'à un autre ; on ne rend qu'à un autre. Comment s'opéreraient chez un seul ces trois actes dont chacun exige deux personnes ?

X. Un bienfait consiste à s'entremettre utilement. Or le mot s'entremettre est relatif à autrui. Ne jugerait-on pas insensé l'homme qui dirait qu'il s'est fait une vente à lui-même ? Car vendre c'est aliéner, c'est transférer sa propre chose et ses droits de maître. Et par la donation, comme par la vente, on se sépare de ce qu'on possédait, on en transmet la jouissance. Cela étant, on ne peut se conférer de bienfait, parce qu'on ne peut se faire aucun don. Autrement les deux contraires seraient confondus : le don et l'acceptation ne feraient qu'un. Enfin, il y a grande différence entre donner et recevoir, puisqu'ils marquent deux positions diverses. Si l'on pouvait s'accorder un bienfait, ces deux termes ne différeraient plus.

Il y a, disais-je tout à l'heure, des expressions qui se rapportent à autrui, et qui, par leur nature même, impliquent toute autre personne que nous. Je suis frère, mais d'un autre : nul n'est son propre frère. Je suis l'égal de qui? De quelqu'un : on n'est pas l'égal de soi-même. Tout comparatif est inintelligible sans terme de comparaison, comme tout conjonctif est impossible sans objet conjoint. De même le don n'a pas lieu sans une seconde personne, non plus que le bienfait. Cela ressort du terme même où cet acte est précisé : faire du bien. Nul ne se fait du bien, pas plus qu'il ne se favorise, pas plus qu'il n'est son partisan. Je pourrais prolonger ceci et multiplier les exemples ; car enfin, pour qu'il y ait bienfait, une seconde personne est nécessaire. Il est des actes honorables, magnifiques, de suprême vertu, qui n'ont lieu que de la sorte. On loue, on estime la bonne foi comme l'un des plus beaux caractères de l'humanité : or, dira-t-on qu'un homme a été de bonne foi envers lui-même?

XI. Je passe à la seconde partie. L'acquit d'un bienfait nécessite quelques frais, comme le payement d'une dette : or on ne fait nuls frais quand on s'acquitte envers soi, pas plus qu'on ne bénéficie à être son propre bienfaiteur. Le bienfait et le retour doivent aller de l'un à l'autre : il n'y a pas réciprocité dans le même individu. Donc s'acquitter c'est servir à son tour la personne de qui on a reçu : mais le retour envers nous-mêmes à qui profite-t-il? à nous. Et qui n'envisage le retour comme venant d'ailleurs que le bienfait? Se payer de retour, c'est faire une chose utile pour soi, et jamais ingrat se l'est-il refusée ? Et quel homme fut jamais ingrat pour autre chose que cela ? « Si l'on doit se savoir gré de certaines choses, nous dit-on, on doit aussi se témoigner de la reconnaissance. Or nous disons : « Je me sais gré de n'avoir pas voulu épouser telle femme, « faire société avec tel homme. » En parlant ainsi, nous faisons notre éloge, et, pour approuver notre action, nous employons abusivement les termes de la reconnaissance. J'appelle bienfait ce qu'on peut, même après l'avoir reçu, ne pas rendre ; l'homme qui s'accorde un bienfait ne peut pas ne point recouvrer ses avances : ce n'est donc pas un bienfait. Le bienfait s'accepte en un temps et se rend dans un autre. Ce qu'on approuve dans le bienfait, ce qu'on estime, c'est lorsque pour servir autrui l'homme oublie un moment son intérêt propre, c'est quand, pour donner, il se prive. Tel n'est point le cas de celui qui est son propre bienfaiteur. Le bienfait est une œuvre sociale qui nous acquiert un obligé, un ami ; se donner à soi n'a rien de social, ne nous vaut ni amitié ni obligation, n'engage pas

sonne à espérer, à se dire : « Voilà un homme à cultiver. Il a rendu service à celui-ci, il en fera autant pour moi. » Le bienfait, c'est ce qu'on donne, non à cause de soi, mais à cause de l'homme à qui l'on donne. Qui se donne à soi-même fait tout le contraire : ce n'est donc pas un bienfaiteur.

XII. Te semblé-je maintenant infidèle aux promesses par lesquelles j'ai commencé ? Diras-tu que je m'écarte de ce qui fait l'importance du sujet, que je perds bien sciemment toute ma peine ? Attends : tu le diras encore avec plus de vérité quand je t'aurai mené vers ces obscurs labyrinthes qui, lorsqu'on s'en échappe, ne laissent d'autre avantage que de s'être tiré de difficultés où l'on pouvait ne pas descendre. Car que gagne-t-on à défaire laborieusement des nœuds qu'on a faits soi-même pour les dénouer ? Mais comme il est certains objets qu'on entrelace par passe-temps et par jeu, et qu'une main inhabile a beaucoup de mal à démêler, tandis que l'auteur de ces complications sépare chaque partie sans la moindre peine, parce qu'il connaît les points de jonction et d'arrêt; et comme ces choses ne laissent pas d'avoir quelque attrait, car elles piquent la sagacité, elles tiennent notre esprit en haleine ; de même ces questions, qui prennent un air de finesse et de piége, dissipent l'insouciance et la paresse de l'imagination, soit qu'il faille leur déblayer le champ pour qu'elles s'y développent, ou leur présenter comme d'obscures et âpres montées où il faut gravir en rampant et poser un pied circonspect.

On prétend qu'il n'y a point d'ingrats, et on le démontre ainsi. « Le bienfait, c'est ce qui est utile : or nul ne peut être utile au méchant, vous le dites vous-mêmes, stoïciens ; donc le méchant ne reçoit pas le bienfait, et partant, il n'est point ingrat. En outre, le bienfait est chose honnête et louable : rien d'honnête ni de louable n'a place chez le méchant, par conséquent le bienfait non plus ; que s'il ne peut le recevoir, il n'est pas tenu de le rendre, et par là échappe à l'ingratitude. Selon vous, l'homme de bien agit en tout avec droiture ; cela étant, il ne peut être ingrat. L'homme de bien rend le bienfait, le méchant ne le reçoit pas ; si vous dites vrai, jamais homme de bien, jamais méchant n'est ingrat. Ainsi l'ingratitude n'existe point dans la nature. »

Tout cela est vide de sens. L'unique bien, chez nous, c'est l'honnête : il ne saurait aller au méchant, qui cesserait de l'être si la vertu pénétrait en lui. Tant qu'il reste méchant, nul ne peut être son bienfaiteur : car le bien et le mal sont antipathiques et ne vont point ensemble. Personne donc n'est utile au méchant : tout ce qui lui arrive est gâté par l'usage pervers qu'il en fait. Un estomac vicié par la maladie et qui se charge de bile corrompt tout ce qu'il reçoit d'aliments et transforme en cause de souffrance ce qui devrait le nourrir ; telle est une âme aveugle : quoi qu'on lui confie, tout lui pèse, tout lui est pernicieux, tout, par son fait, lui est occasion de misère[1]. Aussi les heureux du monde et les riches sont-ils le plus en proie à cette fièvre interne, le moins capables de se reconnaître, tombés qu'ils sont dans une mer plus vaste, jouets de plus de fluctuations. Les méchants ne rencontrent rien qui leur profite ; disons mieux, qui ne leur nuise. Tout ce que le sort leur envoie, ils l'assimilent à leur nature : les plus belles choses en apparence, et qui seraient les plus utiles aux bons, sont des poisons pour eux. C'est pourquoi ils ne sauraient non plus opérer aucun bienfait, nul ne pouvant donner ce qu'il n'a pas ; et l'intention bienfaisante leur manque.

XIII. En dépit de tout cela, cependant, le méchant peut recevoir quelque chose d'analogue au bienfait, et, s'il ne le rend, il est ingrat. Il y a les biens de l'âme, les biens du corps et ceux de la fortune. Les biens de l'âme sont interdits à l'insensé et au méchant : il n'est admis qu'à ceux qu'il peut recevoir, qu'il est tenu de rendre, qu'il est ingrat de ne rendre point. Et cela n'est pas dans nos doctrines seules. Les péripatéticiens eux-mêmes, qui étendent et reculent si loin les bornes de la félicité humaine, disent que de menus bienfaits peuvent arriver au méchant, et qu'à défaut de les rendre il est ingrat. Or il ne nous paraît pas convenable à nous d'appeler bienfaits des choses qui ne feront pas l'homme meilleur au moral ; mais que ce soient des avantages qu'on peut désirer, nous ne le nions pas. Le méchant peut même les donner à l'homme de bien, comme les recevoir de lui ; tels sont de l'argent, un vêtement, des honneurs, la vie ; ne pas les rendre, c'est encourir la qualification d'ingrat. « Mais comment qualifier de ce nom l'homme qui ne rend pas ce qui, selon nous, n'est pas un bienfait ? » Il est des choses qui, sans être vraiment les mêmes, sont, par analogie, comprises sous le même terme. Ainsi nous appelons boîte aussi bien une boîte d'argent qu'une boîte d'or ; nous appelons illettré non pas l'homme tout à fait ignorant, mais celui qui n'a pas atteint un certain degré d'instruction ; ainsi voir un homme mal vêtu, couvert de haillons, c'est, comme on dit, voir un homme tout nu. Des avantages ne sont pas des bienfaits, encore qu'ils en aient l'apparence. « Comme ce sont là des semblants de bienfaits, ils ne donnent lieu qu'à des semblants d'ingratitude. » Erreur : ils sont appelés bienfaits et par celui qui donne et par celui qui reçoit. Ainsi, trahir même (a) l'apparence d'un bienfait réel, c'est être ingrat, tout comme on est empoisonneur quand on apprête un somnifère que l'on croit un breuvage mortel.

XIV. Cléanthe pousse encore plus avant : « Quand même ce n'est pas un bienfait qu'on reçoit, dit-il, on n'en est pas moins ingrat : car on n'était pas disposé à rendre celui qu'on aurait reçu. Ainsi l'on est assassin avant même d'avoir trempé ses mains dans le sang, dès qu'on est armé pour le meurtre et qu'on a l'intention de dépouiller et de tuer. L'acte est la mise en œuvre, la manifestation, non le commencement de l'iniquité (b). Ce qu'a reçu l'ingrat n'était pas un bienfait, mais en avait le nom. Les sacriléges sont punis, bien que nul ne puisse porter la main jusqu'aux dieux (c). »

« Mais comment peut-on être ingrat envers un méchant, puisqu'à son égard le bienfait ne peut avoir lieu ? » Par la raison certes qu'on a reçu de lui quelqu'une de ces choses qui, pour l'ignorant, sont des biens ; abondent-elles chez le méchant, nous devons de même lui témoigner matériellement notre reconnaissance, et, quels que soient les objets donnés, les ayant reçus comme biens, nous devons les rendre comme tels. On dit d'un homme qu'il doit de l'argent, soit qu'il ait emprunté de l'or ou du cuir frappé au coin de l'État, comme il y en eut à Lacédémone pour servir de monnaie. La nature de l'obligation détermine celle du payement.

XV. Qu'est-ce que le bienfait ? Faut-il prostituer à une sordide et vile matière cette grande et noble dénomination ? Peu vous importe : est-ce pour vous qu'on cherche le vrai ? Gardez vos respects pour les faux-semblants ; et puisque vous appelez vertu tout ce qu'on vous prône sous ce nom, adorez-le.

« Si d'un côté, nous dit-on, il n'y a pas d'ingrats selon vos principes, de l'autre, au contraire, tout le monde est ingrat. Car, à vous entendre, tout insensé est méchant ; or qui a un seul vice les a tous ; donc tous les insensés étant de plus

---

(a) Le sens qui précède oblige à lire avec un ms. *speciem* et non *spem*, leçon vulgaire.
(b) Voy. *De la Constance du sage*, VII.
(c) Voy. livre VII, VIII et *Constance du sage*, IV.

méchants, ils sont tous ingrats. » Eh! ne le sont-ils pas, en effet? N'est-ce point là le reproche qui de partout tombe sur le genre humain? N'est-ce pas la plainte universelle qu'on ne fait du bien qu'en pure perte; qu'il est fort peu d'hommes qui ne reconnaissent des procédés généreux par des procédés tout contraires? Et ne crois pas que ces murmures viennent de nous seuls, qui nommons corruption et perversité tout ce qui sort des règles de la stricte droiture. Voici qu'il s'élève je ne sais quelle voix d'autre part que du quartier philosophique pour proclamer, dans l'assemblée même des peuples et des nations, leur condamnation en masse :

Oui, l'hôte craint son hôte;
Le beau-père son gendre, et des frères entre eux
Rarement l'intérêt n'a point brisé les nœuds;
Les époux vont tramant la perte l'un de l'autre (a)

Mais voici pis encore : les bienfaits n'engendrent que crimes, et l'on n'épargne pas le sang de ceux pour lesquels on devrait verser tout le sien. Le poignard, le poison répondent aux bienfaits : porter la main sur la patrie elle-même et l'opprimer sous ses propres faisceaux s'appelle puissance et dignité. On s'imagine ramper dans l'abjection si l'on ne tient sous ses pieds la république. Les armées qu'on a reçues d'elle, on les tourne contre elle ; et nos harangues de généraux sont ceci : « Tirez le glaive contre vos femmes; tirez-le contre vos enfants : autels, foyers, pénates, voilà où doivent s'attaquer vos armes". » Vous à qui le triomphe même n'eût pu jadis ouvrir les portes de Rome sans l'aveu du sénat, vous qui, ramenant vos troupes victorieuses, n'obteniez audience que hors des murs, foulez aujourd'hui les cadavres de vos concitoyens, et, dégouttants du meurtre de vos frères, entrez dans Rome enseignes déployées. En présence des clairons guerriers, Liberté, fais silence; que ce vainqueur et pacificateur des nations, ce peuple qui avait refoulé loin de lui les guerres et comprimé tous les éléments de terreur se voie assiégé dans ses murs et frissonne devant ses aigles.

XVI. Un ingrat, c'est Coriolan, lui qui trop tard, après le crime et le remords, écoute le devoir : s'il dépose les armes, c'est en plein parricide qu'il les dépose. Un ingrat, c'est Catilina; peu content de prendre d'assaut sa patrie, s'il n'en fait un amas de ruines, s'il n'y déchaîne ses hordes d'Allobroges, s'il

(a) Ovid., Métam., I, 144.

ne lui cherche au delà des Alpes l'ennemi qui doit assouvir sur elle ses vieilles haines nationales, et si les premiers capitaines romains ne forment l'hécatombe dès longtemps promise aux bûchers gaulois (a). Un ingrat, c'est C. Marius, parvenu des derniers rangs de l'armée au consulat : s'il ne fait des Romains même boucherie que des Cimbres ; s'il ne donne que dis-je ? s'il n'est lui-même le signal des massacres civils et des exécutions (b), il ne croit pas ses revers assez vengés, sa fortune première assez rétablie. Un ingrat, c'est L. Sylla, qui sauve son pays par des remèdes pires que n'étaient ses périls[9] : du fort Préneste à la porte Colline, il ne marche qu'à travers le sang ; il commande au sein de Rome même de nouvelles charges, de nouveaux carnages, assez barbare après la victoire, assez impie après la foi donnée pour égorger deux légions entières dans un défilé sans issue ; Sylla, l'inventeur de la proscription, qui assurait, grands dieux ! au meurtrier d'un citoyen romain l'impunité, un salaire, et, peu s'en faut, la couronne civique. Un ingrat, c'est Cn. Pompée, qui, pour trois consulats et autant de triomphes, pour tant d'honneurs, la plupart emportés avant l'âge, paye de retour la république en la partageant de concert avec les maîtres qu'il lui impose, comme s'il lavait l'odieux de sa tyrannie en permettant à plusieurs ce qui n'eût dû l'être à personne : il convoite sans cesse des commandements extraordinaires, se crée distributeur des provinces pour avoir droit de choisir, divise la république en trois parts, dont deux tombent dans sa maison : il réduit le peuple romain à ne pouvoir être sauvé que par le bienfait de la servitude[7]. Un ingrat, c'est le rival même et le vainqueur de Pompée : du fond des Gaules et de la Germanie, il ramène la guerre contre Rome ; et cet ami, ce courtisan du peuple vient dans le cirque de Flaminius asseoir son camp plus près de nous que ne fit Porsenna. Il adoucit, je le veux, le droit cruel de la victoire, il remplit sa constante promesse : il ne tua que des ennemis en armes. Mais qu'importe? Si d'autres ont fait de l'épée un plus sanglant usage, rassasiés à la fin ils l'ont laissée tomber de leurs mains ; César, qui fut prompt à la rendre au fourreau, ne la

(a) Lieu où les Gaulois avaient brûlé dans Rome, prise par eux, ceux des leurs qui étaient morts de la peste.
(b) Ses soldats massacraient ceux qui, venant le saluer, ne recevaient pas le salut de sa main ; et ses amis eux-mêmes ne l'abordaient qu'avec la crainte qu'il n'oubliât de faire le geste sauveur.

quitta jamais. Ingrat fut Marc-Antoine envers son dictateur, quand il le proclama légitimement tué (a), quand il livra des provinces et des armées à ses meurtriers, et quand sa patrie, déchirée de proscriptions, d'invasions et de guerres, était destinée, par lui, après tant de maux, à des rois qui n'étaient pas même Romains, afin que celle qui rendait naguère à l'Achaïe, à Rhodes, à presque toute cité fameuse l'intégrité de leurs droits et l'indépendance à titre gratuit, en revanche payât tribut à des eunuques.

XVII. Tout un jour ne pourrait suffire à énumérer tous ces hommes qui furent ingrats jusqu'à consommer la perte de leur pays. J'aurais une tâche non moins immense, si je voulais récapituler de quelles ingratitudes elle paya les meilleurs et les plus dévoués de ses fils, cette république aussi souvent coupable qu'on le fut envers elle. Elle envoie Camille en exil; elle force Scipion à la retraite; on bannit Cicéron après sa victoire sur Catilina, on détruit ses pénates, on pille ses biens, il souffre tout ce qu'il eût souffert de Catilina vainqueur. Rutilius, pour prix de son intégrité, est relégué dans un coin de l'Asie; Caton est écarté une fois de la préture, et du consulat toute sa vie. Nous sommes un peuple ingrat.

Que chaque homme s'interroge : pas un qui ne se plaigne de l'ingratitude de quelque autre. Or il ne se peut faire que tous se plaignent sans qu'il y ait à se plaindre de tous : tous sont donc ingrats. Ne sont-ils que cela? Tous sont cupides, tous envieux, tous lâches, ceux notamment qui affichent le plus d'audace. Ajoute encore : tous sont ambitieux, tous impies. Mais ne t'en irrite point; pardonne-leur : ils sont tous insensés*. Je ne veux pas te rappeler à de vagues généralités, ni te dire : « Vois combien la jeunesse est ingrate ! » Est-il un fils si pur de toute idée de parricide, qui ne souhaite la mort de son père; si modéré, qui ne l'attende; si affectionné qui n'y songe? Est-il bien des hommes qui, maris d'excellentes femmes, craignent assez de les perdre pour ne pas compter ce qu'ils y gagneraient*? Où est, dis-moi, où est le plaideur, défendu par toi, chez qui survive, à sa prochaine affaire, le souvenir d'un si grand service? Voici un fait avoué de tous : quel homme meurt sans se plaindre? Qui, au jour suprême, ose dire :

J'ai vécu, j'ai rempli toute ma destinée (b).

(a) Ceci a trait à la liaison momentanée de Marc-Antoine avec les meurtriers de César.
(b) Énéide, IV, 661.

Qui sort de la vie sans se débattre, sans gémir ? C'est pourtant le fait d'un ingrat que de trouver trop courts les jours écoulés. Ils le sont toujours trop, si tu les estimes par le nombre. Songe que le souverain bien ne consiste pas dans la durée : quelle qu'elle soit, tiens-toi pour satisfait. Quand le jour fatal serait reculé pour toi, qu'y gagnerais-tu en félicité ? Ce répit ne rend pas la vie plus heureuse, mais plus longue. Qu'il vaut bien mieux remercier le ciel des jouissances qu'il nous a permises ; au lieu de supputer les années des autres, bien apprécier les siennes, et les compter comme gains ! Est-ce là ce dont la Divinité m'a jugé digne ? C'est assez pour moi. Elle pouvait faire plus : mais ce qu'elle a fait est pure gratification.

Soyons reconnaissants envers les dieux ; soyons-le envers les hommes ; soyons-le envers ceux qui ont fait quelque bien soit à nous-mêmes, soit aux nôtres.

XVIII. « Holà ! va-t-on me dire : c'est m'engager à l'infini que d'ajouter : *aux nôtres*. Mettez-y quelque borne. Qui rend un service au fils, selon vous, le rend aussi au père. D'abord d'où vient ce service, et où tend-il ? Puis je voudrais qu'on déterminât bien si, rendu au père, le service rejaillit encore sur le frère, et encore sur l'oncle et sur l'aïeul, et sur l'épouse, et sur le beau-père ? Dites où je dois m'arrêter, et jusqu'où cette ligne de parenté me conduira. » — Si je cultive votre champ, je vous rends service ; si j'éteins les flammes qui dévoraient votre maison, ou si je l'étaye pour qu'elle ne croule point, n'est-ce pas aussi un service ? Si je sauve votre esclave, je vous tiendrai pour redevable, et si je sauve votre fils, mon bienfait ne vous lierait point ?

XIX. « Comparaisons inexactes. L'homme qui cultive mon champ ne rend pas service à ce champ, mais à moi ; et celui qui, pour en prévenir la chute, étaye ma maison, le fait à cause de moi, car ma maison n'a pas de sentiment. Il m'a pour débiteur parce qu'il n'en saurait avoir d'autre. De même qui cultive bien mon champ cherche à bien mériter, non du champ, mais de moi. J'en dis autant de mon esclave : c'est une portion de ma propriété ; c'est pour moi qu'on le sauve, c'est moi qui dois pour lui. Mais mon fils est susceptible d'être obligé : aussi est-ce lui qui reçoit le bienfait ; moi je m'en réjouis, j'en suis touché, je n'en suis pas obligé. » — Je voudrais pourtant que vous, qui ne vous croyez pas redevable, vous répondissiez à ceci : la santé d'un fils, son bonheur, sa fortune intéressent-ils son père ? Le père sera-t-il plus heureux s'il conserve son fils ; plus malheureux s'il le perd? Eh bien! un homme dont j'augmente la félicité, à qui j'épargne le risque du plus grand des malheurs, ne reçoit-il pas un bienfait de moi? « Non, dites-vous, car s'il est des services qui, rendus à d'autres, s'étendent jusqu'à nous, nul retour ne doit s'exiger que de celui qui a reçu, comme l'argent prêté se demande au débiteur, bien qu'il me soit indirectement parvenu. Il n'est point de service dont les avantages ne se fassent sentir à ceux qui nous touchent, à ceux même souvent qui nous sont étrangers. On ne recherche pas où passe le bienfait sortant des mains de ceux qui l'ont reçu, mais où on l'a d'abord placé : c'est à l'acceptant lui-même, à lui personnellement qu'on le répète. » Mais enfin, je vous prie, ne dites-vous pas : vous m'avez rendu mon fils : s'il eût péri, je n'aurais pas survécu? Et vous ne devez rien pour la vie de ce fils, cette vie que vous préférez à la vôtre? Et lorsque je vous sauve ce fils, vous tombez à genoux, vous rendez grâce aux dieux, comme si je vous eusse sauvé vous-même. Il vous échappe de dire : « Sauver les miens ou moi, c'est tout un ; vous avez sauvé deux personnes, et moi plus que mon fils. » Pourquoi ce langage, si vous ne receviez pas un bienfait? « Par la même raison que si mon fils avait emprunté, je rembourserais le créancier, sans que pour cela j'aie dû personnellement. Par la même raison que si mon fils était surpris en adultère, je rougirais, sans être adultère moi-même. Je me dis obligé pour mon fils, non que je le sois réellement, mais parce qu'il me plaît de m'offrir à vous comme débiteur volontaire. Après que son salut m'a procuré une satisfaction vive, un immense avantage, après que j'ai échappé à l'affreux déchirement de sa perte, il s'agit de savoir, non si vous me fûtes utile, mais si vous êtes mon bienfaiteur. La brute aussi, la pierre, l'herbe des champs sont utiles, mais d'elles ne vient pas le bienfait, qui ne part que de la volonté. Or ce n'est pas au père, c'est au fils que vous voulez du bien ; souvent même vous ne connaissez pas le père. Ainsi à cette demande: « Quoi! je n'ai pas été le bienfaiteur du père en « sauvant le fils? » opposez cette autre : « Quoi ! j'ai été le bienfaiteur du père que je ne connaissais pas, à qui je ne songeais pas? » Et encore, ne peut-il pas arriver que vous haïssiez le père tout en sauvant le fils? Et vous passeriez pour le bienfaiteur d'un homme dont vous étiez l'ennemi mortel quand vous l'obligiez? »

Mais, pour quitter la discussion dialoguée et répondre en jurisconsulte, c'est l'intention qu'il faut considérer. Le bienfaiteur a obligé celui qu'il voulait obliger, et c'est le père qu'il avait en vue, le père a reçu le bienfait; mais le bienfait dont son fils fut l'objet ne le lie pas, lui le père, bien qu'il en jouisse. Cependant, s'il en a l'occasion, il voudra, à son tour, payer du sien, non comme étant tenu de s'acquitter, mais comme ayant un motif d'initiative. Le bienfait ne doit pas se répéter au père : s'il fait en retour quelque acte de bienveillance, il est juste plutôt que reconnaissant. Car autrement plus de limites : si j'oblige le père, j'oblige aussi la mère, l'oncle, les enfants, les alliés, les amis, les esclaves, la patrie. Où donc le bienfait commence-t-il à s'arrêter? Car ici arrive l'insoluble *sorite*(a), qu'il est difficile de borner, parce qu'il procède pas à pas et ne cesse de gagner du terrain.

Autre question : deux frères sont en discorde; si je sauve l'un, aurai-je servi l'autre, qui sera fâché qu'un frère qui lui est odieux n'ait pas péri? Sans nul doute il y a bienfait lorsqu'on nous oblige même malgré nous, tout comme il n'y en a pas, quand on nous oblige malgré soi.

XX. « Tu te dis bienfaiteur, m'objectera-t-on, de ceux que tu choques, que tu tortures? » Eh! que de bienfaits ont l'abord fâcheux et révoltant, par exemple trancher et brûler pour guérir, et garrotter les membres? Il s'agit de voir, non si le bienfait chagrine qui le reçoit, mais s'il ne devrait pas le réjouir. Un denier n'est pas de mauvais aloi parce qu'un barbare, ignorant l'empreinte romaine, n'en a pas voulu. On déteste le bienfait et on le reçoit, si toutefois il est utile, s'il est donné dans l'intention qu'il soit utile. Qu'importe, si la chose est bonne, qu'elle soit reçue de mauvaise grâce? Mais voyons prends l'hypothèse contraire : cet homme déteste son frère qu'il est de son intérêt de conserver : j'ai tué ce frère. Est-ce là un bienfait, quoique l'autre le dise et s'en félicite? c'est nuire bien traîtreusement que de se faire remercier du tort qu'on a fait. « Je comprends : une chose utile, c'est un bienfait ; une chose nuisible, ce n'en est pas un. » En voici une pourtant qui n'est ni utile ni nuisible et qui ne laisse pas d'être un bienfait. J'ai trouvé ton père sans vie dans un lieu désert, et je l'ai enseveli : cela n'a fait de bien ni à lui (que lui importait de quelle manière son corps allait se dissoudre?) ni à son fils : car quel avantage en a-t-il recueilli? Voici néanmoins ce qu'il y a gagné : il n'a pas manqué, grâce à moi, à un devoir solennel et imposé par la nature. J'ai fait pour son père

(a) Voy. la lettre LXXXV.

ce qu'il eût voulu, ce qu'il eût dû faire lui-même. Ceci toutefois n'est un bienfait qu'autant qu'il ne vient point de ce sentiment de pitié et d'humanité qui me ferait ensevelir les restes du premier venu : il faut que j'aie reconnu la personne et songé qu'alors j'obligeais le fils. Mais que je recouvre de terre le cadavre d'un inconnu, nul ne m'est obligé d'avoir pris ce soin : c'est là une charité banale.

On me dira : « Pourquoi rechercher si scrupuleusement qui tu as obligé? Est-ce pour réclamer plus tard? Il est des gens qui pensent qu'il ne faut jamais redemander, et voici leurs motifs : l'ingrat, quand tu lui réclamerais, ne rendra point ; l'homme reconnaissant rendra de lui-même. D'ailleurs, si tu as donné à un honnête homme, attends : point d'injurieuse sommation, comme s'il n'était pas disposé à s'acquitter ; si c'est un malhonnête homme, portes-en la peine. Ne gâte pas le beau nom de bienfait, n'en fais pas une créance. Et puis, où la loi n'ordonne pas de répéter, elle le défend. » Tout cela est vrai, tant que rien ne me presse, tant que la Fortune ne me contraint point ; je demanderai plutôt un service que je ne le redemanderai. Mais s'il s'agit de la vie de mes enfants, si ma femme court quelque danger, si le salut, si la liberté de mon pays m'envoient où je ne voudrais pas aller, je surmonterai ma répugnance et protesterai que j'avais tout fait pour me passer des secours d'un ingrat. Et en somme, la nécessité de rentrer dans mes avances l'emportera sur la honte de redemander. Au reste, quand j'oblige un honnête homme, c'est à condition de ne rien réclamer que dans le cas d'impérieux besoins.

XXI. « Mais la loi, en ne permettant pas ces répétitions, les prohibe. » Que de choses n'ont pour elles ni loi ni droit d'action, mais que l'usage social et humain, plus fort que toute loi a autorisées ! Aucune loi ne commande de garder les secrets de nos amis, aucune de tenir parole même à un ennemi. Quelle loi nous oblige à remplir une simple promesse? Et pourtant je poursuivrai de mes plaintes l'homme qui aura divulgué un propos confidentiel ; je m'indignerai qu'un engagement ait été pris et méconnu. « Mais c'est changer en créance le bienfait ! » Non pas : je n'exige point, je redemande, et même je ne redemande pas : j'avertis. La plus extrême nécessité ne me fera point recourir à un homme avec qui j'aurais longtemps à lutter. S'il est assez ingrat pour qu'un avertissement ne lui suffise point, je passe outre et ne le juge pas digne d'être forcé à la reconnaissance. Le créancier n'assigne pas ceux de ses débiteurs qu'il sait avoir failli et qui, en fait d'honneur, n'ont plus rien à perdre; de même je laisserai là certaines ingratitudes sans pudeur, endurcies, et je ne redemanderai qu'à l'homme qui ne se laissera pas arracher, mais qui rendra de bonne grâce.

XXII. Beaucoup ne savent ni désavouer ce qu'ils ont reçu ni le rendre : ni assez bons pour être reconnaissants, ni assez méchants pour être ingrats; c'est négligence, c'est lenteur; débiteurs en retard, non insolvables. Ceux-là je ne les sommerai point, je les avertirai, je les ramènerai au devoir dont d'autres soins les distrayaient; ils me répondront aussitôt : « Pardon; en vérité j'ignorais que tu en eusses besoin; sans quoi je me fusse empressé de te l'offrir. Ne me prends pas, je te prie, pour un ingrat; je n'ai pas oublié ce que tu as fait pour moi. » Pourquoi donc hésiterais-je à rendre de pareils hommes meilleurs et pour eux et pour moi? J'empêcherai qui je pourrai de manquer au devoir, et mon ami bien plus qu'un autre, s'il y devait surtout manquer envers moi. Je lui rends un nouveau service si je le sauve de l'ingratitude; et non point par de durs reproches, mais le plus délicatement possible, pour le laisser maître de s'acquitter, je réveillerai ses souvenirs : je lui demanderai un service : il comprendra de lui-même que je redemande.

Parfois j'emploierai une certaine rudesse de paroles, si j'ai l'espoir qu'il puisse s'amender; car, s'il est incurable, je me garderai par cela même de le tourmenter, et d'un ingrat je ne me ferai pas un ennemi. Sans doute épargner à l'ingrat l'aiguillon des avertissements c'est le rendre plus paresseux encore à s'acquitter. Mais les âmes que l'on peut guérir et ramener au bien, au moindre remords qu'on éveille, devra-t-on les laisser se perdre faute d'une seule représentation qui suffit au père pour corriger le fils, à l'épouse pour rappeler à elle l'époux qui s'égarait, à l'ami pour réchauffer la tiédeur d'un ami?

XXIII. Certaines gens pour se réveiller n'ont pas besoin qu'on les frappe, mais qu'on les secoue légèrement; de même il est des hommes dont la reconnaissance et la foi, sans être éteintes, sont assoupies : il faut les piquer. Que notre don ne soit pas un piége : or c'en est un, si l'on n'évite de redemander que pour faire de moi un ingrat. « Et si j'ignore tes besoins, si d'autres occupations, qui partagent et réclament mes soins, m'ont fait oublier l'occasion? Montre-moi ce que je puis, ce que tu veux. Pourquoi désespérer avant l'essai? Pourquoi te hâter de perdre et un bienfait et un ami? D'où sais-tu si c'est de ma part refus ou ignorance, mauvais vouloir ou manque de moyens? Mets-moi à l'épreuve. » J'avertirai donc, mais sans amertume, sans éclat, sans reproche; je ferai en sorte qu'il croie rentrer dans ses souvenirs sans y être rappelé.

XXIV. Un vétéran, accusé de quelque violence envers ses voisins, plaidait sa cause devant J. César, et les griefs devenaient accablants lorsqu'il s'avisa de dire : « Vous souvenez-vous, mon général, de vous être donné une entorse au talon en Espagne, devant Sucrone? — Oui, je m'en souviens. — Vous souvient-il aussi que voulant vous reposer par un soleil fort ardent, sous un arbre qui donnait très-peu d'ombre, sur un sol rocailleux, au milieu de roches très-aiguës où n'avait pu croître que cet arbre-là, un de vos frères d'armes vous fit un lit de sa casaque? — Comment! si je m'en souviens? dit César; et même alors, mourant de soif, hors d'état de gagner en marchant une source voisine, j'allais m'y traîner sur les mains, si ce camarade, brave et digne militaire, ne m'eût apporté de l'eau dans son casque. — Eh bien, général, pourriez-vous reconnaître l'homme ou le casque? — Le casque, non; mais l'homme, parfaitement; au surplus, ajouta-t-il, impatienté sans doute qu'on le ramenât (a) d'une discussion actuelle à une vieille histoire, cet homme-là ce n'est pas toi. — César, reprit le vétéran, il est tout simple que vous ne me reconnaissiez pas; car lorsque la chose arriva, j'étais encore sans blessure : depuis, j'ai perdu un œil à Munda et l'on m'a tiré des esquilles de la tête. Si le casque vous était montré, vous ne le reconnaîtriez pas davantage : un sabre espagnol l'a fendu en deux. » César défendit qu'on inquiétât son vétéran; et il lui adjugea les bouts de terrain que traversait le chemin vicinal, cause de la querelle et du procès.

XXV. Et pourquoi ce soldat n'aurait-il pas réclamé à son général le prix d'un service dont le souvenir s'était brouillé sous l'impression de tant d'autres faits? Car la haute fortune de César et plusieurs armées à conduire ne lui permettaient pas de songer à chacun de ses soldats. Ce n'est plus là répéter un bienfait, c'est reprendre ce qu'on a mis en lieu sûr et comme à portée, de manière toutefois que pour le reprendre il faille

---

(a) *Adduceret*, Lemaire. Je lis avec trois mss. *abduceret*.

étendre la main. Je redemanderai donc, soit par besoin, soit dans l'intérêt même de ceux à qui je redemanderai.

Quelqu'un disait à Tibère, aux premiers temps de son élévation : « Vous souvient-il, César?.... » Mais avant qu'il poussât plus loin les preuves d'une familiarité antérieure : « Je ne me souviens plus, interrompit Tibère, de ce que j'ai été. » Est-ce à un tel homme qu'il eût fallu rappeler un service ? Il fallait souhaiter son oubli. Il lui répugnait qu'aucun de ses amis ou des gens de son âge l'eussent connu jadis ; il voulait qu'on n'eût les yeux que sur sa fortune présente, qu'on ne se souvînt, qu'on ne parlât pas d'autre chose : il tenait pour un espion tout ancien ami.

Il faut plus d'à-propos pour répéter un bienfait que pour le demander. Modérons tellement nos termes que l'ingrat même ne puisse dissimuler sa dette. On devrait se taire et attendre, si l'on vivait chez un peuple de sages ; et même à des sages il serait mieux d'indiquer ce que réclame l'état de nos affaires. Rien n'échappe à la connaissance des dieux, et toutefois nous les prions, mais nos vœux n'opèrent que comme avertissements. Oui, les dieux mêmes entendent le prêtre d'Homère alléguer son zèle et ses soins religieux pour leurs autels.

Vouloir et souffrir les avertissements est le second devoir de la reconnaissance ; déférons-y, pour nous faire écouter plus tard. Quelques âmes n'ont besoin pour incliner dans tel ou tel sens que d'un léger mouvement des rênes : elles vont déjà bien d'elles-mêmes.

Viennent ensuite celles qu'un simple avertissement fait rentrer dans la voie : à celles-là n'ôtons pas leur guide. L'œil endormi a la faculté de voir, bien qu'il n'en use pas ; c'est la lumière envoyée par les dieux qui le rappelle à ses fonctions. L'outil ne sert de rien tant que l'ouvrier ne s'en aide point pour son travail. Parfois la bonne volonté est en nous, mais engourdie par la mollesse et l'inertie, ou par l'ignorance du devoir. Il s'agit de l'utiliser, non de se dépiter et de la laisser se rouiller (*a*) ; comme le maître avec les enfants qu'il enseigne, souffrons avec patience les achoppements d'une mémoire défaillante. Souvent par un mot ou deux qu'on leur souffle on ramène les enfants au texte qu'ils doivent réciter : de même un avertissement réveillera la reconnaissance.

---

a) Leçon vulgaire ; *relinquere in vitio*. Un ms. : *in vieto* que j'adopte.

LIVRE VI.

I. Il est des questions, vertueux Libéralis, qui, uniquement faites pour exercer l'esprit, restent toujours en dehors de la vie pratique; il en est dont la discussion plaît et dont la solution est utile. Je t'en donnerai de toutes à choisir. C'est à toi, comme tu l'entendras, de prescrire soit l'entrée en lutte, soit une simple revue qui dessine à l'œil le programme des jeux. Celles mêmes que tu auras hâte d'écarter n'auront pas été tout à fait stériles; car bien des choses, superflues à apprendre, peuvent être bonnes à connaître. J'aurai donc les yeux fixés sur ton visage, et selon qu'il m'y invitera, je traiterai plus au long certains points, éliminant les autres et les rejetant sans pitié.

II. Un bienfait peut-il être retiré? Quelques-uns prétendent que non. C'est, disent-ils, un acte et non pas une chose : ainsi le don diffère de l'action de donner; ainsi le navigateur est autre que la navigation. Bien qu'il n'y ait point de malade sans maladie, la maladie et le malade ne sont pas même chose : pareillement autre est le bienfait en lui-même, autre l'avantage qui peut en revenir à chacun de nous. Il est incorporel et ne cesse pas d'être : c'est la matière du bienfait qui flotte au gré du sort et qui change de maître. Ainsi, quand tu me l'enlèves, la nature elle-même ne peut révoquer le don qu'elle a fait. Elle interrompt ses bienfaits, elle ne les met pas à néant. L'homme qui meurt a vécu cependant; et celui qui perd les yeux a vu la lumière. Les biens qui nous furent conférés, on peut faire qu'ils ne soient plus, mais non point qu'ils n'aient pas été. Or une partie du bienfait, et la plus sûre même, est dans le passé. Quelquefois nous cessons de pouvoir jouir plus longtemps du bienfait : le bienfait lui-même ne s'efface point. Quand la nature ferait effort de tous ses moyens, elle ne saurait revenir sur ses pas. On peut me ravir la moisson, l'argent, l'esclave, tout ce qui chez moi porte le titre de bienfait; le bienfait en soi demeure, il est immuable. Nulle puissance ne fera que l'un n'ait point donné, que l'autre n'ait point reçu.

III. La belle parole, selon moi, que le poëte Rabirius met dans la bouche de M. Antoine, alors que voyant sa fortune, passée aux mains d'un rival, ne lui plus laisser que le choix de sa mort, pourvu encore qu'il se hâtât, il s'écriait :

Il me reste du moins tout ce que j'ai donné [1].

Oh ! combien il eût pu lui rester, s'il eût voulu ! Voilà les solides trésors ; en dépit de toutes les vicissitudes humaines, ils demeurent stables, indestructibles, et plus ils se multiplient, moins ils font d'envieux [2]. Tu entasses comme si c'était pour toi, administrateur d'un jour ! Tous ces faux biens qui vous gonflent d'orgueil et qui, vous élevant au-dessus de l'homme, vous font mettre en oubli votre fragilité ; cet or gardé sous vos portes de fer et par vos satellites en armes ; cette proie ravie dans le sang d'autrui et que vous défendez au prix du vôtre, pour laquelle vous équipez des flottes, vous rougissez les mers de carnage, vous foudroyez les cités, sans voir derrière vous (a) que le destin aussi s'apprête à tonner sur vos têtes [3] ; cet empire pour lequel vous avez rompu mille fois les engagements de familles, d'amis et de collègues, quand le monde s'est vu écrasé sous le choc de deux prétendants ; tout cela n'est pas à vous : dépôt précaire, qui d'un moment à l'autre attend un nouveau maître ; ou votre ennemi, ou, ce qui est la même chose, votre héritier va le dévorer. Veux-tu en être vrai propriétaire ? Fais-en de purs dons. Prends donc vraiment soin de ta fortune et travaille à t'en assurer une possession certaine et inexpugnable · rends-la plus noble, tu la rendras plus sûre. Ce qui t'émerveille si fort, ce par quoi tu t'estimes riche et puissant, reste, tant que tu le gardes, sous d'ignobles appellations. C'est une maison, un esclave, des écus : quand tu les donnes, ce sont des bienfaits.

IV. « Vous avouez, dira-t-on, qu'il nous arrive de n'être plus redevable à l'homme dont nous avons reçu le bienfait : c'est donc qu'on nous l'a repris. » Nous pouvons pour bien des motifs cesser de devoir, non qu'on ait repris le bienfait, mais parce qu'on l'a profané. Un homme qui m'a défendu en justice a plus tard souillé mon lit par le viol. Il n'a pas repris son bienfait ; mais, effacée par un outrage bien aussi grand, ma dette n'existe plus. Et si l'attentat surpasse le service qui l'a précédé, non-seulement il éteint ma reconnaissance, mais il me donne droit de vengeance et de poursuite, dès que mis en balance le mal l'emporte sur le bien ; ce dernier alors n'est pas annulé,

---

(a) Leçon vulg. : *in adversos*. Un ms. *in aversos*, leçon excellente. Ainsi Sénèque dit ailleurs : *sequitur superbos ultor a tergo Deus. Herc. fur* I, sc. I*.

il est étouffé. Eh ! n'est-il pas des pères tellement durs, tellement criminels que les lois divines et humaines permettent de les réprouver, de les renier? Nous ont-ils donc ôté ce que nous tenions d'eux? Nullement ; mais leurs actes dénaturés qui ont suivi ont détruit le mérite de tout bon office antérieur. Ce n'est pas le bienfait qui s'en va, mais ce qui en fait le prix : je ne cesse pas d'avoir, mais je ne dois plus. Que quelqu'un m'ait prêté de l'argent, puis incendié ma maison, le dommage a compensé le prêt, et, sans avoir rendu, je ne suis point débiteur. Ainsi encore qui s'est signalé envers moi par sa bienveillance, par sa générosité, et ensuite par plusieurs traits de hauteur, de mépris, de cruauté, m'a mis en situation d'être quitte comme si je n'avais rien reçu ; il a tué ses propres bienfaits. Le fermier n'est plus lié, bien que son bail subsiste, envers le propriétaire qui a foulé aux pieds ses récoltes et coupé ses plants. Non que ce dernier ait reçu ce qu'il avait stipulé, mais parce qu'il a tout fait pour ne rien recevoir. De même parfois le débiteur obtient condamnation contre son créancier qui lui a pris, à un autre titre, plus qu'il ne répète à titre de prêt. Ce n'est pas entre le créancier et le débiteur seulement que le juge intervient pour dire au premier : « Tu lui as prêté de l'argent. Mais quoi ? Tu as enlevé son troupeau, tué son esclave, tu possèdes son champ sans l'avoir payé : estimation faite te voilà débiteur, de créancier que tu étais venu. » Entre le bienfait et l'injure, la même compensation a lieu. Souvent, je le répète, le bienfait subsiste et on ne le doit plus, si par la suite son auteur s'en est repenti, s'il s'est dit malheureux d'avoir donné ; s'il n'a donné qu'en soupirant, avec un visage rembruni ; s'il a cru perdre plutôt que faire un don ; si c'est pour lui qu'il m'a donné, ou du moins si ce n'est pas pour moi ; s'il n'a cessé de me le jeter à la face, de s'en faire gloire, de le proclamer partout, de me rendre amère sa libéralité. Le bienfait subsiste donc, quoiqu'il cesse d'être dû, tout comme certains prêts d'argent, sans donner un droit actuel au créancier, restent dus, mais ne sont pas exigibles.

V. On a reçu de toi un service et, plus tard, une injure : au service est due la reconnaissance, à l'injure la réparation. Ou plutôt on ne te doit pas l'une et tu ne dois point l'autre : le premier fait absout le second [1]. Dire : « Je lui ai rendu son bienfait, » c'est dire qu'on a restitué non pas ce qu'on avait reçu, mais autre chose à la place. Rendre en effet, c'est donner pour ce qu'on a reçu. Cela n'est pas douteux : car tout payement consiste à rendre non le même objet, mais l'équivalent. Ne dit-on pas d'un débiteur : « Il a rendu l'argent, » quoiqu'au lieu d'argent il ait compté de l'or, ou encore, que, sans verser du comptant, une délégation en bons termes ait parfait l'acquittement ?

Il me semble t'entendre dire : « Tu perds ta peine. Que m'importe de savoir si ce que je ne dois plus subsiste encore ? Ce sont d'ineptes pointilleries de jurisconsultes qui disent que l'hérédité ne peut s'acquérir par usucapion, mais seulement les biens de l'hérédité, comme si celle-ci était autre chose que les biens qui la constituent. Établis-moi plutôt cette distinction qui peut être utile : quand le même homme qui m'a obligé m'a par la suite fait une injure, dois-je lui rendre son bienfait et néanmoins me venger de lui, satisfaisant pour ainsi dire à deux engagements distincts, ou confondre l'un dans l'autre, sans m'inquiéter nullement que l'injure couvre le bienfait ou le bienfait l'injure ? Car voici la pratique du barreau ; quant au droit reçu dans votre école, ce sont mystères qui vous sont propres. On sépare les actions, et le même titre dont je me prévaux on s'en prévaut contre moi. Il n'y a point confusion d'instances : si un homme m'a confié un dépôt d'argent et qu'ensuite il m'ait volé, je le poursuivrai pour le vol ; lui m'actionnera comme dépositaire. »

VI. Les cas cités par toi, cher Libéralis, sont déterminés par des lois spéciales qu'il faut suivre, et l'une ne rentre pas dans l'autre. Chacune a ses errements : le dépôt a son action propre tout de même certes que le vol. Mais le bienfait n'est soumis à aucune loi : il n'a que moi pour arbitre. Il m'appartient de peser les bons offices et les torts de chacun envers moi, puis de prononcer s'il m'est dû plus que je ne dois. En matière légale rien ne dépend de nous : il faut suivre où l'on nous mène. En matière de bienfait l'autorité est toute en moi ; et ici je décide sans séparer, sans disjoindre : injures comme bienfaits, je renvoie tout au même juge. Autrement, c'est vouloir qu'en même temps j'aime et je haïsse ; que je me plaigne et que je remercie, ce que la nature n'admet pas. Il vaut mieux, comparaison faite du bienfait et de l'injure, voir s'il ne m'est pas encore dû quelque chose. Tout comme un homme qui sur les lignes de mes manuscrits s'aviserait d'écrire d'autres lignes n'enlèverait pas les premiers caractères et ne ferait que les couvrir, ainsi l'injure qui survient ne laisse plus voir le bienfait.

VII. Mais ton visage, sur lequel j'ai voulu me régler, se rembrunit déjà, ton front se plisse : m'éloignerais-je trop de mon sujet ? Tu sembles me dire :

> Eh ! pourquoi tant d'écarts ? Dirige ici ta course ;
> Caresse le rivage................... (a).

Je ne puis mieux le faire. Mais soit : si tu crois ce point suffisamment traité, passons à la question de savoir s'il est dû quelque chose à l'homme qui nous oblige malgré lui. Cet énoncé pourrait être plus net, mais il le fallait un peu vague, sauf à distinguer immédiatement pour montrer que le problème est double : doit-on à qui nous a servi sans le vouloir? doit-on à qui nous a servi sans le savoir ? Car que quelqu'un nous fasse du bien par contrainte, l'obligation est trop évidemment nulle, pour qu'on se mette le moins du monde en frais de le prouver. Cette question, comme toute autre semblable qu'on pourrait soulever, se résoudra sans peine pour peu qu'on réfléchisse à ceci : qu'il n'y a de bienfait que dans ce que nous adresse une intention quelconque, mais une intention amie et bienveillante. Ainsi nous ne rendons point grâce aux fleuves qui portent nos grands navires et qui courent sur un large et intarissable lit pour voiturer tant de richesses, ou qui, riants et poissonneux, serpentent au sein des campagnes qu'ils fécondent ; et nul ne croit devoir de la reconnaissance au Nil, pas plus que de la haine, s'il déborde outre mesure et tarde à se retirer ; le vent, quand même son souffle est doux et propice, n'est pas plus notre bienfaiteur que ne l'est un mets utile et salubre. L'homme qui sera mon bienfaiteur doit non-seulement m'obliger, mais le vouloir. C'est pourquoi encore on n'est point redevable aux animaux : et que d'hommes pourtant la vitesse d'un cheval a sauvés du péril ! ni aux arbres non plus : et que de gens accablés de chaleur trouvent un abri sous leurs rameaux épais ! Or quelle différence y a-t-il que je sois secouru par qui ne le sait pas, ou par qui ne le peut savoir, puisque chez tous deux le vouloir a manqué ? Quelle différence y aurait-il entre me prescrire de la reconnaissance pour un navire, un chariot, une lance, ou pour un homme qui, tout comme ces objets, n'a eu nul dessein de me servir et ne l'a fait que par hasard ?

VIII. On peut obliger quelqu'un sans qu'il le sache, jamais

(a) *Énéide*, V, 172.

sans le savoir soi-même. Souvent nous sommes guéris par des accidents qui ne sont pas pour cela des remèdes ; quelques personnes, pour être tombées dans une rivière par un grand froid, ont recouvré la santé ; il en est chez qui la flagellation a dissipé la fièvre quarte, et leur frayeur subite donnant un autre cours à l'imagination leur a fait oublier l'heure critique ; ce n'est pas à dire qu'aucune de ces choses, bien qu'elles aient sauvé quelques hommes, soient salutaires : ainsi certaines gens nous servent sans le vouloir et même par leur mauvaise volonté ; et il n'y a pas de reconnaissance à leur devoir de ce que la Fortune a fait tourner à notre avantage leurs desseins pernicieux (a). Penses-tu que je doive rien à l'homme dont la main, dirigée contre moi, a frappé mon ennemi, et qui m'eût blessé, s'il ne se fût mépris ? Souvent un témoin trop évidemment parjure décrédite les imputations les plus vraies ; et l'accusé, qui semble en butte à un complot, devient dès lors intéressant. Mainte fois l'influence qui devait perdre est ce qui sauve ; et les juges refusent à la faveur une condamnation que méritait la cause. Ces juges toutefois n'ont pas obligé, bien qu'ils aient servi : car je considère où le trait s'adresse, non où il arrive ; et le bienfait se distingue de l'injure non par le résultat, mais par l'intention. Mon adversaire par ses discours contradictoires, par sa présomption offensante pour le juge, et n'ayant voulu qu'un témoin unique, a relevé ma cause. Je n'examine pas si sa maladresse m'a profité : sa volonté m'était hostile.

IX. Car enfin, pour être reconnaissant, je dois vouloir faire de même que l'homme qui m'aura obligé. Quoi de plus injuste que de garder rancune à celui qui dans une presse m'aura foulé ou éclaboussé, ou poussé hors de mon chemin ? Et cependant rien autre chose ne l'affranchit du reproche, bien que l'injure soit dans le fait même, sinon qu'il ne croyait pas le commettre. Mon adversaire ne m'a pas obligé, par la même raison que le passant ne m'a point fait injure : on n'est ami ou ennemi que par la volonté. Que de gens la maladie a sauvés du service militaire ! Tel eût été témoin et victime de l'écroulement de sa maison, si l'assignation de sa partie adverse ne l'eût retenu dehors ; d'autres ont gagné au naufrage de ne pas tomber dans les mains des pirates. Mais on n'est pas tenu de reconnaissance envers le naufrage ou la maladie, parce que le

(a) Voy. liv. II, xix.

hasard n'a pas conscience du service qu'il rend ; et nous ne savons nul gré à l'adversaire dont les chicanes nous ont sauvés, en nous faisant perdre notre repos et notre temps. Le bienfait n'existe qu'autant qu'il part d'une bonne volonté et qu'il a l'aveu de son auteur. On m'a servi sans le savoir, je ne dois rien : on m'a servi en voulant me nuire, j'agirai de même.

X. Revenons au premier cas. Pour payer de retour, tu veux que je fasse quelque chose ; mais pour m'obliger on n'avait rien fait. Passant au second personnage, faudra-t-il lui témoigner ma gratitude ; et, ce que j'ai reçu sans sa volonté, le lui rendre volontairement? Mais que dire du troisième, dont la malveillance s'est surprise à me faire du bien? Pour que je sois redevable, c'est peu qu'on ait voulu m'obliger ; pour que je ne le sois point, il suffit qu'on n'ait pas voulu le faire. Car l'intention toute nue ne constitue pas le bienfait ; et comme le bienfait n'a pas lieu, si la meilleure, la plus pleine volonté a été trahie par le sort, il n'existe pas davantage si la volonté n'a précédé l'événement. Ce qu'il faut, ce n'est pas que tu m'aies servi ; je ne suis obligé que si tu avais eu dessein de me servir.

XI. Cléanthe pose cet exemple-ci : « J'ai envoyé deux esclaves chercher Platon à l'Académie et le prier de venir. L'un a fouillé tout le portique, parcouru les autres endroits où il comptait pouvoir le rencontrer, et il est rentré aussi las que désappointé ; l'autre s'arrête devant le premier charlatan venu, et pendant qu'il erre au hasard et va de groupe en groupe jouant avec ses pareils, il voit Platon qui passe, il le trouve sans l'avoir cherché. Nous louerons, continue Cléanthe, l'esclave qui, autant qu'il était en lui, s'est acquitté de sa commission ; et l'autre, que sa fainéantise a si bien servi, sera châtié. »

C'est la volonté qui, à nos yeux, confère le bienfait : vois dans quelle condition il se montre, avant de me croire lié par une obligation. Le bon vouloir est peu s'il n'a été utile ; l'utilité est peu, sans le bon vouloir. Suppose qu'on ait voulu me faire un don et que ce don n'ait point eu lieu ; l'intention m'est acquise, non le bienfait, qui n'est complété que par l'acte joint à l'intention. On voulait me prêter de l'argent, je ne l'ai pas reçu : je ne dois rien ; de même si, prêt à me rendre service, tu ne l'as pas pu, je serai ton ami, non ton obligé. Je désirerai, à ton exemple, faire aussi pour toi quelque chose : du reste, si la Fortune m'a permis d'en user libéralement avec toi, j'aurai fait une largesse plutôt qu'un acte de gratitude. C'est toi qui seras en reste avec moi ; dès lors je prends date ; et le compte s'ouvre à mon profit.

XII. Mais je pressens la question ; inutile que tu la fasses ; ton visage a parlé. « Si quelqu'un nous a fait du bien dans son intérêt, lui est-il dû quelque chose ? » Car voilà la plainte que je t'ai souvent ouï répéter : certains hommes, dis-tu, portent au compte d'autrui ce qu'ils font pour eux-mêmes. Je vais répondre, cher Libéralis ; mais divisons d'abord la question et séparons l'acte réciproque de l'acte égoïste. Ce sont en effet choses bien différentes que de se faire serviable à son profit ou au nôtre, ou bien au nôtre et au sien en même temps. L'homme dont les vues sont toutes personnelles nous est utile, parce que tel est son seul moyen de l'être à lui-même ; cet homme est pour moi comme celui qui cherche pour son bétail la pâture d'hiver et d'été ; comme celui qui, pour les vendre plus avantageusement, nourrit bien ses captifs, ou engraisse et étrille les bœufs qu'il élève pour les sacrifices ; comme le maître de gladiateurs qui a le plus grand soin que ses gens soient exercés et de bonne mine. Il y a loin, comme dit Cléanthe, d'un bienfait à un négoce.

XIII. D'un autre côté, je ne suis pas assez injuste pour n'avoir point d'obligation à celui qui en faisant mon bien a fait le sien. Car je n'exige pas qu'on s'oublie pour songer à moi : je souhaite même que le service qui m'est rendu profite encore plus à qui me le rend, pourvu qu'en le rendant il ait eu double intention et fait ma part ainsi que la sienne. Dût-il avoir le meilleur lot, si tant est qu'il m'ait associé à lui, si moi aussi j'étais dans sa pensée, je serais ingrat, je serais plus qu'injuste de ne me pas réjouir à le voir trouver son profit où j'ai trouvé le mien. Il est souverainement inique de n'appeler bienfait que ce qui cause à son auteur quelque préjudice. Quant à l'homme qui me fait du bien dans son propre intérêt, je lui répondrai : « Tu t'es servi de moi ; pourquoi dire que c'est toi qui m'as fait du bien, plutôt que moi qui t'en ai fait ? »

« Supposez, me dit-on, que je ne puisse devenir magistrat qu'en rachetant dix citoyens sur un grand nombre de captifs ; ne me devrez-vous rien à moi qui vous aurai tiré de la servitude et des fers ? Et pourtant j'aurai agi dans mon intérêt. » A cela je réponds : « Vous agissez ici en partie dans votre intérêt, en partie dans le mien. C'est pour vous que vous rachetez : car il vous suffit pour le succès de vos vues, de racheter les premiers venus. Ainsi je vous dois, non de m'avoir racheté, mais de m'avoir choisi ; car vous pouviez atteindre votre but par la délivrance d'un autre comme par la mienne. Ce que votre action a d'utile, vous le partagez avec moi : vous m'admettez dans une combinaison qui doit faire deux heureux. Quant à me préférer à d'autres, c'est exclusivement pour moi que vous le faites. Ainsi encore si pour être élu préteur il vous faut racheter dix captifs, et que nous ne soyons que dix, aucun de nous ne vous devrait rien, vous n'auriez à nous demander compte de rien qui ne fût tout à votre profit. Ce n'est pas que j'interprète en jaloux un bienfait : je désire qu'il profite non à moi seulement, mais encore à vous. »

XIV. « Mais, poursuit-on, si j'avais fait jeter les noms dans l'urne et que le vôtre fût sorti dans les dix, est-ce que vous ne me devriez rien ? » Oui, je vous devrais, mais peu de chose. Vous allez savoir quoi. Vous faites ici quelque chose pour moi : vous m'appelez aux chances du rachat ; que mon nom soit sorti, je le dois au sort ; qu'il ait été dans le cas de sortir, je le dois à vous. Vous m'avez ouvert l'accès au bienfait dont je dois à la Fortune la plus grande part ; mais je suis redevable envers vous, d'avoir pu l'être envers la Fortune. »

Je ne m'occuperai nullement de ces bienfaiteurs mercenaires qui ne calculent pas à qui, mais pour quel prix ils donnent, et qui rapportent à eux-mêmes tout le bien qu'ils font. Un homme me vend du blé ; je ne puis vivre si je n'en achète, mais je ne dois pas la vie à qui m'en a vendu. Je considère non pas combien est nécessaire la chose sans laquelle je ne saurais vivre, mais combien mérite peu de reconnaissance ce que je n'eusse pas eu sans l'acheter. En l'apportant, le marchand songeait, non de quel secours ce serait pour moi, mais de quel bénéfice pour lui. Ce que je paye, je ne le dois pas.

XV. « A ce compte-là, me dira-t-on, vous ne devez rien à votre médecin que ses modiques honoraires, rien à votre précepteur dès que vous lui aurez compté quelque argent. Pourtant ces deux classes d'hommes sont chez nous grandement aimées, grandement considérées. » On répond à ceci qu'il est des choses qui valent plus qu'on ne les achète. Vous achetez du médecin une chose inestimable, la vie et la santé ; du précepteur d'arts libéraux, les connaissances qui ennoblissent et la culture de l'âme. Aussi n'est-ce pas ici la chose que l'on paye, mais la peine, mais leur ministère, les heures qu'ils dérobent à leurs affaires pour nous les consacrer. C'est le salaire, non du service, mais du temps employé.

On peut encore faire une autre réponse plus vraie et qui va suivre ; mais indiquons d'abord comment peut se réfuter cette objection : « Il est des choses qui valent plus qu'elles ne se vendent, et pour lesquelles on doit au delà de ce qu'on les a payées. » D'abord qu'importe ce qu'elles valent, dès que le prix a été convenu entre l'acheteur et le vendeur? Ensuite je l'ai achetée non à son prix, mais au vôtre. « Elle vaut davantage ! » Mais elle n'a pu se vendre plus. Le prix des choses dépend des circonstances. Vantez-les tant que vous voudrez, leur taux est celui au delà duquel elles ne se vendent plus ; et en outre, n'est point redevable au vendeur, celui qui achète à bon compte. Du reste, elles ont beau valoir davantage, il n'y a là de votre part nulle générosité, puisqu'on ne les prise pas d'après le service et l'effet obtenu, mais d'après l'usage et le taux du marché. Quel prix mettez-vous à l'art du pilote qui franchit les mers, qui, au travers des flots, quand la terre a fui loin de ses regards, vous trace une route certaine, prévoit les tempêtes, et au milieu de la sécurité générale ordonne tout à coup de carguer les voiles, de baisser les agrès, de se tenir prêt au choc de l'orage et de faire tête à sa brusque violence? Toutefois un si grand service est acquitté par le prix du passage. A combien évaluez-vous l'hospitalité dans un désert, un abri pendant la pluie, un bain ou du feu par un temps froid? Cependant je sais le peu que tout cela me coûte dans l'auberge où je descends. Quel service ne me rend pas l'homme qui étaye ma maison prête à s'écrouler, l'homme dont l'art incroyable retient comme suspendu tout un édifice qui se crevasse depuis ses fondements? Et pourtant c'est à un prix fixe et modique que tout ce travail est taxé. Un rempart nous défend contre l'ennemi, contre les subites incursions des brigands ; cependant ces tours, boulevards futurs de la sécurité publique, on sait ce que gagne par jour le maçon qui les bâtit.

XVI. Je ne finirais pas si je voulais étendre le cercle des faits qui démontrent que tels services importants coûtent peu. Mais alors pourquoi dois-je au médecin et au précepteur quelque chose de plus que leurs honoraires, qui ne m'acquittent point envers eux? Parce que de médecin et de précepteur ils passent au rang d'amis ; et ce n'est point par la science qu'ils me vendent que je m'attache à eux, c'est par un sentiment de bienveillante familiarité. Quant au médecin qui ne fait que me tâter le pouls et qui me classe parmi ses banales visites, me prescrivant, sans s'intéresser à moi, ce qu'il faut faire ou éviter, je ne lui dois rien de plus; car il n'est pas venu me voir en ami, mais comme un faiseur d'ordonnances. Je n'ai pas lieu non plus d'honorer beaucoup le précepteur qui m'a confondu dans la foule de ses élèves, qui ne m'a pas jugé digne d'un soin spécial et tout particulier, et qui, sans jamais diriger sur moi son attention, nous jetait indistinctement sa science que j'ai, non pas apprise, mais attrapée au vol. Pourquoi est-ce donc que l'on doit beaucoup à ces deux hommes? Ce n'est pas parce qu'ils nous vendent ce qui vaut plus que nous ne l'achetons, c'est parce qu'ils font quelque chose pour nous personnellement. Mon médecin m'a témoigné plus de sollicitude que son état ne l'y obligeait : c'était pour moi, non pour l'honneur de l'art qu'il tremblait; non content d'indiquer les remèdes, il les appliquait de sa main. Des plus inquiets sur mon sort, et des plus assidus, aux moments critiques il accourait; les services les plus pénibles, les plus rebutants, ne lui coûtaient point. Il n'entendait pas mes gémissements sans émotion; dans la foule de ceux qui l'invoquaient j'étais son malade de prédilection, et il ne donnait son temps à d'autres que si mon état le lui permettait. Celui-là, ce n'est pas comme médecin, c'est comme ami qu'il m'a obligé. A son tour mon précepteur a pris sur lui la fatigue et les ennuis de l'enseignement : outre ces choses que le maître débite pour tous, il en est d'autres qu'il m'a transmises et comme infiltrées goutte à goutte ; ses exhortations ont relevé mes bonnes dispositions morales, et tantôt ses éloges m'ont encouragé, tantôt ses remontrances ont dissipé chez moi la paresse. Mes facultés étaient ignorées, engourdies : il y porta la main, pour ainsi dire, et les tira de leur sommeil. Loin de me dispenser sa science avec parcimonie pour se rendre plus longtemps nécessaire, il eût voulu, s'il avait pu, me la verser toute d'une seule fois. Ne suis-je pas ingrat si je n'aime pas à voir en cet homme l'un de mes plus chers attachements?

XVII. Les gens même qui vivent de la plus ignoble industrie reçoivent de nous quelque chose en sus du prix fixé, si nous voyons qu'ils n'ont point épargné leur peine : il n'est pas jusqu'au pilote, au manœuvre qu'on loue à vil prix et à la journée, auxquels on ne jette une gratification. Pour ces arts de premier ordre qui conservent ou civilisent la vie, l'homme qui croit ne devoir rien de plus que ce qu'il a stipulé est un ingrat. Ajoutez que la communication de ces connaissances fait naître l'amitié : alors on paye à l'instituteur, comme au médecin, le prix du travail, mais la dette du cœur subsiste.

XVIII. Platon avait traversé un fleuve dans une barque sans que le batelier lui eût rien demandé, ce que prenant pour une marque de considération, il dit à cet homme : « Ton bon office demeure en dépôt chez Platon. » Mais peu après il vit le batelier passer l'une après l'autre plusieurs personnes gratis et avec le même empressement ; alors il rétracta ses premières paroles ; car pour que je vous sois obligé de ce que vous faites pour moi, il faut non-seulement que vous le fassiez, mais que vous le fassiez à cause de moi. Vous n'avez action contre personne pour ce que vous prodiguez à tout le monde. « Mais encore ne nous sera-t-il rien dû pour cela ? » De moi comme unique obligé, non. Je vous payerai avec tous les autres la dette qui m'est commune avec tous.

XIX. « Selon vous, me dira-t-on, je ne reçois aucun bienfait de l'homme qui me fait passer le Pô gratuitement ? » — Aucun. C'est un simple acte de bienveillance : le bienfait n'est pas là. Cet homme agit pour lui, ou du moins n'agit pas pour moi. Après tout, lui-même ne croit pas m'accorder un bienfait ; c'est en vue de la république, ou du voisinage, ou par vanité qu'il joue ce rôle, et en retour il attend un avantage quelconque, autre que le salaire individuel des passagers. « Eh quoi ! que l'empereur accorde à tous les Gaulois le droit de cité, aux Espagnols l'exemption d'impôt, ne lui devront-ils rien à ce titre individuellement ? » Oui, sans doute, et ce ne sera pas comme personnellement obligés, mais comme participant à l'obligation du pays. « Cependant, direz-vous, il n'a nullement songé à moi. Lors de ce bienfait général, ce n'est pas proprement à moi qu'il voulait donner le droit de cité, ce n'est pas à moi qu'il songeait. Pourquoi donc lui serais-je redevable s'il ne m'avait pas pour objet au moment d'accomplir son acte ? » Mais d'abord, devez-vous dire, en se proposant de faire du bien à tous les Gaulois, il se proposait de m'en faire, puisque j'étais Gaulois ; et, s'il ne m'a pas spécialement désigné, il m'a compris sous la désignation commune. Et, pour mon compte, j'ai contracté envers lui, non une dette privée, mais une dette collective : membre de la nation, je ne m'acquitterai pas en mon nom, mais au nom du pays, par contribution.

XX. Si quelqu'un prête de l'argent à ma patrie, je ne me dirai pas son débiteur ; c'est un engagement que je ne confesserai pas, ni comme candidat, ni comme accusé ; et néanmoins, pour l'acquitter, je donnerai ma quote-part. Ainsi, pour cette chose octroyée à tous, je ne me reconnais point débiteur : elle a eu lieu pour moi aussi sans doute, mais non à cause de moi ; moi aussi je l'ai reçue, mais sans qu'on sût que je la recevrais ; je ne laisserai pas de me croire comptable de quelque chose, parce que, malgré un long circuit, elle est arrivée jusqu'à moi. Il faut que j'aie été l'objet d'un acte pour qu'il m'oblige. « Dans ce système, peut-on me dire, vous ne devez donc rien ni au soleil, ni à la lune, car ce n'est pas pour vous qu'ils se meuvent ? » Mais comme leurs mouvements ont pour but la conservation de l'univers, ils se meuvent pour moi aussi qui fais partie de l'univers. Ajoutez d'ailleurs que notre condition et la leur sont bien différentes. L'homme qui m'est utile pour l'être à lui-même à l'occasion de moi, n'est pas mon bienfaiteur, parce qu'il a fait de moi l'instrument de son avantage ; au lieu que le soleil et la lune ont beau nous faire du bien pour eux-mêmes, leur but n'est pas d'obtenir de nous la réciproque ; car nous, que pourrions-nous pour eux ?

XXI. « J'admettrais, objectera-t-on, que le soleil et la lune ont la volonté de nous être utiles, s'ils étaient libres de ne l'avoir pas. Or, il leur est impossible de ne pas se mouvoir, car enfin, qu'ils s'arrêtent, s'ils le peuvent, qu'ils suspendent leurs révolutions. » Vois par combien de raisons ceci se réfute. Est-ce à dire qu'on veuille moins parce qu'on ne peut pas ne point vouloir ? Et même la plus forte preuve d'une volonté ferme ne se tire-t-elle pas de l'impossibilité de changer ? Il est impossible à l'homme vertueux de ne pas agir comme il fait ; il cesserait d'être vertueux s'il agissait autrement ; direz-vous qu'il ne sera jamais bienfaisant parce qu'il ne fait que ce qu'il doit ? Il ne peut pas ne point faire ce qu'il doit. D'ailleurs, il est bien différent de dire d'un homme : « Il ne peut pas ne point le faire parce qu'il y est forcé ; et de dire : « Il ne peut pas ne point le vouloir. » Car s'il y a pour lui nécessité d'agir, je ne dois le bienfait qu'à celui qui l'y a contraint. S'il y a nécessité pour lui de vouloir par cela seul qu'il n'a rien de mieux à vouloir, il n'est contraint que par lui-même. Ainsi ce que dans le premier cas je ne lui devais pas, dans le second je le lui dois. « Que les astres, dites-vous, cessent donc de vouloir. » Ici veuillez bien réfléchir. Où est l'homme assez hors de sens pour n'admettre pas comme volonté celle qui ne court risque ni de cesser, ni de passer à l'état contraire ; loin de là, il n'en est point, ce semble, de plus réelle que celle qui est constante au point d'être éternelle. S'il est vrai qu'on ait un vouloir lors même qu'on peut l'instant d'après ne l'avoir plus, refuserons-nous une volonté à l'être qui, par sa nature, ne peut pas ne point l'avoir?

XXII. « Eh! qu'ils s'arrêtent donc s'ils le peuvent. » C'est-à-dire, que tous ces grands corps séparés par d'immenses intervalles, et placés dans l'espace comme sentinelles de l'univers, désertent leurs postes; que brusquement, bouleversant toutes choses, les astres se heurtent contre les astres; que la concorde des éléments rompue, le monde céleste coure en vacillant vers sa ruine; que cet ensemble merveilleux dans sa rapidité laisse inachevées au milieu de leur carrière des révolutions promises pour tant de siècles; que ces globes qui vont tour à tour et reviennent à propos, qui maintiennent avec tant de justesse l'équilibre du monde, s'abîment dans une conflagration subite; que ce mécanisme si varié se déconcerte et se confonde en un seul chaos. Que tout devienne la proie du feu absorbé ensuite par d'inertes ténèbres, et qu'un gouffre sans fond dévore cette foule de divinités. Faut-il, pour vous fermer la bouche, que tout cela croule à la fois, ce qui vous sert en dépit de vous, ce qui marche à votre profit, bien qu'à ces mouvements préside une cause plus grande et primordiale?

XXIII. Ajoutez que nulle contrainte étrangère n'a d'action sur les dieux : leur loi à eux, c'est leur éternelle volonté. Ce qu'ils réglèrent une fois, ils ne le changent plus. On ne peut donc imaginer qu'ils fassent rien contre leur vouloir; car pour eux, ne pouvoir cesser, c'est vouloir continuer, et jamais un premier dessein ne les expose au repentir. Sans doute il ne leur est permis ni de s'arrêter ni de marcher en sens contraire; mais le seul motif, c'est que leur propre autorité les enchaîne à leur décision; ce n'est pas faiblesse s'ils persistent, seulement il leur répugne de s'écarter de la meilleure voie qu'ils se sont souverainement tracée. Or, dans l'organisation primitive, dans l'arrangement de l'univers ils nous eurent en vue, nous aussi, et ils ont tenu compte de l'homme. Ne croyons donc pas qu'ils ne parcourent l'espace et ne poursuivent leur œuvre que pour eux; car nous-mêmes nous entrons dans le plan de cette œuvre. Nous devons donc au soleil, à la lune, à toute-puissance céleste ce qu'on doit à des bienfaiteurs (a) : en vain ont-ils un plus noble principe d'impulsion, un but plus auguste à atteindre, ils ne laissent pas de nous être utiles. Que dis-je? Ils se

---

(a) Voy. *De la colère*, II, xxvii, et *Quest. nat.*, VI, iii.

sont proposé de l'être, et nous leur sommes obligés ; leurs bienfaits n'ont pu nous venir à leur insu, par surprise ; ce que nous recevions, ils savent que nous le devions recevoir. Et quoique leur mission soit plus haute et le fruit de leurs travaux plus sublime que de conserver de qui doit périr, néanmoins notre avantage aussi a, dès l'origine des choses, occupé leur prévoyance, et l'ordre établi dans le monde prouve assez que nous n'étions pas le dernier de leurs soins.

Nous devons une pieuse affection aux auteurs de nos jours ; que de fois pourtant l'homme s'unit à la femme sans vouloir devenir père ! Mais les dieux, peut-on croire qu'ils n'aient point su ce qui allait naître d'eux, eux qui pourvurent à ce que tous eussent dès l'abord des aliments et des secours ? Et ce n'est point négligemment qu'ils ont produit des êtres pour lesquels ils produisaient tant de choses. Oui, la nature nous a mûris dans sa pensée avant de nous créer ; et l'homme n'est pas un fruit si chétif qu'il ait pu tomber au hasard de sa main[x]. Voyez quel champ elle nous a ouvert, et que l'étroite sphère de l'humanité est loin de restreindre l'empire de l'homme ! Voyez sur quel espace immense il est libre d'égarer ses pas, espace qui n'est point borné où finit la terre ; car nous plongeons dans toutes les parties de la nature ! Voyez l'audace de son intelligence, et comment seule elle connaît ou cherche à connaître les dieux, et va dans son vol sublime participer aux mystères célestes ! Reconnaissez que l'homme n'est pas une œuvre de précipitation et d'imprévoyance. Parmi ses plus grandes, la nature n'en a point dont elle se glorifie plus, à laquelle du moins elle étale plus sa gloire. Quelle étrange fureur de contester aux dieux leur générosité ! Comment payera-t-on des dettes qui ne s'acquittent jamais sans qu'il en coûte quelque chose, si l'on nie avoir rien reçu de ces bienfaiteurs, dont en le niant même on reçoit encore, et qui donneront toujours et ne redemanderont jamais ? Mais surtout quelle perversité de se croire quitte, par cela même que la bienfaisance survit au désaveu, et de ne voir dans la perpétuité et l'enchaînement des grâces que cet argument : « On était forcé de donner ! Je n'en veux pas ; qu'il les garde, qui les lui demande ? » Ajoutez à de telles paroles tout le vocabulaire de l'impudence ; en mérite-t-il moins bien de vous, l'être dont les largesses, à l'instant même où vous les niez, pleuvent sur vous, et qui, par un trait de bonté, je puis dire plus grand que tous les autres, malgré vos blasphèmes, vous donnera encore ?

XXIV. Ne voyez-vous pas comme dès l'âge le plus tendre les parents obligent leurs enfants à subir des contrariétés salutaires? Malgré leurs pleurs et leur répugnance, on emmaillotte leur corps avec le plus grand soin, et, de peur qu'une liberté prématurée ne déforme leurs membres, on les assujettit pour qu'ils croissent régulièrement; bientôt on leur inculque les connaissances libérales; on réduit par la crainte leur mauvais vouloir. Enfin l'on façonne leur pétulante jeunesse à la frugalité, à la pudeur, aux bonnes mœurs; et l'indocilité cède à la contrainte. Devenus même plus âgés et déjà maîtres de leurs actions, s'ils repoussent certains remèdes par crainte ou par déraison, on emploie contre eux la force et la gêne. Ainsi les plus grands bienfaits de nos parents, nous les recevons sans le savoir ou sans le vouloir.

XXV. A ces ingrats, et à quiconque repousse le bienfait, non parce qu'il n'en veut pas, mais pour ne point devoir, ressemblent, dans la sphère opposée, ceux qui, par excès de gratitude, souhaitent à qui les a obligés, quelque disgrâce, quelque adversité où ils puissent prouver au bienfaiteur quel affectueux souvenir ils lui gardent. Est-ce là l'effet d'une intention droite et dévouée, on se le demande : ainsi font ceux qui, dans le délire d'une ardente passion, souhaitent l'exil à leur maîtresse pour partager son isolement et sa fuite; la pauvreté, pour la sauver du besoin par des libéralités plus grandes; la maladie, pour veiller à son chevet : ce qui serait l'imprécation d'un ennemi devient le vœu de ces amants. La haine ne diffère presque point, par ses effets, d'un amour insensé [6]. Tel est à peu près le travers des hommes qui voudraient voir leurs amis dans la peine pour les en tirer, et chez qui le tort précède le bienfait, comme s'il n'était pas mieux de ne rien faire pour eux que de chercher par un crime à placer un bon office. Que dirait-on du pilote qui demanderait aux dieux le temps le plus contraire, l'ouragan, pour que le danger rehaussât le mérite de son art? Que dirait-on du général qui prierait les dieux d'envoyer force ennemis investir son camp, et, dans une attaque soudaine, combler les fossés, arracher les palissades à la vue de son armée en désordre, arborer jusque sur les portes leurs drapeaux menaçants, afin que lui pût rétablir plus glorieusement des affaires perdues et désespérées? Tous ceux-là tracent à leurs bienfaits une odieuse voie, qui invoquent les dieux contre l'homme dont ils se feront les sauveurs, et qui désirent l'abattre avant de le relever. Caractère inhumain, reconnaissance perverse que de vouloir du mal à ceux que l'honneur vous défend d'abandonner.

XXVI. « Mon vœu, dis-tu, ne lui nuit pas, puisqu'en même temps que le péril je lui souhaite les moyens de salut. » C'est dire : « Oui, j'ai bien quelque tort, mais un tort moindre que si j'invoquais le péril sans la délivrance. » Il est indigne de me plonger dans l'abîme pour m'en tirer, de me renverser pour me rétablir, de me mettre aux fers pour me délivrer. Ce n'est pas faire le bien que s'arrêter dans le mal ; et jamais il n'est méritoire d'arracher l'épine quand soi-même on l'a enfoncée. Ne me blesse pas, j'aime mieux cela que d'être guéri ; je puis te savoir gré de me guérir si l'on m'a blessé, mais non de me blesser pour avoir à me guérir. Jamais la cicatrice ne plaît que comparée avec la blessure ; et si l'on aime que celle-ci se ferme, on préférerait qu'elle n'eût pas été faite. La souhaiter à un homme dont on ne tiendrait nul bienfait serait un vœu inhumain ; combien ne l'est-il pas plus à l'égard d'un bienfaiteur ?

XXVII. « Mais je demande aussi de pouvoir lui porter secours. » D'abord, et je t'arrête au milieu de ton vœu, tu commences par être ingrat : avant d'entendre ce que tu veux faire pour lui, je sais ce que tu veux qu'il souffre. Sollicitude pour lui, angoisse et pis encore, telle est ton imprécation. Tu veux qu'il ait besoin de secours, voilà qui est contre lui ; qu'il ait besoin du tien, voilà qui est pour toi. Tu veux moins le secourir que te libérer. Qui se hâte ainsi veut en égoïste être quitte, plutôt encore que s'acquitter. Ainsi le seul point qui, dans ton vœu, pouvait sembler honorable, la crainte de devoir devient un trait honteux d'ingratitude ; car que souhaites-tu ? la faculté pour toi de témoigner ta reconnaissance ? non ; mais la nécessité pour l'autre de l'implorer. Tu t'ériges en supérieur, et chose révoltante, tu fais tomber le bienfaiteur aux pieds de l'obligé. N'est-il pas bien mieux de devoir avec la louable intention de s'acquitter, que de payer par de méchantes voies ? En niant la dette, tu ferais moins mal : ce ne serait qu'une générosité perdue ; mais tu veux voir le bienfaiteur humilié devant toi par la perte de sa fortune, et sa situation changée et réduite au point qu'il se trouve au-dessous de ce qu'il fit pour toi. Et je te croirais reconnaissant ! Ose proférer devant lui le vœu de lui être ainsi utile. Appelles-tu donc un vœu ce que la haine et la reconnaissance peuvent se partager par moitié, ce que tu attribuerais sans difficulté à un adversaire, à un ennemi, si l'on taisait le mot qui vient le dernier ? On a vu aussi en temps de guerre souhaiter de prendre certaines villes pour les sauver, et de vaincre pour faire grâce. Ce n'en sont pas moins des souhaits hostiles, que ceux où la part de l'indulgence n'arrive qu'après les rigueurs. Enfin que penses-tu que soient des vœux dont nul ne désire moins le succès que celui pour qui tu les formes? Cruel envers l'homme que tu veux voir maltraité par les dieux et secouru par toi, tu es inique envers les dieux mêmes. Tu les charges du rôle de persécuteurs, et prends celui de sauveur pour toi : tu feras le bien, et les dieux le mal! Si tu me suscitais un accusateur pour l'écarter plus tard, si tu m'impliquais dans quelque procès qu'ensuite tu ferais évanouir, nul ne douterait de ta perversité. Or qu'importe que la chose soit tentée par fraude ou sous forme de vœu? Seulement tu me cherches ici de plus puissants adversaires. Ne viens pas dire : « Quel tort te fais-je donc? » Ton vœu devient ou inutile ou dommageable : et il est dommageable encore, quand même il serait inutile. Si tu ne me fais pas tort, c'est grâce aux dieux; mais il y a tort dans tout ce que tu souhaites. Cela suffit : je dois t'en vouloir comme si tout le mal était fait.

XXVIII. « Si mon vœu, vas-tu dire, eût été exaucé, il l'eût été aussi pour ton salut. » Mais d'abord tu me souhaites un péril certain, sauf ton secours qui ne l'est pas; et l'un et l'autre fussent-ils infaillibles, le dommage sera venu le premier. Et puis tu savais, toi, la condition de ton vœu; mais moi, d'abord emporté par l'orage, ni port ni secours ne m'étaient promis. Quel tourment n'était-ce pas d'avoir eu besoin de secours, même si j'en obtiens; d'avoir tremblé, même si l'on me sauve; d'avoir dû plaider, même si l'on m'absout! Le terme de nos craintes n'est jamais tellement doux qu'on ne juge plus douce encore une complète et inébranlable sécurité. Souhaite de pouvoir me rendre mon bienfait au besoin, mais non pas que ce besoin arrive. S'il n'eût tenu qu'à toi, le mal que tu invoques, tu l'eusses fait toi-même.

XXIX. Qu'il serait plus noble de dire : « Puisse mon bienfaiteur être toujours en état de distribuer des grâces, et ne jamais en avoir besoin! Que l'abondance ne cesse de le suivre, lui qui l'emploie si généreusement en largesses et en bons offices, et qu'il n'éprouve en aucun temps l'impuissance de donner, ni le repentir de ses dons! Que ce caractère, déjà si porté aux sentiments humains, à la pitié, à la clémence, soit encore excité, provoqué par la foule des âmes reconnaissantes; qu'assez heureux pour les rencontrer il ne soit pas forcé de les mettre à l'épreuve! Que nul ne le trouve inflexible, et qu'il n'ait à fléchir personne! Que la Fortune, toujours égale et fidèle à lui continuer ses faveurs, ne permette aux autres de lui témoigner que la reconnaissance du cœur! » De tels vœux ne sont-ils pas bien plus légitimes que les tiens? Ils ne t'ajournent point à une occasion plus propice; ils te font à l'instant même reconnaissant. Car qui empêche de l'être envers la prospérité? Que de moyens n'a-t-on pas de s'acquitter complétement, même auprès des heureux du monde! De sincères avis, une fréquentation assidue, des entretiens dont l'urbanité sache plaire sans flatterie, une attention, si l'on te consulte, toujours prête, une discrétion inviolable, tous les rapports d'une douce familiarité. Il n'est personne, si haut que la faveur du sort le place, qui ne soit d'autant plus privé d'ami, que nulle autre chose ne lui manque.

XXX. La triste occasion que tu désires, tu dois la repousser de tous tes vœux, l'écarter au plus loin. Pour pouvoir t'acquitter, as-tu besoin de la colère des dieux? Et tu ne te sens pas coupable, quand tu vois mieux traité par eux l'homme envers qui tu te fais ingrat? Représente-toi, par la pensée, une prison, des fers, l'accusé en deuil, la servitude, la guerre, l'indigence : voilà les crises que tu invoques; si l'on contracte avec toi, voilà à quel prix on est quitte. Que ne désires-tu plutôt de voir puissant l'homme à qui tu dois tant, de le voir heureux? Car, je l'ai dit, qui t'empêche de payer ta dette aux hommes même les plus privilégiés du sort? Une pleine et ample matière te sera offerte pour cela. Quoi? ignores-tu que les plus riches créanciers sont payés comme les autres? Mais, car je ne veux pas t'enchaîner malgré toi, quand l'opulence sans bornes du bienfaiteur fermerait toutes les voies à la reconnaissance, apprends qu'il est un bien dont l'absence est fatale aux grandeurs, un bien qui manque à ceux qui possèdent tout. C'est à savoir un homme qui dise vrai ; il faut, quand, tout étourdis de mensonges, l'habitude d'ouïr ce qui flatte au lieu de ce qui est juste, les a conduits à ne plus connaître la vérité, il faut un homme qui les enlève à cette ligue et à ce concert d'impostures. Ne vois-tu pas dans quel précipice les entraîne le silence de toute voix libre, et ce dévouement qui se ravale en obséquieuse servilité? Pas un ami qui parle du cœur pour conseiller ou pour dissuader : c'est un combat d'adulation. L'unique tâche de tous leurs familiers est de lutter à qui les trompera de la plus agréable manière. Abusés sur leurs forces, et se croyant aussi grands qu'on le leur répète, ils attirent sur eux sans motif des guerres qui vont tout mettre en danger de périr ; ils rompent d'utiles et indispensables alliances, et mus par des ressentiments que nul n'ose retenir, ils épuisent le sang des peuples pour finir par verser le leur ; cela parce qu'ils sévissent sur des soupçons admis comme preuves, qu'ils ont honte de se laisser fléchir comme on rougirait d'une défaite, et jugent éternel un pouvoir qui n'est jamais plus vacillant qu'à son apogée. Ils ont fait crouler en débris sur eux et les leurs de vastes empires, et n'ont point compris, sur ce théâtre éblouissant de grandeurs vaines et sitôt écoulées, qu'ils devaient s'attendre à tous les malheurs, du jour où nulle vérité ne pouvait plus se faire entendre à eux.

XXXI. Lorsque Xerxès déclara la guerre aux Grecs, cette âme enflée d'orgueil, et oubliant sur quelles bases fragiles portait sa confiance, ne trouva partout que des instigateurs : l'un disait qu'on ne tiendrait pas contre l'annonce seule de la guerre, et qu'au premier bruit de sa marche, on tournerait le dos ; un autre, qu'avec ce monde de soldats il était sûr, non-seulement de vaincre la Grèce, mais de l'écraser : qu'il devait plutôt craindre de trouver des villes désertes et abandonnées, de vastes solitudes où l'absence d'ennemis rendrait superflu l'emploi de ses immenses forces ; un autre, qu'à une telle invasion la nature suffirait à peine ; les mers seraient trop étroites pour ses flottes, les lieux de campement pour ses troupes de pied, les plaines pour le déploiement de sa cavalerie ; le ciel presque manquerait d'espace pour les traits que lanceraient tant de bras[7]. Comme de toutes parts on se répandait ainsi en hyperboles qui redoublaient le délire de sa présomption, le seul Démarate, Lacédémonien, lui représenta « que cette multitude dont il était si fier, désordonnée et encombrante, serait dangereuse à conduire ; que ce n'était pas une force, mais une masse ; qu'il est impossible de gouverner ce qui dépasse toute mesure, et que toute chose ingouvernable ne dure pas. Et d'abord, dit-il, sur les premières hauteurs tu auras en tête des adversaires qui t'apprendront ce que sont les enfants de Sparte. Tant de milliers de peuplades seront tenues en échec par trois cents hommes. Fermes et inébranlables à leur poste, ils défendront le défilé commis à leur garde : et cette barrière vivante, toute l'Asie ne la fera point reculer d'un pas. Tout ce menaçant appareil, ce choc, pour ainsi dire, du monde entier se ruant sur la Grèce, se brisera contre une poignée d'hommes. Quand la nature bouleversée dans ses lois t'aura livré quelque passage, une simple gorge te le barrera, et tu jugeras des pertes qui t'attendent par ce que le détroit des Thermopyles t'aura coûté. Tu verras que l'on peut te vaincre en voyant qu'on peut t'arrêter. Sans doute on t'abandonnera plusieurs points comme à un torrent déchaîné, dont la première furie sème une grande terreur en passant ; mais peu après tout se lèvera d'un même élan, et tes propres forces seront refoulées sur toi. On dit vrai lorsqu'on t'assure que tes apprêts de guerre sont trop vastes pour tenir dans toute l'enceinte du pays qu'ils menacent ; mais cela même est contre nous. La Grèce triomphera de toi par cela même que tu ne peux t'y loger, t'y mouvoir utilement tout entier. Bien plus : ce qui pour une armée est le grand moyen de salut, tenir tête aux chocs imprévus, porter secours aux points qui faiblissent, te sera impossible, comme de prévenir ou d'arrêter le désordre. Tu seras défait bien avant de sentir ta défaite. Ne crois pas non plus que tout doive céder à tes troupes par la raison que leur chef lui-même n'en sait pas le nombre? Il n'est chose si grande qui n'ait chance de périr ; car, de sa grandeur même, à défaut d'autre ennemi, naît la cause qui la tuera. » Tout arriva comme Démarate l'avait prédit. Celui qui s'attaquait aux dieux et aux hommes, qui forçait la nature dès qu'elle lui faisait obstacle, fut arrêté tout court par trois cents guerriers, et, en jonchant de ses débris épars[8] toute la Grèce (a), Xerxès apprit quelle différence il y a d'une multitude à une armée. Alors, plus malheureux de son humiliation que de ses pertes, il remercia Démarate de lui avoir seul parlé sans feinte, et lui permit de demander ce qu'il voulait. Celui-ci demanda de faire son entrée dans Sardes, l'une des plus grandes villes d'Asie, monté sur un char, et la tiare droite sur le front, honneur réservé aux rois seuls[9]. Il était digne de cette récompense s'il ne l'eût demandée. Mais que je plains une nation où le seul homme qui dît la vérité au prince ne savait pas se la dire à lui-même!

XXXII. Le divin Auguste exila sa fille, impudique au delà de toute la portée flétrissante du mot, et rendit publics les scandales de la maison impériale : des amants introduits par bandes ; Rome devenue le théâtre nocturne de leurs orgies ambulantes ; le Forum, et cette même tribune d'où le père avait proclamé la loi qui punit l'adultère, choisis par la fille pour y consommer les siens ; ces rendez-vous à la statue de Marsyas, où l'on s'attroupait tous les jours[10], quand, d'épouse infidèle, travestie

(a) Voy. de la Colère III, xvi.

en prostituée, elle se ménageait avec des complices inconnus le droit de tout faire. Ces débordements, qui réclamaient l'animadversion du prince, non moins que son silence, car il est des turpitudes qui retombent sur celui même qui les châtie, Auguste, peu maître de son courroux, les avait fait connaître à tous. Puis, à quelque temps de là, la colère faisant place à la honte, il gémit de n'avoir pas su taire ce qu'il avait appris trop tard, lorsqu'il n'y avait plus que du déshonneur à parler. Il s'écria plus d'une fois : « Rien de tout cela ne me fût arrivé si Mécène ou Agrippa eussent encore vécu. » Tant, avec des millions d'hommes, il est difficile d'en remplacer deux ! (*a*) Ses légions sont taillées en pièces : d'autres sont levées sur-le-champ ; sa flotte est détruite : en peu de jours on en met à flot une nouvelle ; la flamme consume les édifices publics : ils se relèvent plus beaux de leurs cendres ; mais tout le reste de sa vie la place d'Agrippa et de Mécène demeura vide. Que conclure de là ? Que leurs pareils ne purent se retrouver, ou que ce fut la faute du prince, qui aima mieux se plaindre que chercher? Ne nous figurons point qu'Agrippa et Mécène étaient dans l'usage de lui parler vrai : s'ils eussent été en vie, ils eussent dissimulé comme les autres. C'est la tactique des souverains de louer les morts pour déprimer les vivants, et de prêter le mérite de la franchise à ceux dont ils n'ont plus à la redouter.

XXXIII. Mais, pour rentrer dans mon sujet, tu vois combien il est facile de s'acquitter envers les heureux, envers les hommes placés au comble de l'humaine prospérité. Dis-leur, non ce qu'ils veulent entendre, mais ce qu'ils voudront avoir toujours entendu ; que leurs oreilles, remplies d'adulations, s'ouvrent enfin à un langage sincère ; donne-leur des conseils qui les sauvent. Tu demandes ce que tu peux faire pour des gens si heureux ? fais qu'ils n'aient pas foi en leur bonheur ; qu'ils sachent tout ce qu'il faut de bras et de bras sûrs pour le retenir. Auras-tu faiblement mérité d'eux si tu leur arraches une bonne fois la folle assurance que leur puissance doive durer toujours, s'ils apprennent de toi que tous les dons du hasard sont changeants et fuient d'un vol plus prompt qu'ils ne viennent, et qu'on ne redescend point par les mêmes degrés du faîte où l'on est parvenu, mais que souvent du plus haut échelon au plus bas il n'est point d'intervalle (*b*) ? Tu connais

(*a*) Sénèque ici ne pensait-il pas à lui-même et à Burrhus, les seuls conseillers vertueux de Néron ? Autrement n'eût-il pas dit : *Il était difficile ?*
(*b*) Voy. *De la tranquill. de l'âme*, II.

bien peu le prix de l'amitié, si tu ne crois pas leur donner beaucoup en leur donnant un ami, chose rare dans les palais et même dans l'histoire des siècles, chose qui ne manque nulle part davantage qu'aux lieux où l'on croit qu'elle abonde. Eh quoi! ces listes énormes qui fatiguent la mémoire et la main des nomenclateurs, les crois-tu des listes d'amis? Non, ceux-là ne nous aiment point, qui viennent par nombreuses phalanges frapper à notre porte, et qu'on partage en premières et secondes entrées, selon la vieille étiquette des rois et de ceux qui les singent en répartissant par sections tout un peuple de prétendus amis. C'est une des manies de l'orgueil de mettre bien haut la faveur de pénétrer jusqu'à son seuil, de le toucher : il accorde à titre d'honneur le droit de vous morfondre de plus près à sa porte, d'être le premier qui mette le pied dans l'intérieur où sont encore vingt autres portes qui tiennent exclus même les admis.

XXXIV. Chez nous, C. Gracchus d'abord et, peu après, Livius Drusus, établirent les premiers l'usage de classer son monde, et de recevoir partie en audience privée, partie en petit cercle, tout le reste en masse. Ils avaient donc, ces gens-là, amis de première et amis de seconde classe, jamais de vrais amis. Donnes-tu ce titre à l'homme qui te salue à son rang de numéro? A-t-il pu t'ouvrir loyalement son âme celui qui, par ta porte entre-bâillée, se glisse chez toi plutôt qu'il n'y entre? Ose-t-il bien prendre son franc parler, l'homme qui n'est libre d'articuler le bonjour vulgaire et banal, qu'on jette même à des inconnus, que si son tour est arrivé? Va chez lequel tu voudras de ces patrons qui étourdissent la ville du fracas de leurs visiteurs ; tu auras beau voir les rues encombrées de cette multitude, les chemins devenus trop étroits pour leurs bataillons de clients qui vont ou qui reviennent, sache que là il y a foule d'hommes, solitude d'amis [11]. C'est dans le cœur, non dans l'antichambre, qu'on cherche un ami. C'est là qu'il faut le recevoir, le retenir ; le plus intime de notre être, voilà son asile. Apprends-leur cela, tu es reconnaissant. Tu te fais tort de penser qu'utile dans les revers seulement, tu cesses de l'être dans la bonne fortune. De même que dans toute conjoncture critique, ou fâcheuse, ou prospère, tu te conduis sagement et tâches d'appliquer aux unes la prudence, aux autres le courage, aux troisièmes la modération ; de même dans tous les cas également tu peux servir ton ami. Si tu ne t'éloignes pas de ses disgrâces ni ne les appelles de tes vœux, toujours s'offrira-t-il, sans même que tu le souhaites, parmi tant d'événements divers, des incidents qui fourniront matière à ton dévouement. Celui qui voudrait me voir riche pour avoir part à mon bien-être, semble former des vœux pour moi quand il ne songe qu'à lui-même ; ainsi me souhaiter quelque embarras pour employer son aide et son zèle à m'en délivrer, c'est être ingrat, c'est se préférer à moi et croire ne pas payer trop cher de mon malheur cette gratitude qui mérite un nom tout contraire. On veut par là s'affranchir, se décharger d'un fardeau qui pèse. Il y a loin entre se hâter en vue de rendre bienfait pour bienfait, et se hâter pour ne plus devoir. Qui veut rendre bienfait pour bienfait saura se prêter à ma convenance et désirera pour moi une occasion qui m'agrée : celui qui ne cherche rien qu'à se libérer pour son compte, voudra y parvenir de quelque manière que ce soit, ce qui est la pire des dispositions.

XXXV. Cet excès d'empressement, disons-le encore, est d'un ingrat. Je ne puis le démontrer plus clairement qu'en répétant mes premières paroles : Non, tu ne veux pas rendre le bienfait reçu, tu veux t'y soustraire. C'est comme si tu disais : « Quand serai-je débarrassé de cet homme ? Travaillons par tous les moyens à ne plus être son obligé. » Tu voudrais prendre sur son bien pour le rembourser qu'on te jugerait loin d'être reconnaissant : ton vœu est encore plus inique. Tu exècres ton bienfaiteur, et tu cloues sur cette tête, qui doit t'être sacrée, une sinistre imprécation. Personne, je pense, ne mettrait en doute la barbarie de ton cœur, si tu lui souhaitais ouvertement la pauvreté, la captivité, la faim, les angoisses de la peur. Où est la différence si, à défaut de paroles, ton vœu le dit tout bas ? De sens rassis, désirerais-tu rien de tout cela ? Va, maintenant ; appelle gratitude ce que ne ferait point même un ingrat : lui du moins n'irait pas jusqu'à la haine, il n'oserait que nier le bienfait.

XXXVI. Qui donnerait à Énée le surnom de Pieux, s'il avait voulu la prise de sa patrie pour ravir son père à la captivité ? Qui vanterait les jeunes Siciliens si, pour donner aux fils un bel exemple, ils eussent souhaité que l'Etna bouillonnant et tout enflammé vomît au loin une masse de feux extraordinaire et leur fournît à eux l'occasion de déployer leur amour filial en arrachant leurs parents du milieu de l'incendie ? Rome ne devrait rien à Scipion si, pour finir la guerre punique, il l'eût alimentée ; rien aux Décius qui ont par leur mort sauvé la patrie, s'ils eussent auparavant souhaité que pour donner lieu à leur héroïque dévouement un cas d'extrême nécessité se présentât.

Grande est l'infamie du médecin qui cherche à se faire de la besogne. Beaucoup, après avoir aggravé et irrité le mal pour avoir plus d'honneur à le guérir, n'ont pu en venir à bout ou ne l'ont vaincu qu'à force de torturer leurs malheureux malades.

XXXVII. Callistrate (a), dit-on, ainsi du moins Hécaton l'atteste, partait pour l'exil avec beaucoup d'autres qu'avait chassés une démocratie factieuse et d'une licence effrénée; quelqu'un lui exprimant le vœu qu'Athènes se vît dans la nécessité de réintégrer les bannis, il eut horreur d'un pareil retour. Le mot de notre Rutilius est encore plus énergique. Je ne sais qui lui disait, par forme de consolation, qu'une guerre civile était imminente, et que bientôt tous les exilés se verraient rappelés : « Quel mal t'ai-je fait, répondit-il, pour me souhaiter un retour plus affreux que mon départ? J'aime mieux que mon pays ait à rougir de mon exil qu'à s'affliger de mon rappel. » Ce n'est pas un exil qu'une absence dont tout le monde est plus honteux que l'homme qui y fut condamné.

Si ces grands hommes ont rempli le devoir de bons citoyens en refusant de revoir leurs pénates au prix du désastre public, parce qu'une injustice soufferte par deux individus est préférable au mal de tous, je manque à mon tour aux sentiments de la reconnaissance si je veux qu'un homme bien méritant de moi soit écrasé de difficultés pour que je puisse les écarter de lui. Bien que nos motifs soient bons, nos vœux sont des vœux de malheur. Il n'y a pas même d'excuse, loin qu'il y ait de l'honneur, à éteindre un incendie qu'on aurait allumé.

XXXVIII. Chez certaines nations, un vœu inhumain a été réputé crime. Du moins voyons-nous qu'à Athènes Démade fit condamner un homme qui vendait les objets nécessaires aux funérailles, sur la preuve qu'il avait souhaité de gros bénéfices, vœu qui ne pouvait s'exaucer que par la mort de beaucoup de monde. On demande souvent néanmoins si cette condamnation fut juste. Peut-être cet homme désira-t-il non de vendre beaucoup, mais cher; d'acheter à bon compte ce qu'il voulait revendre. Comme le commerce se compose et de l'achat et du débit, pourquoi rattacher à toute force à la seconde partie un vœu dont le succès s'applique à toutes deux? A ce compte on pourrait condamner tous les gens de ce même métier : tous en effet veulent la même chose, c'est-à-dire font intérieurement le même

---

(a) Orateur distingué dont les succès enflammèrent l'émulation de Démosthène.

vœu. La grande majorité des hommes serait à condamner : car qui ne doit son profit au désavantage d'un autre? Le soldat soupire après la guerre, s'il aime la gloire; la cherté des grains relève l'agriculteur; le salaire de l'éloquence se proportionne au nombre des procès; une année féconde en malades fait le bénéfice du médecin; les traficants d'objets de luxe s'enrichissent de la corruption des jeunes gens. Que l'inclémence du temps ou l'incendie respectent nos maisons, tu verras tomber l'industrie de ceux qui les bâtissent. Le vœu dont un homme a été convaincu est le vœu de tous[12]. Est-ce qu'un Arruntius, un Aterius et mille autres qui font métier de capter des testaments, ne forment pas, dis-moi, les mêmes vœux que les ordonnateurs et entrepreneurs de pompes funèbres? Encore ceux-ci ne savent-ils pas de quelles gens ils désirent la mort : mais eux, l'ami le plus intime, celui dont l'affection leur promet le plus (a), voilà l'homme qu'ils veulent voir mourir : on peut vivre sans faire tort aux premiers; faire attendre les seconds c'est les ruiner. Ils aspirent donc et à recevoir le prix de leur honteuse servilité, et à se voir quittes d'un tribut onéreux. Donc aussi nul doute que le vœu proscrit dans un Athénien ne soit surtout le vœu de ces gens qui ne s'enrichissent de décès qu'en s'appauvrissant si l'on ne meurt point. Et pourtant, les souhaits de toute cette classe d'hommes sont aussi notoires qu'impunis. Enfin, que chacun s'interroge et rentre dans le secret de sa conscience pour y sonder les vœux qu'elle recèle, que de vœux qu'on rougit même de s'avouer, et combien peu pourraient s'émettre devant témoins!

XXXIX. Mais tout ce qui est répréhensible n'est pas légalement condamnable : témoin ce vœu qui nous occupe, ce mauvais emploi d'une intention bonne qui entraîne un ami dans le vice qu'il veut éviter; car l'impatience même de montrer sa reconnaissance le rend ingrat. Que dit-il? « Que mon bienfaiteur tombe à ma merci; qu'il ait besoin de mon crédit; que sans moi son salut, son honneur, sa sûreté deviennent impossibles. Qu'il soit malheureux au point de regarder comme un bienfait la moindre restitution. » Il dit, et les dieux l'entendent : « Qu'il soit assiégé d'embûches domestiques et que je les puisse seul déjouer. Qu'il ait en tête un puissant et redoutable ennemi; qu'une troupe hostile et bien armée le presse; qu'un créancier, qu'un accusateur le poursuivent. »

(a) Au texte : *rei plurimum est*. Je lis comme Gruter : *spei*.

XL. Vois quelle est ta justice! Tu ne souhaiterais rien de tout cela s'il ne t'avait pas fait de bien. Sans parler des torts plus graves que tu commets en répondant par les plus grands maux aux plus grands services, tu es coupable au moins de ne point attendre le moment convenable; il est aussi mal de le devancer que de le laisser fuir. Comme un bienfait ne doit pas toujours s'accepter, il n'est pas toujours bien de le rendre. Me rendre sans que je le désire serait être ingrat; combien ne l'es-tu pas plus, toi qui me contrains à le désirer! Attends: pourquoi ne veux-tu pas que mon présent séjourne chez toi? Pourquoi ton obligation te pèse-t-elle? Pourquoi, comme avec un âpre usurier, te hâtes-tu de régler nos comptes? Pourquoi me chercher des embarras, déchaîner sur moi la colère des dieux? Comment redemanderais-tu, toi qui payes de la sorte?

XLI. Sachons donc avant tout, cher Libéralis, devoir tranquillement, épier les occasions de rendre, sans les amener de force; et quant à cette manie de se libérer au plus vite, souvenons-nous que c'est de l'ingratitude. Car nul ne rend de bonne grâce ce qu'il est fâché de devoir, et ce qu'on ne veut pas garder près de soi, on l'estime un fardeau plutôt qu'un service. Combien n'est-il pas plus noble et plus juste de tenir toujours les bienfaits de notre ami à sa disposition, de les lui offrir sans les lui jeter à la tête, et de ne pas se croire obéré : car le bienfait est un lien réciproque, il enchaîne deux cœurs. Tu dois dire : « Il ne tient pas à moi que ton bon office ne te revienne; puisses-tu le reprendre avec joie! Si quelque nécessité menace l'un de nous deux, si l'arrêt du sort veut que tu sois forcé de rentrer dans tes dons, ou moi d'en recevoir encore de toi, que celui-là donne plutôt qui en a l'habitude. Je suis tout prêt,

Turnus n'hésite pas (*a*).

Je te prouverai mes sentiments à la première occasion; d'ici là, j'ai les dieux pour témoins. »

XLII. Souvent, cher Libéralis, j'ai remarqué en toi et pris pour ainsi dire sur le fait cette tendance, cet inquiet empressement à n'être en arrière d'aucune de tes obligations. Tant de souci ne sied point à la reconnaissance : elle doit au contraire prendre en soi la plus haute confiance, et sûre comme elle l'est que son attachement est sincère, bannir toute anxiété.

(*a*) Virgil. *Énéid.*, XII, 11.

C'est presque un outrage de dire : « Reprends ce que je te dois. » Que le premier droit du bienfaiteur soit le choix du moment où il veuille reprendre. « Mais je crains que le monde n'interprète mal mes délais. » C'est mal agir que de régler sa reconnaissance sur l'opinion plutôt que sur sa conscience. Tu as ici deux juges : toi, que tu ne saurais tromper, et le bienfaiteur, qui peut être ta dupe. « Quoi ! si l'occasion ne s'offre jamais, devrai-je donc éternellement? » Oui, tu devras, mais tu devras ouvertement, mais tu seras heureux de devoir, mais tu auras grand plaisir à voir le dépôt laissé dans tes mains. C'est regretter d'avoir reçu que s'affliger de n'avoir point rendu encore. Pourquoi, si je t'ai semblé digne de t'obliger, te semblerais-je indigne que tu me doives?

XLIII. Grave est l'erreur de ceux qui pensent que ce soit la marque d'une âme élevée de donner beaucoup, de remplir de cadeaux la bourse ou la maison d'une foule d'hommes : c'est là parfois l'œuvre non d'une grande âme, mais d'une grande fortune. On ignore combien il est plus pénible et plus difficile souvent de recevoir et de garder que de répandre. Car, sans rien ôter au mérite de l'un ou de l'autre, qui est égal comme fondé sur l'honnête, il n'y a pas moins de vertu à porter le poids de sa dette qu'à avoir donné. Il en coûte même dans le premier cas plus que dans le second, d'autant qu'il faut de plus grands soins pour conserver le don que pour le faire. Qu'on ne s'agite donc point en aveugle pour rendre bien vite, qu'on ne parte point avant l'heure : on est également blâmable et de sommeiller au moment d'agir, et de se hâter hors de propos. Mon ami a placé sur moi : je ne crains ni pour moi ni pour lui. Toutes ses sûretés sont prises; son bon office ne saurait périr qu'avec moi, et même alors ne périrait-il point : car il a ma reconnaissance, il a tout. Qui pense trop à restituer le bienfait suppose au bienfaiteur trop d'envie de le recouvrer. Soyons prêt dans les deux circonstances : le veut-il reprendre? rapportons-le, rendons-le avec joie. Préfère-t-il le voir sous ma garde? Pourquoi lui déterrer son trésor? pourquoi refuser son dépôt? Il mérite bien d'avoir la liberté du choix. Quant à l'opinion et à la renommée, laissons-les à leur rang : elles doivent non pas nous guider, mais nous suivre.

LIVRE VII.

I. Bon courage, cher Libéralis,

> Enfin nous prenons terre : ici plus de longueurs,
> De détours fatigants, d'importunes lenteurs (*a*).

Ce livre-ci rassemble les restes d'une matière épuisée, et j'avise à découvrir non ce que je dois dire, mais ce que je n'ai pas dit. Prends toutefois tout ce reliquat en bonne part, puisque c'est pour toi qu'il y a reliquat. Si je n'avais eu qu'un but d'amour-propre, l'intérêt de mon œuvre eût dû croître graduellement, et j'eusse ménagé pour la fin de quoi réveiller même un appétit satisfait. Mais j'ai accumulé tout le plus essentiel sur le commencement : maintenant je glane ce qui a pu m'échapper. Et franchement, si tu me demandes mon avis, je ne crois pas qu'il importe fort, les points qui règlent la morale une fois traités, de s'attacher à d'autres questions imaginées non comme remèdes de l'âme, mais comme exercices de l'esprit. Car, ainsi que le dit si bien Démétrius (*b*) le cynique, grand homme à mon avis, même si on le compare aux plus grands : « Il est plus utile de ne posséder qu'un petit nombre de sages préceptes, pourvu qu'on les tienne à sa portée et à son usage, que d'en avoir étudié mille qu'on n'a plus sous la main (*c*). Le bon lutteur, dit-il, n'est pas celui qui sait à fond toute la théorie des temps et enlacements dont l'application est rare sur l'arène; c'est celui qui, après s'être longtemps et soigneusement exercé dans une ou deux positions, épie attentivement l'instant de les saisir : qu'importe en effet qu'il sache beaucoup, s'il sait tout ce qu'il faut pour vaincre ? De même, dans la philosophie, pour une foule de choses qui amusent, peu frappent au but. » Il est permis d'ignorer la cause qui fait déborder, puis refluer l'Océan ; pourquoi chaque septième année d'âge marque

---

(*a*) Virg., *Géorg.*, II, 45.
(*b*) Voy. sur Démétrius, *De la Providence*, III, *Lettre* XCIV, et plus bas, ch. VIII.
(*c*) Voy. *De la vie heureuse*, XVIII, et *Lettre* XX.

l'homme d'un cachet nouveau ; pourquoi les arcs d'un portique vu de loin ne gardent pas les mêmes proportions, mais se rétrécissent et se rapprochent vers les extrémités, tellement que l'intervalle des dernières colonnes devient nul ; pourquoi des jumeaux conçus séparément naissent ensemble ; si un seul acte de copulation suffit pour tous deux, ou si chacun a sa conception propre ; pourquoi à des naissances pareilles des destins divers, des points d'arrivée si distants l'un de l'autre, quand les points de départ diffèrent si peu. On ne perd pas grand'chose à négliger ce qu'il n'est ni possible ni utile de savoir. L'impénétrable vérité reste cachée dans son abîme. Et nous ne pouvons faire un crime à la nature de nous envier nos découvertes : car il n'y a de difficiles que celles dont tout l'avantage consiste à les avoir faites. Tout ce qui nous doit rendre meilleurs ou heureux, elle l'a mis sous nos yeux ou tout près de nous. Que, dédaignant les vicissitudes du sort, un homme s'élève au-dessus de la crainte et n'embrasse pas l'infini dans ses avides espérances, mais sache trouver en lui-même ses richesses[2] ; qu'il ait banni les terreurs humaines et religieuses, bien sûr qu'il y a peu à redouter de la part des hommes et rien de la part des dieux ; que contempteur de ces choses qui font le supplice en même temps que la décoration de la vie, il soit parvenu à voir clairement que la mort n'est la source d'aucun mal, et qu'elle est le terme de bien des maux ; qu'il ait voué son cœur à la vertu et trouve unies toutes les voies par où elle l'appelle ; qu'en qualité d'être sociable et né pour le service de tous, il regarde le monde comme la patrie commune du genre humain ; qu'il ouvre sa conscience aux dieux[3] et se conduise en tout comme il ferait sous l'œil du public ; qu'il ait pour soi plus de respect encore que pour les autres, un tel homme s'est dérobé aux orages et fixé où résident le calme et la sérénité ; il possède complétement la science utile et nécessaire : le reste n'est fait que pour amuser ses loisirs. Car il est permis à l'âme déjà recueillie en lieu sûr de se distraire à des études qui ornent l'esprit sans lui apporter plus de force.

II. Ces principes, notre Démétrius veut que le disciple déjà en progrès les tienne pour ainsi dire à deux mains, qu'il ne s'en dessaisisse jamais, qu'il se les inculque et se les assimile, et qu'en les méditant chaque jour, il arrive au point que la règle morale s'offre d'elle-même à lui et réponde partout et sur-le-champ à son appel ; que sans délai lui apparaisse la grande distinction de l'honnête et de son contraire, pour lui rappeler qu'il n'est de mal que ce qui est honteux, de bien que ce qui est honnête; qu'elle soit sa règle pour ordonner les œuvres de sa vie, sa loi constante pour agir et juger, et qu'il tienne pour le plus malheureux des hommes, dans quelque haute fortune qu'il brille, quiconque, esclave de la table et des femmes, laisse croupir son âme dans une léthargique inertie. Qu'il se dise : « La volupté est chose fragile, qui passe vite, sujette aux dégoûts; plus avidement on l'épuise, plus tôt elle dégénère en souffrance que suit bientôt infailliblement ou le repentir ou la honte. Y a-t-il en elle rien de noble ou de séant à cette nature humaine qui approche de celle des dieux? Abjecte par elle-même, ayant pour agents, pour guides des organes déshonnêtes et vils, ses résultats sont repoussants. La volupté digne d'un homme, d'un homme qui sait l'être, n'est pas de remplir, d'engraisser son corps; de réveiller des passions qu'il est bien plus sûr de laisser dormir; c'est d'échapper aux troubles violents que soulèvent dans les âmes les rivalités de l'ambition, comme à ces frayeurs irrésistibles parce qu'elles viennent de plus haut, lorsqu'au sujet des dieux on ajoute foi à l'opinion et qu'on les juge d'après nos propres vices. » Cette volupté toujours égale, imperturbable, jamais exposée au dégoût d'elle-même, est le partage de l'homme dont nous traçons l'image, de celui qui, pour ainsi dire, savant de la science des lois divines et humaines, jouit de ce qui est sans dépendre de ce qui sera, car point de fixité pour qui se porte vers l'incertain. Ainsi exempt des soucis qui absorbent, qui torturent la pensée, il n'espère ni ne craint; il ne s'élance point dans le vague du hasard : ce qu'il a lui suffit. Et ne va pas croire que peu lui suffise : il est maître de tout, non comme le fut Alexandre (a), arrêté au bord de la mer Rouge, et auquel il manquait plus qu'il n'avait conquis; car il n'est même pas sûr de ce qu'il tient, de ce qu'il a dompté, lorsque, au milieu de l'Océan, Onésicrite, son éclaireur, se hasarde sur une mer inconnue à la recherche de nouvelles guerres. Rien prouve-t-il mieux sa pauvreté réelle que cette rage de porter ses armes au delà des bornes de la nature, sur un abîme inexploré et sans fond comme sans rives, où le pousse son aveugle, son irrésistible convoitise? Qu'importe tout ce qu'il a pu ravir ou donner de royaumes et combien de provinces il écrase de tributs? Il est pauvre de tout ce qu'il désire [4].

III. Et telle fut la maladie non d'Alexandre seulement, qu'une

(a) Voy. *Lettres* xvii, lxi, xci xcxiv et *aliàs*; et Boileau, *Sat.* viii.

témérité heureuse poussa sur les traces d'Hercule et de Bacchus, mais de tous ceux que la Fortune combla de ses irritantes faveurs. Passe en revue Cyrus, Cambyse et toute la lignée des rois de Perse, lequel trouveras-tu qui, rassasié de succès, se soit dit : « C'est assez, » et que la mort n'ait pas surpris reculant encore en espoir les bornes de son Empire? Qu'on ne s'en étonne pas : tout ce que la cupidité peut saisir s'absorbe et se perd sans laisser de trace ; si le gouffre est insatiable, il n'importe combien l'on jette. Le sage seul possède et conserve tout sans effort. Il n'a pas de lieutenants à envoyer au delà des mers, ni de camp à tracer sur les rives ennemies, ni de garnisons à répartir dans les postes convenables : il ne lui faut ni légions ni troupes à cheval. Tout de même que les dieux règnent sans armées, et du trône paisible où ils siégent gouvernent tutélairement leur empire, le sage, quelque loin que ses devoirs s'étendent, les accomplit sans trouble ; il est le plus puissant, le meilleur de toute la race humaine, qu'il regarde à ses pieds. Nonobstant vos railleries, c'est le privilége d'une âme sublime, quand l'Orient et l'Occident se découvrent à sa pensée qui pénètre jusqu'aux lieux reculés dont des déserts nous ferment l'accès, quand elle contemple tant d'êtres divers et cette abondance de toutes choses qu'enfante si libéralement la nature, de pouvoir se dire, comme ferait un dieu : « Tout cela est à moi. » Et c'est ainsi qu'on ne désire plus, puisque au delà de tout il n'y a rien.

IV. « C'est cela même que je voulais, dis-tu. Je te tiens : je suis curieux de voir de quelle manière tu te tireras du piége où tu es volontairement tombé. Dis-moi comment il est possible de rien donner au sage, si le sage possède tout? Car l'objet même qu'on lui donne est à lui. Il ne peut donc recevoir un bienfait : on ne lui offre que ce qui lui appartient. A t'entendre, pourtant, on peut donner au sage. » Je réponds, moi, en te faisant au sujet des amis la même objection. « Vous dites qu'entre eux tout est commun : donc on ne saurait rien donner à son ami ; ce serait lui donner ce qui lui est commun avec vous. »

Rien n'empêche qu'une chose soit commune au sage et à celui qui la possède, à qui elle fut livrée en propre. Dans le droit politique tout est au roi, et cependant ces biens, dont le roi possède l'universalité, sont répartis entre une foule d'individus, et chaque chose a son maître particulier. Ainsi l'on peut donner au roi une maison, un esclave, de l'argent, sans qu'il soit dit qu'on lui donne son bien à lui. Aux rois est la souveraineté du tout, aux particuliers la propriété. Ce qu'on appelle territoire d'Athènes ou de Campanie se subdivise et se distingue de voisin à voisin par délimitations spéciales, et les champs de l'un comme de l'autre sont tous terres de la république. Individuellement (a) le droit du possesseur est reconnu ; et de cette façon je puis donner mes terres à l'État, quoiqu'elles s'appellent terres de l'État, parce qu'il les possède à un titre différent du mien. Met-on en doute que l'esclave avec son pécule n'appartienne au maître ? Le maître, toutefois, peut recevoir de l'esclave. Car il n'est pas vrai que l'esclave n'ait rien parce qu'il cessera d'avoir dès que son maître le voudra ; et son don ne laisse pas d'en être un, bien qu'il ne donne de plein gré que ce qu'on eût pu lui ravir même malgré lui.

Comme nous avons démontré que tout appartient au sage (point sur lequel nous sommes d'accord), il reste à établir ceci : Comment y a-t-il encore matière à libéralité envers l'homme qui possède toute chose, comme nous l'admettons ? Au père appartient tout ce dont ses enfants disposent. Qui ne sait pourtant qu'un fils peut aussi donner à son père ? Il n'est rien qui ne soit aux dieux : néanmoins nous leur apportons des offrandes, nous leur versons des tributs. Ce que j'ai demeure mien, quoiqu'il soit tien aussi ; car il peut être à moi en même temps qu'à toi. « Mais, dit-on, les prostituées sont à l'homme qui en fait trafic : or si tout appartient au sage, les prostituées font partie de ce tout et conséquemment appartiennent au sage ; et l'on appelle prostitueur le propriétaire de ces femmes, donc le sage est prostitueur. » De même on ne veut pas qu'il achète, et l'on dit : « Nul n'achète sa propre chose ; or toute chose est au sage, donc il n'achète rien. » On ne veut pas non plus qu'il emprunte, attendu que personne ne paye les intérêts de son propre argent. Je ne saurais nombrer ce qu'on nous suscite de chicanes, quoiqu'on entende à merveille le sens de nos paroles.

V. Et en effet, quand je dis que tout appartient au sage, c'est sans déposséder qui que ce soit de ses biens propres : de même que sous un bon roi tout est à lui comme souverain, et aux particuliers comme propriétaires, distinction dont la preuve viendra dans son temps. Pour la question présente, il suffit qu'une chose possédée par le sage et par moi à titres différents puisse

---

(a) Au texte : *pars.... quoque*. Je lis avec un Mss. *quæque*.

être par moi donnée au sage. Rien d'étonnant qu'on puisse donner à qui possède tout. J'ai loué ta maison : j'acquiers là un droit à côté du tien : la chose est à toi, l'usage de la chose à moi. Ainsi encore, tu ne toucheras point, si ton fermier s'y oppose, aux fruits mêmes de tes terres, et, s'il y a cherté ou famine,

Ils seront pour autrui ces longs amas de grains (a),

quoique nés de ton fonds et entassés chez toi, et destinés à remplir tes greniers. Et tu n'entreras pas, toi propriétaire, dans ce que tu m'as loué; et ton esclave, devenu mon mercenaire, ne pourra te suivre, et quand j'aurai pris à loyer ta voiture, ce sera bénévolement si je te laisse monter dans ce véhicule qui est à toi. Tu vois donc qu'il peut se faire qu'en recevant sa propre chose ce soit un don qu'on reçoive.

VI. Dans tous les exemples ci-dessus, il y a deux maîtres d'une même chose, et comment? L'un en est le propriétaire, l'autre l'usufruitier. Les mêmes livres que nous disons être de Cicéron, Dorus le libraire les appelle siens, et ne dit pas moins vrai que nous. L'un les revendique comme auteur, l'autre comme acquéreur, et l'on décide avec raison qu'ils sont à tous deux; car tous deux y ont droit, mais non le même droit. Ainsi Tite Live peut recevoir ses propres écrits de Dorus ou les lui acheter*. Je puis donner au sage ce qui est à moi personnellement, bien que tout soit à lui. Dès qu'en effet, à l'instar des rois, il possède moralement toutes choses, mais que les propriétés individuelles sont disséminées entre autant de maîtres, rien ne l'empêche de recevoir, de devoir, d'acheter, de louer. César possède tout; mais son trésor ne renferme que ses biens propres et privés : si le monde est sous son empire, son patrimoine se borne à ce qui lui est personnel. On peut discuter si telle chose lui appartient ou non, sans amoindrir sa puissance; car ce que la loi lui dénie comme revenant à autrui, est à lui sous un autre rapport. De même le sage, qui possède en son âme l'universalité des choses, n'a de droit et en propriété que ses biens à lui.

VII. Bion a des arguments pour démontrer tantôt que tout le monde est sacrilége, tantôt que personne ne l'est. Quand il veut tous nous précipiter du roc Tarpéien, il dit : « Quiconque enlève, détruit, détourne à son usage ce qui appartient aux

(a) Virg., Géorg., I, 158.

dieux est sacrilége : or toute chose leur appartient ; tout ce qu'on prend on le prend donc aux dieux : quiconque prend la moindre chose est donc sacrilége. » Après quoi il nous invite à forcer les temples et à piller impunément le Capitole, en disant que le sacrilége n'existe pas, attendu que tout ce qu'on enlève d'un endroit appartenant aux dieux est transféré dans un endroit qui leur appartient. Ici l'on répond : « Tout sans doute appartient aux dieux, mais tout ne leur est pas consacré. On ne reconnait de sacrilége qu'à l'égard des choses que la religion assigne à la Divinité. Ainsi le monde entier est le temple des immortels, le seul temple digne de leur grandeur et de leur magnificence[6]; et cependant le profane se distingue du sacré, et tout n'est pas licite dans le sanctuaire appelé *fanum*, comme il pourrait l'être sous le ciel et en présence des astres. L'homme sacrilége ne peut faire injure à Dieu, que sa nature céleste a placé hors de toute atteinte : mais il est puni pour l'avoir voulu outrager comme Dieu. Sa conscience, comme la nôtre, l'oblige à une réparation pénale. » De même donc qu'on juge sacrilége celui qui dérobe un objet sacré, bien que le fruit du vol, quelque part qu'il l'ait transporté, se trouve dans les limites du monde ; de même on peut voler le sage. Car on lui soustrait non point de ces choses qui rentrent dans son universelle souveraineté, mais de celles qu'il possède à titre particulier, qui lui servent personnellement. Il ne reconnaîtra, lui, que la possession du premier genre ; pour la seconde, il n'y prétendra point, quand il le pourrait ; et on l'entendra dire, comme ce général romain (Cur. Dentatus) auquel on décernait, pour prix de sa valeur et de son dévouement au service de l'État, tout le terrain qu'un sillon de charrue pourrait embrasser en un jour : « Vous n'avez pas besoin d'un citoyen qui aurait besoin de plus qu'un autre citoyen. » N'y avait-il pas, dis-moi, plus de grandeur à refuser cette offre qu'à l'avoir méritée ? Car beaucoup envahissent les limites d'autrui, nul ne s'en donne à soi-même.

VIII. Ainsi quand nous considérons l'âme du sage, cette souveraine de toutes choses, rayonnant comme telle sur le monde entier, nous disons que tout lui appartient ; quant à son droit vulgaire de propriété, il consiste, le cas échéant, à payer le cens personnel. Bien autre chose est de priser sa richesse d'après la grandeur de son âme ou sur le rôle de l'impôt : l'idée de tout avoir, comme vous l'entendez, le révolterait. Je ne rappellerai point Socrate, Chrysippe, Zénon ni tant d'autres grands hommes, d'autant plus grands que l'envie ne fait pas obstacle aux gloires du passé. Je citais tout à l'heure ce même Démétrius que la nature me semble avoir fait naître de nos jours pour constater que ni lui ne pouvait être corrompu par nous, ni nous corrigés par personne (*a*), cet homme, bien qu'il s'en défende, d'une sagesse consommée, d'une fermeté de décision inébranlable[7], d'une éloquence digne de ses mâles doctrines, sans colifichets ni puéril souci de mots, et qui, pleine d'enthousiasme, selon que le souffle l'y porte poursuit jusqu'au bout son sujet. Oui sans doute, si la Providence a donné le spectacle d'une telle vie et d'un tel talent[8] de parole, ç'a été pour que notre siècle ne manquât ni de censeur ni de modèle.

IX. Si quelque dieu venait offrir à ce Démétrius la possession de ce que nous appelons nos biens, sous l'expresse condition de ne pouvoir en rien donner, j'affirme qu'il refuserait, qu'il dirait : « Qui, moi ! m'affubler de ce lourd et inextricable réseau ! Embourber dans cette fange profonde le plus indépendant des hommes ! Pourquoi m'adjuger ce que possèdent de maux tous les peuples, ce que je n'accepterais pas, même pour en faire largesse, car j'y vois trop de choses qu'il ne me siérait point de donner ! Embrassons, je le veux, d'un coup d'œil ce qui fascine les peuples et les rois : voyons ce que vous payez de votre sang et de vos vies. Étalez-moi les plus riches dépouilles du luxe ; déployez-les par ordre ou, mieux encore, faites-moi du tout un seul monceau. Je vois l'écaille de la tortue minutieusement travaillée en marqueterie, et l'enveloppe de l'animal le plus difforme et le plus lent achetée à des prix énormes, et la variété même de ses taches qu'on admire remplacée au moyen de l'art par d'autres teintes parfaitement imitées[9]. Je vois des tables faites d'un bois qu'on estime tout le revenu d'un sénateur, et d'autant plus recherché qu'un vice de croissance l'aura déformé par un plus grand nombre de nœuds.[10] Je vois des cristaux qui enflamment les enchères en raison de leur fragilité : car à tout objet la sottise trouve un charme de plus dans le risque même qui devrait la rebuter[11]. Je vois des coupes murrhines (*b*) : car vos orgies seraient trop peu coûteuses si les rasades (*c*) dont on se fait raison et qui doivent se vomir ensuite ne se portaient

---

(*a*) *Nec nos ab illo*, leçon vulg. Je lis avec Gruter : *ab ullo*.
(*b*) Probablement porcelaines de Chine. Voy. *De la Providence*, III, et *Lettre* CXIX.
(*c*) Je lis avec Érasme : *propinaverint*. Lemaire : *pronuntiaverint*.

à la ronde dans de profondes pierres précieuses. Je vois des perles dont une seule ne suffit plus pour une oreille, car déjà les oreilles sont faites à porter des fardeaux; on veut des perles accouplées deux par deux et en outre accumulées par étages. Vous n'étiez point assez esclaves des extravagances de vos femmes, si deux ou trois [12] patrimoines ne leur pendaient à chaque oreille. Je vois la soie tissue en vêtements, s'il faut appeler vêtements ce qui ne peut en rien protéger le corps ou du moins la pudeur, ce qui donne à peine à une femme le droit d'assurer qu'elle n'est pas nue (a). Voilà ce qu'on fait venir à si grands frais et de pays même inconnus au commerce, afin que dans le secret du boudoir ces nobles épouses ne puissent rien montrer à leurs amants qu'elles n'aient laissé voir à tout un public.

X. « Avarice, à quoi songes-tu? Que d'objets l'emportent en valeur sur ton or! Tous ceux dont je viens de parler sont en plus grand honneur et à plus haut prix? Voyons maintenant, passons en revue tes trésors, tes lingots d'or et d'argent, dont l'humaine cupidité s'éblouit! La terre elle-même, en offrant à sa surface tout ce qui pouvait nous être utile, avait caché, enfoui ces métaux; et, comme c'étaient choses nuisibles et qui ne se produiraient au jour que pour le malheur des peuples, elle pesait sur elles de tout son poids [13]. Je vois le fer, qu'on arrache aux mêmes ténèbres que l'or et que l'argent, de peur que l'instrument ni le salaire ne manquent aux hommes pour s'entr'égorger. Encore ceci offre-t-il quelque chose de matériel, quelque chose où l'esprit peut se laisser prendre à l'erreur des yeux : mais je vois aussi des contrats, des billets, des cautionnements, simulacres vides de la possession, des formules (b) dont une avidité malade abuse l'imagination, heureuse de croire à ce qui n'est pas. Qu'est-ce en effet que tout cela? Que sont les placements, les livres d'échéances, les usures, sinon des dénominations que la cupidité va chercher hors de la nature réelle? Je puis me plaindre que cette nature n'ait pas plus profondément enseveli l'or et l'argent, qu'elle ne les ait pas surchargés d'un poids impossible à soulever. Mais que dire des registres, des supputations, de la vente du temps [14], des sangsues du centième par mois, fléaux volontaires [15] qui découlent de l'état social, ne présentant rien de visible aux yeux, de pal-

(a) Voy. *Consolation à Helvia* xvi et *Lettre* xc.
(b) Je lis avec un Mss : *verba quædam*. Leçon vulg. : *umbras quasdam*.

pable aux mains, rêves d'une avarice qui n'embrasse que du vent? Oh! que je plains quiconque fonde sa joie sur l'énorme liste de ses domaines, sur de vastes espaces de terre cultivés par des malheureux enchaînés, et sur d'immenses troupeaux qui ont des provinces et des royaumes pour pacages, et sur un domestique plus nombreux que de belliqueuses nations, et sur des édifices privés qui surpassent en étendue de grandes villes! Quand il aura bien couvé des yeux tous ces objets sur lesquels il a réparti et disséminé au loin sa fortune, quand il se sera bien gonflé d'orgueil, qu'il compare ce qu'il possède avec ce qu'il désire, il est pauvre. Laisse-moi libre, et rends-moi à mes vrais trésors. Mon royaume, à moi, c'est la sagesse : il est immense, il est paisible ; je possède toutes choses à condition qu'elles soient à tous. »

XI. Aussi un jour que Caligula lui offrait deux cent mille sesterces (*a*), Démétrius se mit à rire et les refusa, ne jugeant même point qu'il y eût dans ce chiffre de quoi se vanter du refus. Bons dieux! quelle mesquinerie pour honorer une telle âme ou pour la séduire! Rendons témoignage à cet homme illustre. On m'a cité de lui un mot admirable ; comme il s'étonnait que Caïus ait eu la folie de penser le corrompre à ce prix : « S'il avait résolu de m'éprouver, dit-il, c'est tout son empire qu'il devait m'offrir. »

XII. Ainsi l'on peut donner au sage, bien que tout lui appartienne ; de même, quoique nous disions qu'entre amis tout est commun, rien n'empêche de faire un don à son ami. Car cette communauté avec un ami n'est pas celle d'un associé qui a sa part comme moi la mienne : c'est celle du père et de la mère qui, ayant deux enfants, n'ont pas chacun le leur, mais en ont chacun deux. Or avant tout je veux faire savoir à quiconque m'invite à m'associer avec lui qu'entre nous deux il n'y a rien de commun. Pourquoi? c'est qu'une telle communauté n'a lieu qu'entre sages ; ils sont tous amis. Les autres ne sont pas plus amis qu'associés [16]. D'ailleurs il est plus d'un genre de communauté. Les bancs des chevaliers appartiennent à tout chevalier romain ; et sur ces bancs toutefois la place que j'ai prise me devient propre. Si je la cède à un autre, bien qu'elle me soit commune avec lui, je passe pour lui faire une faveur. Certaines choses ne donnent certains droits qu'à une condition spéciale. J'ai ma place aux bancs des chevaliers non pour la ven-

---

a) 40 000 fr. environ.

dre, ni pour la louer, ni pour y être à demeure : c'est à la seule fin d'y voir le spectacle. Je ne mentirai donc pas si je dis que j'ai ma place sur ces bancs ; mais si je viens au théâtre et qu'ils soient tous remplis, j'ai là ma place de droit, puisqu'il m'est permis de m'y asseoir, et je ne l'ai pas, puisque ceux qui jouissent du même droit que moi les occupent toutes. Sache qu'il en est de même entre amis. Tout ce que possède mon ami nous est commun à tous deux, mais reste propre au détenteur : en disposer sans son aveu m'est interdit. « Vous vous moquez, dira-t-on ; si les biens de mon ami sont à moi, je pourrai les vendre. » Non, pas plus que les places de chevaliers, bien qu'elles vous soient communes avec les autres chevaliers. Ne concluez pas qu'une chose n'est point à vous de ce que vous ne pouvez ni la vendre, ni la consommer, ni la détériorer ou l'améliorer. Cette chose est vôtre, bien qu'elle ne soit vôtre qu'avec restriction. Vous avez reçu, mais tous ont reçu au même titre.

XIII. Disons, pour ne pas te faire trop languir : le bienfait ne saurait croître en grandeur, mais les circonstances du bienfait peuvent grandir, se multiplier et offrir un champ plus vaste aux effusions d'une libéralité qui suive son penchant comme les amants s'abandonnent au leur : ceux-ci, par de nombreux baisers, par d'étroits embrassements, n'augmentent pas leur tendresse, mais lui donnent carrière.

La question qui vient ensuite a été aussi traitée à fond dans les premiers livres : je l'effleurerai donc brièvement, car on y peut rattacher tous les arguments présentés ailleurs. La voici : Celui qui a tout fait pour payer sa dette l'a-t-il payée ? La preuve, dit-on, qu'il n'a pas payé, c'est qu'il a tout fait sans y réussir. Évidemment donc la chose n'a point eu lieu, dès que l'occasion a manqué. Et le débiteur n'a point remboursé quand, pour y parvenir, il a partout cherché sans trouver sa somme. Il est des choses de nature telle qu'elles doivent se résoudre en effets ; il en est d'autres où l'on répute pour effets d'avoir tout tenté pour effectuer. Si le médecin, pour me guérir, a épuisé les ressources de l'art, toute sa tâche est remplie ; son client eût-il succombé, l'orateur a toujours le mérite de l'éloquence qu'il a déployée, s'il a fait valoir tous les moyens de droit ; la gloire ne couronne pas moins le général malheureux à la guerre, si d'ailleurs sa prudence, ses talents, sa valeur ont répondu à ce qu'on attendait de lui [17]. L'obligé a tout fait pour te rendre : ta prospérité l'en a empêché. Aucune disgrâce ne t'est survenue qui mît à l'épreuve la sincérité de son amitié. Il n'a pu donner à un riche, veiller au chevet d'un homme bien portant, assister un heureux. Il s'est acquitté, bien que tu n'aies pas recouvré ton bienfait. En un mot, l'homme qui toujours rêve à se libérer, qui en épie l'occasion, qui n'y épargne ni soins ni peine, a plus fait que celui qui doit au hasard de s'être acquitté promptement.

XIV. La comparaison du débiteur est inexacte : il ne suffit pas à celui-ci d'avoir cherché de l'argent, s'il ne paye ; il a toujours en face l'impitoyable créancier qui ne laisse pas un jour s'écouler gratis. Le bienfaiteur, plein de bonté, témoin de tes mille démarches, de tes soucis, de tes anxiétés, te dira : « Bannis ce soin de ta pensée (a). Cesse de te persécuter toi-même. Tu m'as tout rendu. Tu me ferais injure de croire que je désire rien de plus. Je suis pleinement récompensé par ton intention. »

On me demandera si c'est avoir, selon moi, rendu le bienfait que d'avoir de la sorte montré sa gratitude. A ce compte, dira-t-on, il n'y a nulle différence entre rendre et ne rendre pas. Je répondrai par l'hypothèse d'un homme qui aurait oublié le bienfait reçu, qui n'aurait pas même tenté de le reconnaître : on niera certes qu'il se soit acquitté. L'autre, au contraire, a nuit et jour prodigué sa peine, négligeant tout autre devoir, ne s'attachant, ne travaillant qu'à une seule chose, à ne laisser fuir aucune occasion. Mettra-t-on sur la même ligne celui qui n'a eu cure de se montrer reconnaissant et l'homme qui n'a jamais perdu la pensée du devoir? Il y aurait injustice à exiger de moi des effets, quand il est clair que l'intention ne m'a point manqué. Enfin suppose que, te sachant captif, j'emprunte de l'argent et laisse pour sûreté au créancier mes biens en gage ; que je côtoie, par un hiver déjà rigoureux, des rivages infestés de brigands et que j'essuie tout ce que la mer peut offrir de périls, même aux temps de calme ; que je parcoure d'immenses solitudes, cherchant ce que tout navigateur fuyait, les pirates qu'à la fin je trouve, lorsqu'un autre déjà t'a racheté, nieras-tu que je me sois acquitté? Et si, durant cette traversée, l'argent que je m'étais procuré pour ta rançon je l'ai perdu dans un naufrage? Et si, en voulant t'affranchir de tes fers, moi-même j'y suis tombé, nieras-tu que je me sois acquitté? Certes, Harmodius et Aristogiton reçoivent des Athéniens le titre de tyranni-

---

(a) Virg., Énéid., IV.

cides; la main que laissa Mucius sur le foyer ennemi l'illustra autant que l'eût fait la mort de Porsenna; et toujours la vertu qui a lutté contre la Fortune, lors même qu'échoue son entreprise, en sort glorieusement. Il est plus méritoire de poursuivre des occasions qui fuient sans cesse et de tenter mille et mille voies pour arriver à témoigner sa gratitude que de se trouver reconnaissant sans la moindre peine, à la première occasion.

XV. « Le bienfaiteur, me dit-on, t'a obligé doublement, d'intention et de fait; et tu lui es doublement redevable. » On peut tenir ce langage à qui ne témoignerait qu'une oisive intention : mais celui qui, outre l'intention, fait effort et n'omet aucune tentative, celui-là ne le mérite pas : car il satisfait aux deux choses autant qu'il est en lui. Et puis il ne faut pas toujours comparer les choses numériquement : quelquefois une seule en vaut deux. Ici, par exemple, l'effet est compensé par cette volonté si dévouée, si désireuse de rendre. Que si l'intention sans le fait est un retour insuffisant, nul ne s'acquitte envers les dieux, auxquels on n'offre que l'intention. « C'est, dira-t-on, qu'on ne peut leur donner autre chose. » Eh bien! si je ne puis faire mieux pour mon bienfaiteur, pourquoi ne serai-je pas reconnaissant envers cet homme de la même façon qu'envers les dieux?

XVI. Si pourtant tu me demandes mon avis, si tu veux que je te signifie ma réponse, ce sera que l'un se croie payé et que l'autre sache qu'il n'a point rendu; que le bienfaiteur libère l'obligé et que celui-ci se tienne lié; que le premier dise : « J'ai reçu, » et que l'autre réponde : « Je dois. »

Dans toute question ayons en vue l'intérêt social. Il faut fermer aux ingrats toute excuse qui pourrait leur être une échappatoire, un prétexte à nier leur dette. Tu as tout fait, dis-tu : eh bien! fais encore. Crois-tu nos pères assez peu sensés pour n'avoir pas compris qu'il est fort injuste de mettre sur la même ligne celui qui dissipe en débauches ou au jeu l'argent reçu de son créancier, et l'homme à qui un incendie, un vol ou quelque autre accident fâcheux font perdre le bien d'autrui avec le sien? S'ils n'ont admis aucune excuse, c'était pour apprendre aux hommes qu'ils doivent à tout prix tenir leur parole. Car il valait mieux rejeter un petit nombre d'excuses même fondées que de permettre à tous d'en hasarder de mauvaises. Tu as tout fait pour rendre. Cela doit suffire à ton bienfaiteur; pour toi, c'est trop peu. De même, en effet, que s'il laisse ton zèle le plus ardent et le plus dévoué passer sous ses yeux comme non avenu, il ne mérite plus de retour ; de même aussi tu es ingrat si, quand il accepte comme payement ta bonne volonté, tu ne te crois pas d'autant plus redevable que l'on te tient quitte. Ne t'empare point de cet aveu, n'en prends pas acte, n'en cherche pas moins les occasions de rendre. Rends à l'un parce qu'il te répète, à l'autre parce qu'il te fait remise ; à celui-ci parce qu'il est méchant homme, à celui-là parce qu'il ne l'est point.

Aussi ne crois pas que cette question-ci te concerne : Le bienfait reçu d'un homme vertueux doit-il se rendre quand cet homme cesse de l'être et qu'il tourne au mal ? Car tu lui rendrais un dépôt qu'il t'aurait remis étant sage ; car, fût-il devenu méchant, tu lui payerais une dette : pourquoi pas aussi un bienfait ? Parce qu'il change, doit-il te changer ? Ce que tu recevrais d'un homme bien portant, tu ne le rendrais donc pas s'il tombait malade ? Comme si toujours un ami souffrant n'avait pas plus de droits sur nous ! Eh bien, l'âme de celui-ci est malade : assiste-le, supporte-le [18] ; le vice est une maladie morale. Mais je crois qu'ici, pour mieux comprendre, il faut distinguer

XVII. Il y a deux genres de bienfaits : l'un, que le sage seul peut conférer au sage, c'est le bienfait par excellence et le seul vrai ; l'autre, vulgaire et plébéien, qui s'échange entre nous autres ignorants. Sur celui-ci, point de doute qu'on ne doive le rendre, quel qu'en soit l'auteur, devînt-il homicide, voleur, adultère par la suite. Il y a des lois pour les crimes, et le juge corrige mieux que l'ingrat. Nul ne doit te rendre méchant parce qu'il l'est lui-même. Au méchant, je jetterai vite son bienfait ; au bon, je rendrai : à celui-ci parce que je dois ; à l'autre pour ne plus devoir.

XVIII. Quant au premier genre de bienfait il y a doute. Si je n'ai pu recevoir qu'à titre de sage, ce n'est donc qu'à un sage que je puis rendre. Quand je lui rendrais, il ne pourrait plus recevoir ; il n'est plus apte au bienfait, il ne sait plus l'art d'en user. Me dirais-tu de renvoyer la balle à un manchot ? Ce serait folie de donner à quelqu'un ce qu'il ne peut reprendre. Pour répondre d'abord à ces derniers mots, je ne lui donnerai pas ce qu'il ne pourra recevoir ; je lui rendrai, même s'il ne peut reprendre ; car si je ne puis obliger sans qu'on reçoive, je ne me libérerai qu'en restituant. « Il ne pourra en tirer parti ? » C'est son affaire ; à lui la faute, non à moi.

XIX. « Rendre, dit-on, c'est remettre à quelqu'un qui reçoive. Car enfin, si tu me dois du vin et que je te dise de le répandre sur un tamis ou sur un crible, prétendras-tu que cela c'est rendre? me voudras-tu rendre une chose qui, au moment de la restitution, sera perdue entre nous deux ? Selon moi, rendre c'est livrer la chose due au propriétaire, et quand il la veut. Voilà tout ce que j'ai à faire. Que la chose rendue lui reste, ce soin-là ne me concerne plus. Je ne lui dois pas ma tutelle, mais ma parole; il vaut bien mieux encore qu'il ne conserve pas que si je ne rendais point. Je rendrai, même à un créancier qui sur-le-champ dépenserait la somme en gourmandises : m'eût-il délégué sa concubine pour toucher l'argent, je le verserai; dût-il jeter dans les plis d'une robe sans ceinture les écus qu'il recevra, je les donnerai. Car je dois rendre, et non conserver ou défendre ce que j'aurai rendu. C'est du bienfait reçu, ce n'est pas du bienfait rendu que la garde m'est imposée. Tant qu'il est chez moi il doit être intact; mais, dût-il glisser des mains qui vont le reprendre, je le livrerai si on le réclame. Je rendrai à l'honnête homme selon sa convenance; au méchant dès qu'il demandera. « Mais, dit-on, tu ne peux lui rendre son bienfait tel que tu l'as reçu. Tu l'as reçu d'un sage, tu le rends à un fou. » Non pas : je le lui rends tel qu'il peut maintenant le recevoir : ce n'est point par mon fait qu'il est amoindri, c'est par le sien. Ce que j'ai reçu, je le rendrai. S'il est revenu à la sagesse, je le lui rendrai tel que je l'ai reçu; tant qu'il compte parmi les méchants, je ne le rends que tel qu'il peut le recevoir. « Quoi! s'il est devenu non-seulement méchant, mais cruel, mais atroce, tel qu'un Apollodore, un Phalaris, lui rendras-tu même alors le bienfait que tu auras reçu? » Une aussi grande métamorphose chez le sage n'est point dans la nature : car en tombant d'un état parfait dans la pire des situations, nécessairement il a gardé, même dans le mal, quelques vestiges du bien. Jamais la vertu ne s'éteint si complètement qu'elle ne laisse imprimés dans l'âme des caractères trop profonds pour qu'aucun changement les puisse effacer. L'animal sauvage qui, élevé parmi nous, s'est enfui de nouveau dans ses forêts, y retient quelque chose de ses mœurs radoucies, et diffère autant des races toutes domestiques que de ces races vraiment indomptées qui n'ont jamais souffert la main de l'homme. Nul mortel ne tombe au dernier degré de la perversité, pour peu qu'il se soit attaché à la sagesse. Il en est trop intimement empreint pour l'avoir pu dépouiller toute et passer à la teinte opposée. Je demanderai ensuite si cet homme n'est cruel que dans le secret de son cœur, ou si c'est un génie destructeur qui se déchaîne sur les peuples. Car tu me présentes un Apollodore, un Phalaris ; si le caractère de ces tyrans est au fond le sien, certes je lui renverrais son bienfait, pour que de lui à moi nul lien ne subsiste. Mais si le sang humain est une joie, une pâture pour lui ; si les supplices d'hommes de tout âge deviennent les passe-temps de son insatiable barbarie ; si ce n'est plus la colère, mais je ne sais quelle soif de meurtre qui l'enivre ; s'il égorge les fils en présence du père ; si, peu content de la mort simple, il torture et fait non-seulement brûler, mais rôtir ses malheureuses victimes ; si son château-fort dégoutte sans cesse d'un carnage récent, c'est trop peu de ne pas lui rendre son bienfait. Tous les nœuds qui l'unissaient à moi, la violation du droit humain et social les a tranchés. Qu'un homme m'ait fait quelque avantage, mais qu'il porte les armes contre ma patrie, tous ses droits sur moi sont perdus, et ma reconnaissance passerait pour un crime. S'il n'attaque pas ma patrie, mais qu'il opprime la sienne ; si, trop éloigné de mes concitoyens, ce sont les siens qu'il tourmente, une telle dépravation morale n'en a pas moins tout rompu entre nous. Pour n'être pas mon ennemi, il ne m'en est pas moins odieux, et mes devoirs envers le genre humain me commandent d'abord et plus haut que ma dette envers un seul homme.

XX. Mais les choses fussent-elles à ce point, et eussé-je dès lors toutes représailles libres envers un homme qui, brisant tous les devoirs, a donné contre lui le droit de tout faire, je croirai devoir garder une mesure telle que, si ma restitution n'est capable ni d'augmenter son pouvoir désastreux pour tous, ni de l'affermir, et qu'elle puisse se faire sans entraîner la ruine publique, je la ferai. Je sauverai son fils en bas âge : en quoi ce service nuit-il à aucun de ceux que sa cruauté déchire? Mais de l'argent pour stipendier et retenir ses satellites, je ne lui en fournirai point. S'il désire des marbres, de riches costumes, cet attirail de luxe ne peut chez lui faire tort à personne : mais je ne lui donnerai ni armes, ni soldats. S'il demande comme cadeau d'un grand prix des artistes scéniques, des courtisanes (*a*), de ces choses qui peuvent amollir son humeur féroce, volontiers les lui offrirai-je. Je ne lui enverrai ni trirèmes, ni bâtiments de guerre ; mais des vaisseaux de plaisance et de parade et autres fantaisies de rois qui s'ébattent sur la mer, à la bonne heure. Et si la guérison de cette âme est totalement déses-

---

(*a*) Allusion à la courtisane Acté, et justification des complaisances forcées de Sénèque pour Néron.

pérée, du même coup je rendrai service au monde et m'acquitterai envers l'homme, puisque pour de tels caractères sortir de la vie est le seul remède, et que le mieux est de cesser d'être quand on ne peut plus revenir à soi (a).

Mais de pareils monstres sont rares et passent toujours pour des phénomènes, comme les brusques déchirements du sol et l'éruption de volcans sous-marins. Donc éloignons d'eux notre pensée ; parlons de ces vices que l'on déteste, mais sans frémir. Ce méchant homme, que je puis rencontrer dans le premier marché venu, et qu'individuellement on redoute, recouvrera auprès de moi le bienfait que j'aurai reçu de lui. Il n'est pas juste que son iniquité me profite : que ce qui n'est pas à moi retourne au possesseur, bon ou méchant. Avec quel scrupule je ferais mon enquête si, au lieu de rendre, je voulais donner ! Il faut qu'ici je cite une anecdote.

XXI. Un pythagoricien avait acheté d'un cordonnier une paire de sandales, grosse emplette pour lui, et n'avait pu payer comptant. Quelques jours après il revient à la boutique pour se libérer, la trouve close et frappe longtemps. A la fin quelqu'un lui dit : « Vous perdez votre peine : le cordonnier que vous cherchez est mort et déjà en cendre. Cela peut nous sembler fâcheux, à nous qui perdons les nôtres pour toujours ; mais à vous, bagatelle ! vous savez bien qu'il ressuscitera. » Ainsi raillait-il le pythagoricien. Et notre philosophe remporte chez lui sans trop de regret ses trois ou quatre deniers, qu'il fait de temps en temps sonner dans sa main. Peu après il se reprocha le secret plaisir de n'avoir pas rendu ; voyant trop que cette triste aubaine lui avait souri, il reprit le chemin de la boutique et se dit : « Le cordonnier pour toi vit encore ; rends ce que tu dois. » Puis, par un endroit de la cloison où les planches s'étaient disjointes, il glisse et fait tomber dans l'intérieur quatre deniers (b), pour se punir d'un coupable désir et ne point s'accoutumer à retenir le bien d'autrui.

XXII. Ce que tu dois, cherche à qui le rendre : si nul ne réclame, il faut te sommer toi-même ; que ton bienfaiteur soit bon ou méchant, peu t'importe. Paye-le, tu l'accuseras après, et rappelle-toi comment les rôles sont partagés entre vous deux. A lui l'oubli est demandé, ton devoir à toi est de te souvenir. On aurait tort toutefois de croire qu'en disant que l'auteur du

---

(a) **Phrase** prophétique sur Néron. V. *Note* 14. *De la colère*, I, vi.
(b) Environ 3 fr. 60 c.

bienfait doit oublier, nous voulons lui enlever la mémoire de ce qu'il y a au monde de plus honorable. Si parfois nos préceptes dépassent la mesure, c'est pour mieux revenir au vrai et à leur point. Quand nous disons qu'il ne doit pas se souvenir, nous voulons faire entendre qu'il ne doit pas publier ses actes, ni en tirer gloire, ni se rendre importun. Certaines gens vont de cercle en cercle raconter tout le bien qu'ils ont fait : ils en parlent à jeun, ils ne peuvent s'en taire dans l'ivresse, ils en étourdissent les inconnus, ils le confient à leurs amis. Pour guérir cette manie de souvenirs qui sont de vrais reproches, nous avons prescrit l'oubli au bienfaiteur ; et lui commander au delà du possible, c'était lui conseiller le silence.

XXIII. Chaque fois qu'on se défie d'un homme à qui l'on impose une tâche, on doit lui demander plus qu'il ne faut pour en obtenir tout ce qu'il faut. Une hyperbole n'exagère qu'afin d'atteindre à la réalité par le mensonge. Le poëte qui parle de coursiers

Plus légers que les vents et plus blancs que la neige,

parle d'une chose impossible pour faire admettre le mieux possible. Et celui qui a dit d'un homme :

Plus ferme que ces rocs, plus fougueux qu'un torrent,

ne comptait persuader à personne qu'un homme fût aussi ferme qu'un rocher. Jamais l'hyperbole n'espère en proportion de ce qu'elle ose ; mais [19] elle affirme l'incroyable de peur d'être au-dessous du croyable. Quand nous disons : « Que l'auteur du bienfait l'oublie, » nous voulons dire : « Qu'il paraisse l'oublier ; que ses souvenirs ne se laissent pas voir, ne nous assiégent pas. » En avançant que le bienfait ne doit pas se redemander, nous ne proscrivons point toute réclamation ; souvent, en effet, les méchants ont besoin qu'on les presse, et les bons même qu'on les avertisse. Eh quoi ! ne montrerai-je pas l'occasion à qui ne la voit point? Ne lui révélerai-je pas mes besoins, que plus tard il feindrait ou gémirait d'avoir ignorés? Faisons intervenir parfois l'avertissement, mais avec réserve : point de requête ni d'appel au droit.

XXIV. Socrate dit un jour devant ses amis : « J'aurais acheté un manteau, si j'avais eu de l'argent. » Sans demander à aucun d'eux, il les avertit tous, et ce fut à qui l'obligerait. Après tout, c'était si peu de chose qu'allait recevoir Socrate! mais c'était beaucoup d'être l'homme de qui Socrate voudrait recevoir. Pouvait-il leur faire plus doucement la leçon ? « J'aurais acheté un manteau, si j'avais eu de l'argent. » Cette parole dite, le don le plus empressé vient trop tard : il a laissé Socrate au dépourvu. C'est à cause des trop rigoureuses exigences que nous défendons de redemander, non pour qu'on ne le fasse jamais, mais pour qu'on y mette de la discrétion.

XXV. Aristippe, un jour, savourant des parfums, s'écria : « Maudits soient les efféminés qui ont fait décrier une si douce chose! » A notre tour disons : Maudits soient ces déloyaux, ces importuns usuriers de bienfaisance qui ont aboli ce beau droit, le droit de rappel entre amis! N'importe! j'userai, moi, de cette prérogative de l'amitié, et demanderai le retour d'un service à l'homme que j'eusse prié de ce même service. Il acceptera comme une grâce nouvelle l'occasion de s'acquitter. Jamais, dussé-je en venir à la plainte, je ne dirai :

> Jeté nu sur ces bords, je l'arrache au trépas;
> Je partage, insensée, avec lui mes États (a).

Ce n'est point là un avertissement : c'est un amer reproche. C'est rendre ses bienfaits haïssables; c'est faire que l'ingratitude devienne un droit, un plaisir. Il suffit et au delà de ces autres paroles modestes et affectueuses qui réveillent les souvenirs :

> Si j'ai bien mérité de toi, si dans ton cœur
> J'eus quelque place......... (b).

C'est à l'autre, en revanche, à dire : « Dieux! si tu as mérité! Jeté sur le rivage, dépouillé de tout, tu m'as recueilli. »

XXVI. « Mais, dit-on, nul moyen ne sert. Il dissimule, il a oublié : que dois-je faire? » Tu poses là une question de haute importance et par laquelle il convient de couronner cet ouvrage: comment faut-il supporter les ingrats? Dans un esprit de calme, de douceur, de magnanimité. Que jamais l'âme la plus insensible, la plus oublieuse, la plus ingrate, ne te blesse au point qu'il ne te reste même plus la satisfaction d'avoir donné. Que jamais mauvais procédé ne t'arrache ces paroles : « Je voudrais ne l'avoir point fait. » Que ton bienfait, même malheureux, conserve encore pour toi ses charmes. L'ingrat se repentira toute sa vie si, même à ce moment, toi tu ne te repens point [20]. Il n'y a pas

(a) *Énéid.*, IV, 373.
(b) *Énéid.*, IV, 347.

à t'indigner de cet accident comme de quelque chose d'inouï; tu devrais t'étonner plutôt si cela n'arrivait point. C'est ou la peine ou la dépense qui rebute ces hommes, ou le risque à courir, ou la mauvaise honte d'avouer en rendant qu'ils ont reçu; chez l'un c'est faute de savoir s'y prendre, chez l'autre indolence, chez un autre trop d'occupations. Vois ces immenses cupidités béantes et demandant toujours : t'étonneras-tu que nul ne rende, quand nul ne croit recevoir assez? Est-il parmi de telles gens une âme tellement sûre et solide qu'on y puisse déposer sans risque un bienfait? Ils sont forcenés de luxure ou esclaves de leur ventre, ou tout entiers au lucre, dont le chiffre seul, non les moyens, les préoccupe; travaillés soit par l'envie, soit par l'ambition qui se rue en aveugle à travers les glaives. Et que d'âmes paralysées et décrépites! Et, à l'opposé, que de cœurs inquiets, agités, en tourmente perpétuelle! Et puis l'excessive estime de soi, et l'impudence, gonflée de ce qui fait sa honte. Que dirai-je des tendances obstinées au mal, de ces légèretés d'humeur voltigeant sans cesse d'un projet à l'autre? Que l'on y joigne la témérité étourdie, et la crainte, toujours infidèle conseillère, et ce labyrinthe d'inconséquences où se débattent les hommes, l'audace chez les lâches, la discorde entre les plus intimes, et l'universelle maladie d'avoir foi en l'incertitude même, de dédaigner ce qu'on possède, de convoiter ce qu'on avait jugé inespérable.

XXVII. C'est parmi les passions les plus orageuses que tu cherches la vertu la plus calme, la fidélité. Si l'exacte image de la vie humaine s'offrait à tes regards, il te semblerait voir le tableau d'une ville emportée d'assaut où, sans pudeur ni respect du juste, la force prend conseil d'elle seule, comme au signal donné d'un bouleversement général. On ne s'abstient ni du fer ni de la flamme; le crime est libre du frein des lois; la religion elle-même, cette sauvegarde des suppliants au milieu des armes ennemies, n'est d'aucun obstacle pour des gens qui courent à la proie. C'est à qui pillera le particulier, le public, le profane, le sacré : on brise, on escalade; impatient d'une voie trop étroite, on renverse tout ce qui gêne, on marche au butin sur des ruines. L'un dépouille et n'égorge pas; l'autre a le bras chargé de sanglantes rapines; pas un qui n'emporte quelque chose d'autrui. Au milieu de cette avidité de la race humaine, certes tu oublies trop quel sort pèse sur nous tous, si tu cherches dans une armée de ravisseurs quelqu'un qui restitue. Tu t'indignes qu'il y ait des ingrats! Indigne-toi donc qu'il y ait des fastueux, qu'il y ait des avares, des impudiques ; indigne-toi que la maladie soit hideuse, que la vieillesse soit blême[21]. L'ingratitude est un vice affreux, intolérable, qui rompt toute société entre les hommes et détruit la concorde, cet appui de notre débilité ; et pourtant ce vice est tellement vulgaire que celui même qui s'en plaint n'y a pas échappé.

XXVIII. Demande à ta conscience si tous ceux qui t'ont obligé t'ont trouvé reconnaissant ; si jamais bienfait ne s'est perdu dans ton âme, si la mémoire de tous les services qui te furent rendus ne t'a point quitté. Tu verras ceux qu'on a prodigués à ton enfance évanouis avant ta jeunesse ; d'autres, placés sur ta jeunesse, n'ont point duré jusqu'à tes vieux jours. Certains souvenirs se perdent, d'autres sont repoussés ; ou peu à peu ils se dérobent à notre vue, ou nos regards s'en détournent. Disons, pour excuser à tes yeux ta faiblesse, que ta mémoire, la première, est fragile et ne suffit pas à la multitude des objets. Nécessairement, à mesure qu'elle reçoit elle doit perdre, et les impressions dernières étouffent les plus anciennes. De là est venu que ta nourrice n'a plus qu'une minime influence sur toi, les années qui suivirent ayant laissé tous ses bons offices en arrière. Ainsi s'en allèrent tes premiers respects pour ton précepteur (a) ; ainsi, tout occupé des comices consulaires ou candidat aux sacerdoces, les votes qui t'ont fait questeur sont déjà loin de ta pensée. Peut-être le vice dont tu te plains, si tu secoues avec soin les replis de ton âme, tu l'y trouveras caché. S'irriter d'un tort que tous partagent, c'est injustice ; qui est le tien, c'est folie. Pour être absous, sois indulgent. La tolérance ramènera le coupable ; les reproches certes l'éloigneraient. Garde que son front ne s'endurcisse ; quelque pudeur peut y survivre : souffre qu'il la conserve. Souvent la voix trop hautaine du reproche a rompu les hésitations du respect humain : nul ne craint d'être ce qu'il paraît déjà[22] ; démasqué, on met bas toute honte (b).

XXIX. « J'ai perdu mon bienfait ! » Ce que l'on consacre aux dieux, dit-on jamais qu'on l'a perdu ? Le bienfait est au rang des choses consacrées si, tout stérile qu'il puisse être, on l'a placé à bonne intention. « Cet homme n'est pas tel que nous l'espérions ! » Soyons tels que nous fûmes : ne l'imitons pas. Elle a eu lieu dès l'origine, la perte dont tu t'aperçois seulement.

(a) Voy. livre III, III.
(b) *Deprensus pudor emittitur*, vraie leçon que donnent tous les Mss. moins un. Lemaire : *amittitur*.

Ce n'est pas sans mortification pour toi-même que tu dénonces l'ingrat : car se plaindre d'un bienfait perdu, c'est signe qu'on avait mal donné. Plaidons de notre mieux devant nous-mêmes la cause de l'ingrat : peut-être n'a-t-il pas pu, peut-être n'a-t-il pas su, peut-être rendra-t-il. Plus d'un mauvais titre est devenu bon, grâce à la sage lenteur du créancier qui a soutenu, qui a aidé par des délais. Faisons de même : prêtons secours à une reconnaissance qui chancelle.

XXX. « J'ai perdu mon bienfait! » Insensé! tu ne connais pas la date de ta perte. Tu as perdu, mais au moment où tu donnais : ta perte aujourd'hui se déclare. Dans les cas même qui semblent désespérés, les ménagements parfois ont grandement servi. Comme les plaies du corps, celles de l'âme veulent être touchées avec délicatesse ; souvent l'abcès que le temps eût ouvert, une obstination brutale le déchire. Qu'est-il besoin de mots blessants, de plaintes, de reproches sans fin? Pourquoi me faire grâce, me tenir quitte ? Si je suis ingrat, me voilà libéré sans toi. Qui te pousse à m'exaspérer, après que tu as tant fait pour moi? Veux-tu qu'un ami douteux se change en ennemi déclaré et cherche, pour réhabiliter son honneur, à flétrir le tien, et qu'on dise : « Je ne sais pourquoi cet homme, à qui il devait tant, lui est devenu insupportable. Il y a là-dessous quelque chose. » Toute plainte (a) contre un supérieur, si elle ne la souille pas, ternit sa dignité ; et nul ne s'en tient à de légères imputations : car l'énormité du mensonge est un moyen de l'accréditer.

XXXI. Combien je préfère la méthode qui nous fait conserver les dehors de l'amitié pour l'ingrat, et l'amitié même, s'il veut venir à résipiscence! Une bonté opiniâtre triomphe du plus mauvais cœur ; et il n'en est point d'assez durs, d'assez rétifs à tout ce qui se fait aimer, pour ne pas affectionner le bienfaiteur même qu'ils outragent (b), auquel ils doivent dès lors, comme une obligation de plus, l'impunité de leur banqueroute. Tes réflexions donc doivent aboutir à ceci : « On ne m'a point payé de retour : que faire? » Imiter les dieux, ces généreux auteurs de toutes choses, qui nous font du bien avant que nous puissions les connaître, qui persistent lors même que nous les méconnaissons. Celui-ci les accuse d'indifférence envers nous, celui-là d'injustice ; un autre les chasse du monde, leur suvrage[23], comme insouciants, privés de sensibilité, de lumière

---

(a) Je lis avec Fickert *querendo* au lieu de *quærendo*, éd. Lemaire.
(b) Texte vulg. : *vi tractus*. Les meilleurs Mss. ont *injuriatus*.

et d'action : il n'en tient nul compte ; le soleil, à qui nous devons de partager les heures entre le travail et le repos, et de n'être pas plongés dans les ténèbres et le chaos d'une éternelle nuit ; le soleil qui dans sa course gouverne l'année, alimente les corps, fait croître les plantes et mûrir les fruits, tel autre l'appelle une sorte de pierre ou un globe de feux concentrés par hasard, enfin toute autre chose qu'un dieu. Et cependant, pareils à ces bons pères qui, aux bravades de leurs jeunes enfants, ne savent que sourire, les dieux ne laissent pas d'accumuler leurs bienfaits sur ceux qui mettent en problème l'existence de ces bienfaiteurs : leur main impartiale dispense ses faveurs sur les grands peuples comme sur les plus minces tribus ; leur lot, leur unique puissance est de faire le bien. Ils versent à propos les pluies sur la terre, balancent les mers de leur souffle, marquent les saisons par la révolution des astres, aux temps froids de même qu'aux temps chauds nous envoient pour les adoucir des brises caressantes, et souffrent avec le calme de l'indulgence l'erreur de leurs faillibles créatures[24] (a). Prenons-les pour modèles. Donnons, quand nous aurions beaucoup donné en vain : donnons malgré tout, soit à d'autres, soit à ceux mêmes qui nous ont fait perdre. Jamais l'écroulement d'une maison n'empêcha de la relever, et quand le feu a dévoré nos pénates, à cette place encore tiède nous posons des fondements nouveaux, et des villes mainte fois englouties se rebâtissent hardiment (b) sur le même sol. Tant notre âme est tenace à bien espérer de l'avenir ! Sur la terre comme sur l'onde tout travail humain s'arrêterait, si les tentatives malheureuses ne laissaient le désir de recommencer.

XXXII. « Il est ingrat ! » Ce n'est pas à moi qu'il a fait tort, c'est à lui : j'ai joui de mon service, au moment même où je le rendais. N'en soyons pas plus lent à donner, mais plus circonspect. Ce que l'un m'a fait perdre, d'autres m'en indemniseront. Mais lui aussi je l'obligerai de nouveau : comme le bon agriculteur, à force de soins, de culture, je vaincrai la stérilité du sol ; et si le bienfait est perdu pour moi, lui le sera pour tout le monde. Ce n'est pas tout pour un grand cœur de donner et de perdre : un grand cœur doit perdre et donner encore.

(a) Voy. Livre I, i et ix ; II, xxix ; III, xxv ; VII, xvi.
(b) Je lis avec trois mss. *credimus*. Deux ont : *condimus*.

FIN DU PREMIER VOLUME.

NOTES
SUR LE TRAITÉ DE LA COLÈRE.

LIVRE I.

1. *Novatus.* Celui des frères de Sénèque qui, par suite d'adoption, prit le nom de Junius Gallio, et au tribunal duquel saint Paul fut amené par les Juifs.

2. Voir liv. II, xxxvi. *Ruat vel in me, dummodo in fratrem ruat.* (Senec. *Thyest* v. 190).

Tombe sur moi le ciel pourvu que je me venge!
Il est beau de mourir après ses ennemis. (Corneille. *Rodog.* V, sc. i.)
Felix jacet, qnicumque quos odit premit. (Senec. *Hercul. OEteus.*)
Et qui tue en mourant doit mourir satisfait. (Rotrou.)

3. Μανίαν ὀλιγοχρόνιον. Themistius. *Iratum ab insano non nisi tempore distare.* Cato major. *Ira furor brevis est.* Horat.

4. Imité par saint Basile dans son homélie sur le même sujet.

5. Allusion au préteur Asellio, tué au temple de Castor par les usuriers contre lesquels il avait porté de sévères édits.

6. Le tigre déchire sa proie et dort.... (*Génie du Christianisme, sur la Conscience.*)

7. Voir Cic. *Tusculan.*, IV, xviii.

8. « Toutes les passions sont sœurs : une seule suffit pour en exciter mille ; et les combattre l'une par l'autre n'est qu'un moyen de rendre le cœur plus sensible à toutes. Le seul instrument qui sert à les purger c'est la raison. » (Rousseau, *sur les Spectacles.*)

9. La valeur n'est valeur qu'autant qu'elle est tranquille.
(Piron, *Métromanie*, acte III, scène ix.)

« La vaillance n'a pas besoin de cholère, parce qu'elle est trempée de raison et de jugement, là où l'ire et la fureur sont fragiles, pourries et aisées à briser. C'est pourquoy les Lacédémoniens ostent avecque le son des fleustes la cholère à leurs gens, quand ils vont combattre, et devant le combat ils sacrifient aux Muses, à cette fin que la raison leur demeure. » (Plutarq., *de la Cholère*, trad. d'Amyot.)

10. Les Romains faisaient grand usage d'eau chaude dans leurs repas, et la buvaient soit pure, soit mêlée avec du vin et du miel.

11. C'est le mot du Christ : *Pardonnez-leur, mon père, ils ne savent ce qu'ils font.* Voir aussi Sénèque, *des Bienfaits*, V, xvii ; et Platon, *des Lois*, V.

12. « Double poids et double mesure sont deux choses abominables devant Dieu. Quel homme peut dire : « Mon cœur est pur, je suis net « du péché? » (*Prov.* de Salomon.)

13. « Si nous disons que nous n'avons point de péché, nous nous trompons nous-mêmes, et la vérité n'est pas en nous. » (Saint Jean, *Ép.* I, viii.)

14. Plusieurs de ceux qui avaient conspiré la mort de Néron, dit Suétone, s'en vantaient même auprès de lui en disant qu'ils ne pouvaient mieux servir un homme souillé de tous les forfaits qu'en lui donnant la mort. (Voir aussi Dion, LXII, xxiv. Tacite, *Ann.*, XV, lxviii et surtout Sénèque, *des Bienfaits*, VII, xx.)

15. Voir un parallèle semblable dans Pope, *Essai sur l'homme*, II, ii. Cf. Cicér., *des Devoirs*, I, xxv.

16. Philosophe péripatéticien, né à Rhodes, vécut sous Ptolémée Philadelphe, vers la 127ᵉ olympiade, an 272 avant Jésus-Christ. Souvent cité par Plutarque, *Traité de la Colère*. Tous ses ouvrages sont perdus.

17. *Eripere telum, non dare, irato decet.* (P. Syrus.)

18. Ce mot est mis dans la bouche d'Atrée par le poëte tragique Accius, né l'an de Rome 584, mort après les proscriptions de Sylla. « Quand c'est Atrée qui dit cela, observe Cicéron, on applaudit, car le mot est digne du personnage ; comme cet autre vers :

    Oui, le père aux enfants servira de tombeau, »
                  (*Des Devoirs*, I, xviii.)

    Heureux ou malheureux, il suffit qu'on me craigne.
                  (Racine, *Britannicus*.)

19 Un esprit corrompu ne fut jamais sublime.
                  (Voltaire, épître lxxxv.)

    La gloire ne peut être où la vertu n'est pas.
                  (*Lamartine à Byron*.)

Et voir Suét., *Caligula*, xxii.

20. Voir la lettre XXXII. Et Pline : *In tecta jam silvæ scandunt.* *Hist.*, XV, XIV. Et Sénèque le père, *Controv.*, IX : « Ces forêts plantées sur nos maisons qu'elles pourrissent : ombre et fumée plutôt que verdure ! »

LIVRE II.

1. Voir *des Bienfaits*, IV, XVII, et Lettre XCVII ; et Cic., *de Finib.*, V, XXII ; et surtout Balzac, *le Prince*, chap. XXI.

2. Ptolémée Dionysius, roi d'Égypte, qui, par le conseil de ses deux ministres, Achillas et Théodote, fit trancher la tête à Pompée. Ce roi avait à peine douze ans.

3. Mais qu'entend-il ? Le tambour qui résonne :
    Le sang remonte à son front qui grisonne ;
    Le vieux coursier a senti l'aiguillon.
                    (Béranger.)

4. Lacune. Voir Louis Racine développant ces mêmes idées dans son épître I, *sur l'âme des bêtes.*

5. Voir *le Loisir du sage*, au début, et les Lettres VII et XXXIX. « L'amphithéâtre est le temple de tous les démons ; là siègent autant d'esprits immondes qu'il peut tenir d'hommes ; le théâtre est le repaire tout spécial de l'impudicité. » (Tertull., *de Spect.*, XII.)

6. Voir *des Bienfaits*, VI, XXXVIII.

7. Voir Horace, VIIe *Épod.* ; Boileau, *Sat.* VIII, et J. B. Rousseau, liv. II, ode XVI, et *Télémaq.*, liv. XVII.

8. Le consul M. Aquilius, pour réduire les villes d'Asie, fit empoisonner les canaux des fontaines. (Florus, II, XX.)

9. Le *Forum romanum* construit, dit-on, par Romulus, entre le Capitole et le mont Palatin ; celui que Jules César bâtit après la bataille de Pharsale, et celui d'Auguste. Un quatrième fut bâti par Trajan.

10. *Quidquid multis peccatur, inultum est.* (Luc., *Pharsal.*, V, vers 260.) Voir saint Augustin, *Ép.* LXIV.

11. Oui, je vois ces défauts, dont votre âme murmure,
     Comme vices unis à l'humaine nature ;
     Et mon esprit enfin n'est pas plus offensé
     De voir un homme fourbe, injuste, intéressé,
     Que de voir des vautours affamés de carnage,
     Des singes malfaisants et des loups pleins de rage.
                    (Molière, *Misant.*, sc. I.)

12. Même pensée au chap. XVI du liv. I, et au traité *de la Clémence*, I, XI et XIX, et dans la tragédie d'*OEdipe* :

Timet timentes : metus in auctorem redit.
(Acte III, sc. I.)

13. Je vois de quels efforts vos sens sont combattus,
Mais les difficultés sont le champ des vertus ;
Avec un peu de peine on achète la gloire :
Qui veut vaincre est déjà bien près de la victoire :
Se faisant violence on s'est bientôt dompté,
Et rien n'est tant à nous que notre volonté.
(Rotrou, *Venceslas*.)

14. Maxime prise par Rousseau pour l'épigraphe de son *Émile*.

15. « Mais si peut-on y arriver, qui en sçait l'adresse, par des routes ombrageuses, gazonnées et doux-fleurantes, plaisamment et d'une pante facile et polie. » (Montaigne, I, XXV. Marc-Antoine, V, IX.)

16. « On a dit en latin qu'il coûte moins cher do haïr que d'aimer.... » (La Bruyère, *Du Cœur*.)

17. « Il en coûte plus pour nourrir un vice que pour élever deux enfants. » (Franklin.)

18. « Ay-je besoing de cholère et d'inflammation, je l'emprunte et je m'en masque. » (Montaigne, III, X.)

19. « Les hommes ne sont tout ce qu'ils peuvent être que dans les climats tempérés. » (Rousseau, *Émile*, liv. I. Voir la Théorie des climats de Montesquieu, *Esprit des lois*, liv. XIV.)

20. *Vinum et adolescentia, duplex incendium voluptatis. Quid oleum flammæ adjicimus?* (Saint Jérôm., *ad Eustoch*.)

Voir pour ces chap. XX, XXI et XXII, Quintilien, liv. III, et Rousseau, dans *Émile*, I, II, où se trouve plus d'un emprunt fait à Sénèque.

21. « Le feu s'embrase dans la forêt selon qu'il y a de bois : la colère de l'homme s'allume à l'égal de son pouvoir, et croît à proportion qu'il a plus de bien. » (*Ecclesiast.*, XXVIII, 12.)

22. De ce trait d'Alexandre, et des belles, mais simples réflexions de Sénèque, Rousseau a fait une tirade déclamatoire. (*Émile*, livre II.)

23. Voir le chap. IV de Montaigne, liv. I.

24. Voir *des Bienfaits*, VI, XXIII; Montaigne, II, XII; Voltaire, sixième discours en vers, et Mme de Sévigné, lettre du 2 janvier 1681. Ailleurs pourtant Sénèque croit à l'influence des astres sur nos destinées.

25. La Fontaine, fable de *la Besace* :

Il fit pour nos défauts la poche de derrière,
Et celle de devant pour les défauts d'autrui.

26. « De ce mesme papier où il vient d'escrire l'arrest de condamnation contre un adultère, le juge en desrobbe un lopin pour en faire un poulet à la femme de son compaignon. » (Montaigne, III, ix.)

27. On connaît les beaux vers de La Fontaine sur Fouquet :

Lorsque sur cette mer on vogue à pleines voiles, etc.

« Lorsqu'ils auront dit paix et sécurité, alors une soudaine ruine viendra. » (Saint Paul.)

28. *Turpe erit ingenium mitius esse feris.* (Ovid., *Amor.*, El. x.)

29. *Prodigio par est cum nobilitate senectus.* (Juvén., V, 4.)

30. Ceci rappelle le mot du duc d'Orléans, régent : *Un parfait courtisan n'a ni humeur, ni honneur.*

Quiconque ne sait pas dévorer un affront,
Ni de fausses couleurs se déguiser le front,
Loin de l'aspect des rois qu'il s'écarte, qu'il fuie.
(Racine, *Esther*, act III, sc. I.

31. Tel repousse aujourd'hui la misère importune,
Qui tombera demain dans la même infortune.
Il est beau de prévoir ces retours dangereux,
Et d'être bienfaisant alors qu'on est heureux.
(La Harpe, *Philoctète.*)

32. *Cet homme se déchaîne contre toi ; toi, provoque-le par tes bienfaits.* Voilà bien ce précepte chrétien, *rends le bien pour le mal,* qu'on reproche à la philosophie païenne de n'avoir pas connu.

33. *Et qui non jugulat, victor abire solet.* (Pétrone.)

Le vainqueur doit rougir en ce combat honteux ;
Et les premiers vaincus sont les plus généreux.
(Racine, *Frères ennemis.*)

34. Philosophe romain, qui renouvela la doctrine de Pythagore. Voir lettres de Sénèque, LIX, LXIV. Ses maximes furent adoptées par quelques chrétiens. Rufin, prêtre d'Aquilée, les traduisit en latin, et, trompé sans doute par la ressemblance du nom les attribua mal à propos au pape Sixte II.

35. Voir sur cet emploi du miroir, et sur Minerve jouant de la flûte, Ovid., *Art d'aimer*, III, vers 503 ; Plutarque, *de la Colère ;* Machiavel, même sujet, et saint Chrysostome, homélie VI, *in Joan.* Cette recette du miroir est mise en pratique par Shakspeare dans sa comédie de *la Méchante Femme.*

LIVRE III.

1. *Mensuraque juris vis erat.* (Lucain, liv. I.) *Jusque datum sceleri.* (Id., ibid.) *Omne jus in validioribus esse.* (Sallust.)

2. Tout ce passage rappelle le tableau animé que fait l'historien Florus des procédés violents des Tarentins envers les ambassadeurs de Rome.

3.   *Per ferrum, tanti securus vulneris, exit.*
                                         (Lucain, I, vers 212.)

4. « Le mépris fait tomber les injures; qui s'en irrite semble s'y reconnaître. » (Tacite.)

5. Encore Lucain, neveu et souvent imitateur de Sénèque :

              Nubes excedit Olympus,
    Pacem summa tenent....   (Liv. II, vers 271.)

6. « Archytas, irrité contre la nonchalance de ses valets, ne leur feit austre chose sinon qu'il leur dict en s'en allant : Bien vous prend de ce que je suis courroucé. » (Plutarq. *Délais de la justice divine.*)

7. Voir Hérodote, III, XXIV et XXXV.

8. Le même Hérodote, I, CVIII, raconte que le courroux d'Astyage venait de ce que Harpage avait sauvé les jours de Cyrus qu'il avait eu ordre de faire périr à sa naissance, Cyrus, petit-fils d'Astyage. Voir aussi Justin, I, IV.

9. L'histoire des Persans modernes onre souvent de pareils actes et de pareilles réponses (*Voyages de Chardin et Tavernier*. Voir aussi l'*Histoire d'Edgar*, roi d'Angleterre.)

10. En effet, Harpage se vengea en prenant le parti de Cyrus, qu'il invita à venir détrôner Astyage.

11. *Factusque pœna sua monstrum, misericordiam quoque amiserat.* Tacite semble s'être souvenu de ce passage en décrivant la mort de Vitellius : *Deformitas exitus misericordiam abstulerat.*

12. Neveu du grand Marius. Étant préteur, d'accord avec les tribuns du peuple, il publia seul, à l'insu et contre le gré de ses collègues, un édit qui fixait l'intérêt de l'argent, très-arbitraire dans ces temps de troubles. De là la reconnaissance du peuple.

13. L'énergique finale de cette phrase est reproduite par Tacite, *Vie d'Agricola*, XLV : « *Néron du moins détourna les yeux; il commanda des meurtres et ne s'en fit pas un spectacle* (le mot n'est pas complétement vrai); *le plus grand de nos supplices, sous Domitien, était de le voir et d'en être vus.* »

14. Voir la lettre XCI de Sénèque, et Quintil. X, 1. « Prisonnier de guerre, puis cuisinier, de cuisinier porteur de litière, et de là assez heureux pour s'élever jusqu'à l'amitié de l'empereur, il fut si indifférent à l'une et à l'autre fortune, à son présent comme à son passé, que le prince, irrité contre lui pour plusieurs motifs, lui ayant interdit son palais, Timagène brûla son histoire d'Auguste, comme pour lui refuser, par représailles, l'hommage de son talent. Parleur habile, diseur de bons mots souvent blessants, mais élégamment tournés. » (Sénèque le père, *Controvers.*, XXXIV, trad. inédite.)

15. Voir liv. I, not. 11.

16.   Je laisse à tes remords le soin de ma vengeance.
            (La Fosse, tragédie de *Manlius*.
Voir lettre LXXXI, *ad finem*.

17. « J'ai trouvé tout cela dans mon cœur, » disait Massillon à ceux qui s'étonnaient qu'il eût si bien peint les vices de la cour.

18.   A ses propres auteurs la vengeance est fatale.
        Elle amène après elle une suite infernale
        De remords, de fureurs, dont les tristes effets
        Rendent les mieux vengés les plus mal satisfaits.
                (Gombauld, tragédie des *Danaïdes*.)

19. Tout ce passage semble avoir inspiré Massillon dans son sermon du *Pardon des offenses*.

20. Voir Sénèq., *Hercul. furens*, vers 735 et suiv.

21.   *Inque suis amat hoc Cæsar, in hoste probat.*
                        (Ovid., *Trist.*)

C'est le mot de Napoléon : *Honneur au courage malheureux!*

22.   *Aliena nobis, nostra plus aliis placent.*
                        (Terent., *Phorm.*, I, III.)

23. César, et Auguste après lui, avaient institué deux sortes de consuls : les uns *ordinaires*, élus aux calendes de janvier, donnaient leurs noms à l'année; les autres *substitués*, étaient créés dans le cours de l'année. (Voir *l'Apokolokyntose* de Sénèque, IX.)

24. Voir plus haut, chap. XXIV, et surtout l'admirable lettre XLVII, où Sénèque recommande, comme eût fait un chrétien, la douceur envers les esclaves.

25. Voir les vers dorés de Pythagore. Ainsi faisait Caton le censeur. (Cic., *de Senect.*, XXXVI, et Horace, liv. I, s. IV.) Tout ce passage est ingénieusement imité par Ausone, Idyll. XII, et Ducis, *Épître à mon chevet*.

26. Probablement *Lentulus Sura*, consul, puis chassé du sénat à cause de ses vices, préteur depuis, enfin, complice de Catilina, et condamné et incarcéré dans la prison du sénat.

27. Un malade obstiné meurt si l'on ne l'abuse.
Les remèdes qu'on craint plaisent après l'effet,
Et quelquefois il faut cacher même un bienfait.
(*Laure*, tragédie de Rotrou, act. II, sc. II.)

28. Le même trait est cité, *Traité de la Clémence*, I, XVIII : « Auguste était en veine de bonté ce jour-là, ce qui ne lui arrivait pas toujours; car il avait fait crucifier un de ses esclaves pour avoir mis en broche et mangé une caille qui, dans les combats de ces petits animaux, battait toutes les autres et s'était jusqu'alors trouvée invincible. » (Plutarq., *Apopht. Rom.*, x.)

29. Mortel, ne garde pas une haine immortelle.
(Vers attribué par Aristote à Ménandre.)

30. L'homme, dans une vie si courte et si remplie de labeurs et de misères, place encore de la colère contre l'homme. » (*Eccles.*, XXVIII.)

Pourquoi combattre, et pourquoi conquérir?
La terre est un sépulcre, et la gloire est un rêve
Patience, ô mortels! et remettez le glaive;
Un jour encor! tout va mourir.
(Lamartine, *Recueillem. poétiq.*, XI.)

31. Jusques à quand, mortels farouches,
Vivrons-nous de haine et d'aigreur?...
Implacable dans ma colère,
Je m'applaudis de la misère
De mon ennemi terrassé;
Il se relève, je succombe,
Et moi-même à ses pieds je tombe
Frappé du trait que j'ai lancé.
(Pompignan.)

32. Je crois voir des forçats dans un cachot funeste,
Se pouvant secourir, l'un sur l'autre acharnés,
Combattre avec les fers dont ils sont enchaînés.
(Voltaire, *Disc. en vers.*)

33. Mon être à chaque souffle exhale un peu de soi;
Chaque parole emporte un lambeau de ma vie.
(Lamartine, *Harmon.* XI, liv. IV.)

NOTES

SUR LA CONSOLATION A MARCIA.

1.
       Sævumque arcte complexa dolorem,
  Perfruitur lacrimis et amat pro conjuge luctum.
           (Luc., *Phars.*, IX, 110.)

  Mon deuil me plaît et me doit toujours plaire :
  Il me tient lieu de celui que je plains.
        (Chaulieu, *Sur la mort de Lafare*.)

2. Voir *Consol. à Polybe*, XXIII, et la lettre XCIX.

  Je n'osais dans mes pleurs me noyer à loisir;
  Je goûtais en tremblant ce funeste plaisir.
          (Racine, *Phèdre*.)

3. Cet éloge de Marcellus se retrouve en termes presque semblables dans Tacite (*Ann.*, I, II, et Velleius Paterc., II, XCIII).

4. Voir Tacite, *Ann.*, III.

  Et l'ombre du héros, près d'une épouse altière
  Semble, se réveillant sous l'airain sépulcral,
  S'enorgueillir encor de ce deuil triomphal.
          (Chénier, *Tibère*.)

5.
  Quid deceat Drusi matrem, matremque Neronis
  Adspice; quo surgas, adspice, mane toro.
          (Ovide, *ad Liv.*)

6. Tous les sentiments naturels ont leur pudeur, disait Mme de Staël.

7. Voir *Consolat. à Polybe*, XXXVII, et la note.

8. Dès le temps des Scipions, les nobles Romains avaient, attachés à leurs personnes, des philosophes, des poëtes, la plupart Grecs, sortes d'instituteurs moraux, de directeurs de conscience. Aréus d'Alexan-

drie, stoïcien, était en si haute estime auprès d'Auguste, qu'à la prise de cette ville ce prince annonça aux habitants qu'il leur faisait grâce, en considération d'Aréus.

9. Voir lettre XCIX.

> Le temps seul, malgré toi, finira ta tristesse,
>   Tes larmes tariront;
> Et ce que n'aura pu cette grande sagesse,
>   Quatre mois le feront.
> Chasse donc ton chagrin, et, quoi qu'il faille faire,
>   Songe à le surmonter,
> Sans attendre, en pleurant comme un homme vulgaire,
>   Qu'il te veuille quitter.
>   (Desmaret de St. Sorlin.)

10. « Tout tombe à nos côtés ; Dieu frappe autour de nous nos proches, nos amis, nos maîtres ; et au milieu de tant de têtes et de fortunes abattues, nous demeurons fermes, comme si le coup devait toujours porter à côté de nous, ou que nous eussions jeté ici-bas des racines éternelles. » (Massillon, *Oraison du Dauphin*.)

11.
> Mourir est un tribut qu'on doit aux destinées,
> Et leur décret fatal n'a pas prescrit d'années.
> On doit sitôt qu'on naît : il faut, sans s'effrayer,
> Quand la mort nous assigne, être prêt à payer.
>   (Rotrou, *Iphig.*)

Et Molière, *Psyché*, act. II, sc. I. Saint Augustin, sur le Ps. CXXI.

« Tout ce qui doit passer ne peut être grand ; ce n'est qu'une décoration de théâtre : la mort finit la scène et la représentation. Chacun dépouille la pompe du personnage et la fiction des titres; et le souverain, comme l'esclave, est rendu à son néant et à sa première bassesse. » (Massillon, *Oraison fun. du Dauphin.*)

12. « Il ne faut pas que l'univers entier s'arme pour l'écraser. Une vapeur, une goutte d'eau suffit pour le tuer. » Pascal, *Pensées*. Art. I, 6. Voir *Questions naturelles*, VI, II, et la note.

13. Ainsi saint Augustin, au début de ses *Confessions* : *Homo circumferens mortalitatem suam*.

La fin de la phrase de Sénèque est imitée par Pline : *Flens animal, cœteris imperaturum, et a suppliciis vitam auspicatur*, Hist. nat. VII, I, Voir *Consol. à Polybe*., XXIII.

14. Voir le mot de Solon : Valer. Max., VII, II, et Montaigne, III, IX. « En vérité, ma fille, il faut songer à ceux qui sont plus malheureux que nous, pour nous faire avaler nos tristes destinées. » (Mme de Sévigné.)

15. Je ne vois que malheurs qui condamnent les dieux.
        (Racine, *Androm.*)

On connaît l'hémistiche de Claudien : *Absolvitque Deos.*

16. Les mauvais plaisants, au lieu de dire : « Tel acte s'est fait sous le consulat de César et de Bibulus, » dataient du consulat de Julius et de César.

17. Je doute fort que cet exemple de Tibère soit cité à propos : il n'en usait ainsi que par insensibilité. Il trouvait Priam heureux d'avoir survécu à tous ses enfants.

18. Ici Sénèque oublie ce qu'il a dit si bien ailleurs : *Grand homme plutôt qu'homme de bien? Ces deux qualités sont inséparables*, etc. (*De la Colère*, I, xvi.)

19. Ils suffiront pour consoler leur mère.
Je croirai, les voyant, revoir encor leur père;
Et par ces doux objets mon amour raffermi,
Vous possédant en eux, ne vous perd qu'à dem'.
(Longepierre, *Médée*, III, sc. III.)

20. C'est sur mes déplaisirs que j'ai les yeux ouverts :
Je regarde ce que je perds,
Et ne vois point ce qui me reste.
(Molière, *Psyché*, II, sc. I.)

21. Sénèque croit ici et dans ses traités de *la Providence*, I, et des *Questions naturelles*, II, xxxii, à l'influence des astres sur nos destinées. Il la nie dans sa lettre xcvii.

22. Pensée toute chrétienne qu'on retrouve dans la *Consol. à Polybe* et lettre xcix, et dans le comique grec Antiphane : « Bientôt nous les rejoindrons au même rendez-vous, pour y vivre en commun d'une autre vie. »

23. Voir *Consol. à Polybe*, xxvii; lettres xxiv, liv, lxxvii, et dans la tragédie de Sénèque, *les Troyennes :*

Rien n'est après la mort, la mort même n'est rien.
Que devient l'homme en cessant d'être?
Ce qu'il était avant de naître.

Post mortem nihil est, ipsaque mors nihil.
Quæris quo jaceas post obitum loco?
Quo non nata jacent.

Une heure après la mort notre âme évanouie
Devient ce qu'elle était une heure avant la vie.
(Cyrano, *Agrippine*.)

Du reste Sénèque se donne un magnifique démenti quelques pages plus loin, chap. xxiv et xxv.

24.   Et combien de héros glorieux, magnanimes,
Ont vécu trop d'un jour.
(J. B. Rousseau)

25. Ces mêmes réflexions sur Pompée ont été faites par Cic., *Tusc.*, I, xxxv; Florus, IV; Vell. Paterc., II, xlviii; Lucain, VIII, 27. Comparez Tacite : *Non vidit Agricola....* Juvénal, Sat. X. Virgile : *Felix morte tua, neque in hunc servata dolorem!* et Sévigné, sur la mort de Turenne, lettre du 6 août 1675.

26. « Qu'il y a eu de temps où je n'étais pas! Qu'il y en aura où je ne serai point! Et que j'occupe peu de place dans ce grand abîme des ans! ». (Bossuet, *Sermon sur la mort*.) « Que si le temps comparé au temps, la mesure à la mesure, et le terme au terme, se réduit à rien; que sera-ce si l'on compare le temps à l'éternité où il n'y a ni mesure ni terme? Comptons donc comme très-court, chrétiens, ou plutôt comptons comme un pur néant tout ce qui finit, puisqu'enfin, quand on aurait multiplié les années au delà de tous les nombres connus, visiblement ce ne sera rien quand nous serons arrivés au terme fatal. » (Id. *Orais. fun.* de Le Tellier.)

27. « Tout ce que vous vivez, vous le desrobez à la vie. » (Montaigne, I 19.)

> *Prima quæ vitam dedit, hora carpsit.* (*Herc. fur.* Act. III)
> *Nascentes morimur, finisque ab origine pendet.* (*Manilius.*)
> Chaque pas dans la vie est un pas vers la mort. (Corneille.)

28. Voir la lettre lviii; et Montaigne, I, xix. « Le continuel ouvrage de vostre vie, c'est bastir la mort. » « La vie de l'homme s'élève comme une petite tour dont la mort est le couronnement. » (Bern. de Saint-Pierre, *Paul et Virgin*.)

29. Voir *Consol. à Polybe.*, xxix. *Dum vita grata est, mortis conditio optima.* (P. Syrus. Voir Cic., *Tusc.*, I, xlvi.)

> Quand tous les biens que l'homme envie
> A son gré semblent accourir,
> Que de la fortune asservie
> Il n'a plus rien à conquérir,
> C'est alors qu'on aime la vie....
> C'est alors qu'il faudrait mourir. (Lebrun, *Odes*.)

30. *Et solum hoc ducas, quod fuit, esse tuum.* (Martial, I, 16.)

31. « J'ai reconnu que le mort est plus heureux que le vivant, mais que le plus heureux encore est celui qui n'est jamais venu au monde. » *Ecclésiast.*, iv, 3. Voy. Cic., *Tusc.*, I, xlviii; Pline l'anc., VII, I. Sophocl., *OEdip. Col.* C'est cette réflexion qui, développée au cabaret entre Chapelle et La Fontaine, leur inspira l'envie de s'aller noyer. On sait comment le bon sens de Molière mit fin à leur projet.

32. Voir lettre xcix. *Raptus est; properavit educere illum de medio iniquitatum.* (*Sapient.*, iv, 14).

33. « *Cupio dissolvi et esse cum Christo.* » Saint Paul, *ad Philip.*, I, 23.

34.   *Summisque negatum*
        Stare diu.   (Lucain, I, 70.)

Voir Quintilien, VI. *Préface.*

Immodicis brevis est ætas, et rara senectus. (Martial, VI, 9.)
    Au moment de jouir des labeurs de leur vie
    Quand ils ont *subjugué* l'œil même de l'Envie,
    Serpent qui s'entrelace à tout ce qui grandit,
    Je ne sais de nos jours quelles fatales causes
    Font tomber à la fois les hommes et les choses,
    Et remonter au ciel tout ce qui resplendit. (Reboul.)

35. *Dum numerat palmas, credidit esse senem.* (Martial, X, 53.)[1]
    Le printemps et l'automne en lui n'eurent qu'un cours;
    Et ses fruits étant mûrs dès la fleur de sa vie,
    Il mourut en jeunesse, et mourut plein de jours.
                                            (Lingendes.)

36. *Quaque aliæ gaudere solent, ego rustica dote*
    Corporis erubui, crimenque placere putavi.
                        (Ovide, *Métam.*, V, 18.)

37. *Caro*, mot évangélique qui se trouve encore lettres LXV, LXXIV, LXXV. « *Caro autem concupiscit adversus spiritum : hæc sibi invicem adversantur.* » (*Ad Galat.*, v, 17.) L'emploi de ce mot dont on a voulu conclure que Sénèque l'avait emprunté aux livres saints, se trouve fréquemment pour celui de *corps* dans les fragments d'Épicure et de Métrodore. Aristarque dit qu'on en usait souvent comme d'un synonyme de *corps.* (Scol. d'Aristophane, *Grenouill.*, V, CXXXI.)

38. Voir Bernardin de Saint-Pierre, *Harmon.*, fin du IX° livre : « Il quitte un monde de ténèbres.... et du haut du ciel il jette un regard triomphant vers la terre, où l'on pleure et où il n'est plus. » Tout le morceau semble inspiré de Sénèque, comme aussi ce passage de *Paul et Virginie* : « Ah! si du séjour des anges elle pouvait se communiquer à vous, elle vous dirait....

39.   Si le vainqueur du Nil fût du char descendu
            A l'âge du vainqueur d'Arbelle,
            Oh! que sa mort eût été belle!
            Oh! quel trépas il a perdu!   (Lebrun, *Odes.*)

40. Selon les stoïciens, le monde devait finir par embrasement. (Voir Lucain, I, v, 72; Ovid., *Mét.*, XV; saint Paul, *ad Hebr.*, II, 10.)

NOTES

SUR LES PETITES PIÈCES DE VERS.

1. La Corse a plus de trente cours d'eau, torrents l'hiver, à sec en été.

2. *Exsul, cui nusquam domus est, sine sepulcro est mortuus.*
(P. Syrus.)

3. Hémistiche devenu proverbe : *Res est sacra miser.*

4. Crispus Passiénus, célèbre orateur, mari d'Agrippine et beau-père de Néron. (V. *des Bienfaits*, I, XLIV. *Quest. naturelles*, IV, préface.)

5. Marcus, fils de notre auteur.

6. Viriathe, qui en Espagne se rendit longtemps redoutable aux Romains et à leurs alliés.

NOTES

SUR LA CONSOLATION A HELVIA.

1. Même début dans la lettre de saint Basile à la femme de Nectaire.

2. L'on pardonne les pleurs aux personnes communes,
    Mais non pas aux esprits qui dans les infortunes
    Ont si visiblement leur courage éprouvé.
    (Racan. *Consol. à M. de Bellegarde.*)

3. C'était le devoir des parents les plus proches.
    Non hic mihi mater
    Quæ legat in mæstos ossa perusta sinus. (Tib., I, *Eleg.* III.)

4. Quand on double le cap Corse on aperçoit une tour qui fut habitée, dit-on, par notre auteur exilé : *Torre di Seneca.*

5. Il est à remarquer que le mot grec θεός, dieu, signifie coureur.

6. C'est le mot de Dante exilé.
    Icy comme à la cour, j'ai le sort tout pareil,
    Et vois couler mes jours sous un même soleil....
    Et quoi que fasse Ilax et les plus favoris,
    Le ciel n'est pas plus loin d'icy que de Paris.
    (Théophil., *Eleg.*)

7. Crois-moi : le calme heureux d'une âme irréprochable
    Vaut bien tout le fracas d'une gloire coupable.
    Marcellus en exil éprouve un sort plus doux
    Que César, entouré d'un sénat à genoux.
    (Pope, *Essai sur l'homme*, Ép. IV.)

8. *Transvolat in medio posita, et fugientia captat.*
    (Horat., II, *Sat.* II.)

9. « Il faut prendre garde si l'administration que nous louons n'est point la suite d'un meilleur règne; si ce n'est point la chaleur qui reste d'un feu qui n'est plus et le mouvement d'un branle qui a cessé; si ce ne sont point les vertus des pères qui soutiennent l'infirmité des enfants et leur espargne qui fournit à leurs débauches. » (Balzac. *Aristip.*, V.)

10. Voir lettre XXXI, et Juvénal, *Sat.* XI, 115. (Sénèq. le rhét. *Controv.*, IX.

        Saluez ces pénates d'argile :
Jamais le ciel ne fut aux humains si facile
Que quand Jupiter même était de simple bois;
Depuis qu'on l'a fait d'or, il est sourd à nos voix.
              (La Fontaine, *Philémon.*)

« C'est une croix de bois qui a sauvé le monde. »   (Montlosier.)

11. *Ignorat cupiditas ubi finiat necessitas.* (Saint Augustin.)

12. « Qu'avez-vous fait trente ans dans ce désert, » demandait-on à un anachorète qui répondit : « *Cogitavi dies antiquos, et annos æternos in mente habui.* J'ai médité sur les anciens jours, et j'ai pensé à l'éternité. »

13. *Lex est, non pœna, perire.* (Sénèq., *Petit. pièces de vers.*)

14.   Il se présente aux seize, il demande des fers
    Du front dont il aurait condamné ces pervers. (*Henriade.*)

15.   L'imagination, en souvenirs féconde,
    Quand le présent ingrat semble l'abandonner,
    Des honneurs qu'il n'a plus revient l'environner.
    Ainsi le saint respect qui de loin le contemple
    Remplit toujours de Dieu les débris d'un vieux temple.
              (Delille, *Imag.*, ch. III.)

16. Il faut que cette horrible pratique d'avortements ait été bien commune alors, pour que Sénèque loue Helvia de ne l'avoir pas suivie. Du temps d'Ovide elle avait déjà lieu :

    Nunc uterum vitiat quæ vult formosa videri;
    Raraque in hoc ævo quæ velit esse parens. (Ovid. *De nuce.*)

Page 138, *Parce que certaines femmes....* « Souvent les lectures qu'elles font, avec tant d'empressement, se tournent en parures vaines et en ajustements immodestes de leur esprit; souvent elles lisent par vanité, comme elles se coiffent. » Bossuet. *Serm. sur les oblig. de l'état relig.*

17.   Contre tous mes ennuis sa grâce est la plus forte;
    Je n'ai point de chagrins que sa gaîté n'emporte.
           (Casim. Delavigne, *l'École des vieill.*)

18   Du chagrin le plus noir elle éclaircit les ombres,
   Et fait des jours sereins de mes jours les plus sombres.
                                           (Rac., *Esther*.)

19. Même jugement sur les Égyptiens, porté fort au long par Hérodien (*Hist.*, IV, ix); et dans une lettre de l'empereur Adrien. (Voir Flav., *Vopisc.*)

NOTES

SUR LA CONSOLATION A POLYBE.

---

1. *Mortaline manu factæ immortale carinæ*
   Fas habeant? (Énéid., IV, 99.)

2. Et l'univers, qui dans son large tour
   Voit courir tant de mers et fleurir tant de terres,
   Sans sçavoir où tomber tombera quelque jour.
   (Maynard, *Od. à Alcip.*)

Voir Byron, *Child-Harold.* IV, St. 18. Lamartine, *Perte de l'Anio.*

3. Va, plains-toi maintenant qu'une maison privée
   Du sac universel ne se soit point sauvée,
   Et te desplais de voir arriver à quelqu'un
   L'accident que tu vois arriver à chacun.
   Ainsi ce que le sort a de plus lamentable,
   En le rendant commun il le rend supportable,
   Et la Parque adoucit l'aspre sévérité
   De ses funestes lois par leur égalité.
   (Bertrand, *sur la mort de Ronsard.*)

4. Qu'on pleure ou non, les maux suivent leurs cours
   Ah! si nos pleurs, si nos plaintifs discours
   Contre les maux étaient d'utiles armes,
   Au poids de l'or s'achèteraient les larmes.
   Pourquoi gémir? Jamais deuil ne produit,
   Arbre fatal, que le deuil pour tout fruit.
   (Philémon, comique grec. *Trad. inédite.*)

5. C'est le vers de Saurin sur Molière :
   Rien ne manque à sa gloire, il manquait à la nôtre.

6. Voir *Consol. à Marcia*, XI ; Plin., *Hist.*, VIII, 1 ; saint Cyprien, *de la Patience* ; Buffon, *de l'Enfance*.

Vagituque locum lugubri complet, ut æquum est,
Cui tantum in vita restat transire malorum. (Lucret. V, 224.

7. Polybe était secrétaire de Claude pour les belles-lettres,*a studiis*. Il paraît, d'après le chap. XXVI, qu'il occupait aussi la charge de secrétaire d'État.

8. Triste destin des rois ! esclaves que nous sommes
    Et des rigueurs du sort et des discours des hommes,
    Nous nous voyons sans cesse assiégés de témoins,
    Et les plus malheureux osent pleurer le moins.
                                    (Racine, *Iphig.*)

Et dans *Phèdre* :

Encor dans mon malheur de trop près observée....
                                    (Act. IV, sc. VI.)

Des courtisans sur nous les inquiets regards....
                                    (Volt., *OEdip.*, act. III, sc. I.)

9. *Et in maxuma fortuna minuma licentia est.*
                                    (Sallust., *Catil.*, LI.)

Minimum decet libere, cui multum licet.
                                    (Tragédie des *Troyennes*.)

Et qui doit tout pouvoir ne doit pas tout oser. (Corneille.)

Voir enfin Massill., *Petit car.*, 1er sermon

10. « Les gens de bien dorment sans crainte à l'abri de mes veilles, et vivent heureux par ma misère. » (Richelieu, *Testam. politique*. (Et Henri IV à Casaubon : « *Vous voyez combien j'ai de peine, moi, afin que vous puissiez étudier en paix.* »

11. Claude, d'après les conseils de Tite Live, entreprit d'écrire l'histoire. (Suétone.) Pline fait mention de l'histoire de Claude ; et Niebuhr, par d'excellentes raisons, a vivement regretté la perte des ouvrages de cet empereur.

12. Cette assertion a étonné de la part de Sénèque, qui devait bien connaître les fables de Phèdre, affranchi de Tibère. On a donné pour raison que notre auteur parle d'écrivains nés Romains, et que Phèdre était *barbarus*. On a dit que ce nom de Phèdre pouvait être le pseudonyme de Polybe. D'autres pensent que Sénèque conseilla à Polybe d'écrire *en prose*, comme il avait fait ses deux traductions, des fables latines, genre qui eût été nouveau à Rome : Ésope était un prosateur. Je crois plus probable que Sénèque aura considéré Phèdre comme interprète des *Fables grecques* d'Ésope, non comme inventeur de *Fables latines*. En écartant Phèdre, sous ce prétexte fondé, il aura voulu flatter Polybe de l'idée qu'il ouvrait la carrière, qu'il serait inventeur.

13   Que faites-vous pour eux, si vous les regrettez?
       Vous fâchez leur repos, et vous rendez coupables
       Ou de n'estimer pas leurs trépas honorables,
       Ou de porter envie à leurs félicités.
              (Malherbe, *Larmes de saint Pierre*.)

14. Imité en vers grecs par Pallas d'Alexandrie, ainsi traduit par le vieux poëte Malleville :

       Le vent sur cette mer excite mille orages;
       Le nombre des vaisseaux est celui des naufrages;
       Le rocher le plus ferme est enfin ébranlé.
       L'un redoute sa perte et l'autre la soupire :
       Tant que par l'Aquilon bien plus que par Zéphyre
       Au grand port du trépas chacun soit rappelé.

15. *Modicum plora super mortuum, quiescit.* (*Ecclesiast.*) Luther, fatigué de luttes, s'écriait : *Invideo mortuis, quoniam quiescunt.*

16. Voir *Consol. à Marcia*, XIX. « Nous retrouverons bientôt ce que nous avons perdu. Nous en approchons tous les jours à grands pas. Encore un peu et il n'y aura plus de quoi pleurer. C'est nous qui mourons : ce que nous aimons vit et ne mourra point. » (Fénelon, *Lett. spirit.*)

17. *Illa rapit juvenes, sustinet illa senes.* (Ovid., *ad Liv.*, v. 371.)

18. Allusion à un fait cité par Dion et par Suétone. Caligula venait de rappeler un exilé de Tibère, et lui demandait à quoi il avait passé son temps : « A prier les dieux, répondit l'autre, de faire périr Tibère et de te donner l'empire. » Imaginant alors que tous ceux qu'il avait exilés priaient les dieux pour sa mort, Caligula envoya dans toutes les îles pour les massacrer.

19. Voilà bien le *morituri te salutant*. La pensée n'est belle qu'adressée à Dieu : « J'adore en périssant la raison qui t'aigrit. »

20. Cette faculté, qu'on ne peut contester à Claude, homme lettré et écrivain de mérite, était sujette à d'étranges éclipses dont Sénèque se moque plaisamment, ainsi que de son éloquence, dans l'*Apokolokyntose*.

21.   Mais sans qu'il soit besoin d'envoyer ma mémoire
       Vous chercher bien avant des preuves dans l'histoire,
       Et sans vous effrayer de phantosmes venus
       Ou d'étranges païs, ou de temps inconnus,
       Le Louvre est à nos yeux de la grandeur humaine
       Et des peines des grands une pompeuse scène.
       La grâce et la vertu, la gloire et la beauté
       N'ont pu là se munir contre l'adversité;
       Sa longue et dure main, qui n'épargne personne,
       Sur le trône souvent, souvent sous la couronne

A piqué de nos lys les glorieuses fleurs:
Elle en a fait couler le sang avec les pleurs.
(Le P. Lemoyne, *Consol. à Eudoxe.*)

22. *Super ipsum Pauli triumphum concidentis.* Serait-ce là que Fléchier aurait puisé cette belle image : « Il demeura comme enseveli dans son triomphe? » (*Orais. fun. de Turenne.*)

23. Comparer les vers si connnus de Malherbe :
Le mort a des rigueurs....
Scilicet omne sacrum mors importuna profanat :
Omnibus obscuras injicit illa manus.
(Ovid., *Amor*, III, 9.)

24. Voir Claudien, *Consul. Honor.*, IV, et Ovid., *Fast.* IV.
Cette aigle, votre garde et votre domestique,
De vos pères héros la compagne héroïque,
En vain vous cachera sous les nombreux lauriers
Qui lui sont demeurez de leurs gestes guerriers :
En vain par-dessus vous elle étendra ses aisles :
Les oiseaux de la mort vous raviront sous elles.
(Le P. Lemoyne, *Entret. poét.*)

25. « La mort fut douce envers Madame. » (Bossuet.)

26. Cette Drusilla, objet de sa passion incestueuse, c'était un crime de la pleurer, parce qu'elle était déesse; et un crime de ne pas la pleurer, parce qu'elle était sa sœur. (Dion Cass., liv. LIX, ch. II.)

27. Car le tombeau lui-même est sujet à la mort.
(Juvén. X, 145.)
Le mausolée est mort aussi bien que Mausole;
Éphèse a vu tomber son temple et son idole.... etc.
(Le P. Lemoyne, *Entret. poét.*, liv. I.)

28. C'est le mot de Job : « Dieu me l'a donné, Dieu me l'a ôté. » Voir aussi *de la Providence*, v.

29. Les stoïciens. Ou Sénèque n'avait pas encore embrassé leur doctrine, ou il l'écartait pour complaire à Polybe, ou enfin les chagrin de l'exil, cet ouvrage même le prouve, la lui avaient fait oublier. J. Lipse, Diderot et Ruhkopf induisent à tort de ce passage que ce traité n'est point de Sénèque : il dit à peu près la même chose à Marcia. (*Consol.*, IV.)

30. *Ipse mihi videor jam dedidicisse latine,*
Jam didici getice sarmaticeque loqui.
(Ovid., *Trist.*, V, 12.)

J'ai désappris ma langue aux bords où je végète,
Où j'apprends en retour le sarmate et le gète.

31. A cette *Consolation*, ainsi qu'aux deux autres de notre auteur, on peut comparer la *Lettre de Sulpicius à Cicéron sur la mort de*

Tullia; la *Consolation* attribuée à Cicéron; l'*Élégie d'Albinovanus sur la mort de Mécène;* la *Consolation à Livie sur la mort de Drusus*, par Ovide; les *Sylves* de Stace, liv. II; *Epicedion;* le *Traité du deuil*, de Lucien; les deux *Consolations* de Plutarque *à Apollonius et à sa femme;* Saint Grégoire de Nazianze, *Éloge de son frère Césarius;* Boèce, *Consolation philosophique;* Balzac, *Consolation au Cardinal de La Valette; Paul et Virginie*, de Bernardin de Saint-Pierre, et enfin la *Lettre à une mère sur la mort de sa fille*, que Paul-Louis Couprier semble avoir composée, comme exercice de style, d'après les rois *Consolations* de Sénèque

NOTES

SUR LA VIE HEUREUSE.

---

1. Des jugements d'autrui nous tremblons follement;
Et chacun l'un de l'autre adorant les caprices,
Nous cherchons hors de nous nos vertus et nos vices.
(Boileau.)

« C'est le plus grand malheur des choses humaines, que nul ne se contente d'être insensé seulement pour soi, mais veut faire passer sa folie aux autres, si bien, que ce qui nous serait indifférent, souvent, tant nous sommes faibles, attire notre imprudente curiosité par le bruit qu'on en fait autour de nous.
(Bossuet, *Serm. sur la vérité Évangél.*)

2. Même image dans Cicéron, *pro Muræna*, XVII.

3. Les sots, depuis Adam, font la majorité.
(Casim. Delavig., *Ép. à l'Académ.*)

4. « Il y a le peuple qui est opposé aux sages, aux habiles et aux vertueux : ce sont les grands comme les petits. » (La Bruyère.)

Il en est chez le duc, il en est chez le prince....
(Boil., *Art. poét.*, I.)

5. « L'homme poursuit sans cesse l'illusion qui lui échappe, et néglige l'utile vérité qui repose à ses pieds. » (Bernard. de Saint-Pierre, *Étud.*, X.)

6. « La force du faible est toujours de la cruauté. » (*Espr. des lois.*) *Vir malus puer robustus.* (Hobbes.) « Toute méchanceté vient de faiblesse, et qui pourrait tout ne ferait jamais de mal. » (J. J. Rousseau.) Voir *de la Colère*, I, XVI.

7. *Quæ major voluptas quam fastidium ipsum voluptatis!* (Tertull. *de Spect.*, XXVIII.)

8. *Eunt ut non sint.* (Saint Augustin.) « Cette volupté active, mouvante, et je ne sçay comment cuisante et mordante, celle-là même ne vise qu'à l'indolence comme à son but. L'appétit qui nous ravit à l'accointance des femmes, il ne cherche qu'à chasser la peine que nous apporte le désir ardent et furieux, et ne demande qu'à l'assouvir et se loger en repos et en l'exemption de cette fiebvre. » (Montaigne, liv. II, XII.)

9. *Ipsa quidem virtus pretium sibi.* (Claudien.)

10. Comparer à tout ce morceau Cicéron, *de Finib.*, II, VIII.

11. Voir Pascal, *Pensées*. Misère de l'homme, § 2.

12. Seul bien des criminels le repentir nous reste. (Volt., *OEdip.*)
Voir *De la Providence*, V, et *Lettre* CVII.

13. « Où est l'esprit du Christ, là est la liberté. » (Saint Paul, *aux Corinth.*)

14. C'est ici sans doute une réponse à Suilius, le plus violent détracteur de Sénèque. Sur Suilius, voir Tacite (*Ann.*, XIII, XLII, XIV, LIII, et Dion Cassius, LXI, XII.)

15. Ils voudraient de cet astre éteindre la clarté,
Et se venger sur lui de leur obscurité. (Volt., *Épît.*)

16. *Crede mihi, res est ingeniosa dare.* (Ovid.)

17. Paillasson de roseaux dont le duvet servait de bourre, et où s'asseyait le menu peuple aux jeux du cirque.

18. Il tombe sans tristesse au plus bas de la roue :
Ce qu'il est sur un trône il l'est sur un fumier,
Humble dans les grandeurs, content parmi la boue,
Et tel au dernier rang qu'un autre est au premier.
        (Corneil., *Imit. de J. C.*, III, XXII.)

19. Il n'est pour le vrai sage aucun revers funeste ;
Et perdant toute chose à lui-même il se reste. (Destouches.)

20. Voir *Brièveté de la vie*, XVI. Sur les amours des dieux Sénèque pensait comme Platon (*Rép.*, III) ; comme Cicéron, (*Tusc.*, I) ; et comme saint Augustin, (*Confess.*, I. XVI, et *Cité de Dieu*, II), qui reproduit presque notre auteur.

21. Aux accès insolents d'une bouffonne joie
La sagesse, l'honneur, l'esprit furent en proie.
        (Boileau, *Art poét.*, III.)

NOTES

SUR LE REPOS, OU LA RETRAITE DU SAGE.

---

1. Voir lettres VII et VIII. « J'ai dit souvent que tout le malheur des hommes vient d'une seule chose, qui est de ne savoir pas demeurer en repos dans une chambre. » (Pascal, *Pensées*, art. 4.)

« Tout notre mal vient de ne pouvoir être seuls, etc.
(La Bruyère, *De l'homme*.)

Le grand monde est léger, inappliqué, volage ;
Sa voix trouble et séduit : est-on seul, on est sage.
(Volt., *Disc. nat. de l'homme*.)

2. Voir dans Cicéron, *de Finib.*, V, XX, un passage tout à fait analogue.

3. Voir Cic., *Nat. des dieux*, II, LVI; et Ovide : *Os homini sublime dedit....* (*Métam.*, I, I.)

4. Comparer Cic., *de Offic.*, I, XLIV : « Que le sage n'entre point dans le gouvernement, » est la maxime des épicuriens. Aristote, qui pèse le pour et le contre, se prononce pour la vie active. Sur quoi l'on peut lire deux traités de Philon, deux belles dissertations de Maxime de Tyr et l'*Épître* XXII de Chaulieu.

NOTES

SUR LA CONSTANCE DU SAGE.

---

1. Bien qu'on soit deux moitiés de la société,
   Ces deux moitiés pourtant n'ont point d'égalité :
   L'une est moitié suprême et l'autre subalterne....
           (Molière, *École des maris*.)

2. Voir *de la Providence*, v., et Xénophon, *Mémorab.*, liv. II. *Non est ad astra mollis e terra via.* (*Herc., Fur.*, 497.)
       Aucun chemin de fleurs ne conduit à la gloire. (La Font.)

3. Pour tout ce passage, voir Pétrone, cxix.
       Ainsi Rome, soldant sa propre déchéance,
       Perdue, en proie à tous, expirait sans vengeance.
           (*Traduct. inéd.*)

4. César, Pompée et Crassus. *Facta tribus dominis communis Roma....* (Lucain, I.)

5. Le ciel dut cette gloire aux mânes d'un tel homme
   D'emporter avec eux la liberté de Rome.
           (Corn., *Cinna*, act. II, sc. II.)

6. Ce n'est qu'en ces assauts qu'éclate la vertu,
   Et l'on doute d'un cœur qui n'a point combattu.
           (*Polyeuct.*, act. I, sc. III.)

7. Les vieillards riches et sans enfants, dès les derniers temps de la république, étaient entourés comme d'une cour dont ils recevaient les hommages et les cadeaux intéressés. Ils disposaient d'une armée de clients. La captation des testaments était l'un des métiers les plus

lucratifs. (Cic., *Paradox.*, VII, II; Plin., *Hist.*, XIV, I.) Pétrone, ch. CXIV, fait un tableau fort spirituel de ces coureurs de successions.

8. La mère du grand Condé surnommait son fils le grand *renverseur de murailles*.

9. Les anciens ont connu l'art de creuser des galeries souterraines jusqu'à l'intérieur d'une place pour la surprendre, ou sous le pied des remparts pour les faire crouler en soutenant d'abord leur poids par des pièces de charpente que l'on incendiait ensuite.

10. Voir *les Bienfaits*, V, XIV :

> *Nam scelus intra se tacitum qui cogitat ullum*
> *Facti crimen habet.*   (Juvén., XIII, 208.)

« Le crime prémédité, même sans consommation, est puni; car l'âme est tachée de sang, si la main en est pure. » (Apul., *Florid.*, liv. IV, XX.)

11. *Jus omne supra omnem positum est injuriam.* (P. Syrus.) « Il n'y a pas de droit contre le droit. » (Royer-Collard.)

12. Voir lettres XXXI, LIII, LIX, LXXIII; Balbus, dans Cicéron, *Nat. Deor.*, et Pindare, VI° Ném.

> Homme égalant les rois, homme approchant des dieux,
>   Et, comme ces derniers, satisfait et tranquille.
>   (La Fontaine, *le Phil. Scyt.*)

13. « Il faut aux enfants les verges et la férule; il faut aux hommes faits une couronne, un sceptre, un mortier, des fourrures, des faisceaux, des timbales, des hoquetons. » (La Bruyère, chap. VI.)

> Nous sommes de vieux enfants :
> Nos erreurs sont nos lisières,
> Et les vanités légères
> Nous bercent en cheveux blancs. (Volt., *Ep.* LXXX.)

> Il est des hochets pour tout âge. (Lamothe.)

14. Ici, comme en maint endroit de ses écrits, Sénèque fait allusion aux nombreux écroulements de maisons qui avaient lieu à Rome de son temps. Après la dernière guerre punique, l'énorme affluence d'étrangers à Rome en avait fait élargir l'enceinte et surexhausser les édifices.

15. Esclave chargé d'apprendre les noms des clients de son maître ou des citoyens un peu considérables et de les lui dire tout bas, l'usage étant de saluer par leurs noms ceux à qui on voulait montrer des égards. Le *nomenclator* annonçait aussi les visiteurs qui entraient.

16. « A lutter corps à corps avec un homme souillé, fût-on vainqueur, on se salit. » (Front., à Marc Aurèle, lettre IV.)

17. On disait proverbialement : *Odissem te odio Vatiniano*. Vatinius ayant failli être lapidé un jour qu'il donnait un combat de gladiateurs, obtint des édiles la défense de jeter dans le cirque autre chose que des pommes. On vint demander au jurisconsulte Cassellius si les pommes de pin étaient des pommes : « Oui, répondit-il, si vous les jetez à Vatinius. » (Macrob., II, xvi.)

NOTES

SUR LA PROVIDENCE.

---

1. *Et erunt omnes docibiles Deo.* (Joann., VI, 45.) *Æmulationem Dei habent.* (Paul, Rom., X, 2.) *Qui spiritu Dei aguntur, ii sunt filii Dei.* (Rom., VIII, 14.)

2. « Dieu châtie ceux qu'il aime. Persévérez sous sa discipline : il se présente à vous comme à ses fils. Est-il un fils qui ne soit corrigé par son père? » (Hebr., XII, 6.)

3. Image sublime, imitée par Lucain : *Parque suum videre dii.* (*Phars.*, VI, 3.) Minutius Félix l'a fort heureusement appliquée aux martyrs.

« Les yeux de Dieu, dit le saint Psalmiste, sont attachés sur les justes, » non-seulement parce qu'il veille sur eux pour les protéger, mais encore parce qu'il aime à les regarder du plus haut des cieux, comme le plus cher objet de ses complaisances. Que le soldat est heureux qui combat ainsi sous les yeux de son capitaine et de son roi, à qui sa valeur invincible prépare un si beau spectacle ! (Bossuet, *Fête de tous les saints.*)

4. A vaincre sans péril on triomphe sans gloire.
    (Traduit exactement de Sénèque. Racin. fils, *la Relig.*)

5. *Gaudente terra vomere laureato et triumphali aratore.* (Plin., *Hist.*, XVIII, v.)

6. Comparer tout ce passage au beau chapitre de Cicéron. (*De finib.*, liv. II, xx.)

7. *Insignia victoriæ, non victoriam.* (Cic.)

8. *Quod quisque possit, nisi tentando, nesciet.* (P. Syrus.) Voir Lamartine, VIIᵉ *Harm.*, liv. II

> L'homme est un apprenti, la douleur est son maître,
> Et nul ne se connaît tant qu'il n'a pas souffert.
> De quoi te plains-tu donc ? L'immortelle espérance
> S'est retrempée en toi sous la main du malheur.
> Pourquoi veux-tu haïr ta jeune expérience,
> Et détester un mal qui t'a rendu meilleur ?
>
> (A. de Musset, *la Nuit d'octobre.*)

9. « C'est parce que vous étiez agréable à Dieu, dit l'ange à Tobie, qu'il a été nécessaire que la tentation vous éprouvât. Le Sage dit : celui qui n'a point été tenté que sait-il ? » (Fénel., lett. II, *au duc de Bourgogne.*)

> Tu me traites sans doute en favori des cieux,
> Car tu n'épargnes pas les larmes à mes yeux.
>
> (Lamart., *Harm.* VII, liv. II.)

10. Je vois de quels efforts vos sens sont combattus :
Mais les difficultés sont le champ des vertus.
Avec un peu de peine on achète la gloire. (Rotrou, *Vencesl.*)

11. *Pax Romana*, magnifique expression répétée dans Pline : *Immensa Romanæ pacis majestate*. (*Hist.* XXVII, I.) Trajan l'inscrivit au frontispice d'un temple qu'il bâtit sur l'Euphrate : *Zeugma Latinæ pacis iter.*

12. « Dieu a planté la vie humaine comme les chênes de mon pays : plus ils sont battus des vents, plus ils sont vigoureux. » (Bernardin de Saint-Pierre, *l'Arcadie.*)

13. Appius Cæcus, tant loué par Cicéron dans son traité *de la Vieillesse.* Métellus, deux fois consul, dictateur. Étant souverain pontife, il perdit la vue en voulant sauver le palladium du temple de Vesta que dévorait un incendie.

14. Voir Bossuet, 5ᵉ *dim. après l'Épiph.* La Bruyère : *des Biens de fortune.* Chaulieu, *sur la Goutte. Lettres persanes*, XCVIII. Pope, *Essai sur l'homme*, IV.

15. Au texte : *impendunt, impenduntur*, et *volentes quidem.* « Ego autem libentissime *impendam* et super *impendar* ipse pro animabus vestris. » (Saint Paul, *II Corinth.*, XII, 15.) Même pensée, même répétition des mêmes mots.

16. Voir le début des *Questions naturelles*, L., I.

17. *Invenit illos dignos se; tanquam aurum in fornace probavit illos.* (*Sapient.*, III, 5.)

> Et si l'or s'éprouve à la flamme,
> La véritable grandeur d'âme
> S'éprouve dans l'adversité. (Racine, *Stances.*)

18. *Receperunt mercedem suam, vani vanam.* (Saint Augustin.)

19. Sépulcres *blanchis de l'Évangile*. (Voir *Constance du sage*, XIII, lettre cxv. Lucien, *le Coq*.)

20. Voir lettre LXXIV. Cette pensée stoïcienne, jugée trop ambitieuse, se retrouve pourtant à peu près la même dans saint Bernard, où elle est très-belle : « Une âme chaste est par vertu ce que l'ange est par nature. Il y a plus de bonheur dans la chasteté de l'ange; il y a plus de courage dans celle de l'homme. »

NOTES
SUR LA TRANQUILLITÉ DE L'AME.

---

1. Rousseau semble s'être souvenu de tout ce passage dans son *Émile :* « Si j'étais riche, je n'irais pas me bâtir une ville à la campagne.... etc. »

2. Voir *des Bienfaits*, VIII, II. « Je mets ma liberté à si haut prix que tous les rois du monde ne pourraient me l'acheter, » dit Descartes dans une de ses lettres.

3. « C'est aux paroles à servir et à suivre, et que le Gascon y arrive, si le François n'y peut aller. » (Montaigne.)

4. Voir lettres II, XXVIII, LXIX, CIV.

> Ce riche qui, d'avance usant tous les plaisirs,
> Ainsi que son argent tourmente ses désirs,
> S'écrie à son lever : « Que la ville m'ennuie!
> Volons aux champs! c'est là qu'on jouit de la vie,
> Qu'on est heureux. » Il part, vole, arrive; l'ennui
> Le reçoit à la grille et se traîne avec lui.
> A peine il a de l'œil parcouru son parterre,
> Et son nouveau kiosque et sa nouvelle serre,
> Les relais sont mandés : lassé de son château
> Il fuit, il court bâiller à l'opéra nouveau.
> Ainsi, changeant toujours de dégoûts et d'asile,
> Il accuse les champs, il accuse la ville;
> Tous deux sont innocents, le tort est à son cœur:
> Un vase impur aigrit la plus douce liqueur.
> (Delille, *Hom. des Champs*, I.)

5. *Suum sequitur lumen semper innocentiam.* (P. Syrus. *Niext in tenebris luo justorum.* (Psalm. CXII, et Proverb., IV. (R).)

6. Voir *Brièveté de la vie*, VIII.

> Que je plains le vieillard qui n'a que des années
> Pour nous prouver qu'il a vécu ! (Panard.)

7. Peut-être y a-t-il ici une allusion à Thraséas, dont le silence protestait sous Néron, et représentait l'opinion publique.

8. Voir *de la Colère*, III, VII. « Ne t'engage pas dans une multiplicité d'actions ; si tu entreprends beaucoup d'affaires, tu ne seras pas exempt de fautes ; si tu les suis toutes, tu n'y pourras suffire ; si tu vas au-devant, tu seras accablé, » (*Ecclesiast.*, XI, 20.)

9.
> Avant tout souviens-toi qu'en valable monnaie
> De ton vieux dévoûment un souper te surpaie.
> D'une illustre amitié c'est donc là tout le fruit :
> Un souper !... Et pourtant le maître en fait grand bruit.
> De ses faveurs avare, il en tient bon registre.
> (Juvén., V, *trad. de Dubos.*)

10.
> Ne forçons point notre talent,
> Nous ne ferions rien avec grâce. (La Fontaine.)

11. Voir *de la Colère*, III, XXXIII. *Radix omnium malorum cupiditas.* (Saint Paul.)

12. Imité par Bossuet : « C'est une folie de s'imaginer que les richesses guérissent de l'avarice, ni que cette eau puisse étancher cette soif. Nous voyons par expérience que le riche à qui tout abonde n'est pas moins impatient dans les pertes que le pauvre à qui tout manque. Il en est comme des cheveux qui font toujours sentir la même douleur, soit qu'on les arrache d'une tête chauve, soit qu'on les tire d'une tête qui en est couverte. Ainsi chaque petite parcelle du bien que nous possédons tenant dans le fond du cœur par sa racine particulière, il s'ensuit manifestement que l'opulence n'a pas moins d'attache que la disette, au contraire, qu'elle est en ceci et plus captive et plus engagée, qu'elle a plus de liens qui l'enchaînent et un plus grand poids qui l'accable. » (*Serm. sur l'impénit.*)

13. *Armarium citro atque ebore aptanti*, leçon de quelques manus. préférable au *captanti* de toutes les éditions. Le *citre* est ce *thuya* d'Algérie dont on fait des meubles si élégants. « Le citre aux taches d'or qu'à l'or même on préfère. » (Pétrone, CIX.)

14. Voir Pline l'ancien, XXXV, II.

15. Comparer Montaigne, III, IX.

16.
> Car penser s'affranchir c'est une resverie :
> La liberté par songe en la terre est chérie.
> Rien n'est libre en ce monde ; et chaque homme dépend
> Comte, prince, sultan, de quelque autre plus grand

> Tous les hommes vivants sont ici-bas esclaves,
> Mais suivant ce qu'ils sont ils diffèrent d'entraves :
> Les uns les portent d'or, et les autres de fer.
>   (Régnier, *Satire* III.)

« Quand la politique humaine attache sa chaîne au cou d'un esclave, la justice divine en rive l'autre bout au cou du tyran. » (Bernardin de Saint-Pierre. *Étud.* VII.)

> Toute puissance est une gêne :
> Oh ! d'un roi que je plains l'ennui !
> C'est le conducteur de la chaîne ;
> Ses captifs sont plus gais que lui.   (Béranger.)

17. « *Selon qu'on peut* : c'estoit le refrain et le mot favori de Socrates : mot de grande substance : il faut adresser et arrester nos désirs aux choses les plus aisées et voisines. » (Montaigne, III, II.)

18. Voir *Cons. à Polybe*, XXIX, et *à Marcia*, IX, et *Brièveté de la vie*, XX. Sénèque (*Herc. furieux*, vers 855), donne de cet usage une explication ingénieuse : « Aux enfants seuls, pour qu'ils aient moins peur, on accorde un flambeau qui les précède et éclaircit l'ombre infernale. Les autres s'enfoncent tristement dans les opaques ténèbres. »

19. Comparer avec Massillon : *Incertit. de la vie*, et Bossuet : *Serm. du 5ᵉ dim. après l'Épiph.*

20. Voir la LXXXVIIᵉ lettre persane.

21.
> Partout des malheureux, des proscrits, des victimes,
> Luttant contre le sort ou contre les bourreaux :
> On dirait que le ciel aux cœurs plus magnanimes
>   Mesure plus de maux.   (Lamart., *Médit.* XIV.)

22.
> On a beau se farder aux yeux de l'univers,
> A la fin sur quelqu'un de nos vices couverts
> Le public malin jette un œil inévitable....
> Et jamais, quoi qu'il fasse, un mortel ici-bas
> Ne peut aux yeux du monde être ce qu'il n'est pas.
>   (Boileau.)

NOTES

SUR L'APOKOLOKYNTOSE.

1. Voir, au début du *Roman comique* de Scarron, une spirituelle imitation de ce passage.

2. En effet, Agrippine cacha longtemps la mort de Claude au peuple, jusqu'à ce qu'elle eût pris toutes ses mesures pour ôter l'empire à Britannicus et l'assurer à Néron.

3. Allusion ironique aux lecteurs de vers de son temps dont il reproduit la manie descriptive. Voyez ce qu'il dit du poëte Montanus, lettre CXXII.

> Un âne, sous les yeux de ce rimeur proscrit,
> Ne peut passer tranquille et sans être décrit.
> (J. Chénier, *sur les Poëtes descriptifs*.)

4. Claude n'était pas un procureur comme Tibère; il jugeait en équité, sans se plier à la lettre de la loi; aussi les pauvres jurisconsultes étaient-ils délaissés. Un édit de Claude avait autorisé les avocats à recevoir de gros honoraires, contrairement à la loi Cincia.

NOTES
SUR LA CLÉMENCE.

LIVRE I.

1.   Entre tous les mortels de Dieu la prévoyance
    M'a du haut ciel choisi, donné sa lieutenance...
    .... Je détruis, je conserve;
    Tout pays, toute gent, je la rends libre ou serve;
    J'esclave les plus grands; mon plaisir, pour tous droits,
    Donne aux gueux la couronne et le bissac aux rois.
                  (Daubigné, *Misères du temps*.)

2.   Le sang le plus abject vous était précieux.
                  (Racine, *Britann.*, act. IV, sc. III.)

3.   Néron suffit pour se conduire....
    Pour bien faire, Néron n'a qu'à se ressembler.
    Heureux si ses vertus, l'une à l'autre enchaînées,
    Ramènent tous les ans ses premières années!   (*Ib.* I, sc. II.)

4. Manière détournée d'engager Néron à ne point persécuter des hommes illustres dont le crime était d'être trop peu courtisans. *Nec minus periculum ex magna fama quam ex mala.* (Tac., *Agric.*)

    Thraséas au sénat, Corbulon dans l'armée
    Sont encore innocents, malgré leur renommée.
                  (Racine, *Britann.*, act. I, sc. II.)

5. « Ne faites pas largesse de notre sang; et, pour épargner quelques scélérats, n'allez pas perdre tous les gens de bien. » (Sall., *Catil.* Voir saint Augustin, Ep. LIV.) « C'est une grande cruauté envers les hommes que la pitié pour les méchants. » (Rouss., *Emil.*, IV.)

> L'amour est fils de la clémence,
> La clémence est fille des dieux;
> Sans elle toute leur puissance
> Ne seroit qu'un titre odieux.
> (La Fontaine, pour M. Fouquet.)

7. Leur sombre inimitié ne fuit point mon visage;
Je vois voler partout les cœurs à mon passage.
(Racine, Britann., act. IV, sc. III.)

8. Voir, pour tout ce morceau, Bossuet, Éducat. du Dauph. « Le prince, en tant que prince, n'est point un homme particulier.... »

9. Image reproduite par Florus, liv. IV.

10. Le dernier des soldats tient la mort dans ses mains;
Mais le ciel n'accorda qu'au maître des humains
Le privilége auguste et si digne d'envie
D'enchaîner la mort même et de donner la vie.
(D'Arlincourt, Caroléide.)

11. *Corpora magnanimo satis est prostrasse leoni.* (Ov., Trist. I, v.)

12. Voir Cic., pro Ligar.; Grég. de Naz., de Amore pauperum. Pline l'Ancien, II, 7.

> Du titre de clément rendez-le ambitieux :
> C'est par là que les rois sont semblables aux dieux.
> (La Fontaine, pour M. Fouquet.)

13. Images des dieux sur la terre,
Est-ce par des coups de tonnerre
Que leur grandeur doit éclater?
(J. B. Rouss., Od., et son Ép. II, liv. I.)

14. *Nocere posse et nolle, laus amplissima est.* (P. Syrus.)

> Quand on peut lancer le tonnerre,
> Qu'il est beau de le retenir! (Mlle de Scudéry.)

> Du magnanime Henri qu'il contemple la vie :
> Dès qu'il put se venger il en perdit l'envie.
> (La Fontaine, aux Nymphes de Vaux.)

15. Le roi n'éclata point : les cris sont indécens
A la majesté souveraine. (Id., le Roi, le Milan, etc.)

16. Voir Sall., Catil., disc. de César; et Massillon, Petit car., I.

17. Ma gloire inexorable à toute heure me suit.
(Racine, Bérén.)

18. *Quum feriant unum, non unum fulmina terrent.* (Ovide, Pont., III, III Sénèq., lettre LXXIV.)

19. Qui pardonne aisément invite à l'offenser. (Corneille.)

20. Voir *de la Colère*, III, xvi.

> Ma cruauté se lasse et ne peut s'arrêter ;
> Je veux me faire craindre et ne fais qu'irriter ;
> Rome a pour ma ruine une hydre trop fertile :
> Une tête coupée en fait renaître mille ;
> Et le sang répandu de mille conjurés
> Rend mes jours plus maudits et non plus assurés.
> (Corneille, *Cinna*, IV, sc. iii.)

> Britannicus mourant excitera le zèle
> De ses amis tout prêts à prendre sa querelle.
> Ces vengeurs trouveront de nouveaux défenseurs
> Qui, même après leur mort, auront des successeurs.
> Vous allumez un feu qui ne pourra s'éteindre.
> (Racine, *Britann.*, IV, sc. iii.)

21. Montaigne a traduit tout ce chapitre. Pour les nombreux emprunts qu'y a faits Corneille, voir *Cinna*, act. IV, sc. iii et iv ; act. V, sc. i et iii, et les commentaires de Voltaire sur Corneille, et son *Dict. philos.* à l'article *Auguste*.

22. Ici Corneille a exagéré Sénèque, en faisant dire par Auguste à Cinna : « Mais tu ferais pitié... si je t'abandonnais à ton propre mérite. » De là l'apostrophe du maréchal Lafeuillade à l'acteur chargé du rôle d'Auguste : *Tu me gâtes le Soyons amis !*

23. Dion et Tacite disent pourtant qu'il fit périr plusieurs complices de Julie, sous prétexte que leurs relations avec elle n'étaient qu'un moyen d'arriver à l'empire.

24.
> Enfin Néron naissant
> A toutes les vertus d'Auguste veillissant.
> (Racine, *Britann.* I, sc. i.)

25. Auguste immola aux mânes de César trois cents prisonniers faits dans Pérouse, dit Suétone ; quatre cents selon Dion Cassius. Il prévenait leurs supplications par ce seul mot : *Il faut mourir.*

26. Voir *de la Colère*, I, xvi.

27. *Ibid.*, II, xii ; I, xiii. *Quest. natur.*, I, xii. Sénèque le rhéteur, IV, *Controv.* xxix. *Acerrimi sunt morsus irritatæ necessitatis.* (Quint. Curt., V.)

> L'arc, pressé d'une main peu sage,
> Se redresse et frappe au visage
> Le maître qui l'a trop courbé.
> Le désespoir qui croît s'élève à la menace ;
> La haine a son courage et la peur son audace.
> (Lebrun, *Voyage en Grèce.*)

28. Il vous faudra, seigneur, courir de crime en crime,

SUR LA CLÉMENCE. 539

Soutenir vos fureurs par d'autres cruautés,
Et laver dans le sang vos bras ensanglantés.
(Racine, *Britann*., IV, sc. III.)

Voir J. J. Rousseau, *Lettres de la Montagne*, IX.

29. *Et quid Cæsar non suum videat?* (Plin., *Paneg*. XXI.)

30. « La bonté et la justice gardent le roi, et son trône est affermi par la clémence. » (*Prov*., XX, XXVIII.) Devise de Marc Aurèle : *Regni clementia custos*. Par l'amour de son peuple il se croyait gardé. (Volt., *OEdip*.) Voir *Esprit des lois*, VI, XXI. *Les Rois*, Od. de Lebrun.

31. Voir sur ce titre, Suét., *August*., LVIII. « Il faut vouloir être le père et non le maître.... » etc. (Fénelon, *lettre à Louis XIV*.)

32. *Graphiis*, autrement dits *stylis*, d'où *stylets*, poinçons de fer dont on se servait pour écrire. César, en se défendant contre ses meurtriers, perça de son *graphium* le bras de Cassius.

33. Les legs en faveur des empereurs étaient fort nombreux. Auguste reçut par cette voie plus de huit cents millions de notre monnaie, bien qu'il fût, dit Suétone, chap. LXVI, peu avide d'héritages. En cas de proscription, on sauvait ainsi le reste de ses biens.

34. Voir *de la Colère*, II, II. *Qui terret plus ipse timet*. (Claudien.)
Auteur des maux de tous, à tous il est en butte.
(Corneille, *Pompée*, I, sc. I.)
Craint de tout l'univers il vous faudra tout craindre,
Toujours punir, toujours trembler dans vos projets,
Et pour vos ennemis compter tous vos sujets.
(Racine, *Britann*., IV, sc. III.)
Comme il les craint toujours, ils le craignent sans cesse,
(Id., *Bajazet*.)

35. OCTAVIE. Maître du monde, que te manque-t-il encore?
NÉRON. La paix.
OCTAVIE. Tu l'auras, si tu ne la ravis à personne.
(Alfieri, *Octav*., trag.)

36. « Il ne faut pas que tous soient à un seul, mais un seul doit être à tous pour faire leur bonheur. Il ne doit être que l'homme des lois et l'homme de Dieu. » (Fénelon, *Lettre à Louis XIV*.)

37. Cette recommandation et les suivantes révèlent, ce semble, les appréhensions de Sénèque sur le sort réservé à Britannicus.

38.   *Ignoscere pulchrum*
Jam misero, pœnæque genus vidisse precantem. (Claudien.)

39. Changez par vos bontés un destin si funeste :
Le plaisir de bien faire est un plaisir céleste;
Et celui d'excuser lorsque l'on peut punir,
De rendre des États qu'on pourrait retenir,
Et libéralement remettre une couronne,

C'est de ces grands efforts dont l'univers s'étonne;
Et la félicité d'un spectacle si doux
Ne peut jamais venir que des dieux et de vous.
(Tristan., *Chrispe*, trag., II, sc. VI.)

40. Voir *de la Colère*, III, XVII, et *Quest. nat.*, III, XXV. Alexandre était irrité de la pitié qu'avait témoignée Lysimaque pour Callisthène condamné à une mort cruelle. Pline et Justin, qui citent l'acte cruel d'Alexandre, sont contredits par Q. Curce.

41. *Sæpe in magistrum scelera redierunt sua.*
(Sénèque, *Thyest.*, act. II, sc. I.)

*Auctorem scelus
Repetit, suoque premitur exemplo nocens.*
(Id., *Hercul. fur.* III, sc. II.)

42. *Parcit
Cognatis maculis similis fera....* etc. (Juvén., XV, CLIX.)
L'ours a-t-il dans les bois la guerre avec les ours ?...
(Boileau, *Sat.* VIII.)

LIVRE II.

43. Un jour, il m'en souvient, le sénat équitable
Vous pressait de souscrire à la mort d'un coupable;
Vous résistiez, seigneur, à leur sévérité ;
Votre cœur s'accusait de trop de cruauté,
Et plaignant les malheurs attachés à l'empire :
« Je voudrais, disiez-vous, ne savoir pas écrire. »
(*Britannicus*, IV, sc. III.)

44. *Rex velit honesta, nemo non eadem volet.*
(Sénéc., *Thyest.*, II, sc. I.)

Regis ad exemplum totus componitur orbis. (Claudien.)

Les exemples des rois nous font ce que nous sommes
Tout cherche à s'élever quand ils sont généreux.
Sont-ils faibles? Tout rampe et languit avec eux.
(Saint-Didier, *Clovis*, ch. VIII.)

Voir Pline, *Panég.* XLV. *Lettres persanes*, XCIX. *Esprit des lois*, XII, c. XXXVII.

45. Accusé d'avoir conspiré avec Pison, Sénèque répondit entre autres choses : « Qu'il n'avait pas l'esprit enclin à la flatterie; que Néron le savait mieux que personne et avait plus souvent trouvé en lui un homme libre qu'un esclave. » (Tacite, *Ann.*, XV, LXI.)

> Toujours dans mes conseils courageux et sincère,
> Je crains de vous flatter et non de vous déplaire. (Corneille.)

46.   *Et quod nunc ratio est, impetus ante fuit.*   (Ovid.)

> La vertu, qui n'est pas d'un facile exercice,
> C'est la persévérance après le sacrifice;
> C'est, quand le premier feu s'est lentement éteint,
> La résolution qui survit à l'instinct.
> (Ponsard, *l'Honn. et l'Arg.*)

47. Voir *de la Colère*, I, XIII. Vers attribué à Euripide et que Tibère avait souvent à la bouche. Comme on citait ce vers devant Néron, il ajouta : « Et même de mon vivant ! » (Suét., *Nér.*, XXXVIII.)

48. Ce paradoxe des stoïciens, qui découlait de leur fière doctrine de l'*impassibilité*, est l'un de ceux qui répugnent le plus à notre raison, car ôter la pitié du cœur des hommes, a dit Phocion, c'est ôter les autels du milieu de la cité. Heureusement que les stoïciens dérogeaient à leur système dans la pratique, et même, comme on va le voir plus bas, recommandaient vivement les actes qu'inspire la pitié.

49. « Je crois qu'il faut tout faire pour le soulagement d'une personne affligée, jusqu'à lui témoigner même beaucoup de compassion.... mais il faut se contenter d'en témoigner et se garder soigneusement d'en avoir. C'est une passion qui n'est bonne à rien au dedans d'une âme bien faite, qui ne sert qu'à affaiblir le cœur, et qu'on doit laisser au peuple, qui, n'exécutant jamais rien par raison, a besoin de passions pour le porter à faire les choses. » (*Portrait de La Rochefoucauld, par lui-même.*)

50. *Dum spectant oculi læsos læduntur et ipsi.* (Ovid., *Amor.*, II.)

51. Ce tableau du stoïcisme qui secourt la misère sans se livrer à la pitié rappelle ce passage de Chateaubriand : « Équitable et moral, le protestantisme est exact dans ses devoirs, mais sa bonté tient plus de la raison que de la tendresse; il vêtit celui qui est nu, il ne le réchauffe pas dans son sein; il ouvre des asiles à la misère, il ne vit pas et ne pleure pas avec elle dans ses réduits les plus abjects; il soulage l'infortune, il n'y compatit pas. » (*Analyse. de l'hist. Franç. Ier.*)

NOTES

SUR LA BRIÈVETÉ DE LA VIE.

1. Même début que chez Salluste. (*Jugurtha*, i; et *Catil.*, i et ii.)

2. Cicéron attribue cette pensée non pas à Aristote, mais à Théophraste son disciple. Aristote dit même le contraire (*Generat. anim.*, IV, x.) Il observe que, sauf l'éléphant, l'homme est de tous les animaux celui qui vit le plus longtemps. Peut-être y avait-il au texte primitif : *Aristotelis discipuli*.

3. *Nescit quid perdat, et alto*
Demersus, summa rursus non bullit in unda.
(Pers., *Sat.* iii.)

4. *Ut ingenti*
Vexata noto, servat longos
Unda tumultus et jam vento
Cessante tumet. (Senec., *Herc. fur.*, v. 1088.)

5. Imité par Juvénal, *Sat.* x, v. 2 et v. 9.

6. « Nous réservons nos biens pour nos proches et pour nos enfants : notre temps, nous le donnons à tout le monde : nous l'exposons, pour ainsi dire, en proie à tous les hommes : on nous fait même plaisir de nous en décharger. » (Massillon, *Serm. sur l'empl. du temps*.)

7. *Sors tua mortalis, non est mortale quod optas.* (Ovid.)

Ton sort est d'un mortel, et tes vœux sont d'un dieu.

8. Évidemment Corneille a été ici inspiré de Sénèque :

Et monté sur le faîte il aspire à descendre. (*Cinna*, I, sc. ii.)

9. Auguste voulait par là se faire prier de conserver le pouvoir, et

bien connaître la vraie limite de ce qu'il pourrait oser encore. (Voir Suét., *Aug.*, xxviii.)

10. Voir lettre LXXII :

> *Cur non, ut plenus vitæ conviva, recedis?* (Lucret.)
> Qu'on sortît de la vie ainsi que d'un banquet,
> Remerciant son hôte et faisant son paquet. (La Fontaine.)

Et Delille, *Imagin.*, chant. VI.

11. Voir *Tranquill. de l'âme*, III, et lettre XCIII. « Arrêtons un peu notre vue sur un vieillard qui aurait blanchi dans les vanités de la terre. Quoique l'on me montre ses cheveux gris, quoique l'on me compte ses longues années, je soutiens que sa vie ne peut être longue, j'ose même assurer qu'il n'a pas vécu. » (Bossuet, *Oraison funèbre de Mme Yolande.*)

12. « Il n'y a rien que les hommes aiment mieux à conserver, et qu'ils ménagent moins, que leur propre vie. » (La Bruyère.)

13. Voir Massillon, *Serm. sur la mort* : « Si l'heure était marquée à chacun de nous.... etc. »

14. Le temps marche toujours; ni force ni prière,
Sacrifices ni vœux n'allongent la carrière.
(La Fontaine, *Disc. à Mlle de La Sabl.*)

15. *Victuros agimus semper; nec vivimus unquam.* (Manilius.)

Nous ne vivons jamais, nous attendons la vie.

> L'avenir, toujours séduisant,
> Ainsi qu'un charlatan habile
> Nous escamote le présent. (Desmahis.)

16. « A cette heure que j'aperçoy ma vie si briesve en temps, je la veux estendre en poids : je veux arrester la promptitude de sa fuite par la promptitude de ma saisie : et par la vigueur de l'usage compenser la hastiveté de son écoulement. » (Montaigne, III, XIII.)

17. *Jam numerat placido felix Antonius ævo*
Quindecies actas Primus Olympiadas.
Præteritosque dies et totos respicit annos,
Nec metuit Lethes jam propioris aquas.
Nulla recordanti lux est ingrata, gravisque;
Nulla subit cujus non meminisse velit.
Ampliat ætatis spatium sibi vir bonus : hoc est
Vivere bis, vita posse priore frui. (Martial, X, Ép. XXIII.)

Il compte soixante ans d'une heureuse carrière,
Le sage et doux Primus; s'il regarde en arrière,
Jour par jour, an par an, il voit tout bien rempli;
Il approche sans peur du fleuve de l'oubli.
Quel souvenir ingrat pèse à sa conscience ?

>   Quel jour voudrait-il voir de sa vie effacé?
>   Ainsi l'homme de bien étend son existence
>   Et c'est vivre deux fois que jouir du passé.   (*Trad. inéd.*)

Voir aussi Massillon, *Mort du juste*; Buffon, *de la Vieillesse*; Delille, *Imagination*.

18. Image prise à Lucrèce et répétée par Lucien : *Cratès et Diogène*.

19.   *Non omnes fallis : scit te Proserpina canum :*
>   *Personam capiti detrahet illa tuo.*   (Martial, III, XLIII.)

20. Tibère étudia la fable avec un soin qui allait jusqu'au ridicule. Il demandait à certains savants de quelle maison était la mère d'Hécube; quel nom portait Achille déguisé en fille à la cour de Nicomède? que chantaient les sirènes? (Suét., *Tib.*, LXX. Voir aussi Balzac, *le Barbon*; La Bruyère, *de la Société*.)

21.   Les hommes t'ont servi même avant ta naissance :
>   Ils t'ont créé des lois et bâti des remparts;
>   De vingt siècles unis la lente expérience
>   T'a préparé les arts.   (Thomas, *les Devoirs*. ode.)

22.   C'est par l'étude que nous sommes
>   Contemporains de tous les hommes
>   Et citoyens de tous les lieux.   (Lamothe.)

23.   A leur lever pressez-vous pour attendre,
>   Pour leur parler sans vous en faire entendre,
>   Pour obtenir, après trois ans d'oubli,
>   Dans l'antichambre un refus très-poli.
>   (Voltaire, *Ép. en vers.*)

24. Imité par Montaigne, III, III; La Bruyère, *des Biens de fortune*; Paul et Virginie, *Disc. du vieillard*; Legouvé fils, *Invent. de l'Impr.*

25. « Le temps est le larron de ses propres biens; il ôte tout ce qu'il a donné; il gaste les choses après les avoir meuries. » Balzac, *Entret.*)

>   Et le temps, d'un seul pas confondant ton orgueil,
>   De tout ce qu'il produit devenir le cercueil.
>   (Lamartine, 1ʳᵉ *Méditat.*)

26.   *Vetera semper in laude, præsentia in fastidio esse.*
>   (Tacite, *Orat.* XVIII.)

>   *Virtutem incolumem odimus,*
>   *Sublatam ex oculis quærimus invidi.*   (Horat.)

Voir Vell. Paterc., II; Propert., III, *El.* 1; Pompign. *sur la mort de J. B. Rousseau*; Fontanes, *Stanc. à Chateaubr.*; Lamart. XIVᵉ *Médit.*

>   Juste envers les tombeaux, ingrat pendant la vie.
>   (M. J. Chénier, *Ép. à Le Sueur.*)

27. « Ne sachant pas l'employer, ils se plaignent de la rapidité du temps, et je vois qu'il coule trop lentement à leur gré. Toujours pleins

de l'objet auquel ils tendent, ils voient à regret l'intervalle qui les en sépare. L'un voudrait être à demain ; nul n'est content de l'heure présente ; tous la trouvent trop lente à passer. Il n'y en a peut-être pas un qui n'eût réduit ses ans à très-peu d'heures, s'il eût été maître d'en ôter au gré de son ennui et de son impatience. » (Rouss., *Émile*, l. V. Voir aussi Sénèq., lettre CXVII.)

28. Voir *de la Vie heureuse*, XXVI.

> *Deum esse amorem, turpiter vitio fovens*
> *Finxit libido : quoque liberior foret,*
> *Titulum furori numinis falsi addidit.* (Senec., *Hippol.* I.)

Eurip., *Ion*, act. I, dit la même chose. « Imitateurs des dieux qu'ils adorent, les malheureux ! ils sont dévotement criminels. » *Delicta religiosa*. (Saint Cyprien, *à Donat, Lettre* I.) « L'ancien paganisme enfanta des dieux abominables qu'on eût punis ici-bas comme des scélérats, et qui n'offraient pour tableau du bonheur suprême que des forfaits à commettre et des passions à contenter. Mais le vice, armé d'une autorité sacrée, descendait en vain du séjour éternel.... etc. » (Rousseau, *Vicaire savoyard*.)

29.
> D'un vol désespéré dans le sombre avenir
>   Mon âme avec effroi se plonge ;
>   Et je me dis : ce n'est qu'un songe
> Que le bonheur qui doit finir. (Lamartine, *Nouv. médit.*, X.)

30. Un jour, en présence du peuple romain auquel il donnait des jeux, Titus versa des larmes provoquées par cette même réflexion.

31. Voir, pour tout ce passage, *Imitat. de J. C.*, III, XII.

32.
> Pour les acquérir que de peine !
> Que de soins pour les conserver ! (Pavill., *Stanc.*)
>   Les faveurs de la cour !
> Tu sais qu'à peine elles durent un jour,
> Qu'on les conserve avec inquiétude
>   Pour les perdre avec désespoir. (La Font., *Joconde*.)

33. « Ils boivent jusqu'à la lie toute l'amertume de leur calice : ils ont beau le verser d'un vase dans un autre vase, se consoler d'une passion par une passion nouvelle, d'une perte par un nouvel attachement, d'une disgrâce par de nouvelles espérances ; l'amertume les suit partout : ils changent de situation, ils ne changent pas de supplice. (Massill., *Mystères*.)

34.
> Insensés ! vous courez après l'instant de vivre,
> Sans saisir cet instant qui vous fuit sans retour,
> Et toujours malheureux pour être heureux un jour.
>   (Clément, *Sat.* VII.)

35. « Ils demandent à l'art ce que la nature refusait, et manient comme un jouet la puissance impériale. » (Tacite, *Ann.*, XV, 1.)

36. Caligula avait réuni, pour construire ces ponts, tous les vaisseaux disponibles et même les bâtiments destinés pour porter à Rome les seuls blés qui l'alimentaient, les blés d'Afrique et de Sicile.

37. « Il ne faut pas seulement qu'ils fassent ce que le tyran dit, mais qu'ils pensent ce qu'il veut, et puis qu'ils se plaisent de son plaisir, qu'ils laissent leur goust pour le sien, qu'ils forcent leur complexion, qu'ils dépouillent leur naturel. Quelle condition est plus misérable que de vivre ainsi, qu'on n'ayt rien à soy, tenant d'autruy son aise, sa liberté, son corps et sa vie? » (La Boëtie, *Servitude volontaire*.)

> Est-il dans l'univers un plus triste servage
> Que le joug de la gloire et son dur esclavage,
> Qui condamne un mortel à vivre hors de lui,
> Et le fait respirer par le souffle d'autrui?
>
> (Delille, *Imagin.*, ch. VI.)

38. *Laudis titulique cupido,*
Hæsuri saxis cinerum custodibus. (Juvén., x.)

« Quelque puissants qu'aient été les hommes, à quoi se réduisent ces magnifiques éloges qu'on leur donne? A cette inscription : *Hic jacet.* » (Bourdal., *Serm. pour le jour de Pâq.*) « Les honneurs ne sont que des titres pour nos tombeaux. (Massill., *Orais. de Villars*.)

39. Ainsi fit Auguste, ainsi fait Trimalchion dans Pétrone, ainsi Charles-Quint devenu moine. Sénèque, lettre xii, rapporte un trait semblable de Pacuvius, gouverneur de Syrie.

40. « Nous devons au souverain notre première et notre seconde jeunesse; mais notre dernier âge, nous nous le devons à nous-mêmes. Les lois romaines semblent nous le conseiller, lorsqu'à soixante ans elles nous rendent au repos. » (Pline, *Panégyr.*)

NOTES

SUR LES BIENFAITS.

LIVRE I.

1. Vois-je pas vos bontés à mon aide paroître,
   Et parler dans vos yeux un signe qui me dit
   Que c'est assez payer que de bien reconnoître ? (Malherbe.)

   Que doit donc un grand cœur aux faveurs qu'il reçoit?
   S'avouant redevable il rend tout ce qu'il doit.
   (Corneil. *Théodore*, act. I., sc. II.)

2. « Tel homme est ingrat qui est moins coupable de son ingratitude que celui qui lui a fait du bien. » (La Rochefoucauld, *Max.* CCXXIX.)

3. « J'ai usé mes forces à demander, a dit quelqu'un, il ne m'en reste plus pour remercier. »

4. On demandait à Aristote quelle est la chose qui vieillit le plus vite : « C'est un bienfait, » répondit-il. (Diog.-Laërce.)

   Si quid beneficias, levior pluma est gratia;
   Si quid peccatum est, plumbeas iras gerunt.
   (Plaut., *Pœnul.*, III, VI.)

5. « Voyez liv. IV. Note 18.

6. Voir liv. IV, XXXIII, et VII, XXXI, et lettre LXXXI.

   Scilicet et victus repetit gladiator arenam;
   Et redit in tumidas naufraga puppis aquas.
   (Ovid., *Trist.*, II, I.)

7. Monstre des bois, race farouche,
   On peut vous gagner, on vous touche,

> Vous sentez le bien qu'on vous fait.
> Seul, des monstres le plus sauvage,
> L'ingrat trouve un sujet de rage
> Dans le souvenir d'un bienfait.
>
> (Gresset, *l'Ingratit.*, ode.)

8. Le mensonge et les vers de tout temps sont amis.
(La Fontaine.)

9. *Affectus nomen imponit operi tuo.*
(Saint Ambroise, *De offic. ministror.*)

10. « Le peuple n'appelle bienfaits que ceux qu'il manie et qui tombent sous les sens : il ne les mesure que par les succès qui sont au pouvoir de la fortune. Les spéculatifs montent plus haut : ils vont prendre les grâces dans l'intention, comme des actes purs et séparés de la matière, et ne remettent pas leur gratitude à l'événement, parce qu'ils la remettroient au hasard. » (Balzac, *Lettre* III, liv. XIV.)

11. Voir lettres XCV et CXV. « Celui qui rend grâce à Dieu offre la fleur de farine…. » (*Ecclesiast.*, XXXV, 4.)

Puras Deus, non plenas, adspicit manus. (P. Syrus.)

12. Tel donne à pleines mains qui n'oblige personne ;
La façon de donner vaut mieux que ce qu'on donne.
(Corneille, *le Menteur*, act. I, sc. I.)

« *Verbum melius quam datum.* (*Ecclesiast.*, XVIII, 16.)

13. « Ce qu'on nomme libéralité n'est, le plus souvent, que la vanité de donner, que nous aimons plus que ce que nous donnons. » (La Rochefoucauld.)

14. Voir lettre XCVII. « Les inventions des hommes vont en avançant de siècle en siècle. La bonté et la malice du monde en général reste la même. » (Pascal, *Pens.* IIe part. XVII.)

15. *Dixeris maledicta cuncta, quum ingratum dixeris.* (P. Syrus.)

16. *Rarum esse oportet quod diu carum velis.* (Id.)

17. Qu'à part ils pensent tous avoir la préférence,
Et paroissent ensemble entrer en concurrence ;
Que tout l'extérieur de son visage égal
Ne rende aucun jaloux du bonheur d'un rival ;
Que ses yeux partagés leur donnent de quoi craindre,
Sans donner à pas un aucun lieu de se plaindre ;
Qu'ils vivent tous d'espoir…. (Corn., *Mélite*, act. IV, sc. I.)

18. Crispus Passienus, beau-père de Néron et second mari d'Agrippine, qui l'empoisonna pour jouir plus promptement de l'immense fortune qu'il lui avait léguée. Homme de bien, habile orateur, esprit fécond en saillies. (Voir *Quest. nat.*, IV. *Préface.*)

LIVRE II.

1. *Bis dat, qui cito dat.* (P. Syrus.)

    N'attendez pas toujours que du besoin pressé
    Votre ami vous apporte un air embarrassé,
    Et vous vienne expliquer d'une bouche interdite
    L'humiliant détail du bien qu'il sollicite.
    Prévenez un discours qui doit le chagriner;
    Pour aider ses besoins sachez les deviner.
    Qu'il ignore avec vous les termes dont on prie,
    Et sache tout au plus ceux dont on remercie.
    (L'abbé de Villiers.)

2. *Rogare, ingenuo servitus quodammodo est.* (P. Syrus.)

    La grâce s'affaiblit quand il faut qu'on l'attende;
    Tel pense l'acheter alors qu'il la demande;
    Et c'est je ne sais quoi d'abaissement secret,
    Où quiconque a du cœur ne consent qu'à regret
    C'est un terme honteux que celui de prière;
    Tu me l'as épargné, tu m'as fait grâce entière.
    Ainsi l'honneur se mêle au bien que je reçois.
    Qui donne comme toi donne plus d'une fois.
    . . . .
    Sa façon de bien faire est un second bienfait.
    (Corneille, *Remerc. à Mazarin.*)

3. « Ils ne sauroient obliger qu'en désobligeant, ni promettre qu'avec des yeux et des sourcils qui menacent. Ils accordent les faveurs et les courtoisies du mesme ton que les autres les refusent. »
    (Balzac, *Aristip., Disc.* VII.)

4. « On a dit de quelques-uns qu'ils se faisoient si longtemps prier, qu'ils donnoient si sèchement et chargeoient une grâce qu'on leur arrachoit de conditions si désagréables, qu'une plus grande grâce étoit d'obtenir d'eux d'être dispensé de rien recevoir. » (La Bruyère, *de la Cour.*)

5. Pour vrai amour ton amour je pourchasse,
    De quoi ne m'as tant soit peu satisfait.
    Grâce attendue est une ingrate grâce,
    Et bien n'est bien s'il n'est promptement fait.
    (François Ier.)

« Les longues espérances usent la joie, comme les longues maladies usent la douleur. Vous avez dépensé tout le plaisir de me voir en m'attendant; quand j'arriverai, vous serez tout accoutumée à moi. » (Sévigné, *Lettre* CCXXV.)

6. « Qui donne à manger à quelqu'un et le lui reproche, arrose d'absinthe le miel de l'Attique. » (Ménandre.)

7.
     Le secret
Souvent du bienfaiteur est un second bienfait;
S'il faut s'envelopper des ombres du mystère,
C'est lorsqu'on craint surtout d'offenser la misère.
      (Ducis, *Abufar.*, sc. I.)

8. Ce n'est pas de nos jours que date cet usage dont Gilbert disait :
On ne sait ce que c'est que de payer ses dettes,
Et de sa bienfaisance on remplit les gazettes.

Voir aussi liv. III, XVI.

9. Un bienfait perd sa grâce à le trop publier;
Qui veut qu'on s'en souvienne il le doit oublier.
    (Corneille, *Théodore*, act. III, sc. III.)

Un bienfait reproché tint toujours lieu d'offense.
      (Racine, *Iphig.*)

10. Voir Martial, V, *Ép.* LII.
  Si Charles par son crédit
  M'a fait un plaisir extrême,
  J'en suis quitte; il l'a tant dit
  Qu'il s'en est payé lui-même. (Gombaut.)

11. *Beneficia beneficiis tegenda sunt, ne perfluant.* (Plaute.)

12. Ainsi, l'avare soif d'un brigand assouvie,
Il s'impute à pitié de nous laisser la vie;
Quand il n'égorge point il croit nous pardonner,
Et ce qu'il n'ôte pas il pense le donner.
    (Corneille, *Médée*, act. III, sc. III.)

13. Voir lettre LX, l'hymne de Cléanthe, et Juvénal, *Sat.* X.
Et de peur de prier contre mon propre bien,
En adorant les dieux ne leur demandons rien.
     (Mairet., *Sophonisbe*, sc. V.)

14 Jupiter eut pour eux une bonté cruelle. (La Fontaine.)
  Craignez que le ciel rigoureux
Ne vous haïsse assez pour exaucer vos vœux.
Souvent dans sa colère il reçoit nos victimes;
Ses présents sont souvent la peine de nos crimes.
(*Phèdre*, act. V, sc. III. Voir *Festin de Pierre*, act. IV, sc. V.)

15. « Ce n'est pas un grand malheur d'obliger des ingrats; mais c'en est un insupportable d'être obligé à un malhonnête homme. » (La Rochefoucauld.)

16. Même pensée dans Cicéron : *Post reditum*, ix; *Pro Plancio*, xxviii; *de Offic.*, II, xx.

17. Passage remarquable, souvent cité, pour justifier Sénèque d'avoir accepté les libéralités de Néron. Voir la note de Burnouf sur le ch. xviii des *Ann.* de Tacite, XIII.

18.   *Nunquam libertas gratior exstat*
   Quam sub rege pio.   (Claude. *Stilic.*, III, cxiii.)

19.   Romains contre Romains, parents contre parents,
   Combattant follement pour le choix des tyrans.
                    (Corneille, *Cinna*.)

20. « Quand Sylla voulut rendre à Rome sa liberté, elle ne put plus la recevoir; elle n'avoit plus qu'un foible reste de vertu; et comme elle en eut toujours moins, au lieu de se réveiller après César, Tibère, Caïus, Claude, Néron, Domitien, elle fut toujours plus esclave; tous les coups portèrent sur les tyrans, aucun sur la tyrannie. » (*Esprit des lois*, III, iii.)

21.   Un service au-dessus de toute récompense
   A force d'obliger tient lieu presque d'offense;
   Il reproche en secret tout ce qu'il a d'éclat;
   Il livre tout un cœur au dépit d'être ingrat;
   Le plus zélé déplaît, le plus utile gêne,
   Et l'excès de son poids fait pencher vers la haine.
                    (Corneille, *Suréna*, act. III, sc. i.)

   Tout, s'il est généreux, lui prescrit cette loi;
   Mais tout, s'il est ingrat, lui parle contre moi.
                    (Racine, *Britann.*, act. I, sc. i.)

Voir aussi Tacit., *Ann.*, IV, xviii.

22. Voir *de la Colère*, III, xxxi; lettre lxxiii; Horace, *Sat.* i; Massillon, *Pet. car.*, *Sur l'ambit.*; *Télémaque*, liv. XXIV.

23. « Fait pour adorer le Créateur, il commande à toutes les créatures : vassal du ciel, roi de la terre. » (Buffon.)

24. Voir *de la Provid.*, et, pour tout ce chapitre, les magnifiques développements de Cicéron, *De nat. Deor.*, II, xxxix.

LIVRE III.

1. « Les saintes vérités du ciel ne sont pas des meubles curieux et superflus, qu'il suffise de conserver dans un magasin : ce sont des instruments nécessaires qu'il faut avoir, pour ainsi dire, toujours sous la main, et que l'on ne doit presque jamais cesser de regarder, parce

qu'on en a toujours besoin pour agir. Il est nécessaire que les prédicateurs de l'Évangile, par des avertissements chrétiens, comme par une main invisible, les tirent de ces lieux profonds où nous les avions reléguées, et les ramènent de loin à nos yeux, qui les vouloient perdre (Bossuet, *Serm. sur la Vérit. Évang.*)

2. Voir Quintilien, cxii*e* *Déclamat.*

Ces gens ont tout gâté....
Otez d'entre les hommes
La simple foi, le meilleur est ôté.
(La Fontaine, *Belphégor.*)

3. L'homme trahit sa foi, d'où vindrent les notaires
Pour attacher au joug les humeurs volontaires.
(Régnier, *Sat. x.*)

« Parchemins inventés pour faire souvenir ou pour convaincre les hommes de leur parole : honte de l'humanité. »
(La Bruyère, *de l'Homme.*)

4. *Fiunt octo mariti*
Quinque per autumnos.... (Juvén., *Sat.* vi.)

5. Églé n'a qu'un amant qu'un seul! — Ma foi, tant pis :
La voilà femme à deux maris. (Martial, VI, *Ép.* xc.)

6. « Et n'avons-nous pas vu le monde poli traiter de sauvages et de rustiques ceux qui n'avoient point de telles attaches. » (Bossuet, *Serm. sur l'honneur.*)

7. Voir liv. III, xxviii; lettre xxxiv. « Plus de gentil, ni de juif, de circoncision et de prépuce, de barbare et de Scythe, d'esclave ni de libre : le Christ est tout et dans tous. » (Paul, *Col.*, iii, 2.)

8. Je suis fils d'un pêcheur, et non pas d'un infâme :
La bassesse du sang ne va pas jusqu'à l'âme.
(Corneille, *Don Sanche.*)

9. Selon Bodin, qui s'appuie sur ce passage, Néron fut le premier qui chargea un magistrat de recevoir les plaintes des esclaves contre leurs maîtres. L'affranchi Narcisse, ministre de Néron, s'était senti ému pour ses pareils de la pitié de Trimalchion. (Voir Pétrone, ch. lxxi. M. Troplong, *Influence du christianisme sur le droit civil des Romains.*)

10. Suét., *Tibère*, lviii. Sur ce crime de lèse-majesté, voir Montesq., *Grandeur et décadence des Rom.*, ch. xiv.

11. Voir lettres xliv et xlvii.

Nobilitas sola est atque unica virtus. (Juvénal.)

Les mortels sont égaux. Ce n'est point la naissance,
C'est la seule vertu qui fait la différence. (Volt., *Mérope*.

SUR LES BIENFAITS. 552

>Il est noble, il est illustre.
>Il n'emprunte point son lustre
>D'une vitre ou d'un tombeau.
>Ni d'une image enfumée
>Dont la face consumée
>Rechigne dans un tableau.   (Joach. du Bellay.)

12. *Omnia serviliter pro dominatione.* (Tacit.) « Tyranneaux sous le grand tyran. » (Montaigne.) « Les hommes veulent être esclaves quelque part, et puiser là de quoi dominer ailleurs. Il semble qu'on livre en gros aux premiers de la cour l'air de hauteur, de fierté et de commandement, afin qu'ils le distribuent en détail dans les provinces. » (La Bruyère, *de la Cour*.)

13. « Aussi y a-t-il des pertes triomphales à l'envi des victoires. » (Montaigne, I, xxx.

LIVRE IV.

1. Ce magnifique mouvement rappelle celui de Chateaubriand, *Gén. du Christian.*, V, II. « L'homme seul a dit : Il n'y a point de Dieu. — Il n'a donc jamais celui-là, dans ses infortunes, levé les yeux vers le ciel..., etc. »

2. Ici Sénèque l'emporte en éloquence sur Cicéron traitant le même sujet : *Nat. Deor.*, I, II. Voir Saint August., *Civit. Dei.*, XXII, xxiv. Fénel., *Exist. de Dieu*. Racine fils. Bernar. de Saint-Pierre, et *Génie du Christ.*, V, Iʳᵉ partie.

3.
>Dans la diversité des arbres et des fruits
>Avec tant d'abondance à la foule produits,
>Il admire de Dieu les soins et les tendresses
>Qui vont jusqu'aux plaisirs, jusqu'aux délicatesses,
>Et préparent à l'homme avec luxe et sans frais
>Des festins à son goust, à ses yeux toujours prêts.
>Et l'homme cependant, ingrat à ce bon père,
>Compte pour rien sa grâce et pour moins sa colère :
>Et sans lever l'esprit, sans tourner les regards
>Vers la main d'où le bien lui pleut de toutes parts,
>Il n'en use pas mieux que l'animal immonde
>Qui, se gorgeant de glands, contre le chêne gronde.
>   (Le P. Lemoyne, *Entret.*)

4.
>Et ce café, dont après cinq services
>Votre estomac goûte encor les délices?
>Par le Seigneur il me fut destiné.
>   (Voltaire, *Déf. du Mondain*.)

5. « Le zèle des anciens pour les découvertes, leur libéralité à les transmettre est un présent des dieux. Si quelqu'un s'imagine que l'homme a pu inventer toutes ces choses, c'est un ingrat qui méconnaît la munificence divine. » (Pline, *Hist.*, XVII, I.)

6. *Omnia possunt dici de Deo, et nihil digne dicitur de Deo; nihil latius hac inopia.* (Saint August., Tr. XIII *in Joan.*)

7. Voir *Quest. natur.*, I, Préface, et II, XLV. Saint Augustin (*Civit. Dei*), IV, XIX) avoue que le polythéisme des anciens se réduisait à l'unité d'un seul principe. « Jupiter, dit-il, est, selon les philosophes, l'âme du monde qui prend des noms différents selon les divers effets qu'elle produit. » (Voir saint Clément d'Alex., *Strom.*, VI; Lactance, I, XVI; Pline, *Hist.*, II, VII; Chaulieu; *Od. XVI à Lafare.*)

8. Voir lettres XLI et LXXXIII.
Jupiter est quodcumque vides, quocumque moveris. (Lucain.)

9. Voir Livre VII, XIX et lettre XVIII. « Le riche se persuade que tout ce qu'on fait pour lui est dû à sa qualité et à son mérite, et qu'en l'obligeant on attend de lui de plus grands services. Le pauvre n'a de reconnaissance à nous offrir que ses bénédictions; et c'est Dieu lui-même qu'il charge de notre récompense. » (Saint Ambr., *Offi.*, II.)

C'est un penchant si doux qu'il est involontaire :
Pour prix d'avoir bien fait on veut encor bien faire.
(Ducis, *Abufar.*, sc. I.)

10. « La vue d'un bienfaiteur importune souvent; celle d'un homme à qui on a fait du bien est toujours agréable : nous aimons notre ouvrage en lui. » (*Pensées de Joubert.*)

11. *Nec enim quisquam tam malus, ut malus videri velit.* (Quintil.) Et Rousseau : « Nul ne fait le mal pour le mal ... » (*Émile*, liv. IV.)

12. *Hominem imbecillitas cingit.* Ainsi saint Augustin au début des *Confessions : Homo circumferens mortalitatem suam.*

13. L'instinct de sa faiblesse est sa toute-puissance;
Pour lui l'insecte même est un objet d'effroi;
Mais le sceptre du globe est à l'intelligence :
L'homme s'unit à l'homme, et la terre a son roi.
(Lamart., *Harmon.* II, x.)

14. *Mea mihi conscientia pluris est quam hominum sermo.* (Cic.)
Conscientia, mille testes. (Quintil., V, II.)

15. *Quanta rerum turba sub hoc silentio evolvitur!* C'est presque la magnifique phrase de Pascal : « Le silence éternel de ces espaces infinis m'effraye. » (*Pensées.* Art. XXV.)

16. Quel fruit me revient-il de tous vos sacrifices?
Qu'ai-je besoin du sang des boucs et des génisses?
(*Athalie.*)

17. « Il vaut mieux s'exposer à l'ingratitude que de manquer aux misérables. » (La Bruyère, *du Cœur*.)

18. *Solem suum oriri facit super bonos et malos; et pluit super justos et injustos.* (Saint Matt., v, 45.)

    Sa terre les nourrit, son soleil les éclaire,
    Sa grâce les attend, sa bonté les tolère;
    Ils ont part à ces dons qu'il nous daigne épancher;
    Pour eux le ciel répand sa rosée et son ombre,
    Et de leurs jours mortels il leur compte le nombre
        Sans en rien retrancher.   (Lamart., *Harm.*, I, vi.)

19. Ainsi Racine a dit :

    Au-dessus de son trône un naufrage élevé
    Que Rome et quarante ans ont à peine achevé.   (*Mithrid*.)

20. Voir livre I, i; VIII, xxxi. Lettre LXXXI, et Pascal, *Pensées*, II⁰ part., art. 17, § 107.

21. Nouvelle allusion à Néron, qui refusa la restitution des libéralités que Sénèque tenait de lui.

22. « Il faut quelquefois se contraindre pour ceux qu'on aime et avoir la générosité de recevoir. Celui-là peut prendre qui goûte un plaisir aussi délicat à recevoir que son ami en sent à lui donner. » (La Bruyère, *du Cœur*.)

23. « Le trop grand empressement à s'acquitter d'une obligation est une espèce d'ingratitude. » (La Rochef., *Max.*, CCXXVI.)

LIVRE V.

1. Voir lettre LXXIX. *Quo minus gloriam petebat, eo magis illam assequebatur.* (Sall., *Catil.*, LIV.) « Plus elle s'humiliait, plus elle paraissait grande à tous les yeux; la gloire accompagne celui qui la fuit. » (Saint Jérôme, *Élog. de sainte Paule*.)

2.   *Ut desint vires, tamen est laudanda voluntas.*
               (Ov., *Pontiq.*, III, Eleg. iv.)

    Et si de t'agréer je n'emporte le prix,
    J'aurai du moins l'honneur de l'avoir entrepris.
               (La Fontaine).

3. Autre allusion encore aux largesses de Néron envers Sénèque. Voir livres II, note 15, et IV, note 21.

4.   Ce qui plaist à l'œil sain offense un chassieux;
    L'eau se jaunit en bile au corps du bilieux;

Le sang d'un hydropique en pituite se change ;
Et l'esthomac gâté pourrit tout ce qu'il mange.
De la douce liqueur rosoyante du ciel
L'un en fait le venin, l'autre en tire le miel.
Ainsi c'est la nature et l'humeur des personnes
Et non la qualité qui rend les choses bonnes.
(Régnier, Sat. V.)

5. Imité par Lucain, *Pharsale*, I.

6. *Excessit medicina modum....* etc., *Pharsale*, II, 140.

7. *Non aliter salvus esse potuit, nisi confugisset ad servitutem.* (Florus, IV, III.)

8. « Pardonne-leur : ils sont tous insensés. » C'est la parole évangélique.

9. Et du bien qu'elle aura fait le compte en pleurant.
(La Font., *Matrone d'Éph.*)

LIVRE VI.

1. *Extra fortunam est quidquid donatur amicis :*
Quas dederis, solas semper habebis opes, (Martial, V, x, LIV.)
Les solides trésors sont ceux qu'on a donnés.
(Racine, *Relig.*, IV.)
Un grand cœur s'enrichit des présents qu'il a faits.
(Lebrun, *Ode à Volt.*)

2. « L'aumône, sortant de la main qui l'a faite, lui dit : « J'étais « petite, me voilà grande ; j'étais mince, tu m'as multipliée ; j'étais haïe, « tu m'as rendue digne d'amour ; j'étais passagère, je suis domiciliée ; « j'étais sous ta garde, et tu es sous la mienne » (*Sentence persane.*)

3. *Nescius ultorem post caput esse deum.* (Tibulle.)

4. « Le bien que nous avons reçu de quelqu'un veut que nous respections le mal qu'il nous fait. » (La Rochef., *Max.*, CCXXXIX.)

5. Voir livre IV, III, VIII, XI, XXIX.

Tu n'étais pas encor, créature insensée !
Déjà de ton bonheur j'enfantais le dessein :
Déjà, comme son fruit, l'éternelle pensée
Te portait dans son sein. (Lamart., *Médit.*)

6. Ah! rien n'est comparable à mon amour extrême,
Et dans l'ardeur qu'il a de se montrer à tous,
Il va jusqu'à former des souhaits contre vous.

Oui, je voudrais qu'aucun ne vous trouvât aimable,
Que vous fussiez réduite en un sort misérable;
Que le ciel en naissant ne vous eût donné rien;
Que vous n'eussiez ni rang, ni naissance, ni bien,
Afin que de mon cœur l'éclatant sacrifice
Vous pût d'un pareil sort réparer l'injustice,
Et que j'eusse la joie et la gloire en ce jour
De vous voir tout tenir des mains de mon amour.
— C'est me vouloir du bien d'une étrange manière!
Me préserve le ciel.... (*Misanthr.*, act. IV, sc. III.)

7. Un tragique moderne a dit :
Vois la Thrace envahie, et de nos traits sans nombre
Vois les cieux obscurcis....
   Léonidas. — Nous combattrons à l'ombre.

8. *Stratus per Græciam Xerxes*. Ainsi dans Racine :
Montrer aux nations *Mithridate détruit*.

9. Je voudrais donc, Seigneur, que ce mortel heureux,
De la pourpre aujourd'hui paré comme vous-même,
Et portant sur le front le sacré diadème,
Sur un de vos coursiers pompeusement orné,
Aux yeux de vos sujets dans Suse fût mené.
    (Racine, *Esther*, act. II, sc. v.)

10. Statue placée dans le Forum, et sur laquelle le plaideur qui gagnait déposait une couronne. Julie faisait de même pour chaque exploit d'un autre genre. (Voir Pline, *Hist.*, XXI, III.)

11. *Magna civitas, magna solitudo*. (*Prov.* latin). « Je me mêlais à la foule, vaste désert d'hommes. » (Chateaubr., *René*.) Voir *Consol. à Marcia*, x, et lettre XIX.

Non, je ne vous vois point d'un regard ennemi;
Je vous plains seulement, vous n'avez pas d'ami.
Dans ces salons pompeux où la fortune assemble
Tous ces mortels brillants ennuyés d'être ensemble,
Je me sens accabler du poids de leur langueur.
En vain je cherche un homme et j'y demande un cœur :
Dans son palais rempli le riche est solitaire.
    (Ducis, *Épît. à l'Amitié*.)

12. Voir *de la Colère*, II, VIII :
Ars tua, Tiphi, jacet, si non fit in æquore fluctus :
Si valeant homines, ars tua, Phœbe, jacet.
    (Ovide, *Trist.*, IV, III.)

Ton art n'est rien, Tiphis, quand la mer est tranquille;
Aux hommes sains, Phébus, ton art est inutile.

Voir aussi Montaigne, I, XXI, et Rousseau, imitant Sénèque ou Montaigne, *Émile*, II. *Ce qui nuit à l'un nuit à l'autre*. (Vieux prov.)

LIVRE VII.

1. Le trop d'expédients peut gâter une affaire :
    On perd du temps au choix, on tâte, on veut tout faire.
    N'en ayons qu'un, mais qu'il soit bon.   (La Font.)

3. Heureux de sa raison qui suit toujours la pente,
    Qui sans chercher au loin un bonheur hasardé,
    S'est avec son destin sans peine accommodé ;
    Craignant, désirant peu, modeste, sans système,
    Sachant trouver tout fait son bonheur en lui-même.
    (Ducis, *Épît. à Bouffl.*)

3. *Revela Domino opera tua.* (Prov. XVI, 3.)

4. Moins riche de ce qu'il possède,
    Que pauvre de ce qu'il n'a pas.   (J. B. Rousseau)

5. *Exigis ut donem nostros tibi, Quinte, libellos;*
   Non habeo : sed habet bibliopola Tryphon.
   (Mart., III, Ép. LXXII.)

6. « Maître qu'il est du ciel et de la terre, il n'habite pas dans les temples faits de main d'hommes. » (*Act. apost.*, XVII, 24.) Voir aussi XIX° *frag. de Sénèque.*

7. C'est lui qui dit un jour à Néron : « Tu me menaces de la mort ; la nature t'en menace toi-même. » Il eut pourtant la faiblesse de défendre devant le sénat l'assassin de Soranus, l'infâme Egnatius Celer. (Tacite, *Hist.*, IV, XL.)

8.   L'accord d'un beau talent et d'un beau caractère.
     (Andrieux, *Ép. à Ducis.*)

9. « On transforme en bois l'écaille même de la tortue. » (Pline, *Hist.*, XVI, LXIII.)

10. Il s'agit du *citre*. Voir *Consol. à Helvia*, II ; *de la Colère*, III, XXXV ; Pétrone, CXXIX ; Pline, *Hist.*, XIII, XV. C'est le *thuya* d'Algérie.

11. « Leur fragilité même en faisait le prix. Ce fut une preuve d'opulence et la vraie gloire du luxe, de posséder ce qui pouvait d'un choc périr tout entier. » (Pline, *Hist.*, XXXIII, II.)

12. Voir *de la Vie heureuse*, XVII.

Matrona incedit census induta nepotum.
(Propert., III, Élég. XIII.)

Henri IV se moquait des courtisans *qui portaient sur leur dos leurs prés et leurs hautes futaies.*

13.   *Itum est in viscera terræ,*
Quasque recondiderat, stygiisque admoverat umbris,
Effodiuntur opes, irritamenta malorum.   (Ov., *Métam.* I.)

14. *Du centième par mois :* taux d'intérêt habituel à Rome. Voir lettre CXVIII.

Hinc usura vorax, avidumque in tempora fœnus.
(Lucain, I, 181.)

La dette, affreux serpent qui ronge l'avenir.

15. Même pensée développée dans la lettre CXXII.

16. « Entre les meschants quand ils s'assemblent, c'est complot, non pas compaignie. Ils ne s'entretiennent pas, mais ils s'entre-craignent. » (La Boëtie. *Servit. volont.*)

17. Passage imité par Quintilien, II, XVII.

18. Encore une parole évangélique.

19. Voir *de la Vie heureuse*, XX. « Ces précepteurs de vertu semblent avoir porté les devoirs de l'homme au delà des bornes de la nature afin que notre esprit, tout en s'efforçant d'y atteindre, s'arrêtât au point marqué par la raison. » (Cic., *Pro Muren.*, XXXI.) *Præcipiamus omnia, ut saltem plura fiant.* (Quintil.) « L'hyperbole exprime au delà de la vérité, pour ramener l'esprit à la mieux connoître. » (La Bruyère.)

20. « Fais du bien à ton ennemi, tu amasseras des charbons ardents sur sa tête. » (*Évangile.*)

21. Voir *de la Colère*, II, X. « Ne nous emportons point contre les hommes en voyant leur dureté, leur ingratitude, etc. Ils sont ainsi faits, c'est leur nature; s'en fâcher, c'est ne pouvoir supporter que la pierre tombe, ou que le feu s'élève. (La Bruyère, *de l'Homme.*)

22.   *Nihil est audacius illis*
Deprensis, iram atque animos a crimine sumunt.
(Juvénal, VI, 284.)

23.   Dangereux novateur, par son cruel système
Il veut du ciel désert chasser l'Être suprême.
(Gilbert, *le dix-huitième Siècle.*)

24.   Le Nil a vu, sur ses rivages,
Les noirs habitants des déserts
Insulter par leurs cris sauvages
L'astre éclatant de l'univers.
Crime impuissant, fureurs bizarres !
Tandis que ces monstres barbares

Poussaient d'insolentes clameurs,
Le Dieu, poursuivant sa carrière,
Versait des torrents de lumière
Sur ses obscurs blasphémateurs.
(Pompignan, Mort de J. B. Rousseau.)

FIN DES NOTES DU PREMIER VOLUME.

TABLE DES MATIÈRES

DU PREMIER VOLUME.

De la Colère..	1
Consolation à Marcia...	83
Petites Pièces de vers.......................................	115
Consolation à Helvia...	119
Consolation à Polybe..	143
De la Vie heureuse...	163
Du Repos ou de la Retraite du sage..........................	191
De la Constance du sage.....................................	199
De la Providence..	219
De la Tranquillité de l'âme.................................	234
Apokolokyntose..	265
De la Clémence..	281
De la Brièveté de la vie....................................	313
Des Bienfaits...	337
Notes sur la Colère...	501
Notes sur la Consolation à Marcia...........................	509
Notes sur les petites Pièces de vers........................	514
Notes sur la Consolation à Helvia...........................	517
Notes sur la Consolation à Polybe...........................	517
Notes sur la Vie heureuse...................................	521
Notes sur le Repos ou de la Retraite du sage................	523
Notes sur la Constance du sage..............................	524

Notes sur la Providence.. 528
Notes sur la Tranquillité de l'âme............................... 528
Notes sur l'Apokolokyntose... 531
Notes sur la Clémence... 532
Notes sur la Brièveté de la vie....................................... 538
Notes sur les Bienfaits... 542

FIN DE LA TABLE DES MATIÈRES

148-14. — Coulommiers. Imp. PAUL BRODARD. — P 2-14.

Librairie HACHETTE et Cie, 79, boul. St-Germain, à Paris.

RENÉ PICHON
Ancien élève de l'École Normale supérieure
Professeur de Rhétorique supérieure au Lycée Henri IV

Histoire
de la
Littérature latine
depuis les origines jusqu'à la fin du Ve siècle ap. J.-C.

CONTENANT :

UNE BIBLIOGRAPHIE RAISONNÉE DES ÉDITIONS PRINCIPALES ET DES OUVRAGES A CONSULTER
DES TABLEAUX CHRONOLOGIQUES DES PRINCIPALES ŒUVRES
DE LA LITTÉRATURE LATINE
ET UN INDEX ALPHABÉTIQUE DES NOMS PROPRES CITÉS

CINQUIÈME ÉDITION, REVUE

Un fort volume in-16 de 1000 pages, broché . . . . 5 fr.
Le cartonnage toile se paie en plus 50 centimes.

L'auteur de ce nouveau livre a eu pour but d'écrire une histoire de la Littérature latine qui fût vraiment scientifique, c'est-à-dire à la fois *précise* et *générale* : précise par l'exactitude scrupuleusement contrôlée de tous les détails, — générale par les vues d'ensemble sur l'évolution littéraire ; — d'une part, appuyée sur les recherches les plus récentes de l'érudition, d'autre part, dirigée par les méthodes synthétiques de la critique moderne.

Librairie **HACHETTE** et Cie, boulevard Saint-Germain, 79, à Paris.

BIBLIOTHÈQUE VARIÉE, A 3 FR. 50 LE VOLUME IN-16, BROCHÉ

Chefs-d'œuvre des littératures anciennes

ANTHOLOGIE GRECQUE, traduction sur le texte publié par F. Jacobs, avec des notices sur les poètes de l'Anthologie. 2 vol.

ARISTOPHANE : *Œuvres complètes*, traduction française par M. C. Poyard. 11e édit. 1 vol.

DIODORE DE SICILE : *Bibliothèque historique*, trad. et annotée par M. F. Hœfer. 4 vol.

ESCHYLE : *Les tragédies*, traduction française par M. Ad. Bouillet. 1 vol.

EURIPIDE : *Théâtre et fragments*, traduction française par Hinstin. 2 vol.

HÉRODOTE : *Histoires*, traduction française avec notes par P. Giguet ; 6e édit. 1 vol.

HINSTIN : *Chefs-d'œuvre des orateurs attiques*. 1 vol.

HOMÈRE : *Œuvres complètes*, traduction française par P. Giguet ; 16e édit. 1 vol.

JUVÉNAL et PERSE : *Œuvres*, suivies des Fragments de Lucilius, de Turnus et de Sulpicia. Traduction publiée avec les imitations et des notices par E. Despois. 1 vol.

LUCIEN : *Œuvres complètes*, trad. française par M. Talbot ; 4e édition. 2 vol.

LUCRÈCE : *De la nature*, traduction française par M. Patin. 2e édit. 1 vol.

PLAUTE : *Les comédies*, traduction française par M. Sommer. 2 vol.

PLUTARQUE : *Les vies des hommes illustres*, traduction française par M. Talbot. 4 vol.
— *Œuvres morales et œuvres diverses*, traduction française par M. Bétolaud. 5 vol.

SÉNÈQUE LE PHILOSOPHE : *Œuvres complètes*, traduction française par M. J. Baillard. 2 vol.

SOPHOCLE : *Tragédies*, traduites en français par M. Bellaguet. 1 vol.

TACITE : *Œuvres complètes*, traduites en français par J.-L. Burnouf. 1 vol.

THUCYDIDE : *Histoire de la guerre du Péloponèse*, traduction française par M. Bétant. 1 vol.

TITE-LIVE : *Histoire romaine*, traduction française par M. Gaucher, professeur au lycée Condorcet. 4 vol.

VIRGILE : *Œuvres complètes*, traduction française par M. Cabaret-Dupaty. 1 vol.

XÉNOPHON : *Œuvres complètes*, traduction française par M. Talbot ; 5e édit. 2 vol.

Chefs-d'œuvre des littératures étrangères

BYRON (Lord) : *Œuvres complètes*, traduites de l'anglais par Benjamin Laroche. 4 vol., qui se vendent séparément :
I. *Childe-Harold*. 1 vol. — II. *Poèmes*. 1 vol. — III. *Drames*, 1 vol. — IV. *Don Juan*. 1 vol.

CERVANTES : *Don Quichotte*, traduit de l'espagnol par M. L. Viardot. 2 vol.

DANTE : *La divine comédie*, traduction par P. A. Florentino ; 14e édition. 1 vol.

OSSIAN : *Poèmes gaéliques*, traduits de l'anglais par P. Christian. 1 vol.

SHAKESPEARE : *Œuvres complètes*, traduites de l'anglais par M. E. Montégut. 10 volumes, qui se vendent séparément. Traduction couronnée par l'Académie française. Les tomes I, II et III comprennent les comédies ; les tomes IV, V et VI, les tragédies ; les tomes VII, VIII et IX, les drames ; le tome X, Cymbeline, les poèmes, les petits poèmes et les sonnets.

Librairie HACHETTE et Cie, boulevard Saint-Germain, 79, à Paris.

BIBLIOTHÈQUE VARIÉE A 3 FR. 50 LE VOLUME IN-16, BROCHÉ

Études sur les littératures anciennes

BERGER (A.) : *Histoire de l'éloquence latine, depuis l'origine de Rome jusqu'à Cicéron*, publiée par M. V. Cucheval. 4e édit. 2 vol.
  Ouvrage couronné par l'Académie française.

BOISSIER, de l'Académie française : *Cicéron et ses amis*; 13e édition. 1 vol.
— *La religion romaine, d'Auguste aux Antonins*; 5e édition. 2 vol.
— *Promenades archéologiques : Rome et Pompéi*; 8e édition. 1 vol.
— *Nouvelles promenades archéologiques : Horace et Virgile*; 5e édit. 1 vol.
— *L'Afrique romaine*, promenades archéologiques en Algérie et en Tunisie. 2e édition. 1 vol.
— *L'opposition sous les Césars*; 4e édit. 1 vol.
— *La fin du paganisme*; 4e édit. 2 vol.
— *Tacite*. 2e édition. 1 vol.
— *La conjuration de Catilina*. 1 vol.

BREDIF (L.), recteur honoraire de l'académie de Besançon : *L'éloquence politique en Grèce : Démosthène*; 2e édition. 1 vol.

CUCHEVAL (V.), professeur honoraire de rhétorique au lycée Condorcet : *Histoire de l'éloquence latine, depuis la mort de Cicéron jusqu'à l'avènement d'Hadrien*. 2 vol.
  Ouvrage couronné par l'Académie française.

DESCHANEL (E.), ancien professeur au Collège de France : *Études sur Aristophane*; 3e édition. 1 vol.

GIRARD (J.), de l'Institut : *Le sentiment religieux en Grèce d'Homère à Eschyle*; 3e édition. 1 vol.
  Ouvrage couronné par l'Académie française.
— *Études sur la poésie grecque*. 1 vol.
— *Essai sur Thucydide*. 1 vol.
  Ouvrage couronné par l'Académie française.

GLOTZ (G.), professeur d'histoire au lycée Louis-le-Grand. *Études sociales et juridiques sur l'Antiquité grecque*. 1 vol.

GOUMY (Ed.) : *Les Latins* (Plaute et Térence — Cicéron — Lucrèce — Catulle — César — Salluste — Virgile — Horace). 1 vol.

MARTHA (C.), de l'Institut : *Les moralistes sous l'empire romain*; 7e édition. 1 vol.
  Ouvrage couronné par l'Académie française.
— *Le poème de Lucrèce*; 5e édition. 1 vol.
  Ouvrage couronné par l'Académie française.
— *Études morales sur l'antiquité*; 3e édit. 1 vol.
— *Mélanges de littérature ancienne*. 1 vol.

NISARD, de l'Académie française : *Études de mœurs et de critique sur les poètes latins de la décadence*; 5e édition. 2 vol.

NOURRISSON (J.), de l'Institut : *Les Pères de l'Église latine, leur vie, leurs écrits, leur temps*. 2 vol.

PATIN : *Études sur les tragiques grecs*; 8e édition. Trois parties qui se vendent séparément :
  Études sur Eschyle. 1 vol.
  Études sur Sophocle. 1 vol.
  Études sur Euripide. 2 vol.
— *Études sur la poésie latine*; 4e édition. 2 vol.

TAINE (H.), de l'Académie française : *Essai sur Tite-Live*; 7e édition. 1 vol.
  Ouvrage couronné par l'Académie française.

WEIL (H.), de l'Institut : *Études sur le drame antique*. 1 vol.
— *Étude sur l'antiquité grecque*. 1 vol.

Librairie HACHETTE et Cie, 79, boul. St-Germain, à Paris

LECTURES HISTORIQUES

A L'USAGE DE L'ENSEIGNEMENT SECONDAIRE

Nouvelles éditions entièrement refondues et remaniées.

SIX VOLUMES IN-16, ILLUSTRÉS DE NOMBREUSES GRAVURES

CARTONNÉS

Histoire ancienne (*Au temps de Ramsès et d'Assourbanipal*), par M. G. MASPERO, membre de l'Institut. Un vol. . 5 fr.

Histoire grecque (*Vie publique et privée des Grecs*), par M. Paul GUIRAUD, ancien professeur à la Faculté des Lettres de Paris. Un vol. . . . . 5 fr.

Histoire romaine (*Vie publique et privée des Romains*), par M. Paul GUIRAUD. Un vol. . . . . 5 fr.

Histoire du Moyen Age (395-1270), par M. Ch.-V. LANGLOIS, professeur à la Faculté des Lettres de Paris. Un vol. 5 fr.

Histoire du Moyen Age et des Temps modernes (1270-1610), par M. MARIÉJOL, professeur à la Faculté des Lettres de Lyon. Un vol . . . . 5 fr.

Histoire des Temps modernes (1610-1789), par M. LACOUR-GAYET, docteur ès lettres, professeur au lycée Saint-Louis. Un vol. . . . . 5 fr.

www.ingramcontent.com/pod-product-compliance
Lightning Source LLC
Chambersburg PA
CBHW060303230426

43663CB00009B/1573